Das Lexikon der Bibel

Das Lexikon der Bibel

Voltmedia

ISBN 3-938478-33-0

Autoren: Albert J. Urban (Hg.), Lucia Scheller (Red.), Silke Artner,
Roberta und Ronald Metzger, Barbara Supper
Gesamtherstellung: GGP Media GmbH, Pößneck
Einbandgestaltung: Oliver Wirth, Paderborn
Satz und Layout: Albert J. Urban

Geleitwort

„Beim Tisch der Brüder darf die Lesung nicht fehlen. Doch soll nicht der Nächstbeste nach dem Buch greifen und lesen, sondern der vorgesehene Leser beginne am Sonntag seinen Dienst für die ganze Woche. Wer den Dienst antritt, erbitte nach der Messe und der Kommunion das Gebet aller, damit Gott den Geist der Überheblichkeit von ihm fernhalte.
Daher beten alle im Oratorium dreimal folgenden Vers, den der Leser anstimmt: ‚Herr, öffne meine Lippen, damit mein Mund dein Lob verkünde.' So erhält er den Segen und beginnt dann seinen Dienst als Leser. Es herrsche größte Stille. Kein Flüstern und kein Laut sei zu hören, nur die Stimme des Lesers."
(Regel des hl. Benedikt, Kapitel 38)

Entsprechend dieser Anordnung des Gründers unseres Ordens werden in unserer Klostergemeinschaft die Mahlzeiten schweigend eingenommen, während ein Mitbruder etwas vorliest. Diese Lesung wird eingeleitet durch je einen Abschnitt aus der Bibel, aus der Ordensregel und dem Tagesabschnitt eines Heiligenkalenders. Die Bibel wird dabei Tag für Tag ohne Auslassungen vorgetragen, mittags ein Stück aus den Schriften des Neuen Testamentes, abends aus dem Alten Testament. Nur das Buch der Psalmen wird dabei übersprungen, weil die Psalmen bereits in einem häufigeren Rhythmus den zentralen Bestandteil unseres täglichen Stundengebetes bilden.

Der hl. Benedikt war sich aber auch bereits zu seiner Zeit, der ausgehenden Antike, bewusst, dass die Heilige Schrift der Deutung und Auslegung bedarf. So hat er neben die Lesung der Bibel die Lektüre der Kirchenväter gestellt, die die Texte aus der vergleichsweise frühen Geschichte der Menschheit auslegen und verstehen helfen. Um wie viel mehr gilt das für uns heute. Einfaches Sachwissen und historische Information sind unverzichtbar, wenn wir die Aussagen der Bibel authentisch in uns aufnehmen wollen. Das vorliegende Lexikon bietet dazu faktenreich die nötige Hilfe in einer einfachen und jedermann verständlichen Sprache.

+ Thomas M. Freihart OSB

Abt des Benediktinerklosters Weltenburg an der Donau

Inhaltsverzeichnis

Die Bibel von A bis Z

A und O

Alpha und Omega, der erste und letzte Buchstabe des griechischen Alphabets, bilden in der Offenbarung des Johannes die Selbstbezeichnung Gottes und auch Christi (Offb 1,8; 21,6). Sie stehen für Totalität, das Umfassende, für Gott als Schöpfer und Vollender der Welt, was sich in Offb 1,17 zeigt: „Ich bin der Erste und der Letzte". In Offb 22,13 werden diese Gedanken zusammen genannt: „Ich bin das A und O, der Erste und der Letzte, der Anfang und das Ende".

Aaron

(hebräisch „der Erleuchtete")

Bruder Mirjams und angeblich auch von Mose(s) (Ex 4,14; 6,20); seine Frau Elischeba schenkte ihm vier Söhne: Nadab, Abihu, Eleasar und Itamar. Als Gott Mose zum Befreier Israels berief, ordnete er ihm Aaron als Sprecher zu: Er sollte sein „Mund", d.h. sein Dolmetscher (Ex 4,16) und sein Prophet (Ex 7,1) sein. Er stand Mose in der Schlacht gegen die Amalekiter (Ex 17,8-16) zur Seite, begleitete ihn auf den Berg Sinai (Ex 19,24) und unterstützte ihn in Ägypten. Indem er das Goldene Kalb anfertigte (Ex 32), ließ er aber auch Götzendienst zu, und gemeinsam mit Mirjam lehnte er sich gegen Mose auf (Num 12). Er durfte das Gelobte Land nicht mehr betreten und starb angeblich im hohen Alter von 123 Jahren auf dem Berg Hor (Num 20,22-29). Auf dem Dschebel Harun (Berg des Aaron) an der Südgrenze Palästinas wird sein Grab noch heute von Pilgern besucht. Aaron gilt als der erste Hohepriester (Ex 28f.); von den zwölf Stäben, die nach dem Auszug (Exodus) aus Ägypten (etwa 1250 v.Chr.) am Berg Sinai von den Vertretern der zwölf Stämme an der Bundeslade abgelegt wurden, trieb nur der des Aaron Blüten, weshalb er zum ersten Hohepriester der Juden gewählt wurde; die gesamte Priesterschaft wurde als „Haus Aaron" (Ps 115,10-12) oder auch als „Söhne Aarons" (Ex 28,40) bezeichnet. Im Hebräerbrief (5,1-10) wird Aarons Priestertum mit dem Priestertum Jesu Christi verglichen.

Ab-/Abi

Vorsilbe in Personennamen, die „Vater" (oder auch „Urheber" oder „Erzieher") bedeutet, z.B. in „Abba", „Abraham".

Abaddon

(hebräisch „Untergang", „Verderben")

Eigentlich Ort des Verderbens und des Untergangs; im Alten Testament wird das Wort parallel zu „Hölle" verwendet und ist eine poetische Bezeichnung für das Totenreich (Ijob 26,6; vgl. Spr 15,11) bzw. für das Grab (Ps 88, 12). Im Neuen Testament (Offb

9,11) wird der „Engel des Abgrunds“ „Abaddon“ genannt.

Abarim

(hebräisch „die Jenseitigen“)

Gebirge in Moab und im Gebiet Ruben östlich des Toten Meeres und der Jordanebene, diese deutlich sichtbar überragend; der hebräische Name „die Jenseitigen“ geht vermutlich auf den Blick vom Westufer des Toten Meeres aus zurück.

Hier hatten die Israeliten ihre vorletzte Lagerstation (Num 33,47) vor dem Einzug ins Gelobte Land. Vom Abarim aus durfte Mose einen Blick auf das Land werfen (Num 27,12), bevor er dann auf dem Berg Nebo im Norden des Gebirges (Dtn 32,49) starb.

In Jer 22,20 ist das Abarimgebirge einer der Orte, von denen aus Jerusalem sein Wehgeschrei erheben soll.

Abba

(aramäisch 'abba = „[mein] Vater“)

Eigentlich eine kindliche Bezeichnung für den (Familien-)Vater, die besonders in der Umgangssprache gebräuchlich war; der Name wird in der Bibel an drei Stellen erwähnt (immer mit der griechischen Übersetzung „[mein] Vater“): In Gal 4,6; Röm 8,15 und Mk 14,36. Hier wird die Bezeichnung in die Gebetssprache der christlichen Urgemeinde aufgenommen. Paulus verwendete den Begriff, um die Beziehung des gläubigen Christen zu Gott mit der Nähe zwischen einem Kind und seinem Vater gleichzusetzen (Röm 8,15). In Mk 14,36 wird durch das Wort „Abba“ die enge Verbundenheit Jesu mit seinem Vater ausgedrückt.

Abdon

(hebräisch „unterwürfig“)

1. Name mehrerer Personen, u.a. eines „kleinen“ Richters (Ri 12,13-15); er war acht Jahre lang tätig und ist vermutlich identisch mit „Bedan“ (1 Sam 12,11).

2. Stadt nordöstlich von Akko im Gebiet Aschers, der levitischen Familie Gerschon zugeteilt (Jos 21,30 und 1 Chr 6,59); in Jos 19,28 wird im hebräischen Text Abdon mit dem Namen Ebron genannt, was moderne Übersetzungen aber meist aus dem logischen Zusammenhang heraus in Abdon korrigieren.

Abed-/Obed-/Abdi-

Erster Teil von Personennamen, der „Diener (eines Gottes)“ bedeutet, z.B. in „Abed-Nego“, „Obed-Edom“, „Abdiël“.

Abed-Nego

Babylonischer Name für Asarja, einen der drei Gefährten Daniels (Dan 1,7); „Abed“ bedeutet „Knecht“ oder „Diener“ und „Abed-Nego“ ist vermutlich eine gewollte Abwandlung von „Abed-Nebo“ (Diener des Nebo, des babylonischen Gottes).

Abel

Das hebräische Wort Abel kommt als Bestandteil in mehreren Ortsnamen vor und bedeutet wohl „Fluss“ oder „(Fluss-)Aue“, vielleicht auch allgemein „bewässertes Land“.

Abel

(hebräisch „Hauch“, „Vergänglichkeit“) Zweiter Sohn Adams und Evas; Schafhirte, von seinem Bruder Kain aus Neid getötet (Gen 4,1-16), weil Gott nur Abels Tieropfer annahm, Kains Opfer (Feldfrüchte) aber ablehnte; im Neuen Testament gilt er als Vorbild der Gläubigen (Hebr 11,4) und als erster Märtyrer (Mt 23,35).

Abel-Beth-Maacha

Mit einer Stadtmauer befestigte Stadt (2 Sam 20,14-15) im Gebiet Naftali nördlich vom See Genezareth (1 Kön 15,20; 2 Kön 15,29); wird auch Abel-Majim = „Wasser-Aue“ (2 Chr 16,4) genannt oder einfach nur Abel (2 Sam 20,18); dorthin war der aufständische Scheba, der Sohn Bichris, vor Joab geflohen, wurde aber von den Bewohnern getötet, damit die Stadt nicht zerstört würde (2 Sam 15-22). Später wurde Abel-Majim vom syrischen König Ben-Hadad angegriffen und verwüstet (1 Kön 15,20). Der assyrische König Tiglat-Pileser III. eroberte 734 v.Chr. die Stadt und deportierte ihre Bewohner (2 Kön 15,29).

Abel-Majim

Befestigte Stadt (2 Chr 16,4) im Gebiet Naftali; wird sonst Abel-Beth-Maacha genannt.

Abgabe

Die ältesten Abgaben in Israel wurden immer an Gott und das Heiligtum entrichtet – und zwar u.a. in Form der Erstlinge (Ex 13,11-16; Num 3,44-51) und des Zehnten (Lev 27,30-33; Dtn 14,22-29). Nach dem Exil gab es außerdem die Tempelsteuer, die vorher die Könige bezahlten.

Staatliche Abgaben wurden mit dem Königtum eingeführt: Nun konnte der Zehnte eingefordert werden (1 Sam 8,15), und unter Salomo gab es Naturalabgaben (1 Kön 4,7), Fronarbeit (1 Kön 11,28) und Zölle (1 Kön 10,5). Später kamen Tributzahlungen der unterworfenen Völker (u.a. 2 Sam 8,12; 1 Kön 5,1) und Steuern (2 Kön 15,20) dazu. Unter der Perserherrschaft wurden auch in Judäa die in den persischen Provinzen üblichen Steuern erhoben. Priester, Leviten und Tempelsklaven waren davon befreit (Esra 4,13; 7,24).

Abgrund
Im Alten Testament Bezeichnung für die Tiefe bzw. das Urmeer unter der Erde (u.a. Gen 1,2; 8,2); im Neuen Testament wird damit die unterirdische Totenwelt (Röm 10,7), aber auch das Gefängnis des Satan beschrieben (Lk 8,31; Offb 9,1-2; 9,11; 11,7; 17,8).

Abigajil
(hebräisch „mein Vater ist erfreut")
1. Frau Nabals, die durch Klugheit und Diplomatie verhindern konnte, dass David ihren Mann aus Rache ermorden ließ (1 Sam 25, 3-35); nach Nabals Tod nahm David sie zur Frau (1 Sam 25,36-42). Sie folgte ihm ins Exil zu Achisch von Gat (1 Sam 27,3), wurde Gefangene der Amalekiter (1 Sam 30,5) und war auch mit ihm in Hebron, wo er zum König gesalbt wurde (2 Sam 2,1-4). Abigajil schenkte David seinen zweiten Sohn Kilab (2 Sam 3,3), auch Daniel genannt (1 Chr 3,1).
2. Eine Schwester Davids (1 Chr 2,16-17; 2 Sam 17,25, dort statt Abigajil aber „Abigal").

Abigal
Eine Schwester des David (2 Sam 17,25).

Abihu
(hebräisch „Mein Vater ist er [Gott]")
Nach späterer Überlieferung der zweite Sohn des Aaron (Ex 6,23; 28,1; 1 Chr 5,29); wird im Alten Testament immer in Verbindung mit seinem Bruder Nadab genannt; er war – wie seine Brüder Nadab, Eleasar und Itamar – Priester (Ex 28,1; 28,40-43). Nach Auseinandersetzungen mit den Aaroniden wurde er vom Priesterdienst ausgeschlossen (Ex 24,1; Num 3,10; Lev 10,1-5).

Abija
(griechisch „Jahwe [Gott] ist mein Vater")
König von Juda (910-908 v.Chr.), Sohn von Rehabeam (1 Kön 15,1-8; 2 Chr 13,1) und Maacha, der Enkelin des Abschalom (1 Kön 15,2); er beendete den Krieg, den sein Vater gegen Jerobeam I., König von Israel (2 Chr 13), begonnen hatte und konnte das jüdische Gebiet vergrößern. Abija wird aber in der Bibel negativ dargestellt (er war z.B. wie sein Vater Götzendiener).

Abilene
Gebiet um die Stadt Abilene nordwestlich von Damaskus; ursprünglich Teil von Ituräa, war Abilene von 34 v.Chr. an von den Römern kontrollierte Tetrarchie, ab 100 n.Chr. Teil der Provinz Syrien. Zur Zeit Johannes des Täufers wurde Abilene von dem Tetrarchen Lysanias regiert (Lk 3,1).

Abimelech
(hebräisch „mein Vater ist König")
1. König von Gerar; er holte Sara zu sich, da er dachte, sie wäre Abrahams Schwester. Als er im Traum erfuhr, dass sie in Wirklichkeit Abrahams Ehefrau war, gab er sie zurück und entging so der Strafe Gottes (Gen 20,1-18). Von einer ähnlichen Geschichte berichtet Gen 26,1-11, wo es Abimelech mit Isaak und Rebekka zu tun hat.
Abimelech schloss in Beerscheba Friedensverträge mit Abraham und Isaak (Gen 21,22-32; 26,26-31).
2. Sohn des Gideon (Ri 8,31), d.h. des Jerubbaal (Ri 9,1); nachdem er seine siebzig Brüder umgebracht hatte, ließ er sich zum König von Sichem ausrufen. Drei Jahre später kam es zur erfolglosen Revolte der Bewohner von Sichem gegen Abimelech. Er zerstörte die Stadt und tötete ihre Einwohner (Ri 9,22-45). Abimelech starb beim Sturm auf Tebez durch einen von einem Turm herabgeworfenen Mühlstein.

Abischag
Junge hübsche Israelitin, die König David im Alter pflegte (1 Kön 1,3-15); nach dessen Tod wollte sein Sohn Adonija sie heiraten (1 Kön 2,17-22), um dadurch den Thron für sich zu beanspruchen. Dafür ließ König Salomo ihn hinrichten (1 Kön 2,25).

Abischai
(griechisch „Vater des Isai", „mein Vater ist Opfergabe")
Neffe Davids (1 Chr 2,16) und einer seiner treuesten Begleiter (1 Sam 26,6; 2 Sam 21,17); er unterstützte David bei seinen Kämpfen gegen Saul, Abner, die Ammoniter, Abschalom, Scheba und die Philister, galt aber als skrupellos und gewalttätig. Als Mörder Abners (2 Sam 3,30-39) wurde er von David verwünscht.

Abjatar
(griechisch „der Vater hat Überfluss", „der Vater zeichnet sich aus")
Sohn des Priesters Ahimelech zu Nob; er war der Einzige, der das Blutbad Sauls überlebte (1 Sam 22,20). Er schloss sich David an und diente ihm als Priester. Im Streit um die Nachfolge Davids entschied er sich für Adonija und gegen Salomo, woraufhin ihm sein Recht auf die Ausübung des Priesteramts entzogen und er nach Anatot verbannt wurde (1 Kön 2,26).

Abner
(hebräisch „Vater ist Licht", „Vater des Lichts")
Sauls Cousin und sein Feldherr (1 Sam 14,50); Abner machte gegen die Absichten Davids Eschbaal, den Sohn Sauls, zum König über Israel (2 Sam 2,9). Er ging später zu David über und wurde von Joab

und Abischai aus Blutrache ermordet (2 Sam 2,12-3,39).

Abraham

Sein ursprünglicher Name war Abram („der Vater ist erhaben"), doch Gott änderte ihn in Abraham (Gen 17,4-5 „der Vater vieler Völker", „Vater der Menge").
Er ist der älteste Erzvater Israels. Als geschichtliche Person ist er schwer greifbar, da das Alte Testament (Gen 11,10-25,11) die einzige Quelle ist. Abraham war ein Viehnomade aus Haran in Mesopotamien, der 75-jährig auf Befehl Gottes (Gen 12,1) gemeinsam mit seiner Frau Sara und seinem Neffen Lot nach Kanaan aufbrach. Dort erschien ihm Gott und versprach ihm Landbesitz und eine große Nachkommenschaft. Er ließ sich in Hebron nieder und trennte sich von Lot, da nicht genug Weideland für beide Herden vorhanden war (Gen 13,6-12). Gott versprach erneut eine große Nachkommenschaft. Saras Magd Hagar schenkte ihm Ismael (Gen 16), doch dieser war nicht „das Kind der Verheißung" (Röm 9,7-9), sondern Isaak, der ihm später von Sara geboren wurde (Gen 21,1-8). Die Geburt Isaaks hatte eine Verstoßung Hagars und Ismaels zur Folge, damit der Sohn der Magd nicht mit dem Sohn der Verheißung das Erbe antreten musste (Gen 21,9-14). Gott wollte Abrahams Gehorsam testen und forderte ihn auf, Isaak zu opfern (Gen 22), wozu er auch bereit gewesen wäre. Als Sara starb, kaufte Abraham das Feld und die Höhle Machpela bei Hebron als Familiengrabstätte (Gen 23). Vor seinem Sterben schickte er einen seiner Knechte nach Mesopotamien, um für seinen Sohn Isaak eine Frau zu holen (Gen 24). Abraham starb im Alter von 175 Jahren, er wurde in Machpela begraben (Gen 25,7-11). Er wird im Neuen Testament 70-mal erwähnt und als Vater der Gläubigen (Röm 4,11) verstanden; alle Christen sind Abrahams Kinder (Gal 3,7). Jakobus lobte seine Opferbereitschaft (Jak 2,21).

Abrahams Schoß

Damit wird die Geborgenheit bezeichnet, welche die verstorbenen Frommen im Totenreich erwartet. Nach jüdischer Auffassung ist Abraham der Gastgeber eines Festmahls, und der höchstgeehrte Gast darf in seinem Schoß liegen (Lk 16,22; vgl. Mt 8,11).

Abschalom

(hebräisch „Vater des Friedens", „mein Vater ist Friede")

Dritter Sohn von David und Maacha; berühmt wegen seiner Schönheit und seines Charmes (2 Sam 14,25-26); seine Schwester Tamar wurde von seinem Halbbruder Amnon vergewaltigt, woraufhin Abschalom Amnon ermorden ließ – aber wohl nicht nur aus Rache, sondern auch, um sich den Anspruch auf die Thronanwärterschaft zu sichern. Er floh vor David nach Geschur, durch Vermittlung Joabs kam es nach zwei Jahren aber zur Rückkehr an den Hof Davids, und nach weiteren drei Jahren auch zur Aussöhnung mit David (2 Sam 14). Doch bald schon intrigierte Abschalom gegen seinen Vater und ließ sich in Hebron zum König ausrufen. Er wurde in einer Schlacht gegen eine dem David treue Söldnertruppe getötet – entgegen den ausdrücklichen Befehl des Vaters.

Achaia

Ursprünglich nur Gebiet am Golf von Korinth, später Bezeichnung für die ganze Peloponnes und den südlichen Teil des Festlandes einschließlich Athen; 146 v.Chr. von den Römern unterworfen und zuerst der Verwaltung des Statthalters von Makedonien unterstellt; 27 v.Chr. wurde Achaia von Kaiser Augustus zur eigenständigen Provinz mit der Hauptstadt Korinth gemacht, von 15-44 n.Chr. aber direkt von einem kaiserlichen Legaten von der Provinz Mysien aus verwaltet. Ab 44 n.Chr. aber wieder Senatsprovinz, d.h. durch einen vom römischen Senat ernannten Prokonsul regiert.
Achaia wird in der Apostelgeschichte und in den Briefen des Apostels Paulus des öfteren erwähnt (z.B. Apg 17,18; 18,27; 19,21).
So wurde der Apostel Paulus während seines Aufenthaltes von aufgebrachten Juden in Korinth vor den Prokonsul Gallio gebracht (Apg 18,12). Den von ihm getauften Stephanus nannte er „Erstling in Achaia“ (1 Kor 16,15).

Achämeniden

Altpersische Dynastie; Kyros der Große löste das Mederreich ab und begründete das persische Weltreich (Est 1,3), das von Indien bis Kleinasien, vom Kaukasus bis zur arabischen und nubischen Wüste reichte (vgl. Est 1,1). Spätere Könige aus diesem Geschlecht waren u.a. Darius I. (Dareios I.), Xerxes und Artaxerxes. Darius III. wurde von Alexander dem Großen geschlagen, der damit dem persischen Weltreich ein Ende bereitete.

Achan

Der Name leitet sich nach Jos 7,26 von hebräisch „'akar“ („betrüben“) ab. Achan war ein Judäer, der bei der Eroberung Jerichos das Banngebot verletzte (Jos 7,1; 7,18-26) und dafür mit seinen Angehörigen im Tal von Achor gesteinigt wurde.

Achior

Heerführer der Ammoniter unter Holofernes; er informierte diesen

über die Juden und ihren Gott und riet von einem Angriff ab (Jdt 5,5-21). Achior bekehrte sich nach der Niederlage des Holofernes zum Judentum (Jdt 14,5-10).
Die Gestalt des Achior könnte den weisen und frommen Heiden Achikar (Tob 1,21-22) zum Vorbild haben.

Achisch
Philisterfürst von Gat, bei dem David auf der Flucht vor Saul zweimal Unterschlupf fand (1 Sam 21,11; 27,1-3); David erhielt von ihm die Stadt Ziklag. Nach 1 Kön 2,39 lebte Achisch noch unter Salomo.

Achor
Tal südlich von Jericho, dessen genaue Lage nicht bekannt ist; während der Landnahme unter der Führung Josuas wird dort Achan vom Stamm Juda mit seiner Familie gesteinigt, weil er sich bei der Eroberung Jerichos unrechtmäßig Beute angeeignet hatte (Jos 7,24). Das eigentlich unfruchtbare und öde Tal wird bei den Propheten Hosea und Jesaja zu einem „Tor der Hoffnung“ (Hos 2,17) bzw. „Lagerplatz der Rinder“ (Jes 65, 10), d.h. zu einem Symbol für die Verheißung in der Endzeit.

Achschaf
(hebräisch „Zauberstätte“)
Kanaanäische Stadt vermutlich südöstlich von Akko, deren König sich an der Koalition gegen die Israeliten unter der Führung Josuas beteiligte und während oder nach der Schlacht ebenfalls getötet wurde (Jos 11,1; 12,20); anschließend fiel die Stadt per Los dem Stamm Ascher zu (Jos 19,25).

Ackerbau
Bereits vor der Landnahme der Israeliten wurde in Palästina Ackerbau betrieben (Dtn 6,10-12). Die Israeliten übernahmen die Techniken und Gerätschaften der Vorbevölkerung. Besonders gut geeignet für den landwirtschaftlichen Anbau waren das Hügelland zwischen der Küstenebene und dem Gebirge Juda, die Machneebene in Samarien südöstlich von Sichem, die Ränder der Jesreelebene, die Hochfläche von Moab und der Hauran. Da ebene Flächen knapp waren, entwickelte sich die Terrassenfeldwirtschaft. Klimabedingt war der Ackerbau nur von Ende Oktober bis Ende Juni möglich. Angebaut wurden hauptsächlich Getreidearten, v.a. Gerste, Weizen, Hirse und Spelt (Jes 28,25; Ez 4,9). Das geerntete Korn brachte man zum Dreschplatz (u.a. Rut 3,2-7), wo es ausgebreitet wurde. Anschließend wurden entweder Ochsen oder Esel (Dtn 25,4; 1 Kor 9,9; 1 Tim 5,18) oder Dreschschlitten (Jes 41,15; Am 1,3) darüber gezogen, und das Getreide

wurde anschließend geworfelt. Die im Ackerbau verwendeten Arbeitsgeräte waren Pflug, Sichel, Hacke und Pflanzstock. In der Regel arbeiteten die Familienmitglieder, des öfteren mussten auch Tagelöhner gemietet werden (Lk 10,2; Jak 5,4). Der Ernteertrag war einerseits von der Regenmenge abhängig, andererseits bestand die Gefahr von Heuschreckenschwärmen und Getreidekrankheiten. Der Bauer musste die ersten Früchte der Ernte abgeben (Lev 23,10-11).

Adam

(hebräisch „rötlicher Ort")

Ort an einer Furt durch den Jordan nur wenig südlich der Einmündung des Jabbok (Jos 3,16) in der Ebene unterhalb von Zaretan.

Gott ließ hier das Wasser sich anstauen, damit das Volk das Flusstal durchschreiten und nach Jericho gelangen konnte.

Bei Hosea als Ort genannt, wo durch die unrechtmäßige Aneignung von Beute durch Achan bei der Eroberung Jerichos der Bund des Herrn übertreten wurde (Hos 6,7).

Adam

(hebräisch „Mann aus Erde", „Mensch", aber auch Bezeichnung für den Stammvater des menschlichen Geschlechts; kollektive Verwendung im Sinne von „Menschheit")

Adam war das erste Geschöpf, das Gott aus (Ton-)Staub („adama") formte und durch Einhauchen des göttlichen Atems lebendig machte (Gen 2,4-8). Seine Gefährtin Eva wurde aus einer seiner Rippen geschaffen und gemeinsam sollten sie den Garten Eden bebauen und bewahren. Weil Adam aber der Versuchung erlag und vom Baum der Erkenntnis aß, wurde er aus dem Paradies vertrieben. Er wurde angeblich 930 Jahre alt (Gen 5,5).

Paulus (Röm 5,12-19; 1 Kor 15,21-45) stellte Adam Christus gegenüber: Adam brachte Sünde und Tod in die Welt, Christus hingegen Gerechtigkeit und Leben, d.h. alle Menschen sind wegen Adam verloren, werden aber in Christus gerettet.

Adama

Stadt nordwestlich vom See Genezareth in der Nähe der Einmündung des Jordan. Wurde bei der Landnahme unter der Führung Josuas per Los dem Stamm Naftali zugeteilt (Jos 19,32.35-36).

Adler

(griechisch aetós, hebräisch nescher)

Das hebräische „nescher" für „Adler" ist eigentlich der Oberbegriff für alle großen Raubvögel, also auch für den Geier (Mi 1,16; Mt 24,28).

Er nistete in hohen, unzugänglichen Felsen (Ijob 39,27-28), galt bei den Israeliten als unrein und durfte nicht gegessen werden (Lev 11,13; Dtn 14,12). Der Aasfresser (Mt 24,28; Lk 17,37) stand für Kraft und Schnelligkeit (Dtn 28,49; 2 Sam 1,23; Klgl 4,19; Jer 4,13), und auch für Stärke und Gewalt (Jes 40,31; Hab 1,8). Seine Fürsorge für die Jungen wurde mit Jahwes Liebe zu Israel gleichgesetzt (Dtn 32,11). Das Bild des stolzen Adlers beschreibt die mächtigen Könige Judas (Ez 17,3; 17,7).

Adma

Stadt am südlichen Ende des Toten Meeres (Gen 10,19; Gen 14,2.8), nach Dtn 29,22 zusammen mit Sodom und Gomorra zerstört (vgl. auch Hos 11,8).

Adonai

Abgeleitete Form des semitischen Wortes „adon“ („Herr“); trat zunehmend an die Stelle des Gottesnamens „Jahwe“.

Adoni-Besek

(hebräisch „der Herr von Besek“)
Kanaanäischer König, der nach Ri 1,5-7 von den Juden bei Besek geschlagen und verstümmelt wurde; er starb in Jerusalem.

Adonija

(hebräisch „Jahwe [Gott] ist der Herr“)
Sohn Davids und der Haggith; nach dem Tod seines Bruders Abschalom blieb ihm der Thron verwehrt, weil David der Batseba ein Versprechen gegeben hatte, wonach Salomo König werden sollte (1 Kön 1,13-17; 1,30). Adonija versuchte aber, seine Ansprüche auf den Thron geltend zu machen, indem er eine Heirat mit Davids jüngster Nebenfrau Abischag anstrebte. Deshalb wurde er in Salomos Auftrag getötet (1 Kön 2,13 - 25).

Adoniram

(hebräisch „der Herr ist erhaben“)
Aufseher des Frondienstes unter David (2 Sam 20,24), später unter Salomo und Rehabeam (1 Kön 4,6; 5,28); als er von Rehabeam nach Sichem gesandt wurde, um die Fronarbeiter zu überwachen, wurde er von aufständischen Israeliten gesteinigt (1 Kön 12,18; 2 Chr 10,18).

Adonis

(hebräisch 'adon = „Herr“)
Phönizischer Vegetationsgott; Jes 17,9-11 meint mit den „lieblichen Gärten“ die Adonisgärten, in denen Frühlingsblumen blühen, die Symbole seiner Auferstehung sind.

Adoni-Zedek

(hebräisch „der Herr ist Gerechtigkeit“)
König von Jerusalem, der von Josua in der Schlacht von Gibeon besiegt wurde (Jos 10,1-11); er wurde in der Höhle von Makkeda gefangen genommen und getötet (Jos 10,26-27).

Adramyttium

Hafenstadt an der Ägäis im Nordwesten Kleinasiens (heute Edremit, Türkei) gegenüber der Insel Lesbos; gehörte zu Mysien in der römischen Provinz Asia; wird in der Apostelgeschichte erwähnt, weil Paulus als Gefangener unter der Aufsicht des Hauptmannes Julius auf einem Schiff aus Adramyttium von Cäsarea aus nach Rom geschickt wurde (Apg 27,2).

Adria

oder adriatisches Meer, zwischen Apeninnen- und Balkanhalbinsel gelegen, in der Antike aber auch Bezeichnung für den südlicheren Bereich zwischen Sizilien und Kreta, wo Paulus während seiner Überstellung nach Rom unter der Führung des Hauptmannes Julius in einen Sturm geriet und vor Malta Schiffbruch erlitt (Apg 27,27).

Adullam

Kanaanäische Stadt nordwestlich von Hebron, deren König sich an der Koalition gegen die Israeliten unter der Führung Josuas beteiligte und während oder nach der Schlacht ebenfalls getötet wurde (Jos 11,1; 12,15); anschließend fiel die Stadt per Los dem Stamm Juda zu (Jos 15,35).

Nach Gen 38,1 hatte sich in der Gegend um Adullam bereits der Patriarch Juda niedergelassen und die Kanaaniterin Schua geheiratet.

David flüchtete sich vor Saul in eine Höhle bei Adullam (1 Sam 22,1; 23,13; 1 Chr 11,15) und machte diese später im Kampf gegen die Philister zu seinem Hauptquartier (2 Sam 23,13; 1 Chr 11,15).

König Rehabeam ließ die Stadt zur Festung ausbauen (2 Chr 11,7), was aber ihre Eroberung durch Sanherib zur Zeit des Königs Hiskia nicht verhindern konnte (2 Kön 18,13).

Nach der Rückkehr aus dem babylonischen Exil wurde auch Adullam neu besiedelt (Neh 11,30); heute heißt es Tell-esh-Schech-Madkur.

Afarsach

Wahrscheinlich ein persischer Beamtentitel (Esra 4,9; 5,6; 6,6).

Afek

(hebräisch „Festung/Bachbett")

1. Kanaanäische Stadt in der Scharonebene (nördlich von Jaffa), deren König sich an der Koalition gegen die Israeliten unter der Führung Josuas beteiligte und während oder nach der Schlacht ebenfalls getötet wurde (Jos 11,1; 12,18).

Später sammelten sich die Philister bei Afek zum Kampf gegen Israel (1 Sam 4,1; 29,1).

Herodes der Große errichtet an der Stelle Afeks eine neue Stadt, die er nach seinem Vater „Antipatris" nannte.

In der Apostelgeschichte wird Antipatris als Zwischenstation bei der Überstellung des Apostels Paulus nach Rom genannt (Apg 23,31).

2. Stadt östlich des Sees Genezareth, in die sich die Aramäer mit ihrem König Ben-Hadad nach der gegen den König Ahab von Israel verlorenen Schlacht flüchteten (1 Kön 20,26ff.).

Später verheißt der im Sterben liegende Prophet Elischa dem König Joasch von Israel wieder einen Sieg über die Aramäer an dieser Stelle (2 Kön 13,17ff.).

3. Ort im Norden Kanaans, den Josua nicht mehr erobert hatte, aber zum noch einzunehmenden Gebiet der Israeliten zählte (Jos 13,4); möglicherweise das heutige Afka (Afqa) nordöstlich der libanesischen Hauptstadt Beirut.

4. Kanaanäische Stadt im Gebiet des Stammes Aschers (Jos 19,24. 30; Ri 1,31), vermutlich in der Ebene von Akko gelegen.

Affe

(griechisch píthekos, hebräisch qoph)

Affen waren in Palästina nicht heimisch. 1 Kön 10,22 und 2 Chr 9,21 erwähnen sie unter jenen exotischen Objekten, die von Salomos Handelsflotte mitgebracht wurden.

Agabus

Christlicher Prophet aus Jerusalem, der nach Antiochia kam, wo er eine Hungersnot ankündigte, die zur Zeit von Kaiser Claudius (41-54) um das Jahr 45 tatsächlich eintraf (Apg 11,27-28); später weissagte er in Cäsarea die Gefangennahme des Apostels Paulus (Apg 21,10).

Agag

(hebräisch unklare Wortherkunft, evtl. von akkadisch agâgu = „zornig sein")

König der Amalekiter; wurde von Saul zwar gefangen genommen, aber verschont, letztlich jedoch von Samuel in Gilgal getötet (1 Sam 15,8-33).

Ägypten

1. Geographie/Landeskunde

Ägypten mit einer Fläche von gut einer Million Quadratkilometer hat heute eine Bevölkerung von etwa 80 Millionen Menschen, die jährlich um ca. zwei Prozent anwächst. Der Name des Landes (alttestamentarisch mizrajim, griechisch aígyptos) leitet sich vom Beinamen der Stadt Memphis (ht-k'-Pth, hikuptah) ab.

90 Prozent der Fläche sind Wüste, nur vier Prozent sind für die Landwirtschaft nutzbar. Dominierend in Geographie, Kultur und Geschichte ist der Nil, der auf einer Länge von 1 550 seiner insgesamt 6 671 km durch ägyptisches Gebiet fließt. Die Breite des Niltals beträgt im Süden des Landes nur wenige Kilometer, erreicht bei Kairo etwa

25 km und weitet sich dann zum Delta, das knapp 200 km misst. 800 km flussaufwärts von Kairo, im äußersten Süden, staute man 1970 den Nil durch den Assuandamm, es entstand der Nassersee mit rund 5 500 km². Die über das Jahr sehr unterschiedliche Wasserführung des Nils wurde damit reguliert, so dass die Felder auch in der Niedrigwasserperiode versorgt werden können. Ein grundlegender Nachteil des Damms besteht neben dem Problem der Versalzung von Ackerflächen darin, dass das Hochwasser des Frühjahrs keinen fruchtbaren Schlamm (der nun im Nassersee verbleibt) mehr mit sich trägt, was nur z.T. durch den Einsatz von Kunstdünger aufgefangen werden kann.

Südlich von Kairo weist das Land Wüstenklima auf. Kennzeichnend sind geringe Niederschläge von bis zu 20 mm jährlich und starke Temperaturschwankungen während des Tages. In der Libyschen (westlich des Nils) und der Arabischen Wüste (östlich) gibt es nur spärliche Vegetation außer in Oasen. Im Osten hat sich vereinzelt die Trockensavanne mit Tamarisken, Dornsträuchern und Akazien erhalten. Das Niltal ist von der Nutzung durch den Menschen geprägt: An seinem Ufer wachsen Dattel- und Fächerpalmen, Zypressen, Eukalyptus, Sykomoren und Johannisbrotbäume, einige Arten wurden eingeführt. Nur selten findet man die Papyrusstaude, die im Altertum zur Gewinnung von Papier (Name!) genutzt wurde. Das Nildelta zeigt außerhalb der Felder die übliche ostmediterrane Pflanzenwelt, angereichert um einige asiatische Arten. Die ursprüngliche Tierwelt Ägyptens dürfte im wesentlichen der ostafrikanischen entsprochen haben, das Artenspektrum hat sich aber durch das Einwirken des Menschen und die zunehmende Austrocknung des Klimas seit 7 000 Jahren reduziert. Löwen, Krokodile und Nilpferde waren noch zu pharaonischer Zeit anzutreffen. Elefanten verschwanden im Süden wohl erst um die Zeitenwende, nachdem die Bestände durch den Fang für die Kriege in hellenistischer Zeit schon stark dezimiert worden waren. An größeren wildlebenden Säugetieren leben in Ägypten heute Schakale, Fenneks, Hyänen, Wildkatzen (die in der Pharaonenzeit domestiziert wurden) und in den Gebirgsregionen Steinböcke. Die Vogelwelt umfasst rund 350 Arten, zweimal im Jahr ergänzt durch Zugvögel, auf deren Route Ägypten liegt. Prominentestes Reptil nach dem Verschwinden der Krokodile ist die Ägyptische Kobra, die auch in Religion und Kunst eine wichtige Rolle spielte. In den halbtrockenen Regionen nahe des Mittelmeers lebt eine inzwischen recht seltene kleine Landschildkrötenart (Testudo kleinmanni). Weichschildkröten, die eine erstaunliche Größe erreichen können, schwimmen im Nil neben mehr als 190 verschiedenen Arten von Fischen, unter ihnen der gewaltige Nilbarsch.

2. Geschichte

Schon eine der frühen Vorformen des modernen Menschen, der Homo erectus/ergaster, muss das Nilland überquert haben, als sie den Schwarzen Kontinent vor etwa 1,7 Millionen Jahren verließ. Spuren davon gibt es in Ägypten keine, das gleiche gilt für die erste Auswanderung des Homo sapiens nach Asien und später Europa vor ca. 100 000 Jahren. Jäger und Sammler durchstreiften Nordafrika, und einige tausend Jahre nach dem Ende der Eiszeit war das Niltal als südwestlicher Außenposten des fruchtbaren Halbmonds (der sich weiter über Palästina, Syrien, die südliche Türkei bis nach Mesopotamien erstreckte) einer der Schauplätze der sog. Neolithischen Revolution. Die Menschen gingen vom Sammeln von Wildgetreide zu dessen Kultivierung über, bauten Linsen und Bohnen an, domestizierten wilde Rinder, Schafe und Ziegen und wurden sesshaft. Ab 5000 v.Chr. wurde es wegen einer Klimaveränderung in Afrika immer wärmer und trockener, und wo es einst feuchte Savannen und große Seen gab, entstand die Sahara. Felszeichnungen aus dieser Zeit, vor allem im Hoggar-Tassili-Gebirge, zeigen Wildtiere wie Giraffen, Gazellen und sogar Flusspferde, aber auch schon große Herden bunt gescheckter Hausrinder. Als Relikte haben sich in Oasenteichen, die das ganze Jahr über nicht austrocknen, einige kleine Populationen von Krokodilen erhalten, die erst vor wenigen Jahrzehnten entdeckt wurden. Mit der fortschreitenden Austrocknung zogen sich die Hirten und Bauern ins Niltal zurück, und nur noch wenige Menschen lebten nomadisierend in den Wüsten. Mit dem Ackerbau, der zu einem Anwachsen der Bevölkerung und einer frühen hierarchischen Struktur führte, entwickelte sich die erste Hochkultur des afrikanischen Kontinents und der Welt überhaupt.

Aus dieser Frühzeit ist wenig bekannt und erhalten. Sicher ist, dass Bewässerungskanäle gebaut wurden, der fruchtbare Schlamm des Nils bereits zur Steigerung der Felderträge genutzt wurde und aus der Organisation und Verwaltung von Wasser und Getreidevorräten eine frühe Staatlichkeit mit einer Priesterkaste entstand, die für die weitere Geschichte des Landes von entscheidender Bedeutung sein sollte. Wie auch in Mesopotamien war dies ohne die Erfindung der

Schrift, in Ägypten in Form von Hieroglyphen, nicht denkbar. Schon jetzt war – wie Herodot später sagen sollte – Ägypten ein „Geschenk des Nils".

Etwa 3200 v.Chr. vereinigte der legendäre Pharao (König) Menes Ober- und Unterägypten. Damit begann die eigentliche Geschichte des Alten Ägypten, die um 290 v.Chr. der Priester Manetho niederschrieb und in 30 Dynastien einteilte, wobei er die 1. und die 2. Dynastie in die Zeit von 2900 bis 2640 setzte und aufgrund der Herkunft der „göttlichen" Könige (Thinis in Oberägypten) als „Thinitenzeit" bezeichnete.

2778 v.Chr. gründete Djoser, der erste Pharao der 3. Dynastie, das bis um 2260 bestehende „Alte Reich". Hauptstadt des in 42 Gaue aufgeteilten, bis südlich von Assuan reichenden Landes war Memphis (nahe Kairo). Seine Nachfolger unterhielten ab etwa 2500 bereits intensive Handelsbeziehungen bis nach Vorderasien. Während der 4. Dynastie (bis 2563) ließen die Pharaonen Cheops, Chephren und Mykerinos – sie führten den Titel „Sohn des Re" (Sonnengott) – die großen Pyramiden von Giseh errichten. Das Grabmal des Cheops ist mit 147 m Höhe (heute noch 138) und 227 m Breite die größte der Pyramiden und eines der monumentalsten menschlichen Bauwerke überhaupt. Die den Pyramiden benachbarte Sphinx ist möglicherweise schon wesentlich älter, eine exakte Datierung war bislang allerdings nicht möglich.

Mit dem Tod Phiops II. (6. Dynastie) um 2260 v.Chr. endete das Alte Reich. Aufgrund politischer und sozialer Unruhen, begleitet von Kämpfen im Süden (Nubien) und Osten (Palästina, Sinai), zerfiel Ägypten für hundert Jahre wieder in mehrere Einzelstaaten. Dynastien und Pharaonen regierten mitunter nur für wenige Wochen. Die Zeit von 2155 bis 2134 v.Chr. wird als Erste Zwischenzeit bezeichnet.

Die Könige von Theben (heute Luxor) vereinten das Land wieder und ergänzten es um mehrere Provinzen. Damit begann laut Manetho die 11. Dynastie und das „Mittlere Reich". Ab 1991 v.Chr. verlegten die Pharaonen der 12. Dynastie den Regierungssitz wieder nach Norden in die Nähe des heutigen Kairo. Sesostris III. konnte nach langwierigen Kämpfen das wegen seiner Goldvorkommen begehrte Nubien bis zum 3. Nilkatarakt besetzen. Kontakte bestanden bis Palästina und Kreta. Die Literatur gelangte zu einer ersten Blüte. (In dieser Zeit handelt übrigens einer der besten Ägyptenromane, „Sinuhe, der Ägypter" von Mika Waltari.)

Ab 1785 v.Chr. zerfiel das Reich

erneut, die Zweite Zwischenzeit begann. Die nubischen Gebiete wurden aufgegeben. Die aus Asien stammenden Hyksos sickerten als Söldner und Handwerker in das Land am Nil ein, etablierten um 1650 v.Chr. einen eigenen Staat und machten Avaris im östlichen Nildelta zur Hauptstadt ihres Reiches. Mit Wagen, Pferden und dem neuen Metall Eisen erlebte die Kriegsführung eine neue, grausame Qualität. Hundert Jahre sollte es dauern, bis die Könige von Theben während der 17. Dynastie die Fremden aus dem Land warfen. Das „Neue Reich" entstand, es erstreckte sich von Nubien im Süden bis Syrien im Nordosten. Amenhotep/Amenophis IV. verbannte die alten Götter, bestimmte den Sonnengott Aton zum alleinigen Gott und nannte sich Echnaton (= „dem Aton nützlich"). Das Volk hatte ihn, und nicht den Gott, direkt anzubeten, denn nur er konnte das unbegreifliche Wesen Atons vermitteln. Es war dies nichts weniger als die Einführung der ersten monotheistischen Religion der Welt, eine beispiellose religiöse Revolution. Parallel zum Aufstieg Ägyptens zum Großreich begann eine kulturelle Blüte. Noch heute beeindrucken etwa die Statuen Echnatons und seiner Gemahlin Nofretete durch ihre zeitlose, rätselhafte Schönheit.

Während die kaum zu überschätzende Ausstrahlung des Monotheismus bis weit nach Asien hinein letztlich zur Herausbildung der großen Religionen führte, war es damit in seinem Ursprungsland bald vorbei: Um 1347 v.Chr. starb Echnaton nach 17 Regierungsjahren. Nun schlug die Stunde derjenigen Gruppierungen, die der Pharao durch seine radikalen Änderungen verprellt hatte: der Priester, Militärs und Verwalter. Sein vermutlicher Sohn Tutenchamun wurde von der Amunpriesterschaft zur Abschaffung des Monotheismus zugunsten einer Dreiheit des göttlichen Prinzips gezwungen. Der durch sein goldreiches, 1922 entdecktes Grab heute wohl bekannteste Pharao regierte nur zehn Jahre lang und starb schon mit etwa 19 Jahren. Ob sein Tod natürlich oder gewaltsam erfolgte, ist immer noch umstritten. Jüngste Untersuchungen der Mumie im Jahr 2005 haben zumindest ergeben, dass ein lange angenommener Schlag auf den Kopf nicht nachzuweisen ist, er sich aber kurz vor dem Tod seinen Oberschenkel gebrochen hatte.

Ramses II. (19. Dynastie) war der letzte große Pharao des vereinigten Ägypten. Während seiner Regierung ist vielleicht der historische Kern des Berichts vom jüdischen Auszug aus Ägypten unter Führung des Mose (Ex 12,1-18,27) anzusetzen. Jüdische Stämme hatten sich zuvor auf der Suche nach Weideland in Ägypten angesiedelt (Gen 12,10-20).

Belegt ist der Konflikt mit den erstarkenden Hethitern, die in Vorderasien expandierten. Im Jahre 1275 v.Chr., im vierten Jahr der Regierung des Ramses, kam es bei Kadesch in Syrien zum Kampf mit dem Hethiterherrscher Muwatallis. Es war die erste, durch (ägyptische) Quellen gut dokumentierte Schlacht der Geschichte. Ramses ließ ihren Verlauf auf Tempelbildern und in Gedichten verewigen:

„Seine Majestät war mächtig, sein Herz war tapfer, niemand konnte vor ihm bestehen.

Seine ganze Umgebung stand in Flammen, mit seinem Gluthauch verbrannte er jedes Fremdland.

Seine Augen waren wild, als er sie erblickte, und seine Macht loderte wie ein Feuer gegen sie auf.

Er scherte sich nicht um die Million Fremdvölker, er betrachtete sie als Stroh, als er hineineilte in die Mitte der Schar der Feinde von Hatti."

Beide Seiten beanspruchten den Sieg für sich. Eine Analyse der Quellen legt nahe, dass das Heer des Pharaos nur um Haaresbreite der völligen Vernichtung entgangen war. Fakt ist, dass die Stadt Kadesch zunächst hethitisch blieb. Nach weiteren Kämpfen einigte sich der Pharao mit Muwatallis' Nachfolger Hattušili III. auf eine Teilung Syriens, und es kam zum ersten dokumentierten Friedensvertrag der Weltgeschichte. Ramses ließ den Vertragstext in die Mauern des Tempels von Karnak und an die seines Totentempels meißeln. Die Version der Gegenseite kennen wir von Ausgrabungen in der hethitischen Hauptstadt Hattuša in Anatolien (etwa 150 km nordöstlich der heutigen türkischen Hauptstadt Ankara). Beide Quellen sind in ihrer Aussage weitgehend identisch.

Als Ramses II. nach langer Regentschaft 1213 v.Chr. im hohen Alter von 92 Jahren starb, begann der langsame Niedergang des Neuen Reiches. Sein Nachfolger Ramses III. schlug um 1180 v.Chr. die aus dem ostmediterranen Raum stammenden Seevölker, die schon das Hethiter- und die mykenischen Reiche in der Ägäis zerstört hatten (worauf vielleicht die Trojasage beruht).

Um 1075 v.Chr. war das ägyptische Großreich weitgehend zerfallen, die Dritte Zwischenzeit begann. Die Macht hatten die nominell den ägyptischen Pharaonen tributpflichtigen nubischen Könige von Napata (westlich des 4. Nilkatarakts im heutigen Sudan). Ihr Einfluss auf das ägyptische Militär sowie die ägyptische Verwaltung nahm ständig zu.

Um 669 v.Chr. unterwarfen die Assyrer unter Asarhaddon Ägypten und zerstörten die Hauptstadt Memphis, wurden jedoch von Psammetich I. (26. Dynastie) 663 v.Chr. schon wieder vertrieben. Der ägyptische Einfluss dehnte sich auf die Gebiete der heutigen Staaten Israel, Jordanien, Syrien und Libanon aus. 587 v.Chr. drängte der babylonische König Nebukadnezar II. die Ägypter zurück. 525 v.Chr. geriet das Land unter persische Hegemonie (unter dem Achämenidenkönig Kambyses II.), behielt jedoch weitgehende Selbstverwaltung und Religionsfreiheit. Die Zeit der Eigenstaatlichkeit Ägyptens war damit vorbei. 332 v.Chr. fiel das Land kampflos an den Makedonenkönig Alexander den Großen, der inzwischen ganz Klein- und Vorderasien erobert hatte und bis zu seinem Tode im Jahre 323 v.Chr. noch das gesamte restliche Perserreich unterwerfen und bis Indien vordringen sollte. Ptolemaios, ein Feldherr Alexanders, übernahm nach dessen Tod die Verwaltung Ägyptens und machte sich im Jahre 305 v.Chr. als Ptolemaios I. Soter zum König von Ägypten. Hauptstadt des Reiches, das auch die Gebiete der heutigen Staaten Israel, Libanon, Jordanien sowie das südliche Syrien und ab 294 die Insel Zypern umfasste, wurde die Hafenstadt Alexandria. Mit den anderen Nachfolgestaaten des Alexanderreiches lagen die Ptolemäer häufig im Krieg. 198 v.Chr. verlor Ägypten seine vorderasiatischen Besitzungen an den Seleukidenkönig Antiochos III.

Kleopatra VII., die letzte ptolemäische Herrscherin, versuchte wie ihre Vorgänger, sich mit den neuen Machthabern des Mittelmeerraumes, den Römern, zu arrangieren. Als Cäsar seinen Widersacher Pompejus bis nach Ägypten verfolgte, präsentierte ihm Kleopatra dessen Kopf. Der Zorn des Römers über den Mord muss in kürzester Zeit verflogen sein, denn obwohl die Ägypterin zur Wahrung des Scheins und der Absicherung der Dynastie ihren jüngeren Bruder Ptolemaios XIV. heiratete, wurde sie doch Cäsars Geliebte und inoffizielle Mitregentin und schenkte ihm einen Sohn, Kaisarion. Während einer Palastrevolte brannte die weltberühmte Bibliothek von Alexandria, die das Wissen der damaligen Welt auf rund 500 000 Papyrusrollen bewahrte, nieder. Nach den Iden des März setzte Kleopatra im ausbrechenden römischen Bürgerkrieg auf den falschen Kandidaten, Cäsars Freund Marcus Antonius, der in der Seeschlacht bei Actium an der Westküste Mittelgriechenlands am 2. September 31 v.Chr. von Octavian (dem späteren Kaiser Augustus) besiegt wurde. Am 3. August des Folgejahres besetzte dieser Alexandria. Königin Kleopatra beging mit ihrem Geliebten Marcus Antonius Selbstmord, der Legende nach ließ sie sich von einer Kobra beißen. Ägypten, das schon lange die Kornkammer des Römischen Reiches war, wurde römische Provinz.

Ab 640 eroberten die islamischen Araber, inzwischen Herren über ganz Vorderasien und einen Großteil des Perserreiches, unter dem zweiten Kalifen Omar I. (Umar ibn Abd al-Chattab) bis 644 das gesamte Niltal und brachten den Islam sowie die arabische Sprache nach Ägypten, die das Land bis in unsere Zeit prägten. Die alte Sprache der Pharaonen verschwand, sie hat sich lediglich im Kirchenkoptischen fragmentarisch erhalten.

3. Beziehung zur Bibel/Israel

Ägypten ist „das" fremde Land, das in der Bibel am häufigsten genannt wird, nämlich mehr als 750-mal. 250-mal ist die Rede von einem „Pharao", in der Regel allerdings ohne die Nennung des Namens. Nur in vier Fällen ist dieser angeführt: Pharao Schischak (Scheschonk I.; 1 Kön 11,40; 14,25-28), Pharao So (vermutlich Osorkon IV., 2 Kön 17,4), Pharao Necho (2 Kön 23,29; 23,33) und Pharao Hofra (Jer 44,30).

Israel wird in Ägypten zum ersten Mal auf einer Stele des Pharao Merneptah (auch Merenptah) genannt, die etwa um 1219 datiert. Der Stamm wird als einer der in Palästina vernichteten erwähnt. In dieser Zeit muss also der Auszug aus Ägypten, der im Buch Exodus ausführlich beschrieben wird, schon erfolgt gewesen sein. König Salomo hatte eine ägyptische Prinzessin unter seinen Frauen (1 Kön 9,16) und pflegte diplomatische Beziehungen zu Ägypten. In den Büchern der Propheten wird verschiedenen ägyptischen Städten der Zorn des Herrn geweissagt, so z.B. Memphis (Ez 30,13) und Pi-Beset (Ez 30,17). Kriegerische Unternehmungen des Nillandes gegen Israel werden für die Pharaonen Schischak (1 Kön 14,25) und Necho II. (2 Kön 23,29) bezeugt. Lange Zeit war das Heilige Land Spielball zwischen den Großmächten Ägypten, Assyrien und Babylonien. Hoschea, der letzte König Israels, wandte sich 725/24 v.Chr. an den Pharao So (vermutlich Osorkon IV.), als die Assyrer sein Land bedrohten (2 Kön 17,4). Als die Assyrer unter Sanherib 701 v.Chr. Juda angriffen, intervenierte Pharao Tirhaka, musste aber eine Niederlage hinnehmen (2 Kön 19,9; Jes 37,9), und Ägypten wurde von den Assyrern als geknicktes Schilfrohr verspottet (2 Kön 18,21; Jes 36,6), das den Juden keine Stütze sein kann. Einige Jahrzehnte später eroberte Assurbanipal das heilige Theben, verwüstete es und vertrieb die nubische Dynastie aus Unterägypten (Nah 3,8-10). Ägypten gewann später wieder die Hoheit über Palästina, doch nach der Niederlage bei Karkemisch 605 v.Chr. gegen die Babylonier (Jer 46,2) gab es das Gebiet auf. Als Jojakim von Juda sich gegen Nebukadnezar auflehnte (2 Kön 24,1-7), ließen die Ägypter ihn im Stich. Der babylonische König eroberte daraufhin 597 v.Chr. Jerusalem. Pharao Hofra (589-570 v.Chr.) unterstützte wieder die jüdische Rebellion unter Zedekia gegen Babylon (Jer 37,5), doch 587 v.Chr. fiel Jerusalem erneut an die Babylonier. Der Verlust der ägyptischen Eigenstaatlichkeit nach der Eroberung durch die Perser (525 v.Chr.) beendete die besondere Beziehung zu Israel.

In den folgenden Jahrhunderten zogen immer wieder Juden an den Nil. Um die Zeitenwende lebten Hunderttausende im Land, Alexandria war von ihnen geprägt. Nicht umsonst lag es für Josef und Maria nahe, vor der herodianischen Verfolgung nach Ägypten zu fliehen (Mt 2,14-15). Die Christianisierung und später die Islamisierung beeinträchtigten die jüdischen Bewohner wenig, waren sie doch als Händler und Handwerker wichtig für das Land, unabhängig davon, wer es regierte und welcher Religion er angehörte.

Im 20. Jahrhundert haben Juden und Ägypter mehrere Male Krieg gegeneinander geführt, was unter anderem dazu geführt hat, dass heute nur noch wenige, meist ältere Menschen jüdischen Glaubens in Ägypten wohnen. Bei der Gründung Israels waren es noch über 70 000 gewesen.

Die „schwarzen" Juden Äthiopiens, die „Falascha", die schon in vorchristlicher Zeit hier siedelten und teilweise unabhängige Königreiche errichtet hatten, wurden in mehreren spektakulären Aktionen 1984 und 1991 nach Israel gebracht, wo heute etwa 40 000 von ihnen leben. In Äthiopien sind es nur noch wenige Tausend.

Ahab

(hebräisch „Vaters Bruder", „ganz der Vater")

Siebter König von Israel (871-852 v.Chr.) (1 Kön 16,29-22,40) und ein bedeutender Politiker, Israel war zu seiner Zeit gekennzeichnet durch Wohlstand und großartige Bauten. Durch die Heirat mit Isebel festigte er die Beziehungen zu den Phöniziern. Unter dem Einfluss seiner Frau führte er aber den Götzendienst ein und ließ einen heidnischen Tempel erbauen, woraufhin der Prophet Elija ihn als „Verderber Israels" (1 Kön 18,17) bezeichnete. Er fiel in einer Schlacht gegen die Aramäer (1 Kön 22,34-40). Ahab gilt als Inbegriff des bösen Menschen (vgl. Kapitän

Ahab in Melvilles Roman „Moby Dick").

Ahas

(hebräisch „er hielt fest", „[Jahwe/Gott] ergreift [bei der Hand]")

Zwölfter König von Juda (735-727 v.Chr.); da er sich der Koalition des israelitischen Nordreiches Israel und Syriens gegen Assyrien nicht anschloss, wurde Ahas von diesen Staaten bedrängt. Er missachtete die Warnung seines Propheten Jesaja, allein auf Jahwe (Gott) zu vertrauen (Jes 7,1-17) und bat Tiglat-Pileser III., den König von Assyrien, um Hilfe: Er erkaufte sich dessen Hilfe, indem er ihm die geplünderten Tempelschätze auslieferte (2 Kön 16,7-8). Juda verlor dadurch seine Selbstständigkeit. Ahas wird in der Bibel sehr negativ beurteilt: „Er tat nicht wie sein Vater David, was dem Herrn gefiel" (2 Chr 28,1), er übertrat die Gesetze (Sir 49,4) und opferte dem assyrischen Gott Moloch sogar seinen eigenen Sohn.

Ahasja

(hebräisch „ergriffen hat Jahwe [Gott]")

1. Als Sohn und Nachfolger Ahabs achter König von Israel (852-851 v.Chr.); er befragte nach einem Sturz nicht den Herrn, sondern den Baal-Zebub von Ekron, ob er genesen werde. Elija drohte ihm deshalb einen frühen Tod an (2 Kön 1), der auch eintrat.

2. Sechster König von Juda (845 v.Chr.; 2 Kön 8,25-9,29), Sohn des Joram und der Atalja; er wurde, als er seinen verwundeten Onkel Joram in Jesreel besuchte (2 Kön 8,29-9,27), auf der Flucht von Jehu getötet.

Ahi-

Vorsilbe in Personennamen, die „(mein) Bruder (ist ...)" bedeutet, z.B. in „Ahimelech", „Ahija", „Ahikam".

Ahija

(hebräisch „mein Bruder ist Jahwe [Gott]")

Prophet aus Silo z.Zt. Salomos; Ahija kündigte sowohl die Ernennung Jerobeams zum König über das Nordreich an (1 Kön 11,29-37) als auch später dessen Untergang mit seinem Geschlecht (1 Kön 14,5-11).

Ahikam

(hebräisch „mein Bruder hat sich erhoben", „mein Bruder steht bei")

Hofbeamter des Königs Josia um 620 v.Chr., der den Propheten Jeremia vor König Jojakim beschützte (2 Kön 22,12; 22,14).

Ahimelech

(hebräisch „mein Bruder ist König", „der Bruder des Königs")

1. Sohn des Ahitob (1 Sam 22,9) und Hohepriester zu Nob (1 Sam 22,19); weil er Sauls Konkurrenten

David unterstützte, wurde er – zusammen mit seiner gesamten Priesterschaft – von Saul hingerichtet. Nur sein Sohn Abjatar konnte entkommen (1 Sam 22,6-13).
2. Ein Hethiter und Gefährte Davids (1 Sam 26,6).

Ahinoam
(hebräisch „mein Bruder ist Anmut")
So hieß sowohl die Frau des Saul (1 Sam 14,50) als auch die zweite Frau des David (1 Sam 25,43). Letztere folgte David in das Exil nach Gat (1 Sam 27,3), wurde in Ziklag von den Amalekitern gefangen genommen und wieder freigelassen (1 Sam 30,5; vgl. 1 Sam 30,18) und zog mit David nach Hebron, wo er zum König gesalbt wurde (2 Sam 2,2). Dort schenkte sie David seinen ersten Sohn Amnon (2 Sam 3,2).

Ahitofel
(hebräisch unklare Bedeutung, vielleicht „Bruder der Dummheit", „mein Bruder ist ein Dummkopf")
Berater Davids, dessen Rat so viel galt, „wie wenn man Gott befragt" (2 Sam 16,23); er schloss sich Davids Sohn Abschalom an und unterstützte dessen Revolution (2 Sam 15,12; 15,31; 16,15). Als dieser jedoch nicht auf seinen militärischen Ratschlag vertraute, sondern auf Huschai, einen Spion Davids, hörte, beging er – die Folgen der Niederlage voraussehend – Selbstmord (2 Sam 17,23).

Ai/Ajja
(hebräisch „Trümmerhaufen/ Ruinenhügel")
Ort südöstlich von Bet-El (Gen 12,8; 13,3); von Josua erst nach einer schweren Niederlage im zweiten Angriff eingenommen und zerstört (Jos 8), nachdem das Vergehen Achans aufgedeckt und bestraft worden war.
Der ursprüngliche Name der Stadt ist nicht bekannt. Die Überlieferung kennt nur die Bezeichnung „Ruine(nhügel)".

Aja
1. Der älteste Sohn des Horiters Zibon (Gen 36,24).
2. Vater von Rizpa und damit ein Schwiegervater des Saul (2 Sam 3,7).

Ajalon
(hebräisch „Ort der Hirsche")
Stadt und Tal nordwestlich von Jerusalem (heute Jalo) mit wichtigem Verbindungsweg zwischen der Küstenebene und dem Gebirge Ephraim; dort flehte Josua zu Gott, dass Sonne und Mond still stehen sollten, während er gegen die fünf Könige der Amoriter kämpfte, die die Stadt Gibeon angegriffen hatten (Jos 10,5-13).
Ajalon gehörte nach der Landnahme unter der Führung Josuas

zum Stamm Dan (Jos 19,42), ging aber nach der Teilung des Reiches unter König Ahas an die Philister verloren (2 Chr 28,18), obwohl König Rehabeam die Stadt nach der Plünderung durch Pharao Schischak noch hatte befestigen lassen (2 Chr 11,10). Erst unter König Josia wurde Ajalon wieder für das Königreich Juda zurückgewonnen.
Im Tal von Ajalon fanden einige bedeutende Schlachten in der Geschichte Israels statt (Jos 10,6-15; 1 Makk 4,1-25).

Ajin, En-
(hebräisch „Quelle/Auge")
Oft Ortsname oder Teil davon wie z.B. in En-Rogel oder En-Rimmon.

Akaba (Aqaba)
Hafenstadt im heutigen Jordanien, die in der Bibel namentlich nicht erwähnt wird; der Golf von Akaba wurde als „Schilfmeer" (Ex 23,31; 1 Kön 9,26) bezeichnet, doch dieser Name wurde auch für andere Meeresarme verwendet.

Akazie
(hebräisch schitta)
Eine strauchförmige, dornige Pflanze, die in Palästina häufig wächst (Acacia). Aus ihrem Holz wurden die Geräte und Bretter der Stiftshütte gefertigt (Ex 25-27; 36-38). Hier ist vermutlich der Anabaum (Acacia albida) gemeint, der einen dicken Stamm hat und bis zu 20 m hoch werden kann. Die anderen Arten (Acacia raddiana, Acacia spinocarpa, Acacia farnesiana) haben einen zu dünnen Stamm und sind zur Anfertigung von Möbeln u.ä. nicht geeignet. Nach Jes 41,19 soll die Akazie – gemeinsam mit Zedern, Myrten, Ölbäumen und Zypressen – in der Heilszeit die Wüste fruchtbar machen. Auf diese Pflanze beziehen sich mehrere biblische Ortsnamen, z.B. „Schittim" (u.a. Num 25,1; Jos 2,1), „Abel-Schittim" (Num 33,49), „Bet-Schitta" (Ri 7,22) oder das „Schittim-Tal" (Joël 4,18).

Akkad
Stadt in Nordbabylonien (Gen 10,10); genaue Lage unbekannt; aus ihr stammte die Dynastie Sargons I. (2350-2300 v.Chr.), die 200 Jahre lang Babylon regierte.
„Akkadisch" ist die heutige gemeinsame Bezeichnung für die semitischen Dialekte Babylonisch und Assyrisch.

Akkadisch
„Akkad" war eine Stadt in Babylonien (Gen 10,10), die zur Zeit Sargons I. die erste Hauptstadt der Könige der akkadischen Dynastie war. Die genaue Lage ist nicht bekannt. Später wurde mit dem Namen „Akkad" Nordbabylonien bezeichnet.

„Akkadisch" wird die semitische Sprache genannt, die in einem assyrischen und einem babylonischen Dialekt gesprochen und in Keilschrift geschrieben wurde.

Akko

Hafenstadt in Nordpalästina (bei Haifa); zur Zeit König Davids in israelitischem Besitz, aber von Salomo wahrscheinlich wieder an den König von Tyrus abgetreten (1 Kön 9,12 13); der Makkabäer Jonatan wurde in dem hellenistisch gesinnten und judenfeindlichen Akko 143 v.Chr. hinterlistig umgebracht (1 Makk 10-12).
In dieser Stadt, die zur Zeit des Hellenismus Ptolemaïs hieß, entstand früh eine christliche Gemeinde (Apg 21,7), die der Apostel Paulus bei der Rückkehr von seiner dritten Missionsreise besuchte.

Alexander der Große

König von Makedonien (356-323 v.Chr.); Begründer des bis zum Indus reichenden griechischen Weltreichs und von Bedeutung für die Entwicklung des Judentums; er wird im Alten Testament nur in 1 Makk 1,1-9 namentlich erwähnt. Darüber hinaus gibt es aber einige Anspielungen auf das Alexanderreich (Dan 2,33; 2,40; Sach 9,1-8). Er selbst erscheint unter dem Symbol des Ziegenbocks (Dan 8,5-12).

Alexandria

Stadt im Nildelta, von Alexander dem Großen nach seiner Eroberung Ägyptens 332/1 v.Chr. gegründet; neben Rom die zweite Weltstadt und außerdem die größte Handelsstadt der antiken Welt mit zahlreichen Schiffen und Beziehungen bis nach Indien. Alexandria war die Residenz der Ptolemäer, des römischen Statthalters und auch Kleopatras sowie Zentrum von Kultur (Museum) und Wissenschaft (Universität, Bibliothek). Die bis zu 1 000 000 Einwohner bestanden aus Griechen, Ägyptern, Römern und Juden. In der Apostelgeschichte wird Alexandria als Heimathafen der Schiffe erwähnt, die Paulus u.a. auf Malta vorfand (Apg 28,11).

Alkimus

Hellenistisch gesinnter Jude und Hohepriester; wurde von Judas Makkabäus bekämpft und aus seinem Amt vertrieben, da er die Verfolgung der glaubenstreuen Juden förderte (1 Makk 7; 9,54-57; 2 Makk 14,3-13). Demetrios I. Soter, der König von Syrien, setzte ihn aber wieder ein. Nach 1 Makk 9,54-57 wurde Alkimus' Tod als göttliche Strafe angesehen.

Almosen

(von griechisch eleemosýne = „Barmherzigkeit")
Finanzielle Unterstützung von

Bedürftigen, für die die Großfamilie nicht sorgen konnte. Schon das Alte Testament nennt die Pflicht, Armen zu helfen (Lev 19,10). Besonders Witwen, Waisen und „Niedrige“ (Lev 19,15) waren auf Almosen angewiesen, doch auch anderen Verarmten wie z.B. Landlosen wird nach Jes 58,7 und Ez 18,7 der Gerechte helfen. Das Almosengeben galt – wie das Fasten und das Beten – als wichtiges Zeichen der Frömmigkeit (Mt 6,1-18) und auch als sündenvergebend (Tob 4,7-11; 12,9; Dan 4,24). Außerdem bringt eine barmherzige Gabe Gottes Segen (u.a. Spr 19,17). Auch im Neuen Testament waren Almosen hochgeschätzt, die Motive waren nun aber Nächstenliebe und der Ausdruck der Verbindung mit dem Herrn (vgl. Apg 10,31). Zur Zeit Jesu gehörten das Betteln und das Almosengeben zum Alltag (Mk 10,46; Joh 9,8; Apg 3,2). Gespendet wurde öffentlich auf der Straße und in der Synagoge (Mt 6,2). Almosen gaben u.a. die arme Witwe (Mk 12,41-44), Tabita (Apg 9,36), Cornelius (Apg 10,1-2), und auch der Apostel Paulus, der für die Gemeinde von Jerusalem sammelte (Apg 24,17). Mit dieser Art der Spende sollte, so Jesus, nicht geprahlt werden, sondern sie sollte der inneren Haltung entsprechen (Mt 6,1-4).

Aloebaum

(hebräisch 'ahalim, 'ahalot, griechisch alóe)

Ein großer, in Hinterindien beheimateter Baum (Aquilaria agallocha), von dem ein wohlriechendes, aber bitteres Harz stammt. Aloe diente als Parfum (Ps 45,9; Spr 7,17) und wurde auch bei der Einbalsamierung des Leichnams Jesu verwendet (Joh 19,39-40).

Alphäus (Alfäus)

1. Vater des Zöllners Levi, des späteren Jüngers Jesu, Matthäus (Mk 2,14; Lk 5,27).

2. Vater des Jüngers Jesu, Jakobus des Jüngeren (Mt 10,3; Mk 3,18; Lk 6,15; Apg 1,13).

Altar

(lateinisch ara)

Verehrungsstätte einer Gottheit; im Alten Testament ist ein Altar zum ersten Mal bei der beabsichtigten Opferung des Isaak durch seinen Vater Abraham erwähnt: „Und sie kamen an den Ort, den Gott ihm genannt hatte. Und Abraham baute dort den Altar und schichtete das Holz auf. Dann band er seinen Sohn Isaak und legte ihn auf den Altar oben auf das Holz“ (Gen 22,9).

Altes Testament

Das Alte Testament (AT) ist der erste und ältere Teil der Bibel. Erzählt wird die Glaubensge-

schichte des Volkes Israels, mit der Schöpfungsgeschichte beginnend bis zur Zeit Jesu. 70 einzelne, sehr verschiedene Bücher machen das AT aus, dazu gehören:
1. Die fünf Bücher Mose, Genesis, Exodus, Levitikus, Numeri und Deuteronomium. In ihnen ist der Zeitraum von der Erschaffung der Welt bis zur Wanderung Israels ins Land Kanaan beschrieben.
2. Die Geschichtsbücher: Die Richterbücher (Josua, Richter, Rut) erzählen die Ansiedlung und Eroberung Kanaans durch die zwölf Stämme Israels. Es folgen weitere geschichtliche Bücher (Samuel, Buch der Könige, der Chronik und der Makkabäer) und Episodenerzählungen (Esra, Nehemia, Tobit, Judit und Ester).
3. Die so genannte Weisheitsliteratur beschreibt Zeugnisse der Frömmigkeit Israels und ihrer geistigen Kultur: Dazu gehören die Psalmen, eine umfangreiche Gebetsammlung, das Buch der Weisheit, das Buch der Sprichwörter (Sprüche), das Buch Kohelet (Prediger), die Lehrerzählung Ijob und Jesus Sirach.
4. Die Bücher der Propheten: Es wird unterschieden zwischen den „großen" (Jesaja, Jeremia, Ezechiel, Daniel) und den zwölf „kleinen" Propheten (Hosea, Joël, Amos, Obadja, Jona, Micha, Nahum, Habakuk, Zephania, Haggai, Sacharja, Maleachi). Dazu kommen die Klagelieder des Jeremia und das Buch Baruch.

Älteste

1. Familien- bzw. Sippenoberhäupter, die das Volk am Anfang der Geschichte Israels führten und z.B. vor dem Pharao vertraten (vgl. Ex 3,16-18). Daraus entstand der von Mose auf Jahwes Befehl hin eingesetzte Ältestenrat (Num 11,16-17), eine Art Parlament, das ihm bei der Führung des Volkes während der Wüstenwanderung ins Gelobte Land unterstützte. Nach dem Einzug in Kanaan und der Landnahme gab es vermutlich in jeder Ortschaft einen Ältestenrat (z.B. 1 Kön 21,8; 2 Kön 10,1; 1 Sam 11,3), und während der Babylonischen Gefangenschaft oblag den Ältesten die Bewahrung der religiösen und nationalen Gebräuche (z.B. Ez 20,1; Jer 29,1). In der nachexilischen Zeit ging aus dem Ältestenrat der im Jerusalemer Tempel tagende „Sanhedrin", der Hohe Rat, hervor, der allerdings erst in hellenistischer und römischer Zeit zu Bedeutung gelangte. Im Neuen Testament werden Älteste als Gegner Jesu und als Verfolger der ersten Christen genannt (z.B. Mt 26,59). (Siehe auch unter „Hoher Rat".)
2. Die Führer der von den Aposteln gegründeten urchristlichen Gemeinden (z.B. Apg 11,30; 14,23; 15,2); auch „Presbyter" genannt.

Amalek, Amalekiter
Alter Nomadenstamm, der gegen Ende des 2. Jahrtausends v.Chr. auf der Sinaihalbinsel lebte; er unternahm gelegentliche Raubzüge nach Südpalästina (1 Sam 30,14) und war daher der Feind Israels (Dtn 25,17-19; Ri 3,13; 6,3). Durch Saul (1 Sam 15) wurde die Macht der Amalekiter gebrochen, und von David (1 Sam 27,8; 30,1-20; 2 Sam 8,12) wurden sie endgültig besiegt. 1 Chr 4,43 nennt noch Reste der Amalekiter.

Amana
1. Gebirge in der Gegend des Antilibanon (Hld 4,8).
2. Fluss, der im Antilibanon entspringt und mit dem Parpar einen der „Flüsse von Damaskus“ (2 Kön 5,12) bildet.

Amarna
Ort am Ostufer des Nils, zwischen Memphis und Theben gelegen, den Pharao Echnaton (Amenophis IV.) im 14. Jahrhundert v.Chr. zur Hauptstadt machte und zu Ehren des Gottes Aton „Achet-Aton“ (Horizont des Aton) nannte. Die 1887 dort gefundenen „Amarnabriefe“ gehörten wohl zum umfangreichen Archiv von Amenophis III. und Amenophis IV. Die in akkadischer Sprache und Keilschrift abgefassten Tontafeln belegen die Korrespondenz der Herrscher u.a. mit den Königen von Babylonien, Assyrien und Mitanni. Der Großteil der Briefe stammte aber von ägyptischen Vasallen in Palästina, unter ihnen waren die Stadtkönige von Jerusalem, Ugarit, Sidon, Tyrus, Hebron, Akko, Aschkelon, Lachisch und Megiddo.
Die über 500 Briefe sind wichtige Quellen für die Geschichte, Politik, Sprache und Kultur Kanaans.

Amasa
(hebräisch „Gott hat ihn beschützt“)
Ein Neffe König Davids; wurde von Abschalom zum Führer seiner (fehlgeschlagenen) Revolution gemacht (2 Sam 17,25), von David jedoch begnadigt und statt Joab zum Heerführer erhoben (2 Sam 19,14); als er beim Aufstand des Scheba scheiterte, wurde er von Joab ermordet (2 Sam 20,4-13).

Amazja
(hebräisch „Gott ist stark“)
1. Neunter König von Juda (um 800-770 v.Chr.; u.a. 2 Kön 12,22; 2 Kön 14,1); er besiegte die Edomiter und verschaffte so Juda freien Zugang zum Roten Meer. Durch diesen Sieg angespornt wollte er auch Israel unterwerfen, was jedoch misslang: Er wurde bei Bet-Schemesch von König Joasch geschlagen, gefangen genommen und nach Jerusalem gebracht, wo Joasch den Tempel und den königlichen Palast plünderte (2 Kön

14,8-14; 2 Chr 25,17-25). Amazja floh nach Lachisch, wo er ermordet wurde. Er wurde in Jerusalem begraben (2 Kön 14,19-20).
2. Oberster Priester des Heiligtums von Bet-El; er verklagte den Propheten Amos bei König Jerobeam II. und ließ ihn des Landes verweisen. Daraufhin kündigte Amos dem Priester das Gericht an, das ihn und seine Familie treffen werde (Am 7,10-17).

Ameise
(hebräisch n·mala)
Sie wird in der Bibel für ihren Fleiß und für ihre Einheit und Ordnung in ihrem Staat gelobt (Spr 6,6-8). Spr 30,24-25 erwähnt die Klugheit und Weitsicht der Ameise, die ihre Vorräte für den Winter sammelt. Hier handelt es sich um die Ernteameise (Messor semirufus), die in allen Teilen Palästinas verbreitet war.

Amen
(hebräisch „so sei es", „so geschehe es")
Wurde im Alten Testament als Ausdruck der Zustimmung benutzt (Jer 28,6); im Neuen Testament ist das Wort ein Zuruf, der in die christliche Liturgie übernommen wurde (Offb 1,6). In Offb 3,14 wird Christus selbst als das „Amen" bezeichnet, mit dem Gott alle Verheißungen erfüllt hat.

Amen-em-ope
Ägypter, der etwa um 900 v.Chr. eine Weisheit verfasste, die unter Angleichung an den Glauben Israels übernommen wurde. Ein Teil des Weisheitsbuches ist in Spr 22,17-23,12 zu finden.

Ammon, Ammoniter
Aramäischer Volksstamm, der sich im 12. Jahrhundert v.Chr. östlich des Jordan ansiedelte. Die Ammoniter gründeten ihr eigenes Königreich (Ri 11,12-14; 11,27-33) und machten Rabba (das heutige Amman, Hauptstadt Jordaniens) zum Zentrum. Bald kam es zu kriegerischen Auseinandersetzungen mit den Israeliten, die Ammoniter wurden von Jephtha (Ri 10,6-12,6) und Saul (1 Sam 11) besiegt. Letztendlich unterwarf David die Ammoniter und machte sich selbst zum König von Ammon.
Nach dem Zerfall des davidisch-salomonischen Großreiches konnte Ammon seine Selbstständigkeit zunächst wiedergewinnen, wurde aber 582 v.Chr. von den Babyloniern unter Nebukadnezar II. unterworfen. Später unterstand Ammon den Persern, danach den Griechen und ab 64 v.Chr. den Römern.

Amnon
(hebräisch „der Treue")
Ältester Sohn Davids; er vergewal-

tigte und verstieß seine Halbschwester Tamar (2 Sam 13,1-22) und wurde deshalb zwei Jahre später von seinem Halbbruder Abschalom ermordet (2 Sam 13,23-33), der dadurch selbst zum Thronfolger aufstieg.

Amon

(hebräisch „der Treue"; ägyptisch „der Verborgene")

1. 15. König von Juda (641–640 v.Chr.); wie sein Vater Manasse Götzendiener und Jahwe (Gott) untreu; er starb als Opfer eines Komplotts seiner Diener (2 Kön 21,18-25; 2 Chr 33, 21-25). Seine Mörder wurden getötet und sein achtjähriger Sohn Josia zum König bestimmt (2 Kön 21,19-26; 2 Chr 33,21-25).

2. Zunächst nur Schutzgott der ägyptischen Stadt Theben (Jer 46,25), ab der 18. Dynastie Reichsgott, der mit dem Sonnengott Re zu Amon-Re verschmolz und als „König der Götter" verehrt wurde.

Amoriter

Die Herkunft des Namens ist nicht eindeutig geklärt. Vermutlich hängt er mit dem akkadischen „Martu" für „Westen" zusammen. Die Babylonier bezeichneten im 3. Jahrtausend v.Chr. das Gebiet von Syrien und Palästina als „das Land der Amoriter". Als „Amoriter" wurden entweder die gesamten vorisraelitischen Bewohner Palästinas bezeichnet (u.a. Gen 10; Gen 15) oder auch nur eine bestimmte Bevölkerungsgruppe, wie z.B. die Hethiter oder Kanaanäer (Dtn 7,1; Jos 3,10).

Amos

(hebräisch „der Träger")

Prophet aus dem jüdischen Dorf Thekoa (einige Kilometer südlich von Jerusalem), der ursprünglich Vieh- und Maulbeerfeigenzüchter war; Amos trat auf Geheiß Jahwes (Gottes) um 770 v.Chr. zu Bet-El in Israel als Prophet auf. Dort predigte er gegen den geistlichen und moralischen Verfall des Nordreichs unter Jerobeam II.: Er kritisierte die Habgier der Reichen und die Unterdrückung der Armen (Am 4). Im Namen Jahwes prophezeite er sogar den Tod des Königs und damit den Untergang des Volkes. Wegen dieser unheilvollen Botschaft wurde er vom Priester Amazja angeklagt und des Landes verwiesen (Am 7,10-17).

Amos gilt als erster der Schriftpropheten, d.h. er war der erste, dessen Sprüche gesammelt und im „Amosbuch" festgehalten wurden.

Amoz

Vater des Propheten Jesaja (2 Kön 19,2; Jes 1,1); nicht zu verwechseln mit Amos.

Amphipolis

(griechisch „der um die Stadt herum ist")
Hauptstadt der römischen Provinz Ostmakedonien, die ihren Namen wegen des sie fast völlig umgebenden Flusses Strymon erhielt; der Apostel Paulus machte hier auf seiner zweiten Missionsreise nach Thessalonich (Thessaloniki, Griechenland) Station (Apg 17,1).

Amrafel

König von Schinar im südlichen Mesopotamien, der gemeinsam mit anderen Regenten die Herrscher von Sodom und Gomorra besiegte und Lot, den Neffen Abrahams, gefangennahm (Gen 14,1; 14,9); über Amrafel ist wenig bekannt, lediglich, dass er später von Abraham besiegt und vertrieben wurde.

Amram

(hebräisch „der Verwandte [Gott] ist erhaben" oder „der Starke")
Enkel des Levi (Ex 6,18; Num 3,19), Ehemann seiner Tante Jochebed (Ex 6,20) und Vater von Aaron, Mose und Mirjam (Num 26,58-59;1 Chr 5,29); er war Stammvater der Amramiter (Num 3,27), die in 1 Chr 26,23 als levitische Gruppe beschrieben werden.

Anak

(hebräisch 'anaqim = „Langhälse", „Riesen")
Riese, dessen Vater Arba der „größte Mensch unter den Anakitern" war (Jos 14,15; 15,13); er war der Ahnherr der Anakiter, die im Hügelland vor allem in Hebron und seiner Umgebung lebten (z.B. Num 13,22). Die „Söhne des Anak", Ahiman, Scheschai und Talmai, wurden von Kaleb vertrieben (Jos 15,14). Ein Überrest der Anakiter verblieb nach Jos 11,22 im Gebiet der Philister u.a. in Gaza und Gat (z.B. Goliath).

Anatot

Stadt im Stammesgebiet von Benjamin, die den Leviten zugewiesen wurde (Jos 21,18); Heimat des Propheten Jeremia (Jer 1,1; 11,21; 32,7-9) und Exil des Priesters Abjatar (1 Kön 2,26); lag vermutlich unweit des heutigen Anata einige Kilometer nördlich von Jerusalem.

Andreas

(griechisch „der Männliche", „der Mannhafte")
Andreas war Fischer (Mk 1,29), stammte vermutlich aus Bet(h)-saida in Galiläa (Joh 1,44) und war – gemeinsam mit seinem Bruder Simon Petrus – einer der ersten Jünger Jesu (Mt 4,18-20). Nach dessen Tod missionierte Andreas viele Jahre vor allem in den Gebieten entlang der südlichen und westlichen Schwarzmeerküste (= heutige Staaten Türkei, Griechenland, Bulgarien, Rumänien, Ukraine) sowie in Epirus (Nordwest-

griechenland) und Achaia auf der Peloponnes, wo er (wahrscheinlich) im Jahre 60 in Patras den Märtyrertod an einem X-förmigen Kreuz erlitt (Andreaskreuz).

Andronikus

(griechisch „Männerüberwinder", „Menschenbesieger")

1. Stellvertreter des Seleukidenkönigs Antiochos IV. Epiphanes; er ließ den Hohepriester Onias III. ermorden und wurde dafür selbst auf Befehl von Antiochos zum Tode verurteilt (2 Makk 4,31-38).

2. Judenchrist in Rom; ein Mann, der „unter den Aposteln hervorragt" (Röm 16,7); war mit Paulus im Gefängnis, wurde aber schon vor jenem Christ.

Äneas

Ein Gelähmter aus Lydda (Apg 9,32-35), der von Petrus geheilt wurde (vgl. Mt 9,1-8).

Änon

(hebräisch „Quellenort")

Ort in der Nähe von Salim am Jordan eventuell im Tal von Bet-Schean; dort hat nach Joh 3,23 Johannes der Täufer die Leute, die zu ihm kamen, getauft.

Antilibanon

Gebirgszug östlich des Libanon; im Alten Testament werden für ihn oder seine einzelnen Teile verschiedene Namen verwendet: Senir (Nordteil), Amana (Mittelteil), Hermon (Südteil) (Hld 4,8).

Antilope

Sammelbegriff für mehrere Arten der Hornträger, die nicht miteinander verwandt sein müssen; sie zeichnen sich durch eine schlanke Gestalt aus.

Die Bibel nennt besonders die Gazelle (hebräisch s•bi, griechisch dorkás, lateinisch gazella; von Martin Luther mit „Reh" übersetzt) ein schönes Wüstentier, von dem in Palästina die rotbraune Gazella dorcas und die graue Gazella arabica mit der typischen schwarzen Nase anzutreffen waren. Die Gazelle symbolisierte Schönheit (Hld 2,7; 2,9; 2,17; 4,5; 7,4; 8,14) und Schnelligkeit (2 Sam 2,18; 1 Chr 12,9). Ihr Fleisch durfte zwar gegessen, aber nicht geopfert werden (Dtn 14,5; 12,15; 12,22). Nach 1 Kön 5,3 war die Gazelle auf dem Speiseplan des Königs Salomo zu finden.

Die Bibel erwähnt den Namen „Tabita", der vom aramäischen Wort tabja („Gazelle") stammt (Apg 9,36; Apg 9,40). Apg 9,39 nennt die griechische Form „Dorkas".

Antiochia

Hauptstadt der römischen Provinz Syrien am Fluss Orontes (heute Antakya, Südosttürkei), die aufgrund ihrer Lage zwischen Taurus-

und Libanongebirge eine wichtige Ost-Westverbindung des römischen Reiches war; in der neben Rom und Alexandria drittgrößten Stadt trafen Hellenismus, Judentum und Christentum aufeinander, und rasch wuchs eine christliche Gemeinde, in der auch nichtbeschnittene ehemalige Heiden aufgenommen wurden (Apg 11,19f.). Durch das Wirken von Barnabas (Apg 11,22f.) und Paulus (Apg 11,25f.), deren Heidenmission in Antiochia ihren Ausgangspunkt hatte (Apg 13,1-3; 14,26; 15,36; 18,22), gewann der Ort als Missionsbasis an religiöser Bedeutung.

Antiochos (Antiochus)

Name von insgesamt dreizehn syrischen Königen aus der Dynastie der Seleukiden, u.a.:

1. Antiochos III., sechster König des Seleukidenreiches in Syrien und Vorderasien (223-187 v.Chr.), der wegen seiner erfolgreichen Feldzüge den Beinamen „der Große“ erhielt (Dan 11,10-19; 1 Makk 8,6-8); 200 v.Chr. schlug er die Ptolemäer und konnte so die Herrschaft über Palästina gewinnen. Den Juden gestand er Privilegien zu, das Verhältnis zu den Römern verschlechterte sich jedoch. Er kam 187 v.Chr. um, als er in Elam einen Tempel plündern wollte.

2. Antiochos IV. Epiphanes (griechisch „der sichtbar gewordene Gott“); achter König des Seleukidenreiches (175-164 v.Chr.) und Nachfolger seines ermordeten Bruders Seleukos IV.; der „gottlose Spross“ (1 Makk 1,10; Dan 11,21) führte mehrere Feldzüge gegen Ägypten (1 Makk 1,16-20; 2 Makk 5,1), befahl die Hellenisierung Israels und verbot den Jahwekult. Er plünderte den Jerusalemer Tempel (1 Makk 1,21-24), und zwang die Juden, den Zeus Olympios zu verehren (vgl. Dan 12,11). Dadurch provozierte er den Aufstand der Hasmonäer, der gesetzestreuen jüdischen Landbevölkerung. Judas Makkabäus eroberte Jerusalem und sorgte für die Erneuerung des jüdischen Kultes im Tempel (1 Makk 4,44-59).

Antipatris

Stadt und wichtiger Militärstützpunkt an der Heeresstraße zwischen Cäsarea (Maritima) und Jerusalem, von Herodes dem Großen an der Stelle des alten Afek erbaut und nach seinem Vater Antipater benannt; als der Apostel Paulus von römischen Soldaten bewacht nach Cäsarea überführt wurde, verbrachte er eine Nacht in Antipatris (Apg 23,31).

Antonia

Burg im Jerusalemer Tempelbezirk, von Herodes dem Großen zu Ehren seines Freundes Marcus Antonius benannt; in der Festung hatte eine römische Wachtruppe ihren Stützpunkt (Apg 21,31f.). Nicht gesichert ist die Annahme, dass Antonia der Ort der Verurteilung Jesu durch Pilatus war (Mk 15,16). Titus' Soldaten zerstörten die Anlage im Jahre 70 n.Chr.

Antonius = Marcus (Mark) Antonius

Römischer Feldherr und Staatsmann; erste militärische Erfahrungen brachte der Einsatz in Judäa (57 v.Chr.), wo Antonius in den Konflikt der letzten Hasmonäerherrscher eingriff. Zusammen mit Octavian und Lepidus bildete er das zweite Triumvirat. Antonius wurde die östliche Hälfte des Reiches überlassen. Er besiegte 42 v.Chr. die Mörder Cäsars und lebte bei Kleopatra, der ägyptischen Königin, in Alexandria. Er verhalf dem Idumäer Antipater, dem Stammvater der Dynastie Herodes, auf den Thron von Judäa und ermöglichte es ihm, die Macht trotz der Intrigen Kleopatras zu behalten.

31 v.Chr. wurde Antonius in der Schlacht bei Actium von Octavian geschlagen, und im Jahr darauf beging er in Ägypten Selbstmord, als die Truppen des Octavian näher rückten.

Apfelbaum

(hebräisch tappuah)

Ein schattenspendender Baum (Pirus malus) mit süßen Früchten (Hld 2,3), der als sehr schön galt (Spr 25,11; Hld 8,5) und Heilkraft besaß (Hld 2,5). Der Apfel wurde mit dem Sündenfall von Adam und Eva im Paradies in Verbindung gebracht, obwohl hier nur von einer „Frucht" die Rede ist (u.a. Gen 2,9; 3,6). In der Heuschreckenplage, die Joël erwähnt, werden auch Apfelbäume vernichtet (Joël 1,12). Auf den Apfel beziehen sich mehrere Ortsnamen in Palästina, z.B. „Tappuach" (Jos 15,34; 16,8), „Bet-Tappuach" (Jos 15,53) oder „En-Tappuach" (Jos 17,7).

Apokalyptik

(griechisch „Offenbarung")

Als Apokalyptik versteht man prophetische Beschreibungen des Weltendes, oft verbunden mit Vorstellungen der Errettung. Im Alten Testament ist dies vor allem das Buch Daniel (insbesondere Dan 7-12). Die Offenbarung des Johannes beschreibt, wie Christus die Feinde Gottes (Offb 19,19-20) oder den Teufel vernichtet (Offb 20,10) oder wie die vier apokalyptischen Reiter herbeigerufen werden (Offb 6,1-17). Die letzten beiden Bücher der Offenbarung des Johannes verheissen das Jüngste Gericht und die Herrlichkeit des Neuen Jerusalem.

Die apokalyptische Literatur hat ihren Ursprung vielleicht schon im Kontakt des Judentums mit dem persischen Dualismus, spätestens

aber in der Zeit der rigorosen Unterdrückung der Jahweverehrung unter dem Seleukidenherrscher Antiochos IV. Epiphanes (175-164 v.Chr.).
Für bestimmte christliche Gruppen (z.B. Zeugen Jehovas) ist die Apokalyptik wichtigster Bestandteil der Heilslehre geworden.

Apokryphen und Pseudoepigraphen
(griechisch apokryphos = verborgen)
Apokryphen sind Schriften, die nicht allgemein anerkannter Bestandteil der Bibel sind. Welche dazugehören oder nicht, wird unterschiedlich gehandhabt: Die Katholische Kirche legte etwa den Kanon des Alten Testaments endgültig auf dem Konzil von Trient (1545-1563) fest. Als Apokryphen gelten z.B. das dritte Buch Esra, das dritte und vierte Makkabäer, das Gebet Manasses, die Psalmen Salomos und andere. Die evangelische und orthodoxe Tradition weichen davon teilweise erheblich ab, wobei erstere tendenziell mehr Schriften ablehnt, die zweitere solche eher als nicht apokryph akzeptiert.
Im Neuen Testament gelten verschiedene Evangelien des 1. bis 4. Jahrhunderts als apokryph, die oft nur fragmentarisch oder in Zitaten erhalten sind. Die aufsehenerregenden Funde von koptischen Versionen in Nag Hammadi in den 40er Jahren des 20. Jahrhunderts haben das Wissen um diese Schriften erheblich erweitert.
In diesem Zusammenhang ist auch das Phänomen der Pseudoepigraphen zu sehen, d.h. Schriften, die einem anderen Verfasser zugeschrieben wurden, oft um ihre Wertigkeit oder Plausibilität zu erhöhen. Beispiele sind der Kolosserbrief des Apostels Paulus oder die Psalmen Davids.

Apollonia
(griechisch „die von/dem Gott Apoll Geweihte")
Stadt in Makedonien zwischen Amphipolis und Thessalonich (heute Thessaloniki, Griechenland), die der Apostel Paulus während seiner zweiten Missionsreise besuchte (Apg 17,1) und die heute Pollino heißt.

Apollonios
(griechisch „der von/dem Gott Apoll Geweihte")
Häufiger Name im Hellenismus, u.a. von zwei Statthaltern des Seleukidenreiches (2 Makk 3,5; 2 Makk 3,7 bzw. 1 Makk 10,69-85); Apollonios von Tyrana, der Wanderprediger und Wundertäter (gestorben um 97 n.Chr.), wurde bereits im Altertum bisweilen mit Jesus verglichen.

Apollos
(Kurzform von „Apollonios")
Gebildeter Jude aus Alexandria, der

als Mitarbeiter des Apostels Paulus in Ephesos (Apg 18,24-28) und Korinth (Apg 19,1; 1 Kor 4,6) predigte.

Apostel

(griechisch „Gesandter", „Bote")

Das Wort bezeichnet im strengen Sinn die zwölf Jünger Jesu (Petrus, Andreas, Jakobus der Ältere, Johannes der Evangelist, Philippus, Bartholomäus, Matthäus, Thomas, Jakobus der Jüngere, Simon Zelotes, [Judas] Thaddäus, Judas Iskariot), die von diesem zur Gründung seiner Kirche auserkoren wurden (Lk 6,13-16). Nach dem Selbstmord des Verräters Judas Iskariot (Mt 27,3-5) nahm Matthias dessen Platz im „Zwölferkreis" ein (Apg 1,23-26). Paulus, dem der auferstandene Christus auf dem Weg nach Damaskus erschien und im Besonderen zum „Heidenapostel", also zur Bekehrung der Nicht-Juden, berufen wurde (Apg 9; Röm 1,13-14), benutzte den Ausdruck „Apostel" für jeden Verkünder des Evangeliums (u.a. 2 Kor 12,12).

Apostelkonzil

Versammlung der Jerusalemer Apostel (Petrus, Judas, Silas und Jakobus) und Gesandten der Gemeinde Antiochias (Barnabas, Paulus) um 48/49 n.Chr.; eines der Hauptthemen der Verhandlung war die Forderung nach Beschneidung der Heidenchristen seitens der Jerusalemer Vertreter (Apg 15,1ff.). Paulus' Wunsch nach der gesetzesfreien Heidenmission fand Zustimmung: Es wurde beschlossen, dass nicht mehr die Zugehörigkeit zum jüdischen Volk und die genaue Befolgung sämtlicher Ritualgebote, sondern vielmehr der Glaube an Jesus Christus und die Taufe zur Aufnahme in die christliche Gemeinschaft genügen. Judenchristen und Heidenchristen sollten als gleichberechtigt gelten, was durch die Verpflichtung zur Kollekte für Jerusalem bekräftigt wurde (Gal 2,1). Dem beschließenden Schriftstück (Aposteldekret) zufolge hatten für die Heidenchristen nur einige der jüdischen Ritualgebote (Enthaltung von Götzenopfern, Blut und Unzucht) Geltung (Apg 15,28f.).

Aquila und Priszilla

(auch: Priscilla, Prisca oder Priska)

Ein judenchristliches Ehepaar, das in Folge des Judenedikts des Kaisers Claudius im Jahre 49 aus Rom vertrieben wurde; die verbannten Eheleute ließen sich in Korinth nieder, wo Paulus, wie Aquila Zeltmacher von Beruf, bei ihnen wohnte und arbeitete (Apg 18,3). Aquila und Priszilla unterstützten den Apostel bei dessen Missionstätigkeit und begleiteten ihn nach Ephesos, wo sie eine Christengemeinde um sich scharten (Röm 16,5; 1 Kor 16,19). In tiefer

Dankbarkeit entsendete Paulus den beiden Vertrauten, die er seine „Mitarbeiter in Christus Jesus" nannte, wiederholt Grüße in seinen Briefen (Röm 16,3; Tim 4,19).

Araba

(hebräisch ha'araba = „die Steppe")
Bezeichnung für die Jordansenke und ihre Fortsetzung zwischen dem Toten und dem Roten Meer; in der Bibel ist damit fast nur der Jordangraben gemeint (Dtn 1,7; Jos 18,8). Das Tote Meer wurde auch „Meer des Araba" genannt (Jos 12,3; 2 Kön 14,25).

Araber, Arabien

(hebräisch arab = „Wüstenmensch")
Halbinsel zwischen Afrika und Asien; die Araber waren im Alten Testament generell die Bewohner der Wüste (Jer 3,2; 9,25), besonders aber der syrisch-arabischen Wüste (Jer 25,23-24). Sie waren Nomaden, die sich früh am Karawanenhandel beteiligten (1 Kön 10,14-15; vgl. Ez 27,21). Gold, Edelsteine und Weihrauch aus Arabien wurden nach Israel eingeführt (2 Chr 9,14). Mitte des 9. Jahrhunderts v.Chr. griffen die Araber Juda an (2 Chr 21,16-17), wurden schließlich aber von König Asarja (Usija) geschlagen (2 Chr 26,7). Nach Neh 4,1 waren die Araber unmittelbare Nachbarn der Provinz Juda. Später bildeten sie südlich von Damaskus das Königreich der Nabatäer, dessen Herrscher „Araberfürst" genannt wurde (2 Makk 5,8; Apg 2,11; Gal 1,17).

Arad

Kanaanäische Königsstadt im Negeb (Num 21,1; 33,40), deren Herrscher zur Zeit Mose die Israeliten angriff, die die Stadt zerstörten; der Name wurde nach Num 21,3 in „Horma" („Bannung") geändert, und die mit Mose verwandten Keniter bewohnten das Land südlich von Arad (Ri 1,16). Josua eroberte die Stadt später, und Arad und Horma werden nebeneinander erwähnt (Jos 12,14).
Arad ist das heutige „Tell Arad" etwa 30 km südlich von Hebron.

Arak el-Emir

Name einer Festung zwischen Jericho und Amman, gegründet um 200 v.Chr. von Tobija, dem Ammoniter; erhalten sind hebräische Inschriften und Palastruinen.

Aramäer

In der Tradition auf Aram, den fünften Sohn Sems zurückgehende Gruppe semitischer Nomadenstämme (Gen 10,22-23), die gegen Ende des 2. und in der ersten Hälfte des 1. Jahrtausends v.Chr. in die Ebene des Euphrat zogen und als die Vorfahren der Israeliten (Dtn 26,5) gelten; nach dem Zerfall des Hethiterreiches kam es zu Kleinstaatenbildungen der Aramäer im Norden Syriens, später drangen sie bis ins südliche Mesopotamien und ins Libanongebirge vor. Im 10. Jahrhundert v.Chr. unterbanden die israelitischen Könige weitere Expansionsbestrebungen der Aramäer. König David unterwarf die Fürstentümer Aram-Zoba und Aram-Beth-Re hob (2 Sam 10,6ff.), die sich unter Salomo jedoch zu einem Reich mit Damaskus als Hauptstadt verbündeten und einen starken Gegner Israels bildeten (1 Kön 11,23ff.; 20,22; 2 Kön 6,24). Im Jahre 732 wurde Damaskus vom assyrischen König Tiglat-Pileser III. erobert (2 Kön 15-16).

Ararat

Gebirgsland im armenischen Hochland zwischen Vansee und Urmiasee, in dem Noahs Arche nach der Sintflut bei Rückgang des Wassers festgesessen sein soll (Gen 8,4); in späterer Zeit bezeichnete man nicht mehr die Landschaft, sondern nur mehr zwei markante Erhebungen der Gebirgskette (Großer Ararat, 5 198 m und Kleiner Ararat, 3 915 m) mit diesem Namen.

Aratus

Griechischer Dichter, der aus Kilikien stammte und um 310-240 v.Chr. lebte; ein Ausschnitt eines seiner Gedichte findet sich in Apg 17,28. Hier preist er den Wettergott Zeus.

Arauna

(auch „Ornan")

Ein Jebusiter, dessen Tenne David zur Errichtung eines Altars für Jahwe (Gott) kaufte (2 Sam 24,16-25; 1 Chr 21,18-28); Salomo errichtete später an dieser Stelle seinen Tempel (2 Chr 3,1).

Arche

(lateinisch arca = „Kasten")

Ein etwa 150 m langes, 25 m breites und 15 m hohes Schiff (Gen 6,15), das Noah auf Geheiß Gottes erbaute, um die Schöpfung bei der Sintflut vor ihrem sicheren Ende zu bewahren; in der drei Stockwerke hohen Arche fanden Noah selbst, seine Familie und ein Paar jeder Tierart Zuflucht (Gen 6-9).
Bislang erfolglos verlief die Suche nach Überresten der Arche auf dem Berg Ararat, wo sie der Überlieferung nach gelandet sein soll (Gen 8,4).

Archippus

Christ in Kolossä (Kol 4,17), „Mitstreiter" des Apostels Paulus (Phlm 2) und einer der Empfänger des Philemonbriefes.

Areopag

Dem griechischen Kriegsgott Ares geweihter kahler Kalksteinhügel nordwestlich der Akropolis in Athen, wo der oberste Gerichtshof Athens tagte; bei seinem ersten Aufenthalt in Athen hielt der Apostel Paulus hier seine berühmte Predigt vor Philosophen, bei der er das Evangelium von der Auferstehung Jesu verkündigte (Apg 17,16-31).

Aretas

Häufiger Name nabatäischer Könige, u.a.:

1. Aretas I. hielt den unrechtmäßigen Hohepriester Jason in Petra gefangen, der aber flüchten konnte (2 Makk 5,8).

2. Aretas IV., Schwiegervater des Herodes Antipas (Mk 6,17), der vorübergehend über Damaskus herrschte (2 Kor 11,32-33; Apg 9,23-25).

Argob

Landschaft im Ostjordanland, in der 60 befestigte Städte lagen; sie gehörte zum Reich des Amoriterkönigs Og, wurde später aber vom Stamm Manasse erobert (1 Kön 4,13; Dtn 3,4; 3,13).

Arimathäa

Herkunftsort des Ratsherrn und Jüngers Jesu, Josef, in dessen Felsengrab in Jerusalem Jesus beigesetzt wurde (Mk 15,43; Mt 27,57); bereits in der Antike vermutete man, dass Arimathäa mit dem alttestamentlichen Ramatajim-Zofim (dem heutigen Rentis östlich von Jaffa), dem Geburtsort des Propheten Samuel, identisch ist (1 Sam 1,1).

Aristarch

(„hervorragender Herrscher")

Aus dem makedonischen Thessalonich (heute Thessaloniki, Griechenland) stammender Mitarbeiter (Apg 19,29; Phlm 24) und Mitgefangener (Kol 4,10) des Apostels Paulus (Apg 27,2).

Aristobul(os)

(„hervorragender Ratgeber")

1. Aristobul I., Judas Aristobul, Sohn des Hyrkanus und König von Judäa (104-103 v.Chr.); er trug als erster Hasmonäer den Königstitel. Er unterwarf Ituräa und wahrscheinlich auch Galiläa, starb aber nach nur einjähriger Herrschaft.

2. Aristobul II., Sohn von Alexander Jannaios und Salome Alexandra; jüdischer König und auch Hohepriester; mit seinem Bruder Johanan Hyrkanus II., dem rechtmäßigen Thronfolger, kam es zu Streitigkeiten um den Anspruch auf die Königswürde, in die sich 63 v.Chr. Pompejus einmischte. Er eroberte Jerusalem, Aristobul II. wurde abgesetzt und nach Rom gebracht.

3. Ein Christ, an dessen Familie in Rom der Apostel Paulus Grüße schickte (Röm 16,10).

Arjoch

1. König von Ellasar in Südbabylonien und Verbündeter Amrafels (Gen 14,1; 14,9).
Gelegentlich versuchte Gleichsetzungen dieses Königs mit „Arriwuk“, einem Sohn des Königs Zimrilim in Mari, oder mit „Waradsin von Larsa“ sind nicht möglich.
2. Auch der Oberste der Leibwache des babylonischen Königs Nebukadnezar (Dan 2,14-15; 2,24-25) sowie der König der Elymäer und Gegner Nebukadnezars (Jdt 1,6) trugen den Namen „Arjoch“.

Arnon

Rund 50 km langer, in der Hochebene der syrisch-arabischen Wüste entspringender Fluss, der ein Gefälle von 1 000 m hat und von Osten ins Tote Meer mündet; das fischreiche Gewässer, das heute den Namen Wadi el-Modschib trägt, wird von mehreren Bächen und Nebenflüssen gespeist. Lange Zeit bildete der tief in das Hochland eingekerbte Flusslauf die Grenze zwischen dem Amoriterreich Sihons und den Moabitern (Num 21,13), in späterer Zeit jene zwischen dem Stamm Ruben und den Moabitern (Dtn 3,8; Jos 12,1).

Aroër

(hebräisch „Wacholdergebüsch“)
1. Stadt am Arnon und die südlichste Stadt im Reich der Amoriter (Dtn 4,48; Jos 12,2); wurde später von den Israeliten eingenommen (Num 21,21-25), gehörte anschließend zu Ruben (Jos 13,16; 1 Chr 5,8) und wurde 850 v.Chr. von den Moabitern erobert (Jer 48, 18-20).
2. Ammonitische Stadt in Gad bei Rabba (Jos 13,25; Ri 11,33).
3. Ort südöstlich von Beerscheba (1 Sam 30,28), identisch mit „Adada“ (Jos 15,22).

Arpachschad

Sohn des Sem und Vater des Schelach (Gen 10,22; 10,24; 11,10-13; 1 Chr 1,17-18; 1,24; Lk 3,36); womöglich Stammvater der Chaldäer.

Arpad

Die aramäische Stadt im Norden Syriens (heute Tell Rfad, etwa 25 km nördlich von Aleppo) wird im Alten Testament mehrmals gemeinsam mit Hamat genannt. 740 v.Chr. wurde Arpad vom Assyrerkönig Tiglat-Pileser III. eingenommen und zur Provinzhauptstadt erhoben (2 Kön 18,34; 19,13; Jes 10,9; 36,19; 37,13; Jer 49,23). Nach der Zerstörung durch Sargon II. von Assyrien (um 720 v.Chr.) wurde Arpad nicht mehr erwähnt.

Arphaxad

Ein König der Meder, der nur im Buch Judit als Erbauer der medischen Hauptstadt Ekbatana (heute Hamadan, Westiran) erwähnt wird, sonst aber unbekannt ist (Jdt 1,1; 1,5; 1,13ff.).

Artaxerxes

(hebräisch 'artahschasta, persisch Artachschatra, „Herrschaft der rechten Ordnung")

1. Artaxerxes I., der Sohn und Thronfolger des Xerxes, regierte 465-424 v.Chr. als persischer Großkönig. Seine Herrschaft war gekennzeichnet durch die Bemühungen, mit Griechenland Frieden zu schließen und den Wiederaufbau Jerusalems (den er zunächst verboten hatte) durchzuführen. Er entsandte Esra und viele Verbannte nach Jerusalem und schickte seinen jüdischen Mundschenk Nehemia als Statthalter von Juda ebenfalls dort hin (Esra 4,7-23; 6,14; 7; Neh 2,1-6; 13,6f.).

2. Artaxerxes II. (404-359 v.Chr.) sah sich gleich zu Beginn seiner Regierungszeit mit einem Aufruhr unter seinem Bruder Kyros d.J. konfrontiert. Ägypten sagte sich 398 v.Chr. vom persischen Großreich los, und Artaxerxes II. gelang es nicht, sich das Land erneut untertan zu machen.

Unklar ist, ob Esra unter Artaxerxes I. (458 v.Chr.) oder unter Artaxerxes II. (398 v.Chr.) nach Jerusalem zurückkehren konnte, um den Tempeldienst wieder einzusetzen.

Artemis

Die griechische Göttin der Natur und der Jagd war die Zwillingsschwester des Apollon und eine Tochter von Zeus und Leto. Sie entspricht der römischen Göttin Diana, anders als diese hatte sie aber auch große Bedeutung als Fruchtbarkeitsgöttin.

Der Name der Artemis könnte lydischen Ursprungs sein; sie hat sich vermutlich aus verschieden kleinasiatischen Gottheiten (Astarte, Nanäa) entwickelt. Große Bekanntheit erlangte das Kultbild der Artemis von Ephesos (Apg 19,23ff.), das sie mit zahlreichen Halbkugeln am Rumpf (vermutlich Brüste, neueren Forschungen zufolge könnte es sich dabei aber auch um Stierhoden handeln) darstellt. Ihr Tempel in Ephesos (heute Ruinenfeld bei Selçuk, Westtürkei) blieb bis zu seiner Zerstörung gegen Ende des 3. Jahrhunderts n.Chr. durch die Goten eine populäre heidnische Wallfahrtsstätte. Als sich der Apostel Paulus in der Stadt aufhielt, kam es zum Aufruhr der um ihr Geschäft bangenden Silberschmiede, die kleine Silbertempel herstellten und an die Pilger verkauften.

Arwad

Eine imposante Inselstadt im Mittelmeer zwischen Tripolis und Laodikea unweit des Festlands;

dank seiner Lage wurde Arwad, das von den Griechen und Römer Arados genannt wurde und heute Ruad heißt, schon früh (ab dem 14. Jahrhundert v.Chr.) ein bedeutendes und sehr wohlhabendes Handelszentrum. Das Alte Testament listet die Arwaditer in der Völkertafel Noahs als Nachkommen Kanaans auf (Gen 10,18; 1 Chr 1,16). Sie galten als geschickte Krieger und Seefahrer (Ez 27,8; 27,11).

Asa

Der Sohn des Abija und Urenkel Salomos war von 907 bis 868 v. Chr. dritter König von Juda. Er beschloss Reformen, um heidnische Kulte abzuschaffen und dem Götzendienst Einhalt zu gebieten (1 Kön 15,11-13). Unter seiner Herrschaft wurden zahlreiche judäische Städte erweitert und befestigt (vgl. Jer 41,9) und das Heer verstärkt. Trotzdem war Bascha von Israel mit seinem Angriff auf Juda anfangs erfolgreich und nahm sogar Rama (etwa 10 km nördlich von Jerusalem) ein. Asa konnte schließlich den aramäischen König Ben-Hadad von Damaskus auf seine Seite ziehen und erreichte so einen Rückzug Baschas (1 Kön 15,16-22).

Asas Zorn über den Seher Hanani soll mit einer Fußkrankheit bestraft worden sein (1 Kön 15,9-24; 2 Chr 14-16). Der König wurde in der Stadt Davids bestattet (1 Kön 15,24) und wird im Stammbaum Jesu genannt (Mt 1,7-8).

Asaël

(hebräisch 'asa'el = „Gott hat geschaffen")

Der Bruder von Joab und Abischai und Sohn der Zeruja war einer der 30 Helden seines Onkels David (2 Sam 2,18; 23,24; 1 Chr 2,16; 11,26). Der für seine Schnelligkeit berühmte Asaël verfolgte Abner, als dieser nach der Niederlage bei der Schlacht von Gibeon floh und wurde von ihm getötet.

Asaf

(hebräisch „Sammler")

Die Gilde der Tempelsänger, die sich gemeinsam mit Esra unter den ersten Rückkehrern aus dem Exil befanden (Esra 2,41); zwölf Psalmen werden Asaf zugeschrieben (Ps 50; 73-83).

In den Büchern der Chronik gehört Asaf, der Ahnherr der Gilde, den Leviten aus dem Geschlecht Gerschons an; er begleitete die Sänger, als die Bundeslade zur Zeit Davids nach Jerusalem gebracht wurde (1 Chr 6,16ff.). Asaf wurde Musikmeister unter David (1 Chr 6,24-28), seine Nachkommen waren ebenfalls Tempelsänger (2 Chr 29,13ff.; 35,15f.).

Asarhaddon

(hebräisch 'esar-haddon, akkadisch

Aschschur-achu-idinna = „[der Gott] Assur hat einen Bruder gegeben")
Der Sohn Sanheribs konnte sich gegen die Machtansprüche seiner beiden älteren Brüder Adrammelech und Sarezer, die den Vater ermordet hatten, durchsetzen und regierte das assyrische Reich von 681 bis 669 v.Chr. (2 Kön 19,37f.; Jes 37,38f.; Esra 4,2). Asarhaddon baute die zerstörte Stadt Babylon und den dortigen Marduktempel wieder auf. Er war ein erfolgreicher Kriegsherr: König Manasse von Juda war ihm tributpflichtig, zudem eroberte und zerstörte er Sidon und erkämpfte große Gebiete Ägyptens (671 v.Chr.). Der wohl mächtigste Herrscher des assyrischen Reiches verstarb 669 v.Chr. auf einem weiteren Feldzug gegen Ägypten.

Asarja
(hebräisch cuzzijja[hu], „Jahwe [Gott] ist meine Stärke", „Gott hat geholfen")
Diesen im Alten Testament häufigen Männernamen trugen u.a.:
1. Ein Freund Daniels, dessen babylonischer Name nach der Gefangennahme Abed-Nego lautete (Dan 1,6f.; 2,17; 2,49).
2. Der Sohn des Amazja und zehnte König des Südreiches Juda (um 770-735 v.Chr.), der eher unter dem volkstümlichen Namen Usija bekannt ist (z.B. 2 Kön 15,1-7; 2 Chr 26,1).

Aschdod
(hebräisch 'aschdod, griechisch Azotos)
Die nördlichste der fünf Philisterstädte (neben Aschkelon, Ekron, Gat und Gaza) lag wenige Kilometer landeinwärts in der südlichen Küstenebene Kanaans (Jos 11,22; 13,3; 1 Sam 6,17). Berühmtheit erlangte die Stadt durch ihren Dagontempel (Hauptgott der Philister, 1 Sam 5,1ff.), wo die Philister nach ihrem Sieg bei Afek die geraubte Bundeslade aufstellten (2 Chr 26,6).
Unter Sargon II. wurde Aschdod 711 v.Chr. zur Hauptstadt einer assyrischen Provinz (Jes 20,1) und bildete als solche im Krieg zwischen Ägypten und Babylon das Hauptziel der Angriffe des ägyptischen Pharaos Psammetich I. (vgl. Jer 25,20; Zef 2,4; Sach 9,6). Die Stadt verbündete sich mit den Ammonitern und den Arabern, aber der Wiederaufbau Jerusalems durch die aus der Gefangenschaft zurückkehrenden Juden konnte nicht verhindert werden. Gegen das göttliche Gebot wurden auch Mischehen geschlossen (Neh 4,1f.; 13,23ff.).
Die Makkabäer zerstörten Aschdod erneut (1 Makk 5,68; 10,83; 11,4), unter den Römern wurde es 55 v.Chr. jedoch wieder aufgebaut und von Herodes seiner Schwester Salome vermacht.
Der Apostel Philippus war in Aschdod tätig (Apg 8,40).

Ascher

(hebräisch „selig", „glücklich")
Einer der zwölf Stämme Israels, dessen Ahnherr ein Sohn von Jakob und Leas Magd Silpa war (Gen 30,12-13); der Stamm ließ sich im westlichen Bergland von Galiläa nieder.

Aschera

(hebräisch 'aschera; ugaritisch 'schrt)
Die westsemitische Vegetations- und Fruchtbarkeitsgöttin galt als Frau des obersten Gottes El und wurde im gesamten phönizisch-kanaanäischen Kulturkreis verehrt. Ihr im Alten Testament mehrmals erwähnter Kult wurde verboten; wiederholt wurden die Könige von Juda und Israel bezüglich ihrer Position zum Ascherakult bewertet (z.B. 1 Kön 15,13; 2 Kön 23,4; 2 Chr 33,2ff.).
Mit dem Namen Aschera bezeichnete man auch das der Göttin zugehörige Symbol (ursprünglich ein Baum, meist jedoch ein Holzpfahl). Die Israeliten wollten diese Ascheren sowie den gesamten Kult zerstören. Tatsächlich aber blieb die Verehrung der Göttin, die später mit Astarte gleichgesetzt wurde, bis zur Zeit des Exils wichtiger Bestandteil der heidnischen Bräuche und Traditionen (Ex 34, 13; Dtn 7,5; Ri 3,7; 6,25-28; 1 Kön 14,15; 2 Kön 21,3; 23,7; Jer 17,2).

Aschima

Eine syrische Fruchtbarkeitsgöttin, deren Kult 722 v.Chr. im Zuge der Umsiedlung von den israelitischen Bewohnern Hamats in die assyrische Provinz Samarien gebracht wurde (2 Kön 17,24-30).

Aschkelon

(griechisch Askalon)
Die an der Südküste Palästinas gelegene Hafenstadt (heute Ashgelon, wenige Kilometer nördlich von Gaza) wurde bereits im 19. Jahrhundert v.Chr. in ägyptischen Ächtungstexten erwähnt. Sie war eine der fünf Hauptstädte der Philister, die sie im 12. Jahrhundert eingenommen hatten. Trotz wiederholter Versuche gelang es den Israeliten nie, ihren Anspruch auf Aschkelon geltend zu machen (Jos 13,3; Ri 1,18; 14,19; 1 Sam 6,17; 2 Sam 1,20). Die Stadt fand in den Weissagungen und Drohungen der Propheten mehrmals Erwähnung (Jer 25,20; 47,7; Am 1,8; Zef 2,4; Sach 9,5).
Der in Aschkelon geborene Herodes der Große ließ die nach der Einnahme durch Alexander den Großen hellenisierte Stadt mit prunkvollen Bauten und Gärten verschönern. Dank der günstigen Lage am Mittelmeer und dank des fruchtbaren Umlandes hielt der wirtschaftliche Erfolg Aschkelons bis in die Zeit der Kreuzfahrer an.

Aschkenas

(hebräisch 'aschkonaz)

1. Enkel Jafets und ältester Sohn Gomers (Gen 10,3; 1 Chr 1,6).

2. Königreich in Armenien, das neben Ararat und Minni erwähnt wird (Jer 51,27); im Assyrischen bezeichnet der Name die Skythen, ein Nomadenvolk, das im 7. Jahrhundert nach Armenien kam.

3. Aus Aschkenas entstand der Name „Aschkenasim", mit dem ost- und mitteleuropäische Juden, die eine ähnliche Tradition und die jiddische Sprache gemeinsam haben, benannt wurden.

Aschmodai

Ein im Buche Tobit vorkommender böser Geist, dem sieben Männer nacheinander zum Opfer fielen, als Sara ihre Braut wurde (Tob 3,8); der Erzengel Raphael ließ Tobias wissen, wie der Dämon auszutreiben sei, woraufhin Sara seine Frau wurde (Tob 6; 8,2-3).

In vielen Legenden des jüdischen Volksglaubens spielt Aschmodai eine wichtige Rolle.

Aschtarot

Der Name einer, möglicherweise auch zweier kanaanäischer Städte östlich vom See Genezareth (Dtn 1,4; Jos 9,10; 13,31; 1 Chr 6,56); wohl identisch mit Tell Aschtara bzw. Aschterot-Karnajim; Usija, einer der Helden Davids, stammte aus dem von Israel und Aram heftig umkämpften Aschtarot (1 Chr 11,44).

Aseka

Von König Rehabeam (926-910 v.Chr.) befestigte und ausgebaute Stadt im Nordosten Judas (2 Chr 11,9) zwischen Jerusalem und Hebron (Jos 10,10; 1 Sam 17,1); wie auch die Nachbarstadt Lachisch konnte Aseka der Belagerung der Babylonier unter Nebukadnezar II. (587 v.Chr.) lange standhalten (Jer 34,7). Nach der Rückkehr der Israeliten aus dem babylonischen Exil (539 v.Chr.) wurde die Stadt erneut besiedelt (Jos 15,35; Neh 11,30).

Asenat

Der ägyptische Name der Tochter des Priesters Potifera; auf Geheiß des Pharaos wurde sie die Frau Josefs. Asenat war die Mutter Manasses und Ephraims (Gen 41,45; 41,50ff.; 46,20).

Asiarch

(griechisch asiárches)

Mit diesem Namen wurden städtische Abgeordnete bezeichnet, die an der Versammlung der Provinz Asien teilnahmen. Einmal jährlich fand dieser von den römischen Machthabern tolerierte Landtag in einer der Provinzstädte statt und befasste sich mit politischen, kulturellen und religiösen Themen (Apg 19,31).

Asien

Im Alten Testament bezeichnet dieser Name nicht den asiatischen Kontinent, sondern das Seleukidenreich, das sich bis zum Indus erstreckte (z.B. 1 Makk 8,6; 2 Makk 3,3).
Im Neuen Testament versteht man darunter in erster Linie die 133 v.Chr. gegründete römische Provinz, die im westlichen Teil Kleinasiens lag (Asia proconsularis) und das Küstengebiet (Karien, Lydien, Mysien und Phrygien sowie die Inseln vor der Küste) mit der Hauptstadt Ephesos.
Der Apostel Paulus wirkte in Asien und richtete Briefe an Städte der Provinz; auch die sieben Sendschreiben der Offenbarung wandten sich an Orte in Asien (z.B. Apg 2,9; 6,9; 16,6; 24,19; 1 Kor 16,19; 2 Kor 1,8; 2 Tim 1,15; 1 Petr 1,1; Offb 1,4; 1,11).

Assos

Hafenstadt an der kleinasiatischen Nordwestküste (heute Behramkale, Türkei) in der römischen Provinz Mysien; der Apostel Paulus kam im Zuge seiner dritten Missionsreise nach Assos (Apg 20,13-14), von wo aus er per Schiff nach Mitylene auf der Insel Lesbos reiste.

Assur

Am Westufer des mittleren Tigris (Gen 2,14) gelegene, südlichste und älteste Hauptstadt des Reiches Assyrien (später Nimrud und Ninive bei der heutigen Stadt Al Mawslil/Mossul, Irak), die aus einer babylonischen Kolonie entstand; bereits im 19. Jahrhundert fanden erste Ausgrabungen statt, bedeutende Funde kamen zwischen 1903 und 1914 unter der Leitung des Archäologen Walter Andrae (1875-1956) zutage, u.a. die Bibliothek des Königs Tiglat-Pileser I.
Die zur Stadt Assur gehörige Gottheit desselben Namens wurde später zum Hauptgott Assyriens. Mit dem Namen des Gottes wurden nicht nur die Stadt, sondern auch das Reich benannt (Gen 10, 11; Num 24,22; Jes 7,18). Assur war auch der Name eines der Söhne Sems (Gen 10,22; 1 Chr 1,17), der als Stammvater der Assyrer gilt.

Assurbanipal

(668-627 v.Chr.) War der letzte große Herrscher der Assyrer, dessen Reich sich infolge mehrerer kriegerischer Auseinandersetzungen (Esra 4,10) von Persien bis in den Norden des heutigen Ägypten erstreckte. Dauerhaft konnte Ägypten jedoch nicht bezwungen werden, und ein Bürgerkrieg gegen das seinem Bruder Schamasch-schumukin zugesprochene Babylon schwächte König Assurbanipal, nach dessen Tod das assyrische Reich nur noch kurze Zeit Bestand hatte.

Von großer historischer Bedeutung ist die von Assurbanipal angelegte Bibliothek in Ninive, die etwa 22 000 Tontafeln umfasst.

Assyrien

Land beiderseits des oberen Tigris (Gen 10,11f.), dessen Name sich von der Hauptstadt und dem politischen Zentrum Assur ableitet; durch Eroberungskriege und weitreichende Handelsbeziehungen kam es zu einer großen Machtentfaltung im assyrischen Reich.

Assyrien/Babylonien

1. Geographie/Landeskunde

Im Norden des gebirgigen Kurdistan, im Osten der persischen Hochebene und ihren Randgebirgen wie dem Kebir, nach Westen und Südwesten von der Syrischen Wüste und der Nefudwüste begrenzt, erstreckt sich eine fruchtbare Schwemmlandebene, die durch die Flüsse Euphrat und Tigris entwässert wird. Der nördliche Teil dieser Landschaft entspricht dem alten Assyrien, der südliche Teil Babylonien. Die Grenzen des modernen Irak mit einer Gesamtfläche von knapp 440 000 km² umschreiben dieses Gebiet einschließlich Kuwait und dem persischen Chusistan relativ genau. Geographisch nicht ganz korrekt wird dafür auch der Begriff Mesopotamien, das Land zwischen den Strömen, verwendet. Es zerfällt in einen oberen und einen unteren Teil, die beide der Konvention nach in der Vorgeschichte als Assyrien und Babylonien bezeichnet werden. Ihre Namen leiten sich von ihren wichtigsten Städten Assur und Babel (griechisch Babylon) ab. Im Alten Testament heißt Babylonien „Schinar".

Die vor allem im Frühjahr sehr viel Wasser führenden Ströme prägen das Land und machen mehrere Ernten möglich. Die Wüstengebiete sind fast vegetationslos, die einst ausgedehnten Wälder an den umgebenden Berghängen sind nur noch in Relikten vorhanden. In den Flusstälern selbst ist die Vegetation durch die Jahrtausende alte menschliche Besiedlung geprägt. Vor allem Dattelpalmen wachsen hier. Nur im Delta haben sich weite ursprüngliche Schilflandschaften mit eigener Fauna erhalten, die bis in unsere Zeit meist auch von verschiedenen Ethnien besiedelt waren. Gerade die Deltaregion hat durch wasserbauliche Maßnahmen unter Saddam Hussein (1979-2003) und in jüngster Zeit durch die Kriegswirren sehr gelitten, nachdem weite Teile inzwischen unter Schutz gestellt wurden, scheint sich die Lage nun aber wieder zu verbessern.

Bedingt durch die lange menschliche Besiedlung ist von der früheren Großtierfauna wenig bekannt und fast nichts erhalten. Indische Elefanten waren einst auch in Vorderasien beheimatet. Der assyrische König Tiglat-Pileser I. jagte sie und berichtet um 1100 v.Chr. stolz: „Vier Elefanten fing ich lebend." Auf dem Schwarzen Obelisken Salmanassars III. (858-824 v.Chr.), der heute im Britischen Museum in London aufbewahrt wird, ist ein Elefant abgebildet, offenbar ein Tribut aus Syrien, das die Tiere auch an die ägyptischen Pharaonen schickte. Ziegen und Schafe waren die ersten Nutztiere, in Mesopotamien schon seit 9 000 Jahren in der Obhut des Menschen. Auerochsen wurden – und zwar, wie neueste Genanalysen bestätigen, ausschließlich dort – vor 8 000 Jahren domestiziert, ihre wilden Stammformen sind ausgestorben. Das gleiche gilt für die seit etwa 5 000 Jahren mit dem Menschen lebenden Dromedare. In den Wüstengebieten gab es mehrere Gazellen- und Antilopenarten, die schon in vorchristlicher Zeit durch organisierte Jagden dezimiert wurden und heute selten sind. Wilde Esel – schon von den Sumerern domestiziert – und Halbesel wurden ausgerottet, erstere bereits in der Antike, letztere während des Ersten Weltkriegs.

Der mesopotamische Damhirsch hat eine eigenartige Geschichte: Von den Römern über weite Teile Europas und heute auch auf anderen Kontinenten verbreitet, galt er in seinem Ursprungsland als ausgestorben und war von der Wissenschaft regelrecht „vergessen" worden. 1875 entdeckte man einige Exemplare im persisch-irakischen Grenzgebiet, brachte sie durch eine Expedition nach Kronberg im Taunus und züchtete sie dort. Seit dem ersten Golfkrieg in den 80er Jahren des 20. Jahrhunderts wurden keine wildlebenden Tiere mehr beobachtet.

An Raubtieren ist an erster Stelle der Löwe zu nennen, der auf vielen Stelen und Reliefs Mesopotamiens verewigt ist. Die Jagd auf ihn war den Königen vorbehalten. Die Art konnte sich überraschend lange halten, im Irak wurde das letzte Tier 1918 geschossen. Die irakische Fußballnationalmannschaft nennt sich offiziell „Osood Al Rafidayn" („Die Löwen des Zweistromlandes").

Die sehr anpassungsfähigen Leoparden könnten im Irak wie auch in Israel und Saudi-Arabien noch vorkommen, dagegen ist der Gepard im 20. Jahrhundert ausgestorben.

Wölfe, Hyänen, Schakale und Füchse sind immer noch anzutreffen. Vor allem die Feuchtgebiete des Landes sind ein Paradies für viele Vogelarten, während die Wüstenareale besonders Reptilien einen günstigen Lebensraum bieten.

2. Geschichte

Frühe Vorformen des modernen Menschen, der Homo erectus/ergaster, müssen vor 1,7 Millionen Jahren in der Region gelebt haben, nachdem sie Afrika verlassen hatten. Nachgewiesen ist das noch nicht. Vor ca. 100 000 Jahren kam Homo sapiens als Jäger und Sammler nach Asien und später nach Europa. Nach dem Ende der letzten Eiszeit und Kulturen in mesolithischer Tradition wurde Mesopotamien zu einem wichtigen Schauplatz der so genannten Neolithischen Revolution: Ganz an ihrem Anfang stehen vielleicht die rätselhaften Steintempel von Göbekli Tepe, östlich des Oberlaufs des Euphrat bei der türkischen Stadt Urfa gelegen, die der Berliner Archäologe Klaus Schmidt seit 1994 ausgegraben hat. Mit einem Alter von 12 000 Jahren sind es die ersten monumentalen Steinbauten der Geschichte, vielleicht noch von späten Jäger- und Sammlergemeinschaften errichtet. Darauf deutet zumindest der schamanistische Charakter der hier durchgeführten Riten, so wie sie der Ausgräber rekonstruiert hat. Der große bauliche Aufwand für die mehr als 20 runden Tempelanlagen, in denen Felsblöcke von bis zu 50 Tonnen Gewicht verwendet wurden, lässt sich nur aus der Abhängigkeit von einer sehr ergiebigen und verlässlichen Nahrungsquelle erklären, und das kann nach Lage der Dinge nur das reichlich vorhandene Wildgetreide der Region sein.

Wie im Niltal als südwestlichem Außenposten des fruchtbaren Halbmonds (der sich über die heutige südliche Türkei, Syrien und Palästina bis nach Ägypten erstreckte) gab es zwischen den großen Strömen die besten Voraussetzungen für einen Übergang von der saisonalen Ausbeutung der natürlichen Ressourcen zu ihrer planmäßigen Nutzung. Nach einer Phase des Sammelns von Wildgetreide ging man zu seiner Kultivierung über, baute Linsen und Bohnen an, domestizierte wilde Rinder, Schafe und Ziegen und wurde sesshaft. Lebten die Wildbeuter noch vergleichbar ohne viel Aufwand inmitten der natürlichen Landschaft, änderte sich dies nun radikal: Dörfer und bald auch Städte (spätestens ab dem 5. Jahrtausend) entstanden, Felder und Äcker wurden angelegt, Kanäle und Rückhaltebecken machten das wertvolle Wasser auch in der trockenen Jahreszeit verfügbar und erlaubten so mehrere Ernten auf dem fruchtbaren Boden Mesopotamiens. Die Bevölkerungszahl stieg sprunghaft an, der Aufwand zur Sicherung von Nahrung und Unterkunft wurde viel größer. Eine Priesterkaste zur Organisation des komplexer werdenden Gemeinwesens entstand und mit ihr eine erste vielschichtige Hierarchie, die bei Wildbeutern unbekannt – weil unnötig – war. Besitz, vor allem Landbesitz, bekam eine neue Bedeutung, um ihn wurden die ersten Kriege geführt. Für die Verwaltung und Verteilung der erwirtschafteten Vorräte erfanden Priester um 3500 v.Chr. das erste dauerhafte Medium zur Aufzeichnung von Information, die Keilschrift. Mit Griffeln drückte man einfache und kombinierte Zeichen in weiche Tontafeln und machte diese durch Brennen so dauerhaft, dass man sie nach Tausenden von Jahren heute noch problemlos entziffern kann. Einige Jahrhunderte später wurde auch das erste Zahlensystem eingeführt. Die ältesten Texte der Geschichte überliefern uns also keine Beschreibungen, keine Gedichte, keine Erzählungen, sondern sehr nüchterne Listen von den Vorräten der Tempel, sei es an Getreide, Linsen oder Öl.

Die Erfinder dieser Schrift, die Sumerer, deren Sprache nicht indoeuropäisch war und deren Herkunft unklar ist, wanderten im 4. Jahrtausend nach Mesopotamien ein und gründeten mehrere Stadtstaaten, z.B. Eridu, Kisch, Nippur, Ur und Uruk, die sich mitunter gegenseitig bekämpften. Durch Einwanderung anderer Gruppen aus den Bergen im Norden und Osten entstand eine multiethnische, mehrsprachige Gesellschaft, ein Phänomen, das für die Region bis in die heutige Zeit typisch ist. Ab dem 24. Jahrhundert v.Chr. dominierten semitische Stämme und Sargon I. gründete ein erstes Großreich, das weit über das Zweistromland hinausreichte. Seine Träger sind nach ihrer neuen Hauptstadt Akkad benannt. Schon nach zwei Jahrhunderten beendeten einfallende Bergstämme die akkadische Herrschaft. Jahrhundertelang existierten verschiedene Kleinstaaten nebeneinander, bis sie im Altbabylonischen Reich vereint wurden, dessen größter Herrscher Hammurabi (1728-1686 v.Chr.) durch seinen Gesetzescodex bekannt wurde, von dem man ein Exemplar in Form einer Stele bei Ausgrabungen in der alten Stadt Susa im westlichen Persien zu Beginn des 20. Jahrhunderts gefunden hat. Viele Passagen des Textes ähneln verblüffend den mosaischen Gesetzen, so z.B. „Auge um Auge, Zahn um Zahn, Hand um Hand, Fuß um Fuß“ (vgl. Ex 21,24).

Hammurabi integrierte auch ein frühes Assyrerreich in seine Herrschaft, die jedoch, ständig von Elamitern, Kassiten und Amoritern bedroht, nicht lange andauerte. 1530 v.Chr. plünderten und zerstörten die Hethiter Babylonien. Nach ihrem Rückzug übernahmen verschiedene Bergstämme, vor allem Kassiten, die Führung; die sumerische Zeit war vorbei. Nebukadnezar I. vertrieb um 1124 v.Chr. die Elamiter, die die Kassiten abgelöst hatten, und stellte vorübergehend die babylonische Unabhängigkeit wieder her.

Assyrien, das um die Mitte des 2. Jahrtausends von den Mitanni beherrscht war, gewann unter Assur-Uballit I. (1356-1320 v.Chr.) seine Selbstständigkeit zurück und gewann unter Adadnirari I. (1297-1265 v.Chr.) rasch an Macht. Tukulti-Ninurta I. (1243-1207) besetzte Babylonien; nach der Ermordung durch seine Söhne verlor Assyrien die meisten seiner Provinzen, unter ihnen den ganzen Süden. Erst unter Tiglat-Pileser I. (1114-1076) stieg das Reich wieder auf. Von den Hethitern hatte man neue Eisenwaffen übernommen, die die Eroberung großer Gebiete zwischen dem Persischen Golf und dem Mittelmeer ermöglichten. Wie so oft verspielten die Nachfolger des Königs dieses große Reich wieder, und das Assyrerreich beschränkte sich erneut auf seinen Kern im nördlichen Mesopotamien.

Im 9. vorchristlichen Jahrhundert entstand unter Assur-Nasirpal II. (883-859 v.Chr.) das Neuassyrische Reich. Eine progressive militärische Organisation gewann mit einer nie dagewesenen Grausamkeit gegenüber unterworfenen Völkern die verlorenen Gebiete zurück. Dahinter standen die Priester des Stadt- und Staatsgottes Assur, dem die Welt untertan gemacht werden musste. Umfangreiche Umsiedlungsaktionen in den eroberten Gebieten, insbesondere der lokalen Führungsschichten, sollten den Widerstand brechen und weitere Aufstände verhindern. Sargon II. (722-705) etwa berichtet von der Verschleppung von 27 270 Israeliten, die an anderen Stellen des Reiches angesiedelt wurden (2 Kön 17,1-6). So wurde in fast allen Provinzen verfahren, was das ethnische und sprachliche Durcheinander des Reiches förderte, zumal auch Aramäer im Westen und Chaldäer im Osten das Völkergemisch bereicherten.

Sargon II. griff bis ins südliche Kleinasien aus (Eroberung von Karkemisch 717 v.Chr.) und besiegte endgültig die Urartäer, die das Reich im Nordosten seit 150 Jahren bedroht hatten. Sein Sohn Sanherib (705-681 v.Chr.) besetzte die phönizische Küste und die meisten Städte in Palästina und zerstörte 689 v.Chr. Babylon, das sich erneut erhoben hatte. Asarhaddon (681-669 v.Chr.), Sanheribs Sohn, baute Babylon wieder auf, besiegte die Kimmerer und Skythen, die vom Schwarzmeergebiet kommend eingefallen waren, und besetzte 672 v.Chr. Ägypten.

Assurbanipal (668-627 v.Chr.) zerstörte 663 v.Chr. Memphis, konnte Ägypten aber nicht halten, da Babylonien nicht zur Ruhe kam und die Elamiter ständig einzufallen drohten.

Die dauernden Kriege hatten die assyrischen Ressourcen erschöpft, und der Staat zerfiel zusehends. 612 v.Chr. schließlich eroberten die Meder die Hauptstadt Ninive und brannten sie nieder. Diesmal konnte sich kein assyrischer Kernstaat erhalten, und in wenigen Jahren waren auch die restlichen Truppen in den Provinzen vernichtet. Babylon, das in der Vergangenheit militärisch zwar meist den Assyrern unterlegen, kulturell aber dominierend gewesen war, stieg unter Nebukadnezar II. (605-562 v.Chr.) wieder auf. Dieser widmete sich weniger strategischen Eroberungen, sondern versuchte erfolgreich, seine Herrschaft im Inneren zu konsolidieren, indem er Handel und Landwirtschaft förderte, eine rege Bautätigkeit entwickelte und das Bewässerungssystem, von dem die Ernten in Babylon abhingen, wieder in Ordnung brachte. Nach Nebukadnezars Tod überwarfen sich seine Nachfolger mit der Priesterschaft der Stadt, was andauernde Unruhen auslöste. In der Zwischenzeit waren die Meder von den ehemals von ihnen beherrschten Persern vertrieben worden. Da man ihnen religiöse Toleranz nachsagte, regte sich im zerstrittenen Babylon kein ernsthafter Widerstand, als persische Soldaten am 16. Oktober 539 in die Stadt einmarschierten.

Die Unabhängigkeit Babyloniens und Assyriens hatte ein Ende gefunden, die Region wurde von den Persern, später den Hellenen und schließlich zum großen Teil von den Arabern beherrscht. Wenn sie politisch auch keine große Rolle mehr spielte, strahlte sie doch zu allen Zeiten einen nicht zu unterschätzenden kulturellen Einfluss aus.

3. Beziehung zur Bibel/Israel

Das Alte Testament verweist auf die Besiedlung Assyriens durch den Urenkel Noahs, Nimrod (Gen 10,9-12). Gen 11,10-25,11 erzählt die Lebensgeschichte Abrahams, der (möglicherweise zur Zeit Hammurabis) auf Geheiß Gottes von Mesopotamien in das Land Kanaan aufbricht (Gen 12,1). In der vierten Weissagung des Bileam ist Assyrien das nächste Mal erwähnt (Num 24,22). Unter Tiglat-Pileser III. (745-727) rückte Palästina in den assyrischen Fokus, das Land musste erobert werden, um Ägypten angreifen zu können. König Menahem von Israel (746-737) unterwarf sich kampflos, musste aber Tribut zahlen (2 Kön 15,19f.). Das zog auch Ahas von Juda später vor (2 Kön 16,5-18). Dennoch übte auch Tiglat-Pileser die übliche assyrische Praxis aus, indem er die Oberschicht der eroberten Länder umsiedeln ließ, um Aufständen vorzubeugen und eine schnelle Integration ins assyrische System zu gewährleisten. Hoschea von Israel (732-723) verbündete sich mit den Ägyptern, was einen Angriff Salmanassars V. zur Folge hatte (2 Kön 17,3-6). Sargon II. nahm wiederum Umsiedlungen vor und brachte Menschen aus allen Provinzen seines Reiches nach Samaria (2 Kön 17,24), was das Ende des Nordreiches bedeutete. Hiskia von Juda lieferte den Assyrern den Tempelschatz aus (2 Kön 18,15f.), dennoch belagerte Sanherib Jerusalem, konnte es jedoch nicht einnehmen. Der Ausbruch einer Seuche bewog ihn wohl dazu, die Belagerung abzubrechen und nach Ninive zurückzukehren (2 Kön 19,35; Sir 48,21), wo er von seinen Söhnen Adrammelech und Sarezer ermordet wurde (2 Kön 19,35-37). Die Propheten des Alten Testaments deuteten die Angriffe der Assyrer oft als den Zorn Gottes, wenn sein Volk sich wieder einmal unbotmäßig gezeigt hatte.

Babel/Babylon taucht im Alten Testament schon früh auf mit der bekannten Geschichte von der Sprachverwirrung (Gen 11,1-9). Der chaldäische Fürst Merodach-Baladan ist in 2 Kön 20,12 und Jes 39,1 erwähnt. Nebukadnezar II. (605-562 v.Chr.) eroberte und zerstörte 587 v.Chr. Jerusalem und führte im folgenden Jahr die jüdische Oberschicht in die Babylonische Gefangenschaft fort, die an vielen Bibelstellen erwähnt ist (z.B. Ps 137; Jer 29,1-10; Dan 1; 2 Chr 36,17-21; 2 Kön 25). Erst der Perserkönig Kyros II. ließ die Juden 537 v.Chr. wieder ziehen und ihren Tempel in Jerusalem neu errichten (Esra 1,1-11; 2 Chr 36,22-23). Der politische Einfluss Babyloniens und Assyriens auf das Heilige Land war damit beendet, nicht aber der kulturelle, wie am Beispiel des Codex Hammurabi schon aufgezeigt wurde. Später wurde die „Hure Babylon" zu einer Art Gegenentwurf zum rechten Glauben und steht in der Offenbarung des Johannes symbolisch für Rom, dessen Untergang vorausgesagt wird (Offb 14,8; 16,19; 18,2-21).

Astarte

(hebräisch 'aschteret = „Frau")

Eine Fruchtbarkeitsgöttin der Kanaanäer, deren babylonische Entsprechung Ischtar (die Göttin der Liebe) war; der Astartekult war weit verbreitet und wurde auch in Israel gepflegt (z.B. 1 Kön 11,5; Jer 7,18; 44,17f.). Zur Zeit der Richter verehrte man die Göttin neben Baal (Ri 10,6; 1 Sam 7,3f.; 1 Sam 12,10). Ihr Kult war sexuell geprägt (vgl. Dtn 23,18; 1 Kön 14,24). Eine

der Frauen Salomos führte den Kult in Jerusalem ein (1 Kön 11,5; 11,33), wo er bis zu den Reformen von König Josia lebendig blieb (2 Kön 23,13).
Astarte galt auch als die Stadtgottheit von Aschtarot, Aschkelon, Gat und Sidon (Gen 14,5; 1 Sam 31,10).

Atalja

(hebräisch „Gott hat seine Größe gezeigt")
Tochter des Königs Ahab von Israel und seiner Gemahlin Isebel; durch ihre Verheiratung mit dem Kronprinzen Joram von Juda sollte der Frieden zwischen den Reichen gesichert werden. Während der Regierungszeit ihres Mannes und ihres Sohnes Ahasja führte sie Baalskulte ein. Als Ahasja bald nach seinem Regierungsantritt von Jehu getötet wurde, übernahm sie die Herrschaft (844-839 v.Chr.). Um ihre Macht zu sichern, ließ Atalja alle Mitglieder der Königsfamilie ermorden. Nur ihr Enkel Joasch überlebte und wurde im Zuge einer Rebellion, der Atalja zum Opfer fiel, zum achten König von Juda erhoben (2 Chr 22, 10-23,15; 2 Kön 11).

Atarot

(hebräisch „Umzäunung")
Im Alten Testament der Name mehrerer Orte (z.B. Jos 16,2; 16,7; 18,13; 1 Chr 2,54); am bedeutendsten war jenes Atarot im Ostjordanland unweit des Toten Meeres, das bei der Landnahme im 9. Jahrhundert v.Chr. vom Moabiterkönig Mescha erobert und von den Stämmen Gad und Ruben besiedelt wurde (Num 32,1-5).

Athen

Die nach der griechischen Göttin Athene benannte Hauptstadt Attikas gehörte zur Zeit des Neuen Testaments zur römischen Provinz Achaia. Zwar erreichte die Stadt nicht die wirtschaftliche und politische Bedeutung der römischen Residenzstadt Korinth, prägte jedoch schon lange das Ideal des freien Bürgers (vgl. 2 Makk 9,15) und war ein Zentrum der Philosophie und Wissenschaft.
Der Apostel Paulus suchte Athen während seiner zweiten Missionsreise auf (Apg 17,15-31) und hielt auf dem Areopag, einem Hügel nahe der Akropolis, eine berühmt gewordene Rede, deren zentrale Themen (Umkehr und Hinwendung zum lebendigen Gott, Auferstehung der Toten) bei seinen Zuhörern jedoch nicht auf fruchtbaren Boden fielen; nur wenige schlossen sich ihm an, darunter Dionysius und Damaris; Apg 17,34).

Äthiopien

(alttestamentlich „Kusch")
Bezeichnet das im Altertum südlich von Ägypten gelegene Land Nubien (Ps 68,32); galt im Alten

Testament als eines der Enden der Welt (Gen 2,13; Est 1,1); Ägypten wurde zur Zeit der 25. Dynastie von Äthiopien beherrscht, als Thirhaka als Pharao Taharka den ägyptischen Thron bestieg (Jes 11,11; 18,1-7; 20,3-6).
Im Neuen Testament wird mit Äthiopien der seit etwa 300 v.Chr. selbstständige Südosten Nubiens bezeichnet, der von Königinnen mit dem Titel „Kandake“ regiert wurde (Apg 8,27).

Attalia

(griechisch Attáleia)
Die kleinasiatische Hafenstadt an der Südküste Pamphyliens wurde von Paulus kurz vor dem Ende seiner ersten Missionsreise besucht, als er und sein Begleiter Barnabas in Syrien ein Schiff für die Rückreise nach Antiochia bestiegen (Apg 14,25). Die im Jahr 158 v.Chr. von Attalos II. von Pergamon (nach dem sie auch benannt wurde) erbaute Stadt ist identisch mit dem heutigen Antalya (Türkei).

Auerochse

Ein reines Tier (Dtn 14,5); Martin Luther übersetzte das hebräische „t·'o“ in Jes 51,20 mit „Hirsch“. Der Wisent (Bison bonasus), wie oft übersetzt worden ist, kann es nicht sein, denn er war mangels großer Wälder in Palästina nie verbreitet.
Das hebräische „r·'em“ bezeichnet den Wildstier (Num 23,22; 24,8; Jes 34,7; Ps 29,6; Ijob 39,9-10), der vermutlich mit Bos primigenius, dem Auerochsen, gleichzusetzen ist.

Augustus

(lateinisch „der Erhabene“, „der Verehrungswürdige“)
Diesen Namen nahm Octavian (Octavius, 63 v.Chr.-14 n.Chr.), der Großneffe und Adoptivsohn von Julius Cäsar, an, als er 27 v.Chr. erster römischer Kaiser wurde. Er sicherte durch die Pax Augusta für einige Jahre den Frieden in Rom und den Provinzen. Augustus' Verhältnis zu den Juden war von Wohlwollen geprägt, und König Herodes genoss den Schutz des Kaisers.
Die von Kaiser Augustus veranlasste Volkszählung und Steuereintreibung war der Grund für Josefs und Marias Gang nach Bethlehem (Lk 2,1).
Auch die folgenden römischen Kaiser übernahmen den Titel „Augustus“, ihre Mütter, Schwestern, Gemahlinnen und Töchter trugen den Titel „Augusta“; ist jedoch von „Augustus“ ohne nähere Bezeichnung die Rede, handelt es sich immer um Octavian.

Aussatz

Bezeichnung für verschiedene, schwer zu definierende Arten von heilbarem Hautausschlag (Lev 13; Mt 8,3). Der Aussätzige galt als unrein und wurde von der Gemeinschaft der Gesunden ausgeschlossen (Lev 13,45-46). Der Priester musste überprüfen, ob Aussatz vorlag oder nicht (Lev 13; Mt 8,4; Lk 17,14). Die Bibel erwähnt keine ärztliche Behandlung der Aussätzigen, aber spontane Heilungen, z.B. auf das Gebet des Mose (Num 12,13), auf das Wort des Elischa (2 Kön 5,10-14), das Wort Jesu (Mt 8,3) und das der Jünger (Mt 10,8).

Awa

(auch: Iwa)

1. Jos 13,3 zufolge eine Bevölkerungsgruppe aus vorisraelitischer Zeit (vgl. auch Dtn 2,23; Jos 18,23). *2.* Eine wahrscheinlich assyrische Stadt an der phönizischen Mittelmeerküste, die vielleicht mit dem heutigen Enfi (rund 70 km nördlich der heutigen libanesischen Hauptstadt Beirut) identisch ist (2 Kön 17,24; 18,34; 19,13); Bewohner Awas könnten Samarien besiedelt und das Volk der Samaritaner begründet haben (2 Kön 17,31; Jes 37,13).

Baal

(hebräisch „Herr", „Besitzer")

Andere Namen des Gottes sind Bael, Beel, Bel, Belos, Bol, Baalberith und weitere. Das Wort bedeutet eigentlich „Eigentümer" oder „Herr". Oft ist es Bestandteil eines Doppelnamens und drückt in diesen Fällen wohl den Gottstatus aus, etwa bei Baal-Hadad (Herr des Donners/Sturm- und Wettergott) oder Baal-Sapon (Herr des Berges Sapon). Auch andere kanaanäische Götter wurden unter dem Namen subsumiert (Ri 10,10; 2 Chr 33,3).

Baal im engeren Sinn war die höchste Gottheit im kanaanäischen Raum, ein Fruchtbarkeits- oder Sturmgott. Er geriet in Konflikt mit dem Jahwe der einwandernden Israeliten, übte aber offenbar auch eine gewisse Attraktivität und Einfluss auf sie aus (vgl. Tanz um das Goldene Kalb, Ex 32). Als Gott, der für Wasser, Brot, Wein, Öl, Kräuter und die Fruchtbarkeit im allgemeinen verantwortlich war, zeigte er deutliche Parallelen zur Beschreibung Jahwes in Ps 65.

Nach langer Auseinandersetzung sank Baal als Baal-Zebub (Herr der Fliegen/Stadtgott der Philister, 2 Kön 1,2) zum „Beelzebub", also dem biblischen Teufel herab.

„Baal" wird in der Bibel aber auch als Bezeichnung für eine Reihe von lokalen Göttern verwendet, die einen bestimmten Ort beschützen sollten, z.B. „Baal von Ofra" (Ri 6,25-32) oder „Baal des Karmel" (1 Kön 18,19-40). Der Einfluss des Baalskultes in Kanaan zeigte sich auch in einigen Ortsnamen, wie z.B. „Baal-Hermon" (Ri 3,3) oder „Baal-Hazor" (2 Sam 13,23). Auch

Personennamen wurden mit „Baal“ verbunden (z.B. „Jerubbaal“), und sogar Jahwe wurde „Baal“ genannt.
Im Laufe der Zeit wurde der Begriff jedoch immer mehr mit „Götze“ in Verbindung gebracht und Hosea und Jeremia kritisierten den Baalskult der Israeliten (z.B. Hos 2,15; Jer 2,23). Deshalb wurden mit „Baal“ zusammengesetzte Namen von jüdischen Schriftgelehrten verändert und „Baal“ durch „Boschet“ („Schande“) ersetzt (z.B. „Ischboschet“ statt „Eschbaal“). Trotzdem blieben die blutigen Bräuche – manche Israeliten und auch einige ihrer Könige opferten den Baalen sogar ihre eigenen Kinder (Jer 19,5) – praktisch bis zum Exil erhalten, und der jahwistische Eingottglaube gewann dank des unermüdlichen Einsatzes der Propheten erst danach endgültig die Oberhand.

Baala
(hebräisch „Herrin“)
1. Nordjüdische Stadt (Jos 15,11).
2. Südjüdische Stadt (Jos 19,3; wird in 1 Chr 4,29 „Bilha“ genannt).

Baalat
(hebräisch „Herrin“)
Stadt im Stammesgebiet von Dan (Jos 19,44), vielleicht identisch mit der gleichnamigen Stadt, die von Salomo befestigt wurde (1 Kön 9,18); die Lage ist unbekannt.

Baal-Zebub
(hebräisch ba'al z·bub, „Herr der Fliegen“)
Gott von Ekron, der von König Ahasja von Israel nach einem Unfall um Rat gefragt wurde (2 Kön 1,2-16); vermutlich eine hebräische Verballhornung von „Baal-Zebul“ („Baal, der Erhabene“).

Baal-Zefon
(hebräisch „Herr des Nordens“)
Gott des Meeres und der Stürme, der auf dem Zefon wohnte; nach ihm wurde ein Ort in der Nähe von Pi-Hahirot und Migdol benannt (Ex 14,2; 14,9). In Baal-Zefon machten die Israeliten beim Auszug aus Ägypten Station, bevor sie das Rote Meer durchquerten.

Babel, Turmbau zu
Diese Erzählung (Gen 11,1-9) will die Verwirrung der Sprachen und die Verstreutheit der Völker erklären. Auch der Name der Stadt „Babel“ wird gedeutet: Der Ursprung ist das hebräische Wort „balal“ („verwirren“). Die Bewohner von Schinar (Babylonien) wollten einen hohen Turm errichten, dessen Spitze bis zum Himmel reichen sollte. Einerseits wollten sie sich dadurch hervortun (Gen 11,4), andererseits Gott nahekommen. Doch Gott vernichtete diesen überheblichen Plan und verwirrte die Sprache der Menschen und

zerstreute sie über die ganze Erde. Wie archäologische Funde zeigen, bezieht sich diese Geschichte auf einen historischen Turm bzw. eine Stufenpyramide, den Tempelturm (Zikkurat) des Marduk, Etemenanki. Der Tempel wurde von Sanherib zerstört, von Nebukadnezar II. wieder aufgebaut. Der Perserkönig Xerxes zerstörte den Turm im 5. Jahrhundert v.Chr. erneut, und Alexander der Große wollte ihn im 4. Jahrhundert v.Chr. wieder errichten, starb jedoch, bevor er den Plan ausführen konnte.

Babylon

(Der Name hängt mit dem akkadischen bab-ili = „Tor Gottes" zusammen; in Gen 11,9 wird er mit babal für „verwirren" gedeutet.)

Am Unterlauf des Euphrat gelegene Hauptstadt des babylonischen Reiches (nahe dem heutigen Al Hillah südwestlich von Bagdad, Irak) und die erste Stadt, die in der Bibel namentlich erwähnt wird (Gen 10,10); die geschichtliche Bedeutung Babylons begann unter König Hammurabi (ca. 18. Jahrhundert v.Chr.), der die Stadt zum politischen und geistigen Zentrum machte und den Tempelturm Etemenanki erbaute. Babylon wurde zwar zweimal zerstört (unter Tukulti-Ninurta I. und Sanherib), konnte aber – bis zur Eroberung durch Kyros II. 539 v.Chr. – eine gewisse Vormachtstellung behaupten. Die Stadt wurde unter Nebukadnezar II. großzügig ausgebaut, und noch Alexander der Große wollte sie zur Reichshauptstadt machen, konnte seine Pläne wegen seines plötzlichen Todes im Jahre 323 v.Chr. aber nicht mehr ausführen. Dann ging Babylons Bedeutung zurück, und Seleukos I. Nikator (griechisch „Sieger") machte das neugegründete Antiochia an der Nordwestküste Syriens zur Hauptstadt des mächtigen Seleukidenreiches.

In der Bibel steht „das großartige Babel" (Dan 4,27) für eine gottfeindliche Weltmacht (Jes 13; 14), die in ihrem Hochmut (vgl. Babylonischer Turm) Gott entthronen wollte (Gen 11). Nebukadnezar erschien als stolzer und gotteslästerlicher Herrscher (Jes 14; Dan 2; 3), der die „heilige Stadt" Jerusalem zerstören und seine Bewohner ermorden ließ (2 Chr 36,17-21). Die Propheten verkündeten das Gericht über Babylon (Jes 13; 14; 47).

Babylonischer Turm

Wahrzeichen Babylons, das Männer aus Sinear (Baylonien) errichten wollten (Gen 11), einerseits um sich als Städtebauer zu profilieren, andererseits um sich mit einem sehr hohen Turm Gott zu nähern; doch Gott vernichtete den überheblichen Plan und bestrafte den

Hochmut: Er verwirrte die Sprache (vgl. „babal“ = „verwirren“) und verstreute die Menschen über die ganze Erde (Gen 11). Diese Erzählung beschreibt die Vielfalt der Völker und Sprachen.

Bach Ägyptens

(arabisch wadi el-'arisch)

Alter Grenzfluss zwischen Ägypten und Palästina auf der Sinaihalbinsel, der die Südgrenze Judas bildete (u.a. Gen 15,18; Num 34,5; Jos 15,4). (Er mündet etwa 70 km südlich von Gaza ins Mittelmeer.)

Bagoas

Kämmerer des Holofernes (u.a. Jdt 12,11; 12,13), der den Leichnam seines Herrn (Jdt 14,13-18) entdeckte.

Bahurim

Ort im Stammesgebiet von Benjamin (2 Sam 3,16), östlich von Jerusalem am Weg nach Jericho gelegen (2 Sam 16,5; 17,18); Geburtsort eines Helden des David (1 Chr 11,33) und Heimat des Schimi (2 Sam 16,5).

Bakastrauch

(hebräisch baka')

Ein Strauch mit dichten Zweigen, der in den judäischen Bergen häufig wuchs. Vermutlich ein anderer Name für den „Mastixstrauch“ (Pistacia lentiscus), von dem man ein klebriges, langsam aushärtendes Harz gewann. Der Name der Pflanze hängt mit dem hebräischen „baka“ („weinen“) zusammen, das das heruntertropfende Harz beschreibt. Bakasträucher werden im Krieg Davids gegen die Philister erwähnt (2 Sam 5,23-24). Das „Bakatal“ (Ps 84,7), das von Martin Luther mit „Jammertal“ übersetzt wurde, ist ein trostloser Ort ohne Wasser.

Balak

(hebräisch „er hat verwüstet“)

König von Moab, der dem Wahrsager Bileam den Auftrag erteilte, die vordringenden Israeliten zu verfluchen, doch dieser sprach stattdessen den Segen über Israel aus (Num 22-24). Historische Grundlage dieser Überlieferung sind die Spannungen zwischen Moab und Israel.

Bann

(hebräisch herem = „Abtrennung“; griechisch Anáthema = „Aufgestelltes“)

Ursprünglich ein Weiheopfer an Jahwe als den Kriegsgott: Nach altem Kriegsrecht wurde eine belagerte Stadt „gebannt“, Gott geweiht, d.h. ausgerottet – ihre Einwohner wurden getötet und deren Güter zerstört. Wer etwas davon nahm, verfiel selbst dem Bann, d.h. dem Tod (Jos 7, 1; 15; 24-26). Der Begriff wird aber auch im übertragenen Sinn verwendet: „Bann“ kann dann die Strafe

Gottes sein (Jes 34,2; 34,5), aber auch der Ausschluss aus der Gemeinde (Exkommunikation).

Bär

(hebräisch dob)

Die Bibel meint den syrischen Bären (Ursus arctus syriacus), der in Israel noch zu Beginn des 20. Jahrhunderts vorkam und der in geringer Zahl noch in der südlichen Türkei überlebt hat. Der rötlich-braune Allesfresser kann bis zu 2 m lang werden. Eine Bärin, die ihrer Jungen beraubt wird, galt als sehr gefährlich, und ihre Wut wurde sprichwörtlich (2 Sam 17,8; Hos 13,8; Spr 17,12).

Die Kinder, die den Propheten Elischa verspotteten, wurden von zwei Bären gerissen (2 Kön 2,24). Nach Dan 7,5 symbolisierte der Bär das medische Reich. Das apokalyptische Tier aus dem Meer hatte kräftige Bärenklauen (Offb 13,2).

Barabbas

(aramäisch bar'abba = „Sohn des Abbas bzw. des Vaters")

Jüdischer Aufständischer, den Pilatus auf Druck der Volksmenge an Stelle von Jesus zum Paschafest begnadigte (Mk 15,6-15); Joh 18,40 nennt ihn „Räuber", nach Lk 23,19 war er ein „Mörder".

Außerbiblisch ist eine Osteramnestie aber nicht bezeugt. Womöglich soll diese Erzählung die Mitschuld der Juden am Tod Jesu demonstrieren.

Barak

(hebräisch „Blitz", „blitzendes Schwert")

Sohn des Abinoam aus Kedesch-Naftali; israelischer Feldherr, der die Krieger der Prophetin Debora zum Sieg über das kanaanäische Heer des Sisera führte (Ri 4; 5); Sisera wurde aber nicht von Barak getötet, sondern von einer Frau, Jaël (Ri 4,21-22). Diese Episode wird im „Lied der Debora" (Ri 5) besungen.

Barfuß

Barfuß zu gehen war ein Zeichen der Demut. So z.B. bei der Trauer und Buße (2 Sam 15,30), beim Beten (Ex 3,5; Jos 5,15) oder beim Betreten eines fremden Hauses. Auch Gefangene mussten ihre Schuhe ablegen (Jes 20,2-4).

Bar-Jesus

(aramäisch „Sohn des Jeschua")

Jüdischer Magier und falscher Prophet, der auf Zypern wirkte und sich auch „Elymas" („Seher") nannte; er wollte die Bekehrung des römischen Statthalters Sergius Paulus verhindern und stellte sich gegen die Predigt des Apostels Paulus, wofür er vorübergehend geblendet wurde. Sergius Paulus nahm daraufhin den christlichen Glauben an (Apg 13,6-12).

Bar-Kochba
(aramäisch „Sohn der Sterne")
Von dem Priester Akiba ausgewählter Ehrenname für Sim(e)on, den Anführer des jüdischen Aufstands gegen den römischen Kaiser Hadrian (132-135 n.Chr.); Bar-Kochba starb vermutlich bei der Verteidigung von Beth-Ter (einige Kilometer südlich von Jerusalem) 135 n.Chr. In der jüdischen Wüste wurden Dokumente von ihm gefunden.

Barnabas
(unklare Bedeutung, nach Apg 4,36 „Sohn des Trostes/der Weissagung")
Beiname des zypriotischen Leviten Josef; er war einer der führenden Männer der christlichen Gemeinde von Antiochia, nahm am Apostelkonzil in Jerusalem teil (Apg 13,1-3; 15,2; 15,12) und unternahm mit dem Apostel Paulus die erste Missionsreise nach Zypern und Kleinasien (Apg 13; 14). Die beiden trennten sich aber nach Meinungsverschiedenheiten. Barnabas erlitt vermutlich in der Stadt Salamis auf Zypern den Märtyrertod durch Steinigung.

Barsabbas
(aramäisch bar saba = „Sohn des Alten" oder bar schabba = „Sohn des Sabbats")
1. Josef Barsabbas mit dem Beinamen „Justus" („der Gerechte"); er war neben Matthias Kandidat für die Nachfolge des Judas Iskariot im Apostelkollegium (Apg 1,23). Das Los fiel auf Matthias (Apg 1,26).
2. Judas Barsabbas war Mitglied der Jerusalemer Christengemeinde und wurde mit Barnabas, Paulus und Silas nach Antiochia gesandt (Apg 15,22-35).

Barsillai
(von hebräisch barzel = „Eisen")
1. Grundbesitzer aus Rogelim in Gilead (Ostjordanland); er war treuer Anhänger des David und versorgte diesen auf seiner Flucht vor Abschalom mit Proviant und Ausrüstung (2 Sam 17,27-29). Er lehnte aufgrund seines hohen Alters Davids Angebot, für den Rest seines Lebens am königlichen Hofe zu wohnen, ab (2 Sam 19,32-40). David gab die Anweisung, die Söhne des Barsillai freundlich zu behandeln (1 Kön 2,7).
2. Priester und Schwiegersohn von Barsillai dem Gileaditer; seine Nachkommen konnten – nach der Rückkehr aus dem Exil – ihre israelitische Abstammung nicht eindeutig nachweisen und wurden vom Priesteramt ausgeschlossen (Esra 2,61-62; Neh 7,63-64).

Bartholomäus
(hebräisch „bar tolmai" = „Sohn des Tolmaj = des Furchenziehers")
Einer der zwölf Jünger Jesu und

zum Apostel berufen; Bartholomäus wird in den Apostellisten immer nach Philippus genannt (Mt 10,3; Mk 3,18; Lk 6,14; Apg 1,13). Er soll – nach legendärer Überlieferung – in Indien, Phrygien und Großarmenien gewirkt haben und dort enthauptet oder gekreuzigt worden sein. Bibelforscher nehmen an, dass der im Evangelium von Johannes häufig erwähnte Natanaël (Joh 1,45-51) mit Bartholomäus identisch ist.

Bartimäus

(hebräisch „Sohn des Timäus")

Ein blinder Bettler aus Jericho, der von Jesus beim Auszug aus Jericho geheilt wurde (Mk 10,46-52).

Baruch

(hebräisch „der Gesegnete")

Sein vollständiger Name lautete Baruch ben Neria ben Mahseja. Er war Vertrauter und Schreiber des Propheten Jeremia, der ihm seine Reden und Sprüche diktierte, darunter auch seine Unheilsverkündigung (Jer 36,1-4). Aufgrund von Jeremias Redeverbot trug Baruch sie dem Volk öffentlich vor, worauf König Jojakim befahl, die Schriftrolle zu verbrennen und die Verfasser zu verhaften (Jer 36,26). Baruch musste sich verstecken, verfasste aber eine neue, erweiterte Version der Schriften (Jer 36,28). Zur Belohnung kündigte Jeremia ihm an, dass er sein Leben immer retten werde. (Jer 45). Nach dem Fall Jerusalems wurden Jeremia und Baruch nach Ägypten verschleppt, wo Baruch, dem das gleichnamige Buch zugeschrieben wird, vermutlich starb.

Baruchbuch

Apokryphes Buch, dem Baruch zugeschrieben; die Entstehungszeit ist ungewiss, lag aber wohl zwischen dem 4. und 2. Jahrhundert v.Chr. Es besteht aus mehreren Teilen: Die Einleitung (1,1-14) beschreibt, wie Baruch sein Buch in Babylon vortrug. Das Bußgebet der Verbannten (1,15-3,8) besteht aus einem Schuldbekenntnis, einer Bitte um Vergebung und einer Vertrauensbekundung. Der dritte Teil umfasst zwei poetische Stücke: Belehrung und Lob an die Weisheit (3,9-4,4), gefolgt von der Klage Jerusalems und einer Aufmunterung zur Hoffnung (4,5-5,9).

Bascha

Dritter König des Nordreichs Israel (906–883 v.Chr.), der als Heerführer seinen König Nadab, den Sohn König Jerobeams I., und dessen gesamte Familie tötete (1 Kön 15,27-29; 15,33); damit erfüllte er die Prophezeiung des Ahija gegen Jerobeam. Bascha, der eines natürlichen Todes starb (1 Kön 16,6), kämpfte während seiner gesamten Regierungszeit ohne Erfolg gegen Asa, den König des

Südreiches Juda. Da er wie Jerobeam I. am Götzendienst festhielt, sagte ihm der Prophet Jehu den Untergang seines Hauses voraus, der 882 v.Chr. durch Simri herbeigeführt wurde (1 Kön 16,11-13).

Baschan, Basan

(hebräisch „der ebene Boden")

Fruchtbares Gebiet östlich des Sees Genezareth, zwischen dem Hermongebirge im Norden und dem Fluss Jarmok (Nebenfluss des Jordan) im Süden; berühmt wegen seiner Eichen (Jes 2,13; Ez 27,6; Sach 11,2), seiner Weiden (Jer 50,19; Mi 7,14) und seines fetten Viehs (Dtn 32,14; Ez 39,18; Am 4,1); Basan war das Herrschaftsgebiet des Amoriterkönigs Og (Jos 12,5), wurde später von Israel unterworfen (Dtn 3,1), kam dann an die Aramäer (2 Kön 10,33) und wurde unter Tiglat-Pileser III. assyrisch (2 Kön 15,29).

Basilisk

Ein Fabelwesen, halb Hahn, halb Drache. In der Bibel ist wohl eine Art von Schlange gemeint (Jes 11,8).

Batseba

(hebräisch, wahrscheinlich „die Üppige")

Batseba wurde von David verführt, während ihr hethitischer Mann Urija im Krieg kämpfte. David veranlasste Urijas Tod (2 Sam 11,1-17) und nahm Batseba zur Frau, die ihm Salomo gebar (2 Sam 12,24). Batseda mischte sich in die Nachfolge Davids ein und sorgte dafür, dass ihr Sohn Salomo, und nicht Davids ältester Sohn Adonija, den Thron besteigen konnte (1 Kön 1,11-21; 1,28-31).

Bedan

Name eines sonst unbekannten Richters (1 Sam 12,11), der für gewöhnlich in „Abdon" oder „Barak" abgeändert wurde.

Bedellium

(hebräisch b·dolah)

Ein Harz, das in Hawila (Gen 2,12) vorkam und mit Manna verglichen wurde (Num 11,7). Es stammte vermutlich von einem in Arabien und dem Somaliland heimischen Balsambaum (Balsamodendron). Es ist zuerst gelb und dickflüssig, später bräunlich und fest. Es ist sehr wohlriechend, aber bitter im Geschmack, und wurde als Duftstoff und in der Medizin verwendet.

Beelzebub

(hebräisch „Herr der Fliegen")

Name für den Anführer der Dämonen (Mk 3,22); vermutlich eine Verballhornung des kanaanäischen Gottes Baal-Zebul, der besonders in Ekron verehrt wurde; Jesus wurde von seinen Gegnern als „Beel-Zebul" (Mt 10,25) bezeichnet. Sie behaupteten außerdem, dass er „nur mit Hilfe von Beelzebul, dem Anführer der Dämonen, selbst Dämonen austreibe“ (Mt 12,24; 12,27).

Beerot

(hebräisch „Grundwasserbrunnen“)
Eine der vier Gibeoniterstädte, nördlich von Jerusalem gelegen; Beerot wurde erst durch Saul für den Stamm Benjamin unterworfen (Jos 18,25). Die Einwohner der Stadt, die vielleicht mit „el-bire“ zu identifizieren ist, kehrten aus dem Exil zurück (Esra 2,25).

Beerscheba

(hebräisch „Grundwasserbrunnen der Sieben“ oder „Schwurbrunnen“, Gen 21,31)
Kultstätte im äußersten Süden Judas in der Wüste; Abraham schloss hier mit Abimelech einen mit einem Eid bekräftigten Bund (hebräisch „shebua“), um dadurch den von ihm gegrabenen Brunnen ungehindert nützen zu können (Gen 21,25-33). Auch sein Sohn Isaak lebte dort und baute einen Altar (Gen 26,25), an dem Jakob vor seiner Reise nach Ägypten opferte (Gen 46,1).
Die Söhne Samuels übten hier das Richteramt aus (1 Sam 8,2), und der Prophet Amos kritisierte Beerscheba gemeinsam mit Bet-El und Gilgal. Es war der südlichste Punkt Israels (etwa 45 km südlich von Hebron). Das zeigte die Redewendung „Von Dan bis Beerscheba“ (1 Sam 3,20).

Begräbnis

Es war für Israel ein notwendiger Akt der Pietät (Tob 1,17). Unbegraben liegen zu bleiben galt als unehrenvoll (Jes 14,19; Jer 22,19) und Strafe Gottes (u.a. Dtn 28,26; Jes 34,3) – ein Weiterleben nach dem Tod wäre so unmöglich. Auch getötete Feinde (Jos 8,29; 10,26-27; 2 Kön 9,34; Ez 39,11-16) und Verurteilte (Dtn 21,23; vgl. 1 Kön 13,29ff.; Mt 27,57-60; Apg 8,2) wurden begraben. Das Begräbnis fand bereits meist wenige Stunden nach dem Tod statt (Dtn 21,23; Apg 5,6). Die Angehörigen und Freunde des Verstorbenen vollzogen zahlreiche Trauerbräuche: Der Tote wurde gewaschen (Apg 9,37), seine Augen wurden geschlossen (Gen 46,4), und er wurde auf einer Bahre (2 Sam 3,31; Lk 7,14) zum Grab getragen. Er wurde in seinen Kleidern bestattet. Erst in der römischen Zeit wurde es üblich, Leichentücher zu verwenden (Mt 27,59; Joh 11,44; 19,40). Särge waren unüblich.
Dem Toten gab man Gebrauchsgegenstände mit in das Grab wie z.B. Geschirr und Gefäße, in spätrömischer Zeit Lampen. Auch aromatische Salben und Harze konnten beigegeben werden (2 Chr 16,14). Das Begräbnis fand außerhalb der Ortschaften auf Nekro-

polen statt. Üblich waren Massengräber (2 Kön 23,6: „Gräber des gemeinen Volkes") oder Familiengräber, die oft der ganzen Familie über Generationen hinweg dienten (Gen 49,29-32). Einzelgräber waren äußerst selten (u.a. Gen 35,8), und nur vornehme Tote wurden in einem Grab auf dem eigenen Hof bestattet (Jos 24,30; 1 Sam 25,1; 1 Kön 2,34).
Eine Leichenverbrennung war in Palästina unüblich. Sie galt als Frevel (Am 2,1) und wurde nur bei Verbrechern als Steigerung der Todesstrafe angewandt (Gen 38,24; Lev 20,14; 21,9; Jos 7,25). Ein Begräbnis endete mit einer mehrtägigen Totenfeier (u.a. Gen 50,10).

Behemot
Ein gefährliches Riesentier im Wasser (Ijob 40,15-24), das als Nilpferd interpretiert wird; in der apokalyptischen Literatur ist Behemot ein Drache der Endzeit in der Wüste.

Belial, Beliar
(hebräisch „Nichtsnutz", „Taugenichts")
Im Alten Testament Bezeichnung für „Bosheit", „Verderben" (u.a. Nah 1,11), aber auch für den Tod bzw. die Unterwelt (2 Sam 22,5; Ps 18,5); im Neuen Testament wird der Teufel, also die gottwidrige Macht und das personifizierte Böse als „Beliar" bezeichnet (2 Kor 6,15).

Belschazzar
(aramäisch „der [Gott] Bel beschütze den König")
Nach der Erzählung Daniels (Dan 5,1-30) Sohn des Nebukadnezar und letzter babylonischer König; Daniel berichtete von einem Festmahl („Mene Tekel"), nach dem Belschazzar ermordet wurde. Tatsächlich war er jedoch der älteste Sohn des letzten babylonischen Königs Nabonid und nur Mitregent (Nabonid regierte in Nordwestarabien, Belschazzar in Babylon).

Beltschazzar
(griechisch „Balthasár")
Der Name, der Daniel am Hofe des Königs von Babylon (Dan 1,12) gegeben wurde.

Ben
Vorsilbe in Personennamen, die „Sohn" bedeutet, z.B. in „Ben-Hadad", „Ben-Ammi".

Benaja
(hebräisch „Jahwe [Gott] hat erbaut")
Durch seine mutigen Taten berühmter Befehlshaber der Leibwache und Offizier Davids (2 Sam 23,20-23); Benaja unterstützte Salomo im Kampf um die Thronfolge (1 Kön 1), tötete auf Salomos Befehl dessen Konkurrenten Adonija und wurde zum Heerführer gemacht (1 Kön 2,35; 4,4).

Ben-Hadad
(hebräisch „Sohn des [Gottes] Hadad")
Name dreier syrischer Könige in Damaskus:
1. Ben-Hadad I. kämpfte Ende des 10. Jahrhunderts v.Chr. gemeinsam mit Asa, dem König des Südreiches Juda, gegen Bascha, den König des Nordreiches Israel (1 Kön 15; 16). Er stellte vermutlich die Stele auf, die dem tyrischen Gott Melkart geweiht war und die in der Nähe von Aleppo (Syrien) gefunden wurde.
2. Ben-Hadad II., der Sohn von Ben-Hadad I., war König von Aram (1 Kön 20,1-34; 2 Kön 6,24; 8,7-9) und wurde von Ahab, dem König von Israel, besiegt; doch er verbündete sich mit ihm und wurde freigelassen. Nach drei Jahren Frieden zwischen Israel und Syrien versuchte Ahab Ramot in Gilead von den Syrern zu erobern, dabei fiel er (1 Kön 22,2-36). Ben-Hadad II. wurde von Hasaël ermordet (2 Kön 8,14-15), der daraufhin König wurde.
3. Ben-Hadad III., Sohn Hasaëls und König von Aram, konnte die Vormachtstellung Syriens nicht bewahren. König Joasch von Israel schlug ihn dreimal (2 Kön 13, 25). Durch die schwache Regierung unter Ben-Hadad III. wurde Israel unter König Jerobeam II. gestärkt.

Benjamin
(hebräisch „Sohn der rechten Hand", „Sohn des Südens oder des Glücks")
Zwölfter und jüngster Sohn Jakobs und der Rahel (Gen 35,16-19); seine Mutter, die kurz nach der schweren Geburt starb, nannte ihn „Ben-Oni" („Sohn meines Schmerzes"), aber Jakob änderte den Namen in „Benjamin" („Glückssohn").
Benjamin gilt als Ahnherr des nach ihm benannten israelischen Stammes mit gleichsam tüchtigen (Ri 20,16) wie grausamen (Gen 49,27) Kriegern. Das Stammgebiet lag westlich des Jordan zwischen den Gebieten Judas, Dans und Ephraims (Jos 18,11-28). Der Prophet Jeremia war ein Benjaminiter (Jer 1,1), ebenso der Apostel Paulus (Phil 3,5).
Noch heute wird der jüngste Sohn einer Familie traditionell als „Benjamin" bezeichnet.

Berechja
(hebräisch „gesegnet hat Jahwe [Gott]")
Berechjas Sohn Sacharja wurde nach Mt 23,35 „zwischen Tempel und Altar" ermordet. Der Prophet Sacharja kam offenbar unter ähnlichen Umständen um, wurde in 2 Chr 24,20-22 aber als „Sohn Jojadas" bezeichnet. Die beiden Sacharjas (Zacharias), der Priester und der Prophet, wurden von Beginn an häufig verwechselt.

Berenike
(griechisch „die Siegreiche")

Die älteste Tochter Herodes Agrippas I. und Urenkelin von Herodes dem Großen war berühmt wegen ihrer Schönheit (28-79 n.Chr.). Sie verlobte sich mit dem Alabarchen Alexander, heiratete aber dann ihren Onkel Herodes II. von Chalkis und nach dessen Tod im Jahre 48 König Polemon von Kilikien, den sie aber bald verließ. Danach lebte sie mit ihrem Bruder Herodes Agrippa II. zusammen (Apg 25,13; 26,30), bis sie die Geliebte von Kaiser Titus Flavius wurde und mit ihm nach Rom ging. Ihre Hoffnung, dass er sie heiraten und zur Kaiserin machen würde, erfüllte sich jedoch nicht.

Bergpredigt

Die Bergpredigt ist einer der bekanntesten Texte des Neuen Testaments (Mt 5-7). Ihren Namen hat sie von der Ortsangabe am Anfang: „Als Jesus die vielen Menschen sah, stieg er auf einen Berg. Er setzte sich, und seine Jünger traten zu ihm. Dann begann er zu reden und lehrte sie.“ (Mt 5,1). Ihre Bedeutung hat sie u.a. darin, dass sie dem Gläubigen ganz klare Verhaltensregeln gibt (etwa zum Fasten, Richten, Vergelten, Feindesliebe, Ehebruch und Scheidung, Töten), die zwar in dieser Eindeutigkeit nie völlig zu realisieren sind, derer man sich aber als Richtlinie in ihrem ethischen Anspruch und der hohen Moral bedienen kann. Das programmierte Scheitern an den schon in den mosaischen Gesetzen zu findenden Forderungen macht dem Gläubigen klar, dass er nur auf die Barmherzigkeit des Herrn vertrauen kann und das auch darf. Wohl keine Stelle der Bibel hat eine so nachhaltige Wirkung über die Jahrhunderte ausgeübt, auch heute noch erscheint sie in ihrer schlichten, positiven Weltsicht beispielhaft.

„Wer diese meine Worte hört und danach handelt, ist wie ein kluger Mann, der sein Haus auf Fels baute.“ (Mt 7,24)

Beröa

1. Die heutige Stadt Aleppo in Nordwestsyrien (2 Makk 13,4).

2. Stadt in Makedonien, in der Paulus mit Erfolg missionierte (Apg 17,10; 17,13); mit dem heutigen Veria rund 80 km westlich von Thessaloniki identisch.

Berotai

Stadt des Aramäerkönigs Hadad-Eser nördlich von Damaskus, die David plünderte und aus der er „eine große Menge Bronze“ mitnahm (2 Sam 8,8); vielleicht mit „Berota“ identisch (Ez 47,16).

Beschneidung

(hebräisch mula, griechisch peritome)

Der Brauch der operativen Entfernung der Vorhaut des männlichen Gliedes war im alten Orient

stark verbreitet, z.B. bei den Ägyptern, Edomitern, Ammonitern, Moabitern (Jer 9,24-25) und Israeliten, jedoch nicht bei den Assyrern, Babyloniern und Philistern. Die Bedeutung dieses Brauches ist nicht gänzlich geklärt, vermutlich standen nicht medizinische oder hygienische Gründe im Vordergrund, sondern religiöse. Die Beschneidung der Israeliten musste nach Gen 17,9-14 und Lev 12,3 (vgl. Lk 2,21) acht Tage nach der Geburt vorgenommen werden. Durchgeführt wurde sie in erster Linie vom Vater des Kleinkindes (Gen 21,4). Sie durfte auch am Sabbat stattfinden (Joh 7,22-24). Die Beschneidung wurde zu einem wichtigen äußerlichen Unterscheidungsmerkmal zwischen Israeliten und Heiden. Die von den Israeliten verächtlich „Unbeschnittene" Genannten wurden als unrein angesehen (1 Sam 17,26; Ez 31,18; Jes 52,1). Der Apostel Paulus setzte sich gegen eine Beschneidungspflicht der Heidenchristen ein (Gal 2,3; 5,2), und forderte eine „Beschneidung des Herzens" (Röm 2,28-29; Phil 3,3; Kol 2,11-12).
Die Beschneidung von Mädchen („Clitoridektomie") wird in der Bibel nicht erwähnt.

Besessenheit
Damit ist die Beherrschung des Menschen durch eine übermenschliche Macht bzw. einen bösen Geist, der die Kontrolle über das menschliche Denken, Reden und Handeln übernimmt, gemeint. Besessene wurden vom Geist gequält (Mk 1,26; Mk 5,1-20), wurden gewalttätig und tobsüchtig (vgl. Lk 8,27-31), stumm und blind (Mt 12,22) oder bekamen epileptische Anfälle (Mk 9,14-27). Die Heilung erfolgte durch die Austreibung der Dämonen, z.B. durch Jesus (u.a. Mt 4,24; 8,16; Apg 10,38), oder auch durch die Apostel, die im Namen Jesu böse Geister austrieben (Mt 10,1; Mk 3,15; Apg 16,16-18). Mit der Heilkraft Jesu ist die Macht des Satans überwunden. Er ist gekommen, um die Macht des Teufels zu zerstören (1 Joh 3,8).

Bet(h)-
(hebräisch „Haus des ...")
Erster Teil vieler zusammengesetzter Ortsnamen, z.B. „Bet(h)-lehem", „Bet(h)-El".

Bet(h)anien
(hebräisch „Haus des Armen")
1. Dorf am Osthang des Ölbergs, an der Straße Jerusalem-Jericho, 3 km von Jerusalem entfernt (Joh 11,18); Betanien war die Heimat des Lazarus, seiner Schwestern Maria und Martha (Joh 11,1-18; Lk 10,38-39) sowie von Simon dem Aussätzigen (Mk 14,3). Das Dorf wurde von Jesus häufig besucht

(Mk 11,1-12; Mt 21,17; Lk 19,29). Hier erweckte Jesus seinen Freund Lazarus wieder zum Leben (Mt 26,6), daher heißt der Ort heute „El-Azarije" („Lazarusdorf").
2. Ortschaft am Ostufer des Jordan und Taufstelle des Johannes (Joh 1,28; 10,40); der Name wurde von Origenes in „Bet-Abara" geändert, womit aber vermutlich ein anderer Ort gemeint ist, nämlich die heutige Taufstelle am rechten Ufer nördlich des Toten Meeres.

Bet(h)-El

(hebräisch „Gotteshaus", gelegentlich zu bet-'awen = „Sündenhaus" verunstaltet, z.B. Hos 5,8)
Ursprünglich nur der Name eines wichtigen Heiligtums rund 20 km nördlich von Jerusalem in der Stadt Lus; später wurde die Stadt von Jakob in Bet-El umbenannt (Ri 1,22-26; Gen 28,19). Hier soll ihm auf der Flucht vor Esau die Himmelsleiter im Traum erschienen sein (Gen 28,12-15). Er errichtete einen Gedenkstein (Gen 28,22) und später einen Altar (Gen 35,1-7).
König Jerobeam I. richtete hier ein Reichsheiligtum ein (Stier: 1 Kön 12,29-32), um so im Nordreich Israel einen Gegenpol zu Jerusalem im Südreich Juda zu schaffen. Diese „Sünde Jerobeams" wurde besonders vom Propheten Amos kritisiert (1 Kön 12,26-33; Am 3,14), König Josia von Juda ließ das Heiligtum im 7. Jahrhundert v.Chr. zerstören (2 Kön 23,15).

Bet(h)esda

(hebräisch „Haus der Barmherzigkeit")
Teichanlage in Jerusalem nahe des Schaftores (Joh 5,2), bestehend aus zwei großen Becken (jeweils ca. 50 m lang und ca. 13 m tief), die von vier Säulenhallen umgeben und von einer fünften voneinander getrennt waren; dem Wasser wurden heilende Kräfte zugeschrieben. Jesus soll hier einen Lahmen geheilt haben (Joh 5,5-9).

Bet(h)-Horon

(hebräisch „Haus des [Gottes] Horon")
Vorisraelitische Kultstätte, die aus zwei benachbarten Orten bestand: Das untere Bet-Horon war ein Grenzort zwischen den Stämmen Ephraim und Benjamin (Jos 16,3). Es entspricht dem heutigen Bet'ur et-tahta, 18 km von Jerusalem entfernt. Das obere Bet-Horon heißt heute Bet'ur el-foqa und liegt 16 km nordwestlich von Jerusalem. Der Ort beherrschte die wichtige Straße von der Küste ins Gebirge Ephraim (Jos 16,5). Der Höhenunterschied zwischen beiden Orten betrug etwa 200 m. Beide Städte wurden von Salomo befestigt (1 Kön 9,17), und 165 v.Chr. siegten hier die Soldaten des Judas Makkabäus über die syrischen Truppen (1 Makk 3,10-26).

Bet(h)lehem

(hebräisch „Brothaus“ oder „Haus der Göttin Lahamu“)

Ort in Juda, rund 10 km südlich von Jerusalem; Begräbnisstätte von Rahel (Gen 19-20), Heimatort Davids (1 Sam 20, 6; Joh 7,42), der dort von Samuel zum König gesalbt wurde (Gen 35,19-20) und auch Schauplatz der Rutherzählung (Rut 1,1-22). Seine größte Bedeutung erlangte Bethlehem als Geburtsort Jesu (Mt 2,1-12), wie es Micha einst prophezeit hatte (Mi 5,1): „Sagt nicht die Schrift: aus dem Geschlecht Davids und aus dem Ort Bethlehem, wo David war, soll der Christus kommen?“ (Joh 7,42). Der Geburtsort Jesu, der „Stall von Bethlehem“, wurde als Höhle interpretiert (Lk 2,4-7). Über der Geburtsstätte Jesu steht seit dem 4. Jahrhundert eine Kirche, die eines der bedeutendsten christlichen Pilgerziele ist.

Bet(h)saida

(hebräisch „Haus des Fischfangs“)

Fischerdorf unweit der Mündung des Jordan in den See Genezareth (heute Südwestsyrien, aber von Israel besetztes Gebiet), aus dem die Apostel Andreas, Petrus und Philippus stammten (Joh 1,44; 12,21); hier heilte Jesus einen Blinden (Mk 8,22-26), und ganz in der Nähe fand die Brotvermehrung statt (Lk 9,10-17). Betsaida wurde dann aber von Jesus wegen seines Unglaubens verflucht (Lk 10,13; Mt 11,21).

Bet(h)-Schean

(hebräisch „Haus der Sicherheit“)

Kanaanäische Stadt im Südosten Galiläas an einem wichtigen Verkehrsknotenpunkt am Ostrand der Jesreelebene; seine Blütezeit erlebte das seit dem 4. Jahrtausend v.Chr. besiedelte Bet-Schean als Stadtstaat in der späten Bronzezeit. Als Saul starb, herrschten die Philister in Bet-Schean (1 Sam 31,10). Zur Zeit Salomos war die Stadt Teil des israelitischen Reiches (1 Kön 4,12). Eine neue Besiedelung erlebte sie in hellenistischer Zeit und war unter dem Namen Skythopolis (2 Makk 12,29) als einziger Ort westlich des Jordan Teil der Dekapolis (Zehn-Städte-Gebiet).

Bet(h)-Schemesch

(hebräisch „Haus der Sonne“)

25 km westlich von Jerusalem, an der Nordgrenze Judas gelegene Stadt (Jos 15,10), die wohl mit den Orten Ir-Schemesch („Sonnenstadt“) und Har-Heres („Sonnenberg“) identisch war (Jos 19,41; Ri 1,35); auch die Philister eroberten die häufig umkämpfte Stadt (2 Chr 28,18).

Die Entdeckung von Schriftstücken bei Ausgrabungen konnte enge Beziehungen Bet-Schemeschs u.a. zu Ägypten bestätigen.

Bet(h)ulia
Herkunft und Bedeutung des Wortes sind unklar. Möglich wären ein hebräischer Ursprung und die Bedeutungen „Jungfrau des Landes“ oder „Haus Gottes“.
Heimat der Judit und Schauplatz vieler Geschehnisse des Buches Judit (z.B. Jdt 6,10); da jedoch keine Siedlung dieses Namens bekannt ist, handelt es sich vermutlich um einen Decknamen, womöglich für Sichem.

Bet(h)-Zur
(hebräisch „Felsenhaus“)
Strategisch wichtige, bereits in der frühen Bronzezeit besiedelte und im 10. Jahrhundert v.Chr. von König Rehabeam von Juda befestigte Stadt an der Straße von Jerusalem nach Hebron (Jos 15,58; 2 Chr 11,7); Bet-Zur stieg zur Bezirkshauptstadt auf (Neh 3,16) und spielte in den Kämpfen der Makkabäer um 160 v.Chr. eine Schlusselrolle (1 Makk 4,29; 4,61; 2 Makk 11,5; 13,19).

Betfage (Bethphage)
(hebräisch „Haus der Feigen“)
Ein Dorf, das zu Jerusalem gehörte und am Ölberg lag (Mt 21,1), von hier ließ Jesus einen Esel für seinen Einzug in Jerusalem holen (Mk 11,1; Mt 21,1-6).

Betuël
Sohn des Nahor, Neffe des Abraham, Vater der Rebekka (u.a. Gen 22,22-23; 24,15-50) und des Laban (u.a. Gen 25,20; 28,2); er wird in Gen 25,20 als Aramäer bezeichnet.

Bezalel
(hebräisch „im Schatten Gottes“)
Ein Judäer, der zusammen mit Oholiab die Stiftshütte und ihre verschiedenen Geräte aus Metall, Holz und Stein fertigte (Ex 31,1-11; 35,30-33; 36,1-39,31).

Bibel
(griechisch biblion, byblion = „Papierrolle“)
Die Bibel, die Heilige Schrift der Juden und Christen, ist ein Kompendium einzelner Schriften, die „Bücher“ genannt werden. Die Ursprünge ihrer zunächst mündlichen Überlieferung liegen im 2. vorchristlichen Jahrtausend, aber schriftlich festgehalten wurden sie erst wesentlich später, überwiegend in hebräisch, teilweise in aramäisch und das Neue Testament auf griechisch. Dem Alten Testament entspricht der jüdische Tanach, der aus Thora (die fünf Bücher Mose, Pentateuch), Nebiim (Propheten) und Ketubim (Schriften) besteht.
Im Islam wird die Bibel als Wort Gottes zwar anerkannt, aber nicht gelesen, da der Text von den Menschen verfälscht wurde. Zudem beinhaltet der Koran bereits Teile des Tanach.
Der jüdische Tanach besteht aus 22

oder 24, das Alte Testament je nach konfessionellem Verständnis aus bis zu 46 und mehr Büchern. Das Neue Testament hat 27 in Griechisch verfasste Einzeltitel. Verschiedene Schriften des Tanach werden von der katholischen und den orthodoxen Kirchen als zum Alten Testament gehörend verstanden (deuterokanonisch). Sie sind in der Septuaginta, einer vorchristlichen jüdischen Übersetzung des Tanach ins Griechische, enthalten. Die reformierten Kirchen und die Juden anerkennen sie nicht als kanonisch und bezeichnen sie als Apokryphen.

Die Bibel ist das am meisten gedruckte Schrifttum. Es liegen Gesamtübersetzungen in 392 Sprachen und Teilübersetzungen in weiteren 2 377 Sprachen vor.

Biene

(hebräisch d·bora)

Vermutlich die Apis mellifica, die in Palästina häufig vorkam; Ri 14,8 nennt sie als Lieferant für Honig. Da die Biene ihre Feinde verfolgt und umzingelt, symbolisiert sie Angreifer und Verfolger (Dtn 1,44; Ps 118,12; Jes 7,18). In Sir 11,3 wird die Biene als kleines, unscheinbares Insekt beschrieben, das aber den besten Ertrag liefert.

Die Bienenzucht war zwar in Ägypten bereits im 3. Jahrtausend v.Chr. bekannt, bleibt in der Bibel aber unerwähnt. Nur die Gewinnung von Honig (1 Sam 14,25; Jes 7,15; 7,22; Spr 25,16) wird genannt. Unter diesem Honig ist „wilder Honig" zu verstehen, den nach Mt 3,4 Johannes der Täufer aß. Kanaan wurde als „Land, in dem Milch und Honig fließen" (Ex 3,8) beschrieben – hier handelt es sich jedoch nicht um Bienenhonig, sondern um Fruchthonig.

Bigwai

Er war Nachfolger des Nehemia als persischer Statthalter von Juda (ca. 420-395 v.Chr.; u.a. Esra 2,2; 2,14; Neh 10,17) und wurde auch „Bagoas" genannt. Während seiner Amtszeit wollten die Juden in Elefantine ihren Tempel wieder aufbauen. Jeschua wurde von seinem Bruder, dem Hohepriester Johanan, im Tempel ermordet, woraufhin Bigwai den Kult sieben Jahre lang einschränkte.

Bildad

Einer der drei Freunde Ijobs (u.a. Ijob 2,11; 8,1); er stammte aus Suach.

Bilderverbot

„Du sollst dir kein Bildnis noch irgend ein Gleichnis machen, weder des, das oben im Himmel, noch des, das unten auf Erden, oder des, das im Wasser unter der Erde ist. Bete sie nicht an und diene ihnen nicht." (Ex 20,4-6; Dtn 5,8-10)

Das Bilderverbot ist ein typisches Element monotheistischer Religionen. Bei den Israeliten der Landnahmezeit entstand es als Reaktion auf den bildreichen Pantheon im besetzten Kanaan. Gott sollte weder als Bild noch als Statue dargestellt, sondern nur als einziger Schöpfergott im Gebet verehrt werden. Bei den Juden ist dieses Gebot konsequent durchgehalten worden, ebenso im Großen und Ganzen im Islam. Es gibt allerdings Ausnahmen wie z.B. die persische Buch- und Miniaturenkunst etc.
Im frühen Christentum wurden zwar keine Statuen aufgestellt, aber doch Tier- und Pflanzenbilder meist dekorativ oder symbolhaft eingesetzt. Dies entsprach wohl genau dem ursprünglichen Sinn des mosaischen Gebots, das Bilder zum Zweck der Anbetung untersagt. In der orthodoxen Kirche im Byzanz des 8. und 9. Jahrhundert kam es dann zum so genannten Bilderstreit um die Verehrung von Ikonen, der von Ikonoklasten (Bilderstürzer) und Ikonodulen (Bildverehrer) heftig ausgetragen wurde. Die Ursachen sind nicht geklärt, möglich ist ein Einfluss des Islam, der mit dem Gebot weit radikaler umging als das Christentum. Erst 843 setzten sich die Ikonodulen endgültig durch und die Ikonen konnten wieder aufgestellt werden.
Auch in der Reformationszeit kam es zum Bildersturm unter Bezug auf das zweite Gebot. Besonders Thomas Müntzer, Huldrych Zwingli und Johannes Calvin setzten sich für ein völliges Bilderverbot in den Kirchen ein, Martin Luther dagegen verdammte lediglich Götzenbilder.
Der Islam bezieht sein Bilderverbot ebenso auf Mose (Musa), hat es aber oft gründlicher durchgesetzt. Die Folge im Zuge einer zunehmenden Radikalisierung konnte man 2001 beobachten, als die Taliban die weltberühmten Buddhastatuen von Bamiyan in Afghanistan sprengten.

Bileam

Heidnischer Wahrsager aus Pethor am Euphrat, der zur Zeit der Landnahme lebte (Num 22,5ff.; Dtn 23,5; Jos 13,22); nach dem Sieg über die Ammoniterkönige sollten die Israeliten am Zug durch das Gebiet der Moabiter gehindert werden. Balak, König der Moabiter, sandte nach Bileam, von dessen prophetischen Kräften er überzeugt war, damit er einen Fluch über die Israeliten spreche (Num 22,6). Als sich Bileam auf den Weg machte, erschien ihm ein Bote Gottes, und Bileams Eselin begann zu sprechen (Num 22-24; 2 Petr 2,15). Ausschließlich die Worte Gottes sollten aus dem Mund des Wahrsagers kommen, aber kein Fluch. Nach der Weissagung wandte sich Bileam aber wieder gegen Israel und kam später im Krieg um.

Bileamsprüche
Auf Befehl Gottes war es dem Seher Bileam nicht möglich, Israel zu verfluchen, statt dessen sprach er in vier Sprüchen einen Segen über das Volk (Num 22-24). Die beiden älteren Sprüche kündigen einen siegreichen König (vermutlich Saul) an (Num 24,3-9) und einen weiteren Herrscher, der die Völker um Israel unterwerfen würde (Num 24,15-19). In den beiden jüngeren Bileamsprüchen spielen die Vormacht Israels und der besondere Schutz Gottes für sein Volk eine zentrale Rolle (Num 23,7-10; 23,18-24).

Bilha
Eine Sklavin, die Rahel in die Ehe mit Jakob mitgegeben worden war (Gen 29,29); als eine der Nebenfrauen Jakobs gebar Bilha ihm Dan und Naftali (Gen 30,1-8), die als Söhne Rahels galten. Ruben, der Sohn von Jakob und Lea, beging mit Bilha Blutschande (Gen 35,22; 1 Chr 5,1).

Binsen
Eine Schilfart (Jes 9,13; 58,5), die an feuchten Standorten wuchs. Sie war ein Rohstoff, der häufig von Korbflechtern genutzt wurde. Laut dem Alten Testament wurde Mose in einem Binsenkorb im Schilf am Nil ausgesetzt (Ex 2,3).

Bithynien
Königreich im Nordwesten Kleinasiens (am Schwarzen Meer), ab 64 v.Chr. römische Provinz (heute Türkei); 1 Petr 1,1 setzt eine Christengemeinde in Bithynien voraus.

Blendung
(hebräisch 'iwwer)
Eine Strafe, die in Israel unbekannt war (in Spr 30,17 handelt es sich wohl um Verweigerung des Grabes) und nur von Heiden angewandt wurde (Ri 16,21; 2 Kön 25,7). Eine Blendung durch Gott diente dem Schutz der Seinen (Gen 19,11; 2 Kön 6,18). Sie war vorübergehend und bedeutete die Unfähigkeit, bestimmte Dinge genau zu erkennen.

Blindheit
(hebräisch 'iwwer, griechisch Typhlós)
Eine Erscheinung, die in Palästina aufgrund des Klimas und der mangelnden Hygiene häufig auftrat. Wie andere Gebrechen hatte auch Blindheit kultische Handlungsunfähigkeit zur Folge (Lev 21,18-23), auch blinde Tiere durften nicht geopfert werden (Lev 22,22; Dtn 15,21; Mal 1,8). Blindheit wurde auch als Strafe Gottes für Sünde dargestellt (Ex 4,11; Dtn 28,28-29; Apg 13,11). Im übertragenen Sinn

meint Blindheit die Unfähigkeit, Gottes Zeichen zu erkennen (Jes 42,18-19; 43,8; 56,10; Zef 1,17; Mt 23,17; Joh 9; Offb 3,17).
Jesus heilte Blinde (u.a. Mt 9,27-31; 11,5; 12,22; 15,30-31; Joh 10,21). Paulus war vorübergehend drei Tage blind (Apg 9,9). Er bezeichnete den Unglauben in Israel als Blindheit (Röm 11,25). Jesus nannte die Pharisäer „blinde Blindenführer“ (Mt 15,14).

Blindschleiche

(hebräisch homet)
Ursprünglich wurde hier die Anguis fragilis angenommen, doch diese kam in Palästina nicht vor. Daher wird ein Skink, die Scincus officinalis, eine etwa 15 cm lange, schlangenähnliche Echse mit kleinen Füßen und relativ kurzem Schwanz, vermutet. Sie gehörte zu den reinen Kriechtieren (Lev 11,30).

Blutegel

(hebräisch 'aluqa)
Ein fingerlanger, blutsaugender Parasit (Hirudo medicinalis, nach dem Talmud ist Limnatis nilotica gemeint), der Unersättlichkeit und Habgier symbolisierte (Spr 30,15).

Blutrache

Ein altes Prinzip der Vergeltung (Gen 9,5-6), wonach die Sippe eines Opfers den Täter (oder Mitglieder seiner Sippe) bestrafte. Sie kennzeichnet Gesellschaften, in denen der Staat noch nicht in der Lage ist, für den Schutz von Leben und Ehre des Einzelnen zu sorgen. Die Blutrache war kein Recht, sondern Pflicht (Ex 21,12-24; Num 35,16-33). Der Vollzug der Blutrache stand dem Sohn, Bruder (u.a. Ri 8,18-21; 2 Kön 14,5; 1 Makk 9,38-42) oder einem weiteren näheren Verwandten zu. War kein Verwandter mehr da, so erlosch die Blutrache. Da die Blutrache zunächst ohne Gericht oder Urteil vollzogen wurde, kam es zur Ausrottung ganzer Sippen. Um dem abzuhelfen, wurde eine Reihe von Bestimmungen festgelegt. Wer z.B. fahrlässig getötet hatte, fand Zuflucht in einer Asylstadt (Ex 21,12-13; Num 35,10-15; Dtn 19,4-10). In manchen Fällen war Schadenersatz ausreichend (Ex 21,30), in anderen Fällen lud der Täter keine Blutschuld auf sich (Ex 22,1). Nach Dtn 24,16 durfte Blutrache nur den Schuldigen, nicht Angehörige seiner Familie treffen.
Das alttestamentliche Gesetz der Vergeltung (ius talionis) wurde von Jesus und dem Evangelium aufgehoben (Mt 5,38-42; Röm 12,19-21).

Blutschande

Eine sexuelle Verbindung von Blutsverwandten aber auch von nahen angeheirateten Verwandten

wurde scharf abgelehnt (Lev 18,6-18) und im Alten Testament mit der Todesstrafe belegt (Lev 20,11-17).
Die korinthische Ehe zwischen Stiefsohn und Stiefmutter (1 Kor 5,1) wurde vom Apostel Paulus verurteilt (1 Kor 5,5).

Boas
(hebräisch „in ihm ist Kraft/Stärke")
1. Ein reicher Bauer aus Bethlehem, der die verwitwete Moabiterin Rut ehelichte und als Stammvater Davids und Josefs gilt. (Rut 2-4; Mt 1,5).
2. Der Name einer der beiden etwa 9 m hohen Bronzesäulen am Jerusalemer Tempel, die König Salomo aufstellen ließ (1 Kön 7,15-22; 2 Chr 3,15-17).

Bogenlied
Trauerlied des David über den Tod des Saul und des Jonatan (2 Sam 1,18-27); der Name stammt von dem im Lied vorkommenden Wort für „Bogen" (2 Sam 1,22).

Bohne
(hebräisch pol)
Eine Hülsenfrucht, die in der Bibel an zwei Stellen erwähnt wird:
Sie wurde David auf seinem Feldzug gegen Abschalom als Nahrung gebracht (2 Sam 17,28).
Ez 4,9 erwähnt die Bohne als Zutat jenes Brotes, das in Notzeiten gebacken werden sollte.
Gemeint ist hier die Saubohne (Vicia faba).

Bosora
Stadt im Hauran, die von Judas Makkabäus erobert und zerstört wurde (1 Makk 5,26; 5,28).

Bozra
(hebräisch bosra = „unzugänglicher Ort")
1. Hauptstadt Edoms und Heimat des Königs Jobab (Gen 36,33; 1 Chr 1,44); das Karawanenzentrum wird in den Gerichtssprüchen der Propheten erwähnt (Jes 34,6; Jer 49,13; 49,22; Am 1,12).
2. Stadt in Moab, der das Gericht angekündigt wurde (Jer 48,24); vielleicht mit Bezer im Ostjordanland gleichzusetzen (Dtn 4,43; Jos 20,8; 21,36).
3. Stadt der Nabatäer im Hauran etwa 100 km südöstlich von Damaskus (1 Makk 5,26; 5,28), die unter Trajan Hauptstadt der römischen Provinz Arabia wurde.

Brandkorn
Was z.B. der Prophet Haggai mit „Brandkorn" benennt (Hag 2,17), ist eine Plage der frühen Ackerbauern, die bis in die Neuzeit grassierte und erst im 20. Jahrhundert wissenschaftlich erklärt und bekämpft werden konnte. Das Mutterkorn (Claviceps purpurea oder das verwandte Claviceps paspali) ist eine niedere Pilzart an verschiedenen Getreidearten, vor

allem Roggen, aber auch Weizen und Wildgetreiden, die in braunvioletten Zapfen (Sklerotien) erscheint, die bei der Zubereitung des Getreides leicht übersehen werden können. Im Mittelalter und der frühen Neuzeit waren die von ihr hervorgerufenen Vergiftungserscheinungen als „Antoniusfeuer“ (nach dem für die Behandlung zuständigen Heiligen Antonius) gefürchtet. Schlimmstenfalls führt die Erkrankung zum Tod oder Abfallen von Gliedmaßen (Gangrän). In der Volksmedizin setzte man Mutterkorn (Name!) zur Behandlung von Wöchnerinnen ein, da die Inhaltsstoffe ein Zusammenziehen der Gebärmutter bewirken und so das Stillen von Blutungen unterstützen. 1938 isolierte der Schweizer Chemiker Albert Hofmann zum ersten Mal den Wirkstoff aus dem Mutterkorn, das Alkaloid LSD.

Brandopfer

(hebräisch 'ola, ischsche, kalil; griechisch Holokaútoma)
Eine Form kultischer Darbringung, bei der ein Tier als Ganzes verbrannt wurde. Als Opfer zugelassen waren Schafe, Ziegen, an Festtagen auch Rinder, jedoch nur reine, männliche Tiere, die mindestens sieben Tage alt waren. Das tamid-Opfer wurde jeden Morgen und Abend am Tempel dargebracht (Lev 1; Num 28,3-4).

Bremse

Ein Insekt, das in Jer 46,20 genannt wird.

Bronze

(hebräisch n•hoschet; von Martin Luther mit „Erz“ bzw. „ehern“ übersetzt)
Hauptsächlich eine Legierung aus Kupfer und Zinn, im Altertum auch eine Legierung aus Kupfer und Blei oder anderen Metallen; die Säulen Jachin und Boas, das „eherne Meer“ und zahlreiche Geräte im Tempel des Salomo wurden aus Bronze hergestellt (1 Kön 7,13-47; 2 Chr 4,1-18).

Brot

(hebräisch lehem, griechisch ártos)
Seit frühester Zeit tägliches Hauptnahrungsmittel der Israeliten (u.a. Gen 3,19; 14,18; 21,14); Brot kann auch eine allgemeine Bezeichnung für Nahrung sein (1 Sam 20,34; Mt 6,11). Es hatte die Form eines runden Fladens mit einer Dicke von 2 mm bis 1 cm und einem Durchmesser von 20-50 cm. Es wurde nicht geschnitten, sondern gebrochen (Mt 14,19). Brot wurde entweder ohne Backgerät in der Asche bzw. Glut (1 Kön 19,6; Jes 44,19; Ez 4,12), auf Backplatten (Lev 2,5) oder in Tonbacköfen (Hos 7,4, 7,6) zubereitet. Unterschieden wurde zwischen gesäuertem und ungesäuertem Brot; nur das ungesäuerte Brot, das ohne Sauerteig gebacken wird, durfte für

kultische Zwecke verwendet werden (Lev 2,4).
Brotworte und Brotbrechen waren zentrale Bestandteile der Abendmahlsfeier.
Im übertragenen Sinn galt Brot als Quelle menschlicher Kraft (Ps 104,15). Ein Mangel an Brot bedeutete fehlende Lebensmöglichkeiten (Am 4,6) und wurde als Strafe aufgefasst (Jer 5,17; Ez 4,16-17). Ein Überfluss an Brot hingegen war ein Segen Gottes (Ps 132,15; Spr 12,11). Mit jemandem Brot zu essen symbolisierte Freundschaft (Ps 41,10), Brot teilen war ein Zeichen der Gastfreundschaft (Gen 18,5) und der Nächstenliebe (Ez 18,7; 18,16; Tob 4,16). Jesus bezeichnete sich als „Brot des Lebens“ (Joh 6,35; 6,48).

Bubastis

(griechisch; hebräisch pi-beset = „Haus der Bastet“)
Ägyptische Stadt im östlichen Nildelta, benannt nach der dort verehrten katzengestaltigen Göttin Bastet; hier wurde um 950 v.Chr. die 22. Dynastie („Bubastidische Dynastie“) gegründet. Nach Ez 30,17 werden die jungen Männer der Stadt niedergemetzelt werden.

Büffel

(hebräisch jahmur)
Hier ist vermutlich der Damhirsch (Cervus dama mesopotamica) gemeint. Er gehörte zu den reinen Tieren (Dtn 14,5) und stand auf dem Speiseplan des Königs Salomo (1 Kön 5,3; von Martin Luther mit „Gämse“ übersetzt).
Der Büffel wurde auch mit dem „Mastochsen“ (hebräisch mori) gleichgesetzt (Jes 1,11; Am 5,22), da beide fette Tiere waren. Das „Mastrind“ kann nicht gemeint sein.
Ein Vorkommen des wilden Wasserbüffels (Bubalus bubalis) in Palästina kann nicht belegt, aber auch nicht ausgeschlossen werden, allerdings war er in den Sümpfen Mesopotamiens beheimatet.

Bund

Juristisch gesehen ist ein Bund eine Vereinbarung zwischen zwei oder mehr Parteien. Unterschieden wird der einseitige (nur ein Vertragspartner übernimmt Verpflichtungen) vom häufigeren zweiseitigen Bund (auf beide verteilte Pflichten). In der Bibel kommen beide Arten vor. So der Bund Gottes mit Abraham (Gen 17,8), mit David (Hes 34,23-24) und der Neue Bund. Diese Bünde sind einseitige. Davon weicht der mosaische Bund ab, die gegenseitige Verpflichtung wird durch das Wort „dann“ oder „damit“ unterstrichen (Jer 7,23).
Gottes Bund mit Abraham und seinen Nachkommen und der mit Moses und den wandernden Israeliten wird zusammen der Alte Bund genannt. Beim Propheten Jeremia

(Jer 31,33) und im Neuen Testament ist dann vom Neuen Bund die Rede, den Gott durch seinen Sohn Jesus Christus mit den Menschen schließt, womit sich der alte überlebt hat (Hebr 8,13; 2 Kor 3,6).

Bundeslade

(hebräisch 'aron = „Kasten, Kiste")

Die Bundeslade ist der bedeutendste Kultgegenstand des Volkes Israel. Die Truhe wurde nach den Worten Gottes, der am Berg Sinai zu Mose sprach, aus Akazienholz gefertigt. Im Alten Testament finden sich detaillierte Schilderungen ihres Aussehens (Num 10,33; 14,44). Der Kasten war 1,25 m lang, 0,75 m breit und 0,75 m hoch (Ex 25,10ff.; 37,1ff.; Dtn 10,1ff.) und mit langen Tragestangen, die durch goldene Ringe an den Seiten geschoben wurden, ausgestattet (1 Kön 8,7ff.). Sowohl die Lade selbst als auch die Tragestangen waren mit Gold überzogen. Bedeckt war die Bundeslade mit dem so genannten Gnadenthron (hebräisch kapporät = „Deckplatte", „Sühnedeckel", Lev 16,14) mit zwei einander gegenüber stehenden Cherubim (Ex 25,17ff.).

Die Bundeslade enthielt die beiden steinernen Tafeln mit den Zehn Geboten, die Mose von Gott am Berg Sinai erhalten hatte (Num 10,33; Dtn 31,26), sowie den Stab Aarons, der gegrünt hatte und einen goldenen Krug mit dem Himmelsbrot Manna (Hebr 9,4; Num 17,25; Ex 16,33).

Das Heiligtum wurde als Symbol der Gegenwart Gottes auf Kriegszügen und Wanderungen mitgeführt und findet viele Erwähnungen im Alten Testament (u.a. 1 Sam 4-6; 43ff.; 2 Sam 6; 11,11; 1 Kön 3,15; 8; 14,26; 2 Kön 14,14). Die Bedeutung der Bundeslade als Wanderheiligtum findet in vorislamischen nomadischen Kulturen Entsprechungen; der Beistand Gottes im Kriegsgeschehen zeigte sich, als Jerichos Mauern fielen, nachdem Israel eine Woche lang mit der Bundeslade um die Stadt gezogen war (Jos 6,4-12). Nach der Eroberung Kanaans stand die Lade in Silo (Jos 18,1; 19,51), nach dem Sieg der Philister über Israel wurde der Kultgegenstand geraubt (1 Sam 4,10-11). Plagen, die als Strafe Gottes gesehen wurden, brachten die Philister dazu, die Bundeslade zurückzuerstatten. König David überführte die Lade in seine Hauptstadt Jerusalem, wo sie vermutlich 587/586 v.Chr. beim Brand des Tempels zerstört wurde (Jer 3,16).

Byblos

Eine der wichtigsten Städte an der phönizischen Küste des Mittelmeeres (zwischen der heutigen libanesischen Hauptstadt Beirut und Tripolis); das seit dem 5. Jahrtausend v.Chr. besiedelte Handelszentrum wird im Alten Testament als „Gebal“ erwähnt (Ez 27,9; Ps 83,8). 2000 v.Chr. entstand in Byblos eine eigene Schrift („Byblitische Bilderschrift“), aber auch die Alphabetschrift fand rasche Verbreitung. Die Griechen benannten Papyrus nach dieser Stadt, später entwickelte sich daraus das griechische Wort für Buch (biblion, biblos) sowie unser Wort „Bibel“.

Caligula
(lateinisch „Soldatenstiefelchen“; mit vollem Name „Gajus Caesar Augustus Germanicus“)
Beiname des römischen Kaisers Gajus (37-41 n.Chr.), den er als kleiner Junge von den Soldaten im Militärlager seines Vaters Germanicus erhalten hatte; er wurde auf Betreiben der Prätorianergarde zum Kaiser erhoben und sah sich selbst als Gottkaiser. Er förderte den Kaiserkult, und als er ein Bild von sich im Tempel von Jerusalem aufstellen wollte, kam es zu Aufständen der Juden.

Cäsar (Caesar), Gajus Julius
Römischer Triumvir (60-53 v.Chr., zusammen mit Pompejus und Crassus) und Diktator (49-44 v.Chr.); da ihn die Juden nach dem Sieg über Pompejus (48 v.Chr.) unterstützten, gewährte er ihnen einige Privilegien (z.B. freie Gemeindebildung). Nach seiner Ermordung in Rom beweinten sie ihn und sangen Totenklagen. Sein Name wurde zum Titel, den alle römischen Kaiser annahmen, und der auch auf die römischen Münzen geprägt wurde (Mt 22,17-21). Zur Zeit von Jesu Geburt war der „Cäsar“ bzw. „Kaiser“ Augustus (30 v.Chr.-14 n.Chr.), zur Zeit von Jesu Tod war es Tiberius (14-37 n.Chr.).

Cäsarea, Caesarea
(griechisch Kaisáreia = „Die Kaiserliche [Stadt]“)
König Herodes der Große baute die im 4. Jahrhundert v.Chr. von den Phöniziern als „Stratons Turm“ an der Küste Palästinas gegründete kleine Hafenstadt zwischen 22 und 10 v.Chr. aus und nannte sie zu Ehren des römischen Kaisers Augustus „Cäsarea“. Zur Unterscheidung von anderen Städten desselben Namens (z.B. in Kappadokien) wurde sie auch Caesarea Maritima oder Caesarea Palaestina genannt. Fast 600 Jahre lang war Cäsarea die Hauptstadt der römischen Provinz Judäa und seit 6 n.Chr. Residenz der römischen Statthalter (Apg 23-26). Die nach römischem Vorbild ausgebaute Stadt verfügte über Tempel, ein Amphitheater, ein Hippodrom, einen Königspalast und Wasserleitungen. Der Hafen der im 13. Jahrhundert von den Arabern zerstörten Stadt lag an der Straße Damaskus-Galiläa-Mittelmeer.

Die Apostel Philippus und Petrus wirkten in Cäsarea (Apg 8,40; 10,24-40), und der Apostel Paulus verbrachte zwei Jahre in dieser Stadt als Gefangener (Apg 23,23-27,1).

Chaldäer

(hebräisch kasdim, griechisch Chaldaîoi, babylonisch kaldu)

Ein ostaramäischer Nomadenstamm, der dem mesopotamischen Kulturkreis angehörte; ab 900 v.Chr. ließen sich die Chaldäer im Süden Babylons nieder und gewannen unter der neubabylonischen Dynastie vorübergehend an Macht und Einfluss. Merodach-Baladan wurde König von Babylon (Jes 39,1).

Im Alten Testament werden die Begriffe „Chaldäer" und „Babylonier" gleichbedeutend verwendet (Gen 11,28ff.; 2 Kön 25,4; 2 Chr 36,17; Jes 13,19). In späterer Zeit bezeichnete man mit „Chaldäer" vor allem die babylonische Priesterschaft und in der Folgezeit auch Astronomen, Astrologen, Wahrsager und Magier (Dan 2,2ff.).

Chamäleon

(hebräisch tinschemet; von Martin Luther mit „Maulwurf" übersetzt)

Eine kleines Kriechtier, das zu den unreinen Tieren gehörte (Lev 11,30), und das von den meisten Forschern mit dem Chamaeleon vulgaris identifiziert wurde. Das Chamäleon lebt in Palästina auf Bäumen und Sträuchern und hat eine lange, klebrige Zunge, mit der es Jagd auf Insekten und auch kleine Wirbeltiere macht. Außerdem kann es die Farbe wechseln.

Das hebräische „tinschemet" bezeichnete auch einen unreinen Vogel: die Schleiereule bzw., wie von Martin Luther übersetzt, die „Fledermaus" (Lev 11,18; Dtn 14,16). Die Gemeinsamkeit zwischen den beiden Tieren war demnach das Geräusch ihres Atmens.

Chasidäer

(hebräisch hasidim = „die Frommen")

Bezeichnung für eine Gruppe streng gesetzestreuer Juden, die sich ab 180 v.Chr. sammelten, um der Verbreitung des Hellenismus entgegenzutreten (Ps 30,5); im Kampf für freie Religionsausübung verbündeten sie sich für kurze Zeit mit den Makkabäern (1 Makk 2,42; 7,13). Aus der Bewegung der Chasidäer gingen später die Essener und Pharisäer sowie die Qumrangemeinde hervor.

Chios

Knapp 900 km² große Ägäisinsel vor der Westküste Kleinasiens etwa in Höhe von Smyrna, dem heutigen Izmir in der Türkei. Der Apostel Paulus machte auf der Insel während seiner dritten Missionsreise vielleicht Station (Apg 20,15).

Chloë

(griechisch „die Grünende", „die Hellgrüne")
Korinthische Christin, deren „Leute" (vermutlich Freigelassene oder Sklaven) dem Apostel Paulus Nachrichten über die Unstimmigkeiten in der Gemeinde von Korinth überbrachten (1 Kor 1,11).

Chorazin

(hebräisch k·razim, griechisch Chorazín)
Jüdische Stadt in Galiläa unweit von Kapernaum am Nordwestufer des Sees Genezareth; die Ruinen lassen auf die einstige Bedeutung der Stadt schließen, da die Reste einer prunkvollen Synagoge aus schwarzem Basalt mit zahlreichen Skulpturen gefunden wurden. Jesus war enttäuscht von Chorazin und tadelte die Stadtbewohner, die keine Buße getan hatten (Mt 11,21; Lk 10,13).

Chuzas

(aramäisch kuza = „Kanne")
Verwalter des Herodes Antipas, dessen Frau Johanna Jesus und seine Jünger begleitete und aus ihrem Vermögen unterstützte (Lk 8,3).

Claudia, Klaudia

Römische Christin, die durch den Apostel Paulus Grüße an Timotheus sandte (2 Tim 4,21).

Claudius

(„Tiberius Claudius Drusus Nero Germanicus")
Der Onkel von Kaiser Caligula wurde nach dessen Ermordung römischer Kaiser (41-54 n.Chr.). Nach Apg 18,2 hat er alle Juden – und damit auch die Judenchristen – wegen Unruhen aus Rom ausgewiesen („Claudiusedikt"). Unter seiner Regierung sollte nach der Weissagung des Agabus eine große Hungersnot eintreten (Apg 11,28). Claudius wurde von seiner Nichte und zweiten Gemahlin Agrippina, der Mutter seines Adoptivsohnes und Nachfolgers Nero, vergiftet.

Clemens, Klemens

(lateinisch „der Sanftmütige", „der Milde")
Einer der Mitarbeiter des Apostel Paulus in Philippi (Phil 4,3), den die späteren Kirchenväter mit Clemens von Rom (Clemens Romanus) identifiziert haben, der nicht nur als Verfasser zweier Briefe an die Gemeinde von Korinth (um das Jahr 96) gilt, sondern nach der ältesten römischen Bischofsliste von um 91 bis um 101 auch der dritte Nachfolger des Petrus in der Leitung der römischen Christengemeinde war. Der Legende nach wurde Clemens I. unter Kaiser Trajan (98-117) mit vielen anderen Christen auf die Halbinsel Krim im Schwarzen Meer zu Zwangsarbeit verbannt und schließlich mit einem

Anker um den Hals im Meer versenkt.

Cornelius, Kornelius

Römischer Hauptmann in Cäsarea und einer der „Gottesfürchtigen". Er war der erste Heide (Nichtjude), den Petrus taufte (Apg 10,1-8).

Creatio e nihilo

(lateinisch „Erschaffung aus dem Nichts")

Jene Vorstellung, nach der Gott die Welt völlig voraussetzungslos schuf und kein Chaos vorfand; es ist umstritten, ob Gen 1 in diesem Sinne zu verstehen ist: „Im Anfang schuf Gott Himmel und Erde" – hier bleibt unklar, ob „schaffen" in der Bedeutung „aus nichts erschaffen" zu verstehen ist. 2 Makk 7,28 ist vermutlich der erste biblische Beleg für diese Schöpfungsauffassung.

Dagon

(Urspünglich „Dagan"; hängt vermutlich nicht mit den hebräischen Wörtern „dag" = Fisch oder „dagan" = Getreide zusammen.)

Wettergott, der ursprünglich in Mari in Mesopotamien verehrt und später in Ugarit (Syrien) und Palästina übernommen wurde; in Ugarit wurde er aber von seinem Sohn Baal verdrängt. Im Alten Testament ist Dagon als wichtigster Gott der Philister beschrieben (Ri 16,23; 1 Sam 5,1-5; 1 Chr 10,10). Sein berühmtester Tempel war in Aschdod zu finden (1 Sam 5,2-7), wurde aber von Jonatan zerstört (1 Makk 10,83-84; 11,4).

Dalmanuta

Nicht näher bekannte Ortschaft am See Genezareth, wohin sich Jesus nach der zweiten Brotvermehrung zurückzog (Mk 8,10); vielleicht gleichzusetzen mit „Magadan" (Mt 15,39), das vermutlich wiederum mit dem Ort Magdala in der Nähe von Tiberias identisch ist.

Dalmatien

Region an der Ostküste des Adriatischen Meeres, die Teil der römischen Provinz Illyrien war; der Apostel Paulus verkündete hier das Evangelium (Röm 15,19), und nach 2 Tim 4,10 missionierte später auch sein Schüler Titus dort.

Damaris

(„Gattin", „Geliebte")

Athenerin, die gemeinsam mit Dionysius durch die Rede des Apostels Paulus auf dem Areopag zum christlichen Glauben bekehrt wurde (Apg 17,34).

Damaskus

(hebräisch dammeseq, griechisch Damaskós, arabisch Dimusk)

Bedeutende Handelsstadt in Syrien (Ez 27,18), in einer fruchtbaren und wasserreichen (2 Kön 5,12) Gegend gelegen; wurde bereits zur

Zeit Abrahams genannt (Gen 14,15); in der frühen israelitischen Zeit war Damaskus die Hauptstadt des mächtigen aramäischen Reiches (1 Kön 11,24-25) und damit eine ständige Bedrohung für Israel, was zahlreiche kriegerische Auseinandersetzungen zeigten. Die Propheten Jesaja und Jeremia sprachen Drohungen gegenüber Damaskus aus (Jes 17,1-3; Jer 49,23-27), die sich 732 v.Chr. erfüllten: Tiglat-Pileser III. eroberte Damaskus und machte die Stadt zu einer Provinz des assyrischen Reiches. Zur Zeit des Propheten Ezechiel, also im 6. Jahrhundert, war Damaskus unter der Herrschaft Babylons (Ez 27,18; 47,16-17), im 4. Jahrhundert fiel es in die Hand Alexanders des Großen (Sach 9,1), und ab 64 v.Chr. stand Damaskus unter der Oberhoheit der Römer.

Saulus wurde auf seinem Weg nach Damaskus, wo er die Christen verfolgen wollte, durch eine Erscheinung Jesu bekehrt und zum Apostel (Paulus) berufen (Apg 9,1-22) und war dann in der Stadt missionarisch tätig, bis er vor den Juden, die ihn töten wollten, fliehen musste (Apg 9,23-25).

Heute ist Damaskus die Hauptstadt von Syrien.

Damaskusschrift

Eine 1896 in der Esrasynagoge in Kairo entdeckte und 1910 edierte Schrift; sie ist in hebräischer Sprache verfasst und besteht aus acht zusammenhängenden beidseitig beschriebenen Blättern und einem ebenfalls beidseitig beschriebenen Einzelblatt. Fragmente von weiteren Manuskripten davon fand man später in den Qumranhöhlen in den Bergen westlich des Toten Meeres. Ein Titel ist nicht enthalten. Da von der „Gemeinde des neuen Bundes in Damaskus" die Rede ist, entstand die Bezeichnung „Damaskusschrift". Ob aber wirklich die Stadt Damaskus bzw. ihr Umland gemeint ist oder darunter ein Deckname zu verstehen ist, ist umstritten. Die Damaskusschrift enthält geschichtliche Abschnitte, eine lange Mahnrede, Regeln und Rechtsbestimmungen für die Gemeinde.

Damhirsch

Das hebräische „jahmur" in Dtn 14,5 und 1 Kön 5,3 meint wohl den Damhirsch (Cervus dama mesopotamica). Er ist deutlich größer als ein Reh, aber kleiner und leichter als ein Rothirsch (siehe auch unter „Assyrien und Babylonien").

Dan

(hebräisch „Richter")

Einer der zwölf Stämme Israels, benannt nach einem Sohn des Jakob und der Bilha (Gen 30,6); ursprünglich siedelte der Stamm im Hügelland westlich von Jerusalem

(Ri 13-16; Jos 19,40-48), wurde aber durch den Druck der Amoriter (Ri 1,34-35) und der Philister (Ri 13-16) in den Norden abgedrängt, wo er nach Ri 18,27-29 die Stadt Lajisch im Quellgebiet des Jordan überfiel und sie „Dan“ nannte (Jos 19,47). König Jerobeam I. machte die alte Kultstätte von Dan im 10. Jahrhundert v.Chr. zum offiziellen Heiligtum des Nordreiches Israel und stellte dort – wie auch in Bet-El – ein goldenes Stierbild Jahwes auf (1 Kön 12,28-29; Ri 18,30-31), was von dem Propheten Amos verurteilt wurde. Vor der Reichsspaltung war Dan der nördlichste Punkt Israels, während Beerscheba die Südgrenze bildete, was sich am Ausdruck „Von Dan bis Beerscheba“ zeigt (1 Sam 3,20).

Daniel

(hebräisch „Gott richtet“, „Gott ist mein Richter“)

Der vierte der vier großen Propheten des Alten Testaments (neben Jesaja, Jeremia und Ezechiel) und Hauptperson des im 2. Jahrhundert v.Chr. entstandenen Buches Daniel, das von seinem Leben und seinen Visionen erzählt, gehörte einer vornehmen Familie des Stammes Juda an. Mit der jüdischen Führungsschicht wurde er nach Babylon verschleppt, nachdem Nebukadnezar II. 586 v.Chr. Jerusalem erobert hatte. Mit mehreren Gefährten erzog man ihn am königlichen Hof, ein übliches Verfahren der Babylonier zur schnellen Integration der unterworfenen Völker, und Beltschazzar, wie man Daniel nun nannte (Dan 1,7), stieg wegen seiner hervorragenden Eigenschaften und seiner Prophetengabe zu hohen Staatsämtern auf. Daran änderte auch die Eroberung Babylons durch die Perser unter Kyros II. im Jahre 539 v.Chr. zunächst nichts, da diese den ganzen Verwaltungsapparat übernahmen. Sein fester Glaube an den einen jüdischen Gott führte dann dazu, dass Daniel denunziert und den Löwen vorgeworfen wurde, die ihm aber nichts taten, so dass man statt seiner die Denunzianten in die Löwengrube warf (Dan 6,17-25). Daniel soll im hohen Alter von 110 Jahren um 535 v.Chr. gestorben und in Babylon begraben worden sein. Das Buch Daniel besteht aus einem überwiegend historischen (Kapitel 1-6) und einem vorherrschend prophetischen Teil (Kapitel 7-12), der detailliert auf das Kommen des Messias und die Endzeit eingeht und deshalb bei bestimmten christlichen Glaubensrichtungen sehr populär ist.

Darius, Dareios

(griechisch Dareios; hebräisch-aramäisch Dar'jawesch = „der das Gute bewahrt“)

Name dreier persischer Könige; Darius I. der Große (522-486

v.Chr.), dessen Vorgänger Kyros und Kambyses Kleinasien, Babylonien, Syrien, ganz Palästina sowie Ägypten erobert hatten, herrschte zur Zeit der Propheten Haggai (Hag 1,1; 2,10) und Sacharja (Sach 1,1; 7,1). Er musste zu Beginn seiner Herrschaft zahlreiche Aufstände innerhalb seines Reiches überwinden, eroberte dann aber das Industal, Thrakien und Makedonien und konnte einen Aufstand der Griechen Kleinasiens niederschlagen. Er teilte sein Reich in 28 Satrapien (Provinzen) ein, schuf eine einheitliche Währung, sorgte für eine straffe Verwaltung, ließ Straßen und Kanäle bauen und erlaubte die Weiterführung der Bauarbeiten am Tempel in Jerusalem (Esra 5; 6).
Der Versuch, längerfristig auch auf dem europäischen Festland Fuß zu fassen, wurde von den Griechen in den „Perserkriegen" allerdings vereitelt: Darius I. wurde 490 v.Chr. bei Marathon geschlagen, und unter seinem Nachfolger Xerxes I. (bis 465) wurde 480 die persische Flotte vernichtet und es ging u.a. die Insel Zypern verloren. Die Herrschaft von Darius II. (423-404 v.Chr.) war von Korruption und Intrigen gekennzeichnet und leitete den allmählichen Niedergang des persischen Großreiches ein, das zur Zeit Darius' III. (336-330 v.Chr.) von Alexander dem Großen erobert wurde (1 Makk 1,1).

Darstellung Jesu im Tempel
Da eine Frau nach der Geburt eines Knaben 40 Tage lang als unrein galt (Lev 12,1-8), schrieb das Gesetz eine Reinigung der Wöchnerin am 40. Tag im Tempel vor. Verbunden war dies mit der Darbringung von Opfern (Lev 12,6). Zudem wurde jeder erstgeborene Sohn dem Herrn geweiht (Ex 13,2). Lk 2,22-24 berichtet, dass Maria und Josef gemäß dieser gesetzlichen Vorschriften Jesus in den Tempel brachten.

Datan und Abiram
Söhne Eliabs aus dem Stamm Ruben, die immer zusammen genannt werden; sie beteiligten sich am Aufstand gegen Mose (Num 16) und warfen ihm vor, dass er sie aus dem fruchtbaren und reichen Ägypten nicht in das verheißene Land, sondern nur in die Wüste geführt hatte. Zur Strafe wurden sie vom Erdboden verschlungen. Diese Erzählung spiegelt vermutlich frühe Kämpfe um die Vorherrschaft in den israelitischen Stämmen wieder.

David
(vermutlich „Bruder des Vaters" oder „Liebling")
Israels zweiter und bedeutendster König (um 1000-965 v.Chr.); der Sohn des Isai (1 Sam 16,1; 1 Kön 12,16) wurde in Bethlehem geboren (1 Sam 16,1-13), kam als Ju-

gendlicher als Harfenspieler und Waffenträger an den Hof König Sauls, wurde wegen seiner Erfolge im Kampf gegen die Philister zu dessen Vertrauten und heiratete Sauls Tochter Michal. Angesichts seiner zunehmenden Beliebtheit im Volk sah Saul in ihm einen Rivalen (1 Sam 18,5-30), weshalb David fliehen musste. Er sammelte in der Wüste eine Truppe aus Söldnern um sich, unterhielt gute Beziehungen mit seinem Stamm Juda und anderen Stämmen im Süden und arrangierte sich letztlich sogar mit den Philistern.
Nach Sauls Tod wurde er in Hebron zum König von Juda gesalbt (2 Sam 2,4) und nach dem Tod von Ischbaal, dem letzten der Söhne Sauls, auch zum König des nördlichen Israel (2 Sam 5,1-3). Er nahm Jerusalem ein, machte es zu seiner Hauptstadt (2 Sam 5,6-7) und ließ dorthin die Bundeslade überführen (2 Sam 6). Er eroberte Gebiete der Philister, Moabiter, Ammoniter und Edomiter und konnte seine Macht zeitweise sogar auf das aramäische Königreich Damaskus und andere Teile Syriens ausdehnen (2 Sam 8,1-14).
David war tapfer, klug und schön und galt als Idealbild eines Königs. Er soll das Klagelied auf Saul und dessen Sohn Jonatan (2 Sam 1,19-27) gedichtet haben, und auch viele Psalmen werden ihm zugeschrieben. Er förderte Handel und Verkehr, vereinheitlichte das Rechtswesen, zentralisierte die Verwaltung und ließ eine erste Volkszählung durchführen. Familiäre Krisen und Spannungen unter seinen Söhnen Amnon, Abschalom und Adonija konnte er jedoch nicht lösen. Auch sein Ehebruch mit Batseba und seine Heimtücke gegen deren Mann Urija trüben das positive Bild. Noch zu Sauls Lebzeiten begann der Kampf um seine Nachfolge (2 Sam 13; 15-19,9), den Salomo, Batsebas Sohn, für sich entscheiden konnte.

Debir

(hebräisch „hinten")

Kanaanäerstadt, die von Josua besiegt (Jos 10,38-39; 12,13) und später von Otniël erobert wurde (Jos 15,15-17; Ri 1,11-12); nach Jos 21,15 und 1 Chr 6,43 Levitenstadt; ihr ursprünglicher Name war „Kirjat-Sefer" („Buchstadt"; Ri 1,11), in Jos 15,49 heißt sie „Kir-jat-Sanna". Die genaue Lage ist unbekannt, möglich wäre eine Gleichsetzung mit „Chirbet er-Rabud" südlich von Hebron.

Debora

(hebräisch „Biene")

1. Amme der Rebekka (Gen 35,8).
2. Richterin und Prophetin im Gebiet von Ephraim und Frau des Lappidot, die den Heerführer Barak aufforderte, in den Kampf gegen die Kanaanaer zu ziehen (Ri

4,4-5,31); diese Schlacht wird im so genannten Deboralied, einem der ältesten Siegeslieder, besungen (Ri 5).

Deboralied
Siegeslied (Ri 5,2-31a) der Prophetin und Richterin Debora, das den Sieg des Barak über Sisera thematisiert; es gehört zu den ältesten Texten der Bibel und entstand vermutlich im 12./11. Jahrhundert v.Chr., bald nach dem Kampf gegen Sisera; es stammt aber nicht von Debora selbst, da sie im Lied direkt angeredet wird (Ri 5,7; 5,12). Das Triumphlied besteht aus verschiedenen Elementen (u.a. Hymnus, Spottlied, Fluch und Segen) und ist gekennzeichnet durch eine bildhafte und beeindruckende Ausdruckskraft. Es ist von großer sprachlicher, religiöser und geschichtlicher Bedeutung.
Die parallele Prosaüberlieferung (Ri 4,1-24) belegt die historischen Schilderungen des Liedes.

Dedan
Arabischer Volksstamm, der u.a. in Jer 25,23 in Verbindung mit der nordarabischen Oase Tema genannt wird; Jes 21,13 erwähnt die Karawanen Dedans, und nach Ez 27,20 bestanden Handelsbeziehungen zu Tyrus.

Dekapolis
(griechisch „Zehn Städte")
Ursprünglich zehn Städte mit überwiegend griechischer, d.h. nichtjüdischer Bevölkerung (Mt 4,25; Mk 5,20), die seit 63 v.Chr. unmittelbar dem römischen Statthalter von Syrien unterstanden und einen Städtebund bildeten: Dion, Gadara, Antiochia ad Hippum, Abila, Kanatha, Pella, Gerasa, Philadelphia, Skythopolis (Bet-Schean), Raphana. Zweck dieses Bundes war der Schutz der Handelsstraßen in seinem Gebiet gegen die Raubzüge der arabischen Wüstenbeduinen und der Einwohner des Hauran. Die Zahl der zugehörigen Städte, die alle außer Skythopolis östlich des Jordan lagen, wechselte, auch Damaskus war zeitweilig Mitglied.

Delila
Der Name hängt vermutlich mit dem altarabischen Wort für „verführerisch" zusammen.
Delila war die Geliebte des Richters Simson (Ri 16,4-21) aus dem Tal Sorek, die die weibliche Verführungskunst verkörperte. Durch List entlockte sie Simson das Geheimnis seiner Kraft und lieferte ihn seinen Feinden aus.

Demas
(vermutlich Kurzform von „Demetrios")
Begleiter (Kol 4,14) und Mitarbeiter (Phlm 24) des Apostel Paulus; er verließ diesen aber und zog nach Thessalonich (2 Tim 4,10).

Demeter
Griechische Göttin der Fruchtbarkeit, des Getreides und der Jahreszeiten; die wichtigste Kultstätte befand sich in Eleusis, wo jedes Jahr die „eleusinischen Mysterien" stattfanden. Der Tempel wurde 396 n.Chr. von den Christen zerstört.

Demetrios, Demetrius
(griechisch Demetrios = „der Demeter zugehörig", „der Sohn der Demeter")
Name seleukidischer Könige:
1. Demetrios I. Soter („der Retter"; 162-150 v.Chr.); in Rom als Geisel gehalten, gelang ihm die Flucht. Er ermordete seinen Vorgänger Antiochos V., setzte Alkimus gewaltsam als Hohepriester ein (1 Makk 7,12-15) und bekämpfte die Hasmonäer (1 Makk 7-9; 2 Makk 14-15). Mit Alexander I. Balas kam es zu Streitigkeiten um den Thron, die in einer Schlacht mit dem Tod des Demetrios endeten (1 Makk 10,48-52).
2. Demetrios II. Nikator („der Sieger"; 145-140, 129-126 v.Chr.), der Sohn von Demetrios I. Soter; wurde im Kampf um den Thron (gegen Alexander I. Balas) von Ptolemaios Philometor VI. von Ägypten unterstützt (1 Makk 11,1-19). Zunächst kam es zwischen Demetrios und den Juden zu friedlichen Vereinbarungen (1 Makk 11,20-57), dann überwarf er sich mit Jonatan, der sich mit Antiochos VI. verbündete und schließlich Demetrios besiegte (1 Makk 11,38-74; 12,24-38). Daraufhin wurde er Gefangener in Medien (1 Makk 14,1-3). 129 v. Chr., nach dem Tode von Antiochos VII., wurde er erneut König und blieb es bis zu seinem Tod im Jahre 125 in Tyrus.
3. Demetrios III. Theos Philopator (95-88 v.Chr.), der Sohn des Antiochos VIII., wurde durch den ägyptischen König Ptolemaios Lathuros in Damaskus zum König eingesetzt. Er folgte einem Hilferuf der Judäer und besiegte Alexander Jannaios, wurde dann jedoch zum Rückzug gezwungen. Er konnte seinen Bruder Philippus nicht absetzen, und starb in parthischer Gefangenschaft.

Derbe
(griechisch „Wacholder")
Stadt in Lykaonien, am Fuße des Taurusgebirges in Kleinasien nahe des heutigen Kerti Hüyük (Türkei); der Apostel Paulus besuchte die Stadt auf seiner ersten (Apg 14,6; 14,20-21) und seiner zweiten Missionsreise (Apg 16,1).

Deuteronomium
Das 5. Buch Mose. Der Name basiert eigentlich auf der fehlerhaften Übersetzung des hebräischen Begriffs „mischne thora", der als „diese Wiederholung des Gesetzes" wiedergegeben wurde,

grammatikalisch aber nur „eine Wiederholung dieses Gesetzes" bedeuten kann. Der Name ist aber nicht falsch, da das Buch tatsächlich Gesetzestexte des 2. Buch Mose wiederholt. Dennoch ist das Deuteronomium kein Gesetzeswerk, sondern eine Sammlung von Reden. Das Buch besteht aus drei Ausführungen, die Mose kurz vor seinem Tod an die Bewohner Israels richtete:

Der erste Teil (1-4) wiederholt die wichtigsten Ereignisse der letzten 40 Jahre der Wüstenwanderung. Betont wird hier der Gehorsam gegenüber den Geboten Gottes. Der Hauptteil des Buches (5-26) besteht aus einer Wiederholung der Zehn Gebote und aus Regeln, die das Leben im verheißenen Land Kanaan betreffen. Kapitel 20 befasst sich mit den Kriegsgesetzen. Der Schlussteil (27-30) thematisiert die Folgen, die sowohl eine Missachtung der Gebote als auch der Lohn des Gehorsams haben. Das Buch endet mit einer Erneuerung des Bundes zwischen Gott und den Israeliten. Es folgen noch drei kurze Anhänge: ein Lied, das Mose auf Gottes Anweisung verfasste (32), Segenssprüche für die Stämme Israels (33) und schließlich eine kurze Abhandlung über Mose Tod (34).

Das Deuteronomium verfolgt zwei Ziele, nämlich die Betonung des Monotheismus und die Zentralisation des Kultes am Tempel in Jerusalem. Es ist wahrscheinlich, dass es Auslöser für die Reformen des Königs Josia im 7. Jahrhundert v.Chr. (2 Kön 23) war, dass es also jenes Buch war, das bei Bauarbeiten im Tempel Salomos gefunden wurde (2 Kön 22).

Das Deuteronomium zeichnet sich durch eine formale und inhaltliche Eigenständigkeit gegenüber den anderen Mosebüchern auf. In diesem Buch wird z.B. von einem eigenen Gesetz gesprochen (1,5; 27,3; 31,26), was darauf hinweist, dass das Buch separat von den anderen vier Büchern entstanden ist. Das Deuteronomium nennt – als einziges der fünf Bücher – Mose als Verfasser und Prediger (z.B. 1,1; 5,1; 27,1).

Diadochen

(griechisch „Nachfolger")

Bezeichnung für die Nachfolger Alexanders des Großen, die sich nach dessen Tod 323 v.Chr. das Weltreich teilten; vor allem die drei größeren Diadochenreiche sind für das Alte Testament relevant: Ägypten unter Ptolemaios I. Soter (323-285 v.Chr.), Syrien unter Seleukos I. (321-285 v.Chr.) und Makedonien unter den Antigoniden.

Dibon

1. Moabitische Stadt im südlichen Ostjordanland nahe des Toten

Meeres, die von den Amoritern zerstört (Num 21,30) und von den Gaditern wieder aufgebaut und besiedelt wurde (Num 32,34). Sie wurde dem Stamm Ruben zugewiesen (Num 32,3; Jos 13,9; 13,17), gehörte später aber endgültig den Moabitern (Jes 15,2; Jer 48,18; 48,22). Hier fand man 1868 die Mescha-Stele, die im Louvre in Paris zu sehen ist. Dieser Gedenkstein mit moabitischer Inschrift schildert die Eroberungen des König Mescha von Moab im 9. Jahrhundert v.Chr.
2. Stadt in Juda (Neh 11,25).

Diebstahl

(hebräisch ganab, griechisch klépto = „stehlen")
Die Aneignung fremden Eigentums galt als Sünde und wurde nach alttestamentlichem Gesetz bestraft (Ex 21,37-22,7). Wurde einem Hirten aufgrund seiner Nachlässigkeit Vieh gestohlen, musste er es dem Besitzer ersetzen (Ex 22,10-11). Menschenraub wurde mit dem Tode bestraft (Ex 21,16). Auch ein Dieb, der nachts einbrach, konnte straffrei getötet werden (Ex 22,1).
Auch im Neuen Testament wird Diebstahl erwähnt (Mt 6,19; Joh 12,6; Röm 2,21) und verurteilt (Eph 4,28; Tit 2,10).

Dill

(griechisch ánethon)
Ein Kraut aus der Familie der Doldengewächse, das in Palästina wild im Negeb wuchs (Anethum graveolens). Es enthält ätherische Öle, die appetitanregend, krampflösend und verdauungsfördernd wirken. Die gesamte Pflanze ist verwendbar: Die Blüten dienten als Gewürz, und auch die Blätter und Blütenstände wurden als Nahrungsmittel verwendet. Dill war zehntpflichtig (Mt 23,23).

Dina

(hebräisch din = „Streit")
Die jüngste Tochter von Jakob und Lea (Gen 30,21; 34,1; 46,15) wurde von Sichem, dem Sohn des Regenten von Sichem, vergewaltigt (Gen 34,1-2). Ihre Brüder töteten ihn und alle anderen männlichen Stadtbewohner, um die Entehrung Dinas zu rächen (Gen 34,5-31).

Dionysius, Dionysios

(griechisch Dionysios = „der dem Dionysos Geweihte"; Dionysos = griechischer Gott des Weinbaus)
Ein Athener, der sich nach der Rede des Apostels Paulus auf dem Areopag dem Christentum anschloss (Apg 17,34); „Dionysius Areopagita" wurde im 5. oder 6. Jahrhundert eine neuplatonische Literatursammlung zugeschrieben, und spätere Legenden machten ihn zum ersten Bischof von Athen.

Diotrephes
(griechisch „von Zeus ernährt")
Leiter einer christlichen Gemeinde (3 Joh 9-10), der die vom „Ältesten" entsandten Missionare nicht aufnehmen wollte.

Distel
(hebräisch qos u.a., griechisch ákantha)
Über zwanzig hebräische Wörter bezeichnen diese Pflanze, die in der Bibel meist im Plural genannt wird. „Disteln" ist ein Sammelbegriff für eine Reihe von krautigen, stacheligen Pflanzen, die mehrmals zusammen mit Dornen genannt werden (u.a. Gen 3,18; Jes 5,6; Hos 10,8; Mt 7,16). Ihnen haftet etwas Negatives an: Weil Adam vom Baum der Erkenntnis aß, verfluchte Gott den Ackerboden und ließ Disteln und Dornen wachsen (Gen 3,18). Disteln sind auch ein Zeichen von Vernachlässigung und Schlamperei (Spr 24,31).

Doëg
(hebräisch „der Besorgte")
Ein Edomiter, der die Hirten Sauls anführte (1 Sam 21,8); er verriet König Saul, dass der Priester Ahimelech dem flüchtigen David geholfen hatte (1 Sam 21,8;), worauf dieser ihm befahl, die gesamte 85-köpfige Priesterschaft von Nob zu töten 22,6-22.

Domitian = Titus Flavius Domitianus
Römischer Kaiser (81-96 n.Chr.); der Bruder und Nachfolger von Titus förderte den Kaiserkult und ließ sich als „Dominus et Deus" („Herr und Gott") anreden. Während seiner Regierung hatten vor allem die Christen in Kleinasien unter Verfolgungen zu leiden. In diesem Zusammenhang entstand das Johannesevangelium, das vor allem in Offb 13 den Widerstand gegen Domitian und seine Vernichtung durch den Messias prophezeit. Nach mehreren niedergeschlagenen Aufständen und einigen gescheiterten Anschlägen der Senatsopposition wurde Domitian im Jahre 96 in Rom Opfer einer, von seiner Gemahlin Domitia Longina mit angeführten Adelsverschwörung.

Donner
(hebräisch qol = „Geräusch", ra'am = „Beben"; griechisch „bronte")
Geräusch während eines Unwetters, das als Stimme Gottes galt (u.a. Ijob 37,2-13; 40,9; Jer 25,30; Joh 12,28-29). Donner bestätigte die Rede des Samuel an das Volk Israel (1 Sam 12,17-18), und Donner begleitete auch das Erscheinen Gottes am Sinai (Ex 20,18). Außerdem ist er Begleiterscheinung des göttlichen Endgerichts (Offb 10,3-4; 16,18). Statt dem Blitz wurde auch dem Donner eine zerstörerische Kraft zugeschrieben (Ps 29,3-9).

Donnersöhne

(aramäisch Boanerges = „Söhne des Donners")

Beiname, den Jesus Johannes und Jakobus, den beiden Söhnen des Zebedäus und der Salome bei ihrer Berufung in den Zwölferkreis gab (Mk 3,17); die Bedeutung ist unklar, möglich wäre eine Anspielung auf das Temperament der beiden Apostel (Lk 9,54; Mk 10,35-41).

Dor

(hebräisch „Wohnung")

Stadt an der Mittelmeerküste Palästinas, südlich des Berges Karmel gelegen und von Kanaanitern bewohnt (Jos 11,2; Richt 1,27); gehörte unter König Salomo zum 4. Verwaltungsbezirk (1 Kön 4,11), wurde später assyrische Provinz, und heißt heute Tell el-Burj (rund 20 km südlich von Haifa).

Dornstrauch

(hebräisch qos u.a., griechisch ákantha)

Eine Gruppe wild wachsender, stacheliger Pflanzen, die in der Bibel an mehreren Stellen zusammen mit Disteln genannt werden (u.a. Gen 3,18; Jes 5,6; Hos 10,8; Mt 7,16). Der Dornstrauch wird in zahlreichen verschiedenen Zusammenhängen erwähnt: Er kann als Brennmaterial verwendet werden (Koh 7,6; Nah 1,10), bietet als Hecke aber auch Schutz (Sir 28,24). Ex 3,2-4 nennt den Dornstrauch, aus dem Gott zu Mose sprach. Dornen symbolisierten aber auch das Wertlose und Böse (Mi 7,4). Die Propheten drohten das Wachsen des Unkrauts an (u.a. Jes 7,23-25; 34,13; Hos 9,6). Aus Dornen wurden Kränze als Kopfschmuck angefertigt. Die Dornenkrone Jesu bestand aber vermutlich nicht aus Dornenzweigen, sondern aus den Blättern einer Akanthuspflanze (Mt 27,29; Joh 19,2).

Dotan

Ort nördlich von Samaria, nahe der Jesreelebene (Jdt 3,9; 4,6; 7,3), der noch heute „Tell Dotan" heißt; Josef wurde hier von seinen Brüdern an eine Karawane verkauft, die auf dem Weg nach Ägypten war (Gen 37,17-28). Dotan war seit dem 3. Jahrtausend v.Chr. befestigt und wurde von den Aramäern belagert, die den Propheten Elischa gefangen nehmen wollten (2 Kön 6,13-15).
Ausgrabungen (1953-60) brachten viele Überreste aus der Bronzezeit zutage.

Drache

(griechisch drákon)

Das hebräische Wort „tannim" bezeichnet im Alten Testament ein mythisches Untier der Urzeit (Ps 74,13; Jes 51,9, Ijob 7,12), das der Schöpfergott Jahwe besiegt haben soll. „Drache" hat hier eine ähnliche Bedeutung wie die Urzeitmächte Leviathan und Rahab.

Darüber hinaus werden zahlreiche weitere Bedeutungen erwähnt: „Drache" kann entweder „Schlange" meinen (u.a. Ex 7,9; 7,12; Dtn 32,33; Ps 91,13) oder großer Fisch, eventuell Wal (Gen 1,21; Ps 104,26; 148,7), außerdem Krokodil (Ijob 40,25) oder Schakal (u.a. Jes 13,22; 34,13; Mi 1,8). Ez 29,3 und 32,2 nennen die Anrede „Großer Drache" für den ägyptischen Pharao.
Im Neuen Testament wird der Drache in der Apokalyptik als Widersacher Gottes (Jes 27,1) dargestellt; als alte Schlange steht er für den Teufel (Offb 12; 20,2). Er wird schließlich in den Abgrund geworfen und besiegt.

Dreschen
Das geerntete Getreide wurde in Palästina auf dem Dreschplatz (hebräisch goren) ausgebreitet. Anschließend wurden Ochsen, Esel (Dtn 25,4; 1 Kor 9,9; 1 Tim 5,18) oder Dreschschlitten (Jes 41,15; Am 1,3) bzw. -wagen (Jes 28,27-28) darüber gezogen, wodurch die Körner aus den Ähren herausgepresst wurden. Beim Abendwind wurde geworfelt: Die Spreu wurde weggeweht, die Körner fielen zu Boden.

Dromedar
(griechisch kámelos, hebräisch gamal)
Mit „Kamel" ist in der Bibel immer das Dromedar (Camelus dromedarius), das einhöckrige Kamel, gemeint. Neben dem Esel war es im alten Orient das übliche Reit- und Transporttier. Es war auch seit dem späten 2. Jahrtausend domestiziert in Ägypten und Palästina anzutreffen. Die Wildform ist ausgestorben. Das Lasttier (1 Kön 10,2) kann bis zu 5 km in der Stunde zurücklegen und ist sehr genügsam. Die Bibel erwähnt das Dromedar in Ägypten und Mesopotamien (u.a. Gen 12,16; 30,43) und auch bei den Midianitern und Amalekitern (u.a. Gen 37,25; Ri 7,12; 1 Sam 15,3). Es galt als unreines Tier (Lev 11,4) und durfte nicht gegessen werden (Dtn 14,7). Fell und Wolle konnten aber verarbeitet werden, so trug Johannes der Täufer ein Gewand aus Kamelhaaren (Mt 3,4). Esra 2,67 listet die Anzahl der Kamele auf, die die Rückkehrer aus dem Exil mitbrachten. Jesajas Weissagungen zufolge werden Kamele kostbare Geschenke bringen (Jes 60,6; 66,20).
Die Größe des Tieres wurde zum Thema zweier Gleichnisse: Nach Mt 19,24 ist es für ein Kamel leichter, durch ein Nadelöhr zu gehen, als für einen Reichen, ins Reich Gottes zu gelangen; und nach Mt 23,24 sieben die blinden Pharisäer Mücken aus, verschlucken aber Kamele.

Drusilla
(hebräisch „Schwälbchen")

Jüngste Tochter von König Herodes Agrippa I. (37-44 n.Chr.), Schwester von Herodes Agrippa II. und der Berenike; sie verließ ihren ersten Mann, den König Azizus von Emesa (Syrien), und heiratete den römischen Statthalter von Judäa, Felix, der den Apostel Paulus in Cäsarea gefangen hielt (Apg 24,24).

Duma

(hebräisch „Stille")

1. Sohn des Ismael (Gen 25,14; 1 Chr 1,30) und seine Nachkommen; der Stamm lebte im Grenzgebiet zwischen syrischer und arabischer Wüste im Gebiet der heutigen Oase Dumat el-Djendel.

2. Ort im Gebirge Juda (Jos 15,52), das heutige „ed-Dome", knapp 20 km südwestlich von Hebron.

Dura

(aramäisch „Umzäunung")

Ebene in Babylonien, wo König Nebukadnezar II. ein goldenes Kultbild aufstellen ließ, dessen Anbetung Daniel verweigerte (Dan 3,1).

Dura-Europos

Um 300 v.Chr. von Seleukos I. gegründete Stadt am Westufer des Euphrat; ab 100 v.Chr. war sie unter der Herrschaft der Parther, ehe sie 165 n.Chr. römisch wurde. Ausgrabungen brachten u.a. Tempel für griechisch-römische und orientalische Gottheiten, eine Synagoge mit biblischen Malereien, eine christliche Kapelle und zahlreiche Schriftstücke zutage.

Ebal

940 m hoher Berg nördlich von Sichem, gegenüber dem Berg Garizim; Josua errichtete hier, wie von Mose angeordnet, einen Altar, brachte ein Opfer dar und ließ den zwölf Stämmen das Gesetz, also die Bedingungen für den Bundesschluss, verlesen (Jos 8,30-33; Dtn 27,1-11). Der Fluch fiel dabei auf den Ebal (Dtn 27,13-26), der Segen auf den Garizim (Dtn 27,12). Auch Dtn 11,29 nennt Ebal „Berg des Fluches".

Ebed-Melech

(hebräisch „Knecht des Königs")

Äthiopischer Eunuch am Hof des Königs Zedekia von Juda; er rettete den Propheten Jeremia durch seine Fürsprache (Jer 38,7-13), und als Dank dafür sagte ihm der Prophet zu, dass er die bevorstehende Katastrophe Jerusalems überleben werde (Jer 39,15-18).

Eben-Eser

(hebräisch „Stein der Hilfe")

1. Ort nahe Afek, wo die Israeliten vor einer letztlich verlorenen Schlacht gegen die Philister lagerten (1 Sam 4,1).

2. Gedenkstein, den Samuel bei Mizpa zur Erinnerung an den Sieg über die Philister errichten ließ (1 Sam 7,12); möglicherweise benannt nach dem Ort, wo die Israeliten einst besiegt worden waren und auch die Bundeslade an die Philister verloren hatten (1 Sam 5,1).

Ebla

Stadt in Syrien, etwa 55 km von Aleppo entfernt; bekannt für sein Archiv von 15 000 Tontafeln, das bei Ausgrabungen im Jahre 1975 entdeckt wurde. Die Tafeln zeigen, dass die Stadt zwischen 2400 und 2300 v.Chr. einen hohen politischen, wirtschaftlichen und kulturellen Stellenwert hatte. Außerdem wird die Verbreitung der babylonischen Schrift vor 2300 v.Chr. bis nach Nordsyrien belegt. Erste Annahmen der Archäologen über eine mögliche Verbindung zur hebräischen Sprache und Religion wurden zurückgewiesen.
Heute liegt hier „Tell Mardich".

Echnaton

(„der dem [Gott] Aton dient/nützlich ist")

Name, den der ägyptische Pharao Amenophis IV. (um 1364-1347 v.Chr.) annahm; er führte die religiöse Kursänderung seines Vaters Amenophis III. fort, wollte die alten Götter verbannen und die alleinige Verehrung des Sonnengottes Aton als Staatsreligion einführen. Außerdem verlegte Echnaton, der das ägyptische Großreich zusammen mit seiner Gemahlin Nofretete regierte, die Residenz von Theben nach Achet-Aton (das heutige Amarna). Unter seiner Herrschaft büßte die Priesterschaft viel von ihrer politischen und religiösen Macht ein, die Tempel der alten Götter wurden geschlossen und die Feste eingestellt.
Echnaton gilt als Begründer der ersten monotheistischen Religion. Überlegungen, wonach sich Mose auf die Tradition des Echnaton stützte, können jedoch nicht belegt werden. Nach Echnatons Tod hatte sein Glaube keinen Bestand: Die Priester erhielten ihre verloren gegangene Stellung wieder, der Tempel des Aton wurde zerstört und der Name des „Ketzerpharaos" aus den Königslisten gelöscht.
Die „Amarnabriefe" (siehe unter „Amarna") stellen die außenpolitische Korrespondenz des Echnaton dar.

Edelsteine

(hebräisch 'eben j·qara, griechisch líthos tímios)

Mineral, das als kostbar galt und dem auch magische und heilende Kräfte zugeschrieben wurde; die Brusttasche für die Losentscheidung des Hohepriesters war mit zwölf Edelsteinen besetzt (Ex 28,15-21; 39,10-14). Verschiedene Edelsteine werden auch in Offb 21,18-21 als Grundsteine der

Mauer des neuen Jerusalem genannt. Edelsteine wurden als Schmuck (Jes 3,18-24; Ez 16,11-12) und als wertvolle Verzierung von Götterbildern verwendet (Jes 37, 19; Jer 2,27). Sie wurden als Wertanlage angesehen (2 Chr 32,27; Mt 13,46), und außerdem symbolisierten sie Schönheit und die Autorität Gottes (u.a. Ex 24,10; Jes 28,5).

Die Identifizierung der in der Bibel erwähnten Edelsteine mit den heutigen ist schwierig. Bei Ausgrabungen kamen folgende Steine zutage: Achat, Amethyst, Bergkristall, Chalzedon, Chrysolith, Diorit, Hematit, Jaspis, Karneol, Lapislazuli, Malachit, Nefrit, Obsidian, Onyx, Opal, Pagodit, Safir, Serpentin, Türkis. Fundorte (bzw. Handelsplätze für Steine aus Ägypten) waren Ammon (2 Sam 12,30; 1 Chr 20,2), Aram (Ez 27,16), Hawila (Gen 2,11-12), Ofir (1 Kön 10,11; 2 Chr 9,10), Ragma (Ez 27,22) und Saba (1 Kön 10,1-2; 2 Chr 9,1; Ez 27,22).

Edom, Edomiter

(hebräisch 'dm = „rot"; 'adama = „pflügbarer Boden")

Semitisches Volk, das südlich des Toten Meeres die Hochebene des Seïrgebirge bewohnte und als dessen Ahnherr Esau, der Sohn Isaaks und Zwillingsbruder Jakobs gilt (Gen 36,9-43). König David unterwarf die Edomiter und machte ihr Gebiet zu einem Verwaltungsbezirk (2 Sam 8,13-14). Mitte des 9. Jahrhunderts konnte sich Edom von der Vorherrschaft Judas befreien, erreichte eine gewisse Selbstständigkeit (1 Kön 11,14; 11,17) und setzte einen eigenen König ein, wurde aber 795 v.Chr. von König Amazja erneut unterworfen (2 Kön 14,7; 14,10). Beim Fall Jerusalems 587 v.Chr. drangen die Edomiter, die sich auf die Seite der Babylonier gestellt hatten, in Juda ein und besetzten den Süden bis Hebron. Idumäa, wie das Territorium der Edomiter später hieß, wurde letztlich von König Johanan Hyrkanus I. (134-104 v.Chr.) erobert und in den jüdischen Staat integriert. Ab 7 n.Chr. war Idumäa zusammen mit Judäa römische Provinz.

Edreï

1. Befestigter Ort im Gebiet Naftali (Jos 19,37), vermutlich nahe bei Kedesch in Obergaliläa gelegen.

2. Stadt im Königreich Basan, die von Israel erobert und später von den Söhnen Machirs aus der Hälfte des Stammes Manasse in Besitz genommen wurde (Num 21,33; Dtn 3,1); sie lag etwa 50 km östlich vom Südende des Sees Genezareth.

Efa

1. Arabisches Nomadenvolk (Jes 60,6), benannt nach seinem Stammvater, dessen Vater Midian

ein Sohn von Abraham und dessen Nebenfrau Ketura war (Gen 25,4; 1 Chr 1,33).
2. Hohlmaß, das etwa 40 Litern entsprach (Lev 14,10).

Efod

Teil der Bekleidung des jüdischen Hohepriesters, aus Wolle, rotem und blauem Purpur, Leinen und Gold angefertigt (Ex 28,6-14; 39,2-7); nach Ri 8,26-27 aus 27 kg Gold bestehend.
Efod war aber auch ein Schurz, den die übrigen Priester trugen (1 Sam 2,28; 14,3; 22,18; 2 Sam 6,14). An ihm war die Lostasche (Ex 39,19) mit den Lossteinen Urim und Tummim (Ex 28,30) angebracht, die zur Einholung des Orakels verwendet wurden. Der Begriff wird außerdem in Zusammenhang mit Terafim genannt (Ri 17,5; Hos 3,4) und kann daher die Bekleidung eines Götzenbildes meinen oder womöglich sogar das Götzenbild selbst (Ri 8,27).

Efrata

Ort zwischen Bet-El und Rama, in dessen Nähe Rahel bei der Geburt von Benjamin starb und auch begraben wurde (Gen 35,16-20); Efrata wurde fälschlicherweise mit Bethlehem gleichgesetzt.

Eglon

(hebräisch „junge Kuh")
1. König von Moab; durch ein Bündnis mit den Ammonitern und Amalekitern schlug er Israel (Ri 3,12-13), dessen Tributpflicht erst nach 18 Jahren ein Ende fand, als der israelische Richter Ehud Eglon erdolchte (Ri 3,14-25).
2. Kanaanäische Stadt, die nach Jos 15,21-39 in der Nähe von Lachisch lag. Sie wurde von Josua erobert und zerstört (Jos 10,34-36). Die genaue Lage ist unbekannt.

Ehebruch

Im Alten Testament war der außereheliche Geschlechtsverkehr eines Mannes mit einer Verheirateten oder Verlobten verboten (Ex 20,14; Lev 20,10). Sexueller Kontakt mit einer unverheirateten oder nicht verlobten Frau galt nicht als Ehebruch (Dtn 22,28-29). Ehebrecher wurden gesteinigt (Lev 20,10; Dtn 22,22-27). Eine Frau, die des Ehebruchs verdächtigt wurde, musste sich dem Ordal (Gottesurteil) unterziehen (Num 5,11-31).
Auch im Neuen Testament wird Ehebruch verurteilt (u.a. Mk 10,11-12). Allein das Begehren galt als Ehebruch (Mt 5,27-28). Ehebrecher werden nach 1 Kor 6,9 vom Reich Gottes ausgeschlossen.
Da die Ehe Gottes Gemeinschaft symbolisierte, wurde auch religiöse Treulosigkeit als Ehebruch bezeichnet und verurteilt (u.a. Jer 3,8-9; Hos 2,4; Ez 16,15-34; Mt 12,39; 16,4; Mk 8,38).

Eherne Schlange

Im Jerusalemer Tempel wurde zur Zeit König Salomos eine Schlangendarstellung aus Kupfer oder Bronze als Kultbild verehrt, die den Namen „Nehustan“ (Erzbild) trug. Diesem nach Num 21,4-9 von Mose in der Wüste angefertigten Schlangenbildnis wurde eine große Heilkraft zugeschrieben. Unter König Hiskia von Juda (727-697 v.Chr.) kam es zur Abschaffung dieses Kultes (2 Kön 18,4).

Ehernes Meer

Das große, rund 40 000 Liter fassende und auf vier Gruppen von je drei Rindern stehende kupferne Becken im Vorhof des Jerusalemer Tempels (1 Kön 7,23-26;), wurde zur Zeit König Salomos vermutlich als Abbild der Urflut geschaffen und diente u.a. für die Reinigungswaschungen der Priester (2 Chr 4,2-6). Bei der Eroberung Jerusalems durch Nebukadnezar II. im Jahre 587/86 v.Chr. wurde es zerstört und das Metall nach Babylon gebracht (2 Kön 25,13).

Ehud

Richter Israels im Stamme Benjamin; nach der Übergabe der Tributzahlungen erdolchte er während eines Gesprächs unter vier Augen den Moabiterkönig Eglon, stellte sich danach an die Spitze eines Heeres, das die Moabiter am Jordan besiegte, und befreite so das Nordreich von 18-jähriger Unterdrückung (Ri 3,12-30).

Eiche

Ein mächtiger Baum (Am 2,9), der in der Bibel häufig erwähnt wird. Oft wird die Eiche (Quercus sp.) mit „’ela“ gleichgesetzt, die aber die „Terebinthe“ (Buche) ist. Die eigentliche Eiche ist der „’allon“, der nur in Jes 6,13 von Martin Luther mit „Linde“ übersetzt wird. Berühmt waren die in Jes 2,13 erwähnten „Eichen von Basan“, die Stolz und Erhabenheit symbolisierten (Sach 11,2). Götzenbilder (Jes 44,14-17) und Ruder (Ez 27,6) wurden aus Eichenholz gefertigt. Unter Eichen fand Götzenverehrung statt (Hos 4,13) und wurden auch Tote beerdigt, wie z.B. Debora, die Amme der Rebekka (Gen 35,8). Eichen dienten auch als Grenzmarkierungen (Jos 19,33) und Orientierungspunkte (1 Sam 10,3).

Eidechse

(hebräisch l·ta’a)

Ein unreines Tier (Lev 11,30), von dem in Palästina verschiedene Arten anzutreffen waren, am häufigsten waren Lacerta laevis und Lacerta viridis.

Eigentum

Gott galt als oberster Eigentümer des Landes, der den Israeliten das Land nur anvertraute (Lev 25,23).

Das Alte Testament kennt Eigentum besonders in Form von Besitz von Vieh in der Nomadenzeit, an dem das Vermögen gemessen wurde (u.a. Gen 13,2; 26,14; Num 31,9; Dtn 3,19). Grundbesitz entwickelte sich nach der Landnahme. Das Land sollte möglichst in der Familie bleiben, daher besaß die Sippe ein Ankaufs- und Vorkaufsrecht (Lev 25,25; Jer 32,6-9). Das Eigentum wurde durch ausführliche Schadensersatzregelungen geschützt (Ex 21,33-22,3). Erst im Zuge der Feudalisierung der Königszeit entstand privates Eigentum an Grund und Boden. Eigentum betraf auch Geld (Gen 13,2; 23,16; Jer 32,9).

Im Neuen Testament ist das Verhältnis zum Eigentum gekennzeichnet durch die Erwartung des Gottesreiches. Jesus forderte daher den Verzicht auf den Besitz (Mk 10,17-23). In der christlichen Urgemeinde wurde eine Eigentumsgemeinschaft gebildet, die auf dem Besitzverzicht des Einzelnen basierte (Apg 2,44-47; 4,34-37).

Eisen

(hebräisch barzel, griechisch síderos)

Eines der letzten Metalle, das in der Antike verarbeitet wurde – es wurde erst etwa 2 000 Jahre nach Bronze verwendet. Erst um 1400 v.Chr. entwickelte sich im Bergland der Hethiter eine Eisenproduktion. Das in Ägypten schon im 3. Jahrtausend v.Chr. verwendete Meteor-Eisen war aufgrund seines Nickelgehaltes schwer zu bearbeiten. Nach der Vernichtung des Hethiterreichs um 1200 v.Chr. hatten die Philister lange Zeit ein Monopol im Schmiedehandwerk (1 Sam 13,19-22). Von ihnen lernten die Israeliten in Kanaan das Eisenschmieden. Eisen wurde eingeführt (Jer 15,12; Ez 27,12; 27,19). Aus Eisen wurden Rüstungen und Waffen (1 Sam 17,7), landwirtschaftliche Geräte wie Hacken, Äxte (2 Sam 12,31) und Dreschschlitten (Am 1,3), Werkzeuge (Ijob 19,24; Jer 17,1), Ketten (Ps 105,18) und auch Götterbilder (Dan 5,4) gefertigt. Das neue Metall durfte lange Zeit im Gottesdienst nicht verwendet werden (Jos 8,31).

Im übertragenen Sinn steht Eisen für Stärke, Kraft und Härte (u.a. Dtn 28,48; Ps 107,16; Jes 48,4; Jer 1,18; Ez 4,3).

Ekbatana

(aramäisch 'Ahm·ta, medisch hagmatana = „Versammlungsort")

Griechischer Name für die Hauptstadt des Mederreiches und spätere Sommerresidenz der persischen Könige (Esra 6,2); das heutige Hamadan (Westiran) war jener Ort, in dem der junge Tobias seine Braut Sara fand (Tob 7,1-14).

Ekron

Einer der fünf philistischen Hauptorte (neben Aschdod, Aschkelon, Gat und Gaza) (z.B. Am 1,8); der Name hängt vermutlich mit dem akkadischen und ägyptischen Wort für „Stadt" zusammen.

In Ekron wurde die Gottheit Baal-Zebub verehrt (2 Kön 1,2-6), und hierher wurde die Bundeslade gebracht (1 Sam 5,10). Die Stadt wurde erst 150 v.Chr. endgültig jüdisch, als sie an den Makkabäer Jonatan kam (1 Makk 10,89). Ekron wurde mehrmals von den Propheten gerügt (Jer 25,20; Zef 2,4; Sach 9,5ff.).

El

(vermutlich von 'wl = „stark sein")

„El" ist semitisch und bedeutet „Gott". Es kann sowohl die Bezeichnung für einen beliebigen Gott sein, aber auch für den obersten Gott des kanaanäischen Pantheons. Dieser galt als Schöpfer der Welt, als Vater der Menschen, als oberster Schiedsrichter, als König und Weiser.

Im Alten Testament wird „El" im allgemeinen mit Jahwe, dem Gott Israels, gleichgesetzt (Gen 33,20). Die verschiedenen Namen sind Erscheinungsformen desselben großen Gottes: „El Eljon" („höchster Gott": Gen 14,18-22), „El Olam" („Gott, der Ewige": Gen 21,33), „El Bet-El" („Gott von Bet-El": Gen 35,7).

Die Mehrzahlform „Elohim" wird im Alten Testament etwa 2 500-mal verwendet und ist ein Allgemeinbegriff für Gott, nicht nur für den Gott Israels.

Ela

Vierter König des Nordreichs Israel (883-882 v.Chr.); der Sohn des Bascha wurde während eines Gastmahles in seiner Residenz in Tirza von seinem Streitwagenführer Simri getötet (1 Kön 16,8-14), der sich selbst zum König erhob und das gesamte Haus Baschas ausrottete, wie es der Prophet Jehu vorhergesagt hatte (1 Kön 16,1-4; 1 Kön 8-14).

Elale

Stadt im Ostjordanland, in der Nähe von Heschbon gelegen; zunächst dem Stamm Ruben zugewiesen (Num 32,37), wurde sie später von den Moabitern besetzt (Jes 15,4). Jesaja prophezeite ihre Zerstörung zusammen mit dem gesamten Königreich (Jes 16,9).

Elam, Elamiter

Land und Volk östlich von Babylonien; Stammvater war Elam, der erste Sohn des Sem (Gen 10,22). Elam mit seiner Hauptstadt Susa erlebte eine wechselvolle Geschichte und wurde immer wieder von den Mächten Mesopotamiens erobert. 639 v.Chr. wurde Elam vom Assyrerkönig Assurbanipal unterworfen, später kam es unter medische (Jer 25,25) und schließlich unter persische Herrschaft. Der Fall Elams wurde prophezeit (Jer 49,34-39; Ez 32,24-25). Das Neue Testament erwähnt Juden aus Elam im Zusammenhang mit dem Pfingstereignis in Jerusalem (Apg 2,9).

Elat
Die Küstenstadt am Nordostende des Roten Meeres (das heute zu Jordanien gehörende Eilat am Golf von Akaba) wurde zur Zeit des Großreichs Davids zu einem wichtigen Hafen für den Handel mit Südarabien und Ofir (1 Kön 9,26-28). Elat wurde Mitte des 9. Jahrhunderts v.Chr. von den Edomitern eingenommen (2 Kön 8,20-22). König Amazja von Juda unterwarf 795 v.Chr. die Edomiter, und sein Sohn Asarja baute die Stadt wieder auf (2 Kön 14,22). Unter König Ahas (735-727 v.Chr.) fiel Elat, das noch Jahrhunderte lang eine blühende Handelsstadt bleiben sollte, jedoch endgültig wieder an Edom (2 Kön 16,6).

Eldad und Medad
Zwei namentlich genannte Israeliten, die zu jenen 70 Ältesten gehörten, die von Mose während der Wüstenwanderung zum Richteramt berufen wurden (Num 11,26-29).

Eleasar
(hebräisch „Gott hat geholfen")
Dritter Sohn Aarons und Ahnherr eines bedeutenden Priestergeschlechts; er war Hohepriester, Oberhaupt der Leviten (Num 3,32) und Aufseher über den ganzen Kult (Num 4,16). Eleasar half Mose bei der Volkszählung (Num 26,1-3) und führte gemeinsam mit Josua die Verteilung des Landes Kanaan unter den Stämmen durch (Num 34,16f.; Jos 14,1; 17,4). Gemäß Jos 24,33 wurde er in Gibea, der Stadt seines Sohnes Pinhas, im Ephraimgebirge begraben.

Elefantine, Elephantine
Südlichste Stadt Ägyptens, auf einer Insel am 1. Nilkatarakt gegenüber der Stadt Assuan; Elefantine war im 5. Jahrhundert v.Chr. ein jüdischer Garnisonsort mit eigenem Jahu(= Jahwe)tempel. Neben Jahu wurden noch ein weiterer Gott sowie eine Göttin verehrt.
Ab Ende der 1890er Jahre entdeckte man dort bei Grabungen auf aramäisch geschriebene Papyri (privatrechtliche Urkunden, offizielle Schriftstücke der persischen Verwaltung und literarische Texte).

Elfenbein
Die Stoßzähne des Elefanten wurden gern zur Anfertigung von Luxusgegenständen verwendet: Der Thron des Salomo bestand aus Elfenbein (1 Kön 10,18; 2 Chr

9,17), das aus Tarschisch eingeführt wurde (1 Kön 10,22; 2 Chr 9,21). Ahab baute das Elfenbeinhaus in Samaria (1 Kön 22,39), außerdem werden elfenbeinerne Paläste (Ps 45,9; Am 3,15) und Bettgestelle (Am 6,4) erwähnt. Im Hohelied werden der Körper des Geliebten (Hld 5,14) und der Hals der Geliebten (Hld 7,5) mit Elfenbein verglichen. Offb 18,12 nennt Elfenbein als römische Handelsware.

Elhanan

(hebräisch „Gott ist/war gnädig")
Der aus Bethlehem stammende Elhanan war einer der Helden Davids (2 Sam 23,24). Er tötete Goliath von Gat (2 Sam 21,19). Strittig ist, ob nicht gar David selbst ursprünglich Elhanan hieß.

Eli

(hebräisch „[Gott ist] hoch")
Jahwepriester und 40 Jahre lang Richter Israels in Silo, wo die Bundeslade stand (1 Sam 14,3); Eli starb, als er vom Tod seiner beiden Söhne im Kampf gegen die Philister und vom Verlust der Lade erfuhr (1 Sam 4,1-18). Der Niedergang des Hauses Eli wird in 1 Sam 2,12-3,13 mit dem Missbrauch des Priestertums durch seine Söhne begründet.

Eli, eli, lama asabthani

(hebräisch „Mein Gott, mein Gott, warum hast du mich verlassen?")
Jene Worte, die Jesus kurz vor seinem Tod am Kreuz betete; es sind die Eingangsworte von Ps 22. Mk 15,34 nennt den aramäischen Ausruf „'elahi 'elahi l·ma sch·baqtani", doch Jesus verwendete vermutlich die hebräische Anrede „'eli" (Mt 27,46; vgl. dazu den Spott der Juden, die am Kreuz standen: Mk 15,35; Mt 27,47-49).

Eliöser

(hebräisch „Gott ist [meine] Hilfe")
1. Ein Knecht Abrahams (Gen 15,2).
2. Ahnherr eines Priestergeschlechts (1 Chr 23,15).
3. Ein Prophet, der gegen König Joschafat von Juda auftrat (2 Chr 20,37).

Elifas

(hebräisch „Gott ist [mein] Gold")
1. Ältester Sohn des Esau und Ahnherr einiger edomitischer Stämme (Gen 36,4-16).
2. Einer der drei Freunde des Ijob (Ijob 2,11) aus Teman, der drei Reden hielt (Ijob 4,1; 15,1; 22,1).

Elihu

(hebräisch „[mein] Gott ist er")
1. Gesprächspartner des Ijob aus Bus, dessen Reden (Ijob 32,1-37,24) nachträglich hinzugefügt wurden. Er ubte Kritik an Ijob und seinen Freunden und lobte die Weisheit und Gerechtigkeit Gottes.

2. Ein Vorfahre Samuels (1 Sam 1, 1) und
3. andere Männer (z.B. der manassitische Anführer zur Zeit des David: 1 Chr 12,21; ein Torwächter: 1 Chr 26,7).

Elija

(hebräisch „Jahwe ist [mein] Gott")
Der Prophet aus Tisbe in Gilead (Ostjordanland) wirkte im 9. Jahrhundert v.Chr. unter König Ahab und dessen Gemahlin Isebel im Nordreich Israel. Er bestrafte den von der Königin geforderten Baalskult mit einer langen Dürreperiode (1 Kön 17,1). Elija stellte das Volk vor die Entscheidung und forderte die Baalspriester zum Gottesurteil auf dem Berg Karmel (1 Kön 18). Dieses endete mit einem Sieg Elijas über alle Propheten des Baal und der Aschera. Die Dürre ging zu Ende, und Elija floh vor Isebel, die ihm den Tod androhte, in die Wüste. Am Gottesberg Horeb wurde er beauftragt, Hasaël zum König über Aram, Jehu zum König über Israel und Elischa zum Propheten zu salben (1 Kön 19,15-16). Aufgrund von Ahabs Gewalttat an Nabot prophezeite Elija den Untergang des Hauses Ahab (1 Kön 21). Er kündigte auch den Tod von Ahasja, Ahabs Sohn, an, weil dieser nicht Jahwe, sondern Baal-Zebub, den Gott der Philisterstadt, um Rat fragte (2 Kön 1).
Die Elijageschichten berichten von zahlreichen Wundern. Darüber hinaus demonstrieren sie seine heftige Kritik am Baalskult und sein vehementes Eintreten für den reinen Jahwekult, für soziale Gerechtigkeit und für die Anwendung der Bundesgesetze auch im Alltag. Da alles in seinem Leben der Ehre und dem Glauben an Gott diente, hatte Elija eine große Bedeutung für die jüdische Religion. Er ist der bedeutendste uns bekannte Vorläufer der klassischen Propheten. Mal 3,23ff. betrachtet Elija außerdem als den Vorläufer des Messias.

Elim

Station der Wüstenwanderung der Israeliten, wo sich „12 Quellen und 70 Palmen" befanden (Ex 15,27; Num 33,9); die genaue Lage der Oase ist unbekannt.

Elisabeth

(griechisch Elisábet; hebräisch Elischeba = „[mein] Gott ist Vollkommenheit")
Die Frau des Priesters Zacharias und Mutter Johannes des Täufers (Lk 1,13; 1,57-80) stammte aus dem Geschlecht Aarons (Lk 1,5) und war eine Verwandte Marias, der Mutter Jesu (Lk 1,36). Sie blieb lange kinderlos, wurde aber, nachdem ihrem Mann Zacharias ein Engel Gottes (Gabriel) erschienen war, schwanger (Lk 1,24). Maria besuchte Elisabeth kurz nach der Verkündigung und wurde mit einem Satz begrüßt, den die Kirche

im traditionellen Gebet des „Gegrüßet seist du, Maria" mit den Worten des Engels Gabriel an Maria verbunden hat (Lk 1,28-45).

Elischa

(hebräisch „Gott hilft", „Gott hat geholfen"; lateinisch Elisäus)

Prophet in Israel im 9. Jahrhundert v.Chr.; vom Propheten Elija berufen, wurde er zunächst dessen Schüler und Gefährte und schließlich sein Nachfolger.

Elischa werden zahlreiche Wunder zugeschrieben: Die Heilung des Jerichowassers (2 Kön 2,19-22), das Urteil über die vorlauten Kinder (2 Kön 2,23-25), die Vermehrung des Öls (2 Kön 4,1-7), die Auferweckung des Sohnes der Sunamitin (2 Kön 4,8-37) und die Heilung des aussätzigen Naaman (2 Kön 5,1-27).

Elischa wurde von den Königen Judas, Israels und Edoms im Krieg gegen Moab um Rat gefragt (2 Kön 3,11-19), verkündete ein Gotteswort (2 Kön 3,16-20) und spielte eine wichtige Rolle in den Aramäerkriegen (2 Kön 6,8-23). Er prophezeite Hasaël die Herrschaft über Aram (2 Kön 8,7-15) und salbte Jehu zum König von Israel (2 Kön 9,1-13).

Elkana

(hebräisch „Gott hat geschaffen")

Ein häufiger Name im Alten Testament; besonders wichtig ist der Vater des Richters und Propheten Samuel (1 Sam 1).

Elkosch

Vermutlich im Südreich Juda gelegener Geburtsort des Propheten Nahum (Nah 1,1); die genaue Lage ist unbekannt.

Ellasar

Königreich des Arjoch (Gen 14,1; 14,9); vielleicht das südbabylonische „Larsa".

Elteke

Levitenstadt im Stammesgebiet von Dan (Jos 19,44; 21,23), wo der Assyrerkönig Sanherib 701 v.Chr. das ägyptische Heer besiegte; zwischen der Mittelmeerküste und Jerusalem; die genaue Lage ist nicht bekannt.

Emiter

(hebräisch 'emim = „Schrecken", „Gespenster")

Bezeichnung der Moabiter für die sagenhaften Ureinwohner des Ostjordanlandes, die ähnlich den Anakitern von riesenhaftem Wuchs gewesen sein sollen (Dtn 2,10-11); Kedor-Laomer, der König von Elam, und seine Verbündeten sollen die Emiter zur Zeit Abrahams geschlagen haben (Gen 14,5).

Emmaus

(hebräisch „warme Quelle)

Strategisch wichtiger Ort rund

25 km nordwestlich von Jerusalem; wurde Anfang des 3. Jahrhunderts n.Chr. in „Nikopolis" („Stadt des Sieges") umbenannt und heißt heute „Amwas"; hier besiegte 166 v.Chr. Judas Makkabäus ein Seleukidenheer unter Nikanor und Gorgias (1 Makk 3,40; 3,57-4,25). Nach Lk 24,13 begegneten zwei Jünger Jesu dem auferstandenen Herrn „auf dem Weg nach Emmaus".

En-Dor

(hebräisch „Quelle von Dor")

Südöstlich des Berges Tabor in Galiläa gelegene Ortschaft (Jos 17,11); En-Dor war die Heimat jener Totenbeschwörerin, die König Saul vor der Schlacht am Gebirge Gilboa aufsuchte und um Hilfe ersuchte (1 Sam 28,7-25). Nach Ps 83,10-11 kamen an diesem Ort der König Jabin von Hazor und sein Heerführer Sisera um.

En-Gedi

(hebräisch „Quelle des Widders")

Am Westufer des Toten Meeres gelegene Ortschaft in der Wüste von Juda (Jos 15,62; Hld 1,14; Ez 47,10); in einer der Höhlen bei En-Gedi verbarg sich David vor Saul (1 Sam 24,1-2). Im 3. und 4. Jahrhundert n.Chr. erlangte die Oase große Bekanntheit wegen ihrer pflanzlichen Reichtümer (Wein, Zyperblumen, Balsam, Henna und Datteln).

Enosch

(hebräisch „Mensch")

Der erste Sohn Sets und Enkel Adams (Gen 4,26; 5,6; Lk 3,38); im Alter von 90 Jahren zeugte er Kenan (Gen 5,9) und lebte insgesamt 905 Jahre lang. Einer anderen Überlieferung zufolge war Enosch der Stammvater der gesamten Menschheit.

Entmannung

Die Verstümmelung der Genitalien (Kastration) war in vielen altorientalischen Ländern gebräuchlich. Die Thora verbot eine Entmannung.

Ein Entmannter war nach Dtn 23,2 vom Tempelgottesdienst ausgeschlossen, und ein kastriertes Tier durfte nicht geopfert werden (Lev 22,24). In der Heilszeit (Jes 56,3-5) sollte aber auch der Entmannte Anteil am Heil haben. Wenn im Alten Testament von „Eunuchen" oder „Verschnittenen" die Rede ist, muss es sich nicht notwendigerweise um tatsächlich Entmannte handeln, sondern vermutlich um Nichtisraeliten (Jer 38,7) oder auch um einen Beamtentitel (u.a. Gen 39,1). Martin Luther wählte die Übersetzung „Kämmerer".

Epänetus

(griechisch Epainetos = „der Lobenswerte")

Dem römischen Christen wurden

vom Apostel Paulus besondere Grußworte gesandt (Röm 16,5). Epänetus soll der erste bekehrte Heide aus der Provinz Asien gewesen sein.

Epaphras

(Kurzform von Epaphroditus)

Der vermutlich aus Kolossä stammende Schüler des Apostels Paulus war mit diesem zusammen in Rom inhaftiert. Epaphras war der Lehrer der Kolossäer Christengemeinde, die er auch grüßen ließ (Kol 1,7; 4,12; Phlm 23).

Epaphroditus

(griechisch Epaphroditos = „der Charmante", „der Liebliche")

Abgesandter der Christengemeinde von Philippi in Makedonien, der als Bote zum inhaftierten Apostel Paulus nach Rom entsandt wurde, um dem Gefangenen Gaben und die Unterstützung der Gemeinde zu überbringen (Phil 4,18). Epaphroditus erkrankte schwer und wurde nach seiner Genesung von Paulus, der ihn seinen Mitarbeiter und Mitstreiter nennt, mit einem Antwortbrief zurück nach Philippi geschickt (Phil 2,25ff.).

Ephesos, Ephesus

Eine der wichtigsten Handels- und Hafenstädte in Lydien an der Westküste Kleinasiens; seiner Lage an der Mündung des Flusses Kaystros, der in das Ägäische Meer fließt, verdankte Ephesos seine große Bedeutung als Knotenpunkt von Land- und Seewegen.

In diesem weltoffenen kulturellen und wirtschaftlichen Zentrum fand sich eine christliche Gemeinde zusammen. Der Apostel Paulus besuchte die Hauptstadt der römischen Provinz Asien auf seinen Missionsreisen und wirkte dort drei Jahre lang (Apg 18,19-21; 19,1; 20,31; 1 Kor 16,8f.). Auch der Apostel Johannes soll viele Jahre lang in Ephesos missioniert haben und dort (wie der Legende nach auch Maria, die Mutter Jesu) verstorben sein.

Ephraim, Efraim

(unklare Bedeutung, vielleicht „doppelte Fruchtbarkeit")

Einer der zwölf Stämme Israels, als dessen Ahnherr der zweite Sohn Josefs und Asenats (Gen 41,50-52; 46,20) und Bruder Manasses gilt; das Gebiet von Ephraim umfasste den Mittelteil des westjordanischen Berglands, im Norden durch das von Manasse begrenzt, im Süden durch die Stammesgebiete Dans und Benjamins (Jos 16,5-17,18). Ephraim war ein kleiner, aber bedeutsamer Stamm: Die Bundeslade befand sich auf dem Gebiet Ephraims (in Silo), die Propheten Josua und Ahija waren Ephraimiter (Jos 19,50; 1 Kön 11,29), ebenso der erste König des Nordreichs Israel, Jerobeam (1 Kön 11,26). Die führende Stellung des Stammes veranlasste die Propheten, mit dem Namen Ephraim sogar das gesamte Nordreich zu bezeichnen (Jes 7,5; 7,9; 17,3; Hos 4,17). Im Jahr 722 v.Chr. geriet Ephraim unter die Herrschaft Assyriens und wurde Teil der Provinz Samarien.

Erastus

(griechisch Erastos)

Enger Mitarbeiter Paulus' während dessen dritter Missionsreise; der Apostel schickte Timotheus und Erastus von Ephesos nach Makedonien voraus (Apg 19,22) und ließ die beiden von Korinth aus grüßen (Röm 16,23).

Erech

(hebräisch 'erek, akkadisch Uruk)

Eine der ältesten und bedeutendsten Städte in Südbabylonien (Gen 10,10); der am Euphrat gelegene Ort soll der babylonischen Überlieferung zufolge nach der Sintflut Residenz jener Dynastie gewesen sein, der auch der sagenhafte Held Gilgamesch angehörte. Nach der Eroberung Samarias wurden die Bewohner Erechs nach Nordisrael ausgebürgert (Esra 4,9). In der hellenistischen Zeit verfiel die Stadt.

Ausgrabungen förderten umfangreiche Tempelbauten, Stadtmauern und einen einzigartigen Hochtempel auf einem Tempelturm zutage.

Erstgeburt

(hebräisch b•kor, griechisch protótokos)

Bezeichnung für den ersten Sohn sowohl der Mutter (Ex 11,5) als auch des Vaters (Gen 49,3); der Begriff kann sich auch auf Tiere beziehen. Gott beanspruchte alle Erstgeburten. Folglich wurden erstgeborene Tiere geopfert (Ex 13,12-13; 22,29; 34,19), beim Menschen war die Darbringung der Erstgeburt rein symbolisch, sie war auszulösen (Ex 13,13). Menschenopfer waren verboten (vgl. u.a. 2 Kön 3,27). Der erste Sohn genoss eine bevorzugte Stellung, die sich besonders im Erbrecht zeigte (Dtn 21,15-17).

Christus wurde als „Erstgeburt Gottes" bezeichnet (Röm 8,29; Kol 1,15; 1,18; Hebr 1,6).

Erstling

(hebräisch bikkur [meist im Plural], re'schit, t•ruma; griechisch aparche)

Die ersten Erträge galten immer als die besten und wurden Gott als Opfer dargebracht. Hier handelt es sich um die Erstgeburt des Viehs (u.a. Ex 22,29; Lev 22,27; Num 18,17), die ersten Früchte der Ernte (u.a. Ex 23,19; Lev 23,10-11) und auch um Nahrungsmittel, die aus diesen Früchten hergestellt wurden wie z.B. Wein, Öl oder Brotteig. Sie wurden jährlich dem Heiligtum (Ex 22,19) bzw. den Priestern (Num 18,11-13) übergeben. Durch die Opferung der Erstlinge erkannten

die Israeliten an, dass alles Gott gehört. Bei der Darbringung wurde ein Gebet gesprochen (Dtn 26,1-11).
Der Begriff „Erstling" wurde auch auf Christus (1 Kor 15,20; 15,23) und die Christen (u.a. Röm 16,5; 1 Kor 16,15; Jak 1,18; Offb 14,4) übertragen.

Esau

(hebräisch 'esaw = „rauh", „behaart")
Der Sohn von Isaak und Rebekka und Zwillingsbruder Jakobs (Gen 25,19-26); Esau, der Jäger, war der Liebling des Vaters, während Rebekka ihm den Hirten Jakob vorzog. Durch die List Jakobs verlor Esau das Recht des Erstgeborenen und den Segen des Vaters (Gen 27,1-40; Hebr 12,16f.). Nach 20 Jahren versöhnten sich die beiden Brüder wieder. Esau gilt als der Stammvater Edoms (Gen 36,1-19, Jer 49,8-10).

Eschbaal

(hebräisch „Gefolgsmann des Baal"; auch Ischbaal bzw. später Ischboschet)
Der vierte Sohn des Königs Saul, wurde nach dem Tod des Vaters und seiner Brüder von dessen Feldherrn Abner als König über die Stämme des Nordens eingesetzt (1 Chr 8,33; 9,39). Nach einer Regierungszeit von zwei Jahren, in denen er sich vergeblich bemühte, gegenüber David im Süden an Einfluss zu gewinnen, wurde Eschbaal von kanaanäischen Söldneroffizieren aus Beeroth ermordet (2 Sam 2-4).

Eschkol

(hebräisch „Traube")
1. Der Name eines Baches und Tals in der Nähe von Hebron, aus dem die von Mose nach Kanaan ausgeschickten Kundschafter eine Rebe mit einer Weintraube mitbrachten, die zum Symbol des Reichtums des Gelobten Landes werden sollte (Num 13,23-24; 32,9; Dtn 1,24).
2. Aus der Ortsbezeichnung entstand wohl der Name eines der sagenhaften Bundesgenossen Abrahams, der diesen im Kampf gegen König Kedor-Laomer unterstützte. Eschkol war der Bruder Aners und Mamres (Gen 14,13-24).

Eschtaol

Die 20 km westlich von Jerusalem gelegene Stadt wurde meist mit dem 2 km entfernten Zora zusammen genannt. Ursprünglich siedelte sich hier der Stamm Dan an, das Gebiet fiel dann Juda zu (Jos 15,33; 19,41). Von Eschtaol und Zora aus eroberten die Daniter Lajisch (Ri 18,2; 18,8; 18,11).
Simson wurde in der Nähe von Eschtaol (wo auch seine Begräbnisstätte liegt) von Gott berufen (Ri 13,25; 16,31).

Esel

(hebräisch hamor)

Ein früh domestiziertes Nutztier, das als Lasttier (u.a. Gen 22,3; 42,26; 1 Sam 25,18), Zugtier (Dtn 22,10; Jes 30,6) und – lange vor dem Pferd – als Reittier (u.a. Ex 4,20; Jos 15,18; Ri 1,14; 1 Sam 25,42) verwendet wurde. Er durfte jedoch nicht mit einem Ochsen zusammen eingespannt werden (Dtn 22,10). Der Esel (Equus asinus) zählte zu den unreinen Tieren und wurde nur in Notzeiten gegessen, z.B. bei der Belagerung Samarias (2 Kön 6,25). Er erhielt eine besondere Behandlung (Ex 23,5; 23,12; Num 22,28-32; Dtn 5,14). Abraham (Gen 12,16) und Jakob (Gen 30,43) besaßen Esel, und nach Ijob 1,3 gehörten Eselherden zum Besitz eines reichen Mannes. Num 22,21-31 beschreibt die Erzählung des Esels des Propheten Bileam, der dem Engel des Herrn auszuweichen versuchte und sprechen konnte. Der Esel war das Reittier des Friedenskönigs (Sach 9,9), und in diesem Sinne ritt Jesus auf einer Eselin nach Jerusalem (Mt 21,1-11; Mk 11,1-11).

Esra

Ein dem Geschlecht der Hohepriester (Esra 7,1-10) entstammender Priester, der als „Schreiber", genauer als Religionskommissar, für die Angelegenheiten der jüdischen Gemeinde am Hof des persischen Königs Artaxerxes I. (465-424 v.Chr.) oder Artaxerxes II. (404-359 v.Chr.) tätig war; die Aufgabe des Schriftgelehrten war es, die Zustände in Jerusalem und den Kult am zweiten, neu erbauten Tempel zu überprüfen und durch das ihm wohl vertraute Gesetz Mose zu regeln.
In Begleitung vieler Anhänger (Israeliten, Priester, Leviten, Tempelsklaven) zog Esra von Babylonien nach Jerusalem, ließ das Gesetz verlesen und die Gemeinde das Laubhüttenfest begehen (Neh 8). Esra veranlasste, dass die zahlreichen Mischehen aufgelöst und heidnische Ehefrauen mitsamt ihren Kindern fortgeschickt wurden (Esra 9,1-10,44). Den Kern der Gesetze bildeten die Bücher Mose, die nun mit Billigung des Staates die Grundlage für das Judentum als Gesetzesreligion bildeten.

Essener

Eine jüdische Sekte mit wahrscheinlich aramäischem Namen, die aus den Chasidäern hervorgegangen war und sich um 150 v.Chr. von der Tempelgemeinschaft in Jerusalem abwandte; die Essener protestierten gegen die Verweltlichung des Tempelpriestertums und zogen in die Wüste, wo sie in einer mönchsartigen Gemeinschaft ohne persönliches Eigentum lebten, in die man erst nach dreijähriger Probezeit und nach dem Bestehen strenger Prüfungen aufgenommen wurde. Ein äußerst streng geregel-

ter Tagesablauf, hierarchische Ordnung beim gemeinsamen Kultmahl, Gebete, Arbeit und rituelle Waschungen prägten das Leben in der Sekte.
Die Gemeinschaft bestand nur von etwa 150 v.Chr. bis 70 n.Chr.

Ester
(„Stern", hebräisch auch „Hadassa" genannt)
Die Hauptfigur des Buches Ester wurde nach dem Tod ihres Vaters Abihajil von Mordechai adoptiert (Est 2,7). Nachdem der persische König Ahasveros (Xerxes I., 486-465 v.Chr.) seine ungehorsame Ehefrau Waschti verstoßen hatte (Est 1,12ff.), wählte er die junge Jüdin Ester als Hauptfrau (Est 2,15-17). Mit Hilfe Mordechais gelang es ihr, die gegen die Juden im Perserreich gerichteten Mordpläne des Wesirs Haman zu durchkreuzen (Est 3 7). Durch Esters Einfluss kam es zum königlichen Erlass, dass Juden ihre Feinde im gesamten Perserreich töten durften (Est 8,11). Zur Erinnerung an die Errettung und den Sieg der Juden wurde das Purimfest gefeiert (Est 9,20-32).
Dass es sich bei Ester um eine historische Person handelt, darf bezweifelt werden, da keine persische Königin unter diesem Namen bekannt ist.

Etan
1. Ein der Gilde Asaf zugehöriger Tempelsänger (1 Chr 6,27).
2. Etan, der Esrachiter, der für seine Weisheit berühmt war (1 Kön 5,11); er wird zusammen mit Heman genannt und gilt als Ahnherr einer Sängergilde (1 Chr 6,29; 15,17-19). Ihm wird der Psalm 89 zugeschrieben.

Etbaal
Ein Priester der Göttin Astarte, der im 9. Jahrhundert v.Chr. nach der Ermordung des Königs den Thron bestieg und 32 Jahre lang über Sidon und Tyrus herrschte; er war der Vater von Isebel, die er König Ahab von Israel zur Frau gab (1 Kön 16,31).

Ethnarch
(griechisch „Volksbeherrscher")
Ein hellenistischer Titel (etwa vergleichbar mit „Großherzog" oder „Fürst") für Vasallen, mit dem die Seleukidenkönige einige Hasmonäer bedachten (z.B. 1 Makk 14,47; 15,1f.).

Eule
Ein Nachtraubvogel, von dem es in Palästina über zehn verschiedene Arten gab, die alle als unrein galten (Lev 11,16-18) und nicht gegessen werden durften (Dtn 14,15-17). Die Eule ist ein nützliches Tier, das Schlangen und Mäuse frisst. Sie symbolisierte Zerstörung und Ver-

lassenheit (Jes 13,21; 34,11).
In der Bibel werden verschiedene Arten erwähnt, deren Deutungen jedoch unsicher sind. Die tinschemet wird mit der Schleiereule (Tyto alba) gleichgesetzt (Lev 11,18; Dtn 14,16), wurde von Martin Luther jedoch mit „Fledermaus" übersetzt. „Kos", das von Luther mit „Käuzchen" (Lev 11,17; Dtn 14,16) übersetzt wurde, ist der Steinkauz (Athene noctua glaux), und „qa'at" bezeichnete wohl den Nachtraubvogel Athene noctua Saharae, der vor allem in der Wüste (Ps 102,7) anzutreffen war.
In dem hebräischen „janschuph" (Lev 11,17; Dtn 14,16) vermutete man die Waldohreule (Asio otus). Nach Jes 34,11 hauste sie im öden Land Edom. Der in Jes 13,21 genannte „'oah" ist der größte Nachtraubvogel, der Uhu (Bubo bubo Aharonii). Der „tahmas" (Lev 11,16; Dtn 14,15) wurde von Luther zwar mit „Nachteule" übersetzt, meint aber vermutlich den Falken. Der „schalak" wird mit der Fischeule (Ketupa zeylonensis) identifiziert, und auch „bat ja'ana" (Strauß), „tan" (Schakal) und „qippod" (Igel) galten als Eulenarten (Jes 34,11; Jes 34,13).

Eunike

(griechisch „die Siegreiche")
Die aus Lystra in Kleinasien stammende fromme Judenchristin war die Mutter des Timotheus. Der Schüler und Mitarbeiter des Apostels Paulus war von ihr schon früh in der Heiligen Schrift unterrichtet worden (Apg 16,1; 2 Tim 1,5; 3,15).

Euphrat

(griechisch Euphrátes; sumerisch buranunu = „großer Strom"; hebräisch p·rat = „der (große) Strom")
Der mit 2 850 km längste Fluss Vorderasiens wird im Alten Testament meist nur als „der (große) Strom/Fluss" bezeichnet (u.a. Jes 27,12; Gen 15,18; Dtn 1,7; 2 Sam 10,16). Im armenischen Hochland entspringend, durchfließt der Fluss Euphrat das Taurusgebirge und die Ebene Mesopotamiens und mündet, mit dem Tigris vereinigt, in den Golf von Persien. Die Ablagerungen der zahlreichen Kanäle und Abflüsse des Euphrat verschoben das Flussbett im Laufe der Zeit, d.h. dass viele Städte nicht mehr an seinen Ufern zu finden sind (u.a. Babel, Nippur).
Mose galt der Euphrat als einer der vier Paradiesströme (Gen 2,14). Immer wieder bildete der Euphrat eine wichtige Grenze (u.a. 1 Chr 5, 9; 2 Kön 24,7; Ps 72,8; Jos 1,4).

Eutychus

(griechisch „der Glückliche")
Während einer nächtlichen Predigt des Apostels Paulus in der kleinasiatischen Hafenstadt Troas schlief der junge Mann Eutychus ein und fiel aus einem Fenster im

dritten Stock. Man hielt ihn für tot, doch noch vor Paulus' Abreise kam Eutychus wieder zu sich (Apg 20,9-12).

Eva

(hebräisch „die Leben Schenkende")

Eva ist gemäß dem biblischen Schöpfungsbericht die von Gott geschaffene Urmutter der ganzen Menschheit (Gen 3,20), die Gefährtin Adams und Mutter von Kain, Abel und Set (Gen 4,1-2). Nach Gen 2,21f. erschuf Gott Eva aus einer Rippe Adams, und gemäß Gen 3,1-7 konnte Eva der Versuchung durch die Schlange nicht widerstehen. Im Neuen Testament findet Eva nur selten Erwähnung (2 Kor 11,3; 1 Tim 2,13f.). Spätere Auslegungen des Sündenfalls weisen ihr die Rolle der Hauptschuldigen zu, der das weibliche Idealbild Maria, der Mutter Jesu, gegenübergestellt wurde.

Evangelist

Bezeichnung für Prediger, die das von den Aposteln übernommene Evangelium verkündigten und missionarisch die frohe Botschaft verbreiteten. Nur selten wird im Neuen Testament dieser Begriff verwendet: für Philippus (Apg 21,8), für Stephanus (Apg 6; 21,8) und für Timotheus (2 Tim 4,5).

Die Evangelisten stehen in der Auflistung der Gemeindedienste nach den Aposteln und Propheten (Eph 4,11), jedoch entwickelte sich kein bleibendes Kirchenamt daraus. Etwa vom 3. Jahrhundert an verwendete man den Begriff nur mehr für die vier Verfasser der Evangelien, Matthäus, Markus, Lukas und Johannes.

Evangelistensymbole

Den vier Verfassern der Evangelien zugeschriebene Symbole, die bereits im Buch Ezechiel bei der Erscheinung Gottes genannt werden (Ez 1,5-10) und den Thron Gottes umgeben (Offb 4,6-8).

Der Mensch gehört zu Matthäus, der eingangs von Jesu Stammbaum erzählt, und der für Kraft stehende Löwe zu Markus, dessen Evangelium mit der Wüstenpredigt des Täufers beginnt. Lukas wird begleitet vom Symbol des Stieres, der für Fruchtbarkeit und Macht, aber auch für Opfer steht (das Evangelium nach Lukas beginnt mit dem Opfer des Priesters Zacharias), und das Symbol des Adlers schließlich wird Johannes zugeordnet.

Evanglium

(griechisch „gute Nachricht/Botschaft")

Schon bei Jesaja ist von einem Boten zu lesen, der dem Nahen Gottes vorauseilt (Jes 52,7). Im Alten Testament bezeichnet die Botschaft (hebräisch basar) die kommende Heilszeit und die Gottesherrschaft (Ps 96,2f.; Nah 2,1). In der Predigt Jesu bezeichnet

das Wort Evangelium die Gesamtheit seiner Verkündigung in Worten und Taten (Mt 24,14; 26,13; Mk 1,15; 8,35; 16,15). Jesus ist zugleich Überbringer der frohen Botschaft (Mk 1,14; Mt 11,5) und die Heilsbotschaft selbst (1 Kor 15,1-5; 2 Kor 9,13; 10,14), da sich Gottes Wille durch ihn vollzog. Gottes anbrechende Herrschaft und seine Wunder wirken durch Jesus (Lk 17,21; Mt 4,17; 9,35; 11,2-6). Anfangs wurde das Evangelium nur Juden verkündet, bald jedoch richtete sich die frohe Botschaft (vor allem durch das Wirken der Apostel Petrus und Paulus) auch an Heiden, also Nichtjuden (Apg 8,26-39; 10; 11,1-20; 1 Kor 1,17).
In seiner frühchristlichen Bedeutung wurde der Begriff Evangelium wohl auch durch die Verwendung im Zusammenhang mit dem Kaiserkult geprägt. Der Kaiser, bei dessen Geburt oder Thronbesteigung das Wort gebraucht wurde, galt als gottgleich. Selbst wenn das Wort in religiösem Kontext verwendet wurde, war eine Interpretation mit politischem Hintergrund seitens der Zuhörer oder Leser nicht ganz auszuschließen.

Evodia

Sie war Mitglied der christlichen Gemeinde in Philippi und wurde zusammen mit Syntyche in einem Brief vom Apostel Paulus zur Eintracht gemahnt (Phil 4,2f.). Die beiden Frauen hatten sich bei den ersten Verfolgungen der makedonischen Gemeinde als zuverlässig erwiesen.

Ewil-Merodach

(hebräisch 'ewil = „Tor/Dummkopf"; akkadisch Aw/mil Marduk = „Mann/Verehrer des Gottes Marduk")
Der Sohn Nebukadnezars II. war 562-560 v.Chr. König von Babylonien. Im ersten Regierungsjahr begnadigte er den judäischen König Jojachin nach 37 Jahren Gefangenschaft und holte ihn als „Gast" an seinen Hof (2 Kön 25,27-30; Jer 52,31-34). Im Jahr 560 v.Chr. fiel er einer Verschwörung seines Schwagers Nergal-Sarezer zum Opfer.

Exil

Nebukadnezar II. (605-562 v.Chr.) zerstörte Jerusalem 586 v.Chr. und deportierte die Bewohner in das so genannte babylonische Exil der Israeliten, das von 586 bis 538 v.Chr. andauerte (2 Chr 36,20-21). Das Geschehen war dem Volk Gottes von seinen Propheten angekündigt worden (Neh 9,30).
In den Reichen der Assyrer und Babylonier waren Umsiedlungsaktionen dieser Art (die vor allem die höhergestellten Schichten betrafen) nichts Ungewöhnliches, sie dienten in erster Linie der Befriedung der neu besetzten Gebiete und ver-

folgten besonders bei den Assyrern auch den Zweck, die neuen Völker ethnisch in das straff organisierte Reich zu integrieren. Im babylonischen Exil gelang das so gut, dass bei seiner Beendigung durch den Erlass des Kyros II. 538 v.Chr. sich der Großteil der Israeliten entschloss, in Mesopotamien zu bleiben. Zu einer ethnischen oder gar religiösen Integration kam es allerdings nicht.
Die in Babylon aufblühende jüdische Gemeinde hatte Vertreter in den höchsten Staatsämtern des toleranten persischen Reiches. Über die Jahrhunderte war sie zeitweise Verfolgungen ausgesetzt, konnte in langen Perioden aber auch ungehindert ihre Religion praktizieren. In den 30er Jahren des 20. Jahrhunderts lebten in Mesopotamien etwa 100 000 Juden, die in den folgenden Jahrzehnten nach Israel oder in die Neue Welt auswanderten oder vertrieben wurden. Die Gemeinde in Bagdad, das einst zu einem Viertel jüdisch war, ist inzwischen bis auf wenige Familien erloschen.
Als Exil wird manchmal auch die Vertreibung der Juden nach dem Aufstand des Simon Bar Kochba 132 bis 135 n.Chr. und der Zerstörung des Tempels in Jerusalem bezeichnet, geläufiger ist hierfür allerdings „Diaspora".

Ezechiel

(auch Hesekiel; hebräisch Johezqel = „El [Gott] ist/macht stark")

Ezechiel zählt zusammen mit Jesaja, Jeremia und Daniel zu den vier großen Propheten des Alten Testaments.
Der Sohn eines Priesters war 597 v.Chr. mit König Jojachin von Juda in Babylonische Gefangenschaft geraten (2 Kön 24,14ff.) und in einer Kolonie am Fluss Kebar angesiedelt worden. Nach fünf Jahren des Exils erschien ihm Gott und berief ihn zum Propheten (Ez 1,1-3). Am Ort seiner Verbannung wirkte Ezechiel (anfänglich gegen den Widerstand seiner Landsleute) bis zu seinem Tod um 571 v.Chr. als Prophet und Priester. Er kämpfte gegen die falschen Propheten, die, auf die Ägypter vertrauend, den Untergang Babylons vorhersagten, und kündigte im Jahre 592 die Zerstörung Jerusalems und die restlose Vertreibung des Volkes als Folge gottloser Lebensführung an. Ezechiel hatte aber auch Visionen von der Vernichtung der Feinde, einem neuen Jerusalem und einem neuen Reich (Ez 40,1-48,35).
587/86 v.Chr. eroberte und zerstörte Nebukadnezar II. Jerusalem und deportierte die Oberschicht nach Babylonien (u.a. 2 Chr 36,17-21). Ein halbes Jahrhundert später ließ der persische König Kyros II. die Juden wieder ziehen

und ihren Tempel in Jerusalem neu errichten (Esra 1,1-11).

Falke

Ein Raubvogel, der in Ijob 28,7 und Ijob 39,26 erwähnt wird. Er galt als unreiner Vogel (Lev 11,16; Dtn 14,15).

Feigenbaum

(hebräisch t'ena, griechisch syke)

Ein etwa 6 bis 9 m hoher, in Palästina einheimischer Baum (Num 13,23) mit großen Blättern, dessen Früchte frisch oder getrocknet verzehrt werden können (Ficus carica). Es ist der erste Baum, der im Alten Testament namentlich erwähnt wurde: Zusammengeflochtene Feigenblätter bedeckten die Blößen des Adam und der Eva nach dem Sündenfall (Gen 3,7). Aufgrund der zweimaligen Ernte pro Jahr symbolisierte er Wohlstand, Fruchtbarkeit und den Überfluss im verheißenen Land (Num 13,23). Die Zerstörung des Feigenbaums galt als Zeichen des Gerichts (Jer 5,17; Hos 2,14). „Unter seinem Weinstock und Feigenbaum sitzen" bedeutet, ein Leben voller Glück und Zufriedenheit zu führen (1 Kön 5,5; Mi 4,4). Der Feige wurden Heilkräfte zugeschrieben (Jes 38,21; 2 Kön 20,7). Sie wird in verschiedenen Gleichnissen als Symbol herangezogen (Mt 24,32-33; Lk 13,6-9).

Felix (= Antonius Felix)

(lateinisch „der Glückliche")

Bruder des Pallas, eines Günstlings des römischen Kaisers Claudius (41-54 n.Chr.), und Ehemann der Drusilla, der jüngsten Tochter des Königs Herodes Agrippa I. (37-44 n.Chr.); der Sklave des Kaiserhauses wurde von Claudius freigelassen und war von 52-58 n.Chr. römischer Statthalter von Judäa. Er galt als korrupt und brutal und ließ den Hohepriester Jonatan ermorden. Der Apostel Paulus wurde ihm vorgeführt und musste sich vor dem Gericht des Statthalters verantworten. Felix hielt ihn in Cäsarea zwei Jahre lang in Untersuchungshaft – in der Hoffnung, Geld von ihm zu bekommen (Apg 23,24-24,27).

Festus, Porcius

(lateinisch „der Freudige")

Von 58-62 n.Chr. römischer Statthalter in Palästina; anders als sein Vorgänger Felix war Festus rechtschaffen und strebte im Prozess des Apostels Paulus ein korrektes Gerichtsverfahren an. Da Paulus an den Kaiser appellierte, ließ er ihn letztlich nach Rom überstellen (Apg 25,1ff.).

Feuerofen

Ziegelofen, der zum Schmelzen von Metallen diente und eine große Öffnung oben und eine Tür an der Seite aufwies. Nach Dan 3,6 wurde der Feuerofen auch zu Folter (und Hinrichtung) verwendet.

Feuersäule

Während der Wüstenwanderung wurden die Israeliten von Jahwe geführt und beschützt. Zeichen der göttlichen Gegenwart war tagsüber eine Wolkensäule, nachts eine Feuersäule (Ex 13,21; Ex 14,24).

Flachs

(hebräisch pischta)

Einjährige Pflanze, die blau oder weiß blüht und etwa 1 m hoch wird (Linum usitatissimum). Flachs ist eine der ältesten Kulturpflanzen. Ex 9,31 erwähnt den Anbau in Ägypten, wo die Pflanze von großer Bedeutung war (Jes 19,5-9). Die beiden Kundschafter des Josua versteckten sich unter Flachsstengeln, die auf dem Dach zum Trocknen aufgestellt wurden (Jos 2,6) Aus Flachsfäden wurden Seile (Ez 40,3) und Dochte (Jes 42,3; 43,17) hergestellt. Flachs wurde außerdem zu Leinen verarbeitet (Spr 31,13; Jer 13,1; Ez 44,17-18). Es war verboten, ein Mischgewebe aus Wolle und Flachs für Kleidung zu verwenden (Dtn 22,11).

Fledermaus

(hebräisch 'atalleph)

Von Martin Luther in Jes 2,20 mit „Fledermaus" übersetzt, in Lev 11,18 jedoch mit „Schwalbe".
Sie ist ein unreines Tier (Lev 11,19; Dtn 14,18), das – obwohl ein Säugetier – aufgrund ihrer Flügel als Vogel angesehen wurde. Der Großteil der Fledermäuse in Palästina frisst Insekten, einige aber auch Früchte. Nach Jes 2,20 wirft der Mensch am Tage Jahwes den Fledermäusen die Götzenbilder hin. Das hebräische „tinschemet", das Luther als „Fledermaus" wiedergibt, meint wohl die Schleiereule (Lev 11,18).

Fliege

(griechisch myîa, hebräisch z·bub)

Ein Insekt, von dem in Palästina zahlreiche Arten vorkamen. Vor der Stubenfliege (Musca domestica) schützte man sich mit einem Fliegennetz (u.a. Jdt 10,21). Die Larven der Aasfliege (Lucilia sp.) ernährten sich von Aas (u.a. Jes 14,11). Die Larven der Fruchtfliege (Ceratitis sp.) bewirkten die Fruchtfäule (Ex 16,20-25) und jene der Ölfliege (Dacus oleae) das Abfallen der Oliven (Dtn 28,40). Tote Fliegen machten das duftende Öl stinkend (Koh 10,1). In Jes 7,18 wird die einfallende ägyptische Armee mit einem Fliegenschwarm verglichen. In Ekron wurde der Gott Baal Zebub („Herr der Fliegen") verehrt (2 Kön 1,2).
Die Bibel nennt auch die Mücke, die zu den zehn ägyptischen Plagen gezählt wurde.

Fluch (und Segen)

Eines der häufigsten Gegensatzpaare im Alten Testament ist das von Fluch und Segen (vgl. Gen 27,12; Ex 21,17; Lev 24,14; Dtn 27,13; Jos 8,34; Ps 109,17; 109,28; Spr 3,33; 11,26; 27,14; 30,11), wobei unterschieden werden muss zwischen den Verursachern des Fluchs, Gott oder ein Sterblicher.

Im ersten Fall handelt es sich fast durchgehend um die göttliche Belohnung bzw. Bestrafung seines Volkes oder einzelner daraus, oder anderer, die nicht der Gemeinschaft angehören. Die Ursache dafür ist in der Regel ein Abfall vom oder Festhalten am rechten Glauben, bei Außenstehenden (Ägypter, Philister usw.) genügt es, dem Volk Gottes in irgendeiner Weise Unrecht anzutun.

Bei Moses liest sich das so: „Siehe, ich lege euch heute den Segen und den Fluch vor: den Segen, wenn ihr den Geboten des Herrn, eures Gottes, gehorsam seid, die ich euch heute gebiete; den Fluch aber, wenn ihr den Geboten des Herrn, eures Gottes, nicht gehorsam sein werdet ..." (Dtn 11,26-28).

Ein Beispiel für die drastische Auswirkung des göttlichen Fluchs ist die Zerstörung Sodoms und Gomorras: Es regnete Feuer und Schwefel vom Himmel, die beiden Städte wurden vom Erdboden getilgt und alle Menschen getötet, außer Lot und seine Töchter, die als einzige sich nicht von Gott abgewandt hatten (Gen 18.19). Auch der Untergang der ägyptischen Armee im Roten Meer während der Verfolgung der Israeliten ist letztlich auf einen Fluch zurückzuführen.

Am Segen Gottes erfreut sich sein Volk immer dann, wenn es seinen Gesetzen treu ist und vor allem nicht anderen Göttern anhängt.

Im zweiten Fall bedeutet ein Fluch die magische oder religiöse Verwünschung eines Menschen und Lossagung von der Gemeinschaft mit ihm. Der Wunsch, dem anderen möge Unheil geschehen, funktioniert natürlich nur, wenn beide Parteien daran glauben, und das ist in biblischen Zeiten offensichtlich der Fall.

Als etwa Noahs Sohn Ham, Kanaans Vater, seines Vaters Blöße gesehen und nicht bedeckt hatte, zog er sich dessen Fluch zu: „Verflucht sei Kanaan und sei seinen Brüdern ein Knecht aller Knechte!" (Gen 9,25) Der langwierige Konflikt mit den Kanaanäern und ihre schlussendliche Integration war damit für die Israeliten zweifelsfrei erklärt.

Der Gegensatz zum Fluch, der Segen, ist wiederum immer in Gott begründet und bringt eine zahlreiche Nachkommenschaft, materiellen Wohlstand und Glück (z.B. Gen 12,2; Ps 37,22). Im Neuen Testament bedient sich Jesus ebenfalls des Segens (Mt 25,41; 1 Petr 3,9).

Fortunatus

(lateinisch „glücklich")

Christ in Korinth, der mit Stephanas und Achaikus zum Apostel Paulus nach Ephesos reiste, um diesem die Anfragen der korinthischen Gemeinde zu übermitteln (1 Kor 16,17).

Forum Appii

Handelszentrum an der Via Appia, etwa 65 km südlich von Rom; hier begrüßten die römischen Christen den gefangenen Apostel Paulus auf seinem Weg von der Hafenstadt Puteoli nach Rom (Apg 28,15).

Freigelassener

Ein frei gewordener Sklave; Freilassungen hatten dem Alten Testament zufolge im Sabbatjahr und im Jobeljahr, also alle sieben und alle fünfzig Jahre, stattzufinden (Ex 21,2; Lev 25,54; Jer 34,9). Die in Apg 6,9 erwähnten „Libertiner" (von lateinisch libertinus = „Freigelassener") waren vermutlich Juden, die aus römischer Kriegsgefangenenschaft entlassen worden waren.

Frosch

(griechisch bátrachos, hebräisch s-phardea')

Er war in Ägypten und Palästina am Wasser häufig anzutreffen und galt als zweite Plage Ägyptens (Ex 7,27-29; 8,1-9; Ps 78,45; 105,30). Vermutlich handelt es sich hier um den Wasserfrosch (Rana esculenta). Nach Offb 16,13 haben dämonische Geister die Gestalt von Fröschen.

Fuchs

(griechisch alopex, hebräisch schu'al)

Kleines Raubtier mit rotbraunem Fell, von dem in Palästina drei Arten vorkamen; der Fuchs lebte in Höhlen (Mt 8,20) oder Trümmern (Klgl 5,18), er fraß hauptsächlich Früchte und konnte in Weinbergen Schaden anrichten (Hld 2,15). Die typischen Eigenschaften des Fuchses (Vulpes vulpes), Schläue und List, wurden mit den falschen Propheten (Ez 13,4) und Herodes Antipas (Lk 13,32) in Verbindung gebracht. Bei den 300 Füchsen, die Simson gefangen haben soll (Ri 15,4-5), handelt es sich wohl eher um Schakale. Diese lebten in Rudeln und ernährten sich – im Gegensatz zu Füchsen – von Aas und Leichen.

Gabbata

(aramäisch „Anhöhe")

Gepflasterter Platz in Jerusalem (in der Burg Antonia im Tempelbezirk oder beim Herodespalast), auf dem der römische Statthalter Pontius Pilatus Gericht über Jesus hielt (Joh 19,13).

Gabriel

(hebräisch „Mann Gottes" oder „Gott hat sich stark gezeigt")

Einer der drei Erzengel neben Raphael (Tob 12,15) und Michael (Dan 10,13); Gabriel ist der Verkünder der Ratschlüsse Gottes für die Menschen. Er erklärte Daniel seine Visionen und eine Weissagung (Dan 8,16-27; 9,21-23), verkündete nach Lk 1,11-20 Zacharias die Geburt eines Sohnes (Johannes des Täufers) und nach Lk 1,26-38 Maria die Geburt Jesu.

Im Judentum ist Gabriel Todesengel und Hüter des Paradieses zugleich, und auch im Islam hat er die Rolle des höchsten Engels, der dem Propheten Mohammed die Offenbarung überbrachte.

Gad

(hebräisch „Glück")

1. Einer der zwölf Stämme Israels (1 Chr 5,11-17), benannt nach seinem Ahnherrn, einem Sohn Jakobs und Leas Magd Silpa (Gen 30,9-11); siedelte sich im Weideland östlich des Jordan (Jos 13,8) zwischen den Flüssen Jabbok und Arnon an. Der Stamm Gad zeichnete sich durch kriegerische Tüchtigkeit aus (1 Chr 12,9-15), wurde aber um 840 v.Chr. von Hasaël von Damaskus geschlagen (2 Kön 10,33). Ein Jahrhundert später verschleppte Tiglat-Pileser III. die Gaditer nach Assyrien (1 Chr 5,26), und das entvölkerte Gebiet wurde von den Ammonitern besetzt (Jer 49,1).

2. Ein Prophet zur Zeit Davids (1 Sam 22,5; 2 Sam 24,11ff.).

3. Ein heidnischer Glücksgott (Jes 65,11).

Gadara

(griechisch „Einschließung")

Hellenistische Stadt, etwa 10 km südöstlich des Sees Genezareth gelegen; Gadara war Mitglied der Dekapolis, dem Zehnstädtebund, und eines der Zentren griechischer Kultur im Ostjordanland. Jesus heilte vor den Toren der Stadt zwei Besessene (Mt 8,28ff.).

Gajus

Häufiger lateinischer Vorname, z.B. zweier Reisebegleiter des Apostels Paulus (Apg 19,29; 20,4), eines Gastgebers des Paulus in Korinth (Röm 16,23) und eines Empfängers des dritten Johannesbriefes (3 Joh 1).

Galatien

Region in Zentralkleinasien (in der Gegend des heutigen Ankara, der Hauptstadt der Türkei) zwischen Bithynien und Lykaonien, die ab dem 3. Jahrhundert v.Chr. von Kelten (Galater) besiedelt wurde; die 25 v.Chr. errichtete römische Provinz Galatia umfasste neben dem ursprünglichen Galatien auch Lykaonien, Pisidien und das östliche Phrygien. Der Apostel Paulus besuchte Galatien im Zuge seiner drei Missionsreisen und verkündete hier das Evangelium (Apg 16,6; 18,23; Gal 4,13f.). Er verfasste den Galaterbrief, der sich an die Bewohner dieser Region richtete (Gal 1,2; 3,1).

Galban

(hebräisch helbana)

Ein gummiartiges Harz, das aus dem milchigen Saft des bis zu 2 m hohen Doldengewächses Ferula galbaniflua gewonnen wurde. Galban war ein Bestandteil des Räucheropfers, das in der Stiftshütte verbrannt wurde (Ex 30,34). Beim Verbrennen entstand ein scharfer Duft (Sir 24,15; Sir 24,21). Es fand im Altertum auch in der Medizin Verwendung.

Galiläa

(hebräisch galil = „Kreis", „Bezirk")

Ursprünglich von den Stämmen Ascher, Sebulon und Naftali besiedelte Region westlich des Sees Genezareth und des Jordan; bereits in 1 Kön 9,11 wird erwähnt, dass König Salomo 20 Städte in Galiläa an Hiram, den König von Tyrus, abgeben musste. Durch die Eroberung Galiläas durch den assyrischen König Tiglat-Pileser III. (733 v.Chr.) wurde die jüdische Bevölkerung stark verringert. Deshalb wurden die restlichen Juden in der Zeit der Makkabäer nach Judäa überführt (1 Makk 5,23). Unter Aristobul I. (104/103 v.Chr.) wurde Galiläa in das hasmonäische Reich integriert und seine Bewohner gewaltsam zum Judentum bekehrt. Nach der Eroberung Palästinas durch die Römer (63 v.Chr.) blieb Galiläa halbautonomes jüdisches Territorium, wurde schließlich ein Teil des Königsreiches von Herodes dem Großen (37-4 v.Chr.) und fiel dann an seinen Sohn Herodes Antipas (4 v.Chr.-39 n.Chr.), unter dessen Herrschaft Jesus lange Jahre in Nazareth lebte und hauptsächlich in Galiläa predigte, weshalb er auch „der Galiläer" genannt wird. Hier wählte er seine Apostel (Mk 14,70; Mt 26,69-73), hielt u.a. die Bergpredigt (Mt 5-7), vollbrachte in Kana sein erstes Wunder (Joh 2,1-11), und hier sollten ihn die Apostel als Auferstandenen sehen (Mt 26,32; Mt 28,10).

Gallio (= Lucius Junius Annaeus Gallio)

Römischer Politiker und Bruder des Philosophen Seneca; gemäß einer in Delphi gefundenen Inschrift war er Prokonsul der römischen Provinz Achaia (Südgriechenland). Das Datum dieser Inschrift (51/52 oder 52/53 n.Chr.) liefert uns den einzigen historischen Anhaltspunkt für das Leben des Apostels Paulus. Der in Korinth residierende Gallio wollte sich nicht in den Streit zwischen Paulus und den Juden der Provinzhauptstadt einmischen und duldete, dass der Synagogenvorsteher Sosthenes nach der Abweisung der Anklage gegen Paulus verprügelt wurde (Apg 18,12-17). Gallio beging im Jahre 66 n.Chr. auf Befehl von Kaiser Nero Selbstmord.

Gamaliël (=Rabban Gamaliël der Ältere)

(hebräisch „Gott hat mir Gutes getan")
Bedeutender Pharisäer und großer Schriftgelehrter; er setzte sich als Mitglied des Hohen Rates gegen eine Verfolgung der ersten Christen und für die Freilassung der Apostel ein (Apg 5,34-40) und gilt nach Apg 22,3 als Lehrer des Saulus von Tarsus, des späteren Apostels Paulus.

Gämse

Mit der von Luther übersetzten „Gämse" (Dtn 14,5; hebräisch dischon) ist wohl die Mendes-Antilope (Adax nasomaculatus) gemeint. Die eigentliche Gämse (Rupicapra rupicapra) gab es in Palästina nicht.
Auch das hebräische „ja'el" wurde von Luther mit „Gämse" übersetzt (1 Sam 24,3; Ijob 39,1; Ps 104,18; Spr 5,19); hier handelt es sich jedoch um den Steinbock.

Garizim

Ein rund 870 m hoher Berg in Samaria südlich von Sichem und gegenüber des Berges Ebel; nach Dtn 11,29 und 27,12 der „Berg des Segens"; nach Ri 9,7 erzählte König Jotam von Juda im 8. Jahrhundert v.Chr. auf dem Garizim den Einwohnern von Sichem sein Gleichnis, und im 4. Jahrhundert v.Chr. errichteten die Samariter auf dem Berg einen Tempel. Obwohl von König Johanan Hyrkanus I. (134-104 v.Chr.), der nur den Jerusalemer Tempelkult duldete, zerstört, feiert die kleine Gemeinde der Samariter aus Nablus noch heute auf dem Garizim ihr Paschafest.

Gat

(hebräisch „Weinkelter")
Eine der fünf philistischen Hauptstädte (neben Aschdod, Aschkelon, Ekron und Gaza) (u.a. Jos 13,3) und Heimat des Goliath (1 Sam 17,4); ihr König Achisch war der Lehnsherr des David (1 Sam 27), der die Stadt dann in sein eigenes Reich eingliederte (1 Chr 18,1). Von König Rehabeam wurde Gat befestigt (2 Chr 11,8), doch hundert Jahre später um 815 v.Chr., also zur Zeit des Königs Joahas von Israel, von König Hasaël von Damaskus erobert. Die genaue Lage der wahrscheinlich von dem Assyrerkönig Sargon II. (722-705 v.Chr.) zerstörten Stadt ist umstritten, vermutlich ist sie mit dem Ruinenhügel Tell es-Safi nordöstlich von Gaza gleichzusetzen.

Gaza
(hebräisch „fester Ort")
An der Mittelmeerküste im Südwesten Palästinas gelegene Stadt, die bedeutendste der fünf Philisterhauptorte und ein wichtiger Handelsplatz im Altertum; umkämpfter Grenzort zwischen Syrien und Ägypten: Gaza war ca. 350 Jahre lang unter ägyptischer Herrschaft, wurde im 13. Jahrhundert v.Chr. aber philistisch. Unter David kam die Stadt an Israel, unter Tiglat-Pileser III. und Sargon II. an Assyrien und im 7. Jahrhundert wieder an Ägypten. Unter den Persern (6.-4. Jahrhundert) genoss die Stadt eine gewisse Unabhängigkeit und erlebte eine Blütezeit. 332 v.Chr. wurde Gaza von Alexander dem Großen eingenommen (vgl. Sach 9,5), der Selukidenkönig Antiochus III. (223-187 v.Chr.) hellenisierte die Stadt, und im 1. Jahrhundert v.Chr. wurde sie dem römischen Weltreich einverleibt. Im Neuen Testament wird Gaza, dem noch heute eine wichtige strategische Bedeutung zukommt, als „Straße, die von Jerusalem nach Gaza hinabführt", erwähnt (Apg 8,26).

Gazelle
(siehe unter „Antilope".)

Geba
(hebräisch „Höhe", „Hügel")
Das rund 10 km nördlich von Jerusalem gelegene Geba (2 Kön 23,8; Jes 10,29) war Schauplatz der kriegerischen Auseinandersetzung zwischen Saul und den Philistern (1 Sam 13,16; 14,5). Asa, der Urenkel Salomos und dritte König von Juda (907-868 v.Chr.), baute Geba zur Festung aus, nachdem es durch die Reichsteilung Grenzstadt zwischen dem Nordreich Israel und dem Südreich Juda geworden war (1 Kön 15,22).

Gebal
(hebräisch „Bergland")
Hebräischer Name für die phönizische Stadt Byblos an der Mittelmeerküste (Ez 27,9).

Gebim
Durchzugsort der assyrischen Armee Sanheribs auf ihrem Marsch gegen Jerusalem im Jahre 701 v.Chr. (Jes 10,31).

Gebirge Ephraim
Teil der Bergketten des Westjordanlandes, nördlich des Gebirges Juda (Ri 3,27; Jos 17,15); hier lag Sichem (1 Kön 12,25; Jos 20,7).

Gebirge Juda
Südlicher Teil der Bergketten des Westjordanlandes, im Osten vom Toten Meer begrenzt (Jos 11,21; Lk 1,39); die höchste Erhebung ist der „Dschebel Batrak" mit 1 025 m.

Geburt und Namensgebung

Eine Geburt im antiken Orient verlief – wie es für nicht hochzivilisierte Völker typisch war – meist unkompliziert (Ex 1,9). Der Mann war nicht anwesend (Jer 20,15), der Frau wurde von Hebammen (u.a. Gen 38,28) oder Verwandten bzw. Freundinnen (u.a. Rut 4,14; 1 Sam 4,20) geholfen. Eine Mutter vieler Kinder galt im Alten Testament als glücklich und gesegnet (Gen 29,32-34; 30,20). Die Bibel erwähnt auch Fehlgeburt (Ex 21,22; Num 12,12; Ijob 3,16; Ps 58,9; Koh 6,3) und Totgeburt (Num 12,12; Jer 20,17). Unter Umständen starb die Mutter bei der Geburt (Gen 35,16-19; 1 Sam 4,19-20). Nach der Geburt galt die Mutter längere Zeit als unrein (Lev 12,2-5).

Bald nach der Geburt – spätestens bei der Beschneidung (Lk 1,59; Lk 2,21) – bestimmten Vater (u.a. Gen 16,15) oder Mutter (1 Sam 1,20), manchmal auch die Nachbarinnen (Rut 4,17), den Namen des Kindes.

Gecko

Nach Lev 11,30 eines der unreinen Tiere; gemeint ist hier wohl eine in Palästina häufig anzutreffende kleine Art der Halbfingergeckos (Hemidactylus turcicus).

Gedalja

(hebräisch „Jahwe [Gott] ist mächtig")

Sohn Ahikams und Mitglied einer einflussreichen Jerusalemer Beamtenfamilie; er wurde nach der Eroberung Jerusalems durch Nebukadnezar II. (587/86 v.Chr.) als Statthalter von Juda eingesetzt (2 Kön 25,22-23; Jer 40; 41), aber bereits nach zwei Monaten ermordet. Gedalja war ein Beschützer und Freund des Propheten Jeremia (Jer 39,14; 40,5-6).

Gehasi

Ein Diener des Propheten Elischa, der in den Erzählungen von der Auferweckung des Sohnes der Sunamitin (2 Kön 4,8-37; 8,1-6) und der Heilung des aussätzigen Naaman (2 Kön 5,1-27) erwähnt wird. Gehasi wurde wegen seiner Unehrlichkeit und Habgier mit dem Aussatz Naamans bestraft (2 Kön 5,27).

Geier

Martin Luther übersetzte das hebräische Wort da'a bzw. dajja („Sturzvogel") mit „Geier".

Wenn in der Bibel von einem Geier die Rede ist, sind vielleicht kleinere Raubvögel wie z.B. Rötel oder Weihe gemeint (Lev 11,14; Dtn 14,13; Jes 34,15). Bei dem hebräischen Wort nescher und dem griechischen Wort aetós, von Luther mit „Adler" übersetzt, handelt es sich um den Gänsegeier (Gyps fulvus), der in Palästina häufig vorkam. Der Aasfresser (Mt 24,28) hatte einen kahlen Kopf (Mi 1,16) und konnte eine Flügel-

spannweite von bis zu 3 m erreichen.
Beim „'oznija“, der von Luther mit „Fischaar“ übersetzt wurde (Lev 11,13; Dtn 14,12), handelt es sich um den Mönchsgeier (Aegypius monachus). Der in Lev 11,13 und Dtn 14,12 genannte „Habicht“ (hebräisch peres) ist der Bartgeier (Gypaetus barbatus), und das hebräische „raham“ (Lev 11,18; Dtn 14,16) bezeichnet den gemeinen Schmutzgeier (Neophron percnopterus). Luther wählte die Übersetzung „Storch“.

Gemarja

(hebräisch „der Herr hat [es] vollbracht“)
1. Der Sohn des Hilkija; ihn schickte König Zedekia von Juda (597-587 v.Chr.) zu Nebukadnezar II. nach Babylonien. Der Prophet Jeremia gab ihm einen Brief an die dorthin verschleppten Juden mit, in dem er sie vor falschen Propheten warnt. (Jer 29,1-9).
2. Der Sohn des Schafan und ein hoher Würdenträger am Hof Jojakims von Juda (608-598 v.Chr.) (Jer 36,10-12); er versuchte, den König davon abzuhalten, die Schriftrollen mit den Prophezeiungen des Jeremias zu verbrennen (Jer 36,25).

Genezareth

(griechisch Genesarét; hebräisch ginnesar = „Fürstengarten“)
Bezeichnung sowohl für den 170 km² großen, bis zu 46 m tiefen und über 200 m unter dem Meeresspiegel liegenden Süßwassersee (Lk 5,1) als auch für das fruchtbare und dicht bewohnte Gebiet an seinem Nordwestufer (Mk 6,53; Mt 14,34); am See Genezareth, der auch „See/Meer (von) Kinneret“ bzw. (Num 34,11; Dtn 3,17; Jos 12,3), „See von Tiberias“ (Joh 21,1) oder „See von Galiläa“ (Mt 4,18) genannt wurde, berief Jesus seine ersten Jünger (Mt 4,18-22; Lk 5,1-11), und hier fand auch die Brotvermehrung statt (Mt 14,13-21).

Gerar

Die Stadt Abimelechs lag im äußersten Süden Palästinas (Gen 20, 2) und ist vermutlich mit dem heutigen, etwa 25 km südlich von Gaza liegenden Tell Eschscheri'ia zu identifizieren. Abraham (Gen 20) und Isaak (Gen 26) hielten sich hier auf.

Gerasa

Die Stadt im Ostjordanland (das heutige Dscherasch) liegt ca. 55 km südöstlich des Sees Genezareth. Gerasa war einst Teil der Dekapolis, dem Zehnstädtebund, und wurde wahrscheinlich um 330 v.Chr. von Alexander dem Großen gegründet. Die meisten der bedeutenden noch erhaltenen römischen Ruinen stammen aus dem 1. und 2. Jahrhundert n.Chr.

Gerschom

Ältester Sohn des Mose und der Zippora (Ex 2,21-22) und Ahnherr der Priester am Altar in Dan (Ri 18,30).

Gerschon

Ältester Sohn des Levi (Gen 46,11; Ex 6,16) und Ahnherr der Gerschoniter, die in der Stiftshütte niedrige Aufgaben zu verrichten hatten (Num 4,21-28).

Geschur

Kleines aramäisches Königreich am Nordostrand Palästinas (Jos 13,11; 2 Sam 15,8; 1 Chr 2,23); Geschur war die Heimat von Maacha, der Tochter des Königs Talmai und Frau Davids (2 Sam 3,3). Ihm gebar sie Abschalom, der nach dem Mord an seinem Halbbruder Amnon nach Geschur flüchtete, wo er drei Jahre blieb (2 Sam 13,37).

Geser

Strategisch wichtige, bereits im 4. Jahrtausend v.Chr. gegründete, mehrfach zerstörte und wieder aufgebaute kanaanäische Königsstadt etwa 40 km nordwestlich von Jerusalem; Josua besiegte zwar ihren König Horam, konnte die Stadt aber nicht einnehmen (Jos 10,33; 16,10; Ri 1,29). Dies gelang erst dem ägyptischen Pharao, der sie König Salomo als Brautschatz zur Hochzeit mit seiner Tochter gab (1 Kön 9,15-17). 734 v.Chr. eroberte der Assyrerkönig Tiglat-Pileser III. das zum Nordreich Israel gehörende Geser, und 142 v.Chr. wurde es von Simon, dem Bruder und Nachfolger von Judas Makkabäus eingenommen und befestigt (1 Makk 13,43-48).
Bei verschiedenen Ausgrabungen seit 1902 fand man u.a. die Stadttore Salomos, Befestigungen der Makkabäer, Keilschrifttafeln, den „Kalender von Geser“, der sich am Rhythmus der Jahreszeiten orientierte und Saat- und Erntezeiten angab, und ein Höhlenheiligtum, das mit zehn Mazzeben (gewaltigen Steinen) ausgestattet war und vermutlich aus der Zeit um 1600 v.Chr. stammte.

Gesetzestafeln

Zwei steinerne Tafeln, die Mose auf dem Berg Sinai von Gott erhielt (u.a. Ex 24,12; 31,18; 32,19; 34,1; 34,4; 34,28; Dtn 4,13; 5,22; 9,9-11; 1 Kön 8,9). Sie enthielten die Zehn Gebote (Dekalog), die nach einer Überlieferung von Mose (Ex 34,28), nach einer anderen Überlieferung von Gott selbst (u.a. Ex 24,12; 31,18) geschrieben wurden. Sie wurden in der Lade aufbewahrt (u.a. Ex 25,16; 25,21; Dtn 10,5; 1 Kön 8,9).

Getsemani

(aramäisch „Ölkelter“, „Olivenpresse“)
Der Garten am Ölberg, wo Jesus

nach dem letzten Abendmahl in Todesangst betete und verhaftet wurde (Mt 26, 36-56; Mk 14,32-52); die genaue Lage ist ungewiss.

Gewitter

(hebräisch s'ara = „Sturm"; von Martin Luther mit „Wetter" übersetzt)

Wettererscheinung, die mit Blitz, Donner und meist auch Regen verbunden ist; in Palästina gab es vor allem im Herbst (November/Dezember) und im Frühling (März/April) Gewitter, im Sommer waren sie sehr selten. Im Alten Testament symbolisieren Gewitter die Gegenwart Jahwes (u.a. Ijob 38,1; Ps 50,3).

Gibbeton

(hebräisch „[gewölbter] Hügel")

Philisterstadt (1 Kön 15,27; 16,15; 16,17), die dem Stamm Dan zugeteilt wurde (Jos 19,44); vermutlich nahe Geser, die genaue Lage ist aber unbekannt.

Gibea

(hebräisch „Hügel")

1. Ort auf dem Gebiet Benjamins (wird auch „Gibea Benjamins" genannt); Zentrum der Ereignisse von Ri 19-20 (vgl. Hos 9,9; 10,9); Heimat und Hauptstadt Sauls, des ersten Königs Israels (wird daher auch „Gibea Sauls" genannt: 1 Sam 10,26; 11,4; 15,34); als Jerusalem Hauptstadt wurde, verlor Gibea, das mit dem heutigen Tell el-ful, knapp 10 km nördlich von Jerusalem, gleichgesetzt wird, an Bedeutung.

2. Stadt im Gebirge Juda (Jos 15,57; 1 Chr 2,49).

3. Stadt des Pinhas und Begräbnisstätte von dessen Vater Eleasar im Ephraimgebirge (Jos 24,33).

Gibeon

(hebräisch „Hügelstadt")

Nordwestlich von Jerusalem gelegene, ursprünglich von Hewitern bewohnte, kanaanäische Stadt (Jos 11,19); Gibeon bildete gemeinsam mit den Städten Beerot, Kefira, Kirjat-Jearim und dem Stamm Benjamin ein Bündnis (Gibeoniter). Bei der Eroberung des Landes durch Josua schlossen die Gibeoniter einen Vertrag mit Israel, der ihnen aber nur den Status von Holzhackern und Wasserschöpfern brachte (Jos 9).

Der Teich von Gibeon war Schauplatz eines Zusammenstoßes zwischen den Anhängern Davids und Sauls (2 Sam 2,12-13), „am großen Stein bei Gibeon" tötete Joab Amasa (2 Sam 20,8). In Gibeon befand sich außerdem ein berühmtes Heiligtum, in dem Salomo Opfer darbrachte (1 Kön 3,4-5; 1 Chr 16,39).

Ausgrabungen seit 1956 förderten neben einer Stadtmauer 27 Krughenkel mit dem Siegel Gibeons zutage, die wiederum zu zahlreichen Weinkellereien führten.

Gideon

(hebräisch „Krieger")

Sohn des Joasch aus Ofra im Gebiet Manasses, einer der „Großen Richter". Gideon wurde von Gott berufen, um die Israeliten aus der Bedrängnis durch die Midianiter zu retten (Ri 6,12-24). Nach Ri 6,25-32 beseitigte er den Baalskult in Ofra, was ihm den Beinamen „Jerubbaal" einbrachte. Das ihm angebotene Königtum schlug er aus (Ri 8,22-23). Unter seinen 70 Söhnen von mehreren Frauen war Abimelech (Ri 8,31), der sich später zum König von Sichem erhob (Ri 9,1-6).

Der Apostel Paulus reihte Gideon im Brief an die Hebräer unter die Helden Israels ein (Hebr 11,32-34).

Gihon

(hebräisch „Ausbruch", „Strom")

1. Einer der Flüsse im Garten Eden (Gen 2,13).

2. Jerusalems einzige Quelle, am Kidrontal am Osthang des Tempelberges, wo Salomo zum König gesalbt wurde (1 Kön 1,33; 1,45). Bereits in vorisraelitischer Zeit gab es die ersten Versuche, die Quelle unterirdisch mit der Stadt zu verbinden. Unter dem König Hiskia von Juda (727-697 v.Chr.) wurde schließlich ein etwa 500 m langer Tunnel fertig gestellt (2 Kön 20,20; 2 Chr 32,30), an dessen Bau die berühmte Siloachinschrift erinnert.

Gilboa

(unklare Bedeutung, vielleicht „Hügelland")

Etwa 20 km langer Höhenzug zwischen der Jesreelebene und dem Jordan; die Israeliten wurden hier von den Philistern besiegt und Saul fand gemeinsam mit seinen Söhnen den Tod (1 Sam 28,4; 31,1-8).

Gilead

(arabisch dscha'uda = „rau sein")

Ursprünglich nur der Name eines Gebirges (Gen 31,21-25) zwischen dem Jabbok, einem östlichen Nebenfluss des Jordan, und dem Land Jaser. Später wurde auch die Umgebung des Berges Gilead genannt (Ri 10,17-11,11), und letztlich bezeichnete man das gesamte fruchtbare und waldreiche Gebiet südlich und nördlich des Jabbok mit diesem Namen (Gen 37,25; Dtn 3,10; Ri 10,8; 2 Kön 10,33). Aus Gilead, wo sich die Hälfte des Stammes Manasse niederließ (Jos 13,31) stammten der Richter Jiftach (Ri 11) und der Prophet Elija (1 Kön 17,1), und in einem Grenzposten Gileads wurde Jehu von einem Jünger des Propheten Elischa Ende des 9. Jahrhunderts v.Chr. zum König des Nordreichs Israel gesalbt (2 Kön 9,1-6).

Gilgal

(hebräisch „Kreis")

Erster Lagerplatz der Israeliten in Kanaan, zwischen dem Jordan und

Jericho (Jos 4,19) gelegen; Gilgal war Schauplatz bedeutsamer biblischer Ereignisse: Josua errichtete einen Stützpunkt für seine militärischen Operationen (Jos 9,6; 10,6-9), und der Ort war eine wichtige Kultstätte, wo Samuel und Saul Opfer darbrachten (1 Sam 10,8; 13,7-9). Saul wurde hier zum König ausgerufen (1 Sam 11,14-15), und Samuel tötete den Amalekiterkönig Agag (1 Sam 15,33). In Gilgal wurden außerdem die Israeliten beschnitten (Jos 5,3-9). Nach dem Tod seines Sohnes Abschalom kehrte David hierher zurück (2 Sam 19,16; 19,41). Später wurde der in Gilgal wieder aufgekommene Kult des Baal von den Propheten, vor allem von Hosea und Amos, bekämpft (Hos 4,15; 9,15; Am 4,4; 5,5).

Gilgamesch

Hauptfigur des babylonischen Gilgameschepos, das als das erste Großepos der Weltliteratur gilt; zwölf Tontafeln schildern die Erlebnisse des Gilgamesch, der „zu zwei Drittel Gott und zu einem Drittel Mensch" ist, und seines Freundes Enkidu. Zentrales Thema ist die vergebliche Suche nach der Unsterblichkeit – ewiges Leben bleibt den Göttern vorbehalten.

Die Sintfluterzählung des Epos weist Parallelen zur Sintfluterzählung in Gen 6-9 auf.

Gilgamesch lässt sich auf eine historische Figur zurückführen: einen Herrscher des im 4. Jahrtausend v.Chr. von den Sumerern am Euphrat im südlichen Mesopotamien gegründeten Stadtstaats Uruk (Erech).

Ginster

(hebräisch rotem)

Ein weiß oder gelb blühender Strauch, der in der Wüste wuchs und eine Höhe von 2 m erreichen konnte (Retama roetam). Aus ihm wurde Holzkohle hergestellt, die zum Härten der Pfeile verwendet wurde (Ps 120,4-5). Die Ginsterwurzel diente außerdem in Notzeiten als Nahrung (Ijob 30,4). Der Prophet Elija rastete nach 1 Kön 19,3-5 im Schatten eines Ginsterstrauches.

Girgaschiter

Kanaanäisches Volk, das in den Aufzählungen des Alten Testaments erwähnt wird (z.B. Gen 10,16; 15,21; Dtn 7,1; Jos 3,10; 24,11; Neh 9,8) und vermutlich um 1275 v.Chr. mit den Hethitern während eines Feldzugs gegen Ägypten nach Palästina kam.

Gittit

Die Bedeutung des Wortes ist nicht ganz klar, es wird jedoch immer mit Musik bzw. Liedern in Verbindung gebracht. Es könnte von der Philisterstadt „Gat" abgeleitet sein und ein dort verwendetes Musikinstrument beschreiben. Vielleicht handelt es sich aber auch um eine Melodie, eine choreographische Anweisung oder ein anderes Musikinstrument (Ps 8,1; 81,1; 84,1).

Gläsernes Meer

Eine vor dem Thron Gottes ausgebreitete, kristallklare Ebene bzw. Fläche, die den Himmelsozean (Offb 4,6) darstellt; hier priesen die Sieger Gottes Taten und sangen das Lied Mose (Offb 15,2-3; Ex 15,1). Das Gläserne Meer symbolisiert das Firmament des Himmels, das sich über die Erde wölbt. Gott thront jenseits der Schöpfung.

Gog

Nach Ez 38-39 Fürst der Nordvölker Rosch, Meschech und Tubal im Lande Magog; er ist Anführer des endzeitlichen Völkerangriffs auf Jerusalem, wird aber von Gott vernichtet und mit seinen Heerscharen im „Tal der Pracht Gogs" verscharrt (Ez 39,11-16). Gog verkörperte die heidnische, widergöttliche Weltmacht.

Im Neuen Testament sind Gog und Magog, das hier personifiziert wird, Anführer des von Satan gesammelten Heeres gegen das Volk Gottes (Offb 20,7-10).

Unklar ist, ob der Name auf eine historische Gestalt zurückzuführen ist.

Golan

(hebräisch „Wegführung")

Etwa 30 km östlich des Sees Genezareth im Gebiet des Stammes Manasse gelegene Asylstadt, deren genaue Lage nicht mehr bestimmt werden kann (Dtn 4,41-43; Jos 20,8); von ihr leitet sich der Name der Umgebung, „Gaulanitis", ab, die sich durch fruchtbares Ackerland auszeichnete und bis zum Mittelalter dicht besiedelt war.

Goldenes Kalb

Gegossenes Standbild eines Stierkalbs, das Aaron nach dem Auszug der Israeliten aus Ägypten während der Abwesenheit Moses zur Anbetung schuf (Ex 32), und das von Mose nach seiner Rückkehr vom Berg Sinai zerstört wurde; die Erzählung will offenbar jene beiden mit Gold überzogenen Kälber verurteilen, die Jerobeam I. von Israel in Dan und Bet-El nach der Reichsteilung als Konkurrenz zum Jerusalemer Tempel des Südreichs Juda aufstellen ließ (1 Kön 12,26-29).

Der Stier galt als Sinnbild der Kraft und Fruchtbarkeit.

Golgatha

(griechisch; aramäisch gulgolta', hebräisch gulgolet = „Schädel")

Die Anhöhe vor den Toren Jerusalems, auf der Jesus gekreuzigt wurde, erhielt ihren Namen vermutlich wegen eines sie bekrö-

nenden schädelförmigen Felsens (Mt 27,33; Mk 15,22; Lk 23,33; Joh 19,17). Im Latein der damaligen Zeit hieß „Schädel" „calvaria", woraus die Bezeichnung „Kalvarienberg" entstand.
Helena, die Mutter von Kaiser Konstantin, ließ dort ab 326 die große Grabeskirche erbauen, deren Überreste in der heutigen, von den Kreuzrittern errichteten Grabeskirche erhalten sind.

Goliath
(hebräisch „der Glänzende")
„Riese" aus der Philisterstadt Gat, der von David im Zweikampf mit einer Schleuder getötet wurde (1 Sam 17); nach 2 Sam 21,19 vollbrachte aber Davids Gefolgsmann Elhanan diese Heldentat.

Gomer
1. Enkel Noahs und ältester Sohn Jafets (Gen 10,1-2); vermutlich ist er der Ahnherr der Kimmerer in Kleinasien.
2. Ehefrau des Propheten Hosea (Hos 1,2-3), die wahrscheinlich die Prostitution in heidnischen Heiligtümern ausübte.
3. Maßeinheit (Ex 16,16): ein Zehntel eines Efa (z.B. Lev 14,10; Ri 6,19), also etwa 4 Liter.

Gomorra
(hebräisch „Untergang")
Eine der fünf kanaanäischen Städte im Süden (oder Norden) des Toten Meeres (Gen 10,19; 14,2), die sich zur „Pentapolis" zusammengeschlossen hatten; zum Fünfstädtebund gehörten noch Sodom, Adma, Zebojim und Zoar. Gomorra wurde gleichzeitig mit Sodom wegen der Sünden seiner Einwohner durch Feuer und Schwefel vernichtet (Gen 19,24-29) und später vom Toten Meer bedeckt (Gen 14,3). Gomorra wird in der Bibel immer gemeinsam mit Sodom (Gen 13,10), gelegentlich auch mit den ebenfalls untergegangenen Städten Adma und Zebojim (Gen 10,19), erwähnt. Zoar hingegen scheint von der Naturkatastrophe verschont geblieben zu sein (vgl. Gen 19,22-24).

Gorgias
Feldherr des assyrischen Königs Antiochos IV. Epiphanes und Statthalter von Idumäa. Da Antiochos im Osten Krieg führte, kämpfte Gorgias (gemeinsam mit Nikanor) gegen Judas Makkabäus. Von diesem wurde er 166 v.Chr. bei Emmaus (1 Makk 3,38; 4,1-22) und in Idumäa (2 Makk 12,32-37) geschlagen.

Gosan
(hebräisch „Zuflucht")
Gebiet im nordwestlichen Mesopotamien am Fluss Habor, in dem die assyrischen Könige Tiglat-Pileser III. (1 Chr 5,26) und Sargon II. in der zweiten Hälfte des 8.

Jahrhunderts v.Chr. aus Palästina verschleppte Israeliten ansiedelten. (2 Kön 17,6; 18,11).

Goschen

(hebräisch „Annäherung")

So wird in der Josefsgeschichte des Alten Testaments jene an Weideland reiche ägyptische Provinz im Osten des Nildeltas bezeichnet, in der sich die Sippe Jakobs mit Genehmigung des Pharaos niederließ (Gen 45,10; 46,28.34; 47,1).

Gottesurteil, Ordal

Gottesurteile lieferten Entscheidungen bei Streitfällen, bei denen Beweismittel fehlten. Sie waren sehr alte Verfahren, die z.B. im Codex Hammurabi gesetzlich geregelt waren. Gottesurteile wurden im Alten Testament entweder durch das Los ermittelt (u.a. Jos 7,14-18) oder durch einen Reinigungseid (Ex 22,7; 22,10; Ps 7,4-6), wobei hier die Schuld des Angeklagten durch ein Trank-Ordal (Num 5,12-31) festgestellt wurde.

Granatbaum

(hebräisch rimmon)

Der Name „Punica" stammt von den Phöniziern, die auch „Punier" genannt wurden.

Ein bis zu 15 m hoher Baum (Punica granatum), dessen scharlachrote Frucht, der Granatapfel, von den Kundschaftern des Mose – neben Weintrauben und Feigen – aus Kanaan mitgebracht wurde (Num 13,23). Im Gegensatz zum fruchtbaren Gelobten Land (Dtn 8,8) gedeiht in der trockenen Wüste u.a. „kein Granatapfel" (Num 20, 5). Joël 1,12 beschreibt eine unheilvolle Situation, in der auch der Granatapfel ausbleibt.

In seinem Fruchtfleisch sind zahlreiche Kerne eingebettet, die ein Symbol der Fruchtbarkeit darstellen. Der perfekte Granatapfel sollte 613 Kerne haben – was der Zahl der Gesetze im Alten Testament entsprach. Der Granatapfel war ein beliebtes Motiv in der Kunst, nach seinem Modell wurden Geräte im Tempel verziert (1 Kön 7,18; 7,42; 25,17; 2 Chr 3,16; 4,13; Jer 52,22-23). Den Granatapfel finden wir außerdem am Saum des Efod des Hohepriesters (Ex 28,33-34). Saul, der erste König von Israel, saß nach 1 Sam 14,2 eine Zeit lang unter einem Granatapfelbaum.

Im Hohelied wird der Granatapfel verwendet, um die Schönheit der Geliebten zu beschreiben (Hld 4,3; 4,13; 6,7). Außerdem stand er für das Erwachen der Natur im Frühling (Hld 7,13). Den hebräischen Namen für den Granatapfel, „rimmon", finden wir in ziemlich zahlreichen Ortsnamen, z.B. „Hadad-Rimmon" (Sach 12,11), „En-Rimmon" (Jos 15,32) oder „Gat-Rimmon" (Jos 19,45). Diese Namen beziehen sich nicht auf den Gott „Rimmon".

Griechenland/Griechen

1. Geographie/Landeskunde

Griechenland mit einer Bevölkerung von knapp 11 Millionen Einwohnern ist der südlichste Staat der Balkanhalbinsel. Die Festlandsgrenze im Norden ist rund 1 170 km lang. Eine Vielzahl von Inseln – die größte von ihnen ist Kreta – ergänzen das Staatsgebiet: im Osten die Ägäischen Inseln, die Kykladen und Sporaden, im Westen die Ionischen Inseln. Die Küstenlinie Griechenlands (Fläche 131 957 km²) hat daher eine Länge von über 15 000 km.

Gebirgszüge dominieren die Oberflächengestalt und sparen nur wenige geeignete Siedlungskammern aus, eine Tatsache, die für Wirtschaft, Kultur und Politik bis in die jüngste Zeit prägend war und noch ist. Seen und Flüsse finden sich kaum. Nach der weitgehenden Entwaldung des Landes durch den Menschen sank überall der Grundwasserspiegel, und auf großen Flächen kam es zur Verkarstung, nachdem der dünne Boden erst einmal ausgewaschen war. Heute dominiert Macchie mit immergrünen Hartlaubgewächsen (Erdbeerbaum, Erica, Echter Lorbeer, Johannisbrotbaum), auf kultivierbaren Böden sind vor allem die Ölbäume typisch, die bis zu einer Höhe von rund 600 m wachsen. In den wenigen verbleibenden Wäldern stehen Pinien, Aleppokiefern und Zypressen.

Große wildlebende Säugetiere gibt es kaum noch, im Balkangebirge trifft man mit Glück Wölfe und Bären, Hirsche und Wildschweine. Auf mehreren heute griechischen Inseln waren verschiedene Zwergelefantenformen heimisch, deren letzte vor etwa 6 000 Jahren ausgerottet wurde. Noch während der klassischen Zeit verschwanden Urrinder und Löwen, die in den Sagen eine Rolle spielen (z.B. Herakles). Auf Kreta lebt noch die Bezoarziege, eine Stammform der Hausziege. Auf wenige Dutzend Exemplare sind die Mittelmeermönchsrobben zurückgegangen, die nun mit großem Aufwand etwa bei Zakynthos und auf den Sporaden geschützt werden. Ihr schon sehr kleiner Genpool und die andauernde Verfolgung durch Fischer machen ein Überleben der Art, deren Laute Homer zur Beschreibung der Sirenen angeregt haben mögen, eher unwahrscheinlich. Für Vögel wie Reptilien bietet das kleinräumige, trockene Land vielfältige Lebensräume: Verbreitet ist die griechische Landschildkröte sowie auf der Peloponnes die recht groß werdende Breitrandschildkröte. Der einstige Fischreichtum der Ägäis ist durch langen Raubbau leider Vergangenheit.

2. Geschichte

Vorzeitliche Menschenfunde in Griechenland sind selten. Der

Schädel von Petralona (eine Tropfsteinhöhle auf der Halbinsel Chalkidike), der auf ein Alter von ca. 300 000 Jahren datiert wird, gehörte vermutlich einem Vorgänger des Neandertalers. Seit neuestem wird allerdings eine Zugehörigkeit zu einer frühen Form des Homo sapiens diskutiert, dessen Ansiedlungsversuch in Europa offenbar fehlgeschlagen ist. Die Region dürfte als Ausgangspunkt für aus dem Osten kommende altneolithische Kulturen nach Europa gedient haben, immerhin ist auf der Balkanhalbinsel der früheste europäische Ackerbau nachgewiesen, bevor er sich donauaufwärts nach Mitteleuropa verbreitete. Ob es sich dabei um echte Wanderbewegungen, die nüchterne Weitergabe technischer bzw. landwirtschaftlicher Errungenschaften oder gar um deren Expansion im Verbund mit einer religiösen oder ideologischen Sendung handelte, ist unter Wissenschaftlern umstritten.

Ab 2500 v.Chr. entstand auf der Insel Kreta die minoische Kultur, die erste europäische Hochkultur, deren Hinterlassenschaften in den berühmten Palästen von Knossos und Phaistos bewundert werden können. Eine frühe Schrift aus dem Osten wurde adaptiert, noch sehr hieroglyphenähnlich, daraus entwickelte sich das Linear A. In der späteren aus der Linear A entstandenen Linear B haben wir in Europa zum ersten Mal eine indoeuropäische Sprache, ein urtümliches Griechisch, schriftlich festgehalten. Das Festland wurde ab etwa 2000 v.Chr. von indoeuropäischen Stämmen besiedelt (Achäer), die in mehreren Wellen aus dem Norden kamen. Ab 1600 v.Chr. entwickelte sich hier die bronzezeitliche mykenische Kultur, zunächst wohl unter minoischer Dominanz, später diese ersetzend. Eine Naturkatastrophe beschleunigte diese Entwicklung: Auf dem heutigen Thira (Santorin), einer Insel ca. 100 km nördlich von Kreta, brach um das Jahr 1628 v.Chr. ein Vulkan aus, was heftige Erdbeben, Ascheregen und Tsunamis zur Folge hatte. Die kretische Flotte wurde vernichtet, weite Küstenstriche überflutet und auf Jahre hinaus unfruchtbar gemacht. Knossos wurde zwar wieder aufgebaut, doch die minoische Macht war gebrochen und wurde durch die der Mykener abgelöst. In ihrem Zentrum Mykene und in Tiryns hat uns diese Kultur beeindruckende Steinbauten (z.B. das Löwentor) hinterlassen. Wie auch die in Ägypten als „Keftiu“ bekannten minoischen Kreter trugen die mykenischen Händler ihre Sachkultur bis weit nach Kleinasien und Mesopotamien. Um 1400 v.Chr. begann der Niedergang der mykenischen Städte, Mykene selbst wurde um 1200 v.Chr. zerstört. Das 12. Jahrhundert brachte dann gewaltige Umwälzungen, deren Auswirkungen auch in Mittel- und Westeuropa (Urnenfelderzeit), Kleinasien, Mesopotamien und Ägypten spürbar waren, das von den Seevölkern heimgesucht wurde, unter denen sich wohl frühe Griechen und die aus dem Alten Testament bekannten Philister befanden. Dorische Stämme brachen in Griechenland ein und assimilierten oder vertrieben die ansässige Bevölkerung in Richtung Süden (Ionische Wanderung, 11. bis 8. Jahrhundert v.Chr.). Ionier besiedelten die Inseln der Ägäis und die Küsten Kleinasiens. Möglicherweise hat der von Homer im 8. Jahrhundert v.Chr. besungene Trojanische Krieg vor diesem Hintergrund stattgefunden: Der offenbar kulturell und politisch mit den Hethitern verbundene Stadtstaat Troja am strategisch wichtigen Zugang zum Bosporus könnte von vertriebenen Ioniern oder expandierenden Dorern zerstört worden sein.

Ab etwa 800 v.Chr. wurde die Geschichte Griechenlands durch das Entstehen der Stadtstaaten (Polis) bestimmt. In ihren hierarchisch gegliederten Gesellschaften spielten nur die freien Bürger eine politische Rolle: Durch die Reformen des Kleisthenes (508/507 v.Chr.) entstand in Athen die Attische Demokratie, in der alle Freien erstmals die gleichen Rechte hatten. In anderen Stadtstaaten vollzog sich eine ähnliche Entwicklung, lediglich Sparta auf der Peloponnes bildete die Ausnahme. Die extrem militärisch ausgerichtete Stadt dominierte an der Spitze des Peloponnesischen Bundes ab 550 v.Chr. ganz Südgriechenland, während im Rahmen des Attischen Seebundes die Athener Flotte das östliche Mittelmeer beherrschte und unbotmäßige Inseln mit brachialer Gewalt zur Raison brachte (z.B. Delos). Die griechische Sprache, die ab 776 v.Chr. regelmäßig abgehaltenen Olympischen Spiele und das Delphische Orakel bildeten den kulturellen Überbau der politisch nie vereinten Städte. Mehrere Wellen der Kolonisation verbreiteten ihn an die Küsten des Mittelmeeres und des Schwarzen Meeres, seit Alexander auch in viele alte oder neu gegründete Städte des vorderen und mittleren Orients bis fast nach Indien.

Zum ersten Mal schlossen sich viele griechische Stadtstaaten 481 v.Chr. unter der Führung von Athen und Sparta gegen die persische Expansion zusammen. Nach den Niederlagen der Perser bei Salamis 480 v.Chr. und in Platää 479 v.Chr. und somit dem Ende der Gefahr von außen zerstritten sich die Koalitionäre, und ihr Konflikt um die Vorherrschaft in

Griechenland führte zum Peloponnesischen Krieg (431-404 v.Chr.), den Sparta mit Unterstützung Persiens für sich entscheiden konnte (404 v.Chr. Einzug des spartanischen Feldherrn Lysander in Athen). Die andauernde Uneinigkeit zwischen den einzelnen Mächten ermöglichte den Makedonen unter König Philipp II. den Aufstieg. 338 v.Chr. besiegte er in der Schlacht bei Chaironeia die griechischen Verbündeten. Sein Sohn Alexander der Große vernichtete das Perserreich (Schlachten bei Issos 333 v.Chr. und Gaugamela 331 v.Chr.) und schuf ein nie dagewesenes Großreich, das neben Griechenland auch Ägypten, den Nahen Osten, Kleinasien und Nordindien umfasste. Nach Alexanders Tod 323 v.Chr. wurde das Reich, in dem die griechische Sprache und die hellenische Kultur dominant waren, von seinen Generälen (Diadochen) unter sich aufgeteilt: Es entstanden Makedonien, zu dem die meisten Gebiete des heutigen Griechenlands gehörten, das ptolemäische Ägypten und das Seleukidenreich. Die ständigen kostspieligen und ressourcenvernichtenden Konflikte untereinander führten zu einem wirtschaftlichen Niedergang, besonders im Nahen Osten, während im gleichen Gebiet die hellenische Kultur aufblühte und sich weiter verbreitete.

Nach dem Aufstieg Roms zur vorherrschenden Macht am Mittelmeer während des zweiten vorchristlichen Jahrhunderts geriet Griechenland immer mehr unter seinen Einfluss und wurde 27 v.Chr. schließlich zur römischen Provinz Achaia erklärt. Wenn auch die politische Unabhängigkeit verloren gegangen war, konnte sich doch die griechische Kultur erhalten und auf die Führungsschicht der Besatzer übergreifen. Römische Adlige und Reiche ließen ihre Kinder von Griechen unterrichten, ungezählte Kunstwerke wurden nach Italien gebracht und in Tempeln und Villen aufgestellt, im Osten wurde die lateinische Sprache von der „Lingua franca“ der Spätantike, dem Griechischen, verdrängt. Konstantin der Große verlegte im 4. Jahrhundert n.Chr. die Hauptstadt von Rom an den Bosporus. Aus dem Oströmischen Reichsteil entstand das Byzantinische Reich, dessen Kaiser („basileios“) römisch-griechische Traditionen pflegten.

Der Einfall der Seldschuken und ihre Eroberung von Byzanz 1453 zerstörten ein Reich griechischer Sprache und Kultur und markierten (mit der Entdeckung Amerikas vierzig Jahre später) gleichzeitig das Ende des Mittelalters. Erst im 19. Jahrhundert sollte wieder ein unabhängiges Griechenland entstehen.

3. Beziehung zur Bibel/Israel
Mit dem hebräischen „Jawan“ sind im Alten Testament Land und Volk am Ägäischen Meer, dem Siedlungsgebiet der Ionier, gemeint (Gen 10,2; Dan 8,21; Sach 9,13).

Der Prophet Joël verurteilte die Städte Tyrus, Sidon und die Philister für den Verkauf von Juden als Sklaven an die Jawaniter (Joël 4,4-6). Eine weitere frühe Erwähnung Griechenlands steht bei Jesaja, der um 700 v.Chr. prophezeite, dass Juden aus Griechenland nach Palästina zurückkommen werden (Jes 66,19-20). Im Buch Ezechiel findet sich wiederum der Hinweis auf tyrischen Handel mit Griechenland (Ez 27,13), und Daniel sagte im 6. Jahrhundert v.Chr. die kommende makedonische Weltmacht voraus (Dan 7 und 8).

Da viele Juden außerhalb Palästinas nicht mehr hebräisch sprachen, wurden die fünf Bücher Mose von 70 Gelehrten (daher der Name „Septuaginta“, abgekürzt LXX) übersetzt: Gegen Ende des 2. Jahrhunderts v.Chr. standen alle Bücher des Alten Testaments in der Weltsprache Griechisch zur Verfügung.

Im Neuen Testament, das bis auf wenige aramäische Passagen auf griechisch geschrieben ist, stehen die Griechen oft stellvertretend für Nichtjuden bzw. Heiden, dennoch sind sie gleich im Heil in Christus (Joh 7,35; Joh 12,20; Apg 14,1; Apg 16,1; Röm 1,16; Röm 10,12; Gal 3,28). Der Apostel Paulus, der bei den Griechen hohe Rationalität und Streben nach Weisheit konstatierte (1 Kor 1,18ff.), überlieferte uns auch eine interessante Definition: Grieche im Gegensatz zum Barbaren ist derjenige, welcher griechisch spricht und griechisch gebildet ist (Röm 1,14). Im Gegensatz dazu wurden auch Juden in der Diaspora, die griechisch sprachen, als Griechen bzw. Hellenisten bezeichnet (Apg 6,1; 9,29).

Griechisch

Die Septuaginta (die älteste griechische Übersetzung des Alten Testaments) und das Neue Testament sind im Koine-Griechisch verfasst, der griechischen Umgangs- und Literatursprache im Hellenismus. Bei manchen Wörtern bzw. Phrasen mit einem besonders biblischen Charakter (z.B. doxa – „Herrlichkeit“) wurden den Stil, Sinngehalt o.ä. des Hebräischen im Griechischen übernommen.

Große Propheten

So werden seit dem frühen Mittelalter die Prophetenbücher Jesaja, Jeremia, Ezechiel und Daniel bezeichnet. Sie unterscheiden sich von den „kleinen“ Propheten nur durch ihren Umfang, nicht durch ihre Bedeutung.

Habakuk

Einer der „kleinen" Propheten; das Habakukbuch erzählt von seinem Wirken am Jerusalemer Tempel zur Zeit der ersten Bedrohung Judas durch die Babylonier gegen Ende des 7. Jahrhunderts v.Chr. (Hab 1,6). Habakuk beklagte die syrische Gewaltherrschaft (vgl. Hab 1,2-4; Hab 1,12-17), worauf ihm Jahwe aber einen Sieg der Gerechtigkeit versprach (Hab 1,5-11; Hab 2,1-5). Er half Daniel in der Löwengrube (Dan 14,33-39).

Habicht

(hebräisch nes = „Habicht"; bei Martin Luther mit „Sperber" übersetzt)

Der unreine Vogel, der in Lev 11,16 und Dtn 14,15 genannt wird, taucht in der Übersetzung von Luther zwar als „Sperber" auf, doch vermutlich ist hier der Habicht (Accipiter nisus) gemeint, ein Vogel mit kurzen Flügeln und einem langem Schwanz. In Ijob 39,26 ist von einem „Falken" die Rede.

Habor

Östlicher Nebenfluss des Euphrat, der durch die Landschaft Gosan fließt; hier wurden viele der im Jahr 722 v.Chr. von den Assyrern verschleppten Israeliten angesiedelt (2 Kön 17,6; 18,11; 1 Chr 5,26).

Hadad

1. Westsemitischer Wetter- bzw. Vegetationsgott; sein heiliges Tier war der Stier, oft wurde er mit einem dreistrahligen Blitz dargestellt. Er wird mit Baal gleichgesetzt.

2. Vierter König von Edom (Gen 36,35; 1 Chr 1,46) und Sohn des Bedad.

3. Achter König von Edom (1 Chr 1,50; wird in Gen 36,39 „Hadar" genannt).

4. Edomitischer Königssohn und Gegner des Salomo (1 Kön 11,14-22; 11,25).

Hadad-Eser

(hebräisch „[Gott] Hadad ist Hilfe")

Sohn Rehobs, aramäischer König von Zoba (2 Sam 8,3-12; 10,16-19; 1 Kön 11,23; 1 Chr 18,3-10); trotz Unterstützung von Damaskus wurde er von David besiegt (2 Sam 8,3-12; 1 Chr 18,3-7).

Hadad-Rimmon

Aramäischer Gott, dessen Name vermutlich eine Verbindung des westsemitischen Vegetationsgottes „Hadad", dem Gott des Blitzes, mit „Rimmon", dem Gott des Donners und des Regens und dem Hauptgott von Damaskus (2 Kön 5,18), ist. Sach 12,11 erwähnt eine Totenklage um Hadad-Rimmon, einem Ort nahe Megiddo, der heute Rummani heißt.

Hadrian

(eigentlich Publius Aelius Hadrianus)

Römischer Kaiser (117-138 n.Chr.); Hadrian schloss nach seiner Thronbesteigung Frieden mit den Parthern unter Preisgabe Armeniens, Assyriens und Mesopotamiens. Mit der Gründung der Kolonie „Aelia Capitolina" auf den Überresten des im Jahre 70 n.Chr. zerstörten Jerusalem und der Errichtung des Jupitertempels auf den Fundamenten des alten Jahweheiligtums provozierte er den von Bar-Kochbar angeführten Aufstand der Juden (132-135 n.Chr.). Das nach der Rückeroberung Jerusalems von ihm verhängte Zutrittsverbot für Juden in die Stadt galt bis 635. Hadrian war es auch, der Judäa in „Syria Philistaia" (= Palästina) umbenannte.

Hagar

(hebräisch „Wanderung", „Flucht")

Ägyptische Sklavin Saras, der Frau Abrahams; sie schenkte Abraham einen Sohn, Ismael. Beide wurden von Abraham verstoßen (Gen 16,1-16; 21,9-21). Ismael ist der Tradition nach der Stammvater der Ismaeliten, der arabischen Beduinen.

Der Apostel Paulus sieht in der Geschichte von Hagar und Ismael den Gegensatz zwischen Altem und Neuem Bund (Gal 4,22-31). Das Judentum steht für Benachteiligung und Knechtschaft, das Christentum für Freiheit.

Haggai

(hebräisch „der an einem Festtag Geborene")

Der zehnte der „kleinen" Propheten, der um 520 v.Chr. in Jerusalem wirkte und gemeinsam mit Sacharja die Fortführung des ins Stocken geratenen Wiederaufbaus des einst von den Babyloniern zerstörten Tempels forderte (Esra 5,1-2; 6,14; Hag 1,1-15). Der Jerusalemer Tempel wurde um 515 v.Chr. vollendet und geweiht.

Häher

(hebräisch 'anapha)

Ein unreiner Vogel, der in Lev 11,19 und Dtn 14,18 erwähnt wird. Martin Luther übersetzte ihn mit „Häher", vermutlich handelt es sich aber um den „Reiher".

Hahn

(griechisch aléktor, hebräisch zarzir, auch sekwi [Ijob 38,36] und gaber [Jes 22,17]; wurden mit „Hahn" übersetzt)

Hausgeflügel (Gallus domesticus) wurde aus Indien über Persien spät nach Palästina gebracht. Nach Spr 30,31 symbolisierte der Hahn Stolz. Das Neue Testament erwähnt ihn im Zusammenhang mit der Passion Christi: Jesus sagte Petrus voraus, dass dieser ihn in einer Nacht dreimal verleugnen werde. Der Hahnenschrei erinnerte Petrus daran (Mt 26,34; 26,74-75; Joh 13,38; 18,27).

Halach

Assyrisches Gebiet in Nordwestmesopotamien; dorthin wurde nach dem Fall Samarias, der Hauptstadt des Nordreiches Israel, im Jahre 722 v.Chr. ein Teil der Israeliten deportiert (2 Kön 17,6; 18,11; 1 Chr 5,26).

Halle Salomos

Säulenhalle an der östlichen Begrenzungsmauer des von König Herodes dem Großen (37-4 v.Chr.) errichteten Tempels in Jerusalem; Jesus und die Apostel wirkten hier (Joh 10,23; Apg 3,11; 5,12).

Halleluja

(hebräisch „Preiset Jahwe!")

Ausdruck der Danksagung und des Lobpreises in Tob 13,18 sowie am Anfang (u.a. Ps 111-113) oder am Ende (u.a. Ps 104-105) vieler Psalmen; da die Psalmen 146 bis 150 sowohl mit diesem Ausruf beginnen als auch mit ihm enden, werden sie als „Halleluja-Psalmen" bezeichnet. Mit „Halleluja" antwortete die versammelte Gemeinde auf den Hymnus, den der Chor sang (Ps 106,48).

Im Neuen Testament erscheint „Halleluja" nur in der Offenbarung (19,1; 19,3; 19,4; 19,6) – hier preist das Triumphlied der Himmelsbewohner das gerechte Gericht Gottes über die „große Hure" Babel.

Da der Ausdruck – ähnlich wie „Amen" – unübersetzt blieb, ging er in vielen Sprachen in die christliche Liturgie ein.

Ham

(hebräisch „heiß")

Zweiter der drei Söhne Noahs (Gen 5,32; 6,10); gilt als Stammvater der Kanaaniter, vieler Völker Mesopotamiens, Arabiens und Nordostafrikas, also der Feinde Israels (Gen 10,6); später wurde z.B. Ägypten als „Land Hams" bezeichnet (Ps 78,51). Da er seinen Vater nackt sah und davon seinen Brüdern Sem und Jafet erzählte, sprach dieser einen Fluch über Ham aus, der besonders dessen Sohn Kanaan traf (Gen 9,18-27).

Haman

Im Buch Ester Großwesir und hoher Würdenträger am Hof des persischen Königs Ahasveros (Xerxes I., 486-465 v.Chr.), der alle Juden im Reich ermorden wollte (Est 3,1ff.). Der Jüdin Ester, die Xerxes zu seiner Hauptfrau gemacht hatte, und ihrem Vormund Mordechai gelang es jedoch, die Anschläge zu vereiteln, und Haman landete an dem für Mordechai bestimmten Galgen (Est 7,6-10).

Hamat

Stadtstaat am Fluss Orontes in Syrien (das heutige Hama rund 200 km nördlich von Damaskus); zwischen David und dem König von Hamat bestanden freundschaftliche Beziehungen (2 Sam 8,9-10), unter Davids Sohn Salomo wurde Hamat Feindesland und schließlich von König Jerobeam II. von Israel (787-747 v.Chr.) unterworfen. Ende des 7. Jahrhunderts v.Chr. zerstörte der Assyrerkönig Sanherib Hamat und deportierte die Bewohner nach Samarien (2 Kön 17,24;).

Hammurabi
König von Babylon (vermutlich 1728-1686 v.Chr.), der als einer der größten altorientalischen Herrscher gilt. Er konnte ein relativ kleines Gebiet zu einem Weltreich aufbauen, das sich im Westen bis zum Mittelmeer und im Süden bis zum Persischen Golf erstreckte. Berühmt wurde er für den „Codex Hammurabi", eine umfangreiche Gesetzessammlung, die an manchen Stellen Parallelen zu den mosaischen Gesetzen aufweist (z.B. „Auge um Auge, Zahn um Zahn, Hand um Hand, Fuß um Fuß"; vgl. Ex-21,24).
Die Identifizierung Hammurabis mit Amrafel (Gen 14,1) ist unwahrscheinlich.

Hamor
Fürst von Sichem bzw. Ahnherr eines kanaanäischen Herrschergeschlechts in Sichem (Jos 24,32; Ri 9,28). Hamors Sohn Sichem vergewaltigte Dina, die Tochter von Jakob und Lea (Gen 34,1-2). Dinas Brüder töteten daraufhin Hamor und Sichem sowie alle anderen männlichen Stadtbewohner, um die Entehrung zu rächen (Gen 34, 5-31).

Hamutal
Gemahlin von Josia, des Königs von Juda und Mutter der Könige Joahas und Zedekia (2 Kön 23,30-31; 24,18; Jer 52,1); Hamutal könnte durchaus zur Ägypten gegenüber feindlich gesinnten Politik Joahas und Zedekias beigetragen haben, wenn sie jene Königin ist, die der Prophet Ezechiel mit einer Löwenmutter gleichsetzt (Ez 19).

Hanamel
(„Gott ist gnädig")
Der Sohn König Schallums von Israel und Cousin des Propheten Jeremia; als die Babylonier Jerusalem belagerten, besuchte Hanamel den Propheten im Gefängnis und bot ihm an, seinen Acker bei Anatot (nordöstlich von Jerusalem) zu verkaufen. Jeremia willigte in den Kauf ein und bewies so Zuversicht und Gottvertrauen (Jer 32, 7-15).

Hanani
(Kurzform von Elhanan bzw. Hananja/Hananias = „Gott ist/war gnädig")
Name u.a. des Vaters des Propheten Jehu; Hanani wirkte zur Zeit

Baschas (908-883 v.Chr.), dem König des Nordreichs Israel, und Asas (908-868 v.Chr), dem König des Südreichs Juda, als Seher (1 Kön 16,1; 16,7; 2 Chr 16,7).

Hananias

(hebräisch „Gott ist/war gnädig")

1. Christ in Jerusalem und Gemahl der Saphira; er belog den Apostel Petrus über den beim Verkauf eines Grundstücks erzielten Betrag (Apg 5,1-10).

2. Ein Christ in Damaskus, der den gerade bekehrten Saulus von Tarsus, den künftigen Apostel Paulus, heilte und taufte (Apg 9,10-19).

3. Der jüdische Hohepriester, der den Apostel Paulus nach dessen Gefangennahme in Jerusalem als Vorsitzender des Hohen Rats schlagen ließ und das Verhör leitete (Apg 22,30-23,10); Hananias war in einen misslungenen Mordanschlag auf den Apostel eingeweiht und sagte später in Cäsarea gegen ihn aus. Im Jahre 66 n.Chr. wurde Hananias bei einem jüdischen Aufstand als Freund der Römer ermordet.

Hananja

(hebräisch „Gott ist/war gnädig")

1. Der falsche Prophet aus Gibeon kündigte ein baldiges Ende der Tributherrschaft des Königs von Babel an. Hananja war ein Widersacher Jeremias und zerbrach das Joch, das dieser auf den Befehl Gottes hin trug. Jeremia prophezeite darauf den baldigen Tod seines Gegners, der zwei Monate später verstarb (Jer 28,1-17).

2. Einer der drei jüdischen Gefährten des Daniel, der in Babylonien den Namen Schadrach erhält (Dan 1,6-7).

Hanna

(hebräisch „die Begnadete"; griechisch Anna)

1. Eine der beiden Frauen des Elkana und Mutter des Richters und Propheten Samuel (1 Sam 1,2-20).

2. Frau des Tobit und Mutter des Tobias (Tob 1,9).

3. Die 84-jährige Seherin Hanna, die Tochter des Penuël aus dem Stamm Ascher, war zugegen, als die Eltern Jesu das Kind in den Tempel von Jerusalem brachten. Hanna begrüßte Jesus, erkannte seine Bedeutung und pries Gott für die Entsendung des Erlösers (Lk 2,36-38).

4. Nach den neutestamentlichen Apokryphen war Anna die Mutter Marias und somit Großmutter von Jesus.

Hannas

(hebräisch „der Begnadete"; griechisch Annás, Ananós)

Ein Hohepriester in Jerusalem, der von 6 bis 16 n.Chr. im Amt war (Lk 3,2); Jesus wurde nach seiner Festnahme vor Hannas gebracht, der ihn zu seinem Schwiegersohn Kajafas, dem Vorsitzenden des Hohen Rats, bringen ließ (Joh 18,13-24; Mt 26,57). Auch beim Verhör der Apostel Petrus und Johannes war Hannas zugegen (Apg 4,6). Der römische Statthalter Judäas, Valerius Gratus, hatte Hannas 16 n.Chr. des Amtes enthoben und im Jahr 18 durch Kajafas ersetzt. Trotzdem war Hannas ein mächtiger und einflussreicher Mann geblieben.

Hanun
König der Ammoniter, der die Gesandten Davids beleidigte, was einen Krieg zur Folge hatte (2 Sam 10,1-4).

Haran
1. Bruder des Abraham und Vater des Lot (Gen 11,26-29).
2. Stadt im Nordwesten Mesopotamiens und ein bedeutender Knotenpunkt von Verkehr und Karawanenhandel; Ausgangspunkt von Abrahams Wanderungen (Gen 11,31) und Heimatort des Laban (Gen 27,43). Haran war das Kultzentrum des Mondgottes Sin. Die Ruinen der alten Stadt sind heute unweit von Harran zu sehen, einem Dorf in der Südosttürkei.

Harmagedon
(griechisch; hebräisch har = „Berg")
Ort, an dem sich nach der Offenbarung des Johannes die Könige der Erde zum Entscheidungskampf gegen Gott versammelten (Offb 16,16); die Bedeutung des Namens ist umstritten. Möglich wäre „Berg (von) Megiddo", also des Karmel, aber das Alte Testament kennt nur eine Ebene Megiddo (2 Chr 35,22; Sach 12,11). „Harmagedon" könnte aber auch eine Verbindung des Schlachtfeldes Megiddo (Ri 5,19; 2 Kön 9,27) mit „den Bergen Israels" – als Ort des Kampfes des Gog (Ez 38,8; 39,2) – sein. Denkbar wäre auch „har mo'ed" („Berg der Versammlung"; vgl. Jes 14,13).

Harod
1. Name einer Quelle am Fuß des Gilboagebirges unweit von Bet-Schean, an der Gideon mit seinem Heer vor der Schlacht gegen die Midianiter lagerte und die Wahl unter seinen Kriegern an der Art, wie sie ihren Durst stillten, fällte (Ri 7,1-7).
2. Ort in der Nähe von Bethlehem (2 Sam 23,25).

Hasaël
(hebräisch „Gott hat gesehen")
Ein hoher Beamter am Hof des syrischen Königs Ben-Hadad II., dem Elija prophezeit hatte, er werde König von Damaskus werden (2 Kön 8,7-15). Nach dem Mord am König bestieg Hasaël um 842 v.Chr. den Thron des Aramäerreiches von Damaskus. Er

konnte die assyrischen Invasionen abwehren und alle Gebiete der Israeliten östlich des Jordan seinem Reich einverleiben (2 Kön 10,32-33; Am 1,3). Hasaël wandte sich auch gegen Jerusalem und ließ von einem Angriff erst ab, als König Joasch von Juda ihm den Tempelschatz als Tribut überließ (2 Kön 12,18-19; 2 Chr 24,23-25).

Hase

(hebräisch 'arnebet)

Ein unreines Tier (Lev 11,6), das nicht gegessen werden durfte (Dtn 14,7); es wurde zu Unrecht als Wiederkäuer angesehen. In Palästina gab es verschiedene Arten, von denen der syrische Hase (Lepus syriacus), der etwas kleiner als der europäische Hase ist, am häufigsten vorkam. Der noch kleinere ägyptische Hase (Lepus aegypticus) war im Negeb und im Jordantal anzutreffen.

Hasmonäer

Mit diesem Namen bezeichnete der jüdische Historiker Josephus Flavius das Priestergeschlecht der Makkabäer bis Antigonos (40-37 v.Chr.). Die nach dem angeblichen Ahnherrn Hasmon benannte Dynastie stammte aus Modeïn im Nordwesten von Jerusalem. Unter der Führung der Hasmonäer wurde Judäa von der Herrschaft der Seleukiden befreit. Wichtige Vertreter der Dynastie waren:

1. Mattathias, der gemeinsam mit seinen Söhnen gegen die Hellenisten kämpfte; verstarb im Jahre 166 v.Chr.

2. Judas Makkabäus, der dritte Sohn von Mattathias, führte die Juden 166-160 v.Chr. Ihm gelang die Eroberung Jerusalems, wo er 164 v.Chr. den Tempel neu weihen ließ. Daran erinnert das Fest der Tempelweihe (Joh 10,22).

3. Simon übernahm nach dem Tod seiner Brüder Judas und Jonatan von 142-135 v.Chr. die Leitung des makkabäischen Widerstandes. Er erreichte Tributfreiheit und in Folge auch die politische Unabhängigkeit Judäas. Mit einem Volksbeschluss im Jahre 140 v.Chr. wurde Simon zum Fürsten und erblichen Hohepriester eingesetzt (1 Mkk 14,25-49).

Hauran

Gebirge im Ostjordanland, nach welchem eine assyrische Provinz benannt wurde (Ez 47,16; 47,18). „Auranitis" hieß eine römische Provinz geringeren Umfangs.

Hawila

Ein vom Paradiesfluss Pischon umgebenes Land, das reich an Gold und Edelsteinen war (Gen 2,11). Es war von Ismaelitern (Gen 25,18) und Amalekitern (1 Sam 15,7) bewohnt, und ist vielleicht mit Südarabien zu identifizieren.

Hazerot

(hebräisch „Weiler")

Lagerplatz während der Wüstenwanderung der Israeliten (Num 11,35; 12,16). Die genaue Lage ist unbekannt, möglich wäre eine Identifikation mit der Oase Ejn Hadraetwa 60 km nordöstlich des Sinaigebirges.

Hazor

(hebräisch Hasor = „Hof")

Eine der bedeutendsten Städte Nordpalästinas in Obergaliläa (Jos 11,1-5); der seit der frühen Bronzezeit besiedelte Ort wird bereits in den ägyptischen Fluchtexten (19. Jahrhundert v.Chr.) und in den Briefen von Mari (um 1700 v.Chr.) erwähnt. Auch die Korrespondenz von Amarna bewies die Bedeutung der stetig wachsenden Stadt als Handelszentrum.

Nach Josuas Sieg bei Merom wurde die eroberte Stadt zerstört (Jos 11,10-13; 12,19). Unter Salomo wurde sie als Königsstadt wieder aufgebaut, neu befestigt (1 Kön 9,15) und stellte einen wichtigen Verteidigungsposten gegen das Reich von Damaskus dar (1 Kön 11,23-25). Beim Feldzug der Assyrer unter Tiglat-Pileser III. wurde Hazor 732 v.Chr. wiederum zerstört (2 Kön 15,29).

Der britische Archäologe und Altertumsforscher John Garstang konnte 1926 Hazor als das heutige Tell el-Kedah identifizieren. 1875 begonnene Ausgrabungen zeigten, dass im südlichen Teil der Stadt, in der etwa 40 000 Menschen lebten, die Burg mit dem Königspalast lag. Zahlreiche Kultgegenstände, Götterbilder, Masken aus Ton und von Tieropfern stammende Knochen wurden gefunden. Man stellte fest, dass der Grundriss des kanaanäischen Tempels immer wieder verändert wurde und in seiner dreigliedrigen letzten Form als Vorbild für den salomonischen Tempel in Jerusalem gedient haben könnte.

In der Zeit König Salomos befestigte man die Stadt mit einer Kasemattenmauer. Auch ein mächtiges Tor, ähnlich jenen von Megiddo und Geser, wurde errichtet.

Hebräer

Die ursprüngliche Bedeutung des Namens, der im Alten und Neuen Testament sowie im jüdischen und griechisch lateinischen Schrifttum vorkommt, ist ungeklärt (hebräisch 'ibri, griechisch hebraîos). Die älteste Nennung („Chabiru") findet sich in vorderasiatischen (Ugarit) und ägyptischen Texten des 3. und 2. Jahrtausends v.Chr. Beschrieben wurde damit kein bestimmtes Volk, sondern kriegerische Beduinengruppen, die dem Pharao Tribut oder Söldnerdienste leisten. Vielleicht bedeutete der Name anfangs also lediglich „Beduine" oder „Nomade".

Im Alten Testament wird u.a. die Sippe Abrams als Hebräer bezeichnet (z.B. Gen 14,13). Die spätere Verwendung des Namens für Israeliten, die unterworfen, versklavt oder sonstwie unterdrückt sind (z.B. Gen 39,14; Ex 2,7; 2,12; Dtn 15,12), lässt vermuten, dass damit eine ältere Volksschicht in Palästina gemeint ist.

Schließlich wurde der Name zum Ehrennamen für die Juden überhaupt. Ihre Sprache und Schrift wurde nun generell „hebräisch" genannt. Im Neuen Testament wird zwischen Hebräern und Hellenisten unterschieden (Apg 6,1): Erstere sind Juden aus Palästina, zweitere gläubig Gewordene aus anderen Kulturgruppen, insbesondere griechische.

Hebräisch

Das Alte Testament ist in hebräisch geschrieben, mit Ausnahme der aramäischen Teile. Es handelt sich um eine westsemitische Dialektgruppe Palästinas, die südkanaanäisch (Amarnabriefe), phönikisch-punisch und moabitisch, auch amurritisch und ugaritisch als „kanaanitisch" („kanaanäisch") vereint (Jes 19,18). Die Israeliten der Landnahmezeit, die altaramäisch sprachen, übernahmen das Hebräische im jeweiligen Landschaftsdialekt (Ri 12,5-6). Seit dem 6. Jahrhundert v.Chr. wurde das Hebräische als Umgangssprache wiederum durch das Aramäische verdrängt, bestand jedoch als Kultsprache weiter, wobei es Wörter und Teile der Syntax aus dem verwandten Aramäischen übernahm.

Neuhebräisch/Ivrit wurde gegen Ende des 19. Jahrhunderts von dem Zionisten Eliezer Ben Yehuda aus dem liturgischen Hebräisch entwickelt und ist eine moderne, lebendige und relativ leicht zu erlernende Sprache geworden, die seit 1948 Amtssprache Israels ist und dort überall gesprochen und verstanden wird.

Hebron

Das um 1700 v.Chr. gegründete Hebron war eine der ältesten und wichtigsten Städte in Juda (Num 13,22). Die Kalebiter verdrängten die ursprünglichen Bewohner der knapp 40 km südlich von Jerusalem gelegenen Stadt, die zu jener Zeit noch den Namen Kirjat-Arba trug (Jos 15,54; Ri 1,20).

Hier erbaute Abraham einen Altar, wo ihm Gott erschien (Gen 13,18; 18,1). Um die Höhle Machpela, die Abraham als Familiengrab von dem Hethiter Efron erwarb (Gen 23,9-17) und in der sowohl er als auch Sara, Rebekka, Isaak, Jakob und Lea bestattet wurden (Gen 49,29-32; 50,13), entstand der neue Ort Hebron. König Herodes der Große (37-4 v.Chr.) ließ die Höhle mit einer Mauer umfassen. Noch

heute wird die Höhle Machpela von Juden und Moslems hoch verehrt.
In Hebron wurde David zum König über das Haus Juda gewählt und führte von hier aus die Regierungsgeschäfte bis zur Eroberung Jerusalems (2 Sam 2,1-5,6; 1 Chr 3,4). Nach der Rückkehr aus dem babylonischen Exil (539 v.Chr.) besiedelten die Israeliten die Stadt neu (Neh 11,25). Um 164 v.Chr. wurde Hebron von Judas Makkabäus erobert (Makk 5,65).

Hefata
(aramäisch „Öffnet euch!")
Machtwort, mit dem Jesus einen Taubstummen heilte (Mk 7,34).

Heliodor
Der syrische Reichskanzler und enge Vertraute von König Seleukos IV. (187-175 v.Chr.) plante, die Schatzkammer des Tempels in Jerusalem auszurauben, was der Legende nach jedoch durch göttliches Eingreifen vereitelt wurde (2 Makk 3,7-40). Seleukos' Bruder und Nachfolger, Antiochos IV. (175-164), verstieß Heliodor, nachdem dieser den Mord an Seleukos IV. in die Wege geleitet hatte und selbst die Macht ergreifen wollte.

Hellenismus
Als Hellenismus (abgeleitet von Hellas = Griechenland) bezeichnet man die Periode zwischen den Eroberungszügen Alexanders des Großen (ab 334 v.Chr.) bis zum Untergang des Ptolemäerreiches in Ägypten 30 v.Chr. Der Begriff wurde von Johann Gustav Droysen geprägt (Geschichte des Hellenismus, 1836 und 1843). Anfangs auch politisch verstanden überwiegt heute die Definition als Kultur- oder Stilepoche. Kennzeichnend war die Verschmelzung der verschiedenen geistigen, politischen und religiösen Vorstellungen innerhalb der zahlreichen griechischsprachigen Herrschaftsbereiche unter Einbeziehung orientaler Vorstellungen. Die griechische Alltagssprache (Koine) war das tragende Element des Hellenismus, seine Basis war der kulturelle Reichtum der Klassik etwa mit den Dichtern Homer, Hesiod, Sappho und Pindar, den Philosophen Sokrates, Plato und vor allem Aristoteles, den Tragöden, Mathematikern und vielen heute unbekannten Künstlern. Die römische Eroberung und die ihr folgende teilweise Latinisierung beendete die Epoche, die jedoch im oströmischen Reich nach der Übernahme der griechischen Sprache eine Art Renaissance erlebte.

Hellenisten, hellenistisches Judentum
Wie der Name schon nahelegt, versteht man unter Hellenisten (Hellas = Griechenland) zunächst

griechischsprachige Juden, die – aus der Diaspora zurückgekehrt – sich wieder in Palästina ansiedelten (Apg 9,29). Viele von ihnen bekannten sich später zum Christentum, wobei sie im Gegensatz zu den ansässigen, aramäisch sprechenden Hebräern standen. Namen wie Nikanor, Philippus, Stephanus und Timotheus deuten auf die griechischen Wurzeln. Ihre Kritik am Tempelkult, Opfer und strikten Ge- und Verboten (etwa Reinheitsgesetz) führten zu ihrer Verfolgung (Martyrium des Stephanus) und Vertreibung. Dadurch verbreitete sich das frühe Christentum schnell zunächst im Osten des Römischen Reiches und später auch im Westen. Belegt ist die Missionstätigkeit in Samaria (Apg 8), Syrien, Antiochia und Zypern (Apg 11,19ff.). Ihr progressiver Ansatz in Glaubensdingen sowie ihre Weltoffenheit, bedingt auch durch die griechische Sprache, führte – wie man heute sagen würde – zu einer raschen Globalisierung des Christentums.

Heman

1. Ein berühmter Weiser zur Zeit König Salomos (1 Kön 5,11).

2. Ein Levit und Enkel des Propheten Samuel (1 Chr 6,18); Leiter einer Sängergilde zur Zeit des David (u.a. 1 Chr 25,1-6; 2 Chr 5,12), dem der Psalm 88 zugeschrieben wird.

Henoch

(hebräisch hanok = „Einführer", „Einweiher")

Wegen ihrer Frömmigkeit berühmte biblische Gestalt (Gen 5,18-24); Henoch erreichte ein Lebensalter von 365 Jahren (diese Zahl entspricht einem Sonnenjahr), und wurde von Gott entrückt, damit er den Tod nicht sehen sollte (Sir 44,16; 49,14; Hebr 11,5).

Lk 3,37 nennt ihn im Stammbaum Jesu Christi. Jud 1,14-15 erwähnt eine Weissagung des Henoch. In der jüdischen Kultur gilt Henoch als Heiliger, Weisheitslehrer und himmlischer Prophet.

Henotheismus

(griechisch heis/henos = „ein" und theos = „Gott")

Mit diesem Begriff wird eine religiöse Haltung bezeichnet, die den Glauben an einen Gott beinhaltet und den jeweils verehrten Gott als Einzigen und Höchsten empfindet. Gleichzeitig wird aber die Existenz vieler anderer Gottheiten nicht geleugnet oder ausgeschlossen, sondern ausdrücklich anerkannt.

Heptateuch

(griechisch „Siebenbuch")

Zusammenfassende Benennung der ersten sieben Bücher des Alten Testaments (die fünf Bücher Mose sowie Josua und Richter).

Hermas
Ein römischer Christ, an den der Apostel Paulus am Ende seines Briefes Grüße richtete (Röm 16,14). Näheres ist über seine Person nicht bekannt.

Hermes
Eine griechische Gottheit, deren römische Entsprechung Merkur(ius) war. Hermes galt als Gott der Händler, Wanderer, Redner und Wettkämpfer und als zauberkundiger Begleiter des Zeus (römisch Jupiter). Der Götterbote wurde aber auch von Dieben verehrt.
Als Paulus und Barnabas in Lykaonien missionierten, wurde Paulus wegen seines rhetorischen Geschicks dem Hermes gleichgesetzt (Apg 14,12).

Hermogenes
(griechisch „der von Hermes Gezeugte“)
Ein Christ aus Kleinasien, der sich von Paulus (nicht jedoch vom Glauben) abwandte (2 Tim 1,15; 4,16). Näheres dazu ist nicht bekannt.

Hermon
(amoritisch sonir, phönizisch schirjon – „durch Bann Geweihter“)
Der südliche und mit Erhebungen von bis zu 2 814 m höchste Teil des Antilibanongebirges; drei imposante Gipfel überragen das Gebirge, das die nordöstliche Grenze des Reiches Israel im Ostjordanland bildete (Ps 42,7; Jos 11,3; Dtn 3,9). Die meist schneebedeckten Berge waren Sitz von Baalgottheiten (Ri 3,3; 1 Chr 5,23). Auch in strategischer und wirtschaftlicher Hinsicht hatte das Hermongebirge, in dem die Jordanquellen entspringen, große Bedeutung (Ps 89,13; 133,3; Ez 27,5; Hld 4,8).

Herodes
(griechisch „heldenhaft“)
Von der Regierungszeit Julius Cäsars bis zum Jüdischen Krieg im Jahre 66 n.Chr., also über hundert Jahre lang, prägten Mitglieder des Hauses Herodes – wenn auch in Abhängigkeit von den Entscheidungsträgern in Rom – die Entwicklung Palästinas maßgeblich:
1. Der Idumäer Antipater, Stammvater der Dynastie Herodes, wurde 47 v.Chr. von Julius Cäsar zum Prokurator Palästinas ernannt, aber 43 v.Chr. ermordet.
2. Bereits zu Lebzeiten hatte Herodes Antipater seine beiden Söhne Phasael und Herodes den Älteren (auch „der Große“) an der Herrschaft beteiligt und sie zu Militärgouverneuren Galiläas und Judäas ernannt. Nach dem Tod des Vaters erkannte Marcus Antonius die Brüder als legitime Nachfolger Antipaters an, obwohl Herodes Kontakte zu den Mördern Cäsars gesucht hatte. Im Kampf gegen den Hasmonäer (Makkabaer) Antigo-

nos II. wurde Phasael gefangen genommen und nahm sich 37 v.Chr. das Leben. Herodes floh nach Rom, wo er zum römischen Klientelkönig von Judäa ernannt wurde. Nach seiner Rückkehr ging Herodes mit römischer Unterstützung als Sieger aus einem dreijährigen Krieg hervor (u.a. Eroberung Jerusalems), nahm die Hasmonäerin Mariamne zur Frau und befahl die Hinrichtung Antigonos'.

Die Herrschaft von Herodes war geprägt von großer Brutalität. Verbannung und Hinrichtung von Feinden (er ließ sogar vier seiner sieben Söhne umbringen) waren keine Seltenheit, und der Kindermord in Bethlehem fand angeblich in seinen letzten Lebensjahren statt (Mt 2). Andererseits war Herodes als Staatsmann um die Einhaltung der Pax Augusta bemüht und glänzte als Bauherr zahlreicher vom Hellenismus geprägter Bauwerke. Viele bedeutende Tempel- und Palastbauten, Theater und Festungen sowie ganze Städte (Cäsarea, Samaria) entstanden während seiner 33-jährigen Amtszeit (Apg 23,35; Mk 13,1; Mt 27,27).

Nach Herodes' Tod 4 v.Chr., also etwa zur Zeit der Geburt Jesu, wurde die Herrschaft über das Reich auf seine drei Söhne aufgeteilt: Archelaos wurde Ethnarch von Judäa und Samaria (bis 6 n.Chr.), Philippos Tetrarch von Gaulanitis und Trachonitis (bis 34 n.Chr.), und sein jüngster Sohn,

3. Herodes Antipas, wurde Tetrarch von Peräa und Galiläa, der Heimat und Hauptwirkungsstätte Jesu. Deshalb schickte der römische Statthalter Pontius Pilatus Jesus zu ihm, als dieser in Jerusalem angeklagt wurde (Lk 23,7ff.).

Herodes Antipas heiratete die Tochter des Nabatäerkönigs Aretas IV., verstieß sie aber wieder und nahm widerrechtlich Herodias, die Gemahlin seines Halbbruders Philippos, zur Frau. Als ihm Johannes der Täufer deswegen Vorwürfe machte, ließ er ihn verhaften und auf Wunsch seiner Stieftochter Salome enthaupten (Mt 14,3-12; Lk 3,19-20).

39 n.Chr. wurde Herodes Antipas abgesetzt und nach Lyon verbannt.

4. Herodes Agrippa I., der Sohn des Aristobul und ein Enkel von Herodes dem Großen, wurde 39 n.Chr. Nachfolger des abgesetzten Herodes Antipas in Galiläa und 42 n.Chr. von Kaiser Caligula zum König Palästinas erhoben. Unter der Schutzherrschaft Roms regierte er bis zu seinem Tod im Jahre 44 über alle Gebiete, die einst sein Großvater beherrscht hatte, und die 4 v.Chr. auf dessen Erben verteilt worden waren. Er ließ den Apostel Jakobus den Älteren hinrichten (Apg 12,2) und den Apostel Petrus gefangen nehmen (Apg 12,3).

5. Herodes Agrippa II., Sohn von Agrippa I. und Bruder der Berenike, war König von Gaulanitis und Chalkis (44-94 n.Chr.) und trat beim Prozess gegen den Apostel Paulus in Cäsarea in Erscheinung (Apg 25,13-26,32).

Herodianer

Die Anhänger der herodianischen Dynastie werden im Neuen Testament als politische Spitzel des Herodes Antipas dargestellt. Sie verbündeten sich mit den Pharisäern (gegen die sie für gewöhnlich große Abneigung hegten) im Kampf gegen Johannes den Täufer (Mt 14,3f.) und Jesus, die Herodes missfielen (Mt 22,16; Mk 3,6; 8,15; 12,13f.; Lk 13,31).

Herold

Bezeichnung für den offiziellen Überbringer und Verkünder einer Botschaft oder den Sprecher einer Kultgemeinschaft bzw. einer Gottheit (Luther übersetzte das griechische Wort keryx mit „Prediger"). Auch der Apostel Paulus wurde als Herold bezeichnet (1 Tim 2,7; 2 Tim 1,1).

Heschbon

Die Hauptstadt des Amoriterreiches Sihon (zwischen den Flüssen Arnon und Jabbok), rund 25 km östlich der Jordanmündung gelegen, entspricht dem heutigen Hesban (Num 21,21-30; Dtn 1,4; Ri 11,19). Die Stadt wurde von den Israeliten erobert und vom Stamm Ruben wieder aufgebaut und besiedelt. Da Heschbon im Grenzgebiet zwischen Gad und Ruben lag, wurde die Stadt mal dem einen, mal dem anderen Stamm zugeordnet (Jos 13,17; 13,26; 21,39). Die Propheten Jesaja und Jeremia sagten Heschbons Zerstörung voraus. Die Stadt fiel schließlich den Moabitern zu (Jes 15,4; 16,8-9; Jer 48,2; 48,34; 48,45; 49,3).

Heuschrecke

(hebräisch u.a. 'arbe)

Insekt, das nach Lev 11,22 zu den reinen Tieren gehörte und gegessen werden konnte; in Palästina kamen die beiden Hauptarten der Zug- und Wanderheuschrecken (Acridium peregrinum und Oedipoda migratoria) vor. Diese Tiere traten in Massen auf (Jes 33,4). Heuschreckenschwärme bildeten als Strafe Gottes die achte Plage Ägyptens (Ex 10,4-6) und werden in den Visionen der Offenbarung genannt (Offb 9,3-10). Das Erscheinen dieser Tiere galt als göttliches Gericht (Joël 1,4). Sie symbolisierten außerdem die Kleinheit der Israeliten im Verglich zu den Anakitern (Num 13,33) und das Springen der Pferde (Ijob 39,20). Johannes der Täufer soll sich von Honig und Heuschrecken ernährt haben (Mt 3,4).

Hexateuch

(griechisch „Sechsrollenbuch")
Mit diesem Begriff werden die fünf Bücher Mose (Pentateuch) und das Buch Josua zusammengefasst, was allerdings die Fortsetzung der Handlungsfäden der Bücher Mose bedingt und somit voraussetzt, dass die Quellenschriften des Pentateuch mit der Schilderung der Landnahme des Westjordanlandes endeten.

Hiël

Der aus Bet-El stammende Mann baute zur Zeit König Ahabs von Israel (871-852 v.Chr.) die Mauern des zerstörten Jericho wieder auf (1 Kön 16,34). Dies bezahlte Hiël mit dem Leben seiner Söhne Abiram und Segub, denn der Fluch Josuas bewahrheitete sich (Jos 6,26).

Hierapolis

(griechisch „heilige Stadt")
In Phrygien (Kleinasien) gelegene Stadt in der Nähe von Kolossä und Laodikea (das heutige Pamukkale, Türkei); die Stadt gelangte durch den Handel mit gefärbter Wolle zu Wohlstand und war berühmt wegen ihrer heißen Quellen. Zu den eindrucksvollen Ruinen aus römisch-byzantinischer Zeit zählen jene von Tempeln, einem Gymnasium und einem Theater.
Der Kolossäer Epaphras, ein Schüler des Apostels Paulus, war in Hierapolis tätig (Kol 4,12-13).

Hilkija

1. Priester aus Anatot und Vater des Propheten Jeremia (Jer 1,1).
2. Hohepriester im Tempel von Jerusalem unter König Josia von Juda (639-609 v.Chr.), der 621 v.Chr. die Gesetzesrolle (mit Teilen des Deuteronomium) im Tempel entdeckte und die daraufhin von Josia eingeleiteten Reformen unterstützte (2 Kön 22,3-23,25).

Hillel

Der aus Babylonien stammende jüdische Schriftgelehrte begründete eine Rabbinerschule und ordnete die Auslegung der alttestamentarischen Schriften (Midrasch) neu. Hillel war bekannt für seine Geduld und die Milde, die seine Gesetzesauslegungen prägte. Er war zwar ein älterer Zeitgenosse Jesu, die Annahme, er sei dessen Lehrer gewesen, ist jedoch nicht berechtigt.

Himmel

Es gibt verschiedene Verwendungen des Begriffs „Himmel" in der Bibel, etwa als physischen Ort (Gen 1 und 7,11; Psalm 19,7), als Wohnort Gottes (Mal 3,10), als Synonym für Gott selbst (Lk 15,21) oder als Ort der Belohnung für die Gläubigen im jenseitigen Leben (Mt 5,12.19; Mt 25,14). Die letzte Bedeutung, die in der Offenbarung ausführlich beschrieben ist (Offb 21,1ff.), ist die geläufigste.

Himmelfahrt Christi

40 Tage nach seiner Auferstehung wird Christus in den Himmel entrückt, ein Vorgang, der auch aus anderen Religionen bzw. Kulturen so oder ein wenig anders bekannt ist. Während etwa Herakles im Feuer stirbt, kommt die Göttin Athene und trägt ihn zum Olymp hinauf. In den sumero-babylonischen Mythen (z.B. Gilgamesch-Epos) wird des öfteren von Himmelfahrten von Königen oder Helden berichtet. Auch in der Bibel geschieht das an anderen Stellen, etwa bei der feurigen Himmelfahrt des Elia (2 Kön 2,11) oder im Falle des Jesaja, und auch der Prophet Mohammed erlebt eine Himmelfahrt.

Der auferstandene Christus wird vor den Augen der Jünger emporgehoben, von einer Wolke aufgenommen und ihren Blicken entzogen (Lk 24,51, Apg 1,9). Der Übergang vom Menschensohn zum göttlichen Wesen ist damit symbolhaft dargestellt.

Seit dem 4. Jahrhundert wird der Tag als Festtag begangen, und zwar zunächst mit Pfingsten zusammenfallend, dann aber der Chronologie des Lukas folgend am 40. Tag nach Ostern.

Hinnomtal

Das wasserlose Tal, das Jerusalem im Süden und Westen umgibt und eine Fortsetzung des Kidrontales darstellt, bildete eine alte Grenze zwischen den Gebieten Benjamin und Juda (Jos 15,8; 18,16). Das Trockental trägt im Alten Testament auch die Namen „Tal des Sohnes Hinnoms“ oder „Tal Ben-Hinnom“.

In der Königszeit wurde hier eine Opferstätte (Tofet) aufgestellt, wo Kinder für den Moloch verbrannt wurden (2 Kön 23,10; 2 Chr 28,3; 33,6; Jer 7,31ff.; 19,2; 19,6; 32,35). In Folge dieser schrecklichen Ereignisse und aufgrund des Fluches des Jeremia wurde der Name zum Begriff der Hölle, des Ortes der endgültigen Strafe („Würgetal“; Gehinnom bzw. Gehenna, vgl. Jes 30,33; 66,24).

Hiram

(kurz für Ahiram = „mein Bruder [Gott] ist erhaben“)

1. Der Sohn des Abibaal war König von Tyrus und pflegte mit König Salomo rege Handelsbeziehungen. König Hiram lieferte Zedern- und Zypressenholz für Salomos Bauvorhaben und vermittelte ihm fachkundige Bauleute. Als Gegenleistung erhielt er Weizen und Öl sowie israelitische Gebiete im westlichen Galiläa (1 Kön 5,15-26; 9,10-14). Er hatte auch großen Anteil am Aufbau der gemeinsamen Handelsflotte von Ezjon-Geber in den Süden (1 Kön 9,26-28; 10,11f.). Die Schilderungen der Beziehungen des Königs von Tyrus zu David (2 Sam 5,11; 1 Chr 14,1) scheinen sich auf Hirams Vater zu beziehen.

2. Ein Kunsthandwerker aus dem Gebiet des Stammes Naftali, Sohn einer israelitischen Mutter und eines tyrischen Vaters (nach 2 Chr 2,12f. gehörte er dem Stamme Dan an); er schuf zahlreiche Kupferarbeiten für den Tempel Salomos sowie die Säulen der Tempelvorhalle (1 Kön 7,13-46).

Hirsch

(hebräisch 'ajjal)

Ein reines Tier, das aber nicht geopfert werden durfte (Dtn 12,15; 14,5; 15,22); ähnlich wie die Gazelle symbolisierte der Hirsch Schönheit und Lieblichkeit (Hld 2,9; 2,17; Ps 18,34). Gerühmt wurde auch seine Schnelligkeit (Gen 49,12; 2 Sam 22,34). Der Wasser suchende Hirsch ist ein Symbol für den Menschen, der Gott sucht (Ps 42,2).

Die Begriffe „Reh" und „Gazelle" werden in der Bibel öfters ausgetauscht. Das Reh ist in Palästina ausgestorben.

Hirte

Eine der geläufigsten Bezeichnungen für Jesus Christus ist die des guten Hirten. Er selbst sagt: „Ich bin der gute Hirte." (Joh 10,11; 10,14). Er demonstriert damit, dass er sich für die Gläubigen zuständig fühlt, sich um sie kümmert, dass sie ihr Leben in seine Hand geben können. Zwischen ihm und seinen Anhängern kommt so ein persönliches Vertrauensverhältnis zustande, ein Aspekt, der heute bei jungen Christen verstärkt wieder aufgenommen wird.

Schon im Alten Testament ist das Bild des Hirten allgegenwärtig, sind die Israeliten am Anfang doch ein nomadisierendes Volk, dessen Lebensweise von seinen Viehherden und der dauernden Sorge um Weidegründe und Wasser bestimmt wird. Moses begründet das durch das Fehlverhalten des Volkes (Num 14,32-34). Überhaupt sind die fünf Bücher Mose voll mit Berichten über Auseinandersetzungen um die Weiden, Viehdiebstahl und ähnliches und belegen so die Wichtigkeit der Viehzucht für die frühen Israeliten. Auch an anderen Stellen des Alten Testaments wird das Bild aufgegriffen: „Der Herr ist mein Hirte, mir wird nichts mangeln." (Ps 23,1)

Andere messianische Religionen verwenden das Symbol auch, z.B. der Mithraskult, in dem der junge Lichtgott den Stier bzw. das Kälbchen auf den Schultern trägt, wie es auf vielen römerzeitlichen Grabsteinen zu sehen ist.

Hiskia

Der König des Südreichs Juda regierte von 727-697 v.Chr. (2 Kön 18-20; 2 Chr 29-32). Wie schon sein

Vater König Ahas verhielt sich auch Hiskia den Assyrern gegenüber lange loyal, war aber an einem Aufstand gegen sie (ab 705 v.Chr.) beteiligt. Vermutlich zu jener Zeit ließ er Elemente des Götzendienstes und assyrische Kultsymbole entfernen, reinigte den Tempel und führte den Gottesdienst und das Paschafest wieder ein (2 Kön 18,3-7; 2 Chr 29-32; Spr 25,1). Hiskia wurde außergewöhnliche Frömmigkeit nachgesagt (Jes 36-39).
701 v.Chr. fiel der Assyrerkönig Sanherib in Juda ein und belagerte Jerusalem, bis Hiskia einen hohen Tribut bezahlte (2 Kön 18,13-16). Im Zusammenhang mit dieser Belagerung wird Hiskia die Errichtung eines Tunnels (vermutlich der Siloachkanal) zugeschrieben, durch den das Wasser der Gihonquelle in die Stadt geleitet wurde (2 Kön 20,20, Jes 22,9-11).

Hiwiter
Ein kanaanäisches Volk, dessen zentrales Siedlungsgebiet um Gibeon lag. Seine Macht und sein Einfluss erstreckten sich bis Sichem und an den Fuß des Libanon (Gen 10,17; 34,2; Ex 3,8; Jos 9,1; 2 Sam 24,7; 1 Chr 1,15). Schon zur Zeit der Landnahme kam es mit den Hiwitern zu Kontakten und Bündnissen (die allerdings von List und Betrug geprägt waren, vgl. Jos 9,1-27; 11,19; 1 Kön 9,20). Eine Frau Esaus soll Hiwiterin gewesen sein (Gen 36,2).

Hobab
Der aus Midian stammende Sohn Reguëls war ein Keniter. Hobab war ein Bruder Zipporas und damit der Schwager des Mose, auf dessen Bitten hin er Israel durch die Wüste führte (Num 10,29-32). Er siedelte sich schließlich mit seiner Familie in Juda, im Süden von Arad, an (vgl. Ri 1,16; 1 Sam 15,6; 27,10; 30,29). Ri 4,11 zufolge war Hobab der Schwiegervater des Mose.

Höchster
(hebräisch 'el 'eljon = „Gott der Höchste")
Diesen Titel kanaanäischer Herkunft trug der Stadtgott Jerusalems in vorisraelitischer Zeit (Gen 14, 18-20) und wurde so als die höchste Gottheit des Pantheons identifiziert. Israel rezipierte die Benennung für Jahwe (vgl. Ps 18,14; 47,3; Mk 5,7; Lk 1,35).

Hochzeit
Fest der Eheschließung, das sich – mit Speisen (Mt 22,4), Trank (Ri 14,10; Joh 2,3), Gesang und Tanz – bis zu sieben Tage hinziehen konnte (Gen 29,27; Ri 14,12); das Hochzeitsfest von Tobias und Sara dauerte nach Tob 8,19 vierzehn Tage. Zentraler Akt der Hochzeit war der Brautzug am Abend des ersten Tages des Festes. Die festlich geschmückte, aber verschlei-

erte Braut wurde, von Jungfern begleitet, vom Haus der Eltern zum Haus des Bräutigams geführt (Ps 45,15-16). Dieser wurde von seiner Mutter bekränzt (Jes 61,10; Hld 3,11) und trat der Braut entgegen. Die Hochzeit wurde von lauten Rufen (Jer 7,34) und Liedern begleitet.

Hofni

Hofni war einer der beiden frevlerischen Söhne des Priesters Eli, die noch zu Lebzeiten ihres Vaters den Priesterdienst in Silo, wo die Bundeslade lagerte, versahen (1 Sam 1,3f.). Den Ermahnungen des Vaters zum Trotz missbrauchte Hofni wie auch sein Bruder Pinhas seine Machtposition und sündigte, indem er Opfergaben verhöhnte und mit Dienerinnen schlief (1 Sam 2,12-17; 2,22-25). Zur Strafe wurde das Haus Eli verflucht (1 Sam 2, 34), und die Brüder fanden im Philisterkrieg den Tod, als sie die Bundeslade ins Lager brachten (1 Sam 4,1-11).

Hofra

(griechisch Apries)

Ägyptischer Pharao, der im Jahre 588 v.Chr. ein Heer entsandte, um die Revolte Judas gegen die Babylonier unter Nebukadnezar II. zu unterstützen (Jer 37,5-11). Die Babylonier eroberten Jerusalem, und Hofra kehrte mit jüdischen Flüchtlingen, unter denen sich auch der Prophet Jeremia befand, nach Ägypten zurück (Jer 43,4-7). Sein General Amasis setzte ihn ab und ergriff die Macht. Hofra fand den Tod durch die Hand seiner Feinde, wie es ihm Jeremia vorhergesagt hatte (Jer 44,30).

Hohepriester

Seit Moses Zeiten (sein Bruder Aaron gilt als erster Hohepriester) übermitteln Priester den göttlichen Willen dem Volk und markieren dadurch eine weiterentwickelte Stufe der Religion, in der nicht mehr der Einzelne sein ganz privates Opfer vornimmt (z.B. Abraham), sondern der Vorgang organisiert und später kanonisiert wird (vgl. Lev 21,10; 2 Kön 12,11; 22,8; Neh 3,1; Hag 1,12; Sach 3,8).

Nach dem Ende des Königtums übernahmen der Hohepriester, immer mehr auch eine exekutive Rolle in der jüdischen Gemeinschaft. Im ersten Buch der Makkabäer ist diese mustergültig definiert (1 Makk 14,41-44).

Im Neuen Testament steht der Hohepriester für die konservativen Kräfte im Judentum, die sich jeglichen Neuerungen hartnäckig widersetzen. Bekannt ist Kajafas, der Jesus zunächst verhört, um ihn dann der römischen Gerichtsbarkeit zu überstellen, da nur diese die erwünschte Todesstrafe aussprechen kann (Mt 26,3; 26,57; Joh 11,47-53; 18,12-28).

Hoher Rat

(hebräisch sanhedrin, griechisch synédrion)
Zur Zeit des Neuen Testaments, während der römischen Oberherrschaft eine jüdische Behörde, die sich um Gerichts- und Verwaltungsbelange kümmerte und die Autonomie der jüdischen Bevölkerungsgruppe repräsentieren sollte (Mt 26,3; Mk 14,55; Apg 5,21); der 65 v.Chr. erstmals als „synédrion" erwähnte Hohe Rat setzte sich aus 71 Mitgliedern zusammen: Oberpriester, Älteste (einflussreiche Laien) und Schriftgelehrte (vgl. Num 11,16; Mk 11,27; 14,43).
Auslegung und Anwendung des überlieferten Gesetzes sowie die profane und religiöse Gerichtsbarkeit waren für lange Zeit der Aufgabenbereich des Hohen Rates. Als Judäa jedoch römische Provinz wurde (und nicht zuletzt durch die Bestimmungen Herodes'), verlor der Hohe Rat an Macht und Bedeutung (vgl. Joh 18,31); aus diesem Grund wurde der römische Statthalter Pontius Pilatus beim Prozess gegen Jesus hinzugezogen.

Holofernes

Ein General des babylonischen Königs Nebukadnezar II. (Jdt 2,4); Als sein Heer Betulia belagerte, wurde Holofernes von der frommen Witwe Judit verführt und von ihr im Schlaf mit seinem eigenen Schwert enthauptet (Jdt 8,1-14,19). Zwei kleinasiatische Fürsten bzw. Statthalter der Perserzeit trugen den Namen Holofernes (allerdings in der Variante „Orophernes").

Hor

1. Ein Berg an der Ostgrenze Edoms zu Kanaan, auf dem Aaron verstorben sein soll und wo Mose Eleasar zum Nachfolger bestimmte (Num 20,22-28; 21,4; Num 33,37-39; Dtn 32,50).
Auf dem Dschebel Harun (Berg des Aaron) an der Südgrenze Palästinas wird Aarons angebliches Grab noch heute von Pilgern besucht.
2. Ein Berg oder Gebirgszug im nördlichen Libanon an der Nordgrenze des Landes Kanaan, über dessen genaue Lage allerdings nichts bekannt ist (Num 34,7-8).

Horeb

Eine andere Bezeichnung für den Berg Sinai, den Berg der Gesetzesoffenbarung, aus dessen Felsen beim Auszug aus Ägypten Wasser für die Israeliten entsprang (Ex 17,6; Dtn 1,6; 4,10) und auf dem Mose die steinernen Gesetzestafeln in die Bundeslade legte (1 Kön 8,9; 2 Chr 5,10). Der Berg Horeb war auch das Ziel der 40 tägigen Wanderung des Propheten Elija (1 Kön 19,8).

Horiter

Im Alten Testament erscheinen die Horiter, die vielleicht die Nach-

fahren des nichtsemitischen Volkes der Hurriter (auch: Churriter) waren, als Ureinwohner Edoms, die von Kedor-Laomer besiegt und später von den Edomitern ausgerottet bzw. aus ihrem Siedlungsgebiet im Gebirge Seïr vertrieben wurden (Gen 14,6; 36,20ff.; Dtn 2,12; 2,22).
Die Ahnen der Horiter wurden im 24. Jahrhundert v.Chr. erstmals schriftlich erwähnt (in einem Text aus der Zeit Sargons von Akkad). Im 15. Jahrhundert v.Chr. bildeten die Horiter bereits eine mächtige und einflussreiche Mehrheit in Syrien. Aus dieser Zeit stammen auch Tontafeln aus der Stadt Nuzi, die Aufschlüsse über die Sprache und Kultur der Horiter gaben.

Horma

(hebräisch „Bannung")
Eine kanaanäische Königsstadt im Süden Judas nahe Arad, die bis zu ihrer Eroberung durch die Israeliten den Namen Zefat trug (Num 21,1-3; Jos 12,14; 15,30; 19,4; Ri 1,17); die letzten Erwähnungen der Stadt im Alten Testament findet man bei 1 Sam 30,30, wo beschrieben wird, wie David nach der Unterwerfung der Amalekiter einen Teil der Beute nach Horma schickt und bei 1 Chr 4,30, wo die Stadt Simeon zugehörig genannt wird. Die Stadt könnte mit dem heutigen Tell-Meschasch südöstlich von Beerscheba identisch sein.

Hornisse

Martin Luther wählte für das hebräische „sir'a" die Übersetzung „Hornisse". Diese Insekten wurden den Israeliten als Vortrupp vorausgeschickt, um ihre Feinde zu vertreiben (Ex 23,28; Dtn 7,20; Jos 24,12).
(Siehe auch unter „Wespe".)

Hoschea

(hebräisch „Jahwe [Gott] ist Hilfe/Rettung")
Der Sohn Elas war der letzte König des Nordreichs Israels und regierte um 732-723 v.Chr. (2 Kön 15,30). Nach dem Tod des assyrischen Königs Tiglat-Pileser III. im Jahre 727, mit dessen Einverständnis Hoschea die Macht ergriffen hatte, wandte er sich gegen die Assyrer und schloss einen Pakt mit Ägypten. Der assyrische König Salmanassar V. belagerte Samaria daraufhin drei Jahre lang und ließ Hoschea nach der Eroberung gefangen nehmen (2 Kön 17,4-5). Nach der Zerstörung des Königreiches Israel wurden die meisten Einwohner verbannt oder nach Assyrien verschleppt (2 Kön 17,6). Über das weitere Schicksal Hoscheas ist nichts bekannt.

Hosea

Der Sohn Beeris war in der zweiten Hälfte des 8. Jahrhunderts v.Chr. als Prophet im Nordreich Israel tätig (Hos 1-3), wo er dessen politische und wirtschaftliche Blütezeit unter König Jerobeam II. (787-747 v.Chr.) und auch seinen stetigen Niedergang unter Jerobeams Nachfolgern erlebte (Hos 14,1). Über die Person Hosea ist nicht viel bekannt, jedoch lassen seine Kenntnisse von Bräuchen und politischen Gegebenheiten auf eine Herkunft aus dem Nordreich schließen. Seine Worte und prophetischen Sprüche sind im Buch Hosea, welches das Zwölfprophetenbuch eröffnet, gesammelt.

Hosianna

(hebräisch hoschi'anna, „Hilf doch!")
Der Ausdruck wurde anfänglich nur als Bittruf des Volkes in großer Not an den König oder an die Gottheit gerichtet (z.B. 2 Sam 14,4). Im Laufe der Zeit entwickelte sich daraus ein Ausruf des Heils und wurde letztlich zu einer liturgischen Formel (z.B. Ps 118,25). Als Jesus am Palmsonntag in Jerusalem einzog, wurde Hosianna als Begrüßung gebraucht (Mt 21,9; 21,15; Mk 11,9; Joh 12,13).

Hulda

Eine Prophetin, die König Josia von Juda (639-609 v.Chr.) nach dem Fund des Gesetzbuches im Tempel um Rat fragen ließ; Hulda kündigte das Gericht über Jerusalem an, prophezeite Josia aber seinen Tod vor dem Eintreten des Unheils (2 Kön 22,14-20).

Hund

(griechisch kýon, kynárion, hebräisch keleb)
Das älteste Haustier des Menschen war das Begleittier des Hirten (Ijob 30,1; Jes 56,10-11) und begleitete auch den jungen Tobit (Tob 5,17). Der Hund (Canis lupus familiaris) stand seinem Herrn treu zur Seite (Jes 56,11) und aß sogar von seinem Tisch (Mt 15,27).
Die meisten Hunde im alten Orient waren aber herrenlos und lebten in halbwilden Rudeln. Diese braunen oder schwarzen Tiere waren Aasfresser (Ex 22,30; 1 Kön 14,11), leckten die Geschwüre des kranken Lazarus (Lk 16,21) und suchten in der Nacht nach Nahrung (Ps 59,7; 59,15). Die herumstreunenden Hunde galten als verabscheungswürdige, niedrige Kreaturen, wie die Bezeichnung „lebendiger Hund" in Koh 9,4 zeigt. Ein „toter Hund" wurde als etwas Abscheuliches aufgefasst (1 Sam 24,15, 2 Sam 9,8; 16,9). Der Ausdruck „Hund" war sogar ein Schimpfwort (1 Sam 17,43; 2 Sam 3,8; 2 Kön 8,13). „Hundegeld" bezeichnete die Bezahlung bei männlicher Prostitution (Dtn 23,19). Offb 22,15 nennt den Hund im Zusammenhang mit Zauberern, Unzüchtigen, Mördern und Götzendienern. Jes 66,3 erwähnt ein Hundeopfer für fremde Götter.
Das von Martin Luther mit „wilde Hunde" übersetzte hebräische

„'ijjim" (Jes 13,22; 34,14; Jer 50,39) bezeichnet wohl „Schakale" oder auch „Dämonen".

Hur

Ein im Alten Testament mehrmals genannter Name vielleicht ägyptischen Ursprungs; bedeutende Träger sind:

1. Ein Gefährte und Vertreter Moses, der gemeinsam mit Aaron während der Schlacht gegen die Amalekiter die Arme des um den Sieg betenden Moses stützte (Ex 17,10-12; 24,14); der späten jüdischen Überlieferung zufolge war Hur der Mann Mirjams.

2. Ein Judäer, Sohn des Kaleb und Großvater des geschickten Werkmeisters Bezalel (Ex 31,2; 35,30; 1 Chr 2,19f.; 2 Chr 1,5).

3. Einer der fünf midianitischen Könige, die auf Moses Befehl von den Israeliten getötet wurden (Num 31,8; Jos 13,21).

Huschai

Vertrauter und Freund Davids; Huschai stand diesem bei Abschaloms Aufstand zur Seite. Durch List konnte er Ahitofels Rat vereiteln und David warnen (2 Sam 15,32-37; 16,16-19; 17,5-21).

Hyäne

(griechisch hýaina, hebräisch sabua')

Das scheue aasfressende, nächtliche Raubtier (Hyaena hyaena) war in ganz Palästina anzutreffen (Jer 50,39). Nach Sir 13,18 kann die Hyäne genauso wenig mit dem Hund zusammenleben wie der Reiche mit dem Armen.

Hyrkanus

(griechisch Hyrkanos)

1. Johanan Hyrkanus I. (135-104 v.Chr.; auch Johannes Hyrkanos) aus der Dynastie der Hasmonäer; der Sohn des 135 v.Chr. von seinem Schwiegersohn Ptolemaios ermordeten Simon, des Bruders und Nachfolgers von Judas Makkabäus, bekam den Beinamen Hyrkanus, das „Sieger über die Hyrkanier" bzw. „aus Hyrkanien stammend" bedeutet (Hyrkanien ist eine persische Landschaft am Kaspischen Meer). Mit Johanans Thronbesteigung endet das erste Makkabäerbuch (1 Makk 16,11-24). Seine Geschichte ist nur aus außerbiblischen Quellen bekannt.

Während seiner langen Regierungszeit konnte Johanan Hyrkanus I. die Grenzen des jüdischen Staates bedeutend erweitern, u.a. durch die Unterwerfung von Samarien und Idumäa. Er übte das Amt des Hohepriesters aus und baute die Mauern Jerusalems wieder auf.

2. Johanan Hyrkanus II. (63-40 v.Chr.); Enkel von Johanan Hyrkanus I. und wie dieser Hohepriester; Thronstreitigkeiten zwischen ihm und seinem Bruder Aristobul II. veranlassten die

Römer dazu, sich in die jüdischen Verhältnisse einzumischen: Pompejus marschierte 63 v.Chr. in Jersusalem ein und integrierte Judäa als teilautonomes Gebiet in die römische Provinz Syrien. Herodes und seine Dynastie lösten die Hasmonäer 37 v.Chr. ab.

Ibzan

Der aus Bethlehem stammende Ibzan war sieben Jahre lang einer der „Kleinen Richter" Israels. Erwähnenswert ist seine große Nachkommenschaft von 30 Söhnen und 30 Töchtern (Ri 12,8-10).

Iddo

Im Alten Testament mehrfach erwähnter Name; von Bedeutung ist der Seher Iddo, dem eine Chronik über den im 10. Jahrhundert v.Chr. im Südreich Juda herrschenden König Rehabeam (2 Chr 12,15) und seinen Nachfolger Abija (2 Chr 13,22) zugeschrieben wird. Er ist wahrscheinlich mit dem in 2 Chr 9,29 erwähnten Seher Jedo identisch.

Idumäer

Griechischer Name für die Edomiter. Sie hatten sich ursprünglich im Süden des Toten Meeres angesiedelt und drangen nach dem Fall Jerusalems (587 v.Chr.) nach Norden in die Gegend von Hebron vor, die so als „Idumäa" bezeichnet wurde (2 Makk 10,15-16).

Ije-Abarim

(hebräisch „Ruinen von Abarim")
Eine Lagerstation der Israeliten während ihrer Wanderung von Ägypten ins Gelobte Land im Gebiet des Abarimgebirges (Num 21,11; Num 33,44); nach Num 33,45 identisch mit Ijim; die genaue Lage ist nicht bekannt.

Ijim

(hebräisch „Haufen")
Nach Jos 15,29 ein Ort im Negeb an der Grenze zu Juda; nach Num 33,44 eine Lagerstation im Bereich des Abarimgebirges auf der Wanderung der Israeliten von Ägypten ins Gelobte Land; nach Num 33,45 identisch mit Ije-Abarim.

Ijob

(„Wo ist der Vater/Gott?")
Der Name wurde von Martin Luther als „Hiob" eingedeutscht. Hauptperson des Buches Ijob, dessen Prolog die biblische Person Ijob vorstellt: Er lebte mit seiner Frau und zehn Kindern als gleichsam reicher wie frommer Mann in Zu in Edom (Ijob 1,1). Er verlor auf grausame Weise seine Güter, seine Familie und letztendlich auch seine Gesundheit. (In Anlehnung an diese Ereignisse werden im heutigen Sprachgebrauch schlimme Nachrichten als „Hiobsbotschaften" bezeichnet.) Trotzdem hielt er am Glauben fest, wofür er belohnt wurde: Gott befreite ihn

von der Krankheit, ließ ihn lange leben, schenkte ihm nochmals sieben Söhne und drei Töchter und verdoppelte seinen ursprünglichen Besitz.
Ez 14,14 nennt Ijob als einen der Gerechten neben Noah und Daniel, und im Neuen Testament wird er wegen seiner Geduld im Leiden und seiner Treue zu Gott als Vorbild für die Christen beschrieben (Jak 5,11).

Ikabod
Sohn des Pinhas, Enkel des Eli (1 Sam 4,17-22); sein Name wird volkstümlich mit „fort ist die Herrlichkeit" gedeutet. Ikabod wurde an dem Tag geboren, als die Bundeslade von den Philistern geraubt wurde und sein Vater und Großvater umkamen. Seine Mutter überlebte die Geburt nicht.

Ikonion
(griechisch; lateinisch Ikonium)
Hauptstadt und wichtiges Handelszentrum von Lykaonien in der römischen Provinz Galatia in Kleinasien (das heutige Konya, Türkei). Der Apostel Paulus besuchte die Stadt zweimal auf seiner ersten Missionsreise und verkündete hier das Evangelium (Apg 13,51; 14,1-7). Er kehrte später zurück, doch die Juden und Heiden widersetzten sich ihm und vertrieben ihn. Der Legende nach war Sosipater (Röm 16,21), ein Verwandter und Jünger des Paulus, erster Bischof von Ikonion.

Illyrien
Römische Provinz westlich von Makedonien und Griechenland; nach Röm 15,19 ist der Apostel Paulus auf seinen Missionsreisen bis nach Illyrien gekommen.

Immanuel
(hebräisch „mit uns ist Gott", „Gott mit uns")
Immanuel ist einerseits ein Name (Jes 7,14; 8,8), andererseits ein alter Heilsruf (Jes 8,10), der im Jerusalemer Tempel gebraucht wurde, und der mit dem Ausdruck „Jahwe der Heerscharen ist mit uns" (Ps 46,8; 46,12) verwandt ist.
Immanuel wurde in Verbindung mit Jesaja und König Ahas von Juda (735-727 v.Chr.) gebracht: Ahas weigerte sich, eine Koalition mit Rezin von Damaskus und Pekach von Israel einzugehen (Jes 7,1-6). In seiner Bedrängnis rief er den Assyrerkönig Tiglat-Pileser III. zu Hilfe. Jesaja jedoch ermutigte ihn, allein auf Jahwe zu vertrauen. Als Zeichen Gottes, so Jesaja, werde eine junge Frau („alma") einen Sohn namens Immanuel zur Welt bringen (Jes 7,14). Verbunden damit war die Ankündigung, dass einerseits das Gebiet der beiden feindlichen Könige Rezin und Pekach verödet sein werde, andererseits aber anschließend auch

über Juda ein Gericht kommen werde (Jes 7,10-17). Auf die prophezeite vorübergehende Rettung Jerusalems bezieht sich der heilvolle Name Immanuel. Mehrere Deutungen wurden in Betracht gezogen: Immanuel wurde z.B. als Sohn des Ahas oder auch des Jesaja selbst interpretiert. Auch eine allgemeinere Deutung, wonach eine beliebige schwangere Frau (bzw. auch mehrere Frauen) in Zukunft ihren Sohn „Immanuel" nennen werden, wurde erwogen.
Die Septuaginta übersetzt das hebräische Wort „alma" fälschlicherweise mit „Jungfrau", und so wird Immanuel mit Jesus assoziiert (Mt 1,23).

Indien

In der Bibel wird Indien als Ostgrenze des Perserreiches („von Indien bis Kusch"; Est 1,1; 3,13; 8,9) und des Seleukidenreiches (1 Makk 8,8) erwähnt.

Iran

1. Geographie/Landeskunde

Der Iran wird im Norden vom Kaspischen Meer und dem Elbursgebirge, im Westen vom Sagrosgebirge und dem Zweistromland, im Süden vom Persischen Golf und dem Golf von Oman und im Osten von den Bergländern Mokran und Belutschistan begrenzt. Den Großteil der Landesfläche bildet ein halbtrockenes Hochland mit Höhen bis etwa 1 200 m. Zentral liegen die Wüsten Lut und die Große Salzwüste, beide extrem trocken und fast vegetationslos. An den Küsten des Kaspischen Meeres mit recht hoher Niederschlagsmenge finden sich Feucht- und Laubwälder, auch das Elbursgebirge ist noch teilweise mit Eichen und Buchen bedeckt. Die ursprünglich vielfältige Tierwelt wurde durch den Menschen stark reduziert. Vielleicht noch bis ins 19. Jahrhundert hinein gab es im Iran Löwen, die in der persischen Kunst und Kultur eine wichtige Rolle spielten. Auf einem Rollsiegel des Darius (Dareios) I. ist z.B. eine Löwenjagd dargestellt, auch zierte der Löwe bis 1980 die persische Flagge. Der Tiger existierte sogar noch bis in die 1970er Jahre am Kaspischen Meer. Auch Leoparden in einer besonders schönen und großen Unterart gibt es noch im Iran, doch der größte biologische Schatz des Landes sind wohl die etwa 50 bis 100 Geparden in zwei Schutzgebieten, bei denen es sich vermutlich um die letzten Exemplare außerhalb Afrikas handelt. Gerade die einfach zu zähmenden Geparden wurden von vielen Herrschern vom Nahen Osten bis Indien gerne als Statussymbol gehalten.
Wölfe, Schakale, Wildschweine, Hyänen, Braunbären und Luchse

sind im unerforschten Inneren der Wälder in der Provinz Mazandaran und teilweise in den Wüsten des Iran zu Hause. An die Wüstenregionen gut angepasst leben z.B. der Asiatische Halbesel, der Onager sowie mehrere Gazellenarten. An Wasserbewohnern ist in erster Linie der Hausen zu nennen, vielleicht der größte Süßwasserfisch der Welt. Im Kaspischen Meer wurde angeblich mal ein Tier von über zwei Tonnen Gewicht gefangen. Sein kleinerer Vetter, der Stör, ist aufgrund langjähriger Überfischung in den letzten Jahren selten geworden. Der iranische Staat hat mit strengen Fangquoten und Aussetzen von Jungfischen viel zu seiner Erhaltung getan, leider werden diese Bemühungen durch die Kaviarmafia der GUS-Staaten zunichte gemacht.

2. Geschichte

Über die Frühzeit des Menschen in Persien ist wenig bekannt. Erst mit der indoeuropäischen Völkerwanderung traten mehrere Stämme, die alle einer Sprachgruppe angehörten, ins Licht der Geschichte, dazu gehörten Elamiter, Perser, Meder, Chorasmier, Parther und andere.

In der Mitte des 2. vorchristlichen Jahrtausends wanderten aus Zentralasien stammende indoarische Volksstämme in das bereits seit einigen Jahrtausenden besiedelte Hochland des heutigen Iran ein (altpersisch „Arynam“, mittelpersisch „Eran“, d.h. „Land der Arier/Reinen“). Mehrere kleine Königreiche entstanden. Die westlichen gerieten jedoch bald unter den Einfluss der in Mesopotamien (Zweistromland zwischen Euphrat und Tigris) ansässigen Assyrer. Assyrische Feldzugsberichte erwähnen die Perser schon 843 v.Chr. und die Meder ab 835 v.Chr.

Die zunächst im Nordwesten des heutigen Iran lebenden Perser wanderten nach Süden ab. Ihr neues Siedlungsgebiet ist als „Parsua“ (griechisch Persis) bekannt, heute entspricht ihm etwa die iranische Provinz Fars.

Südlich des Urmiasees sind erstmalig im 9. Jahrhundert v.Chr. die Meder bezeugt. An der südöstlichen Küste des Kaspischen Meeres siedelten wahrscheinlich die Parther, östlich davon die Chorasmier. Der Mederkönig Kyaxares I. (714-676) war noch Vasall der Assyrer, sein Sohn Phraortes (675-653) begründete ein selbstständiges Mederreich und baute Ekbatana als Hauptstadt aus. Nach 28-jähriger Skythenherrschaft (auch sie sind ein Teil der iranischen Sprachgruppe) restaurierte Kyaxares II. (625-585) das Mederreich, verbündete sich mit Babylon und zerstörte das Assyrerreich (612 Fall von Ninive). Sein Sohn Astyages (585-553) hielt das Reich nur noch mühsam zusammen. Im

Süden war inzwischen das Perserreich entstanden, das in den nächsten Jahrzehnten weite Teile der Region unter seine Herrschaft bringen sollte. Von etwa 600 bis 559 regierte in der Persis Kambyses I. Seiner Ehe mit Mandane, der Tochter des Mederkönigs Astyages, entstammte Kyros II. (559-529). Dieser integrierte 553 das Mederreich, und es beginnt die eigentliche Geschichte Persiens bzw. des heutigen Iran. Auch Babylonien (539) und Lydien (546) fielen den Persern zu, später sogar Palästina. Sein Sohn Kambyses II. (529-522) eroberte Ägypten hinzu.

Die Expansion nach Westen (Griechenland) unter Darius I. (522-486) und Xerxes (Ahasveros, 486-465) scheiterte, doch erlangte das Achämenidenreich mit den Hauptstädten Susa und Parsa (nördlich des heutigen Shiraz/Südwestiran) unter ihnen seine Blütezeit. Es erstreckte sich von Ägypten im Südwesten und vom Gebiet der heutigen Türkei im Nordwesten bis zum Indus im Osten einschließlich der heutigen Staaten Armenien, Aserbaidschan, Georgien, Turkmenistan, Usbekistan, Tadschikistan, Kasachstan und Kirgisistan im Norden. Unter ihren Nachfolgern zerfiel das Reich innerlich. Artaxerxes II. unterzeichnete 386 einen Friedensvertrag mit Athen, der die griechischen Städte in Kleinasien erneut unter persische Oberhoheit brachte.

Nach der Schlacht von Issos 333 eroberte Alexander der Große in kurzer Zeit das ganze Perserreich, gründete viele Städte und versuchte eine Verschmelzung der lokalen mit der hellenischen Oberschicht, was trotz seines frühen Todes (323) unter den Seleukiden zunächst zu gelingen schien. Nach dem Zerfall in mehrere kleine Herrschaftsgebiete gelang es dem vom indogermanischen Nomadenvolk der Parner abstammenden Arsakes, das Seleukidenreich unter seinen Einfluss zu bringen und dort die Arsakidendynastie der Parther einzurichten, die ihre Macht allmählich über den größten Teil Zentralasiens sowie bis zum Indus im Osten bzw. zum Euphrat im Westen ausdehnte. Die hellenistische kulturelle Prägung blieb vor allem im Zusammenhang mit dem Handel auf der Seidenstraße zunächst dominant. Ab 130 v.Chr. gerieten die Parther in Konflikt mit den von Kleinasien vorrückenden Römern, die blutige Kriege gegen Mithridates, den König von Pontus, ausfochten. 92 v.Chr. einigte man sich auf den Euphrat als Grenze. Der römische Feldherr und Triumvir Crassus verletzte den Vertrag, und wurde in der Schlacht von Carrhai (heute nördlicher Irak) 53 v.Chr. mitsamt seinem Heer vernichtet. Der nomadischen Taktik, in kleinen Gruppen auf den

Feind zuzureiten, ihn mit einem Pfeilhagel zu überschütten und sich danach schnell zurückzuziehen, hatten die römischen Legionen nichts entgegenzusetzen. Neben den rechtsrheinischen Germanen blieben die Parther das einzige Volk, das von Rom nicht besiegt werden konnte. Immer wieder sollten sie in den folgenden Jahrzehnten den Euphrat überschreiten, die Provinzen plündern und dabei bis Jerusalem vordringen. Der durch die Bürgerkriege und die brutale Unterwerfung Galliens militärisch erfahrene Cäsar plante zwar einen neuen Feldzug im Osten, doch durch seine Ermordung an den Iden des Märzes 44 v.Chr. und die darauf folgenden Wirren kam dieser nicht mehr zur Durchführung.

Die römisch-parthischen Streitigkeiten um Armenien während des 1. und 2. nachchristlichen Jahrhunderts änderten letztlich nichts an der Euphratgrenze. Das Partherreich zerfiel durch innere Konflikte, sein letzter König Artaban IV. wurde 226 n.Chr. von Ardaschir, Abkömmling eines seit Anfang des Jahrhunderts aufstrebenden persischen Kleinfürstentums nahe Persepolis, besiegt und getötet. Ardaschir errichtete innerhalb weniger Jahre zusammen mit seinem Mitregenten und Nachfolger Schapur I. ein zweites persisches Großreich. Die Grenzen im Norden und Osten waren in etwa dieselben wie zur Zeit der Achämeniden (ohne das römisch besetzte Kleinasien), während es im Westen und Südwesten nur noch den Ostteil des heutigen Irak (Mesopotamien) und die am Persischen Golf gelegenen Küstengebiete der arabischen Halbinsel umfasste. Die bisher von den Parthern unterdrückte Lehre des altpersischen Propheten Zarathustra (630-553 v.Chr.; griechisch Zoroaster, daher Zoroastrismus) wurde zur Staatsreligion erklärt.

In den nächsten vier Jahrhunderten schafften es die nachfolgenden Sassanidenkönige, das Perserreich erfolgreich gegen sämtliche Eroberungsversuche der Römer zu verteidigen, ja sogar vorübergehend wieder nach Westen auszudehnen: Chosrau I. eroberte 540 das syrische Antiochia und deportierte die Bevölkerung nach Persien. Chosrau II. besetzte 611 erneut Antiochia, 612 die kleinasiatischen Provinzen Kappadokien und Kilikien und 614 auch einen Großteil Palästinas samt Jerusalem. Erst 622 vertrieben ihn die Byzantiner aus Kleinasien und 628 endgültig auch aus Palästina und Syrien.

In der Zwischenzeit war auf der arabischen Halbinsel eine neue Macht entstanden, die nun nach Norden ausgriff: Der zweite Kalif (Statthalter Mohammeds) Omar I.

(Umar ibn Abd al-Chattab) eroberte bis zu seinem Tod im Jahre 644 nicht nur die byzantinischen Gebiete Syrien, Palästina und Ägypten, sondern auch nahezu das gesamte Perserreich. Ab 661 unterstand Persien, dessen Bevölkerung sich mittlerweile größtenteils zum schiitischen Islam bekannte, der Oberherrschaft des arabisch-islamischen Kalifats von Damaskus (Omaijadendynastie). Trotz der schnellen Übernahme der Religion blieb Persien kulturell weiter führend und übte in den Bereichen Kunst und Kultur großen Einfluss auf die neuen Machthaber aus. Bis auf den Südwesten des Landes, der auch landschaftlich an Arabien erinnert, blieb auch die persische Sprache geläufig und wurde nicht durch das Arabische ersetzt. Als ab dem 9. Jahrhundert die arabische Herrschaft zu zerfallen begann, entstanden nach und nach Statthalterdynastien, die mit dem Kalifat von Bagdad nur noch lose verbunden waren (z.B. die Tahiriden-, die Saffariden-, die Bujiden- und die Ghasnawidendynastie).

Während des Mongolensturms Mitte des 13. Jahrhunderts eroberten Mongka und Hülagü (Enkel Dschingis-Khans) innerhalb von zwei Jahren ganz Persien (und Vorderasien) und gründeten 1259 das (bis 1335 bestehende) Reich der Ilkhane, deren Herrschaft für Persien eine Zeit wirtschaftlicher und kultureller Blüte bedeutete. 1383 bis 1387 fegte Timur-Leng (oder Tamerlan), der für sich eine Abkunft von Dschingis-Khan beanspruchte, in einem beispiellos grausamen Feldzug über den Mittleren und Nahen Osten hinweg, schlug den letzten Khan der Goldenen Horde, erreichte Moskau, zerstörte Delhi in Indien und raffte so in kürzester Zeit ein riesiges Reich zusammen, vom Bosporus bis über den Indus hinaus. Doch bevor er China angreifen konnte, starb er 1405. Noch lange Zeit sollten die überall in seinem Reich zur Mahnung errichteten Schädelpyramiden und -türme an ihn erinnern. Wie so oft ging mit politisch wirren und grausamen Zeiten eine hohe Blüte der Kultur einher, zu bewundern vor allem in der Hauptstadt Samarkand, wo prächtige Paläste entstanden, aber auch im Iran.

Dem Perser oder Kurden Ismail Safawi, dem Führer eines turkmenischen religiös-militanten Ordens, gelang die Etablierung der Safawidendynastie (1502-1736), durch die Persien zu neuer Unabhängigkeit gelangte. Das Reich erstreckte sich vom westlichen Afghanistan bis nach Mesopotamien, das 1514 allerdings an die Osmanen unter Sultan Selim I. fiel, der 1516 auch Syrien und Palästina und 1517 Ägypten unterwarf. Safawi nannte sich Schah (König) Ismail I. (bis

1524) und erklärte den schiitischen Islam zur Staatsreligion. Einer seiner Nachfolger, Abbas I. (der Große), eroberte mit Hilfe Russlands und des christlichen Westens im Jahre 1623 Bagdad und bis zu seinem Tod im Jahre 1629 den Großteil Mesopotamiens von den Osmanen zurück. Aufständische sunnitische Afghanen beendeten 1736 die Herrschaft der Safawiden. Zum ersten Mal nach 700 Jahren mongolischer und türkischer Herrschaft kam 1750 mit Karim Khan Zand wieder ein nachweislich iranischstämmiger Herrscher auf dem Thron, doch die neue Dynastie erlebte das folgende Jahrhundert nicht mehr. Die Kadscharen gelangten an die Macht, die sie bis 1925 behalten sollten. Ab der Mitte des 19. Jahrhunderts öffneten sie sich dem Westen und initiierten eine behutsame Modernisierung des Staatswesens, bemerkenswert auch, dass Persien niemals von westlichen Mächten kolonialisiert wurde. Ahmad-Mirza Schah wurde 1923 als letzter Kadschar von Reza Khan (Reza Schah Pahlavi) zur Abdankung überredet und musste den Iran verlassen. 1925 schließlich setzte man die Kadscharen formell ab und errichtete die neue Dynastie der Pahlavi, die in der iranischen Revolution von 1979 unterging. Unter dem Schiitenführer Ayatollah Chomeini (1902-1989) richtete man die Islamische Republik Iran ein, die bis heute besteht. Leider verhindert ihre radikale fundamentalistische Politik – z.B. ihre kompromisslose Feindschaft gegenüber Israel – eine Wahrnehmung des Iran als Land eines der ältesten und interessantesten Kulturvölker, das schon in der Bibel wegen seiner religiösen Toleranz gepriesen wird.

3. Beziehung zur Bibel/Israel

Das Perserreich und seine Herrscher werden im Alten Testament ziemlich häufig und überwiegend positiv genannt (u.a. Est 1,1-8). Wie von den Propheten vorhergesagt, eroberte Kyros II. 539 v.Chr. Babylonien (z.B. Dan 5,28) und gestattete den ein halbes Jahrhundert zuvor von Nebukadnezar II. aus Jerusalem dorthin verschleppten Juden (2 Chr 36,20) die Rückkehr und den Wiederaufbau ihres Tempels (Esra 1,1-11; 6,3-5; 2 Chr 36,22-23). Auch seine Nachfolger zeigten sich tolerant, wenn auch Judäa bis 332 v.Chr. persisch blieb. Darius I. teilte das Perserreich in Satrapien (Provinzen) ein, die fünfte davon umfasste Zypern und Syrien, und reichte bis an die ägyptische Grenze, man nannte sie „jenseits des Stroms“ (also des Euphrat) (Neh 2,7-9). Für die Festigung und Verbreitung des Judentums war die Perserzeit 539-332 v.Chr. von großer Bedeutung, da die Juden in der offenen und internationalen Atmosphäre, die das Perserreich kennzeichnete, sich überall frei ansiedeln, Handel treiben und auch in die höchsten Ämter gelangen konnten. Es ist also nicht verwunderlich, dass eine gewisse Einwirkung der iranischen Religion auf das Judentum zu konstatieren ist, zumal der zur Zeit von Kyros und seinen Nachfolgern verehrte Gott (Ahura Mazda) Jahwe nicht unähnlich war, und sich die Perser nicht scheuten, Jahwe als den „Gott des Himmels" zu bezeichnen (Esra 7,21).

Iranische Religion

Der Götterhimmel der nach Iran eingewanderten Indoeuropäer spaltete sich in zwei Klassen: Die Daiwas waren für die Kriegführung zuständig, die Ahuras für die soziale Ordnung. Eine besondere Rolle in einer Gesellschaft, die gerade vom nomadischen zum sesshaften Leben übergegangen war und deren Lebensgrundlage weiterhin ihre großen Rinderherden waren, spielte die Verwendung von Rinderblut im Kult. Bei afrikanischen Kulturen, etwa den Massai, lässt sich das heute noch beobachten. Daneben verwendete man auch Haumasaft zur Erlangung von Rauschzuständen. Der Priester Zarathustra (griechische Form „Zoroaster", ca. 600-550 v.Chr.) gestaltete die Religion völlig um und propagierte den einen, weisen Ahura (Ahura Mazda), der ihm im Traum erschienen war, und die Abschaffung der unnötigen Schlachtungen wie auch der Rauschtränke forderte.

Der neue Olymp war stark polarisiert: Ahura Mazda, dem Weisen, standen der abgefallene Ahriman (ursprünglich Angra Mainyu) sowie Mithras, der Lichtgott und Stiertöter, gegenüber, wobei letzterer im Laufe der Jahrhunderte mit Ahura Mazda verschmelzen bzw. diesen ablösen sollte. Ahriman beantwortete alle Ansätze Ahura Mazdas, Gutes zu schaffen, sofort mit üblen Kreationen verschiedenener Art:

„Das erste der guten Länder, das ich, Ahura Mazda, erschuf, war das Paradies am Fluss Vanguhi Daitya.

Da kam Angra Mainyu herauf, der der Tod ist, und er erschuf dagegen durch seine starke Zauberkraft die Schlange im Fluss und den Winter, ein Werk der Daevas (der bösen Geister).

Da gab es zehn Wintermonate, zwei Sommermonate; und diese waren kalt für die Wasser, kalt für die Erde, kalt für die Bäume. Der Winter fiel ein, mit den schlimmsten seiner Plagen.

Das zweite der guten Länder, das ich, Ahura Mazda, erschuf, waren die Ebenen in Sughda.

Da kam Angra Mainyu herauf, der der Tod ist, und er erschuf dagegen

durch seine Zauberkraft die Fliege Skaitya, die dem Vieh den Tod bringt.
Das dritte der guten Länder, das ich, Ahura Mazda, erschuf, war das starke, heilige Mouru.
Da kam Angra Mainyu herauf, der der Tod ist, und er erschuf dagegen durch seine Zauberkraft die sündigen Lüste."

Und so geht es fort, insgesamt zählt Ahura Mazda 16 gute Länder auf, die alle von Ahriman mit der einen oder anderen Plage belegt werden. Doch Ahura Mazda ist nicht allein, die „Amescha Spenta", die Heiligen Unsterblichen, umgeben ihn und helfen ihm im Kampf gegen das von Ahriman verkörperte Böse, das erst am Ende der Zeit endgültig überwunden werden kann.

Grundsätzlich beruhte die Philosophie Zarathustras auf den drei Axiomen „gut zu denken", „gut zu reden" und „gut zu handeln". Dies bezog sich nicht nur auf die Mitmenschen, sondern auch – was recht modern anmutet – auf ihre Umwelt (überliefert bei Herodot, erstes Buch, Absatz 138). Wasser, Luft, Feuer und Erde, die vier Elemente, mussten rein erhalten werden. Aus diesem Grund wurden Tote auch weder bestattet noch verbrannt, sondern man überließ sie auf Türmen dem natürlichen Verfall bzw. den Vögeln. Licht bzw. Feuer hatte in der Philosophie Zarathustras einen hohen Stellenwert. Als reinster Stoff wurde es als das Symbol für Gott gewählt. Irrtümlich beschimpfte man die Anhänger Zarathustras deshalb als Feueranbeter.

Die medische Priesterkaste, die die neue Lehre zunächst bekämpft hatte, machte sie sich später zu Eigen und verband sie mit Lehren der chaldäischen Astrologie und mesopotamischen Kulten. Die „Amescha Spenta" wurden zu Engeln, zunächst in Babylonien, später auch im Alten Testament. Aus einer einfachen, schlichten Religion, die ursprünglich ohne Priester, Opfer, Gebete und Tempel auskommen sollte und stark die Eigenverantwortlichkeit propagierte, entstand unter mesopotamischem Einfluss ein komplexer geistiger Überbau, der von einer in strikter Hierarchie organisierten Priesterschaft interpretiert werden musste. Mit dem Einfall der Araber und der raschen Islamisierung Persiens im 7. Jahrhundert verschwand die zoroastrische Lehre, ihre letzten Vertreter mussten später überwiegend nach Indien auswandern und leben dort noch heute als Minderheit von einigen 100 000 „Parsen". Doch gibt es überall auf der Welt kleine Gemeinden: Ihre prominentesten Anhänger sind der verstorbene Rocksänger Freddie Mercury und

Stardirigent Zubin Mehta.
Nietzsches Buch „Also sprach Zarathustra“ und Richard Strauss’ gleichnamige symphonische Dichtung (die aber kaum Bezug auf den historischen Zarathustra hat) haben Zarathustra in der westlichen Welt bekannt gemacht.
Konkrete Belege in der Bibel zu Zarathustra und seinem Einfluss gibt es keine, was nicht weiter verwunderlich ist, denn immerhin vertritt er – bei allem Wohlwollen gegenüber den Persern – eine konkurrierende Religion. Es ist anzunehmen, dass die Juden zum ersten Mal während der Babylonischen Gefangenschaft mit seiner Lehre in Kontakt kamen. Seitdem wurde Gott im Alten Testament verschiedentlich als „Gott des Himmels“ benannt (z.B. Esr 7,21), ein Beiname, der auch Ahura Mazda kennzeichnet. Die Könige oder Magier aus dem Morgenland, die den neugeborenen Jesus beschenkten und sozusagen offiziell als Herrscher anerkannten, erinnern sehr an die chaldäischen zoroastrischen Priester (Mt 2). Generell sind Heilserwartung in der Bibel und der Glaube an die Auferstehung nach dem Jüngsten Gericht (Offenbarung des Johannes) Elemente, die direkt aus der Avesta (auch Zendavesta), dem religiösen Buch der Zoroastrier, entnommen sein könnten. Andere Aspekte, etwa der Kampf des göttlichen Guten gegen das finstere Böse und ähnliches sind wohl als allgemein indoeuropäisch und nicht spezifisch zoroastrisch anzusehen, immerhin traten sie schon bei dem wesentlich älteren indischen Varuna auf, einer vedisch-hinduistischen Gottheit.
Um zu verstehen, was Judentum und Christentum dem Zoroastrismus verdanken, ist es sinnvoll, einen seiner Seitenzweige zu betrachten, den Mithraskult. Mithras wurde schon vor dem Auftreten Zarathustras verehrt, verschmolz aber dann mit Ahura Mazda zu einer Art übergeordneten Vater-Sohn-Gottheit. Zunächst ein kriegerischer Gott des persischen Adels, wurde er von den babylonischen Chaldäern nach Westen vermittelt, verschmolz im Hellenismus mit Apollo und wurde zu einem ausgesprochenen Licht- und Sonnengott. Auf dem Nemrud Dag in Südost-Anatolien existiert ein Relief des Apollo/Mithras des Diadochenherrschers Antiochos I.
In der Zeit der Partherkriege im letzten vorchristlichen Jahrhundert kamen die Römer in Kontakt mit der Mithrasverehrung. Besonders die Legionäre waren von dem allmächtigen, martialischen Gott beeindruckt. Im frühen Kaiserreich gelangte der Kult von Kleinasien aus in das römische Reich, nach Italien, Afrika, Spanien, Britannien und Germanien, wo man z.B. am

Limes zahlreiche Mithrasheiligtümer fand, die sich leicht durch die prägnant gekleidete Figur des Gottes (phrygische Mütze, kurzer Mantel), der den Urstier mit dem Dolch tötet, identifizieren lassen. Die Mobilität im römischen Heer und das Heranziehen verschiedener Völkerschaften in die Hilfstruppen trugen sehr zur Verbreitung des Kultes bei, der seine Blütezeit im 3. Jahrhundert n.Chr. hatte. Mithras wurde in so genannten Mithräen verehrt, die man in recht großer Zahl in Deutschland und Westeuropa gefunden hat. Nach dem Abzug der Legionen führte an manchen Stellen die einheimische Bevölkerung den Kult eine Zeit lang weiter. Gründe, warum er sich letztlich nicht gegen das expandierende Christentum durchsetzen konnte, sind der Ausschluss von Frauen sowie das Fehlen einer sendungsbewussten, missionierenden Priesterschaft.

Eine Reihe von Elementen verbinden Mithras mit Jesus Christus, abgesehen von der allgemeinen Heilserwartung. Beide werden von einer Jungfrau geboren; von Hirten danach angebetet, die Lämmer und Früchte bringen; von ihrem Gott/Vater ausgesandt, um das Böse zu besiegen; halten ein Abendmahl, das aus Brot, Wasser und Wein besteht; führen ein Blutopfer durch; fahren schlussendlich zum Himmel auf bzw. werden wiedergeboren. Dass beider Geburtstag auf den 25. Dezember fällt, ist allerdings ein eher spätes Phänomen: Erst im 4. Jahrhundert n.Chr. wurde die Geburt des Herrn und damit das Weihnachtsfest auf diesen Termin gelegt, natürlich nicht zufällig, denn die Tage nach der Wintersonnenwende werden vielerorts gefeiert und waren in der Antike z.B. dem Sol invictus, dem Sonnengott gewidmet, womit sich der Kreis wieder schließt.

Seit dem 4. Jahrhundert war der Mithraskult als solcher ausgestorben. Von den aufgezeigten Elementen im Christentum abgesehen hat sich nichts erhalten, außer einem seiner typischen Attribute: Auf fast allen Abbildungen trägt Mithras die phrygische Mütze, eine lederne, helmartige Kopfbedeckung mit einem runden, nach vorn geneigten Zipfel. Diesen Typ Mütze kennt man schon aus der griechischen Vasenkunst, wo sie ihre Träger als Barbaren – also Nichtgriechen – kennzeichnet, in der Regel sind damit Skythen, Phryger oder später Perser gemeint. Ursprünglich wurde sie aus dem Hodensack des Stiers gefertigt, und man glaubte, dass die Kraft des Tieres durch die Mütze auf ihren Träger überging. Während der Französischen Revolution demonstrierte die radikale Partei der Jakobiner mit dem Tragen der

phrygischen Mütze ihre freiheitsliebende, republikanische Gesinnung. Auch die französische Symbolfigur Marianne ist häufig damit dargestellt, während die Kopfbedeckung des zeitgleichen Deutschen Michels nur als Schlafmütze bezeichnet werden kann.
Auch heute noch ist die phrygische oder Jakobinermütze in den Medien, Kinderzimmern und den deutschen Vorgärten durchaus präsent: auf den Köpfen von Mainzelmännchen, Schlümpfen und Gartenzwergen. Ob sie in diesen Fällen jeweils sexuelle Potenz oder eine freiheitliche Gesinnung symbolisiert, muss weiteren Forschungen vorbehalten bleiben.

Ir-Nahasch

Eine Stadt, deren Lage nicht bekannt ist (1 Chr 4,12).

Isaak

(hebräisch „Lächeln möge Gott")

„Sohn der Verheißung" (Röm 9,7-9) des Abraham und der Sara; Isaak wuchs ursprünglich mit seinem Halbbruder Ismael auf, der von Abraham jedoch verstoßen wurde. Gott testete Abrahams Glauben, indem er von Abraham seinen Sohn Isaak als Opfer forderte. Die Tötung wurde aber im letzten Moment verhindert (Gen 22,1-19). Isaak heiratete Rebekka, eine Nichte Abrahams, die ihm in Mesopotamien ausgesucht wurde (Gen 24). Sie gebar ihm Esau und Jakob (Gen 25,19-26). Wegen einer Hungersnot zog Isaak nach Gerar, wo er reich wurde und einen Brunnen grub. Er starb mit 180 Jahren (Gen 35,27-29) und wurde in Machpela begraben (Gen 49,31).

Isai

(hebräisch „Mann Gottes"; lateinisch Jesse/Iesse)

Isai, der Enkel von Boas und Rut (Rut 4,22), war ein wohlhabender Grundbesitzer in Bethlehem. Er hatte acht Söhne und zwei Töchter. Sein jüngster Sohn war David, der spätere König von Israel und Juda. Nach Jes 11,1 und Jes 11,10 wird der neue Messias als „Reis aus dem Stamm (der Wurzel)" Isais hervorgehen.

Ischtar

Akkadische Göttin des Krieges und der Liebe. Sie war die Hauptgöttin von Ninive und wird mit dem Planeten Venus gleichgesetzt. Sie entspricht der sumerischen „Innin" und der westsemitischen „Astarte".

Isebel

Tochter des Königs Etbaal von Sidon und Tyrus (1 Kön 16,31) und Gemahlin des Ahab, des Königs im Nordreich Israel; sie sorgte für die Verurteilung und Hinrichtung des Grundbesitzers Nabot (1 Kön 21), förderte den Baals- und Ascheriakult und zeigte sich als erbitterte Gegnerin der Propheten Jahwes, vor allem des Elija (1 Kön 16,31-33). Isebel wurde im Auftrag des Offiziers Jehu ermordet (2 Kön 9,30-37), der auch König Joram, Ahabs Sohn, und alle anderen einflussreichen Mitglieder der Familie, beseitigen ließ, und 841 v.Chr. selbst den Thron bestieg.

Iskariot

(unklare Bedeutung; möglich ist eine Ableitung von lateinisch Sicarius = „Dolchmann"; wahrscheinlicher ist die hebräische Herkunftsbezeichnung „Mann aus Kari-ot/Kerijot")

Beiname des Judas, des Jüngers und Verräters Jesu (Mk 3,19; 14,10; Joh 6,71).

Ismael

(hebräisch „Gott hat gehört")

Sohn Abrahams und der Sklavin Hagar (Gen 16,11) und Halbruder Isaaks; Ismael wurde mit seiner Mutter von Abraham auf Befehl Saras verstoßen, aber von Gott gerettet.

Für den Islam ist er der Stammvater der Araber. Er liegt in der Kaaba in Mekka begraben. Er war der Ahnherr der Ismaeliten, eines Nomadenvolkes zwischen dem Euphrat und Suez, das sich aus zwölf Stämmen zusammensetzte (Gen 25,12-18). Die Ismaeliten lebten von Kleinvieh- und Kamelhandel (Gen 37,25-27), aber auch von Räubereien.

Israel

Der Name Israel leitet sich von einem Personennamen ab, die Bedeutung ist allerdings nicht geklärt: Auf hebräisch bedeutet „Jisrael" entweder „kämpft gegen El" oder „Gottesstreiter", andere nennen die Übersetzung „Gott streitet mit/für uns" oder Ähnliches. Auf jeden Fall steht der Name im Zusammenhang mit Jakobs Kampf gegen den Gott El (Gen 32,29).

Die erste bekannte Nennung findet sich auf der Merneptah-Stele aus dem Totentempel des Pharao in Theben (ca. 1219 v.Chr.), dann in einer Inschrift zur Schlacht bei Karkara (am Fluss Orontes in Syrien) im Jahre 853 v.Chr. sowie in den Annalen des assyrischen Königs Salmanassar III. (841 v.Chr.) und auf der Mescha-Stele (um 840 v.Chr.), die 1868 im südlichen Ostjordanland gefunden wurde.

Die Definition des Namens gestaltet sich komplex, er kann auf den vorstaatlichen Verband der zwölf Stämme bezogen sein, auf den biblischen (Teil-)Staat, auf das jüdische Volk der Nachexilzeit und jüngst auf den modernen Staat Israel.

Vorstaatlich bezeichnet „Israel" den Stammesverband in Palästina, d.h. das ganze Volk der Nachkommen Jakobs mit seinen zwölf Untergruppen (Gen 49). Diese vollzogen den Übergang einer Lebensweise der Hirten zu einer der Bauern in der zweiten Hälfte des 2. Jahrtausends v.Chr., wobei sie sich mit kanaanäischen Stadtstaaten im gleichen Gebiet arrangieren mussten. Die Stämme der Lea wurden sesshaft und verehrten bereits Jahwe, aber noch nicht monotheistisch, daneben gab es noch den älteren Gott El. Das Hauptheiligtum Sichem ist auf der Merneptah-Stele erwähnt. Die in Mittelpalästina lebenden Stämme Ruben, Simeon und Levi wurden vertrieben, wodurch der südliche Leastamm Juda vom Norden durch kanaanäische Stadtstaaten (Geser, Gibeon) getrennt wurde. In diese Mitte wanderten die Stämme der Rahel und des Benjamin aus Ägypten (siehe dort) kommend ein. Bei diesen nun zehn Stämmen setzte sich die Monolatrie Jahwes durch (Jos 24), noch nicht aber beim Stamm Juda. Ab diesem Zeitpunkt wurde der Name „Israel“ für die genannten Stämme gebräuchlich. Da sie die Kannanäer entgegen Gottes Befehl nicht vollständig aus dem Gebiet vertrieben hatten, lagen sie in dauerndem Konflikt mit ihnen.

Nach der Gründung durch Saul bezeichnet „Israel“ das Königreich bis zur Herrschaft Davids, Salomos und ihrer Nachfolger (2 Sam 8,15; 1 Kön 4,1), mitunter auch die nord- und mittelpalästinischen Stämme (2 Sam 24,1). Um 1000 v.Chr. expandierten im Westen die Philister, die Abkömmlinge der Seevölker, die schon Ägypten verheert hatten. Auch die Ammoniter im Osten versuchten ihr Gebiet zu erweitern. Als Reaktion darauf entstand das Heerkönigtum aller zwölf Stämme unter Saul vom Stamm Benjamin. Nach Sauls Tod zerfiel das Reich in zwei Teile: Israel und Juda (2 Sam 1-11). Unter David wurden sie wieder vereint und Jerusalem wurde zur Hauptstadt bestimmt (2 Sam 5,1-12). Nach dem Tod Salomos 926 v.Chr. kam es erneut zur alten Zweiteilung in Juda (mit den Stämmen Juda und Benjamin; 1 Kön 12,21) im Süden und Israel (mit zehn Stämmen und den unterworfenen Moabitern und Ammonitern) im Norden. Die nördliche Hauptstadt war zunächst Sichem, dann Penuël, dann Tirza (1 Kön 12,25; 14,17). Kultzentren des Teilstaats waren Bet(h)-El und Dan. Unter Jerobeam kam es hier zur Anbetung des Goldenen Kalbes (1 Kön 12,26-29). Ägypten nutzte die Uneinigkeit und schon fünf Jahre nach der Spaltung fiel Pharao Schischak (1 Kön 14,25) ein. Auch die Bedrohung durch die Philister ließ nicht nach. Die andauernden Kriege untereinander um ein geeintes Israel verhinderten einen erfolgreichen Kampf gegen diese äußeren Bedrohungen. Das Königreich Juda hatte den Vorteil der Hauptstadt Jerusalem als Kultzentrum, daher konnte es länger nominell unabhängig bestehen. Das Nordreich mit der neuen Hauptstadt Samaria (1 Kön 16,24) hatte in König Omri (882-871 v.Chr.) endlich wieder einen tatkräftigen Herrscher: Er beendete die Philistereinfälle, unterwarf die Moabiter, bekämpfte die Aramäer (1 Kön 20), schloss Frieden mit Juda und verheiratete in weiser Voraussicht seinen Sohn Ahab mit Isebel, einer Prinzessin aus Sidon (1 Kön 16,31), um sich der Unterstützung oder zumindest der Neutralität der phönizischen Städte zu versichern. Unter Ahab hielten die Konflikte mit den Aramäern an, doch er konnte das Reich weiter konsolidieren. In seiner Hauptstadt baute er Paläste, aber auch Tempel für den tyrischen Gott Baal-Melkart, ein Zeichen der zunehmenden Integration phönizischer Kulturelemente. Der Prophet Elija begehrte dagegen auf und regte auf dem Berg Karmel einen Wettstreit mit den Baalpriestern an, den er mit Gottes Hilfe gewann (1 Kön 18). Seinen Opponenten tötete er eigenhändig, und mit ihm 450 falsche Propheten. Der rechte Glaube war damit erhalten, doch die Annäherung an die Phönizier und Kanaanäer gescheitert, so dass diese als Bundesgenossen gegen die erstarkenden Assyrer ausfielen. Ahab galt mit 2 000 Streitwagen und 10 000 Soldaten (nach einer Inschrift auf der Kurk-Stele) zunächst noch als wichtigster Verbündeter des Assyrerkönigs Salmanassar III. (858–824 v.Chr.). Nach Ahabs Tod – er fiel im Jahr 852 in einer Schlacht gegen die Aramäer (1 Kön 22,34-40) – setzte bald der Niedergang ein, die Herrschaft über die ewig unruhigen Moabiter und Ammoniter ging verloren, und schließlich kam es zum Putsch des Offiziers Jehu und der radikalen Ausrottung des alten Königshauses sowie des Baalskultes. Die Wirren endeten mit der Unterwerfung unter Salmanassar III. („Schwarzer Obelisk" des Salmanassar), der in seiner langen Regierungszeit drei Könige Israels erlebt hatte.

Im 8. Jahrhundert v.Chr. konkurrierte eine proägyptische mit einer proassyrischen Partei in Israel. Letztere setzte sich wegen des drohenden Einmarsches des Assyrerkönigs Tiglat-Pileser III. (2 Kön 15,29) durch. König Pekach (735-733 v.Chr.) schmiedete mit Rezin von Damaskus, den phönizischen Städten und einigen Philisterstädten eine Allianz gegen Assyrien. Das Reich Juda verweigerte sich und rief die Assyrer zu Hilfe (2 Kön 16,7), die Damaskus besetzten. Israel verlor Galiläa und Gilead, deren Bevölkerung wurde –

assyrischer Politik entsprechend – in anderen Reichsteilen angesiedelt, um jeglichen Widerstand im Keim zu ersticken. Nach dem Tod Tiglat-Pilesers III. kam es in Syrien und Israel dennoch zum Aufstand, ein Rachefeldzug des neuen assyrischen Königs Salmanassar V. war die Folge. Die Hauptstadt Samaria fiel, ihre Bewohner wurden ins assyrische Kernland deportiert und andere Völkerschaften des Reiches dort angesiedelt (2 Kön 17,24), deren Nachkommen vermischten sich mit den verbliebenen Juden und wurden später Samaritaner genannt.

722/721 v.Chr. wurde das Nordreich Israel endgültig eine Provinz Assyriens, während Juda zwar Tribut zahlen musste, aber unabhängig blieb. König Josia (639-609 v.Chr.; 2 Kön 22,1-22,30) setzte das Deuteronomium als Staatsgesetz fest und versuchte vergebens eine Einigung des alten Großreiches Israel. Die Eroberung Jerusalems durch Nebukadnezar II. (587/586 v.Chr.) setzte der Eigenstaatlichkeit Israels endgültig ein Ende. Die Babylonische Gefangenschaft (z.B. 2 Kön 25) sollte bis 539 v.Chr. dauern, und nur ein Teil der Verschleppten kehrte jemals zurück. Die anderen legten den Grundstein für die aufblühenden jüdischen Gemeinden in der Diaspora, die für die Vermittlung mesopotamischer und später persischer Kultur von großer Bedeutung werden sollten. Die Juden in Palästina wurden ins persische Reich integriert (in dem sie höchste Staatsämter erreichen konnten), danach in das Alexanders des Großen. Im Grenzgebiet zwischen den Seleukiden in Syrien und den Ptolemäern in Ägypten litten sie unter den häufigen Kriegen um die Vorherrschaft in der Region, waren aber auch Teil des hellenistischen Kulturkreises. Aufstände im 2. vorchristlichen Jahrhundert führten zu kurzlebigen Reichen der Makkabäer (oder Hasmonäer), deren Unabhängigkeit der römische Feldherr und Triumvir Pompejus 63 v.Chr. ein Ende machte. Die Zerstörung des Tempels in Jerusalem 70 n.Chr. durch Titus und mehr noch der zweite jüdische Aufstand (132-135 n.Chr.) unter Simeon Ben Koseba (Bar-Kochba) leiteten die Zerstreuung der Juden in alle Welt, die Diaspora, ein. Rom verkaufte einen Großteil der Bevölkerung in die Sklaverei und vertrieb die anderen aus Palästina, das Jahrhunderte später von arabischen Stämmen wieder besiedelt werden sollte.

In der nachexilischen Zeit bezeichnete „Israel" nur noch das Volk Jahwes und kein Gebiet oder Reich mehr. Die Hoffnung auf eine Wiedererrichtung des Staates der zwölf Stämme blieb allerdings immer lebendig (Ez 37,15ff.).

Gemäß dem UN-Teilungsplan von 1947 kam es am 14. Mai 1948 zur Gründung eines neuen Staates Israel. Sein Kernland umfasst 20 991 km², dazu kommen die 6 831 km² der besetzten Gebiete. Die Einwohnerzahl liegt bei knapp sieben Millionen Menschen, davon sind etwa 80% Juden, die anderen palästinensische Araber, Beduinen und wenige christliche Gruppen. Das nur noch als sakrale Sprache verwendete Hebräisch wurde wiederbelebt und ist Staatssprache. David Ben Gurion verlas an jenem 14. Mai gegen 16.00 Uhr Ortszeit die in hebräischer Sprache verfasste Unabhängigkeitserklärung:
„Mit Zuversicht auf den Fels Israels setzen wir unsere Namen zum Zeugnis unter diese Erklärung, gegeben in der Sitzung des provisorischen Staatsrates auf dem Boden unserer Heimat in der Stadt Tel Aviv. Heute am Vorabend des Sabbat, dem 5. Ijar 5708, dem 14. Mai 1948" (siehe auch Gen 49,24).
Noch in derselben Nacht erklärten Ägypten, Saudi-Arabien, Jordanien, Libanon, Irak und Syrien dem neuen Staat den Krieg, der bis Juli 1949 dauern sollte und mit der Niederlage der arabischen Staaten endete. Am 29. Oktober 1956 okkupierte Israel im Zuge der Suezkrise den Gazastreifen und den Sinai. Als Präventivschlag Israels begann am 5. Juni 1967 der Sechstagekrieg, schon am 11. Juni wurde der Waffenstillstand ausgerufen. Das israelische Kabinett beschloss am 19. Juni die Rückgabe der eroberten Gebiete, dazu kam es nicht, weil am 1. September die arabische Seite jegliche Verhandlungen ablehnte. In der UN-Resolution 242 wurde am 22. November der Rückzug aus den besetzten Gebieten gefordert, als Gegenleistung sollte eine Garantie für den Bestand Israels abgegeben werden.
Ägypten und Syrien wählten 1973 den jüdischen Versöhnungstag (Jom-Kippur) für ihren Angriff auf Israel, der Jom-Kippur-Krieg begann, der wiederum mit einer arabischen Niederlage endete.
1979 schloss man den israelisch-ägyptischen Friedensvertrag, in dem die Rückgabe des Sinai an Ägypten bis 1982 vereinbart wurde. Mit der größten arabischen Nation hat Israel seitdem Frieden.
Den irakisch-iranischen Krieg nutzten die Israeli 1981 zur Bombardierung des irakischen Atomreaktors Osirak bei Bagdad, mit dem sie eine nukleare Aufrüstung des Irak und eine Bedrohung Israels durch Atomraketen verhinderten. Israel selbst besitzt seit den 60er Jahren Atomwaffen, zugegeben hat dies indirekt erst der damalige Premierminister Ariel Scharon im Juli 2004.
Im Inneren machte 1987 die erste und 2000 die zweite Intifada (Auf-

stand der Palästinenser) Israel schwer zu schaffen. Bis heute verursachten sie Tausende von Opfern auf beiden Seiten.

Issachar

(unklare Bedeutung, möglicherweise „[Gott] gibt Lohn", „Mann der Belohnung")

Neunter Sohn des Jakob und fünfter der Lea (Gen 30,17-18); Issachar gilt als Ahnherr eines der zwölf Stämme Israels, der ein kleines, aber fruchtbares Gebiet in Galiläa südöstlich des Sees Genezareth besiedelte. Es umfasste einen großen Teil der Jesreelebene und den Berg Tabor und lag zwischen dem Gebirge Gilboa im Süden und den Hügeln Untergaliläas im Norden. Die Bezeichnung „fronender Knecht" (Gen 49,14) lässt vermuten, dass der Stamm seine Sesshaftwerdung durch Übernahme von Fronarbeiten erkaufen musste.

Italien

Ursprünglich der griechische Name für Kalabrien, den südlichen Teil der Apenninenhalbinsel. Seit Julius Cäsar ist „Italien" mit dem heutigen Land identisch. Hier gab es jüdische (Apg 18,2) und christliche Gemeinden (Hebr 13,24). Der Apostel Paulus wurde als Gefangener von Cäsarea nach Rom überführt (Apg 27,1; 27,6; 28,14).

Itamar

Vierter und jüngster Sohn Aarons und Elischebas (1 Chr 5,29; Ex 6,23); Ahnherr eines Jerusalemer Priestergeschlechts (1 Chr 24,1-6), das die Aufsicht über einige Levitenordnungen (Num 4,28; 4,33) ausübte.

Ituräa

Landschaft nordöstlich von Galiläa, deren Bewohner aus Nordwestarabien gekommen waren und sich auf Ismaels Sohn Jetur als Stammvater beriefen (Gen 25,12-15; 1 Chr 1,31). Das politische Zentrum Ituräas war Chalkis, das religiöse Baalbek-Heliopolis. Die Hasmonäer unter Aristobul I. (104-103 v.Chr.) eroberten das Gebiet und bekehrten die Ituräaer zwangsweise zum Judentum. Im 1. Jahrhundert v.Chr. wurde Ituräa als halbautonomes Gebiet in die römische Provinz Syrien integriert. Nach der Absetzung des Ituräerkönigs 24 v.Chr. durch den römischen Kaiser Augustus gehörte Ituräa bis 4 v.Chr. zum Herrschaftsbereich des mit Rom kooperierenden und zum König erhobenen Herodes des Großen, danach bis 34 n.Chr. teilweise zu dem seines Sohnes Herodes Philippos, dem die römischen Statthalter den Titel eines Tetrarchen zubilligten (Lk 3,1). Philippos' Nachfolger waren Herodes Agrippa I. und Herodes Agrippa II.

Jaasanja

(hebräisch „möge Jahwe [Gott] hören")

1. Vorsteher der Rechabiter zur Zeit des Propheten Jeremia (Jer 35,3).

2. Sohn eines Maachatiters und Heerführer unter Gedalja, dem von Nebukadnzear II. im Jahre 586 v.Chr. eingesetzten Statthalter von Juda. Nach der Ermordung Gedaljas floh Jaasanja nach Ägypten. (2 Kön 25,23).

3. Name zweier wichtiger Männer aus Jerusalem zur Zeit des Propheten Ezechiel (Ez 8,11; 11,1).

Jabal

Der Sohn des Lamech und der Ada war ein Nachkomme Kains und gilt als Ahnherr all jener, „die in Zelten und beim Vieh wohnen", also aller Nomaden und Hirten (Gen 4,20).

Jabbok

Ein bedeutender, rund 100 km langer östlicher Nebenfluss des Jordan, dessen Mündung etwa 40 km nördlich des Toten Meeres liegt; der Jabbok, der heute Nahr ez-Zerqa („blauer Fluss") heißt, teilt die Landschaft Gilead, und sein Oberlauf trennte die Amoriter von den Ammonitern (Jos 12,2). Jakob überschritt den Fluss bei seiner Rückkehr aus Mesopotamien (Gen 32,23).

Jabesch

Stadt in den Bergen Gileads östlich des Jordan (vermutlich identisch mit dem heutigen Tell el-Maqlub); Ri 21,8-14 nennt enge Beziehungen zum Stamm Benjamin. Saul schlug die Ammoniter, die Jabesch belagerten (1 Sam 11,1-11). Die Einwohner der Stadt holten dafür später die Leichen des Saul und seiner Söhne, die von den Siegern an die Stadtmauer von Bet-Schean gehängt worden waren, und bestatteten sie (1 Sam 31,11-13).

Jabin

Jabin war König von Hazor und Anführer der Koalition der nordkanaanäischen Könige, die gegen Josua kämpfte (Jos 11,1) und geschlagen wurde. Sein Feldherr Sisera wurde später von Jaël, der Frau des Keniters Heber, getötet (Ri 4,21). Der Sieg wird im „Deboralied" (Ri 5) besungen.

Jabneel

Die Philisterstadt in der Nähe von Aschdod hieß auch „Jabne" (2 Chr 26,6) und später „Jamnia" (1 Makk 5,58) und kam erst im 8. Jahrhundert v.Chr. unter König Asarja (Usija) an Juda (2 Chr 26,6). Die meisten Bewohner waren Nichtjuden (2 Makk 12,8), weshalb Jabneel später Stützpunkt der Gegner der Makkabäer war (1 Makk 5,58; 10,69; 15,40).

Nach der Zerstörung Jerusalems (70 n.Chr.) war Jabneel jahrzehntelang sehr bedeutendes Zentrum jüdischer Gelehrsamkeit und Rechtsprechung.

Jachin

(hebräisch „Er [Gott] möge festmachen")

1. Einer der Söhne des Simeon (Gen 46,10).

2. Ein Jerusalemer Priester (1 Chr 9,10).

3. „Jachin und Boas" waren zwei 9 m hohe Bronzesäulen in der Vorhalle des Tempels Salomos in Jerusalem (1 Kön 7,15-22). Die Bedeutung der Namen ist unklar.

Jaël

(hebräisch „Steinbock")

Die Frau des Keniters Heber tötete Sisera, den Feldherrn des Königs Jabin von Hazor, indem sie ihm einen Zeltpflock durch die Stirn trieb (Ri 4,17-22).

Jafet

(hebräisch „Er [Gott] möge weiten Raum schaffen")

Dritter Sohn Noahs (Gen 5,32); er erscheint in der Völkertafel (Gen 10) als Stammvater der Völker Kleinasiens und der Ägäis.

Jafia

(hebräisch „strahlend sichtbar")

1. Ort an der Grenze des Stammesgebiets von Sebulon (Jos 19,12), 3 km von Nazareth entfernt.

2. König von Lachisch, der von Josua besiegt wurde (Jos 10,3; 10,5; 10,10).

3. In Jerusalem geborener Sohn des David (2 Sam 5,15).

Jaflet

1. Ort in Ephraim (Jos 16,3).

2. Sohn des Heber und Vater von drei Söhnen (1 Chr 7,32-33).

Jafo

(hebräisch „die Schöne")

Die sehr alte und wichtige Hafenstadt am Mittelmeer (das heutige Jaffa, ein Vorort Tel Avivs) war zwar dem Stamm Dan zugeteilt, stand aber bis zur Zeit Davids unter der Herrschaft der Philister. Ende des 8. Jahrhunderts v.Chr. fiel Jafo an die Assyrer, später an die Perser und im 4. Jahrhundert v.Chr. schließlich an Alexander den Großen, dessen Nachfolger die Stadt hellenisierten und „Joppe" nannten. 144 v.Chr. wurde sie von den Makkabäern unter Jonatan erobert (1 Makk 10,76), die die nichtjüdischen Bewohner vertrieben. Der Apostel Petrus wohnte später längere Zeit in Jafo und erweckte dort das Mädchen Tabita zum Leben (Apg 9,36-41).

Jahreszeiten

Das Klima in Palästina kannte nicht vier, sondern nur zwei Jahreszeiten: den Winter (hebräisch horeph, griechisch cheimon), die Regen- und Saatzeit, und den Sommer (hebräisch qajis, griechisch théros), die Erntezeit (Gen

8,22; Sach 14,8; Jes 18,6). Der August war der heißeste, der Februar der kälteste Monat des Jahres.

Jaïr

(hebräisch „möge Gott erleuchten")

1. Sohn des Manasse bzw. manassitische Sippe; die „Zeltdörfer Jaïrs" (Num 32,41) waren nicht befestigte Siedlungen im Ostjordanland.

2. Einer der „Kleinen Richter", der aus Gilead stammte (Ri 10,3-5).

3. Der Vater des Mordechai aus dem Stamm Benjamin (Est 2,5).

Jaïrus

(hebräisch „der Erleuchtete")

Galiläischer Synagogenvorsteher in Kaparnaum, dessen zwölfjährige Tochter nach Mk 5,22-24 und Mk 5,35-43 durch Jesus vom Tod erweckt wurde.

Jakob

Sohn Isaaks und Rebekkas, Zwillingsbruder Esaus (Gen 25,26-49,33) und Erzvater Israels; der Name bedeutete ursprünglich „der Nachgeborene" bzw. „Er (Gott) möge schützen", wurde aber volkstümlich als „er betrügt" (Gen 27,36; Jer 9,3) gedeutet und so handeln viele Jakobsgeschichten vom Thema „schlauer Betrug": Er kaufte seinem älteren Bruder Esau das Erstgeburtsrecht gegen ein Linsengericht ab (Gen 25,27-34) und brachte ihn damit um den Segen Isaaks (Gen 27). Um der Rache Esaus zu entgehen, floh er nach Mesopotamien (Gen 27,41-28). Er heiratete nacheinander Lea und Rahel, die Töchter des Laban, welcher Jakob betrogen hatte. Jakob überlistete den Schwiegervater ebenfalls und bereicherte sich auf dessen Kosten (Gen 29-30). Wiederum durch eine List gelang ihm die Flucht vor Laban (Gen 31). Am Fluss Jabbok kämpfte Jakob mit Gott, woraufhin er den Beinamen „Israel" („Gottesstreiter") erhielt (Gen 32,29).

Jakob wurde Vater von zwölf Söhnen, die die zwölf Stämme Israels bildeten, und einer Tochter: Lea gebar Ruben, Simeon, Levi, Juda, Issachar und Sebulon sowie die Tochter Dina, Rahel brachte Josef und Benjamin zur Welt, Bilha, die Magd Rahels, Dan und Naftali, und Silpa, die Dienerin Leas, Gad und Ascher (Gen 29,31-30,24; 35,22-26).

Nach der biblischen Erzählung zog Jakob später nach Ägypten, wo sein Sohn Josef es zu großem Ansehen gebracht hatte, und starb dort im Alter von 147 Jahren (Gen 39-50).

Jakob, der Lieblingssohn Rebekkas (Gen 25,28), wurde als „untadelig" (Gen 25,27) und „gerecht" (Weish 10,10) beschrieben. Hosea hingegen verurteilte Jakob (Hos 12,3-5; 12,13). „Jakob" ist in der Bibel – sowohl im Alten als auch im Neuen Testament – mehr als 180-mal eine Bezeichnung für das Volk Israel (z.B. Num 23,7; Lk 1,33).

Jakobsbrunnen
Ein ca. 32 m tiefer Brunnen in der Nähe von Sichem am Fuße des Berges Garazim, den Jakob gegraben haben soll. Er war Schauplatz des Gesprächs zwischen Jesus und der Samariterin (Joh 4). Heute ist der Brunnen von den Resten einer Kreuzfahrerkirche überbaut.

Jakobus, Jacobus
(griechisch-lateinische Form von Jakob)
1. Jakobus, der Sohn des Zebedäus, in der christlichen Tradition „der Ältere" (Jacobus Major) genannt; er wurde gemeinsam mit seinem Bruder Johannes von Jesus zum Apostel berufen (Mk 1,19; Apg 1,13) und galt im „Zwölferkreis" (neben Petrus und Johannes) als einer der drei bevorzugten Jünger Jesu (Mk 5,37). Er wurde 44 n.Chr. auf Befehl von Herodes Agrippa I. enthauptet (Apg 12,2) und war damit der erste der zwölf Apostel, der den Märtyrertod erlitt. Der Legende nach wurde Jakobus in Spanien, wo er als Missionar gewirkt haben soll, bestattet. Sein angebliches Grab entwickelte sich zum weltberühmten Wallfahrtsort Santiago de Compostela.
2. Jakobus, später „der Jüngere" bzw. „der Kleinere" (Jacobus Minor) genannt, war vermutlich der Sohn des Alphäus (Mt 10,3). Er gehörte ebenfalls zum „Zwölferkreis" der Jünger Jesu und wird oft mit dem u.a. in Mk 6,3 erwähnten „Bruder" des Herrn gleichgesetzt, der in der Jerusalemer Urgemeinde eine bedeutende und später führende Rolle spielte (Gal 1,19; Gal 2,9). Sein Verhältnis zum Apostel Paulus war durch seine gesetzestreuen judenchristlichen Anhänger belastet (Gal 2,12). Jakobus selbst wirkte aber vermutlich ausgleichend und setzte sich für ein friedliches Nebeneinander von Juden- und Christentum ein. Jakobus, der als Verfasser des Jakobusbriefes gilt, starb um 62 n.Chr. in Jerusalem den Märtyrertod.

Jannes und Jambres
Nach einer jüdischen Tradition die Namen zweier ägyptischer Zauberer, die sich Mose und Aaron widersetzten (Ex 7,11-12; Ex 7,22). Der Apostel Paulus verglich mit ihnen die Häretiker seiner Zeit (2 Tim 3,8).

Jarkon
(hebräisch me hajjarqon = „Wasser des Jarkon")
Sowohl ein Ort im Stammesgebiet von Dan, nicht weit von Joppe (Jafo) entfernt (Jos 19,46) als auch ein Fluss („Nahr el-'audscha") in derselben Gegend, der heute wieder „Jarkon" heißt und bei Tel Aviv ins Mittelmeer mündet.

Jarmuk

Linker, d.h. von Osten einmündender, wichtiger Nebenfluss des Jordan. Er wird im Alten und Neuen Testament zwar nicht namentlich erwähnt, ist aber wahrscheinlich in Gen 31,21 und 2 Sam 8,3 gemeint.

Jaser

Amoriterstadt im Ostjordanland (Num 21,32), die dem Stamm Gad zugeteilt wurde (Num 32,35; Jos 13,25) und später den Moabitern gehörte (Jes 16,8-9; 48,32).

Jason

(griechische Form von „Josua" oder „Jesus")

1. Jason von Kyrene; jüdischer Gelehrter und Autor eines fünfbändigen Geschichtswerkes über die Makkabäerkämpfe (2 Makk 2,19-23).

2. Bruder des Hohepriesters Onias III. (2 Makk 4,7), der sich 174 v.Chr. das Amt des Hohepriesters erkaufte und versuchte, die Juden zu hellenisieren. Er wurde 171 v.Chr. von Menelaus verdrängt. Jason scheiterte beim Versuch, sein Amt wiederzuerlangen, und ging ins Exil nach Sparta, wo er starb (2 Makk 5,5-10).

3. Christ in Thessalonich, der den Apostel Paulus und seinen Mitarbeiter Silas auf der zweiten Missionsreise bei sich aufnahm, und dafür von den Juden vor die Obersten der Stadt gezerrt und gegen eine Bürgschaft wieder freigelassen wurde (Apg 17,5-9).

Jawan

Sohn des Jafet in der Völkertafel (Gen 10,2) und hebräischer Name für Ionien und die ionischen Griechen in Kleinasien (Gen 10,4; Jes 66,19; Ez 27,13); später wurde damit auch das griechische Festland Alexanders des Großen oder das Reich der Seleukiden bezeichnet (Dan 8,21; 10,20; 11,2; vgl. Sach 9,13).

Jebus

Biblische Bezeichnung des alten Jerusalem (Ri 19,10-11; 1 Chr 11,4-5), abgeleitet vom Namen der Bewohner, den vorisraelitischen „Jebusitern" (Jos 15,63; Ri 1,21).

Jedaja

(hebräisch „Gott weiß")

1. Einer der babylonischen Juden, die sich beim Wiederaufbau des Jerusalemer Tempels besonders großzügig zeigten (Sach 6,10; 6,14).

2. Ein Priester in Jerusalem zur Zeit des persischen Statthalters Nehemia (Neh 11,10).

Jehova

Eine falsche Wiedergabe des Gottesnamens „Jahwe", die im Mittelalter unter Christen aufkam. „Jhwh" war aus Ehrfurcht vor dem Gottesnamen in den hebräischen

Bibeltexten mit den – ein wenig veränderten – drei Vokalen des Wortes „adonaj“ („Herr“) versehen und auch so gelesen worden. Dies wurde später falsch als „J-e-H-o-W-a-H“ interpretiert und findet sich noch in einigen Kirchenliedern.

Jehu

1. Zehnter König des Nordreiches Israel (um 841-814 v.Chr.); er gelangte mit einem Aufstand auf den Thron und ließ sich noch als Heerführer von einem Jünger des Propheten Elischa zum König salben. Daraufhin tötete er Joram, den König von Israel, Ahasja, den König von Juda, und das ganze „Haus Ahab“ (2 Kön 9,8-10). Jehu begründete eine Dynastie, die sich ein Jahrhundert lang an der Macht halten konnte.

Jehu war ein scharfer Gegner des Baalskultes. Unter einem Vorwand ließ er alle Baalspriester und -anhänger im Baalstempel versammeln und dann töten. Der Tempel wurde zerstört und entweiht.

2. Prophet, der den Untergang des Hauses Bascha, des dritten Königs von Israel (906-883 v.Chr.) ankündigte (1 Kön 16,1; 16,7; 16,12).

Jerachmeel

1. Sohn des Hezron (1 Chr 2,9), Bruder des Kaleb (1 Chr 2,42) und Ahnherr der Jerachmeeliter, die zu den Stämmen Juda gehörten (1 Chr 2,25-41; 1 Sam 27,10; 30,29).

2. Sohn des Königs Jojakim von Juda, der den Befehl erhielt, den Propheten Jeremia und seinen Vertrauten Baruch zu verhaften (Jer 36,26).

3. Levit und Sohn des Kisch (1 Chr 24,29).

Jeremia

Einer der großen Propheten; der Sohn des Priesters Hilkia aus Anatot (Jer 1,1-3) wirkte ca. 40 Jahre lang (627 bzw. 626-586 v.Chr.). Jeremia wurde schon in jungen Jahren von König Josia zum Prophetenamt berufen (vgl. Jer 1,4-7) und musste auf Ehe und Familie verzichten (Jer 16,2).

Im Zentrum seiner Botschaft stand der Vorwurf der Sünde und Gottlosigkeit an sein Volk. Er rief unermüdlich zur Buße auf und weissagte den Untergang des Reiches Juda. Hier bediente er sich nicht nur der gesprochenen Sprache, sondern auch der Schrift (Jer 29,1; Jer 36,2) und eines sinnbildlichen Handelns (vgl. Jer 27,2; Jer 7,29). Jeremia erlebte die dunkelsten Momente in der Geschichte Judas: Den tragischen Tod des Königs Josia (vgl. 2 Chr 35,25) und als Konsequenz das Scheitern der von ihm durchgeführten religiösen Reformen. Das endgültige Gericht kam, als König Zedekia Jeremias Warnung ignorierte und im Vertrauen auf die Unterstützung der Ägypter einen weiteren Aufstand gegen Nebukadnezar II. unternahm (2 Kön 24,20; 2 Chr 36,13). Die Belagerung dauerte über zwei Jahre und endete mit der Zerstörung Jerusalems. Jeremia musste mit den letzten Juden nach Ägypten fliehen, wo er um 580 v.Chr. starb.

Auch wenn oder gerade weil sich jede seiner Prophezeiungen erfüllte, zog sich Jeremia viele Feinde zu: Er wurde verfolgt und verhaftet (Jer 20,2), entging nur knapp dem Tod (Jer 11,21; Jer 37-38), und während der Belagerung Jerusalems warf man ihn in eine Schlammgrube, wo er sterben sollte (Jer 37,11-38,13). Das Volk hörte vier Jahrzehnte lang nicht auf ihn, woraufhin Jeremia fast an Gott zweifelte und sein Amt niederlegen wollte. Er zweifelte an seinem Wirken, beklagte den Erfolg der Gottlosen, und verfluchte sogar den Tag seiner Geburt. Doch Jeremia hielt durch, wohl auch durch die Verheißungen des Neuen Bundes (Jer 31,31-34).

Jericho

(unklare Bedeutung; vermutlich „Mondstadt", abgeleitet von hebräisch „jareach" = „Mond")

Alte Stadt in der Jordansenke, nahe des Toten Meeres und etwa 250 m unter dem Meeresspiegel gelegen; zur Zeit des Alten Testaments lag Jericho auf dem „Tell es-Sultan". Durch das milde Klima und den fruchtbaren Boden wurden seit Urzeiten Siedler angezogen. Ausgrabungen haben Siedlungsreste aus dem 6. und 7. Jahrtausend aufgedeckt, die ältesten menschlichen Spuren gehen sogar bis in das 9. Jahrtausend v.Chr. zurück. Um 7800 v.Chr. errichteten Jäger ein Heiligtum an der Quelle („En es-Sultan"), im folgenden Jahrtausend folgte der Übergang zur sesshaften Lebensform. Aus dieser Zeit stammt eine Tempelanlage, die zu den ältesten der Welt gehört und die von großen Befestigungsanlagen umgeben war. Jericho wurde um 1550 v.Chr. von den Ägyptern zerstört und blieb daraufhin 150 Jahre lang unbewohnt, wurde dann aber zwischen 1400 und 1325 v.Chr. als kleines Dorf wiederbesiedelt. Für die Zeit der Landnahme der Israeliten lässt sich keine Besiedlung nachweisen. Nach Jos 6 wurde Jericho als erste Stadt Kanaans erobert, das Gebiet erhielt der Stamm Benjamin (Jos 18,21). Josua belegte jeden, der versuchen würde, die Stadt neu aufzubauen, mit einem Fluch (Jos 6,26). Der Moabiterkönig Eglon nahm Jericho mit den verbündeten Ammonitern und Amalekitern ein (Ri 3,13); die Stadt muss auch zur Zeit Davids besiedelt gewesen sein (2 Sam 10, 5). Hiël aus Bet-El baute zur Zeit König Ahabs die Stadt wieder auf,

der Verlust seiner zwei Söhne bestätigte Josuas Prophezeiung (1 Kön 16,34). In Jericho befand sich eine Prophetenschule (2 Kön 2,4f.), und in der Nähe der Stadt wurde der vor den Babyloniern fliehende König Zedekia gefangen genommen (2 Kön 25,5). Die luxuriöse Winterresidenz von Herodes dem Großen lag südlich der alten Stadt am Ufer des „Wadi Quelt". Nach dem jüdischen Aufstand 66-70 n.Chr. ging die Bedeutung der Stadt zurück, und vom 4. Jahrhundert an war sie nicht mehr besiedelt.
Das heutige Jericho liegt 2 km südöstlich des „Tell es-Sultan" und 7 km westlich des Jordan.

Jerobeam

(hebräisch „möge das Volk zahlreich werden")

1. Jerobeam I., der Gründer und erste König des Nordreiches Israel (926-907 v.Chr.), war unter König Salomo ein hoher Beamter (1 Kön 11,28), führte aber einen Aufstand gegen die Selbstherrlichkeit Salomos an. Jerobeam floh nach Ägypten (1 Kön 11,26-40), wo er bis zum Tod Salomos blieb. Nach seiner Rückkehr kam es zur Reichsteilung in Juda (mit den Stämmen Juda und Benjamin; 1 Kön 12,21) im Süden unter König Rehabeam, dem Sohn Salomos, und Israel (mit zehn Stämmen und den unterworfenen Moabitern und Ammonitern) im Norden unter Jerobeam. Dieser musste sich ständig gegen Versuche Rehabeams wehren, der durch Eroberung das Reich Davids wiederherstellen wollte. Er wollte Israel vom Jerusalemer Tempel unabhängig machen und errichtete in Bet-El und Dan Reichsheiligtümer, wo goldene Stiere aufgestellt wurden. Dieser Götzendienst wurde als „Sünde Jerobeams" bezeichnet (1 Kön 15,26). Der Prophet Ahija prophezeite deshalb den Untergang von Jerobeams Dynastie (1 Kön 14,1-18).

2. Jerobeam II, der letzte bedeutende König von Israel (787-747 v.Chr.). Er stellte das Territorium Israels in seinen alten Grenzen wieder her: „von Lebo-Hamat bis zum Meer der Araba", d.h. bis zum Toten Meer (2 Kön 14,25-29). Seine lange Regierungszeit markierte den Höhepunkt der politischen Macht Israels. Die wirtschaftliche Blütezeit führte aber zu sozialen Ungerechtigkeiten, die von Amos und Hosea scharf kritisiert wurden.

Jerubbaal

(„Gott wird mit ihm streiten")

Beiname Gideons, des Vaters von Abimelech, der ihm gegeben wurde, nachdem er den Baalaltar seines Vaters zerstört hatte (Ri 6,32 7,1; 8,29; 8,35; 1 Sam 12,11).

Jerusalem

Die Herleitung des Namens „Jerusalem“ (hebräisch j·ruschalem, griechisch Jeroúsalem, lateinisch Hierosolyma) ist nicht einwandfrei geklärt. Zum ersten Mal wird er in ägyptischen Texten des 19. oder 18. Jahrhunderts v.Chr. erwähnt. In den Amarnabriefen (Schriftwechsel kanaanäischer und anderer Könige mit den Pharaonen, ca. 1400 v. Chr.) wird die Stadt als „Urusalim“ bezeichnet, auf assyrischen Denkmälern des 7. Jahrhunderts v.Chr. als „Ursa-li-immu“. Der erste Teil des Namens ist ein häufiger Wortteil im Sumerischen und Akkadischen und heißt einfach „Stadt“, während „salim“ in der Regel als „Friede“ verstanden wird, also „Stadt des Friedens“. Möglicherweise bezieht sich der zweite Wortteil auch auf eine alte lokale Gottheit.

Die erste Erwähnung Jerusalems in der Bibel (Gen 14,18-20) ist anlässlich der Begegnung Abrahams mit Melchisedek, dem König von Salem.

Andere bedeutende Städte des Altertums im Nahen Osten verdankten ihre Gründung und Entwicklung oft der Lage an einem Strom (z.B. Babylon, Memphis und Theben), am Meer (Alexandria, Tyrus und Ugarit) oder an einer großen Handelsstraße (Damaskus, Palmyra). Auch ein fruchtbares Umland spielte häufig eine Rolle. Im Fall Jerusalems, das auf dem Kamm des von Tälern strukturierten judäischen Höhenrückens liegt, der für das Westjordanland Wasser- und Wetterscheide ist, ist das anders. Zwar ist der Weg vom Ostjordanland über Jericho zum Mittelmeer nicht weit, aber man erreicht die Stadt nur durch gewundene Täler. Auch das Umland ist nicht sonderlich fruchtbar und hat mit einer Höhenlage zwischen 600 und 800 m keineswegs die Voraussetzungen für gute Ernten. Das Wetter reicht von leichten Minusgraden mit Schnee im Winter bis zu extremer Hitze von 40 und mehr Grad im Hochsommer. Dazu weht oft ein sommers heißer und winters eisiger Wind. Es bleiben nur religiöse Gründe, die für die Wahl des Platzes ausschlaggebend sind. Das Alte Testament gibt schlicht an, die Stadt sei vom Herrn erwählt: „Mein Name soll da sein“ (1 Kön 8,29).

Optimal für eine Ansiedlung war das Vorhandensein von Wasser in Form zweier immer fließender Quellen, die eine am Absturz des Osthügels zum Kidrontal, ’en gihon (Gihon, heute Marienquelle), die andere, ’en rogel (Rogel), unterhalb der Mündung des Hinnomtales in das Kidrontal. Die zweite ist wahrscheinlich identisch mit dem Drachenbrunnen (Neh 2,13), da es sonst keine Quellen in der Gegend gibt. Tacitus berichtet, dass der Tempelplatz selbst eine nicht versiegende Quelle hatte, dies kann bei dieser Höhenlage kaum zutreffen, aber die Notiz ist richtig, dass es hier unterirdische Reservoire und Zisternen gab.

Das heutige Jerusalem gliedert sich in die ummauerte Altstadt, die offiziell Teil des Westjordanlandes ist, und die Neustadt, die zum Staat Israel gehört. Die Altstadt wird im Westen und Süden vom Hinnomtal, im Osten vom Kidrontal begrenzt. Im Norden geht das Gelände unmittelbar in die judäischen Hügel über.

Die Bibel beschreibt die Stadt an keiner Stelle. Tacitus sagt von ihr, dass sie auf zwei hohen Hügeln gelegen ist, und Josephus beschreibt den westlichen Hügelzug als gerade, den östlichen als an beiden Enden nach innen gebogen. Die beiden sind durch ein Tal voneinander getrennt. Der westliche Teil hieß Oberstadt (bzw. Obermarkt), der östliche Stadtteil auf dem niedrigeren Hügel die Unterstadt, auch Akra oder „Burg" genannt. Das genannte Tal ist immer noch zu erkennen, es zieht sich vom heutigen Damaskustor westlich am Tempelplatz, dem Ophel und der ehemaligen Jebusiterstadt vorbei bis hinunter ins Kidrontal.

Man weiß nicht, wie alt Jerusalem eigentlich ist. Auf dem Südosthügel wurden Tonscherben aus dem 4. Jahrtausend gefunden. Die älteste durch Ausgrabungen bekannt gewordene Ansiedlung, die Jebusiterstadt, lag auf dem südlichen Teil des Osthügels südlich des Tempelhügels außerhalb der heutigen Mauer. Die Jebusiterstadt war kleiner als etwa Megiddo oder Hazor und Sitz eines kanaanäischen Stadtkönigtums. In den Amarnabriefen wird Abdi-Hipa als König von Jerusalem genannt, der sich hilfesuchend an Pharao Amenophis IV. wandte, weil die Chabiru (Hebräer) einzufallen drohten. Nach der hebräischen Überlieferung hießen die Bewohner Jerusalems zur Zeit der Landnahme Jebusiter (Jos 15,63; Ri 1, 21), die sie unter die Stämme Kanaans rechneten (Gen 10,15-16) und die vielleicht hethitischer Abstammung waren. Ihr König Adoni-Zedek verbündete sich mit anderen Königen des Landes (Hebron, Jarmuth, Lachisch und Eglon) gegen die Israeliten, wurde aber geschlagen (Jos 10). Jerusalem blieb dennoch in den Händen der Jebusiter, bis David die Stadt um 1050 v.Chr. eroberte (Jos 15,63; Ri 1,21; 2 Sam 5,6-12). Wegen ihrer massiven Befestigungen galt sie als uneinnehmbar, so dass die Jebusiter David zunächst verspotteten (2 Sam 5,6). Nach der Einnahme baute er „sich Häuser in der Stadt Davids und richtete auch eine Stätte für die Lade Gottes her", die er nach Jerusalem hatte bringen lassen (2 Chr 1,4). Es handelt sich in erster Linie um seinen eigenen Palast am Nordende der Stadt (Neh 12,37), bei dem an nichts gespart wurde: Die Bauleute kamen aus Tyrus, das Bauholz aus dem Libanon (2 Sam 5,11). Hier brachte man zunächst auch seine Frauen unter, denen er später ein Frauenhaus baute. Außerdem errichtete man Häuser für seine „Helden", auch die Stadtmauern wurden ergänzt und ausgebaut. Nach dem archäologischen Befund hat die Davidsstadt auf dem südöstlichen Hügel südlich des Tempelplatzes gestanden. Gegenüber den unterlegenen Jebusitern verhielt der König sich tolerant, so dass es zu einer gewissen kulturellen Vermischung der Ethnien kam.

Der lokale Kult war dem kanaanäischen Gott El gewidmet, der zweifellos an dieser prominenten Stelle eine Verehrungsstätte besaß. Später kam es zu einer Verschmelzung mit Jahwe, danach war Jerusalem alleiniger Sitz des allgewaltigen Schöpfergottes, der hier oben, wo Erde und Himmel sich berühren, residierte.

Davids Nachfolger Salomo versah Jerusalem mit vielen neuen Bauten. Erst er konnte den Tempel errichten, dessen Baugeschichte und Einweihung 1 Kön 5-8 erzählt. Zudem baute er einen neuen Palast (z.B. 1 Kön 3,1; 7,1). Dieser bestand aus einem Haus für ihn selbst und einem zweiten für die Pharaonentochter, die er geheiratet hatte (1 Kön 7,8), ferner aus dem ganz aus Zedernholz konstruierten „Haus des Libanonwaldes" (1 Kön 7,2-5), der Säulenhalle (1 Kön 7,6) und einem Thron- und Gerichtssaal (1 Kön 7,7), in dem sich der Thron aus Elfenbein und Gold befand (1 Kön 10,18-20). Die Bevölkerung der Stadt mag um die 5 000 betragen haben. Salomos Hang zu ausländischen Frauen, die damit verbundenen fremden Einflüsse, vor allem aber die hohen Steuern für seine Bauvorhaben führten zu großem Unmut in der Bevölkerung (z.B. 1 Kön 4,7; 5,1; 5,27; 9,10-36). Gegen den König begehrte niemand auf, aber nach seinem Tod kam es zum Abfall der zehn nördlichen Stämme (1 Kön 12; 2 Chr 10) und damit zur faktischen Teilung des Reiches.

Nach der Spaltung blieb Jerusalem die Hauptstadt des kleinen judäischen Königtums („Land Juda"), man bezeichnete sie auch als „die Stadt Judas". Hier war auch die Wirkungsstätte fast aller Schriftpropheten (außer Amos und Hosea). Die Zerstörung Jerusalems durch Pharao Schischak im Jahr 925 v.Chr. war offenbar nicht so drastisch, dass sie die Entwicklung aufgehalten hätte. Im 8. und 7. Jahrhundert wurde die Stadt weiter ausgebaut. In der Zeit von König

Manasse (696-642) zog man eine neue äußere Mauer hoch (2 Chr 33,14). Der Fund kanaanäischer Götterfiguren deutet darauf hin, dass deren Einfluss immer noch groß war.
Politisch dominierte nach der Spaltung 150 Jahre lang das Nordreich Israel. Juda verlor unter Amazja (um 800-770) den Krieg gegen Israel unter Joasch, der die Mauer zwischen dem Ephraimstor und dem Ecktor niederreißen ließ (2 Kön 14,13; 2 Chr 25,23). Die drohende Belagerung Jerusalems durch die Assyrer 701 v.Chr. (2 Kön 18,13ff.), die schon das Reich Israel zerstört hatten, war für König Hiskia Anlass, die Wasserversorgung der Stadt aus der Gihonquelle zu sichern, die sich unterhalb der Ostmauer befand. Er ersetzte den älteren, offenen Kanal (Jes 8,6) durch den Siloachtunnel durch den Fels des Südosthügels, um durch ihn Wasser von der Gihonquelle in einen Teich zu leiten und dort zu speichern (2 Kön 20,20; 2 Chr 32,1ff.; Jes 22,11). Der erhaltene Kanal ist über 500 m lang. Darin fand sich die so genannte Siloachinschrift. Eine zweite Mauer (2 Chr 32,5) umschloss das Wasserbecken. Die Bevölkerung in jener Zeit mag etwa 10 000 betragen haben.
597 v.Chr. kam es zur Teildeportation der Einwohner Jerusalems durch Nebukadnezar II., im Jahre 587 v.Chr. ging dann die judäische Königsherrschaft endgültig zu Ende: Nach zwei Jahren Belagerung nahm der Babylonier die aufsässige Stadt ein. Der Tempel, der Palast und alle größeren Häuser wurden niedergebrannt und die führenden Bürger nach Babylonien verschleppt (2 Kön 25,1-21). Die Zerstörungen sind archäologisch gut dokumentiert.
Das Edikt von Kyros II. (538 v.Chr.) gestattete den Juden die Rückkehr aus dem Exil. Sofort begann man mit dem Wiederaufbau des Tempels (2 Chr 36,22f.; Esra 1), 516/515 v.Chr. war er vollendet und wurde geweiht. Nehemia, Minister unter Artaxerxes (Neh 2-4; 6), unternahm den Wiederaufbau der Mauern. Das Buch Nehemia enthält den einzigen zusammenhängenden Bericht der Bibel über die Mauern, Tore und Türme Jerusalems. Die Einwohnerzahl war gegenüber der vorexilischen Zeit sehr gesunken.
Die Herrschaft der Perser wurde von der der Makedonier (330 v.Chr.) abgelöst. 302 wurde Palästina dem Reich der Ptolemäer in Ägypten für ein volles Jahrhundert einverleibt. Tempel und das Tempelgebiet befestigte man unter dem Hohepriester Simon um 200 neu und baute die große Zisterne. Nachdem Antiochos III. die Ägypter (um 200) geschlagen hatte, fiel das Land mit Jerusalem an

Syrien. Antiochos IV. Epiphanes (175-164) zerstörte die Stadt 168 v.Chr. zum Teil und ließ die Mauern niederreißen. Er baute die „Davidsstadt" zu einer Burg um, diese „Akra" wurde zum Zentrum der hellenistischen Polis.

Die zunehmende Hellenisierung führte zum Aufstand der Makkabäer. Sie besetzten Jerusalem, reinigten den Tempel (Tempelweihfest Dezember 164 v.Chr.) und erhöhten die Mauern (1 Makk 13,49-52; 14,36f.). Die Akra konnten sie erst 142/141 v.Chr. einnehmen. 63 v.Chr. marschierte der römische Feldherr Pompejus in die Stadt ein, 40 v.Chr. wurde sie von den Parthern geplündert, 37 v.Chr. schließlich eroberte Herodes der Große, von den Römern unterstützt, Jerusalem. Das Land wurde römische Provinz.

Herodes enwickelte eine rege Bautätigkeit: Er errichtete einen neuen Palast im Westen der Stadt, dort, wo sich die heutige Zitadelle befindet. Drei Türme hatte er, und zwar den Hippikos, 80 Ellen hoch mit einem 20 Ellen tiefen Wasserreservoir, den Phasael, 90 Ellen hoch, und den Mariamne. Der Tempel wurde in einen Prachtbau umgewandelt, und auch ein Theater und ein Amphitheater gebaut. Daneben wurden die Wehranlagen ausgebessert.

Jesus besuchte die Stadt zum ersten Mal mit seinen Eltern, die ihn für einige Tage im Gewühl verloren, dann aber im Tempel, mit den Gelehrten diskutierend, wiederfanden (Lk 2,41ff.). Später kam er allein oder mit seinen Jüngern, meist zu den Festen (z.B. Joh 2,13; 5,1; Mk 10,32; 11,1-11). Die Stätten seiner Besuche sind fast nur aus Traditionen bekannt, die kaum über das 4. Jahrhundert zurückreichen.

Unter Herodes Agrippa I. (41-44 n.Chr.) dehnte sich die Stadt nach Norden aus, bekam eine dritte Mauer und beherbergte etwa 70 000 Einwohner.

Die Zerstörung Jerusalems nach dem Jüdischen Krieg 69/70 n.Chr. durch den römischen Feldherrn Titus (79-81 Kaiser) war radikal. Ein Großteil der Bewohner wurde in die Sklaverei verkauft, der Rest vertrieben. Unter Kaiser Hadrian wurde die Stadt 136 n.Chr. römische Kolonie, Juden hatten keinen Zutritt mehr. Dies erklärt, dass fast alle jüdischen Traditionen abrupt unterbrochen wurden.

Seit Kaiser Vespasian (69-79) hatte Jerusalem seine politische Bedeutung an Cäsarea, die neue Hauptstadt der Provinz, verloren. Im 4. Jahrhundert kam es unter Kaiser Konstantin zu einer christlichen Restauration der Stadt der Mutterkirche. Besonders Helena, Konstantins Mutter, machte sich darum verdient, legte die heiligen Stätten wie die Grabeskirche wieder an und

sammelte Reliquien, von denen viele später nach Europa gelangten. Mit ihr begannen auch die Wallfahrten ins Heilige Land.
Auch Juden durften sich wieder ansiedeln. 614 eroberten die Perser mit Hilfe der Juden Jerusalem, plünderten die christlichen heiligen Stätten und töteten Tausende von Christen. 628 konnte der byzantinische Kaiser Heraklius die Stadt zurückerobern, doch nur zehn Jahre später musste der Patriarch Sophronius nach zweijähriger Belagerung die Stadt an den Kalifen Omar übergeben. Nach Mekka und Medina wurde Jerusalem (arabisch „el-Quds") die dritte heilige Stadt des Islam. Die 17. Sure des Koran berichtet, der Prophet Mohammed hätte hier eine Vision gehabt und wäre vom Berg Zion zum Himmel aufgestiegen. An eben dieser Stelle errichtete Abd al-Mallk 691 den prächtigen Felsendom und kurz darauf weiter südlich auf dem gleichen Platz eine zweite Moschee, die al-Aqsa. Unter den meist toleranten arabischen Machthabern konnten christliche Pilger weiter die heiligen Stätten besuchen, nur unter den Fatimiden wurde 1009 die Grabeskirche in Brand gesteckt. Während der 70er Jahre des 11. Jahrhunderts übernahmen die Seldschuken die Macht, 20 Jahre später fielen die Kreuzfahrer sengend und brennend ein und richteten Massaker an, die die doch unruhige Geschichte des Nahen Ostens bislang nicht gekannt hatte. Ein christliches Königreich wurde 1100 installiert, doch schon 1187 durch Sultan Saladin beendet. Noch mehrmals wechselte die Stadt von christlichen zu moslemischen Machthabern und umgekehrt, schließlich zogen sich die Kreuzfahrer zurück und die Mameluken gewannen für zweieinhalb Jahrhunderte die Oberherrschaft. 1517 wurden sie von den ottomanischen Türken abgelöst, die genau 400 Jahre herrschten.
1917 marschierte der britische General Allenby in Jerusalem ein, und Palästina wurde britisches Mandatsgebiet. In den Kämpfen nach der Gründung des Staates Israel 1948 zwischen Juden und Arabern fiel die Altstadt mit dem Kidrontal und dem Ölberg an Jordanien, während die vornehmlich jüdische Neustadt an Israel kam. Die Mauern, die die heutige Altstadt einschließen, hat Suleiman der Große oder Prächtige (1520-1566) bauen lassen. Vermutlich folgen sie im wesentlichen dem Zuge weit älterer Mauern und haben diese teilweise zum Fundament.
Israel hält die Altstadt und das Westjordanland nach wie vor besetzt, und wenn auch immer wieder von der Rückgabe und der Errichtung eines palästinensischen

Staates die Rede ist, so darf man doch davon ausgehen, dass Jerusalem wegen seiner herausragenden religiösen Bedeutung bis auf weiteres israelisches Territorium bleiben wird. Wenn diese für drei Religionen so wichtige Stadt, die sicher eine der faszinierendsten der Welt ist, heute in den Medien erscheint, so geht es leider meist um Selbstmordattentäter, Polizei- und Militäraktionen gegen Palästinenser oder jüdische Siedler und die Errichtung neuer Grenzzäune und -mauern.

Jesaja

(hebräisch „Jahwe [Gott] hat Heil geschenkt")
Einer der klassischen Propheten des Alten Testaments und Sohn des Amoz. Jesaja wurde im Todesjahr von Asarja (Usija), des zehnten Königs von Juda (735 v.Chr.) zum Propheten berufen. Er wandte sich gegen den Sittenverfall, der durch die wirtschaftliche Blütezeit begünstigt worden war (Jes 1-5) und drohte Gottes Gericht an (Jes 1,21-26; 2,6-22; 3,1-9). Während des syrisch-ephraimitischen Kriegs (733 v.Chr.) versuchte er, König Ahas von einem Bündnis mit Assur abzuhalten (Jes 7-11). Er ermahnte den König und das Volk, auf den Beistand Gottes zu vertrauen, andernfalls wären sie seinem Gericht verfallen (Jes 7,1-9; 10-17; 18-25). Dann zog er sich zurück und trat erst nach dem Tod Ahas' wieder auf, als sich König Hiskia (727-697 v.Chr.) gegen Assyrien auflehnte. Sanherib drang in Palästina ein, und Jesaja unterstützte Hiskia in seinem Widerstand. Er versicherte ihm, dass Jerusalem gerettet werde (2 Kön 19,1-7; Jes 37,1-7).
Jesaja soll von König Manasse (696-642 v.Chr.) gefoltert und hingerichtet worden sein (vgl. Hebr 11,37).

Jeschaja

Er kehrte mit Esra aus dem Exil zurück (Esra 8,7).
Weitere Träger dieses Namens werden u.a. in 1 Chr 3,21 und 1 Chr 26,25 genannt.

Jeschua

(hebräisch „Hilfe", „Rettung")
Der Sohn Jozadaks kehrte mit Serubbabel aus der Babylonischen Gefangenschaft zurück (Esra 2,2; Neh 12,1) und leitete als Hohepriester die Arbeiten am Wiederaufbau des Jerusalemer Tempels (Esra 3,8; 4,3; 5,2).

Jeschurun

Ehrenname für Israel, der ausschließlich in poetischen Texten verwendet wird (Dtn 32,15; 33,5; 33,26). Der Name stammt vielleicht von der hebräischen Wurzel „jsch", die „gerade, aufrichtig" bedeutet und den Gegensatz zu

Jakob, dem „Betrüger", zum Ausdruck bringen soll (Jes 44,2).

Jesreel

(hebräisch „Gott sät")

1. Zum Stamm Issachar gehörende Stadt am Ostrand der gleichnamigen Ebene (Jos 19,18); König Ahab von Israel machte Jesreel – vermutlich wegen der günstigen Verkehrslage – zur zweiten (neben Samaria) Residenz (1 Kön 18,45-46). Hier fand der Justizmord an Nabot statt (1 Kön 21,1-16), und hier tötete Jehu die Mitglieder der königlichen Familie (2 Kön 9,14-37; 10,6-11).

Die Jesreelebene hat die Form eines Dreiecks und liegt zwischen dem samarischen Gebirge im Südwesten, dem Berg Tabor und dem Gilboagebirge im Osten, und dem galiläischen Bergland im Norden (Jos 17,16; Hos 1,5). Diese fruchtbare Ebene galt als klassisches Schlachtfeld Palästinas (z.B. Ri 4; 6,33; 1 Sam 28,4; 2 Kön 23,29-30).

2. Ort in Juda (Jos 15,56) und Heimatort Ahinoams, der zweiten Frau Davids und Mutter seines Sohnes Amnon (1 Sam 25,43; 1 Sam 30,5).

Jibleam

Alte kanaanäische Stadt südlich von Jesreel, die zum Stammesgebiet Manasses gerechnet (Jos 17, 11), aber nicht sofort erobert wurde (Ri 1,27). Hier tötete Jehu im 9. Jahrhundert v.Chr. König Ahasja von Juda (2 Kön 9,27), und auch König Secharja von Israel soll hier Mitte des 8. Jahrhunderts v.Chr. ermordet worden sein (2 Kön 15,10).

Jiftach

(griechisch-lateinisch „Jephtha" = „[Gott] öffnet/befreit")

Einer der „großen" Richter und Retter Israels (Hebr 11,32) aus Gilead (Ri,11,1). Er konnte einen Angriff der Ammoniter auf die Israeliten in Gilead abwehren. Erzählt wird auch von seinem leichtfertigen Gelübde, durch das er seine Tochter als Opfer darbringen musste (Ri 11,29-40). Dieser Opfertod wird von den israelitischen Mädchen alljährlich auf den Bergen von Mizpa mit einem viertägigen Fest beklagt. Die „Schibbolet-Episode" beleuchtet die Stammesgegensätze und Dialektunterschiede zwischen den Gileaditern und den Ephraimiten (Ri 12,1-6).

Jitro

Priester von Midian und Schwiegervater des Mose (Ex 2,21); Jitro nahm den aus Ägypten flüchtenden Mose bei sich auf, besuchte ihn nach dem Exodus und veranstaltete außerdem für ihn ein Opfermahl (Ex 18,1-12). Unklar ist, warum er in anderen Überlieferungen Hobab (Ri 1,16) oder Reguël (Ex 2,18) heißt.

Joab

(hebräisch „Jahwe [Gott] ist [mein] Vater")
Bruder von Abischai und Asaël und somit Neffe Davids (2 Sam 8,16); Joab errang als Heerführer Davids viele Siege, z.B. gegen die Ammoniter, Aramäer und Edomiter (vgl. z.B. 2 Sam 12,27), tötete Abschalom (2 Sam 18,14) und seine Konkurrenten Abner (2 Sam 3,27) und Amasa (2 Sam 20,10). Da er sich bei der Thronnachfolge aber auf die Seite des Adonija (gegen Salomo) stellte, ließ ihn Salomo töten (1 Kön 2,28-35).

Joahas

(hebräisch „Jahwe hält fest")
1. Sohn Jehus und elfter König von Israel (um 814-798 v.Chr.), dessen Regierungszeit beherrscht war von den Kämpfen gegen Hasaël, den König von Damaskus (2 Kön 13,22), der Israels Rüstung weitgehend einschränkte: Joahas durfte nur 50 Reiter, 10 Streitwagen und 10 000 Mann Fußvolk halten (vgl. 2 Kön 13,7).
2. Sohn Josias und 17. König von Juda (609 v.Chr.); er wurde mit 23 Jahren Nachfolger seines Vaters. Pharao Necho II. setzte ihn aber bereits nach drei Monaten wieder ab und verschleppte ihn nach Ägypten, wo er starb (2 Kön 23,31-34; vgl. Jer 22,10-12).

Joasch

(hebräisch „der Herr stützt", „Jahwe [Gott] hat gegeben")
1. Sohn des Ahasja und achter König von Juda (839-801 v.Chr.); er entkam dem von seiner Großmutter Atalja angestifteten Massaker an der königlichen Familie und wurde von seiner Tante Joscheba und deren Mann, dem Hohepriester Jojada, sechs Jahre lang im Tempel von Jerusalem versteckt. Joasch wurde mit sieben Jahren von Jojada zum König ausgerufen (2 Kön 11,1-22). Er kaufte sich durch hohe Tributzahlungen von Hasaël von Damaskus los (2 Kön 12,18-19) und trat anfangs vehement für die Verehrung Jahwes ein und ließ den Tempel Salomos ausbessern. Später aber duldete er heidnische Bräuche und ließ Secharja, den Sohn Jojadas, der dem Volk wegen der heidnischen Heiligtümer Vorwürfe gemacht hatte, hinrichten (2 Chr 24,20-22). Joasch selbst fiel einer Verschwörung zum Opfer und wurde von seinen Dienern ermordet (2 Kön 12,21-22).
2. Sohn des Joahas und zwölfter König von Israel (um 798-783 v.Chr.); er kämpfte gegen Ben-Hadad III. und konnte die an die Aramäer verlorenen Gebiete wieder zurückerobern. Siegreich war er auch gegen Amazja, den König von

Juda (2 Kön 13,10-25; 2 Kön 14,8-14): Er nahm Jerusalem ein und zerstörte einen Teil der Stadtmauer. So hinterließ er seinem Sohn Jerobeam II. ein wieder gefestigtes Reich.

Jobeljahr

Von Martin Luther mit „Halljahr" bzw. „Erlassjahr" übersetzte Bezeichnung für das 50. Jahr nach sieben Sabbatjahren (Lev 25,8-54; 27,17-24; Num 36,4); eröffnet wurde dieses Jahr mit dem Blasen eines Widderhorns („jobel"; Jos 6,4-5). Es brachte den Ausgleich bei sozialer Ungerechtigkeit wie z.B. den Erlass der Schulden, die Rückgabe verkaufter Grundstücke, und auch die Befreiung vom Sklavendienst. Außerdem musste in diesem Jahr die Arbeit am Feld ruhen. Das Jobeljahr ist ein Idealbild und gilt als Zähleinheit. Über eine tatsächliche Umsetzung der Bestimmungen ist nichts bekannt.

Joël

(hebräisch „Jahwe ist Gott")

Der Sohn Petuëls, einer der zwölf „kleinen" Propheten (Joël 1,1) und Verfasser des Buches Joël, lebte vermutlich im 4. oder 3. Jahrhundert v.Chr. in Jerusalem. Er verurteilte die Städte Tyrus, Sidon und die Philister für den Verkauf von Juden als Sklaven an die Jawaniter (Kleinasien, Griechenland).
(Joël 4,4-6)

Johanan

(hebräisch „Jahwe [Gott] ist gnädig"; griechisch „Johannes")

Häufiger Name im Alten Testament (u.a. 2 Kön 25,23; 1 Chr 3,15, Neh 12,23; Lk 3,27), besonders wichtig für das Weiterbestehen des Judentums nach 70 n.Chr. war: Johanan ben-Zakkai, ein jüdischer Schriftgelehrter, der im 1. Jahrhundert n.Chr. lebte. In einem Sarg floh er aus dem von Vespasian belagerten Jerusalem, und gründete in Jabne ein Lehrhaus. Nach der Zerstörung Jerusalems wurde er zum geistigen Führer der Juden. Er half ihnen, über den Verlust des Tempels hinwegzukommen und zeigte ihnen, wie sie Gott auf andere Weise verehren konnten. Er führte zur Wiederbelebung des Synedriums, des Hohen Rats.

Johanna

Die Ehefrau Chusas (eines Verwalters von Herodes Antipas) war eine jener Frauen, die Jesus geheilt hatte und die die Jünger unterstützten (Lk 8,3; Lk 23,49). Johanna wurde am Ostermorgen Zeugin des leeren Grabes Jesu (Lk 24,10).

Johannes

1. Johannes der Täufer (Johannes Baptista), der Sohn von Elisabeth und dem Priester Zacharias (Lk 1,5ff.), war ein Prediger und prophezeite das Nahen des König-

reichs Gottes (Mt 3,2; Joh 1,8). Er wirkte um 28 n.Chr. südlich von Jericho am Jordan und gilt als bedeutendster Vertreter der Täuferbewegung Palästinas (Mk 1,2-8; 3,11). Er kündigte den Messias an und empfand es als seinen göttlichen Auftrag, Christus zu offenbaren (Joh 1,19-34). Viele Menschen kamen zu ihm und ließen sich nach Bekennung ihrer Sünden taufen. Als Jesus von Nazareth im Kreise der Zuhörer seiner Predigten stand, erkannte Johannes ihn als den Sohn Gottes, dem er bei der Taufe seine Berufung verkündigte (Mt 3,13-17; Joh 1,29-34).
Eine Gruppe von Anhängern des Täufers glaubte weiterhin daran, dass dieser selbst der Messias sei (Mt 9,14; Apg 18,25; 19,1-7), doch Johannes selbst sah seinen göttlichen Auftrag mit dem Erscheinen Jesu erfüllt. Er gilt als Vorbote des Messias und als letzter der Propheten (Mt 11,2f.; Lk 16,16).
Nachdem er den Fürsten Herodes Antipas wegen dessen Ehe mit seiner Schwägerin Herodias in aller Öffentlichkeit kritisiert hatte, wurde Johannes der Täufer gefangen genommen und im Jahre 29 n.Chr. enthauptet (Lk 3,19f.; Mt 14,1-12; Mk 6,17-29).
2. Johannes der Apostel, Sohn von Zebedäus und Salome (einer Schwester Marias, der Mutter Jesu), war wie sein Bruder Jakobus und Petrus Fischer am See Genezareth (Mt 4,21; 1,14-20). Gemeinsam mit diesen beiden zählt Johannes nicht nur zu den besonders Vertrauten Jesu, sondern wird später auch als eine der drei Säulen der christlichen Gemeinschaft bezeichnet (Gal 2,9; Apg 3,1ff.).
In den Evangelien findet Johannes oft Erwähnung, war er doch jener Lieblingsjünger Jesu, der beim letzten Mahl an der Brust Christi lag und nach dem Verräter fragte (Joh 13,23; Joh 19,26; Joh 20,2; Mt 17,1; Mk 5,37; Mk 13,3; Mk 14,33; Lk 9,54; Lk 22,8).
Einem seiner Schüler, Papias, und der späteren Tradition zufolge wurde er unter Kaiser Domitian auf die Insel Patmos verbannt, wo er das Buch der Offenbarung verfasste (Offb 1,9). Wieder in Freiheit, kehrte Johannes nach Ephesos zurück und schrieb dort das Johannesevangelium und die Johannesbriefe.

Jojachin

(hebräisch „Jahwe [Gott] hat eingesetzt")
Der Sohn Jojakims bestieg im Alter von 18 Jahren nach dem Tod des Vaters (598 v.Chr.) den Thron von Juda. Der babylonische König Nebukadnezar II. zog gegen Juda und belagerte Jerusalem, nach dessen Eroberung Jojachin nach nur dreimonatiger Regentschaft abgesetzt und gemeinsam mit seiner Mutter Nehuschta und nahezu der gesamten Jerusalemer

Oberschicht nach Babylonien deportiert wurde. Zum neuen (und letzten) König von Juda, das nun noch höhere Steuern zu zahlen hatte, machte Nebukadnezar Jojachins Onkel Zedekia.
Nach 37 Jahren Gefangenschaft wurde Jojachin von Ewil-Merodach, Nebukadnezars Nachfolger, begnadigt und als „Gast" an den königlichen Hof geholt (Mt 1,11f.; 2 Chr 36,9; 2 Kön 24,8-17; 25,27-30; Jer 52,31-34).

Jojada

(hebräisch „Jahwe [Gott] hat gewusst")
Hohepriester in Jerusalem, der den Prinzen Joasch nach dem Tod von König Ahasja im Jahre 845 v.Chr. vor seiner herrschsüchtigen Großmutter Atalja sechs Jahre lang im Tempel versteckte und ihm so das Leben rettete. 839 v.Chr. ließ Jojada den siebenjährigen Joasch im Zuge einer Rebellion zum König von Juda ausrufen, führte die Regierungsgeschäfte bis zu dessen Volljährigkeit und bekämpfte den Baalskult im Reich (2 Kön 11-12; 2 Chr 22-24). Joasch ließ später seinen Sohn Secharja, der dem Volk die Heiligtümer vorgeworfen hatte, hinrichten (2 Chr 24,20-24).

Jojakim

(hebräisch „Jahwe [Gott] möge aufrichten")
18. König des Südreiches Juda (608-598 v.Chr.); als der Sohn von Josia und Bruder des 609 nach Ägypten verschleppten Joahas den Thron bestieg, änderte Pharao Necho II. seinen Namen von Eljakim in Jojakim (2 Kön 23,34; 2 Chr 36,4). Jojakim war Ägypten tributpflichtig und verlangte von seinen Untertanen hohe Steuern (2 Kön 23,35). Er soll ein brutaler und gottloser Herrscher gewesen sein (Chr 36,5; Jer 22,18-23). So ließ er z.B. den geflohenen Propheten Urija gefangen nehmen und hinrichten (Jer 26,20-23) und die Prophetensprüche Jeremias verbrennen (Jer 36).
Als sich Jojakim 598 gegen Babylonien erhob, marschierte König Nebukadnezar II. gegen Juda. Jojakim starb noch im selben Jahr, noch bevor Nebukadnezar Jerusalem erreichte, und man warf seinen Leichnam vor die Tore der Stadt (Jer 22,19).

Jokneam

Alte kanaanäische Stadt am Fuße des Karmel (Jos 12,22), die sich im Gebiet des Stammes Sebulon befand (Jos 19,11).
Jokneam ist das heutige Tell Qemun, etwa 20 km südostlich von Haifa gelegen.

Jona

(hebräisch „Taube")
Der aus Gat-Hefer, einem Ort im Stammesgebiet Sebulons, kom-

mende Sohn des Amittai und fünfte der „kleinen" Propheten verhieß im Nordreich Israel dem König Jerobeam II. (787-747 v.Chr.) die Wiederherstellung der ursprünglichen Reichsgrenzen in den Gebieten, die von Aram besetzt wurden und prophezeite dem Regenten viele Siege (2 Kön 14,25). Jona ist die Hauptfigur des nach ihm benannten Buchs, das keine Prophetensprüche, sondern die Darstellung der Entsendung Jonas nach Ninive beinhaltet. Die wohl bekannteste Geschichte der im 4. oder 3. Jahrhundert v.Chr. verfassten Lehrerzählung ist der Aufenthalt des Jona in einem Fisch, der ihn nach drei Tagen und drei Nächten auf Gottes Befehl wieder ausspuckte (Jon 1,1-2,11). Nach Mt 12,40 verglich Jesus damit später seinen eigenen Tod und seine Auferstehung.

Jonadab
Der Sohn des Keniters Rechab nahm an der Fahrt nach Samarien als Eiferer für Jahwe gegen Baal teil (2 Kön 10,15f.). Außerdem gründete er eine strenge Gemeinschaft von nomadisch lebenden Verehrern Jahwes, die Rechabiter, und verpflichtete auch seine Nachkommen, auf Ackerbau, das Bewohnen von Häusern und den Genuss von Wein zu verzichten (Jer 35).

Jonam
Nach Lk 3,30 einer der Vorfahren Jesu.

Jonatan
(hebräisch „Jahwe [Gott] hat gegeben")
1. Der älteste Sohn des Königs Saul führte einen Teil des Heeres in den Kampf gegen die Philister (1 Sam 13-14). Nach dem Sieg Davids über Goliath schloss Jonatan Freundschaft mit David und verbündete sich mit ihm trotz des väterlichen Argwohns (1 Sam 18,1-5; 19,1-7; 23,16-18). Im Philisterkrieg fiel Jonatan gemeinsam mit seinen Brüdern und dem Vater in der Schlacht von Gilboa. David verfasste für seinen Freund und Saul eine Totenklage (2 Sam 1,17-27) und sorgte für Jonatans Sohn (2 Sam 4,4; 2 Sam 9).
2. Der Sohn des Mattathias übernahm nach dem Tod seines Bruders Judas Makkabäus im Jahr 160 v.Chr. die Führung im Kampf Judäas für die Unabhängigkeit (1 Makk 9,28ff.).

Joram
1. Sohn des Königs Ahab von Israel, der nach seinem Bruder Ahasja um 851-841 v.Chr. regierte (2 Kön 3-10). Zwar schränkte Joram den Baalskult ein, ließ aber in seinem Reich Raum für andere heidnische Kulte. Er verbündete sich mit Joschafat von Juda und dem König von Edom und unter-

nahm einen Feldzug gegen die aufständischen Moabiter. In kriegerischen Auseinandersetzungen mit den Aramäern wurde Joram verwundet und zog sich nach Jesreel zurück. Dort wurde er von Jehu ermordet, der ihm nachfolgte und eine neue Dynastie gründete, die sich ein Jahrhundert lang an der Macht halten konnte.

2. Der Sohn des Königs Joschafat von Juda wurde im Jahr 852 v.Chr. von seinem Vater als Mitregent eingesetzt. Nach dessen Tod im Jahr darauf regierte er bis 845 v.Chr. unangefochten als Alleinherrscher, da er seine Brüder ermorden ließ (2 Kön 8,17; 2 Chr 21,2-5). Um den Frieden zu sichern, heiratete er Atalja, die Schwester des Königs Joram von Israel. Unter seiner Regentschaft sagten sich u.a. die Edomiter vom Südreich Juda los, was negative wirtschaftliche Folgen hatte (2 Kön 8,20-22). Auch fielen die Philister in Juda ein und verschleppten die königliche Familie. Nur Jorams jüngster Sohn Ahasja blieb zurück (2 Chr 21,16f.) und wurde sein Nachfolger. Als Ahasja bald nach seinem Regierungsantritt von Jehu getötet wurde, übernahm seine Mutter Atalja die Herrschaft (844-839 v.Chr.). Um ihre Macht zu sichern, ließ sie alle Mitglieder des Königshauses ermorden. Nur ihr Enkel Joasch überlebte und wurde im Zuge einer Rebellion, der wiederum Atalja zum Opfer fiel, zum achten König von Juda erhoben (2 Chr 22,10-23,15; 2 Kön 11).

Jordan

Der wichtigste Fluss in Palästina, dessen vier Quellflüsse im Hermongebiet, im südlichen Teil des Antilibanon entspringen; ein im späten Tertiär gebildeter Graben definiert den Flusslauf, der durch den (heute trockengelegten) Hulesee und den See Genezareth bis zur Mündung ins Tote Meer führt. Das Gesamtgefälle beträgt 926 m. Aufgrund der tief in den Basalt eingegrabenen engen Schluchten, zahlreichen Sandbänke und Stromschnellen ist der 300 km lange Jordan (Luftlinie 220 km), der in der Bibel erstmals im Zusammenhang mit Abraham und Lot genannt wird (Gen 13,10), nicht schiffbar und wirkte im Laufe der Geschichte trotz mehrerer Furten (Jos 2,7, Ri 3,28) oft als Grenze zwischen den Kulturen. Seine Hauptzuflüsse sind der Jarmuk und der Jabbok, beide aus Osten kommend. Das Jordantal südlich des Sees Genezareth war in biblischen Zeiten dicht mit Euphratpappeln, Indigosträuchern und Tamarisken bewachsen, selbst Löwen lebten dort (Jer 49,19). Bei Jericho ist das fruchtbare Tal (auch „Ebene" oder „Feld" genannt) sogar für den Anbau von Dattelpalmen und Bananenstauden

geeignet (Dtn 34,3; Jer 12,5; 39,5; Jos 4,13).
Im Alten Testament wird der Fluss mehrmals im Zusammenhang mit Wundern erwähnt (2 Kön 2,8-14; 5,14; Jos 3,1-5,1). Auch im Neuen Testament wird dem Wasser des Jordan reinigende Kraft zugesprochen. Johannes der Täufer wirkte am Jordan, und Jesus selbst soll dort von seinem Vorläufer getauft worden sein (Mt 3,5ff.; 3,13-17; Mk 1,5-10; Lk 3,21-22).

Joschafat

(hebräisch „Jahwe [Gott] hat gerichtet")
Der Sohn und Nachfolger von Asa war der vierte König des Südreichs Juda (868-851 v.Chr.; 1 Kön 22, 41-51; 2 Chr 17,1-21,1). Er zerstörte heidnische Heiligtümer, sandte Priester und Leviten in sein ganzes Reich, und setzte sich auch vehement für eine Neuordnung von Rechtsprechung und Administration ein (1 Kön 22,43f.; 2 Chr 17,6; 19,4-11). Joschafat war um einen dauerhaften Frieden bemüht und verheiratete seinen Sohn Joram mit Atalja, der Schwester des israelitischen Königs Ahab. Er bemühte sich auch, den von Salomo begonnenen Seehandel wiederzubeleben, scheiterte allerdings (1 Kön 22,48ff.; 2 Chr 20,35-37). Historisch nicht belegt ist Joschafats Beteiligung an den Kriegen der Israeliten gegen die Aramäer und Moabiter (1 Kön 22; 2 Kön 3).

Josef, Joseph

(hebräisch joseph'el, „Er [Gott] möge hinzufügen", „Er hat hinzugefügt")
1. Die Hauptfigur der Josefserzählung, die beschreibt, wie ein gottesfürchtiger Mensch sich zu verhalten und unter der Führung Gottes zu entscheiden habe (Gen 37-50); der erste Sohn von Jakob und Rahel gilt als Stammvater israelitischer Stämme (Manasse, Ephraim), die auch als „Haus Josefs" oder „Kinder Josefs" bezeichnet wurden. Sein Name bezeichnet mitunter auch das Nordreich bzw. das gesamte Volk Israel (Dtn 33,13-17; Jos 17,14-17; 1 Kön 11,28; Ri 1,22-23; Am 6,6; Ps 80,2; 81,6). Josef starb im Alter von 110 Jahren in Ägypten, wo er zu großem Ansehen gekommen war. Er sagte vorher, dass Gott sein Volk aus Ägypten führen werde und bestimmte, dass seine Gebeine mitgenommen und in Sichem (Palästina) beigesetzt werden sollten.
2. Ein Heerführer der Makkabäer, der mit dem Schutz Judäas betraut war, während Simon in Galiläa und dessen Brüder Judas und Jonatan in Gilead kämpften (1 Makk 5,18).
3. Der Verlobte und spätere Ehemann Marias, der Mutter Jesu, war ein Sohn von Jakob (Mt 1,16) oder Eli (Lk 3,23) und stammte aus Bethlehem aus dem Geschlecht des König David (Lk 2,4f.). Er arbeitete als Zimmermann in Nazareth

in Galiläa (Mt 13,55). Die Tatsache, dass Josef in den Kindheitsgeschichten Jesu (Mt 1,18-25; 2,13; Lk 1,27; 4,22; Joh 1,45; 6,42), aber nicht (wie dessen Mutter und Geschwister) auch später noch erwähnt wird, legt den Schluss nahe, dass er früh verstarb.

4. Ein Verwandter („Bruder") Jesu (Mt 13,55; Mk 6,3), der wie seine Brüder Jakobus, Judas und Simon ein Sohn der „anderen Maria" und des Klopas war (Joh 19,25).

5. Josef von Arimathäa war ein jüdischer Ratsherr (Mk 15,43; Lk 23,50f.), der nach der Kreuzigung Jesu von Pontius Pilatus den Leichnam erbat und ihn in einem neuen, für sich selbst vorbereiteten Grab in Jerusalem bestattete (Mt 27,57-60; Joh 19,38-42). Vermutlich war Josef trotz seiner Position im Geheimen ein Jünger Jesus.

6. Josef Barsabbas mit dem Beinamen „Justus" („der Gerechte") war neben Matthias Kandidat für die Nachfolge des Judas Iskariot im Apostelkollegium (Apg 1,23). Das Los fiel auf Matthias (Apg 1,26).

7. Josef Barnabas stammte von der Insel Zypern und war einer der führenden Männer der christlichen Gemeinde von Antiochia, nahm am Apostelkonzil in Jerusalem teil (Apg 13,1-3; 15,2; 15,12) und unternahm mit dem Apostel Paulus die erste Missionsreise nach Zypern und Kleinasien (Apg 13; 14). Die beiden trennten sich aber nach Meinungsverschiedenheiten. Barnabas erlitt vermutlich in der Stadt Salamis auf Zypern den Märtyrertod durch Steinigung.

Josephus Flavius

Jüdischer Historiker (37-100/110 n.Chr.); seit 66 n.Chr. Offizier in Galiläa im Ersten jüdischen Krieg gegen Rom. Er wurde gefangen genommen, lief aber 67 n.Chr. zum Gegner Vespasian über, dem er seine künftige Kaiserwürde prophezeite, und wurde freigelassen und lebte bis zu seinem Tod als kaiserlicher Pensionär in Rom. Sein siebenbändiges Werk „De Bello Judaico" thematisiert den langen Kampf der Juden gegen Fremdherrschaft. Die „Antiquitates Judaicae" („Jüdische Altertümer") in 20 Büchern befassen sich mit den Erzählungen des jüdischen Volkes von der Schöpfung bis zum Ausbruch des Jüdischen Krieges 66 n.Chr. Josephus Flavius orientierte sich hier am Alten Testament. Er verwendete seine Quellen oft sorglos und tendenziös (z.B. zur Verherrlichung des jüdischen Volkes, seiner römischen Schutzherren oder auch seiner eigenen Person), und so erscheint manches unklar und widersprüchlich. Der Bericht über Jesus ist christlich überarbeitet.

Josia

(hebräisch „Jahwe [Gott] möge heilen")
Der Sohn des Königs Amon von Juda bestieg nach der Ermordung des Vaters (640 v.Chr.) im Alter von acht Jahren den Thron und herrschte bis 609 v.Chr. (2 Kön 22,1-23,30; 2 Chr 34-35). Als das Assyrerreich nach dem Tod Assurbanipals zerfiel, gewann Josia an politischer Unabhängigkeit. Er befahl die Reinigung des Tempels von Symbolen assyrischer Gottheiten und zentralisierte nach dem Fund eines Gesetzesbuches im Tempel im Jahre 621 (vermutlich eine Urform des Deuteronomium) sämtliche Kulthandlungen (z.B. wurden Jahweopfer nur mehr in Jerusalem dargebracht). Josia dehnte seine Reformen auch auf das ehemalige Nordreich Israel aus und wurde als Ideal des gottesfürchtigen Königs gesehen (Jer 22,15; 1 Kön 13,2; 2 Kön 23,25; 2 Chr 34,2).
Als Pharao Necho II. die Assyrer gegen die Babylonier und Meder unterstützen wollte, stellte sich Josia dem ägyptischen Heer entgegen und wurde (wahrscheinlich bei Megiddo) getötet.
Aufgrund von Josias plötzlichen Tod waren die von ihm durchgeführten religiösen Reformen leider nicht von Dauer.

Josua

(hebräisch j-hoschua, jeschua' = „Jahwe ist Rettung")
Der Sohn Nuns aus dem Stamm Ephraim (1 Chr 7,27) erfüllte schon früh die Rolle eines Dieners und Begleiters Mose (Ex 24,13; 32,17; 33,11; Num 11,28;) und bekam so in militärischen Angelegenheiten Verantwortung übertragen, u.a. im Kampf gegen die Amalekiter (Ex 17,8-16). Er wurde mit der Auskundschaftung des Südens Kanaans beauftragt, und als er die Nachfolge des Mose angetreten hatte (Num 27,18ff.), machte er sich an die Eroberung des Gelobten Landes (Jos 1-5). Aber auch in juristischen oder geistlichen Belangen war Josua als der von Mose erwählte Nachfolger für die Israeliten eine anerkannte Führungspersönlichkeit (Dtn 34,9). Er teilte das eingenommene Land auf die zwölf Stämme auf (Jos 13-19) und ließ diese in Sichem einen heiligen Bund schließen (Jos 24,25-28). Bald darauf verstarb Josua, dessen Geschichte in Sir 46,1-8 nacherzählt wird, im Alter von 110 Jahren und wurde in Timnat-Serach im Ephraimgebirge bestattet (Jos 24,29f.; Ri 2,8).

Jota

Neunter Buchstabe des griechischen Alphabets. Er entsprach dem hebräischen „jod", dem kleinsten hebräischen Buchstaben. Dieser galt als Ausdruck der Geringfügigkeit (Mt 5,18).

Jotam

1. Sohn des Gideon (Jerubbaal), der als einziger dem Massaker seines Halbbruders Abimelech entkam (Ri 9,5). Jotam wird die Erzählung zugeschrieben, in der sich die Bäume einen König suchen (Ri 9,7-15). Damit soll er die Bewohner von Sichem zum Aufstand gegen Abimelech angestiftet haben, der jedoch fehlschlug (Ri 9,22-45).

2. Der Sohn des Königs Asarja (Usija) von Juda wurde im Alter von 25 Jahren Mitregent seines kranken Vaters (2 Kön 15,5) und herrschte um 756–741 v.Chr. als elfter König über das Südreich von Juda (2 Kön 15,32-38). Jotam besiegte die Ammoniter, von denen er hohe Tributzahlungen verlangte und war überdies für große Bauvorhaben, die zum Teil noch sein Vater geplant hatte, verantwortlich (z.B. am Tempel von Jerusalem; Burgen, Türme, Befestigungsanlagen in Juda; vgl. 2 Chr 27,3ff.). Sein Name wurde auch im Stammbaum Jesu und bei den Propheten genannt (Jes 1,1; 7,1; Mi 1,1; Hos 1,1; Mt 1,9).

Juda

(hebräisch j·huda, griechisch Joúdas)

Gebirgszug, der sich vom Osten Jerusalems bis zum Toten Meer erstreckt; im Norden geht er ins Ephraimgebirge über, im Süden endet er unterhalb Hebrons (Jos 11,21; Ri 1,16). Die höchste Erhebung, der Dschebel Batrak (1 025 m), liegt nördlich von Hebron.

Im 14. und 13. Jahrhundert v.Chr. ließ sich in der Region der Stamm Juda nieder, als dessen Ahnherr Juda, der vierte Sohn Jakobs und seiner Frau Lea gilt (Gen 29,35). Hauptort des Stammesgebiets war Bethlehem. Von dort kam auch David, Israels zweiter und bedeutendster König (um 1000-965 v.Chr.). Nach der Reichsteilung 928 v.Chr. bildete der Stamm Juda zusammen mit den Überresten der Stämme Simeon und Benjamin das Südreich mit der Hauptstadt Jerusalem. Seither wurde der Name Juda fast ausschließlich für das Reich und nicht mehr als Landschaftsbezeichnung verwendet.

(Siehe auch unter „Israel“, „Palästina“ und „Jerusalem“.)

Judäa

(griechisch Joudaía = „Land der Juden“)

Der Name bezeichnete den südlichen Teil Palästinas mit dem Zentrum Jerusalem, der von Juden bewohnt wurde, die aus der Babylonischen Gefangenschaft zurückkehrten. Die Perser gaben der Provinz den Namen „Jehud“. Ursprünglich umfasste Judäa das Gebiet der Stämme Benjamin und Juda. Ab Mitte des 2. Jahrhunderts v.Chr. wuchs es durch Eroberungen der Hasmonäer beträchtlich an, und Herodes der Große (37-4 v.Chr.), der die Hasmonäerdynastie verdrängte, konnte sein unter der Oberherrschaft der Römer stehendes Reich auf ganz Palästina ausdehnen. Nach seinem Tod wurde es auf seine drei Söhne verteilt. Judäa fiel zusammen mit Samaria an Archelaos. Nach dessen Absetzung im Jahr 6 n.Chr. wurde sein Gebiet direkt in die römische Provinz Syrien integriert und von einem Prokurator verwaltet (z.B. Mt 2,1; 4,25; Mk 1,5; 3,7; Lk 1,5; 3,1; 5,17; Joh 3,22; Apg 1,8; 2,9; Röm 15,31; 2 Kor 1,16; siehe auch unter „Herodes" und „Jerusalem").

Judas

1. Judas Makkabäus, der Sohn des Priesters Mattathias, führte sein Volk ab 166 v.Chr. im Widerstand gegen die Seleukiden, die für eine Hellenisierung der Juden und des Jerusalemer Kultes standen, und war in zahlreichen Kämpfen siegreich (1 Makk 3-9; 2 Makk 8-15). Im Jahre 165 v.Chr. eroberte er Jerusalem und sorgte für die Erneuerung des jüdischen Tempeldienstes, woran das Hanukkafest erinnert (1 Makk 4,36-59). Judas Makkabäus fiel 160 v.Chr. im Kampf und wurde in seinem Heimatort Modeïn bestattet (1 Makk 9,18). (Siehe auch unter „Hasmonäer" und „Makkabäus".)

2. Judas Iskariot war einer der zwölf Jünger (Apostel) Jesu und ihr Schatzmeister, der wohl auch Gaben veruntreute (Joh 12,6). Er war es, der Jesus für 30 Silberstücke an die Hohepriester verriet (Mt 26,14-15), wobei die Evangelisten unterschiedliche Motive für seine Tat erwähnen (sowohl Habgier in Mt 26,15 und Mk 14,10-11 als auch Besessenheit vom Satan wie in Lk 22,3 und Joh 13,2 werden genannt). Nach der Verhaftung Jesu bereute Judas den Verrat, gab die Silberstücke zurück und erhängte sich (Mt 27,3-5).

3. Ein Verwandter („Bruder") Jesu (Mt 13,55; Mk 6,3), der als Verfasser des Judasbriefes gilt. Wie seine Brüder Jakobus, Josef und Simon war er nach Joh 19,25 ein Sohn der „anderen Maria" und des Klopas (Joh 19,25).

4. Judas, der Sohn des Jakobus; einer der zwölf Apostel Jesu; während Lk 6,16 und Apg 1,13 einen Judas nennen, sprechen Mt 10,3 und Mk 3,18 von einem Thaddäus. Vermutlich handelt sich um dieselbe Person.

5. Judas der Galiläer war Anführer eines fehlgeschlagenen Aufstands gegen die Römer etwa zur Zeit der Geburt Jesu („in den Tagen der Volkszählung"). Nach Apg 5,37 kam er dabei ums Leben.

6. Judas von Damaskus; er gewährte dem Apostel Paulus Unterkunft, als dieser noch nicht getauft war und noch Saulus hieß (Apg 9,11).

Juden

Im Alten Testament sind Juden Angehörige des israelitischen Stammes Juda oder Bewohner des Südreiches Juda, später auch die Einwohner Palästinas, soweit sie sich zum jüdischen Glauben bekennen. Dieser Aspekt gewann an Bedeutung, als nach der zweiten Zerstörung des Tempels (70 n. Chr.) und dem misslungenen Bar-Kochba-Aufstand (135 n.Chr.) die Juden das Land zu verlassen hatten und sich in der ganzen Welt zerstreuten (Diaspora). Jude war seitdem, wer den jüdischen Glauben ausübte. Eine ethnische Komponente war damit nie verbunden, diese Verbindung herzustellen blieb den Vorbereitern und Durchführenden des Holocaust im 20. Jahrhundert vorbehalten.

Heute gilt wieder die rein religiöse Definition. Einen Angehörigen des Staates Israel würde man eher als „Israeli" bezeichnen, um damit arabische Palästinenser und Beduinen moslemischen Glaubens oder Mitglieder christlicher Gruppen (z.B. Drusen), die alle (im Prinzip) die israelische Staatsbürgerschaft haben, mit einzuschließen.

Radikal einfach und nicht unlogisch entscheidet die Frage die rabbinische Lehrmeinung: Jude ist, wer eine jüdische Mutter hat oder zum jüdischen Glauben konvertiert ist.

Judit

(hebräisch j·hudit = „Jüdin")

Die dem Stamm Simeon zugehörige Tochter eines Mannes namens Merari (Jdt 8,1) und Witwe des reichen Bauern Manasse (Jdt 8,2-3) ist die Heldin des Buches Judit. Der ebenso schönen wie gottesfürchtigen Frau gelang es, Holofernes, den General des babylonischen Königs Nebukadnezar II., während der Belagerung ihrer Heimatstadt Betulia zu verführen, betrunken zu machen und im Schlaf mit seinem eigenen Schwert zu enthaupten (Jdt 13,1-10). Das feindliche Heer geriet über den Tod seines Führers in Panik und floh (Jdt 14-15). Judit pries in einem Lobgesang Gott, der den Sieg verliehen hatte und sein Volk nicht verlässt, wenn es ihm treu bleibt (Jdt 16,1-17).

Julia

(lateinisch „die aus dem Geschlecht der Julier")

Römische Christin, die vom Apostel Paulus in Röm 16,15 namentlich gegrüßt wird.

Julius

(lateinisch „der aus dem Geschlecht der Julier")

Ein römischer Hauptmann der kaiserlichen Kohorte, der die Aufsicht über den Gefangenentransport des Paulus von Cäsarea nach Rom hatte. Er verhielt sich dem Apostel gegenüber freundlich und hilfsbereit und konnte beim Schiffbruch die Ermordung der Gefangenen verhindern (Apg 27, 1ff.; 27,43).

Junias

Judenchrist in Rom; er wird gemeinsam mit Andronikus in der Grußliste des Römerbriefes als „herausragend unter den Aposteln" genannt, und war mit diesem zusammen ein Mitgefangener des Apostels Paulus (Röm 16,7).
Manche Forscher lasen hier den weiblichen Namen „Junia", doch da es in den apostolischen Gemeinden keine weiblichen Apostel oder Lehrer gab, ist es unwahrscheinlich, dass wir es hier mit einer Frau zu tun haben.

Justus

(lateinisch „der Gerechte")
1. Beiname von Josef Barsabbas; er war neben Matthias Kandidat für die Nachfolge des Judas Iskariot im Apostelkollegium (Apg 1,23). Das Los fiel auf Matthias (Apg 1,26).
2. Auch der Judenchrist Jesus, einer der Mitarbeiter des Apostels Paulus, trug diesen Beinamen. Paulus ließ die Gemeinde in Kolossä von ihm grüßen (Kol 4,11).

Kabul

1. Stadt des Stammes Ascher im westlichen Galiläa (Jos 19,27); identifiziert mit dem heutigen Kabul südlich der Hafenstadt Akko.
2. Die 20 Städte im westlichen Galiläa, die König Salomo an König Hiram von Tyrus abgab (vermutlich als Schuldentilgung), wurden „Land Kabul" genannt (1 Kön 9,13).

Kabzeel

(hebräisch „Gott sammelt")
Der Ort im Negeb östlich von Beerscheba an der Grenze zu Edom war Heimat des Benaja, eines der Helden des David (Jos 15,21; 2 Sam 23,20; Neh 11,25).

Kadesch(-Barnea)

(hebräisch qadesch = „heilig")
Große Oase im äußersten Süden Palästinas (etwa 80 km südlich von Beerscheba); nach Gen 20,1 hielt sich Abraham hier auf, und gemeinsam mit dem nahe gelegenen Gottesberg war Kadesch ein Jahweheiligtum des halbnomadischen Stämmeverbands der Midianiter, als deren Ahnherr Midian, ein Sohn Abrahams gilt.
Kadesch war eine wichtige Station der Israeliten auf ihrem 40 Jahre dauernden Zug durch die Wüste nach Kanaan (Dtn 1,46). Von hier aus wurden Kundschafter ins verheißene Land gesandt (Num 13,26), hier zweifelten die Israeliten an der Führung Gottes, hier kam es

zu einem großen Aufstand gegen Mose (Num 14,1-4; 14,21-35), hier verwehrte Gott Mose und Aaron das Betreten des Gelobten Landes, und hier mussten sie ihre Schwester Mirjam begraben (Num 20,1-12). Später war Kadesch die Südgrenze von Juda (Num 34,4; Jos 15,2-3).

Kaftor

Nach dem Alten Testament Insel und Ursprungsland der Philister (Jer 47,4; Am 9,7; vgl. Gen 10,14), die sich an der Küste Palästinas niederließen (Dtn 2,23), womit vermutlich Kreta gemeint ist.

Kahat

Enkel Jakobs, zweiter Sohn Levis und Ahnherr eines Levitengeschlechts (z.B. Gen 46,11; Num 4,18).

Kain

(hebräisch, arabisch „Schmied“ und „Besitz“)

Kain war der älteste Sohn Adams und Evas. Er ermordete aus Neid seinen Bruder Abel, da Gott nur dessen Opfergabe annahm (Gen 4,1-16) und musste daraufhin ruhelos umherstreifen. Ein Zeichen (Gen 4,15) sollte ihm aber als Schutz vor Blutrache dienen. Kain gilt als Ahnherr der nomadischen Keniter, die im äußersten Süden Palästinas (1 Sam 15,6) bzw. auf der Halbinsel Sinai lebten.

Im Neuen Testament wird Kain mehrfach als Symbol des Bösen erwähnt. In Jud 11 z.B. bedeutet „den Weg Kains gehen“ den Weg des Verderbens wählen.

Kaiserkult

Der römische Kaiserkult hat seine Wurzeln im Hellenismus, wo der Herrscher gottgleich verehrt wurde. Im Laufe der römischen Ostexpansion nahm man verstärkt Elemente des Kultes auf, insbesondere wurde er auf römische Beamte, vor allem auf Statthalter angewandt. Nach der Ernennung des Bürgerkriegssiegers Octavian zum Kaiser Augustus (eine der verblüffendsten charakterlichen Wandlungen der Geschichte) durch den Senat am 16. Januar 27 v.Chr. wurde die Person des Kaisers zunehmend Gegenstand dieser Verehrung, ausgehend vom öffentlich angeordneten Kult der Stadtgöttin „Roma“ und dem des „Divus Iulius“, des 44 v.Chr. ermordeten Adoptivvaters des Augustus, Gajus Julius Cäsar. Mit der Zeit verwendete man den Kaiserkult als Mittel zur Überprüfung der Loyalität der Provinzbewohner dem römischen Kaiser und Staat gegenüber. Die Ausübung des Kultes wurde – wenn auch meist reine Formsache – sehr ernst genommen, was vielen christlichen Märtyrern zum Verhängnis werden sollte, denen ihre Religion die Anbetung des Kaisers verbot.

Kajafas, Kajaphas

Schwiegersohn des Hannas und dessen Nachfolger als Hohepriester (18-36 n.Chr.) im Jerusalemer Tempel und als Vorsitzender des Hohen Rats, vor dem Jesus verurteilt wurde (u.a. Mt 26,3; Mt 3,57-58) und vor dem sich auch die Apostel Petrus und Johannes verantworten mussten (Apg 4,6).

Kajin

Von den Kenitern bewohnte Stadt im südlichen Juda (Jos 15,57); vermutlich das heutige Chirbet Jakin, 5 km südöstlich von Hebron.

Kaleb

Einer der Kundschafter, den Mose von Kadesch aus nach Kanaan sandte; Kaleb durfte – gemeinsam mit Josua – den Einzug in das verheißene Land erleben (Num 13,6; 13,30-31; 14,24; 32,12). Er ist der Ahnherr der Kalebiter, die bei der Verteilung des Landes Hebron erhielten (Jos 14,6-15) und später ein Teil des Stammes Juda wurden (Num 34,19).

Kalmus

(hebräisch qane = „Rohr")

Eine Schilfart, vermutlich das Kahnbartgras (Cymbopogon sp.); sie kam in Palästina nicht vor und wurde aus Usal (im heutigen Jemen) eingeführt (Ez 27,19). Kalmus ist wohlriechend (Jes 43,24; Jer 6,20; Hld 4,14). Aus ihm wurde Salböl hergestellt (Ex 30,23-25).

Kalne

Stadt im nordwestlichen Syrien, etwa 25 km nördlich von Aleppo; Kalne wurde 738 v.Chr. vom Assyrerkönig Tiglat-Pileser III. eingenommen. Ihre Zerstörung wird von den Propheten Jesaja und Amos als warnendes Beispiel erwähnt (Jes 10,9; Am 6,2).

Kamel

(griechisch kámelos, hebräisch gamal)

Mit dem hebräischen „gamal" ist das einhöckrige Kamel, das Dromedar (Camelus dromedarius) gemeint.

Das zweihöckrige Kamel (Camelus bactrianus) wird in der Bibel nicht erwähnt.

(Siehe auch unter „Dromedar".)

Kana

(hebräisch „Schilfrohr")

Ort in Galiläa („Kana in Galiläa"), wahrscheinlich das heutige Chirbet Qana; in dem nur wenige Kilometer von Nazareth entfernten Dorf wirkte Jesus sein erstes Wunder, indem er auf einer Hochzeit Wasser in Wein verwandelte (Joh 2,1-11). Später begegnete er hier dem königlichen Beamten, dessen Sohn er aus der Ferne heilte (Joh 4,46-54). Kana war zudem Heimatdorf des im Johannesevangelium häufig erwähnten Natanaël (z.B. Joh 1,45-51; 21,2), der vermutlich mit dem Apostel Bartholomäus identisch ist.

Kanaan

1. Sohn des Ham und Ahnherr der Kanaanäer (Gen 9,18; Gen 9,22; Gen 9,25).

2. Der Name hängt mit dem hebräischen Wort „Kena'an" („Purpurland") zusammen, was auf die wichtigste Handelsware des Landes hinweist. Kanaan ist auch eine geographische Bezeichnung für die syrische Küste und ihr Hinterland bis Obergaliläa und alter Name des Gelobten Landes, das zum Land Israel geworden ist. Die Israeliten nahmen die Sprache des eroberten Landes an, daher wurde das Hebräische auch „Sprache Kanaans" genannt (Jes 19,18).

Kanaanäer, Kanaaniter

Kanaanäer bzw. Kanaaniter sind die Bewohner des Landes Kanaan (hebräisch k·na'an, griechisch Chanáan). Der Name leitet sich vermutlich von ihrem Stammvater Ham ab (Gen 9,22). In hethitischen Schriften ist um 1300 v.Chr. die Bezeichnung „kinahhe" überliefert, in den Amarnabriefen „kinahn" für das Land und „kinahhi" für seine Bewohner. Auf einer Stele Pharaos Amenophis II. ist eine Oberschicht in Palästina gemeint, die Ägypten tributpflichtig ist.

Geographisch ist das Land umschrieben durch die Mittelmeerküste im Westen, das Jordantal mit dem See Genezareth und dem Toten Meer im Osten und die Wüste Negeb (Negev) im Süden. Im Norden ist das Gebiet nicht klar umgrenzt, reicht aber auf jeden Fall bis in den hethitischen Machtbereich (Ugarit) hinein.

Die Bezeichnung wurde ursprünglich nur für die nichtsemitische Urbevölkerung gebraucht und diente später als Oberbegriff der ethnisch nicht einheitlichen Bevölkerung zur Zeit der israelitischen Landnahme (Gen 24,3; Ex 13,11; Neh 9,24). Westsemitischen Ursprungs sind z.B. die Amoriter, nichtsemitisch sind die Horiter und die von den Seevölkern abstammenden Philister. Zu den Kanaanäern im weiteren Sinn werden üblicherweise auch die Aramäer, Ammoniter, Edomiter, Girgaschiter, Hiwiter, Jebusiter, Moabiter, Pheresiter und die Phönizier in ihren Küstenstädten wie Sidon und Tyrus gezählt.

Die Kanaanäer lebten überwiegend in Stadtstaaten (z.B. Jericho, Megiddo, Taanach, Hazor), die nie zu einer gemeinsamen Organisation fanden, weswegen sie erst den Philistern und später den Israeliten auf Dauer nicht standhalten konnten und Gebiete abtreten mussten. Als Trägern einer spätbronzezeitlichen Kultur wurde ihnen das Eisen von den Hethitern übermittelt, die auch die Oberschicht bildeten. Die besseren Waffen und der Einsatz von eisenbeschlagenen Streitwagen verhinderten ihre völlige Vertreibung nach dem Eindringen der Israeliten und ein Überleben ihrer kulturellen Identität bis ins 1. vorchristliche Jahrtausend. Ihre westsemitische Sprache wurde von diesen übernommen, generell scheint eine umfangreiche kulturelle Befruchtung der Neuankömmlinge aus der Wüste durch die z.T. schon seit Jahrtausenden in Städten wie Jericho lebenden Alteingesessenen stattgefunden zu haben, die wiederum stark von den Zivilisationen der Ägypter, Babylonier, Assyrer und Hethiter geprägt waren. Der Einfluss der kanaanäischen Götter El und Aschera/Astarte, später auch des phönizischen Baal auf den Jahwekult war erheblich, wobei der weibliche Teil des Pantheon mit seinen Fruchtbarkeitsriten (Heilige Hochzeit usw.) ausgeschlossen war. Der absolute hebräische Monotheismus ist ohne den Gegensatz zu und den langen Konflikt mit dem kanaanäischen vielköpfigen Götterhimmel (z.B. Ri 2,2; Ex 23,23-24; Dtn 7,1ff.) über Jahrhunderte hinweg gar nicht vorstellbar.

In der Zeit der Könige waren die Kanaanäer als Händler berühmt, die weit in den Osten vorstießen. Die Phönizier legten im gesamten Mittelmeerraum Kolonien an und befuhren sogar den Atlantik jenseits der Säulen des Herkules (Gibraltar). In der phönizischen Gründung Karthago berief man sich noch im 2. Jahrhundert n.Chr. auf die Vorfahren aus Kanaan.

Die wichtigste Errungenschaft der Kanaanäer und ihr bis heute einflussreichstes Erbe ist ihre Schrift, die an der Wende vom 2. zum 1. vorchristlichen Jahrtausend schon voll entwickelt war. Sie nahm Anregungen von der mesopotamischen Keilschrift und den ägyptischen Hieroglyphen auf und erlaubte mit ihrem Konsonantenalphabet von 22 Zeichen eine erste einfach zu erlernende, nichtverbale Informationsübermittlung. Daraus entstand die hebräische, die aramäische und die phönizische Schrift, aus der wiederum die griechische und die lateinische abgeleitet ist, in der heute fast alle Welt schreibt.

Kananäus

(aramäisch „Eiferer“)

Beiname des Apostels Simon Zelotes, eines der zwölf Apostel (Mt 10,4; Mk 3,18), den er wohl aufgrund seiner ursprünglichen Zugehörigkeit zur radikalen Zelotenpartei erhielt, deren Ziel eine Vertreibung der Römer aus Israel war.

Kandake

Titel der Königinnen von Äthiopien (Apg 8,27); einer ihrer hohen Beamten bekehrte sich zum Christentum.

Kaparnaum

(hebräisch kphar nahum = „Dorf des Nahum"; griechisch Kapharnaoum)
Die kleine Stadt am Nordwestufer des Sees Genezareth war zur Zeit Jesu Zollstation (Mt 9,9) und Grenze zwischen den von Herodes Antipas und dessen Halbbruder Herodes Philippos regierten Gebieten, Wohnsitz der späteren Apostel Petrus und Andreas (Mk 1,29), aber vor allem eine der Hauptwirkungsstätten Jesu. Kaparnaum wird sogar als „seine" Stadt (Mt 9,1) bezeichnet, nachdem er Nazareth verlassen hatte. Nach Mt 8,5-15 heilte er hier den Diener eines römischen Hauptmanns und die Schwiegermutter des Petrus, erweckte die zwölfjährige Tochter des Synagogenvorstehers Jaïrus von den Toten (Mt 9,18-26; Mk 5,35-43), und nach Joh 6,58-59 hielt er in der Synagoge von Kaparnaum die Rede vom Lebensbrot. Weil man nicht an ihn glaubte, verfluchte Jesus die Stadt aber später (Mt 11,23).
In Kaparnaum finden sich heute gut erhaltene Reste einer um 200 n.Chr. erbauten Synagoge.

Kapernstrauch

(hebräisch 'abijjona)
Dorniger Strauch, der in Felsritzen oder auch künstlichen Steinwänden wuchs (Capparis spinosa). Seine erbsengroßen weißen Blüten galten im Altertum als appetitanregendes Mittel. Da sie sich nur für kurze Zeit von morgens bis mittags öffnen, verwendete König Salomon die Kaper als Bild für die Vergänglichkeit der Welt (Koh 12,5).

Kappadokien

Landschaft in Zentralkleinasien und seit der Herrschaft von Kaiser Tiberius (14-37 n.Chr.) römische Provinz mit der Hauptstadt Cäsarea (heute Ruinenstätte Eskischehr südwestlich von Kayseri, Türkei), wo Juden (Apg 2,9) lebten und deshalb früh eine christliche Gemeinde entstand (1 Petr 1,1).

Karer

Söldner aus Karien (Südwestkleinasien), die zur Zeit der Königin Atalja von Juda (844-839 v.Chr.), der Witwe Ahabs, die königliche Garde bildeten (2 Kön 11,4; 2 Kön 11,19).

Karkara

Syrische Stadt am Fluss Orontes, die im Jahr 853 v.Chr. Schauplatz einer großen Schlacht zwischen den Assyrern unter Salmanassar III. und einer syrisch-palästinischen Koalition war.

Karkemisch
Die Stadt am Westufer des Euphrat war um 1600 v.Chr. ein Zentrum der Hethiter, wurde 717 v.Chr. von Sargon II. von Assyrien erobert, und fiel schließlich an Babylonien. 605 v.Chr. besiegte Nebukadnezar II. hier die Ägypter (Jer 46,2).

Karmel
(hebräisch „Obstgarten", „Baumgarten")
1. Nordwestlich verlaufendes, etwa 20 km langes und bis zu 550 m hohes Bergmassiv südlich der heutigen Küstenstadt Haifa. Die alte Kultstätte auf dem Karmel war Schauplatz der Auseinandersetzung zwischen dem Propheten Elija und den Baalspriestern (1 Kön 18,20-46), die getötet wurden. Elijas Schüler Elischa lebte hier einige Zeit in einer Höhle (2 Kön 2,25). Im Alten Testament wird der Karmel als schönes Gebirge mit üppiger Vegetation bezeichnet (Jes 35,2), ein verdorrter Karmel galt als Bild der Zerstörung (Nah 1,4).
Heute ist der Berg Karmel eine vielbesuchte Pilgerstätte. Unter der Basilika befindet sich die Grotte, in die sich der Prophet Elija einst zurückgezogen haben soll.
2. Stadt südlich von Hebron, wo König Saul ein Denkmal zum Gedenken an seinen Sieg über die Amalekiter errichtete (1 Sam 15,12).

Karnajim
(hebräisch „Hörner")
Stadt in Gilead (Ostjordanland) (Am 6,13), aus der Judas Makkabäus und sein Bruder Jonatan um 164 v.Chr. eingeschlossene glaubenstreue Juden (1 Makk 5,24-26) befreiten. Anschließend zerstörten sie die Stadt und das der heidnischen Fruchtbarkeitsgöttin Astarte geweihte Heiligtum, das „Karnion" (1 Makk 5,43-44; Am 6,13).
Karnajim ist das heutige Schech Sa'd, rund 4 km nördlich von Aschtarot.

Karpus
(griechisch „Frucht")
Christ in Troas (Nordwestkleinasien), bei dem der Apostel Paulus einen Mantel und Unterlagen zurückgelassen hatte, die sein Schüler und Mitarbeiter Timotheus nach Rom bringen sollte (2 Tim 4,13).

Kassia
Hebräische Bezeichnung für die getrockneten Blüten, Blätter und Rinden des Zimtbaumes (Cinnamomum cassia); Kassia wurde von den Phöniziern nach Palästina gebracht (Ez 27,19) und zur Bereitung des Salböls (Ex 30,23-25) und auch als Parfum (Ps 45,9) verwendet. Ijob 42,14 erwähnt den weiblichen Namen „Kezia", der „Zimtblüte" bedeutet.

Katze
(griechisch aílouros)
Die Katze wird in der Bibel nur in Bar 6,21 erwähnt. Neben Fledermäusen, Schwalben und anderen Vögeln wird sie hier als Schmarotzer der Götzentempel dargestellt.

Kauda
Kleine Mittelmeerinsel südlich von Kreta, wo der Apostel Paulus während seiner Überführung von Cäsarea nach Rom vorbeikam (Apg 27,16).

Käuzchen
Das hebräische „kos" wird von Martin Luther mit „Käuzchen" übersetzt. Mit diesem unreinen Tier (Lev 11,17; Dtn 14,16) ist der Steinkauz (Athene noctua glaux) gemeint. Er ist der kleinste Nachtraubvogel.

Kebar
Seitenkanal des Euphrat in Mesopotamien, an dessen Ufer viele nach Babylonien verschleppte Israeliten lebten, darunter auch Ezechiel, der hier zum Propheten berufen wurde und zahlreiche Visionen hatte. (Ez 1,1-3; 3,15; 3,23).

Kedar
Nomadenstamm in der syrisch-arabischen Wüste, der dem ismaelitischen Zwölferverband (Gen 25,13) angehörte. Er galt als ständige Bedrohung der Kulturlandbewohner, und sein Untergang wurde in mehreren Prophetensprüchen angekündigt (Jes 21,16-17; Jer 49,28-29).

Kedesch
Ortsname, u.a. die Asyl- und Levitenstadt Kedesch(-Naftali) in Galiläa (Jos 19,37; 20,7; 21,32), Heimat des israelischen Feldherrn Barak und Versammlungsort seines Heeres (Ri 4,6; 4,9-10).
Weitere Orte mit dem Namen „Kedesch" werden in Jos 15,23 und 1 Chr 6,57 erwähnt.

Kedor-Laomer
(„Diener der [Göttin] Lagamar")
Der sagenhafte König von Elam, der mit drei weiteren Herrschern gegen Sodom und Gomorra zog (Gen 14,1; 14,4-5; 14,9; 14,17) und auch Lot, Abrahams Neffen, gefangen nahm, den dieser wieder befreite (Gen 14,12-17).

Kefas, Kephas
(aramäisch „Stein", „Fels")
Jesus gab dem Jünger Simon diesen Beinamen, als er ihn zum Führer der zwölf Apostel machte (Mk 3,13; Mt 16,18). Das Neue Testament bevorzugte die griechische Variante „Petros" (Petrus), nur der Apostel Paulus verwendete in seinen Briefen das aramäische „Kefas" (1 Kor 9,5; 15,5; Gal 1,18).

Kefira
Eine der vier Städte des gibeonitischen Vierstädtebundes (Jos 9,17). Das nordwestlich von Jerusalem gelegene Kefira war Erbbesitz des Stammes Benjamin (Jos 18,26).

Keïla
Stadt im Gebiet des Stammes Juda (Jos 15,44), die wahrscheinlich mit dem heutigen Chirbet Quila knapp 15 km nordwestlich von Hebron identisch ist. David befreite die von den Philistern belagerte Stadt. Da er aber seine Auslieferung an Saul durch die Bewohner befürchtete, verließ er Keïla wieder (1 Sam 23,1-13).

Kelach
Stadt in Mesopotamien in der Nähe des Tigris (Gen 10,11-12), die später in Nimrud umbenannt wurde und ab dem 13. Jahrhundert v.Chr. neben Assur und Ninive Residenzstadt der assyrischen Könige war.

Kemosch
Kemosch war der Hauptgott der Moabiter (Num 21,29; Jer 48,46), und wurde zeitweise auch in Jerusalem verehrt. König Salomo ließ seinen ausländischen Frauen zuliebe auf einer Anhöhe östlich der Stadt ein Heiligtum für ihn errichten (1 Kön 11,7; 11,33).

Kemuël
1. Sohn des Nahor und Stammvater der Aramäer (Gen 22,21).
2. Sohn des Schiftan und Anführer des Stammes Ephraim; Kemuël war mitverantwortlich für die Aufteilung Kanaans (Num 34,24).

Kenan
Der Sohn des Enosch und Urenkel Adams (Gen 5,9; 5,12-14) erscheint auch im Stammbaum Jesu (Lk 3,37).

Kenas
Der Urenkel Isaaks, Enkel Esaus und Sohn des Elifas (Gen 36,11; 36,15; 36,42) war Ahnherr der Kenasiter, eines vorisraelitischen halbnomadischen Clans in Südpalästina (Gen 15,19), der im Stamm Juda aufging.
Kaleb und Otniël werden in Ri 1,13 als „Söhne des Kenas“ bezeichnet.

Kenchreä
Ägäische Hafenstadt bei Korinth; der Apostel Paulus ließ sich hier aufgrund eines Gelübdes das Haupt scheren (Apg 18,18) bevor er nach Ephesos abreiste. Phöbe, die Paulus’ Brief nach Rom brachte, gehörte der christlichen Gemeinde von Kenchreä an (Röm 16,1-2).

Kendebäus
Befehlshaber der Küstengebiete unter dem Seleukidenkönig Anti-

ochos VII. (139-129 v.Chr.); er befestigte Kidron, wurde aber von Johanan Hyrkanos I. in die Flucht geschlagen (1 Makk 15,38-16,10).

Keniter

Im Alten Testament werden die Keniter ursprünglich als auf der Sinaihalbinsel, im Negeb und im Süden des westjordanischen Gebirges wanderndes Volk dargestellt. Einige von ihnen ließen sich im südlichen Hebron dauerhaft nieder (1 Sam 15,6; 30,29; Jos 15,56), andere zogen als Nomaden und Wanderhirten bis in den Norden Palästinas (Ri 4,17; 5,24). Die Keniter gehörten zu den frühesten Verehrern Jahwes, und Hobab, der Schwager (oder Schwiegervater) des Mose, war ein Keniter (Num 10,29; Ri 4,11).

Als Ahnherr der Keniter gilt Kain (Num 24,21). Das Wort Kain bedeutet im Arabischen auch „Schmied" und könnte darauf schließen lassen, dass die Keniter als Wanderschmiede tätig waren (Gen 4,22).

Keren-Happuch

(„kleines Horn für schwarze Augenschminke")

Nach Jemima und Kezia die jüngste der schönen Töchter Ijobs (Ijob 42,14).

Kerijot

1. Eine 20 km südlich von Hebron gelegene Stadt in Idumäa (Jos 15,25); möglicherweise stammte Judas Iskariot aus Kerijot.

2. Eine Stadt in Moab (Jer 48,24; Am 2,2), vermutlich nördlich des Arnon in der Nähe von Dibon im südlichen Ostjordanland gelegen. Der Inschrift der 1868 in Dibon gefundenen Mescha-Stele zufolge war Kerijot ein Kultort des Kemosch, des Hauptgotts der Moabiter.

Kerit

In diesem Tal, dessen genaue Lage nicht ermittelt werden konnte, soll sich der Prophet Elija für eine Weile vor den Häschern der Königin Isebel versteckt haben (1 Kön 17,2-6).

Ketura

(hebräisch „Weihrauch")

Nebenfrau Abrahams, die ihm sechs Söhne schenkte (Gen 25,1-4). Ketura gilt als Ahnfrau der nordarabischen Stämme (Gen 25,1-4).

Kezia

(hebräisch „Zimt")

Neben Jemima und Keren-Happuch die zweite der drei schönen Töchter Ijobs (Ijob 42,14).

Kibrot-Taawa

(hebräisch qibrot hatta'awa = „Lustgräber")

Eine Station der Israeliten auf der Sinaihalbinsel während ihrer Wustenwanderung von Ägypten nach Kanaan, zwischen Hazerot und Tabera gelegen (Num 11,34f.; 33,16; Dtn 9,22).

Kichererbse
Häufige Nutzpflanze in Palästina (Cicer arietinum), die auch heute noch viel verwendet wird, etwa in Falafeln. Bei Jesaja erwähnt als Bestandteil in Rinder- und Eselfutter (Jes 30,24).

Kidron
(hebräisch nahal qidron = „Bach Kidron", von qdr = „dunkel)
Bach und Tal zwischen Jerusalem und dem Ölberg; der Bach führte nur im Winter Wasser, das Tal war eine alte Begräbnisstätte (2 Kön 23,6). David floh vor Abschalom über den Kidron (2 Sam 15,23), König Josia von Juda (640-609 v.Chr.) ließ hier die Götzenbilder und Kultgeräte aus dem Jerusalemer Tempel verbrennen (2 Kön 23,4-6; 23,12), und Jesu ging über den Kidron zum Ölberg (Joh 18,1).

Kilikien
Küstenebene im Südosten Kleinasiens, zwischen Syrien und Kappadokien. Das Gebiet war wegen seiner Pferdezucht berühmt. König Salomo importierte seine Pferde aus dem kilikischen Königreich Koë (1 Kön 10,28). Unter den Seleukiden kam es hier zu zwei Aufständen (1 Makk 11,14; 2 Makk 4,30-31; 4,36), 66 v.Chr. wurde Kilikien eine römische Provinz mit der Hauptstadt Tarsus. Der in Tarsus geborene Apostel Paulus (Apg 21,39) besuchte Kilikien auf seiner ersten und zweiten Missionsreise (Gal 1,21; Apg 9,30; 11,25; 15,41).

Kindermord in Bethlehem
Der von Herodes dem Großen (37-4 v.Chr) befohlene Kindermord, durch den er sich des verheißenen Messias entledigen wollte, ist durch keine historische Quelle belegt. Im Neuen Testament wird das Ereignis in nur einem Satz nach der Schilderung der Flucht nach Ägypten erwähnt (Mt 2,16). Augenscheinlich ist die Ähnlichkeit zur Kindheitsgeschichte Moses in der spätjüdischen Überlieferung: Durch die legendäre Aktion des Herodes werden die Parallelen zwischen Mose und Jesu, die beide als Kleinkinder nur knapp dem Tod entkamen, deutlich.

Kinneret
Befestigter Ort im Gebiet des Stammes Naftali (Jos 19,35) am Nordwestufer des Sees Genezareth, nach dem sowohl der See als auch die umliegende Landschaft benannt wurden (vgl. Num 34,11).

Kir
Stammgebiet der Aramäer, das im Nordosten der syrisch-arabischen

Wüste vermutet wird, dessen genaue Lage jedoch nicht bekannt ist. Von Kir aus kamen die Aramäer nach Syrien (Am 9,7). Der Drohspruch des Propheten Amos (Am 1,3-5) bewahrheitete sich, als nach der Eroberung von Damaskus durch die Assyrer unter Tiglat-Pileser III. die Einwohner der Stadt 732 v.Chr. nach Kir deportiert wurden (2 Kön 16,9).
Jes 22,6 nennt Kir in Verbindung mit Elam.

Kir-Hareseth

Hauptstadt der Moabiter (2 Kön 3,25; Jes 16,7), ca. 20 km östlich des Toten Meeres gelegen; Kir-Hareseth hatte eine große strategische Bedeutung, war stark befestigt und konnte von Israel und Juda nicht erobert werden (vgl. 2 Kön 3,26).

Kirjat

(hebräisch qirja – „Stadt)

Aus diesem Wort wurden die Namen mehrerer Orte gebildet:
1. Kirjat-Arba („Vierstadt“) war der ursprüngliche Name von Hebron (z.B. Gen 23,2; 35,27; Jos 14,15; 21,11; Neh 11,25), der wahrscheinlich im Zuge der neuen Besiedlung des Ortes durch den Stamm Kaleb verschwand (Jos 15,13; Ri 1,10).
2. Kirjat-Baal („Baalsstadt“) ist identisch mit Kirjat-Jearim (Jos 15,9; 15,60; 18,14).
3. Kirjat-Huzot („Gassenstadt“), war eine Stadt in Moab, die mit dem heutigen Chirbet el-Libb identisch sein könnte. Der Seher Bileam suchte Kirjat-Huzot auf (Num 22,39).
4. Kirjat-Jearim („Wälderstadt“) gehörte zum gibeonitischen Bund (Jos 9,17) und wurde dem Stamm Juda zugeteilt (Jos 15,9f.). Die Stadt war der letzte Standort der Bundeslade, bevor diese nach Jerusalem gebracht wurde (1 Sam 6,21-7,2), und Heimat des Propheten Urija (Jer 26,20). Kirjat-Jearim wurde wegen seines einst sehr lebendigen Baalskultes auch Kirjat-Baal genannt (Jos 15,9; 15,11).
5. Kirjat-Sanna war ebenso wie Kirjat-Sefer („Buchstadt“) ein alter Name von Debir, bevor die Israeliten die Stadt einnahmen (Jos 15,15; 15,49; Ri 1,11ff.).

Kirjatajim

(hebräisch „Doppelstadt“)

Stadt nördlich des Arnon, die von den Söhnen Rubens erobert und neu erbaut wurde (Num 32,37). Ihr Besitz wechselte zwischen Israel und Moab. Die Propheten sagten die Zerstörung Kirjatajims voraus (Jer 48,1; Ez 25,9).

Kisch

(hebräisch „Geschenk“)

1. Vater Sauls, ein wohlhabender Mann aus dem Stamm Benjamin (1 Sam 9,1-2).

2. Urgroßvater des Mordechai aus dem Stamm Benjamin (Est 2,5).

Kischjon

Ort des Stammes Issachar in Nordpalästina (Jos 19,20), später eine Stadt der Leviten aus dem Hause Gerschon (Jos 21,28).

Kischon

Fluss nördlich des Karmel, der durch die Jesreelebene fließt und beim heutigen Haifa ins Mittelmeer mündet. Am Kischon besiegte der israelische Feldherr Barak das kanaanäische Heer von Sisera (Ri 4,7; 4,13; 5,21; Ps 83,10) und der Prophet Elija rottete die Baalspriester aus (1 Kön 18,40).

Kittäer

(hebräisch kittijjim, kittim)

Im Alten Testament Bezeichnung für zur See fahrende Völker (Jes 23,1; 23,12; Jer 2,10; Ez 27,6); vermutlich sind damit die Einwohner Zyperns gemeint, die von den Phöniziern Kitti genannt wurden. Die Kittäer galten als die Nachkommen Jawans (Gen 10,4; 1 Chr 1,7). Bei Dan 11,30 und in den Qumranschriften steht Kittäer für die Römer.

Klageweib

(hebräisch [Plural] Moqonanot)

Bezeichnung für eine Frau, die gewerbsmäßig gegen Honorar auf einer Trauerfeier die Toten beklagte; sie sang das Leichenlied (Jer 9,16-18), das von einem Flötenspiel begleitet wurde (Mt 9,23). Auch Männer konnten diese Tätigkeit ausüben (Am 5,16; 2 Chr 35,25).

Kleidung

Auch wenn die biblischen Angaben über Kleidung spärlich und manchmal auch unklar sind, ermöglichen ägyptische, hethitische und assyrische Darstellungen und auch der Vergleich mit der heutigen Kleidung der Beduinen ein recht anschauliches Bild.

Über die Kleidung der Männer erhalten wir in der Bibel die meisten Informationen. Zu ihr gehörte in der älteren Zeit der durch einen Gürtel gehaltene Schurz (hebräisch ’ezor). Er wird im Alten Testament kaum noch erwähnt (u.a. Jes 5,27). Das wadenlange Leibkleid oder Hemdkleid (hebräisch kuttonet, griechisch chiton, lateinisch tunica; von Martin Luther mit „Rock“ übersetzt) hatte lange oder halblange Ärmel und war aus Leinen oder Wolle. Es war ein Wickelgewand, das von unten nach oben um den Körper geschlungen wurde (u.a. Gen 37,3; 37,23; 37,31-33; Ex 12,11; Jes 22,21; Apg 12,8). Der Mantel oder das Oberkleid (hebräisch meist simla, griechisch himátion, lateinisch toga) bestand aus einem großen Tuch aus grobem Garn, das über die Schultern geworfen wurde und seitliche

Öffnungen für die Arme hatte. Sowohl beim Gehen als auch bei der Arbeit wurde dieses Kleidungsstück abgelegt (Mt 24,18; Mk 10,50). Da der Mantel auch als Decke beim Schlafen verwendet wurde, durfte er nicht gepfändet werden (Ex 22,25-26; Dtn 24,13). Unter ihm wurde von den Vornehmen ein besonderes Oberkleid (hebräisch mo'il; u.a. 1 Sam 2,19; 18,4) getragen. Ein weiterer Mantel (hebräisch 'adderet) wird u.a. in 1 Kön 19,13 erwähnt. Er war aus Ziegenfell und wurde von den Propheten getragen.
Die Kleidung der Frauen ähnelte zwar jener der Männer, doch aufgrund des Verbots des Kleidertausches (Dtn 22,5) bestanden sichtbare Unterschiede, die wohl in einem längeren Schnitt, einem feineren Stoff und bunteren Farben lagen (vgl. Ri 5,30).

Kleinasien
Kleinasien (lateinisch Asia minor) oder Anatolien (türkisch Anadolu, von griechisch ana = „nach oben" und tellô = „bringen", „schaffen", also „Sonnenaufgang") wird im Norden vom Schwarzen Meer, im Süden vom östlichen Mittelmeer und im Westen von der Ägäis begrenzt. Die östliche Grenze ist geographisch nicht festgelegt, heute verwendet man üblicherweise die Ostgrenze der Türkei. Gebirge mit Höhen über 3 000 m durchziehen die Region in Ost-West-Richtung (im Norden das Pontische Gebirge, im Süden der Taurus). Das Zentrum ist durch eine weite Hochebene gekennzeichnet, der Westen durch kleinteilige Schwemmlandschaften mit vielen vorgelagerten Inseln.
An den Mittelmeerküsten und denen des Schwarzen Meeres herrscht mildes, feuchtes Klima, das Zentrum ist trocken und kennt sehr kalte Winter. Die Vegetation an den Küsten ist mediterran mit Macchie und Hartlaubgehölzen, in den Gebirgen gibt es immer noch ausgedehnte Wälder aus Laub- und Nadelhölzern. In der Mitte und im Südosten herrscht Savannenvegetation mit weiten Graslandschaften vor.
Bedingt durch die Unzugänglichkeit vor allem der Gebirgsregionen hat sich eine vielfältige Großtierfauna erhalten: Wildschweine, Wölfe, Füchse, Luchse, Wildkatzen, Hyänen, Schakale, Rotwild und Bezoarziegen sind anzutreffen. In den Waldschluchten des Taurus gibt es noch einige Bären, und sogar eine Unterart des Leoparden scheint noch nicht endgültig ausgerottet worden zu sein, während der letzte Löwe 1870 abgeschossen wurde.
Das südliche Kleinasien hat einen kleinen Anteil am Fruchtbaren Halbmond und war somit auch Schauplatz der so genannten Neo-

lithischen Revolution, während der der Mensch vom Jäger und Sammler zum viehzüchtenden Nomaden oder sesshaften Bauern wurde. Im Südosten fand man den ersten Hinweis auf die Verarbeitung von Eisen, sie wird mit den Hethitern des 2. vorchristlichen Jahrtausends in Verbindung gebracht.

Durch seine Lage und die kleinräumige Struktur war Kleinasien schon immer Heimat ethnisch und kulturell sehr unterschiedlicher Volksgruppen, genannt seien nur Hethiter, Phrygier, Assyrer, Meder, Lykier, Myser, später Griechen (vor allem an der ägäischen Küste und den vorgelagerten Inseln), Perser, Römer und Araber. Im 11. Jahrhundert n.Chr. kamen turksprachige nomadische Gruppen aus Zentralasien und zerstörten bis 1453 das Byzantinische Reich. Seitdem ist Kleinasien türkisch geprägt. Heute sind mehr als 70 Prozent der etwa 60 Millionen zählenden Bevölkerung der Türkei ethnische Türken, daneben leben zahlreiche andere Gruppen wie Araber, Griechen, Armenier und Tscherkessen. Die bedeutendste Minderheit mit 20 Prozent sind die Kurden im Südosten und zunehmend auch in den städtischen Ballungsgebieten.

Der Islam dominiert heute, doch viele Orte Kleinasiens spielten im frühen Christentum eine wichtige Rolle. Der Apostel Paulus wurde in Tarsus (bei Antakya, östlich von Mersin in einer Ecke der fruchtbaren Cukurovaebene) geboren. Viele seiner Missionsreisen führten in kleinasiatische Gemeinden. Der Apostel Johannes adressierte sieben Sendschreiben an die Christengemeinden von Smyrna, Pergamon, Thyatira, Sardes, Philadelphia und Laodikea (Offb 2 und 3).

Kleine Propheten

Bezeichnung für die Werke der zwölf Propheten Hosea, Joël, Amos, Obadja, Jona, Micha, Nahum, Habakuk, Zefanja, Haggai, Sacharja und Maleachi.

Deutlich umfangreicher sind die Bücher der „großen" Propheten Jesaja, Jeremia, Ezechiel und Daniel.

Kleopas

(griechisch „ruhmreicher Vater")

Einer jener beiden Jünger, denen auf dem Weg nach Emmaus Jesus erschien (Lk 24,18).

Kleopatra

Häufiger Name ägyptischer Fürstinnen aus der Dynastie der Ptolemäer. Die bekannteste Trägerin war Kleopatra VII., Königin Ägyptens von 51-30 v.Chr. Sie war bestrebt, mit Hilfe des Marcus Antonius ihre Macht auf Palästina unter Herodes dem Großen auszuweiten, was ihr allerdings nicht gelang.

Klippdachs

(hebräisch schaphan; von Martin Luther mit „Kaninchen" übersetzt)
Das kleine Huftier (Klippschliefer oder Klippdachs, Procavia capensis) sieht aus wie ein Nagetier, ist aber mit Elefanten und Seekühen verwandt. Es wurde zu den unreinen Tieren gezählt (Lev 11,5) und durfte nicht gegessen werden (Dtn 14,7). Der Klippdachs ist ein Pflanzenfresser, der in Rudeln in Felsspalten lebt (Ps 104,18; Spr 30,26). In Israel ist er heute in den Wüstengebieten noch häufig anzutreffen.

Klopas

1. Joh 19,25 erwähnt eine „Maria des Klopas", es ist aber ungewiss, ob Klopas der Vater, Sohn, Mann oder Bruder der Jüngerin Jesu war.
2. Einer der Jünger, mit denen der auferstandene Jesus nach Emmaus wanderte (Lk 24,18).

Knidos, Knidus

Stadt in der römischen Provinz Karien an der Südwestküste Kleinasiens. Knidos, auf einer Halbinsel zwischen den griechischen Inseln Rhodos und Kos gelegen, wurde vom Apostel Paulus im Zuge seiner Reise als Gefangener nach Rom erwähnt (Apg 27,7).

Knoblauch

(hebräisch schum, schumim)
Gewürz- und Heilpflanze (Allium sativum) aus der Familie der Zwiebelgewächse, nach der sich die Israeliten nach ihrem Auszug aus Ägypten zurücksehnten (Num 11,5).

Koine

(griechisch he koine dialektos = „allgemeine Sprache")
Form der griechischen Sprache in der hellenistisch-römischen Zeit; Umgangs-, Handels- und Literatursprache, die aus mehreren Dialekten entstand. Das griechische Alte Testament, die „Septuaginta", und das Neue Testament wurden in Koine verfasst.

Koloquinte

(hebräisch paqqu'ot sade)
Eine krautartige, wild wachsende Pflanze mit herzförmigen Blättern (Citrullus colocynthis), deren Früchte geschält, von den Samen befreit und getrocknet werden. Sie enthalten bittere und giftige Substanzen, die Brechreiz hervorrufen. Die Koloquinte war daher schon in der Antike bei den Griechen und Römern als Abführmittel bekannt. Ein Schüler des Elischa sammelte in Zeiten des Hungers das „wilde Rankengewächs", und bereitete ein giftiges Gericht (2 Kön 38-41).

Kolossä

Stadt in Phrygien (westliches Kleinasien), nahe Laodikea und Hierapolis gelegen. Ursprünglich eine reiche und florierende Stadt (Textilindustrie), trat Kolossä später aber hinter Laodikea zurück. Die Christengemeinde der Stadt soll von Epaphras, dem „lieben Mitknecht" des Apostel Paulus (Kol 1,7), gegründet worden sein. Paulus hat Kolossä nie besucht (vgl. Kol 1,1; 2,1), an die Gemeinde der Stadt richtete er aber den Kolosserbrief. Ein Erdbeben zur Zeit Kaiser Neros (54-68 n.Chr.) zerstörte Kolossä.

König

Die Israeliten taten sich mit dem Königtum augenscheinlich schwer. Erst 200 Jahre nach der Landnahme wurde es eingeführt. Ein früherer Versuch scheiterte, als der vom Volk erwählte Gideon die Würde des Königtums ablehnte: „Ich will nicht euer Herrscher sein ... sondern der Herr soll Herrscher über euch sein" (Ri 8, 23). Damit ist schön erklärt, warum das Königtum als „heidnisch" galt, mit dem Glauben an Jahwe unvereinbar. Dies unterschied die Israeliten von allen anderen Stämmen und Völkern der Region, bei denen fast überall ein Gottkönigtum üblich war.

Erst während der Kriege gegen die Philister wurde Saul als erster König berufen (1 Sam 11). Er führte ein Heerkönigtum im dauernden Konflikt mit den Philistern. Gott selbst hatte unterdessen David als König auserwählt und seiner Dynastie eine lange Herrschaft angekündigt (2 Sam 7,16). Er erschlug Goliath und diente König Saul lange Jahre als Feldherr. Nach dem Selbstmord Sauls wurde David König, und nach ihm Salomo.

Nach der Teilung hatten beide Teilreiche Könige, der letzte in Israel (Nordreich) war Hoschea (732/31-724/23 v.Chr.), den die Assyrer schließlich besiegten und gefangen nahmen.

König Jojakim von Juda (608/607-598/97 v.Chr.) wurde zum Vasallen Nebukadnezars II. Nach seinem Tod besetzte der Babylonier Jerusalem und ernannte, um die Nachfolge Jojakims durch dessen Sohn Jojachin zu verhindern, Mattanja zum neuen und letzten König Judas. Zum Zeichen seiner Unterwerfung gab ihm Nebukadnezar den Namen Zedekia (597/96-587 v.Chr.). Mit ihm erlosch das jüdische Königtum.

Mehr als ein halbes Jahrtausend später bekannte Jesus vor dem römischen Statthalter Pontius Pilatus „Ich bin ein König", fügte aber hinzu, dass sein Königtum nicht von dieser Welt sei (Joh 18,36-37).

König der Juden

Diese politische Bezeichnung ist der zentrale Punkt der römischen Anklage gegen Jesus. Der Vorwurf lautete, er habe sich zum König der Juden, also zum politischen Messias, machen wollen (Mt 27,11; 27,29; Joh 18,33; 18,39; J19,3; 19,19). Im Text des Kreuztitels begründete Pontius Pilatus das Todesurteil mit diesem königlichen Anspruch Jesu, der mit dem kaiserlichen absoluten Herrschaftsanspruch kollidierte und mit dem Tod bestraft werden musste (Mt 27,37; Joh 19,21).

Königin

(hebräisch malka u.a., griechisch basílissa)

In Israel und Juda grundsätzlich die Frau des Königs; der König konnte – wie jeder andere Mann auch – mehrere Frauen haben, somit gab es unter Umständen auch mehrere Königinnen (Hld 6,8-9). „Königin“ meint auch Mutter des Thronfolgers (hebräisch gobira = „Herrscherin“; 1 Kön 2,19-20; 15,13). Atalja war die einzige selbstständig regierende Königin in Juda (2 Kön 11,3). Die Bibel erwähnt auch Königinnen ferner Länder, z.B. die Königin von Saba (1 Kön 10,1-13; Mt 12,42) und die äthiopische Königin, deren Titel Kandake war (Apg 8,27).

Korach

(hebräisch „der Kahle“)

Sohn Jizhars und ein Levit, der sich an der Spitze von 250 Männern gegen Mose und Aaron auflehnte und wie die anderen Aufständischen durch ein Gottesurteil getötet wurde (Num 16-17). Durch diese Erzählung soll die untergeordnete Stellung der „Korachiten“ erklärt werden. Sie waren Psalmdichter (z.B. Ps 42; 44-49), Torwächter des Tempels (1 Chr 9,19; 26,1; 26,19) und Sänger (2 Chr 20,19). Das von ihnen angestrebte Priesteramt blieb ihnen jedoch verwehrt.

Korinth

Die um 1000 v.Chr. gegründete griechische Stadt an der Landenge, die die Halbinsel Peloponnes mit Nordgriechenland verbindet, entwickelte sich durch die günstige Lage schnell zu einer Handelsstadt. 146 v.Chr. wurde Korinth jedoch von den Römern zerstört und erst ein Jahrhundert später (44 v.Chr.) von Julius Cäsar wieder aufgebaut und schließlich zur Hauptstadt der römischen Provinz Achaia erhoben. Die reiche Stadt wuchs rasch: Sie war einerseits eine große Judenkolonie, andererseits zogen auch viele Römer hierher. Sie entwickelte sich zu einem Zentrum von Kultur und Sport (vgl. 1 Kor 9,24-27), aber auch von sexueller Unmoral, was die 1 000 Tempelprostituierten zeigten. Der Apostel Paulus besuchte Korinth auf seiner zweiten Missionsreise (50/51 n.Chr.) und gründete hier eine christliche Gemeinde, an die er die Korintherbriefe richtete.

Kos

Insel im Ägäischen Meer nordwestlich von Rhodos, deren gleichnamige Hauptstadt der Geburtsort von Hippokrates, dem Begründer der Medizin, war. Der Apostel Paulus besuchte die Insel am Ende seiner dritten Missionsreise (Apg 21,1).

Kranich

Ein Zugvogel, der wegen seiner pünktlichen Wiederkehr als Vorbild des Gehorsams galt; Martin Luther übersetzte das hebräische „agur“ mit „Schwalbe“ (Jer 8,7). Das Hulatal in Galiläa ist für 15 000 Kraniche (Grus grus) eine wichtige Station auf dem Zug von und nach Afrika. In jüngster Zeit wurde hier, unterstützt von einer Fluglinie, ein Gemeinschaftsprojekt zum Schutz der Kraniche in Israel, Deutschland und Äthiopien initiiert.

Kreszens

(lateinisch „wachsend“)

Der Schüler und Mitarbeiter des Paulus verließ Rom und zog nach Galatien (2 Tim 4,10). Möglicherweise hatte ihn der Apostel zu einer Mission entsandt.

Kreta

Größte Insel im Mittelmeer, südlich von Griechenland gelegen, die im Alten Testament „Kaftor“ (Jer 47,4) genannt wurde. Kreta war vielleicht die ursprüngliche Heimat der Philister (Ez 25,16). In hellenistischer und römischer Zeit lebten auf Kreta viele Juden (1 Makk 15,23), von denen einige beim Pfingstfest in Jerusalem waren (Apg 2,11). Der Apostel Paulus kam im Zuge seiner Überführung von Cäsarea nach Rom auf die Insel (Apg 27,7-13). In Tit 1,12 wird über die lügenhaften und faulen Kreter gespottet.

Krethi und Plethi

(bedeutet wohl „Kreter und Philister“)

Leibwache König Davids, die ihm blind ergeben war (1 Kön 1,38); ihr Führer war Benaja, der Sohn des Jojada (2 Sam 8,18; 1 Chr 18,17).

Kreuz

(griechisch staurós = „Pfahl“; lateinisch crux)

Ursprünglich war das Kreuz (nach dem griechischen Wort) ein einfacher, aufrechter Pfahl, an dem der Leichnam oder der Kopf eines Hingerichteten befestigt wurde. Bei der Kreuzigung fügte man dem Pfahl einen quer liegenden Balken hinzu (so dass eine T- bzw. eine Kreuzform entstand), den die zum Tode Verurteilten selbst an den Ort der Hinrichtung schleppen muss-

ten (Mk 15,21; Joh 19,17; vgl. Mk 8,34).
Durch das Wirken der Apostel veränderte sich die Bedeutung des Kreuzes von einem schändlichen Symbol Verfluchter hin zum Zeichen Christi und Inbegriff des Glaubens und der Erlösung (z.B. Apg 2,23; 1 Kor 1,17ff.; Gal 6,14; Eph 2,16; Kol 1,20). Das Evangelium wird „Wort vom Kreuz" genannt (1 Kor 1,18). Seit dem 3. Jahrhundert gelten die Bedeutung des Kreuzzeichens im täglichen Leben der Christen und im Gottesdienst sowie Abbildungen des Kreuzes Jesu als gesichert.

Kreuzesworte
Damit sind die insgesamt sieben Worte des im Sterben liegenden Jesu am Kreuz gemeint.
Bei Matthäus und Markus wurden die Psalm 22,2 entnommenen und wohl authentischen Worte („Mein Gott, mein Gott, warum hast du mich verlassen?") überliefert (Mt 27,46; Mk 15,34).
Lukas nennt andere Kreuzesworte („Vater, vergib ihnen, denn sie wissen nicht, was sie tun", Lk 23, 34, „Amen, ich sage dir: Heute noch wirst du mit mir im Paradies sein", Lk 23,43 und „Vater, in deine Hände lege ich meinen Geist", Lk 23,46).
Bei Johannes finden sich Worte Jesu an seine Mutter und den Lieblingsjünger („Frau, siehe, dein Sohn!"; „Siehe, deine Mutter!", Joh 19,26f.), Worte des physischen Schmerzes („Mich dürstet.", Joh 19,28) und der Erfüllung seines göttlichen Auftrages („Es ist vollbracht!", Joh 19,30).

Kreuzigung
Vermutlich entstand diese Art der Todesstrafe in Persien und verbreitete sich in hellenistisch-römischer Zeit. Die Römer übernahmen die Kreuzigung wohl von den Karthagern. Sie galt als grausamste und schandlichste Todesstrafe, die bei römischen Bürgern nicht angewandt werden durfte.
Im Alten Testament war die Kreuzigung als Hinrichtungsmethode nicht bekannt, wohl aber das Aufhängen eines Toten an einem Pfahl (wodurch der Leichnam wilden Tieren ausgeliefert war), was bei den Juden als besonders entehrend und verachtend galt (vgl. Dtn 21,22f., Gal 3,13).
Der Verurteilte wurde bei der Kreuzigung an Händen und Füßen mit Seilen oder Nägeln an einem Pfahl (mit oder ohne Querholz) befestigt. Der Tod trat meist erst nach vielen qualvollen Stunden oder Tagen infolge von Durst, Kreislaufversagen, Atemnot und Erschöpfung ein. Frauen verabreichten den Verurteilten oft einen Betäubungstrank aus Myrrhe und Weinessig (vgl. Mk 15,23).

Kreuztitel
(lateinisch titulus = „Aufschrift", „Inschrift")
Eine Tafel mit der Bezeichnung der zur Last gelegten Verbrechen bzw. dem römischen Schuldspruch wurde den Verurteilten bisweilen vorangetragen oder auch umgehängt. Das Kreuz Jesu trug eine solche Aufschrift, die Pontius Pilatus' Begründung für das Urteil (Jesu habe sich zum König der Juden machen wollen) enthielt (Mt 27,37; Mk 15,26; Joh. 19,19).

Krispus
(lateinisch „Krauskopf")
Synagogenvorsteher in Korinth (Apg 18,8), der vom Apostel Paulus getauft wurde (1 Kor 1,14).

Krokodil
(hebräisch tannin; von Martin Luther mit „Drache" übersetzt)
Das Krokodil (Crocodilus niloticus) wurde auch „Leviatan" genannt (Ijob 40,25-41,26; Ps 74,14) und ist ein Sinnbild für Ägypten (Jes 27,1; Jer 51,34; Ez 29,3). In Palästina war es in Sümpfen und Bächen anzutreffen, vor allem im südlich des Karmel gelegenen nahr ez-zerqa', den Plinius und Strabo „Krokodilsfluss" nannten. In Ägypten kam es verbreitet vor und galt als heiliges Tier; heute ist es dort aber wie in Palästina verschwunden.
„Leviatan" bezeichnet auch ein mythisches Untier der Urzeit und wird mit „Drache" übersetzt (Jes 51,9; Ps 74,13-14).

Kröte
(hebräisch sab)
Nach Lev 11,29 eines der unreinen Tiere. Wahrscheinlich eine Eidechsenart, vermutlich der Dornschwanz (Uromastix aegyptius oder ornatus).

Kuckuck
(hebräisch schahaph)
Ein unreiner Vogel (Lev 11,16), der nicht gegessen werden durfte (Dtn 14,15); es ist unklar, welcher Vogel hier gemeint ist, möglicherweise eine Möwenart.

Kulthöhe
(hebräisch bama)
Bezeichnung für ein Heiligtum auf einer Anhöhe, das in jeder größeren Ortschaft in Israel zu finden war; die Kulthöhe wurde von den vorisraelitischen Landesbewohnern übernommen. Zu ihr gehörten ein Altar für Opfer, ein besonderer Stein („Mazzebe") und ein heiliger Baum oder Holzpfahl („Aschera"). König Josia wollte im 7. Jahrhundert v.Chr. durchsetzen (2 Kön 22,3-23,3), dass der Kult nur im Jerusalemer Tempel stattfinden soll, und forderte die Beseitigung der Kulthöhen. Nach dem Exil verloren die meisten Kulthöhen an Bedeutung.

Kümmel

Eines der ältesten Gewürze aus der Familie der Doldenblütler; Kümmel (Carum carvi, hebräisch kammon, griechisch kyminon, lateinisch cuminum) wurde in Palästina angebaut und als Gewürz und Medizin verwendet. Jes 28,25-27 beschreibt den Anbau und das Dreschen des Kümmels. Kümmel war zehntpflichtig (Mt 23,23).

Kusch

(hebräisch Kuschi = „Äthiopier")
Benjaminit, über den nichts Näheres bekannt ist; wird von David am Anfang von Ps 7,1 genannt.

Kuschan-Rischatajim

Der König von Aram-Naharaim (Mesopotamien) beherrschte Israel acht Jahre lang. Schließlich unterlag er Otniël, dem ersten Richter Israels (Ri 3,8-10). Über König Kuschan-Rischatajim ist nichts Näheres bekannt. Der Name Kuschan wird auch bei Hab 3,7 genannt.

Kuschi

Ein im Alten Testament vorkommender Männername:

1. Der Vater des Propheten Zefanja (Zef 1,1).

2. Der Vater Selemjas und Vorfahre Jehudis, der ein Zeitgenosse des Propheten Jeremia war (Jer 36,14).

Kuschiten

Bewohner des Landes „Kusch" südlich von Ägypten (Gen 10,6; Jes 11,11; 20,3-5), das seit der griechischen Übersetzung des Alten Testaments meist „Äthiopien" genannt wurde.

Kutha

Bedeutende, etwa 30 km nordöstlich von Babylon gelegene Stadt, die von den Assyrern eingenommen wurde. Die Bewohner wurden nach Samarien deportiert, wo sie ihren Gott Nergal heimisch machten (2 Kön 17,24; 2 Kön 17,30).

Kyrene

Die Stadt nahe der Mittelmeerküste im heutigen Libyen war ursprünglich eine griechische Kolonie unter den Ptolemäern (1 Makk 15,23), die seit 74 v.Chr. zum römischen Reich gehörte.
Etwa ein Viertel der Bevölkerung Kyrenes waren Juden, die eine eigene Synagoge in Jerusalem hatten (Apg 6,9). Einige von ihnen hatten mit Jesus und den Aposteln Kontakt und großen Anteil an der Bildung der Urgemeinde in Jerusalem und Antiochia (z.B. Mk 15,21; Lk 23,26; Apg 2,10; 11,20; 13,1).

Kyrie eleison

(griechisch „Herr, erbarme dich!")
Ein in vorchristlicher Zeit gebräuchlicher Gebetsruf, der im

frühen Christentum als Gebetsanrede für Jesus Christus übernommen wurde (vgl. Mk 10,48) und im 4. Jahrhundert in nicht übersetzter Form in die römische Liturgie einging.

Kyrios

(griechisch „Herr")

Mit diesem Wort wurde im Gebet der Herr angesprochen, was sich in den meisten Fällen auf Christus (z.B. Mt 3,3) oder Gott bezog (z.B. Mt 5,33), aber auch die hierarchische Beziehung zwischen Menschen bezeichnen konnte (z.B. Mt 25,11; Joh 12.21).

Kyros

(lateinisch auch Cyrus)

Kyros II. der Große (559-529 v.Chr.) war Begründer des persischen Weltreichs der Achämeniden: Zuerst war er Unteran der Meder, doch 553 v.Chr. erhob er sich gegen seinen Lehnsherrn und Großvater Astyages, besetzte die Hauptstadt Ekbatana, schlug 547 v.Chr. den in Kleinasien herrschenden Lydierkönig Kroisos, eroberte 539 Babylonien und wenig später ganz Syrien und Palästina sowie im Norden den südlichen Teil der heutigen Staaten Turkmenistan, Usbekistan und Tadschikistan. Sein gestecktes Ziel, die Unterwerfung Ägyptens, konnte er vor seinem Tod im Jahre 528 allerdings nicht mehr verwirklichen. Dies gelang erst seinem Sohn und Nachfolger, Kambyses II., im Jahre 525 v.Chr.

Kyros zeigte sich religiös tolerant gegenüber den Unterworfenen: Er gestattete 538 v.Chr. den seit einem halben Jahrhundert in der Babylonischen Gefangenschaft lebenden Juden die Rückkehr ins Heilige Land, den Wiederaufbau des Jerusalemer Tempels und die Rückführung der Kultgegenstände (Esra 1,1-4; 6,3-5; 2 Chr 36,22-23). Somit kam es zur Erfüllung der Prophezeiung, dass Kyros, der „Hirte" (Jes 44,28) und „Gesalbte" (Jes 45,1), Jerusalem wieder aufbauen werde (Jes 44,28).

Laban

(„der Weiße")

Der reiche aramäische Herdenbesitzer spielt eine wichtige Rolle in den Jakobserzählungen. Unklar ist, ob der Nachkomme Nahors der Sohn oder der Enkel Betuëls war (Gen 24,47; 28,5). Er war der Bruder von Rebekka (Gen 24,15; 24,29ff.), Vater von Lea und Rahel, Onkel und Schwiegervater Jakobs (Gen 29,10ff.). Jakob suchte bei Laban Zuflucht, als er vor der Rache seines Bruders Esau floh (Gen 27,43ff.), wurde von diesem aber viele Jahre lang ausgenutzt. Jakob überlistete Laban zu guter Letzt, und zwischen den beiden wurde schließlich ein Bund geschlossen (Gen 29-31).

Lachisch

Die seit dem 3. Jahrtausend v.Chr. existente kanaanäische Stadt an der Straße von Gaza nach Jerusalem zwischen Hebron und Aschkelon, in der mehrere bedeutende Schriftstücke gefunden wurden, wurde bei der Landnahme der Israeliten von Josua erobert (Jos 10; 15,39) und unter König Rehabeam (926-910 v.Chr.), dem ersten König des Südreichs Juda, ausgebaut und befestigt, um die Grenze zu den benachbarten Philistern zu sichern (2 Chr 11,19). Im Laufe ihrer wechselvollen Geschichte wurde Lachisch immer wieder belagert, erobert und auch zerstört wie z.B. im Jahre 701 v.Chr. von den Assyrern unter Sanherib und 588 v.Chr. vom babylonischen König Nebukadnezar II. (2 Kön 18; 2 Chr 32; Jes 36; Jer 34,7). Nach der Rückkehr aus der Babylonischen Gefangenschaft wurde Lachisch wieder von Juden besiedelt (Neh 11,30) und war persische Residenzstadt, wovon die Ausgrabungen eines großen Palastes zeugen. 1933 wurden in Lachisch Tontafeln gefunden, auf denen der Palästinafeldzug des Assyrers Sanherib erzählt wird.

Lachmi

Der Bruder des Goliath von Gat wurde von Elhanan getötet (1 Chr 20,5).

Ladanum

(hebräisch lot, von Martin Luther mit „Myrrhe“ übersetzt)
Wohlriechendes Harz, das – wie Tragakant und Mastix – als Räucherwerk und Grundstoff für die Herstellung von Salben diente. Es wurde vermutlich vom Saft der Zistrosenarten Cistus salviaefolius und Cistus villosus, die in Palästina wuchsen, gewonnen. Nach Gen 37,25 wurde es von den Midianitern von Gilead nach Ägypten gebracht. Jakob sandte dem Herrscher Ägyptens unter anderem Ladanum (Gen 43,11).

Lade/Bundeslade

Einer der geheimnisvollsten Kultgegenstände ist die so genannte Lade oder Bundeslade der Israeliten. Sie wurde während der 40 Jahre dauernden Wüstenwanderung nach Anweisungen Jahwes hergestellt. Ihr Aussehen wird in der Bibel genau beschrieben: Sie ist eine aus Akazienholz gefertigte Truhe, innen und außen mit Gold beschlagen. Ihre Länge beträgt 114 cm, die Breite 69 cm. Auf dem Deckel stehen sich zwei vollplastische Engel gegenüber, die ihre Flügel über die Lade ausbreiten. Zum Transport hat sie zwei Stangen, ebenfalls aus Akazienholz und vergoldet (Ex 37,1-9). Ihr Inhalt ist in der Bibel unterschiedlich angegeben, sie enthält auf jeden Fall die Tafeln mit den Zehn Geboten (1

Kön 8,9), vielleicht noch den Stab des Aaron (Num 17,25) und ein Gefäß mit Manna.
Die Bundeslade ist das Symbol für den Bund Gottes mit dem jüdischen Volk. Nach der Landnahme verwahrte man sie zunächst in verschiedenen Städten, einmal wurde sie von den Philistern geraubt (1 Sam 4), doch unter Salomo fand sie ihren Platz im neu erbauten Tempel in Jerusalem (2 Sam 6). Als dieser 587 v.Chr. von Nebukadnezar II. zerstört wurde, verliert sich ihre Spur.
Der Verbleib der Bundeslade gab Anlass zu Spekulationen, die bis auf den heutigen Tag anhalten. Jeremia soll sie aus Jerusalem gerettet und in einem Berg verborgen haben (2 Makk 2,5-7). Dann soll sie wieder von den Tempelrittern in Jerusalem entdeckt und aufbewahrt worden sein. Andere Quellen sprechen von einem Versteck in Äthiopien. Noch im letzten Jahrhundert suchten Forscher in den Kanälen unter dem Tempelberg nach ihr.
In der Bibel wird die Bundeslade zuletzt in der Offenbarung des Johannes erwähnt (Offb 11,19).

Lahai-Roï
(„Brunnen des Lebendigen, der mich sieht", Gen 16,13-14)
Ein Brunnen in Südpalästina, „zwischen Kadesch und Bered" (Gen 16,14). In dieser Gegend hielt sich Isaak auf (Gen 24,62; 25,11), und auch die Erzählungen über Hagar, die Magd der Sara, sind mit diesem Brunnen verknüpft (Gen 16,14).

Lajescha
(„Löwin")
Ort im Stammesgebiet Benjamin, in der Nähe von Jerusalem gelegen (Jes 10,30).

Lajisch
Die im Quellgebiet des Jordan gelegene kanaanäische Stadt bildete den nördlichsten Punkt des israelitischen Gebietes. Sie wurde von den Danitern, einem kleinen israelitischen Stamm, erobert und in Dan umbenannt (Ri 18; Jos 19,47). Meist wird der Ort nur in der Redewendung „von Dan bis Beerscheba" genannt (z.B. 1 Sam 3,20; 1 Kön 5,5; 2 Chr 30,5). Das goldene Kalb König Jerobeams I., der die Stadt im 10. Jahrhundert zum Staatsheiligtum des Nordreichs Israel erhob, machte Dan bekannt (1 Kön 12,28-30; 10,29; Am 8,14).

Lamech
Nach Gen 4,18-22 Sohn des Metuschaël (bzw. Metuschelach), Vater des Jabal, des Jubal und des Tubal-Kajin, nach Gen 5,28-31 Vater des Noah, der im Alter von 777 Jahren starb. Nach Lk 3,36 gehörte er zu den Ahnherren Jesu.

Das „Lamechlied“ (Gen 4,23-24) ist ein Lied voller Rachsucht und gilt als älteste Dichtung in der Bibel.

Laodikea

(griechisch Laodíkeia)

Stadt in Phrygien im westlichen Kleinasien in der Nähe von Hierapolis und Kolossä am unteren Ende des Lykostales (Kol 2,1; 4,12f.); Epaphras, ein Schüler des Apostels Paulus, gründete in der wohlhabenden Stadt eine christliche Gemeinde. Paulus selbst war nie dort, hat den Christen Laodikeas aber geschrieben (Kol 4,16). Im letzten Sendschreiben der Offenbarung des Johannes wird die Stadt heftig kritisiert (Offb 3,14-22).

Lappidot

(hebräisch lappidot = „Fackeln“)

Lappidot war der Ehemann der Prophetin und Richterin Debora (Ri 4,4), die den Heerführer Barak zum Kampf gegen die Kanaanäer aufforderte (Ri 4,6ff.).

Lasäa

(griechisch Lasaiá)

Eine Hafenstadt im Süden der Insel Kreta, östlich vom Kap Lithinon gelegen; während seiner Überführung von Cäsarea nach Rom ging der gefangene Apostel Paulus in der Nähe Lasäas an Land (Apg 27,8).

Latein

Latein war – neben Griechisch – die Amtssprache des römischen Reiches. Die Aufschrift am Kreuze Jesu war nach Joh 19,20 in den Sprachen Hebräisch, Griechisch und Lateinisch abgefasst. Im Neuen Testament finden sich einige lateinische Lehnwörter, die aus dem Militärwesen, der Verwaltung oder der Rechtssprechung stammen (z.B. Mt 5,26; Mk 15,39; Lk 8,30). Die griechische Sprache blieb lange Zeit die Liturgiesprache der römischen Christen, und wurde erst im 2. Jahrhundert von Latein abgelöst. Zu dieser Zeit entstanden die ersten lateinischen Bibelübersetzungen. Die „Vulgata“ geht auf Hieronymus zurück und ist seit dem 4. Jahrhundert die für die römisch-katholische Kirche maßgebende Bibelübersetzung.

Lauch

(hebräisch hasir)

Auch Porree genannt (Allium porrum); nach ihm sehnten sich die Israeliten nach ihrem Auszug aus Ägypten zurück (Num 11,5). Das hebräische Wort „hasir“ bedeutet auch „Gras“.

Lazarus

(Kurzform des hebräischen Eleasar = „Gott hilft“)

1. Lazarus aus Betanien bei Jerusalem war der Bruder von Maria und Martha und zählte zum

Freundeskreis Jesu. Dieser erweckte Lazarus wieder zum Leben, nachdem er gestorben und vier Tage lang im Grab gelegen war (Joh 11,1-44). Dieses Ereignis war für die Hohepriester ausschlaggebend für den Beschluss, Jesus zu töten (Joh 11,45-53).
2. In einem Gleichnis Jesu ist Lazarus der Name eines von Geschwüren geplagten Bettlers, dem ein reicher Mann nicht einmal seine Tischabfälle gönnt. Nach dem Tod wird der Bettler jedoch von Engeln in Abrahams Schoß geleitet, während der reiche Mann in der Unterwelt große Qualen erleidet (Lk 16,19-31). Dies ist das einzige Gleichnis Jesu, in dem eine Figur einen Namen trägt.

Lea
(„Wildkuh")
Lea war die Tochter Labans und ältere Schwester Rahels (Gen 29-30) und wurde wie diese durch List die Frau Jakobs, der jedoch der hübschen Rahel den Vorzug gab. Lea schenkte Jakob sechs Söhne (Issachar, Juda, Levi, Sebulon, Simeon und Ruben) und eine Tochter (Dina) und zog die Söhne der Sklavin Silpa (Ascher und Gad) auf. Acht der zwölf Stämme werden auf Lea zurückgeführt. Sie wurde im Grab der Erzväter, in der Höhle von Machpela bei Hebron, bestattet (Gen 49,31).

Lebona
Ort nordwestlich von Silo, auf halbem Weg zwischen Bet-El und Sichem gelegen (Ri 21,19).

Lehi
Nicht zu identifizierender Ort in Juda (u.a. Ri 15,9; Ri 15,14); der Name stammt vom hebräischen Wort „lohi" („Kinnbacke") und wird in Ri 15,15-17 mit einer Heldentat des Simson volksetymologisch erklärt.

Leichenklage
Ein fixer Bestandteil der Trauerfeier in Israel; sie wurde in einer vorgeschriebenen Form vollzogen (2 Sam 3,31) und galt nicht als unrein. Bei der Leichenklage ertönten laute Wehrufe der Verwandten (u.a. 1 Kön 13,29-30; Jer 22,18; 34,5). Auch andere Bräuche wie z.B. das Leichenlied kamen zum Einsatz (u.a. 2 Sam 1,12; 1,17). Im Alten Testament fehlt zwar eine Darstellung einer zeremoniellen Leichenklage, doch es finden sich im Alten und Neuen Testament zahlreiche Hinweise auf diesen Brauch (u.a. Gen 50,10; 1 Kön 14,13; 14,18; 1 Makk 2,70; Apg 8,2).

Leichenlied
Das Leichenlied (hebräisch qina), das auch aus anderen Kulturen bekannt ist (Mesopotamien, Rom), ist eine Form der Totenklage und des Nachrufs auf einen Verstor-

benen. Sein Leben und seine Taten werden kurz beschrieben und gewürdigt (2 Sam 1,17-27; 3,33-34). Bei den Propheten wird das Leichenlied auch auf das Volk Israel bezogen (z.B. Am 5,1-2).

Lemuël

(hebräisch „Gott gehörend, geweiht")
Dem legendären König des nordarabischen Stammes Massa (Spr 31,1) schreibt man die Worte der Weisheit zu, die seine Mutter als Ermahnungen an ihn richtete (Spr 31,1-9).

Leopard

(griechisch párdalis, hebräisch namer, aramäisch n·mar)
Eine große Raubkatze (Felis pardus tullianus), die auch in Palästina anzutreffen war und noch heute in einigen Exemplaren in der Judäischen Wüste lebt; der Leopard lauert seiner Beute auf und zerfleischt sie dann (Jer 5,6; Sir 28,23). Sein Fell ist rötlich-gelb mit schwarzen Flecken (Jer 13,23). Im Friedensreich lagert er beim Böcklein (Jes 11,6). Mit dem in Hab 1,8 genannten sehr schnellen Tier könnte der Gepard (Acinonyx jubata) gemeint sein, der in historischer Zeit ebenfalls in Palästina lebte.

Letuschiter

Ein halbnomadischer arabischer Stamm (Gen 25,3).

Leuchter

(hebräisch monora, griechisch lychnía)
Für eine bessere Beleuchtung stellte man die Lampe auf einen Ständer, einen Leuchter (Mt 5,15; Mk 4,21). Im Tempel des Salomo fanden sich zehn goldene Leuchter (1 Kön 7,49; 2 Chr 4,7), im nachexilischen Tempel nur noch ein goldener, siebenarmiger Leuchter (Ex 25,31-40; 27,20). Er wurde von Antiochos IV. Epiphanes geraubt (1 Makk 1,23), von Judas Makkabäus wieder hergestellt (1 Makk 4,49) und schließlich von Herodes dem Großen durch einen prunkvolleren Leuchter ersetzt. Eine Abbildung des siebenarmigen Leuchters ist auf dem Titusbogen in Rom zu sehen.

Lëummiter

Ein halbnomadischer arabischer Stamm; wie die Aschuriter und Letuschiter waren die Lëummiter Nachkommen der Dedaniter (Gen 25,3).

Levi

Der dritte Sohn von Jakob und Lea (Gen 29,34; 35,23; Ex 1,2) war Ahnherr des Stammes Levi und der priesterlichen Leviten. Mit seinem Bruder Simeon überfiel Levi die Stadt Sichem, um die Vergewaltigung ihrer Schwester Dina zu rächen (Gen 34,25f.). Levi begleitete Jakob nach Ägypten, wo er im Alter von 137 Jahren verstarb. Er hinterließ die drei Söhne Gerschon, Kahat und Merari, deren Nachkommen den Dienst an der Stiftshütte versahen (Gen 46,11; Ex 6,16; Num 3,21-37).

Leviatan

(hebräisch liwjatan = „der Gewundene")
Ursprünglich bezeichnete dieser Name eine Macht des Chaos und der Urgewalt, die Jahwe bekämpfte (Ps 74,13f.; 104,26; Jes 27,1; Ijob 26,12f.). Der Mensch allerdings ist dem Leviatan im Kampf immer unterlegen. Später wurde der Leviatan als legendäres mehrköpfiges Meerestier in Schlangengestalt, einem Drachen ähnlich, beschrieben (Jes 51,9; Ijob 3,8). Das Neue Testament sieht im Leviatan einen der letzten Gegner Gottes in der Apokalypse (Offb 12-13).
Der Beschreibung bei Ijob 40,25-41,26 zufolge handelt es sich wohl um eine Bezeichnung für das Nilkrokodil, das ausgewachsen etwa 6 m groß ist.

Levirat

(lateinisch levir = „Schwager")
Die in vielen antiken Kulturen verbreitete Institution der Schwagerehe wird auch im Alten Testament mehrmals thematisiert (z.B. Gen 38; Dtn 25,5-10; Rut 1-4). Der Bruder (oder nächste Verwandte) eines Verstorbenen war verpflichtet, seine Schwägerin zur Frau zu nehmen (so sie ohne Sohn zur Witwe wurde), damit der Name und das Erbe seines Bruders erhalten blieben. Würde dieser Verpflichtung nicht nachgekommen, so brachte dies Schande über das Haus. In jedem anderen Fall war eine Ehelichung der Schwägerin verboten (Lev 18,16; Lev 20,21).
Im Neuen Testament findet das Levirat in einem Gespräch von Jesus mit den Sadduzäern Erwähnung (Mt 22,23-33; Mk 12,19ff.).

Leviten

Die Nachkommen Levis, des dritten Sohnes Jakobs, gliederten sich in drei Stämme, benannt nach seinen Söhnen Gerschon, Kahat und Merari. In vorisraelitischer Zeit waren sie auf Wanderschaft durch das südliche Palästina. Bei einem Streit um die kultische Verehrung Jahwes stellten sich die Leviten auf die Seite Moses (Ex 2,1; 32,25-29). Zwar waren die Leviten ein Stamm ohne eigenes Land, ihnen wurde jedoch zumeist die Ehre des Priesterdienstes zuteil (Ex 28,1; Num 18,20f.; Ri 17,7-13). Aaron und seine Nachfolger trugen die Verantwortung für die Urim- und Tummim-Orakel (Dtn 33,8f.), überlieferten die Thora, das Gesetz Jahwes und versahen Dienst an der Stiftshütte (Num 8,5-26).
In der Zeit der Könige wurde der Dienst von David neu organisiert und durch einige Aufgaben erweitert, so etwa Musizieren und Singen

(1 Chr 16,37-42; 23,1-26,28; Esra 3,10f.), das Hüten der Türen (1 Chr 9,14-21), die Vorbereitung von Opfergaben (1 Chr 23,29-31) und andere Verpflichtungen.
Die Reformen unter König Josia brachten den Leviten außerhalb Jerusalems durch die Zentralisierung des Kultes gesellschaftliche und wirtschaftliche Nachteile (2 Kön 23,9; 2 Chr 34f.).
Jene Leviten, die aus dem babylonischen Exil zurückkehrten, wurden wieder für den Tempel- und Opferdienst eingesetzt (Esra 3,8f.; Neh 12,27-30; 13,22).

Libanon

(hebräisch hal-lobanon = „das weiße Gebirge")
Das bis über 3 000 m hohe Gebirge erstreckt sich über eine Länge von etwa 170 km parallel zur Mittelmeerküste Palästinas. Die höchsten Gipfel sind die meiste Zeit über schneebedeckt (Jer 18,14). Dank der regelmäßigen Niederschläge konnte sich eine reiche Vegetation (z.B. Zedern, Pinien und Wacholder) mit großer wirtschaftlicher Bedeutung entwickeln (Ps 72,16; Jes 40,16; Jes 60,13); Holz aus dem Libanon wurde etwa beim Bau des Tempels und Palastes von König Salomo und im Schiffbau verwendet (1 Kön 5,20; 7,2; Ez 27,5). Die berühmten Zedern des Libanon sind heute nur noch in wenigen kleinen Beständen erhalten. Auch der im Alten Testament erwähnte Wildreichtum des Gebirges (2 Kön 14,9; Hab 2,17), dessen Name auf das Land überging, gehört der Vergangenheit an.

Libna

(hebräisch „die Weiße")
1. Kanaanäische Königsstadt, die von Josua eingenommen wurde (Jos 10,29-30) und im Gebiet Judas lag. Sie fiel zur Zeit von König Joram (852-845 v.Chr.) an die Edomiter (2 Kön 8,22) und wurde schließlich um 700 v.Chr. von den Assyrern unter Sanherib eingenommen (2 Kön 19,8).
2. Station der Israeliten während ihrer Wüstenwanderung von Ägypten nach Kanaan zwischen der Sinaihalbinsel und Kadesch; die genaue Lage ist nicht bekannt (Num 33,20-21).

Libni

Stammvater der Libniter, einer Levitensippe (Ex 6,17; Num 3,18; 3,21; 26,58; 1 Chr 6,2; 6,5).

Libyen

Das Land westlich von Ägypten wird im Alten Testament zusammen mit Ägypten erwähnt (2 Chr 12,3; 16,8; Nah 3,9). Die Bewohner heißen in Gen 10,13 „Lehabiter". Juden aus Libyen waren beim ersten christlichen Pfingstfest in Jerusalem anwesend (Apg 2,10).

Liebesapfel
(hebräisch duda'im, von dod = „Liebe")
Gelbe bis hellrote Frucht der Alraunwurzel (Mandragora officinarum), eines einjährigen Nachtschattengewächses; diese köstliche und edle Frucht (Hld 7,14) soll einen positiven Einfluss auf Liebeskraft und Fruchtbarkeit haben. Die unfruchtbare Rahel ging für ein paar von Ruben gesammelte Liebesäpfel einen Tauschhandel mit Lea ein. Doch nicht sie wurde schwanger, sondern Lea, die auf die Früchte verzichtet hatte (Gen 30,14-17).

Lilie
Die weiße Lilie (Lilium candidum) wird an 16 Bibelstellen erwähnt (z.B. 1 Kön 7,26; 2 Chr 4,5; Hld 2,1-2; 2,16; 4,5; Hos 14,5-6; Jes 35,1-2; Sir 39,14; 50,5ff.; Mt 6,28; Lk 12,27). In Palästina weit verbreitet, symbolisierte sie Schönheit, Fruchtbarkeit und Reichtum. Ihre Blüten wurden auch oft als Zierelement in der Architektur verwendet (1 Kön 7,18-19).

Lilit
Ein weiblicher Dämon in der babylonischen Mythologie, der wegen des Anklangs an das hebräische Wort „lajil" („Nacht") in Israel als Nachtgespenst aufgefasst wurde (Jes 34,14).

Linsen
(hebräisch 'adaschim)
Die rotbraune Hülsenfrucht ist eine der ältesten Kulturpflanzen der Menschheit (Lens esculenta Moench). Esau verkaufte sein Erstgeburtrecht für ein rotes Linsengericht an seinen Bruder Jakob (Gen 25,29-34). Linsen gehörten zu jenen Zutaten, aus denen Ezechiel in Notzeiten ein Brot zubereitete (Ez 4,9). Als David nach Mahanajim, seinem Heerlager im Ostjordanland kam, wurden ihm u.a. Linsen gebracht (2 Sam 17,28). Schamma, einer der Helden des David, verteidigte nach 2 Sam 23,11 im Kampf gegen die Philister ein Linsenfeld.

Linus
Der römische Christ war ein Bekannter, möglicherweise auch ein Schüler des Apostels Paulus. Er ließ Timotheus grüßen (2 Tim 4,21). Linus gilt nach altkirchlicher Tradition als der erste Nachfolger des Petrus als Bischof von Rom unter Kaiser Vespasian (69-79) und soll als Märtyer gestorben sein.

Lithostroton
(griechisch „Steinpflaster"; von Luther mit „Hochpflaster" übersetzt)
Griechischer Name für Gabbata, jenen mit Steinplatten und Mosaik ausgelegten Platz in Jerusalem (in der Burg Antonia im Tempelbezirk oder beim Herodespalast), auf dem

Jesus vor dem römischen Statthalter Pontius Pilatus vor Gericht stand (Joh 19,13).

Lobetal

Ein knapp 10 km von Bethlehem entferntes Tal (das heutige Wadi Berekut), in dem König Joschafat von Juda (868-851 v.Chr) und sein Heer dem Herrn für ihren Sieg über die Feinde dankten (2 Chr 20,26).

Lod, Lydda

Die etwa 15 km südwestlich von Jafo auf dem Weg nach Jerusalem gelegene Stadt (u.a. 1 Chr 8,12; Esra 2,33; Neh 11,35) stand schon auf der Städteliste von Pharao Thutmosis III., der im 15. Jahrhundert v.Chr. über Ägypten regierte.
In Lod, das nun Lydda hieß, heilte Petrus den gelähmten Äneas (Apg 9,32-35), und hier erlitt der Legende nach der Drachentoter Georg von Kappadokien um 303/4 n.Chr. den Märtyrertod.

Lodebar

(hebräisch „ohne Wort")
Ort im Ostjordanland (Am 6,13), vermutlich in der Nähe von Mahanajim. Heimat des Machir (2 Sam 9,4-5).

Loïs

Mutter der Eunike und Großmutter des Paulusschülers Timotheus aus Lystra, die als sehr gläubig beschrieben wird (2 Tim 1,5).

Löser

(hebräisch goël)
Ein Begriff aus dem Familienrecht: Sollte ein Israelit gezwungen werden, seinen Besitz oder sich selbst als Knecht zu verkaufen, so ist sein nächster Verwandter, der „Löser", verpflichtet, den verkauften Besitz oder Menschen zu lösen (Lev 25,24-31; 35,47-54). Damit war auch die Leviratsehe verbunden (Rut 3,12-13; Rut 4). Auch die Blutrache gehörte zu den Pflichten des nächsten Verwandten (Num 35,16-29). So sollte der Bestand der Sippe – sowohl an Gut als auch an Menschen – erhalten bleiben.
Auch Gott wird als Löser gesehen (u.a. Jes 41,14; Jes 52,3; „Erlöser" in Ijob 19,25).

Lot

Der Sohn Harans und Neffe Abrahams zog mit diesem nach Kanaan und nach Ägypten (Gen 11, 27; 11,31; 12,4f.). Lot ließ sich im Jordantal nieder und lebte in Sodom (Gen 13,12; 14,12). Die Menschen dort waren verdorben, die Stadt dem Untergang geweiht. Zwei Engel retteten Lot und seine Familie vor der Strafe Gottes (2 Petr 2,6-8). Lots Frau blickte auf der Flucht nach Sodom zurück, was ihr verboten worden war, und wurde zur Strafe in eine Salzsaule verwandelt (Gen 19). Lot und seine Töchter, die Blutschande begingen, galten als die Vorfahren der Ammoniter und Moabiter (Gen 19,30-38; Dtn 2,9f.; Ps 83,9).

Lot, Senkblei

(hebräisch u.a. 'ana, griechisch bolizo = „löten"; von Martin Luther mit „Bleischnur", „-wurf", „Richtblei" übersetzt)
Eine Schnur, die durch Blei oder ein anderes Metall beschwert wurde, und die Tischlern, Baumeistern und Seefahrern als Hilfsmittel diente; sie wurde z.B. beim Ausloten der Meerestiefe verwendet (Apg 27,28). Gott prüfte mit einem Lot den Zustand der Stadtmauer, worin Amos einen Hinweis auf das bevorstehende Gericht sah (Am 7,7-9).

Lotan

Der älteste Sohn des Seïr und der erste Horiterfürst (Gen 36,20; 36,22; 36,29).

Lotusbaum

Der Lotus (Nymphea sp.) ist eine Wasser- und Sumpfpflanze, die im Jordantal gedieh. Bei den Ägyptern spielte sie eine große Rolle als Zierelement in der Architektur und wird auch in Homers Odyssee erwähnt. In der Bibel kommt sie nur einmal vor (Ijob 40,21f.).

Löwe

(griechisch léon, hebräisch 'ari, kophir)
Mächtiges und gefährliches Raubtier (Spr 22,13; 30,30), das in der Bibel oft genannt wird, war er doch die größte Bedrohung für die Viehherden der Nomaden. Der Löwe (Felis leo), für den es mehrere hebräische Namen gibt, kam verbreitet vor, z.B. an der Grenze der Schefala (Ri 14,5), im Dickicht am Jordan (Jer 49,19), in Moab (Jes 15,9), im Gebirge Juda (1 Sam 17,34; 1 Kön 13,24) oder in Samarien (2 Kön 17,25). Man fürchtete sich vor seinem Brüllen (Am 3,8; Jes 5,29), und auch das laute Schreien der Hirten konnte ihn nicht vertreiben (Jes 31,4). David (1 Sam 17,34-37), Simson (Ri 14,5-9) und Benaja (2 Sam 23,20) kämpften gegen Löwen. Er ist ein Sinnbild für die Stämme Juda (Gen 49,9), Gad (Dtn 33,20) und Dan (Dtn 33,22), und auch ein positives Symbol für Kraft und Mut (u.a. Num 23,24; 2 Sam 1,23; 17,10; 1 Chr 12,9).
Der Löwe stand aber gleichzeitig auch für Gewalt (Jes 15,9; Ez 19,2-6) und die Bedrohung des Teufels (1 Petr 5,8), der falschen Propheten (Ez 22,25) und der Feinde (Ps 22,14). Die Löwenplage galt als göttliches Gericht (2 Kön 17,25-26; Jer 5,6), und der Tod durch einen Löwen war nach 1 Kön 13,24-26 und 1 Kön 20,36 Gottesstrafe. Dan 6,2-29 erwähnt das Werfen in einen Löwenzwinger als Todesstrafe.

Löwenbilder schmückten den Thron des Salomo (1 Kön 19-20; 2 Chr 9,18-19) und die Geräte im Tempel (1 Kön 7,29; 1 Kön 7,36). Ein Löwe erscheint in den Visionen des Ezechiel (Ez 1,10; 10,14; 41,18-19). Gott als Richter wird mit einem Löwen verglichen (Hos 5,14; 13,7-8), und Jesus wurde „Löwe aus dem Stamme Juda" genannt (Offb 5,5).

Lucius

Der Judenchrist war einer der Reisebegleiter des Apostels Paulus und sandte Grüße an die römische Gemeinde (Röm 16,21). Er ist vielleicht mit dem in Apg 13,1 genannten Lucius von Kyrene identisch, der in der christlichen Gemeinde von Antiochia als Lehrer tätig war.

Lud, Luditer

Der vierte Sohn des Sem und seine Nachkommen, ein semitisches Volk (Gen 10,22; 1 Chr 1,17); nach Gen 10,13 jedoch waren die Luditer ein afrikanisches Volk (Jer 46,9; Ez 30,5). Jes 66,19 nennt wohl das kleinasiatische Volk der Lyder.
Es ist unklar, ob es sich hier um ein und dasselbe Volk handelt.

Luhit

(hebräisch „Terrasse")

Ort in Moab; die „Steige von Luhit", ein antiker Weg, führt zum Toten Meer (Jes 15,5; 48,5).

Lukas

(lateinisch Lucanus/Lucas, griechisch Loukâs)

Der vermutlich aus Antiochia stammende Heidenchrist, von Beruf Arzt, war ein Freund des Paulus und begleitete ihn auf seinen Reisen (Apg 13,1, Kol 4,14; Phlm 24). Lukas war auch an der Seite des Apostels, als dieser als Gefangener nach Rom gebracht wurde (2 Tim 4,11). Altchristlicher Tradition zufolge soll Lukas nach dem Tod des Paulus (um 64) in Griechenland gelebt haben und dort im Alter von 84 Jahren in Theben (Böotien, Zentralgriechenland) verstorben sein.
Er gilt als Verfasser des auf den Schriften des Markus aufgebauten Lukasevangeliums. Im Vorwort stellt Lukas deutlich dar, dass er selbst kein Augenzeuge der Taten Jesu war. Er muss aber Maria, die Mutter Jesu noch gekannt haben, jedenfalls schreibt man ihm das erste Madonnenbild zu.

Lus

(„Mandelbaum")

Früherer Name der Stadt Bet-El (Gen 28,19; Jos 18,13; Ri 1,23).

Luzifer

(lateinisch „Lichtbringer", „Morgenstern")

Luzifer wird in der Bibel namentlich nicht genannt. Durch zwei Bibelstellen (Jes 14,12, wo ursprünglich der König von Babel erwähnt wurde, und Lk 10,18) wurde Luzifer mit dem Satan gleichgesetzt.

Lydia

Die wohlhabende Purpurhändlerin aus dem kleinasiatischen Thyatira lebte in Philippi in Makedonien und gilt als die erste Christin Europas. Lydia war Mitglied der jüdischen Gemeinde, wurde von Paulus bekehrt und ließ sich zusammen mit ihren Hausgenossen taufen. Paulus und den anderen Aposteln gegenüber erwies sie Gastfreundschaft (Apg 16,14f.; 16,40).

Lydien

Landschaftsbezeichnung für das von Karien, Mysien und Phrygien begrenzte Gebiet an der Westküste Kleinasiens; dank der fruchtbaren Täler und der Lage an einer wichtigen Handelsstraße entwickelte sich die Region zu einem blühenden Handels- und Wirtschaftszentrum. Lydien wurde 133 v.Chr. Teil der römischen Provinz Asia (1 Makk 8,8).
Schon früh gab es hier christliche Gemeinden. Vier der Sendschreiben der Offenbarung des Johannes (Offb 1-3) richten sich an Städte in Lydien (Philadelphia, Sardes, Smyrna und Thyatira).

Lykaonien

Hochebenenlandschaft im südlichen Kleinasien mit zahlreichen Salzseen und Steppen, begrenzt von Galatien im Norden, Kappadokien im Osten und von Pisidien, Kilikien und dem Taurusgebirge im Süden (Apg 14,6). Der Apostel Paulus gründete in Lykaonien während seiner ersten Missionsreise die christlichen Gemeinden von Derbe, Ikonium und Lystra, die er auf der zweiten und dritten Missionsreise erneut aufsuchte (Apg 14; 16,1-5; 18,23).

Lykien

Bergige Landschaft an der Südwestküste Kleinasiens, die 43 n.Chr. vom römischen Kaiser Claudius zur kaiserlichen Provinz erklärt wurde. Zu den wichtigsten Hafenstädten zählten neben Xanthos und Phaselis auch Patara, die der Apostel Paulus auf seiner dritten Missionsreise besuchte (Apg 21,1), und Myra, wo er während seiner Überführung von Cäsarea nach Rom als Gefangener ein anderes Schiff bestieg (Apg 27,5f.).

Lysias

1. Claudius Lysias war ein römischer Militärtribun, der für die Verhaftung des Apostels Paulus in Jerusalem und dessen Überführung nach Cäsarea verantwortlich war (Apg 21,31f.; 23,1-10; 23,23-33).
2. Ein Reichsverweser des Seleu-

kidenreiches, der nach dem Tod von Antiochos IV. Epiphanes im Jahre 164 v.Chr. Vormund von dessen neunjährigem Sohn und Regent war. Lysias versuchte vergeblich, den Aufstand der Hasmonäer unter Judas Makkabäus unter Kontrolle zu bringen (1 Makk 3,32ff.; 4,26ff.; 2 Makk 11,1) und musste schließlich in einen Vertrag mit Judas einwilligen.
Als Demetrios I. Soter, der Sohn von Seleukos IV., nach Syrien zurückkehrte, wurden sowohl Antiochos V. als auch Lysias 162 v.Chr. ermordet (1 Makk 7,1-4).

Lystra
Kleinasiatische Stadt in Lykaonien, deren Ruinen sich auf einem Hügel südwestlich des heutigen Konya befinden. Paulus und Barnabas predigten während ihrer ersten Missionsreise in Lystra. Nach der wunderbaren Heilung eines Gelähmten hielt man sie dort für Götter (Apg 14,8-22).
Lystra war auch die Heimat des Timotheus, des treuen Gefährten des Paulus, den der Apostel auf seiner zweiten Missionsreise kennen lernte (Apg 16,1-3).

Maacha
1. Weiblicher Vorname, der im Alten Testament mehrmals vorkommt, z.B. 2 Sam 3,3 (eine der Frauen des David und Mutter des Abschalom) oder 1 Kön 15,2 (Lieblingsfrau des Rehabeam).
2. Männlicher Vorname, z.B. in 1 Kön 2,39 (König von Gat; er wird in 1 Sam 27,2 „Maoch" genannt).
3. Aramäischer Kleinstaat im Norden des Ostjordanlandes (u.a. Jos 12,5; 13,11; 13,13), dessen Bewohner mit den Ammonitern gegen David kämpften (2 Sam 10,6).

Maaseja
(hebräisch „Werk Jahwes [Gottes]")
Männlicher Vorname, der bei Jeremia, Esra, Nehemia und den Chronisten erwähnt wurde (u.a. Jer 21,1; 29,1; 35,4; Neh 12,42; 1 Chr 15,18; 2 Chr 23,1; 26,11; 28,7).

Machärus
Die Festung östlich des Toten Meeres wurde von dem Hasmonäer Alexander Jannaios befestigt und von dem römischen Feldherrn Pompejus 63 v.Chr. zerstört. Unter dem mit Rom kooperierenden König Herodes dem Großen (37-4 v.Chr.) wurde Machärus wiedererrichtet (gegen die Araber) und prächtig ausgebaut. Nach einem Bericht des jüdischen Historikers Josephus Flavius wurde Johannes der Täufer hier gefangengehalten und getötet (vgl. Mk 6,24-29). Im Jüdischen Krieg war Machärus nach der Eroberung Jerusalems (70 n.Chr.) eine der letzten gegen Rom verteidigten Festungen.

Machir
1. Einziger Sohn des Manasse, Enkel des Josef (Gen 50,23) und Vater des Stammes Machir, der sich zunächst im Westjordanland, später in Gilead ansiedelte (Num 32,39-40). Machir wurde deshalb auch „Gileads Vater" genannt (z.B. Num 26,29). Das Gebiet wurde dem Stamm Manasse zugerechnet (Jos 17,1), daher taucht Machir in der Liste der zwölf Stämme Israels nicht auf.
2. Der Sohn des Ammiel (2 Sam 9,4) war ein Anhänger Davids und blieb ihm auch während des Aufstands des Abschalom treu (2 Sam 17,27).

Machlon
(hebräisch „Zarter")
Der verstorbene Ehemann Ruts (Rut 1,2; 1,5; 4,9-10).

Machpela
(hebräisch „Doppelhöhe")
Grundstück, das Abraham von dem Hethiter Efron erwarb (Gen 23,9-18). Hier befand sich eine Höhle, in der Sara (Gen 23,19), Abraham (Gen 25,8-10), Isaak, Rebekka, Lea und Jakob (Gen 49,29-32 und 50,12-13) begraben wurden. Um die Grabstätte entwickelte sich die Stadt Hebron. Heute ist Machpela, das König Herodes der Große (37-4 v.Chr.) mit einer Mauer umfassen ließ, ein Heiligtum für Juden und Moslems.

Madai
Die hebräische Bezeichnung für die Meder und Medien (Gen 10,2; Jes 21,2).

Made
(griechisch skolex, hebräisch tole'a, rimma)
Ein Wurm, der aufgrund seiner eigenen Wehrlosigkeit für die Schwäche und Ohnmacht des Menschen steht (Hos 5,12; Ijob 25,6; Jes 41,14).

Magadan
Ort am See Genezareth (Mt 15,39), in Mk 8,10 „Dalmanuta" genannt; vermutlich sind beide mit Magdala identisch.

Magdala
(hebräisch „Turm", „Burg")
Bedeutender Ort am Westufer des Sees Genezareth rund 10 km nördlich von Tiberias; Heimatort der Maria Magdalena (z.B. Mt 27,56); vermutlich identisch mit Magadan (Mt 15,39) und Dalmanuta (Mk 8,10).

Magdalena
Beiname der Maria (u.a. Mt 27,56) aus Magdala, die durch Jesus von sieben Dämonen befreit wurde (Lk 8,2). Magdalena gehörte zu den treuesten Jüngerinnen Jesu, begleitete ihn nach Jerusalem, stand beim Kreuze Jesu (Mk 15,40) und war bei seinem Begräbnis anwe-

send (Mk 15,47). Nach Joh 20,11-18 erschien ihr als Erste der Auferstandene.

Magdiël

(hebräisch „Gott ist mein Geschenk", „Ruhm ist Gott")

Einer der zwölf Fürsten von Edom und Ahnherr des gleichnamigen edomitischen Stammes (Gen 36,43).

Magier

(von griechisch mágos)

Ursprünglich Name eines medischen Stammes mit Priesterfunktion, später Bezeichnung für alle orientalischen Wahrsager (u.a. Jer 39,13; Dan 2,48; 4,6).

Im Neuen Testament wurden die drei „Weisen aus dem Morgenland" als „Magier" (Mt 2,1-12; 2,16) bezeichnet, was wohl „Gelehrte" bedeutete. Erst durch die spätere Legendenbildung wurden sie zu „Königen". Erwähnt werden außerdem die Magier Simon (Apg 8,9-11) und Bar-Jesus (Apg 13,6; 13,8).

Magog

Der zweite der sieben Söhne Jafets und ein Volk nördlich von Palästina (Gen 10,2; Ez 39,6). Das „Land Magog" (Ez 38,2) galt als Land, in dem Gog herrschte. Magog war Fürst von Meschech und Tubal und ein Feind des israelitischen Volkes. Er galt als Symbol für die Heidenvölker, die sich gegen das Gottesvolk verbündeten (Offb 20,8-10).

Mahalalel

(hebräisch „Lob Gottes")

Der älteste Sohn von Kenan, dem Urenkel Adams (Gen 5,12; 5,15-17); nach Lk 3,37 einer der Vorfahren Jesu.

Mahalat

1. Die Enkelin Abrahams, Tochter Ismaels und Frau Esaus (Gen 28,9), die Reguël gebar; sie wird in Gen 36,3 „Basemat" genannt.

2. Eine Enkelin Davids und eine der drei Frauen König Rehabeams, dem sie drei Söhne schenkte (2 Chr 11,18-19).

Mahanajim

(hebräisch „Doppellager")

Festung im Gebiet Gilead im Ostjordanland nördlich des Flusses Jabbok, Jakob begegneten hier Engel (Gen 32,3). Später war Mahanajim Residenzstadt von König Sauls Sohn Eschbaal (Ischboschet; 2 Sam 2,8-9), Zufluchtsstätte Davids im Kampf gegen Abschalom (2 Sam 17,24) und Hauptstadt des siebten Bezirks im Reich Salomos (1 Kön 4,14).

Mahat

Name mehrerer Leviten (u.a. 1 Chr 6,20; 2 Chr 29,12; 31,13) und nach Lk 3,26 eines der Vorfahren Jesu.

Mahol

(hebräisch „Tanz"; könnte auch „Mitglieder der Sängerzunft" bedeuten)

Vier Weise und Sänger (Etan, Heman, Kalkol, Darda) werden in 1 Kön 5,11 als „Söhne des Mahol" bezeichnet.

Makedonien

Das Gebiet an der Nordküste des Ägäischen Meeres war die Heimat von Alexander dem Großen (353-323 v.Chr.) und unter ihm vorübergehend Weltreich. 148 v.Chr. wurde Makedonien zur römischen Provinz mit der Hauptstadt Thessalonich. Der Apostel Paulus bereiste Makedonien zweimal und gründete mehrere christliche Gemeinden (Philippi, Thessalonich, Beröa, vgl. Apg 16,9-17,14).

Makkabäus

(vermutlich von hebräisch makkaba = „Hammer")

Beiname des Judas, des dritten Sohnes des Mattathias (1 Makk 2,4), der 166-160 v.Chr. den bewaffneten Kampf der Juden gegen die Seleukiden anführte, die die Hellenisierung Palästinas unter Missachtung der jüdischen Religion durchsezten wollten. Die Pluralform „Makkabäer" bezeichnete später die gesamte Familie des Judas, das Priestergeschlecht der Hasmonäer. Begründer der Hasmonäerdynastie war Simon, der nach dem Tod seiner Brüder Judas und Jonatan von 142-135 v.Chr. die Leitung des makkabäischen Widerstandes übernahm. (Siehe auch unter „Hasmonäer" und „Judas".)

Makkeda

Alte kanaanäische Königsstadt, die von Josua eingenommen wurde (Jos 10,28-29). In einer Höhle nahe der Stadt versteckten sich fünf Könige. Nach ihrer Hinrichtung ließ sie Josua dort begraben (Jos 10,10; 10,16-27). Makkeda lag im südlichen Palästina, die genaue Lage ist jedoch unbekannt.

Malchus

(griechisch-lateinische Form des nabatäischen Maliku = „König")

Knecht des Hohepriesters, dem Petrus bei Jesu Verhaftung mit seinem Schwert ein Ohr abschlug, den Jesus aber sofort wieder heilte (Joh 18,10ff.; Mt 26,51ff.; Mk 14, 47; Lk 22,50f.).

Maleachi

Das hebräische Wort bedeutet „mein Bote" und der Name könnte als Abkürzung des Namens „Malechija" („Bote Jahwes") zu verstehen sein. Das letzte Buch der zwölf „kleinen" Propheten. Es wurde von einem Unbekannten im 5. Jahrhundert v.Chr. verfasst und gliedert sich in sechs Redestücke, die als Diskussionsreden geformt sind. Der erste Abschnitt (Mal

1,2-5) thematisiert Jahwes Liebe zu Israel, der zweite (Mal 1,6-2,9) befasst sich mit dem Tadel der Priester wegen ihrer minderwertigen Speiseopfer. Im dritten Teil (Mal 2,10-16) werden Scheidungen und Eheschließungen mit ausländischen Frauen kritisiert, im vierten Teil (Mal 2,17-3,5) folgt die Ankündigung des Gerichtstages. Der fünfte Teil (Mal 3,6-12) beschreibt die Missernte als Bestrafung für den Gott vorenthaltenen Zehnten, und der sechste Teil (Mal 3,13-21) besagt, dass Gottes Urteilsspruch gerecht ist. Das Schlusswort (Mal 3,22-24) mahnt zum Einhalten des Gesetzes und verheißt, dass der Prophet Elija vor dem Tag Jahwes kommen werde (vgl. Lk 1,17).

Malkiël

(hebräisch „mein König ist Gott")
Sohn des Beria (Gen 46,17; 1 Chr 7,31). Seine Nachkommen bildeten die Sippe der Malkiëliter im Stamm Ascher (Num 26,45).

Malkija

(hebräisch „mein König ist Jahwe")
Männlicher Vorname, der im Alten Testament mehrmals vorkommt, z.B. Jer 21,1; 1 Chr 6,25; Esra 10, 31; Neh 12,42.

Malloti

Einer der Söhne des Heman und Leiter der 19. Sängerklasse (1 Chr 25,4; 25,26).

Malta

Eine knapp 250 km² große Insel im Mittelmeer südlich von Sizilien. Nach Apg 28,1-10 strandete das Schiff des Apostels Paulus auf der Fahrt nach Rom auf der Insel „Melite", womit wahrscheinlich Malta gemeint ist. Er wurde freundlich aufgenommen und heilte auf der Insel Kranke. Malta war unter karthagischer Herrschaft, bis es 218 v.Chr. römisch und ein Teil Siziliens wurde.

Mambres

Falsche Lesart für „Jambres" („Jannes und Jambres": 2 Tim 3,8).

Mammon

Die sprachliche Herkunft ist umstritten, vermutlich ist das Wort abgeleitet vom Stamm „aman" („das, worauf man traut"). Mammon ist im nachalttestamentlichen Judentum negativ behaftet („ungerechter Mammon", also unredlich erworbener Gewinn). Im Neuen Testament findet sich Mammon in drei Herrenworten. In Mt 6,24 wurde Mammon personifiziert: Es ist eine widergöttliche Macht, die den Menschen zum Geiz verführt; ein Kompromiss zwischen Gott und Besitz ist nicht möglich. Nur Gott allein ist das einzig Verlässliche. Lk 16,11 bringt Mammon mit Treue in Verbindung: Unzuverlässigkeit beim Mammon lässt meist auf eine allgemeine

Treulosigkeit schließen. Martin Luther übersetzte das Wort nicht und so gelangte es ab dem 16. Jahrhundert als „Mammon" in die deutsche Sprache.

Mamre

Heiliger Ort bei Hebron mit mehreren heiligen Eichen („Eichen von Mamre"), wo Abraham länger wohnte und dem Herrn einen Altar baute (Gen 13,18). Hier erfuhr Abraham auch von der Gefangennahme Lots (Gen 14,13) und hier erschien ihm Gott in Form der „drei Männer" (Gen 18,1-16). Auch Isaak soll sich in Mamre aufgehalten haben (Gen 35,27). Südlich von Mamre lag die Höhle Machpela, das Familiengrab Abrahams, deren Lage mit „gegenüber von Mamre" angegeben wurde (z.B. Gen 23,19).
Bei dem in der Bibel oft erwähnten Mamre handelt es sich um das heutige Ramet el-Chalil 3 km nördlich von Hebron.

Manaën

(hebräisch „Tröster")
Der Jugendfreund des Tetrarchen von Galiläa, Herodes Antipas (4 v.Chr.-39 n.Chr.), wurde Christ und wirkte als Lehrer und Prophet der Christengemeinde von Antiochia (Apg 13,1).

Manahat

1. Nach Gen 36,23 der zweite von fünf Söhnen des Horiters Schobal (Gen 36,23).
2. Stadt im Gebiet des Stammes Juda, deren Bewohner zur Hälfte Benjamiter waren (1 Chr 2,52; 2,54).
3. Ort, an den die Einwohner von Geba verbannt wurden. Seine Lage ist nicht bekannt (1 Chr 8,6).

Manasse

(hebräisch „der, der vergessen macht")
1. Einer der zwölf Stämme Israels, der sich zu beiden Seiten des Jordan niederließ. Der im Ostjordanland siedelnde Teil wurde „Machir" genannt, der bedeutendere Teil im Westjordanland behielt den Namen „Manasse" (Jos 17,1-11). Der Stamm spielte in den Abwehrkämpfen gegen Midian (Ri 6-8) eine wichtige Rolle. Ahnherr des Stammes war Manasse, der älteste Sohn des Josef und der Asenat (Gen 41,51). Von seinem Großvater Jakob zusammen mit seinem Bruder Ephraim adoptiert (Gen 48,5), bildete er das „Haus Josef".
2. Der Sohn und Nachfolger des Hiskia war der vierzehnte König des Südreiches Juda und regierte 54 Jahre (696-642 v.Chr.). Als Tribut zahlender assyrischer Vasall förderte Manasse die heidnischen Kulte (u.a. Wahrsagerei, Menschenopfer, Aufstellen von Götzenbildern) und opferte sogar seinen eigenen Sohn dem Moloch,

was von den Propheten verurteilt wurde (Zef 1,4; 3,1-7; Jer 15,1-4; 2 Kön 21). Diesem Protest begegnete er mit blutigen Verfolgungen (2 Kön 21,16). In 2 Chr 33,11-20 wird von seiner Bekehrung berichtet.

3. Mann der Judit, der ihr ein großes Erbe hinterlassen hatte (Jdt 8,7).

Mandäer

Anhänger einer gnostischen Religionsform, die in manchen Texten auch „Nazoräer" genannt werden. Sie gehen zurück auf die Täuferbewegung in jüdischen und judenchristlichen Sekten, die zur Zeit des Neuen Testaments in Syrien und Palästina existierten. Der Glaube der Mandäer enthält jüdische, christliche und auch gnostische Elemente. Neben der Bestattung und der Totenfeier ist die Taufzeremonie von zentraler Bedeutung. Sie geht auf die Lehren Johannes des Täufers zurück, der im Mandäismus eine wichtige Rolle spielt. Eine Gruppe der Mandäer existiert noch heute im Irak und im Iran.

Mandelbaum

(hebräisch schaqed, griechisch karyinos)

Der erste Fruchtbaum, der in Palästina blüht – die ersten Blüten erscheinen bereits am Ende des Winters (Prunus amygdalus). Daher stammt auch der hebräische Name „schaqed", der „der Wache" oder „Frühe" bedeutet (Jer 1,11-12). Die Früchte werden aber erst im Sommer reif. Ein weiterer hebräischer Name für die Mandel ist „lus". So hießen auch einige Orte (Gen 28,19; 35,6; Ri 1,23). Die schneeweiße Blüte symbolisiert nach Koh 12,5 das Greisenalter. Jakob sandte dem Herrscher Ägyptens u.a. Mandeln aus Palästina (Gen 43,11). Nach Ex 25,33-34 und Ex 37,19-20 waren die Kelche der Leuchterarme in der Stiftshütte mandelförmig.

Manius

(eigentlich „Titus Manius")

Römischer Gesandter, der einen Brief verfasste, in dem er den Juden zu der unter Judas Makkabäus 162 v.Chr. erkämpften Religionsfreiheit gratulierte (2 Makk 11,34).

Manna

Die Speise, die vom Himmel fiel und den Israeliten während ihrer 40-jährigen Wanderung durch die Wüste als Nahrung diente (Ex 16; Num 11,6-9; vgl. Ps 78,25; 105,40); Manna wird als rund, klein und weiß (Ex 16,31) bzw. gelblich (Num 11,7), im Geschmack „wie Honigkuchen" (Ex 16,31) beschrieben. Schildläuse saugen den Saft der Tamarisken aus, um für ihre Larven wichtige Stoffe zu entnehmen. Den Saftüberschuss sondern sie in Form von runden, weißlichen Kugeln ab, die zu Boden fallen. Die Israeliten sahen Manna als Gottesgabe an (Dtn 8,3; Joh 6,31). Doch sie ernährten sich nicht (wie in Ex 16,35 angegeben) ausschließlich vom „Brot des Himmels", denn sie hatten beim Auszug ja ihr Vieh mitgenommen (u.a. Ex 12,38; 24,5) und fanden in den Oasen Fruchtbäume vor (Ex 15,27). Bei längeren Aufenthalten bestand außerdem die Möglichkeit, Getreide anzubauen (Lev 8,26). Manna wird noch heute von Beduinen verzehrt.

Manoach

(hebräisch „Ruhe")

Vater des Simson aus Zora im Stamme Dan (Ri 13,2-25); Manoach wurde – wie später auch Simson – „zwischen Zora und Eschtaol" begraben (Ri 16,31).

Maoch

König von Gat (1 Sam 27,2); identisch mit Maacha (1 Kön 2,39).

Maon

(hebräisch „Versteck")

Die judäische Siedlung (das heutige Kirbet Main knapp 15 km südlich von Hebron) war Heimatort des Nabal. In der östlich des Ortes gelegenen Wüste Maon versteckte sich David auf der Flucht vor Saul (Jos 15,55; 1 Sam 23,24-28).

Mara

(hebräisch „bitter")

1. Erste Station der Israeliten nach dem Durchzug durch das Schilfmeer (Num 33,8-9). Dort machte Mose das bittere, salzige Wasser einer Wüstenquelle trinkbar (Ex 15,23ff.).

2. Noomi, die Schwiegermutter Ruts, wollte nach dem Tod ihres Mannes und ihrer Söhne so genannt werden (Rut 1,20).

Maranata

Ausdruck der palästinischen Christengemeinde, der auch von den griechischsprachigen Gemeinden verwendet wurde (1 Kor 16,22). Maranata ist entweder eine Zusammensetzung der aramäischen Wörter „marana" („unser Herr") und „ta" („komm!") oder der Wörter „maran" („Herr") und „ata" („ist gekommen"). Dieser Gebetsruf wurde besonders beim Abendmahl gebraucht, einerseits, um des gegenwärtigen Herrn zu gedenken, andererseits, um die Erwartung seiner Wiederkehr auszudrücken (1 Kor 11,26; vgl. die Übersetzung „Amen. Komm, Herr Jesus!" in Offb 22,20).
Aus diesem Ausdruck entstand der Titel „Herr" (griechisch kyrios), der auf Jesus angewandt wurde.

Marcion

Der Begründer einer einflussreichen christlich-gnostischen Sekte

in Rom definierte als erster Theologe einen Unterschied zwischen dem guten Gott des Neuen Testaments (der Vater Jesu Christi) und dem bösen Gott des Alten Testaments (Schöpfergott). Er lehnte das Alte Testament ab und schuf den ersten biblischen Kanon, indem er die christlichen Texte auf zehn Paulusbriefe und das Lukasevangelium reduzierte.
Marcion wurde exkommuniziert und gründete 144 n.Chr. eine eigene Kirche.

Marduk

Hauptgott von Babylon, der im Alten Testament „Merodach" (Jer 50,2) genannt wurde und auch den Namen „Bel" („Herr") trug. Sein wichtigster Tempel in Babylon war Esagila mit dem Tempelturm Etemenanki (Gen 11). Marduks Niederlage wurde in der Prophezeiung Jeremias über den Untergang Jerusalems vorausgesagt (Jer 50,2). Er galt als Sieger über das Chaos und als Weltschöpfer (Ps 74,12ff.; 89,9).

Marescha

Alter kanaanäischer Ort in Juda (Jos 15,44), der von Rehabeam, dem ersten König des Südreichs (926-910 v.Chr.), ausgebaut und befestigt (2 Chr 11,8) und von seinem Enkel Asa erfolgreich verteidigt wurde (2 Chr 14,8-14). Nach dem babylonischen Exil wurde Marescha eine der wichtigsten Städte in Idumäa.

Mari

Mari am rechten Ufer des Euphrat war in der Antike eine der größten Städte Syriens und entspricht dem heutigen Tell Hariri unweit der Grenze zum Irak. 1933 begonnene Grabungen französischer Archäologen beförderten dort die Stadtanlage, einen gigantischen, drei Hektar großen Palast, mehrere Tempel, zahlreiche Statuen und 25 000 Keilschrifttafeln (u.a. diplomatische Briefe, Gesetzestexte und Handelsdokumente) zutage. Auf einigen sind Eigennamen wie „David" oder „Benjamin" erwähnt. Von besonderer Bedeutung für die alttestamentliche Forschung sind die in Mari entdeckten Briefe. Sie geben Auskunft über die Geschichte, Wirtschaft, Religion und Kultur Nordwestmesopotamiens zu Beginn des 2. Jahrtausends v.Chr.
Den Ausgrabungen zufolge erlebte das in der Bibel namentlich nicht genannte Mari zwei Blütezeiten: die erste um 2500, die zweite im 19.-18. Jahrhundert v.Chr. Nach der Eroberung und Zerstörung durch Hammurabi (um 1750 v.Chr.) versank die Stadt jedoch in der Bedeutungslosigkeit.

Maria

(hebräisch Mirjam = „die von Gott

Geliebte"; zur Zeit Jesu ein beliebter Name)

1. Maria, die Mutter Jesu; über sie gibt es keine historischen Daten, sondern nur die Berichte in den Evangelien des Neuen Testaments: Demnach lebte sie in Nazareth in Galiläa, war mit Josef verlobt (Lk 1,26-27), und der Erzengel Gabriel kündigte der „Begnadeten" (Lk 1,28) an, dass sie, ohne mit ihrem Mann zusammenzukommen, den Gottessohn zur Welt bringen werde (Lk 1,29-37). Maria nahm das Wort Gottes an (Lk 1,38), woraufhin sie von ihrer Base Elisabeth selig gesprochen wurde (Lk 1,45). Als Josef von Marias Schwangerschaft erfuhr und an ihr zweifelte, erschien auch ihm ein Engel und erklärte ihm die geistgewirkte Empfängnis, d.h. Maria hatte vom Heiligen Geist empfangen und war dennoch jungfräulich geblieben. (Mt 1,19-24).

Später distanzierte sich Maria zunächst von Jesus und der Jüngerschaft und wollte ihn sogar von seiner Verkündigung abhalten (Mk 3,21; Mk 3,31-35). Auch Jesus war ihr gegenüber zurückhaltend: Er nannte sie niemals „Mutter", sondern „Frau" (Joh 2,4; vgl. Joh 19,26). Maria stand aber unter seinem Kreuz und er vertraute seine Mutter seinem Lieblingsjünger Johannes an (Joh 19,25-27). Nach Jesu Tod und Auferstehung weilte Maria in der Gemeinschaft der Jünger (Apg 1,14). Von ihrem weiterem Leben erzählt das Neue Testament nichts.

Mit dem umfassenden Gebiet der Marienverehrung (Maria als jungfräuliche Mutter Gottes und große Fürbitterin) beschäftigt sich nicht mehr die Auslegung der Heiligen Schrift, sondern das Fachgebiet der Kirchengeschichte.

2. Maria von Betanien; die Schwester der Martha und des auf ihre Bitte hin von Jesu wiedererweckten Lazarus, lebte in Betanien bei Jerusalem (Lk10,38-41; Joh 11,1-44). Nach Joh 12,1-8 salbte sie die Füße Jesu, als dieser zum letzten Mal im Haus seiner Freunde zu Gast war.

3. Maria Magdalena; sie stammte vermutlich aus dem Dorf Magdala am Westufer des Sees Genezareth. Nach Lk 8,2 wurde sie von Jesus von sieben Dämonen befreit. Danach gehörte sie zu seinen treuesten Jüngerinnen. Sie begleitete ihn nach Jerusalem, stand unter dem Kreuz (Mk 15,40) und war bei Jesu Begräbnis anwesend (Mk 15,47). Nach Joh 20,11-18 erschien ihr als Erste der Auferstandene.

4. Maria, die Mutter des Apostels Jakobus des Jüngeren (Mk 15,40), die beim Tod und beim Begräbnis Jesu ebenfalls anwesend war und am Ostermorgen zu seinem Grab zurückkehrte; zur Unterscheidung von der Mutter Jesu und Maria Magdalena wird sie in Mt 27,61 und

Mt 28,1 die „andere Maria" genannt.
5. Maria, die Mutter des Evangelisten Johannes Markus; ihr Haus war Versammlungsort für die ersten Christen Jerusalems (Apg 12,12). Nach christlicher Tradition soll dort auch das Letzte Abendmahl von Jesus und seinen Jüngern stattgefunden haben.

Markus

(griechisch Markos)
Beiname des Johannes, dem Sohn der Maria (Apg 12,12); er stammte aus Jerusalem, verließ seine Heimat, um den Apostel Paulus und seinen Vetter Barnabas nach Antiochia (Apg 12,25) und auf die erste Missionsreise zu begleiten. Aus Sehnsucht nach seiner Mutter kehrte er aber um (Apg 13,5; 13, 13). Paulus weigerte sich, Markus auf die zweite Missionsreise mitzunehmen, und so kam es zum Streit und zur Trennung zwischen Paulus und Barnabas. Barnabas nahm Markus mit nach Zypern (Apg 15,36-41). Später war er wieder Mitarbeiter des Paulus (Phlm 24; Kol 4,10) und nach 1 Petr 5,13 ging er mit Petrus nach Rom. Er gilt als „Übersetzer" des Petrus und Verfasser des Markusevangeliums.

Martha

(aramäisch „Herrin")
Die ältere Schwester der Maria (Lk 10,38-42) und des Lazarus (Joh 11,1-2) von Betanien bewirtete Jesus bei seinen Besuchen (Lk 10,40). Beim Tod ihres Bruders erkannte sie in Jesus den Messias und Sohn Gottes und vertraute auf seine Hilfe (Joh 11,1-5; 11,19-39).

Masada

(aramäisch „Festung")
Felsenfestung etwa 440 m über dem Westufer des Toten Meeres, die in der Bibel nicht erwähnt wird. Jonatan, der nach dem Tod seines Bruders Judas Makkabäus im Jahr 160 v.Chr. die Führung im Kampf Judäas für die Unabhängigkeit übernahm, besetzte die Festung, und der mit Rom kooperierende Herodes der Große (37-4 v.Chr.) baute sie aus: Es entstanden eine Kasemattenmauer mit fast vierzig Türmen, Vorratshäuser, ein Dutzend Zisternen, Unterkünfte, Pferdeställe, zwei luxuriöse Paläste und außerdem eine römische Garnison. 66 n.Chr. wurde Masada von den radikalen jüdischen Zeloten eingenommen und zu ihrem Hauptstützpunkt gemacht. Zu ihnen stießen nach dem Fall Jerusalems im Jahre 70 von dort entkommene Freischärler. Insgesamt verschanzten sich auf der Burg rund 1 000 Menschen, die kurz vor der Erstürmung Masadas durch die Römer nach dreijähriger Belagerung im Jahre 73 alle in den Freitod gingen.

Maschal
(hebräisch „Spruch"; Plural Meschalim)
Ein Wort, das umfassend verwendet wird: Maschal bezeichnet eine Reihe von verschiedenen Sprüchen, Reden bzw. Gedichten, die einfach oder kunstvoll, kurz oder lang sein können. Es kann allgemein „Spruch" oder „Sprichwort" bedeuten, es kann aber auch eine volkstümliche Redensart (z.B. 1 Sam 10,12; 24,14; Ez 16,44) sein oder eine Lehrrede der Weisen. Ein Maschal kann auch die Bedeutung „Gleichnis" annehmen (Ez 17,2; 24,3), oder eine Mahnung, einen höhnenden Ausspruch (z.B. 1 Kön 9,7; Ps 44,15) oder auch einen Spottspruch bzw. ein Spottlied (z.B. Num 21,27; Jes 14,4) bezeichnen. Darüber hinaus wird auch ein Rätsel (z.B. Ez 21,5) oder ein Orakelspruch (Num 24,3; 24,20-21) „Maschal" genannt.
Auch die von Salomo gedichteten Kunstsprichwörter gehören zu den Meschalim (1 Kön 5,12; Spr 1,1; 10,1; 25,1).

Masoreten
(hebräisch „Überlieferer")
Name der Gelehrten, die (seit dem 7. Jahrhundert n.Chr.) den hebräischen Text im Alten Testament fixierten. Dazu verwendeten sie die „Masora", ein eigenes System, das aus Randnotizen, Akzenten, Statistiken und Vokalzeichen bestand.

Massa
(hebräisch „Versuchung")
1. Ort in der Wüste Sinai; hier haderten die Israeliten mit Gott, woraufhin Mose Wasser aus dem Felsen schlug (Ex 17,1-7). Massa wird häufig mit der Quelle Meriba in Verbindung gebracht (Ps 95,8).
2. Sohn des Ismael; seine Nachkommen, die Ismaeliten, waren arabische Nomaden (Gen 25,14; Spr 30,1; 31,1).

Maße und Gewichte
Im Gegensatz zu heute, wo Maßeinheiten international verbindlich festgelegt sind, maß man früher im Vergleich mit für jeden nachvollziehbaren, überall anzutreffenden Größen. Diese Methode ist selbst im Zeitalter von Atomuhr und Molekülgewichten noch nicht ganz ausgestorben: Mancher Autofahrer misst die zurückgelegte Entfernung in Minuten, und in Kaufhäusern sieht man gelegentlich noch Herren, die die Bundweite einer Hose mittels ihrer eigenen Elle (Distanz Ellenbogen-Handkante oder Fingerspitzen) kontrollieren.
Viele Maße aus der Bibel sind – mehr oder weniger plausibel – rekonstruiert worden. Längenmaße richteten sich nach Schritt, Arm und Hand, Flächen nach der Zeit, die man brauchte, sie zu bearbeiten (Tagwerk), Entfernungen nach der Zeit, die man brauchte, um sie abzuschreiten (Tagesmarsch) usw.

Der Zusatz „königlich“ vergrößert das übliche Maß um einen kleinen Prozentsatz. In der hellenistischen und römischen Zeit wurden viele Maßeinheiten aus dem Westen übernommen, die sich dann überwiegend im Neuen Testament finden.

Mastixbaum

(hebräisch sari, griechisch schínos)

Ein Baum, der in den Wäldern Palästinas wuchs (Pistacia lentiscus). Aus ihm wurde eine Balsamart gewonnen. Er ist vermutlich mit dem Bakastrauch gleichzusetzen.

Mattana

Station der Israeliten auf ihrer Wüstenwanderung von Ägypten ins Gelobte Land, vermutlich südlich des in das Tote Meer fließenden Arnon gelegen (Num 21,18-19).

Mattanja

(hebräisch „Gabe Jahwes [Gottes]“)

Männlicher Vorname, der im Alten Testament mehrmals vorkommt, z.B. 2 Kön 24,17 (ursprünglicher Name des Königs Zedekia von Juda), 2 Chr 20,14 (ein Levit) oder 1 Chr 25,4 (Sohn des Heman). Die Kurzform des Namens lautete „Mattan“ (u.a. 2 Kön 11,18).

Mattathias

(hebräisch „Gabe Jahwes [Gottes]“)

Priester und Vater der Makkabäer (1 Makk 2,1), löste 167 v.Chr. den Aufstand gegen den Hellenismus aus, als er einen abtrünnigen Juden und einen königlichen Beamten tötete und den Altar von Modeïn zerstörte (1 Makk 2,14-28). Er musste in die Wüste fliehen und starb 166 v.Chr. Seine Söhne Judas (Makkabäus), Jonatan und Simon führten den bewaffneten Kampf weiter. (Siehe auch unter „Hasmonäer“, „Judas“ und „Makkabäus“.)

Matthäus

Einer der zwölf Apostel; Matthäus wird in den Apostelverzeichnissen des Neuen Testaments an siebenter (Mk 3,18, Lk 6,15) bzw. achter (Mt 10,3, Apg 1,13) Stelle erwähnt. Er war der Sohn des Alphäus und Zöllner in Kaparnaum. Da der Zöllner nach Mk 2,14 und Lk 5,27 Levi hieß, ist es unklar, ob Matthäus und Levi identisch waren. Nach altkirchlicher Überlieferung ist Matthäus der Verfasser des Matthäusevangeliums.

Matthias

(Kurzform von Mattathias)

Nach Apg 1,26 wurde Matthias per Los als Nachfolger des ausgeschiedenen Judas Iskariot im zwölfköpfigen Apostelkollegium bestimmt. Einzelheiten über Matthias sind nicht bekannt.

Maulbeerbaum

(neuhebräisch tut schahor, griechisch sykáminos)

Ein Baum, der nur in Lk 17,6 in einem Gleichnis über den Glauben erwähnt wird. Gemeint ist hier der Obstbaum Morus nigra.

Maulbeerfeigenbaum

(hebräisch schiqma, griechisch sykomoréa)

Ein Baum (Ficus sycomorus), der ursprünglich in Ägypten heimisch war, aber später auch in Palästina angebaut wurde, besonders in der Schefala (1 Kön 10,27) und in der Gegend um Jericho (Lk 19,4). Er lieferte gutes Bauholz (Jes 9,9). Seine Frucht ist saftreich und ähnelt der Feige. Nach 1 Chr 27,28 setzte David einen Aufseher über die Ölbäume und Maulbeerfeigenbäume in der Schefala ein. Der Prophet Amos bezeichnete sich selbst als Züchter von Maulbeerfeigen (Am 7,14). Der Zöllner Zachäus stieg auf einen Maulbeerfeigenbaum, um Jesus zu sehen (Lk 19,4).

Maultier

(hebräisch péred, pirda)

Eine Kreuzung zwischen einer Pferdestute und einem Eselhengst (Equus asinus mulus); der schwächere Maulesel (Equus hinnus) stammt von einem Pferdehengst und einer Eselstute. Nach Lev 19,19 war den Israeliten die Züchtung beider Arten verboten, daher wurde das Maultier wohl eingeführt (Ez 27,14). Es wurde als Lasttier eingesetzt (2 Kön 5,17; 1 Chr 12,41) und war belastbarer als ein Pferd. Es diente auch als Reittier, z.B. bei den Söhnen des David (2 Sam 13,29). Salomo ritt auf einem Maultier zur Krönung (1 Kön 1,33; 1,38; 1,44). Abschalom starb, während er auf einem Maultier saß (2 Sam 18,9). Salomo erhielt unter anderem Maultiere als Geschenke (1 Kön 10,25). Esra 2,66 und Neh 7,67 nennen die Zahl der Maultiere, die von den Rückkehrern aus dem babylonischen Exil mitgebracht wurden. Eine bildliche Darstellung findet sich in Ps 32,9.

Maulwurf

(hebräisch haparparot)

Vermutlich ist die Maulwurfratte (Spalax typhlus) gemeint, die in Palästina häufig vorkam. Sie gräbt unterirdische Gänge und ist ein Schädling, der sich von Pflanzenwurzeln und Knollen ernährt. Der Mensch wirft am Tage Jahwes den Maulwürfen seine Götzenbilder hin (Jes 2,20).

Maus

(hebräisch 'akbar)

Ein Nagetier, das als unrein galt (Lev 11,29); unterschieden wird in der Bibel zwischen der Hausmaus (Mus musculus) und der Feldmaus (Microtus Guenthri). Auch Goldhamster (Mesocricetus auratus) und Wüstenspringmaus (Jaculus jaculus oder orientalis) kommen in Frage. 1 Sam 6,4-5 erwähnt eine Mäuseplage, die die Philister heimsuchte. Jes 66,17 nennt die Maus in Zusammenhang mit Götzendienst.

Mazzot
Bezeichnung für flache ungesäuerte Brotfladen aus Wasser und Mehl, die schnell gebacken und z.B. beim Mazzotfest gegessen wurden (Ex 34,18).

Medan
Der dritte Sohn des Abraham und seiner Nebenfrau Ketura war Ahnherr und Namengeber eines arabischen Stamms (Gen 25,2; 1 Chr 1,32).

Medeba
Stadt in Moab, östlich des Toten Meeres rund 35 km südlich von Amman, der heutigen Hauptstadt von Jordanien; 1896 wurde in den Überresten einer Kirche ein Fußbodenmosaik aus dem 6. Jahrhundert n.Chr. entdeckt, das die berühmten Städte des Alten und Neuen Testaments darstellt. Es gilt als die älteste Karte des Heiligen Landes und ist für die Topographie Palästinas von großer Bedeutung.

Meder
Ursprünglich nomadische Stämme in Medien, im Süden des Kaspischen Meeres, die sich vereinigten und einen Staat mit der Hauptstadt Ekbatana bildeten; als Gründer der Dynastie gilt Deiokes (700-647 v.Chr.). Sein Nachfolger Phraortes unterwarf die Perser, geriet dann aber selbst in Abhängigkeit der Assyrer. Durch ein Bündnis mit Nabopolassar von Babylon gelang Kyaxares II. (625-585 v.Chr.) 614 die Zerschlagung Assyriens und 612 die Zerstörung der Hauptstadt Ninive. Unter ihm erreichte das Mederreich seine größte Ausdehnung (bis nach Kleinasien), doch schon 553 v.Chr. wurde es von seinem Vasallen, Kyros II., dem König von Persien, erobert und als Provinz in das Großreich der Achämeniden eingegliedert. Das Alte Testament setzt die Meder oft den Persern gleich (z.B. Jes 13,17; Dan 6,1 nennt den Perserkönig Darius einen „Meder").

Mefaat
Stadt des Stammes Ruben im Ostjordanland (Jos 13,18), die später moabitisch wurde (Jer 48,21).

Megabyzos
Persischer Heerführer und Statthalter der Provinz Syrien, der um 448 v.Chr. einen Aufstand gegen seinen Schwager, den Perserkönig Artaxerxes I. (465-424 v.Chr.) anzettelte, sich dann aber wieder

mit ihm arrangierte. Der Putschversuch ist möglicherweise Hintergrund der in Esra 4,11-23 geschilderten Ereignisse.

Megiddo

Bedeutende alte Kanaanäerfestung in strategisch günstiger Lage an der Straße von Ägypten nach Syrien und Mesopotamien; die Israeliten konnten Megiddo lange nicht erobern (Jos 17,11), dies gelang erst unter David. Sein Sohn und Nachfolger Salomo befestigte die Stadt (1 Kön 4,12; 1 Kön 9,15), und unter König Ahas von Juda wurden im 8. Jahrhundert v.Chr. riesige Pferdestallungen errichtet. König Joschia wurde 609 v.Chr. vor Megiddo getötet, als er versuchte, die Streitmacht von Pharao Necho aufzuhalten (2 Kön 2 3,29-30). Danach wurde Megiddo nicht mehr erwähnt.

Mehujaël

(hebräisch „Gott macht Leben")

Ein Urenkel Kains (Gen 4,18).

Melchisedek

(hebräisch „König ist [der Gott] Sedek" oder „[der Gott] Melech ist gerecht")

„König von Salem" (vermutlich Jerusalem) und gleichzeitig Priester; Melchisedek war der erste in der Bibel erwähnte Priester (Gen 14,18). Über seine Herkunft ist wenig bekannt, er wird im Alten Testament nur zweimal genannt. Nach Abrahams Sieg über Kedor-Laomer brachte er Brot und Wein und segnete Abraham, der ihm den Zehnten gab (Gen 14,20). Diese Episode soll vermutlich den Jerusalemer Kult und die Abgaben an den Tempel legitimieren. Melchisedek wurde mit Christus in Verbindung gebracht: Da er „ohne Vater, ohne Mutter, ohne Stammbaum" (Hebr 7,3) war, glich er dem Sohn Gottes. Sein ewiges Priestertum galt als Vorbild für das Hohepriestertum Christi (Hebr 7,1-19). Er verwendete für sein Opfer Brot und Wein und ist somit ein Vorläufer Jesu Christi, der als „Hohepriester nach der Ordnung Melchisedeks" beschrieben wurde (Hebr 5,6; 5,10; 6,20). Jesus ist der in Ps 110,4 verheißene Nachfolger Melchisedeks.

Melech

(hebräisch „König")

1. Ein Enkel Jonatans (1 Chr 8,35; 9,41).

2. Bestandteil von Personennamen (z.B. „Abimelech").

Melkart

(phönizisch „König der Stadt")

Stadtgott von Tyrus, der auch in zahlreichen phönizischen Kolonien verehrt wurde.

Melone

(hebräisch abattihim)

Sie gehört zu jenen Früchten

(Citrullus lanatus) Ägyptens, nach denen sich die Israeliten nach ihrem Auszug aus Ägypten zurücksehnten (Num 11,5).

Memphis

(griechisch „weiße Mauer")

Das im 3. Jahrtausend v.Chr. am linken Nilufer (etwa 20 km südlich des heutigen Kairo) gegründete Memphis war bis zur Gründung von Alexandria im 4. Jahrhundert v.Chr. eine der bedeutendsten Städte Ägyptens, deren Untergang von den Propheten geweissagt wurde (Jes 19,13; Jer 2,16; 46,19; Ez 30,13; 30,16).

Menahem

(hebräisch „Tröster")

16. König des Nordreiches Israel (746-737 v.Chr.; 2 Kön 15,14-22); Er tötete seinen Vorgänger Schallum. Um seine Herrschaft zu festigen, musste er hohe Tribut zahlungen an den Assyrerkönig Tiglat-Pileser III. leisten (2 Kön 15,19). Menahem wurde als „grausam" und „sündhaft" (2 Kön 15,18) beschrieben, auch weil er nicht von den „Sünden Jerobeams" abließ.

Mene Tekel

Jene Orakelworte, die nach Dan 5,25-28 während eines Festmahls des babylonischen Regenten Belschazzar von der Erscheinung einer Menschenhand an die Wand geschrieben wurden: „mone', mone', toqel upharsin". Daniel interpretierte sie wie folgt: mone' = gezählt (gezählt sind die Tage der Herrschaft), toqel = gewogen (der Regent wurde auf der Waage gewogen und leicht befunden), peres = geteilt (das Reich wird zwischen den Medern und Persern geteilt werden). Der Rätselspruch kann auch umgedeutet werden und drei Münzen beschreiben (Mine, Schekel und Halbschekel oder -mine). Diese drei Geldstücke von abnehmendem Wert stehen dann für den Untergang des babylonischen Königreichs unter den drei letzten Königen.

Menelaus

Hohepriester zur Zeit der Makkabäerkriege; er veranlasste 165 v. Chr. die Ermordung des rechtmäßigen Hohepriesters Onias III., legitimierte die Beraubung und Entweihung des Tempels (2 Makk 5,15) und die Verfolgung der Gesetzestreuen. Menelaus wurde 163 v.Chr. hingerichtet.

Meni

(hebräisch moni = „Zuteilung")

Ein Glücksgott, den die Israeliten zur Zeit des Propheten Jeremia verehrten (Jes 65,11).

Menschenopfer

Menschenopfer sind ein verbreitetes Phänomen in der frühen

menschlichen Geschichte, man kennt sie von Kelten, Germanen, verschiedenen Völkern des Nahen Ostens, mittel- und südamerikanischen Indianern, ja sogar von mutmaßlich kulturell hochstehenden Völkern wie den Griechen.

Das bekannteste Menschenopfer in der Bibel will Abraham darbringen (Gen 22), doch dem Herrn genügt sein Wille für die Tat und er verschont den Sohn Isaak. Von den in Palästina heimischen Stämmen stehen besonders die phönizischen Küstenbewohner unter dem Verdacht, ihrem Gott Baal Kinder zu opfern, doch ist die Praxis auch andernorts zur Landnahmezeit weit verbreitet. (Noch im 2. vorchristlichen Jahrhundert spielen Menschenopfer in der römischen Propaganda gegen die phönizischstämmigen Karthager eine Rolle, wobei der Wahrheitsgehalt nicht mehr nachzuprüfen ist.) Generell muss man Menschenopfer in Palästina im Zusammenhang mit Fruchtbarkeitsriten sehen, für die nomadisierenden Israeliten der Landnahmezeit ein Novum. Das Isaakopfer steht somit vermutlich an der Übergangszeit zum sesshaften Leben.

Hiël von Bet-Eel führte eine selten berichtete Art der Tötung durch, ein Bauopfer: Anlässlich der Wiedererrichtung Jerichos opferte er seine eigenen Söhne Abiram (für den Grundstein) und Segub (bei den Toren; 1 Kön 16,34). Archäologische Funde belegen, dass Bauopfer unter Türschwellen und in Fundamenten im nahöstlichen und europäischen Raum durchaus nicht ungewöhnlich waren, allerdings verwendete man zunehmend Haustiere wie etwa Katzen dafür.

Es gibt noch eine Reihe weiterer Belege für Menschenopfer in der Bibel (Lev 18,21; 20,2-4; Dtn 12,31; 2 Kön 16,3; 17,17; Ri 11,29-40), generell ist aber Jahwe in betonter Unterscheidung zum Pantheon der anderen Völker in Palästina kein blutdürstiger Gott, ja er verbietet dies an mehreren Stellen ausdrücklich (z.B. Lev 20,1-5).

Merab

Die älteste Tochter Sauls (1 Sam 14,49), die David versprochen war, aber Adriël aus Abel-Mehola gegeben wurde, dem sie fünf Söhne gebar (1 Sam 18,19).

Merari

Dritter Sohn des Levi (u.a. Gen 46,11; Ex 6,16) und Ahnherr des levitischen Geschlechts der Merariter (Num 26,57), die während der Wüstenwanderung für weniger wichtige Dinge zuständig waren (Num 3,35-37; 4,29-33) und später im Gelobten Land im Gebiet der Stämme Sebulon, Ruben und Gad zwölf Städte zugeteilt bekamen (Jos 21,34-40).

Meriba

(hebräisch „Streit")

Name einer heiligen Quelle in der Wüste Sinai (Ex 17,1-7), deren Entstehung auf Mose zurückgeht. An diesem Ort des „Haders" stillten die Israeliten ihren Durst. Meriba wird häufig mit der Quelle Massa in Verbindung gebracht.

Merib-Baal

(hebräisch „mein Herr ist Baal")

1. Einer der beiden Söhne Sauls und der Rizpa; David lieferte ihn und seinen Bruder Armoni den Gibeonitern zur Hinrichtung aus (2 Sam 21,8-9).

2. Sohn des Jonatan, seit dem Alter von fünf Jahren an beiden Beinen gelähmt (2 Sam 4,4); David holte ihn nach Jerusalem an seinen Hof und gab ihm den Grundbesitz seines Großvaters Saul zurück (2 Sam 9). Merib-Baal unterstützte David beim Aufstand Abschaloms nicht (2 Sam 16,1-4), doch dieser verschonte ihn (2 Sam 19,25-31).

Da der Name „Merib-Baal" den kanaanäischen Namen „Baal" enthielt, wurde er in 2 Sam nachträglich in „Mefiboschet" geändert.

Merkaba

(hebräisch „Wagen")

Die Vision des Ezechiel (Ez 1) beschreibt den göttlichen Thronwagen, der von mischgestaltigen „lebendigen Wesen" getragen wurde, die in Ez 10,8-17 als „Kerubim" bezeichnet werden. Dieser Text ist für die jüdische Kabbala von großer Bedeutung.

Merodach-Baladan

(hebräisch „Marduk hat mir einen Erbsohn gegeben")

Der Chaldäer erhob sich nach dem Tod seines assyrischen Lehnsherrn Salamanassar V. im Jahre 722 v.Chr. zum König von Babylon (Jes 39,1), wurde aber 710 v.Chr. von Sargon II. verjagt. 703 v.Chr. machte er sich noch einmal zum König, wurde aber bald darauf von Sanherib wieder vertrieben.

Merodach-Baladan schickte eine Gesandtschaft an den Hof Hiskias von Juda (2 Kön 20,12-19).

Merom

(hebräisch „Höhenplatz")

Ort in Obergaliläa; nach Jos 11,1-9 besiegte Josua hier die gegen Israel verbündeten nordkanaanäischen Könige unter Führung des Jabin von Hazor.

Mescha

(„Gottes Hilfe")

König von Moab, der Tributzahlungen an Omri, den König von Israel (2 Kön 3,4) leisten musste. Nach dem Tod von Omris Nachfolger Ahab im Jahre 852 v.Chr. versuchte er einen Aufstand, wurde aber vom israelitischen König Joram geschlagen, der von Joschafat, dem König von Juda, unterstützt wurde. Mescha wurde in seiner Hauptstadt Kir-Hareseth eingeschlossen und opferte in seiner Verzweiflung seinen Sohn auf der Stadtmauer. Daraufhin zogen die entsetzten Feinde ab (2 Kön 3,25-27). Auf der 1868 im Ostjordanland gefundenen und nach ihm benannten Stele schildert Mescha seinen Sieg über Israel und seine Eroberungen.

Meschach
Name, der Mischaël, einem der drei Gefährten Daniels, am Hof des babylonischen Königs Nebukadnezar II. gegeben wurde (Dan 1,7; 2,49; 3,12).

Mescha-Stele
Gedenkstein aus der Zeit um 840 v.Chr., der 1868 in Diban im Ostjordanland gefunden wurde und heute im Louvre in Paris zu sehen ist.
Der Stein hat eine moabitische Inschrift, in der König Mescha von Moab die von ihm eroberten Städte und seine Siege und Bauten rühmte.

Meschech
Sohn des Jafet (Gen 10,2) und seine Nachkommen, die Moscher, ein Volk in Kleinasien an der Schwarzmeerküste (u.a. Ez 27,13).

Meschullam
(hebräisch moschullam = „Erstattung", „Ersatz")
Männlicher Vorname, z.B. 2 Kön 22,3; 1 Chr 3,19; Esra 10,29; Neh 12,25.

Mesopotamien
(griechisch „das Land zwischen den Strömen")
So wurde im Hellenismus das Gebiet zwischen dem mittleren Euphrat und dem Tigris genannt. Im Alten Testament ist Mesopotamien die griechische Übersetzung verschiedener Gebiete von Aram („Aram Naharaim" Gen 24,10 und „Paddan Aram" Gen 25,20), also nur für das obere Zweistromland. Im Neuen Testament wurde der Name auf das gesamte Zweistromland erweitert (Apg 2,9; 7,2). (Siehe auch unter „Assyrien/ Babylonien".)

Messschnur
Ein Hilfsmittel für Tischler und Baumeister (u.a. Ijob 38,5; Jer 31,39; Sach 2,5), das auch zur Feststellung von verschiedenen Größen verwendet wurde (u.a. Ez 47,3; Am 7,17; Mi 2,4-5).
Die Messschnur in Gottes Hand ist – so wie das Lot – ein Hinweis auf das bevorstehende Gericht (2 Kön 21,13; Jes 34,11).

Metuschaël
(hebräisch „Mann Gottes")

Vater des Lamech (Gen 4,18). Anderer Name für Metuschelach.

Metuschelach
Sohn des Henoch und Vater des Lamech (Gen 5,21; 1 Chr 1,3); sein hohes Alter (969 Jahre nach Gen 5,27) ist das höchste der Bibel, weshalb Metuschelach – unter dem später aufgekommenen Namen „Methusalem" – sprichwörtlich wurde.

Mëuniter
Arabische Beduinen, die südöstlich des Toten Meeres beheimatet waren. Unter den Tempeldienern, die ab 538 v.Chr. aus dem babylonischen Exil zurückkehrten, waren auch Nachkommen der Mëuniter (Esra 2,50; Neh 7,52).

Mibzar
(hebräisch „Festung")
Stammesfürst der Edomiter (Gen 36,42).

Micha
(hebräische Kurzform von michaja, michajohu, michajahu = „Wer ist wie Jahwe?")
1. Sohn des Jimla, Prophet zur Zeit des Königs Ahab von Israel (871-852 v.Chr.) und dessen Gegner (er lehnte Ahabs Krieg gegen Aram-Damaskus ab). Er wurde wegen seiner Botschaft eingekerkert (1 Kön 22,9-28).
2. Prophet aus Moreschet und Verfasser des Michabuches, der im 8. Jahrhundert v.Chr. unter den Königen Jotam, Ahas und Hiskia von Juda (Mi 1,1) wirkte. Er war ein Zeitgenosse der Propheten Jesaja, Hosea und Amos und selbst der sechste der zwölf „kleinen" Propheten. Micha weissagte als Erster die Zerstörung Jerusalems als Bestrafung für die Sünden seiner Bewohner.

Michael
(hebräisch „Wer ist wie Gott?")
Sein Name erscheint zum ersten Mal bei Daniel, der ihn „Engelfürst" nannte (Dan 10,13; 10,21). Michael ist eine bedeutende Figur für das Judentum: Er gilt als Schutzengel Israels, der nach Dan 12,1-3 die Gerechten Israels zur ewigen Rettung geleiten werde. Das Christentum sieht Michael als Beschützer der christlichen Heere und Bekämpfer des christlichen Irrglaubens. Er besiegte den Satan, den er aus dem Himmel warf (Offb 12,7-9). 1 Thess 4,16 führte ihn als jenen Erzengel an, der am jüngsten Tag zu Gericht blasen wird.

Michaja
Männlicher Vorname im Alten Testament, z.B. 2 Chr 17,7 (Sohn des Jimla und Prophet zur Zeit von König Ahab), Jer 36,11 (Sohn des Gemarja) oder Neh 12,41 (Priester zur Zeit des Nehemia). Manchmal wurde statt „Michaja" auch die

Kurzform „Micha“ verwendet, z.B. Ri 17,1 (vgl. Ri 17,5); 2 Kön 22,12 (vgl. 2 Chr 34,20); Jer 26,18 (vgl. Mi 1,1).

Michal

(hebräisch „Wer ist wie Gott?“)

Tochter Sauls (1 Sam 14,49) und Frau Davids (1 Sam 18,27), den sie vor ihrem Vater rettete (1 Sam 19,11-18). Später wurde sie mit Palti verheiratet (1 Sam 25,44), doch David forderte Michal zurück (2 Sam 3,13-14). Als David vor der Bundeslade den Kulttanz aufführte, verachtete sie ihn (2 Sam 6,16; 20-23).

Michmas

Der Ort im Gebiet von Benjamin, in der Gegend von Bet-El (1 Sam 13,5) nördlich von Jerusalem (Jes 10,28), wird in den Kämpfen des Saul und seines Sohnes Jonatan gegen die Philister erwähnt (1 Sam 13-14). Im 2. Jahrhundert v.Chr. ließ sich in Michmas (heute Muchmas) der Makkabäer Jonatan nieder.

Midian

(hebräisch „Streit“)

Einer der sechs Söhne Abrahams und seiner Nebenfrau Ketura (Gen 25,2; 1 Chr 1,32); Midian war der Ahnherr der „Midianiter“, eines nomadischen Stämmeverbandes in der syrisch-arabischen Wüste. Sie gelten als die ältesten uns bekannten Kamelnomaden, deren Karawanenhandel in Gen 37,28 und Gen 37,36 erwähnt wurde. Ihre Beziehungen zu Israel waren anfangs gut, was sich an Moses Flucht zu den Midianitern (Ex 2,15; Apg 7,29) und seiner Hochzeit mit Zippora, der Tochter des midianitischen Priesters Jitro (Ex 2,16-21) zeigte. Von den Midianitern übernahm Mose vielleicht die Verehrung Jahwes. Später kam es jedoch zu kriegerischen Auseinandersetzungen, und die Midianiter wurden von Gideon besiegt (Ri 6-8; vgl. Jes 9,3; 10,26).

Migdal

Name eines von Abimelech zerstörten Tempels in Sichem (Ri 9,46).

Migdol

(hebräisch „Turm“, „Burg“)

Grenzort im äußersten Nordosten Ägyptens (Ez 29,10; 30,6) und Lagerstätte der Israeliten beim Auszug aus Ägypten (Ex 14,2; Num 33,7).

Migron

Ort in der Nähe von Michmas im Gebiet von Benjamin (1 Sam 14,2; Jes 10,28); wird mit dem heutigen Tell Mirjam gleichgesetzt.

Milan

Roter (Milvus milvus) oder Schwarzer Milan (Milvus migrans), in Lev 11,14 und Dtn 14,13 als unreines Tier erwähnt.

Milet
Blühende Handelsstadt an der Westküste Kleinasiens etwa 70 km südlich von Ephesos; Milet war ein Zentrum der Naturphilosophie und der Geschichtsschreibung, aber auch des Luxus und der Sittenlosigkeit. Der Apostel Paulus besuchte die Stadt auf seiner letzten Reise nach Jerusalem und traf dort mit den „Ältesten" der christlichen Gemeinde von Ephesos zusammen, an die er eine Abschiedsrede richtete (Apg 20,15-17).

Milka
Tochter des Haran, Schwester des Lot, Nichte und Gattin des Nahor und Großmutter der Rebekka (u.a. Gen 11,29; 22,20; 22,23; 24,15).

Milkom
(hängt mit hebräisch malik = „König" zusammen)
Milkom war Nationalgott der Ammoniter (1 Kön 11,5; 11,33; Jer 49,1; 49,3). Salomo führte in Israel die Verehrung des Milkom als Privatkult für seine ammonitischen Frauen ein (1 Kön 11,5). Das von ihm errichtete Heiligtum wurde jedoch Ende des 7. Jahrhunderts v.Chr. von König Josia zerstört (2 Kön 23,13).

Millo
(hebräisch „Aufschüttung", „Höhe")
1. Die Verstärkung von Jerusalems Befestigung, gedeutet als Wall, Aufschüttung oder auch Turm, wurde von König Salomo errichtet (1 Kön 9,15; 9,24) und von König Hiskia Ende des 8. Jahrhunderts v.Chr. erneuert (2 Chr 32,5).
2. Ri 9,6 bzw. Ri 9,20 nennt das „Haus des Millo" in Sichem, das vermutlich den Rat bezeichnete, der in einem Turm der Stadt tagte.

Minni
Volk und Staat im Norden des Iran, nach Jer 51,27 – gemeinsam mit Ararat und Aschkenas – zu einem Feldzug gegen Babylon aufgefordert.

Minnit
Ammonitische Stadt (Ri 11,33), aus der Weizen nach Tyrus ausgeführt wurde (Ez 27,17). Die genaue Lage ist nicht bekannt.

Minze
(griechisch hedýosmon)
Ein Kraut, das ein ätherisches Öl enthielt, das als Gewürz und Medizin verwendet wurde (Mentha piperita). Minze war zehntpflichtig (Mt 23,23; Lk 11,42).

Mirjam
(hebräisch mirjam, griechisch Mariam, lateinisch Maria)
Tochter des Amran und der Jo-

chebed und Schwester des Mose (Num 26,59) und des Aaron (Ex 15,20-21); nach Ex 15,20-21 Prophetin und Verfasserin eines Siegesliedes. Sie lehnte sich gemeinsam mit Aaron gegen Mose auf, woraufhin sie mit Aussatz bestraft, später aber auf Moses Fürbitte geheilt wurde. Mirjam starb in Kadesch, wo sie auch begraben wurde (Num 20,1).

Mirjamlied
Ein zweizeiliger Lobgesang, den Mirjam nach der Rettung der Israeliten am Schilfmeer angestimmt haben soll: „Singt Jahwe! Denn er ist hoch erhaben; Ross und Wagenführer stürzte er ins Meer“ (Ex 15,21).

Mischaël
(hebräisch „Wer ist der, der Gott zugehört?“)
Einer der drei Gefährten Daniels, dem am Hof des babylonischen Königs Nebukadnezar II. der Beiname „Meschach“ gegeben wurde (Dan 1,6-2,17).

Mischehe
Im Alten Testament Bezeichnung für eine Ehe, die zwischen Israeliten und Nichtisraeliten geschlossen wurde. Eine Ehe mit Kanaanäern war in der Väterzeit nicht gern gesehen (Gen 27,46). Ex 34,16 nennt die Befürchtung, Mischehen könnten zum Götzendienst verleiten. Ehen mit anderen Völkern waren durchaus möglich (Rut 1,4; 1 Kön 7,14). Nach dem Exil waren Mischehen in der biblischen Gesetzgebung verboten (Dtn 7,3), und es wurde schließlich beschlossen, alle Mischehen aufzulösen (Esra 9-10; Neh 10,30-31; 13,23-30). Im Neuen Testament ist eine Mischehe die Ehe zwischen Christen und Nichtchristen. Der Apostel Paulus tolerierte diese Ehen (1 Kor 7,12-16).

Mischma
(hebräisch „Gehör“, „Gerücht“)
1. Der fünfte Sohn des Ismael und Ahnherr eines ismaelitischen Stammes (Gen 25,14; 1 Chr 8,12).
2. Nachkomme des Simeon (1 Chr 4,25-26).

Mischwesen
Götter, göttliche Wesen oder auch Dämonen, die aus Mensch und Tier oder auch nur aus Tieren zusammengesetzt sind; besonders in Ägypten waren die Götter häufig mischgestaltig. Das Alte Testament nennt die Mischwesen Kerub und Seraf.

Mitanni
Staat in Syrien und Obermesopotamien, der um 1600 v.Chr. von den Horitern gegründet wurde und eine indoarische Oberschicht hatte. Um 1360 v.Chr. wurde Mitanni von den Hethitern abhängig und

schließlich ein Jahrhundert später durch Salmanassar I. dem assyrischen Reich eingegliedert. Wassukanni, die Hauptstadt von Mitanni, ist noch unentdeckt.

Mithras, Mitra

(persisch „Vertrag")

Persische Gottheit, die bereits seit dem 14. Jahrhundert v.Chr. bekannt war. Mithras war ursprünglich der Gott des Vertrages bzw. Rechtes, später Sonnen- und Lichtgott und schließlich Kriegsgott. Durch römische Legionäre gelangte der Mithraskult in das Römische Reich und entwickelte sich zum Konkurrenten des jungen Christentums bis ins 4. Jahrhundert hinein.

Mitka

(hebräisch „Süßigkeit")

Lagerstätte der Israeliten während ihrer Wüstenwanderung von Ägypten ins Gelobte Land (Num 33,28-29), deren Lage nicht bekannt ist.

Mitredat

(persisch „Geschenk des Mithra")

1. Schatzmeister des Perserkönigs Kyros des Großen (559-529 v.Chr.), der in dessen Auftrag den einst von Nebukadnezar II. geraubten Tempelschatz an die aus Babylon nach Jerusalem zurückkehrenden Juden übergab (Esra 1,7-11).

2. Persischer Beamter von Artaxerxes I. (464-424 v.Chr.) in Samaria (Esra 4,7).

Mittelmeer

Die Bezeichnung „Meer" bedeutet in der Bibel fast immer das Mittelmeer (z.B. Num 13,29). Es wird auch „Großes Meer" (Num 34,6; Jos 1,4), „Westliches Meer" (Dtn 11,24; Sach 14,8), „Meer bei Jafo" (Esra 3,7) oder „Meer der Philister" (Ex 23,31) genannt.

Mitylene

In der Hauptstadt der griechischen Ägäisinsel Lesbos verbrachte der Apostel Paulus am Ende seiner dritten Missionsreise eine Nacht (Apg 20,14).

Mizpa, Mizpe

(hebräisch „Warte")

Mizpa lag im Stammesgebiet Benjamin, knapp 15 km nördlich von Jerusalem an der Straße nach Sichem; hier versammelte sich das israelitische Heer (Ri 20,1-3), hier ließ sich Saul zum König ausrufen (1 Sam 10,17) und hier sprach Samuel Recht (1 Sam 7,16). Die Stadt wurde von Asa, dem dritten König von Juda (907-868 v.Chr.) befestigt (1 Kön 15,22) und diente nach der Zerstörung Jerusalems durch Nebukadnezar II. (587/86 v.Chr.) dem als Statthalter von Juda eingesetzten Gedalja als Verwaltungssitz (2 Kön 25,23). Dieser wurde hier auch ermordet (Jer

41,1-2). Bewohner der Stadt beteiligten sich nach dem babylonischen Exil am Wiederaufbau der Jerusalemer Mauer (Neh 3,15; 3,19).

Mnason

Aus Zypern stammender Jerusalemer Christ, der Paulus am Ende seiner dritten Missionsreise bei sich aufnahm (Apg 21,16).

Moab, Moabiter

Volk, dessen Land sich östlich des Toten Meeres südlich von Ammon und nördlich von Edom befand; die nördliche Grenze wurde mehrmals durch Eroberungen überschritten. Moab und Israel wurden als Verwandte dargestellt, zwischen welchen es fast immer kriegerische Auseinandersetzungen gab. Saul zog gegen Moab in den Krieg (1 Sam 14,47) und David unterwarf es und machte es zum Vasallenstaat (2 Sam 8,2; 8,12). Dem moabitischen König Mescha gelang es Mitte des 9. Jahrhunderts v.Chr., sich unabhängig zu machen. Später wurde Moab von Assyrien erobert und ging im Nabatäerreich auf.

Ahnherr des Volkes war Moab, Sohn des Lot mit seiner ältesten Tochter (Gen 19,31-37). Diese inzestuöse Beziehung bestätigt die Verwandtschaft von Moab und Israel, beschreibt gleichzeitig die Auseinandersetzungen der Völker und erklärt den Namen „Moab", der volkstümlich „vom Vater" bedeutet.

Modeïn, Modin

Ortschaft in Palästina (heute Al-Midya), etwa 10 km östlich von Lod (Lydda) und 30 km nordwestlich von Jerusalem; Heimat (1 Makk 2,1) und Grabstätte der Hasmonäer (1 Makk 13,25-30).

Molch

(hebräisch koah)

Eine Eidechse, die zu den unreinen Tieren gezählt wurde (Lev 11,30); wahrscheinlich handelt es sich hier um den Nilwaran (Varanus niloticus), der bis zu 2 m lang werden kann und vor allem in Nordafrika anzutreffen ist. Der Molch wurde auch als Chamäleon gedeutet.

Moloch

Das Wort hängt mit dem punischen Wort „molk" („Weihegabe") zusammen und bezeichnete im Alten Testament Kinderopfer am Tofet, einer Opferstätte im Hinnomtal bei Jerusalem. Dort wurden die Kinder bei lebendigem Leib verbrannt (2 Kön 23,10; Jer 32,35). Die gegen Menschenopfer und jeglichen Götzendienst gerichtete israelitische Gesetzgebung ging schärfstens gegen diesen grausamen kanaanäischen Ritus vor (Lev 18,21).

Moloch wurde aber auch als Gottestitel verstanden. Der Name ist eine absichtliche Abänderung des hebräischen Wortes „melech" („König"). Welcher Gott mit der allgemeinen Bezeichnung „Moloch" gemeint war, ist unklar.

Mordechai

(hebräisch „zum [Gott] Marduk gehörend")

Eine zentrale Figur im Esterbuch: Onkel und Vormund Esters aus dem Stamm Benjamin, der zusammen mit König Jojachin von Juda im Jahre 597 v.Chr. von Nebukadnezar II. nach Babylon gebracht wurde und sich in Susa niederließ (Est 2,5-7). Er erregte später unter persischer Herrschaft den Zorn des Großwesirs Haman, weil er ihn nicht mit aller Ehrfurcht grüßen wollte (Est 3,2-6). Mordechai konnte aber dessen Plan, alle Juden im persischen Reich zu töten, vereiteln und wurde nach dem Sturz Hamans der höchste Beamte im Perserreich (Est 8,2; 8,15; 9,4; 10,2-3).

More

1. Das Wort wird im Zusammenhang mit einer Terebinthe (Gen 12,6-7) bzw. einem Terebinthenhain in der Nähe von Sichem (Dtn 11,30) erwähnt. Die Bedeutung ist vermutlich „Orakel-Terebinthe". Abraham baute an dieser Stelle einen Altar (Gen 12,6-7), und Josua errichtete hier einen Gedenkstein (Jos 24,26).

2. Name eines 115 m hohen Hügels (heute Dschebel ed-Dahi) in der Nähe von Jericho.

Moreschet-Gat

Der Ort in Juda in der Nähe von Gat (Mi 1,14) war die Heimat des Propheten Micha (Mi 1,1; Jer 26,18). Der Name bedeutet wahrscheinlich „Besitztum", demnach war Moreschet-Gat eine Tochtersiedlung von Gat.

Morija

(hebräisch vielleicht „Ort, wo man [Gott] sieht" bzw. „wo [Gott] gesehen wird")

Morija wurde im Alten Testament zweimal erwähnt:

1. Der Ort, an dem Abraham seinen Sohn Isaak opfern sollte (Gen 22,2).

2. Der Hügel, auf dem Salomo am Platz der Tenne des Jebusiters Arauna zunächst einen Altar und später den Jerusalemer Tempel baute (2 Chr 3,1). Für das Alte Testament sind diese beiden Orte nicht identisch, nach jüdischer Tradition aber sind beide Stellen ein und derselbe Ort.

Mose(s)

Der Name stammt aus Ägypten („Mos" bedeutet „Sohn") und ist Bestandteil von Namen wie z.B. „Ahmosis" oder „Thutmosis".

Mose, der in den beiden Testamenten über 700-mal erwähnt wird, war der Führer der Israeliten beim

Auszug aus Ägypten und während der Wüstenwanderung ins Gelobte Land. Außerdem gilt er als Gesetzgeber und Begründer der Religion Israels.
Mose stammte aus Ägypten, war der Sohn des Amram und der Jochebed (Ex 6,20), und der jüngere Bruder der Mirjam und des Aaron (Ex 7,1). Der Pharao befahl, alle männlichen Neugeborenen in den Nil zu werfen (Ex 1,22), doch Jochebed versuchte, ihren Sohn zu retten und legte ihn in einen Korb am Ufer des Nils. Die Tochter des Pharao rettete ihn vor dem Ertrinken und gab ihm den Namen „Mose", der „Sohn" bedeutet, aber nach Ex 2,10 mit „Ich habe ihn aus dem Wasser gezogen" gedeutet wurde. Mose wurde in aller Weisheit der Ägypter ausgebildet (Apg 7,22). Später erkannte er die Lage seines Volkes und tötete einen Ägypter (Ex 2,12). Er floh nach Midian, wo er Zippora, die Tochter des Priesters Jitro heiratete (Ex 2,21), die ihm zwei Söhne (Gerschom, Eliëser) schenkte. Am brennenden Dornbusch in der Wüste begegnete er Gott, der sich als „Jahwe" offenbarte und ihm den Auftrag erteilte, sein Volk zu befreien und in das Gelobte Land zu führen (Ex 2,23-4,17). Mose wurde mit Wunderkraft ausgestattet, und Aaron wurde ihm als Sprecher zur Seite gestellt (Ex 3,1-4,18). Der Pharao willigte ein (man denke an die „zehn ägyptischen Plagen": Ex 5-13), und der 80-jährige Mose begann die Wüstenwanderung. Am Sinai wurde der Bund zwischen Gott und den Israeliten geschlossen und das Gesetz gegeben (Ex 19-24). Immer wieder gab es während des 40-jährigen Wüstenzuges Schwierigkeiten, und das Volk begehrte auf (z.B. Ex 14,10-12; 15,22-25; Num 11). Die Eroberung des Ostjordanlandes erlebte Mose noch, dann kündigte Gott seinen Tod an. Er starb im Alter von 120 Jahren auf dem Berg Nebo (Dtn 34).
Um den Stellenwert des Mose zu beurteilen, müssen die verschiedenen Quellen differenziert werden: Die Jahwisten betonen Gottes Wirken beim Auszug aus Ägypten und der Wüstenwandwerung, d.h. Wunder zu wirken und Israel zu führen ist allein Jahwes Werk. Mose hingegen sollte Jahwes Geschichtspläne „nur" verkünden (Ex 7,16-17), fungiert also als eine Art Prophet. Die Elohisten präsentieren Mose als aktiven Propheten, der alle anderen Propheten überragt, weil Jahwe mit Mose „von Mund zu Mund, von Angesicht zu Angesicht" sprach (Num 12,8). Die Deuteronomisten sehen Mose als Propheten (Dtn 18,15) und Fürbitter (vgl. Dtn 9,18-20), der die Rolle des Mittlers der Gebotsoffenbarung Jahwes am

Sinai zugeteilt bekam. Die Priesterschrift schließlich stellt Mose als denjenigen dar, der die Macht Jahwes repräsentiert. Diese vier Traditionen ergänzen sich.
Im Judentum des Alten Testaments ist Mose die bestimmende religiöse Figur. Er erlangte einen immer höheren Stellenwert, was mit der steigenden Bedeutung der Thora zu erklären ist. Mose galt als Mittler des Gesetzes und als Lehrer Israels, der bei den Menschen beliebt war und Gott sehr nahe stand. Er galt als Prophet, der im Namen Gottes sprach (z.B. Ex 19,6-7; Num 11,24; allein von Ex bis Dtn ist die Formel „Jahwe sprach zu Mose" mehr als 200-mal zu lesen). Darüber hinaus erhielt Mose eine priesterliche Funktion (vgl. Ex 24) und wurde als Richter dargestellt (Ex 18, 13-16).
Im Neuen Testament ist Mose die (mit 80-mal) am häufigsten genannte Gestalt des Alten Testaments. Er ist derjenige, mit dem Gott sprach (Joh 9,29) und durch den das Gesetz als das maßgebliche Wort Gottes vermittelt wurde. Somit steht Mose, der Vertreter des alttestamentlichen Gesetzes, Jesus, dem Verkünder der Frohen Botschaft gegenüber (Joh 1,17). Christus sollte das Gesetz nicht aufheben, sondern erfüllen (Mt 5,17). Mose wurde außerdem als Prophet dargestellt, der Christus in seinem Kommen, Leiden und Wirken ankündigte (Lk 24,26-27; Apg 26,22-23).
Auch im Islam hat Mose einen hohen Stellenwert. Er wird in 36 Suren des Koran erwähnt und ist dort – ebenso wie Jesus – ein Vorläufer Mohammeds und Gesandter Gottes. Er gilt als der Prophet und Gesetzgeber Israels, der aber schließlich von Mohammed überboten wurde.

Moser, Moserot
Eine der Lagerstätten auf der Wüstenwanderung der Israeliten (Num 33,30-31); nach Dtn 10,6 starb Aaron hier und wurde hier begraben, nach Num 33,38 starb er aber auf dem Berg Hor.

Motte
(griechisch ses, hebräisch 'asch und sas)
Insekt, das großen Schaden anrichten kann und Zerstörung symbolisiert; die Motte zerfrisst Kleidung (u.a. Jes 50,9; 51,8; Hos 5,12; Ps 39,12; Ijob 13,28; Mt 6,19; Jak 5,2) und kann auch Lehmhütten ruinieren (Ijob 4,19).
In Ijob 27,18 wird „'asch" von Martin Luther mit „Spinne" übersetzt.

Möwe
Der in Lev 11,16 und Dtn 14,15 erwähnte Vogel, den Martin Luther mit „Kuckuck" übersetzt, könnte eine Möwe sein.

Mundschenk
Ein Beamter des königlichen Hofes, der die Aufsicht über die Getränke hatte. Der Mundschenk genoss Ansehen und das Vertrauen des Herrschers (der mit der Gefahr eines Attentats durch Gift rechnen musste). Oftmals handelte es sich um ein Ehrenamt (z.B. Rabschake, 2 Kön 18,17).
Neben dem Mundschenk des Pharao (Gen 40,1ff.) nennt das Alte Testament jenen des Sanherib (Jes 36,2ff.; 2 Kön 18,17), des Salomo (1 Kön 10,5) und namentlich Nehemia im Dienst des persischen Königs (Neh 1,11; 2,1).

Münzen
In alttestamentarischer Zeit verwendete man abgewogene Mengen von Edelmetall, insbesondere Silber, als Geld (siehe „Maße und Gewichte"). Erst während der Perserherrschaft kamen Münzen auf. Münzen mit der Aufschrift „jhd" (Jehud) für die Provinz Judäa oder mit „jrslm" (Jerusalem) entstammen dem 5. Jahrhundert v.Chr. und deuten auf eine gewisse Autonomie der jüdischen Provinz einschließlich des Münzprägerechtes.
Spätere Münzen bis hin zu den Eigenprägungen Herodes des Großen (37-4 v.Chr.) stehen ganz in hellenistischer Tradition, sie zeigen oft makedonische Helme, Trauben, Granatäpfel, Füllhörner, Schiffe und ähnliches. Münzen des letzten Hasmonäers Mattathias Antigonos (40-37 v.Chr.) sind mit dem Königstitel auf griechisch und dem Titel des Hohepriesters auf hebräisch versehen, auf einigen sind die wichtigsten Tempelgeräte dargestellt, z.B. der Siebenarmige Leuchter, die Menorah. Später wird dieser zu einem der wichtigsten jüdischen Symbole, hier taucht sie zum ersten Mal in bildlicher Darstellung auf.
Im Neuen Testament sind verschiedentlich griechische und römische Münzen erwähnt, u.a. griechische silberne Drachmen, Doppeldrachmen und Tetradrachmen (Lk 15,8; Mt 17,24; 17, 27) sowie römische silberne Denare und kupferne Asse und Quadrantes (Mt 10,29; Lk 12,59) und kleinere griechische Kupfermünzen.
Zeitweise kam es zu einer eigenen jüdischen Münzprägung, etwa in den Jahren 66-70 n.Chr., die Bronze- und wenigen Silberstücke tragen Amphoren, Weinblätter (sog. dionysische Motive) und Aufschriften wie „Jahr 2" (nach der Befreiung von den Römern) oder „Freiheit Zions". Während des zweiten Aufstandes gegen Rom gab man Münzen heraus, die wieder Amphoren, Palmwedel und den Namen des Anführers Simeon Bar-Kochba zeigen.
In einem Fall tragen Münzen sehr

zum Verständnis bestimmter Textpassagen des NT bei: In der Offenbarung des Johannes wird Christus beschrieben als „der, der die sieben Sterne in seiner Hand hält“ (Offb 1,16; 1,20; 2,1; 3,1). Der Bezug ist klar, wenn man sich eine Münze Domitians ansieht, die auf der Rückseite ein Kind (Domitians Sohn) darstellt, das auf der Weltkugel sitzt und die Hände nach den sieben umgebenden Sternen ausstreckt. Die Umschrift bezeichnet es als „Divus Cäsar“. Die Offenbarung macht ihren Lesern oder Zuhörern, die die betreffende Münze natürlich kennen, damit klar, dass nicht der Kaiser, sondern Christus der Herrscher der Welt ist.

Murabaat

Ein Wadi westlich des Toten Meeres, rund 20 km südlich von Qumran, in dessen Höhlen Münzen und Papyri aus der Zeit des jüdischen Aufstands von Bar-Kochba (132-135 n.Chr.) entdeckt wurden.

Myra

Die Hafenstadt in Lykien an der Südwestküste Kleinasiens war ein Zentrum des Getreidehandels. Hier bestieg der Apostel Paulus während seiner Überführung von Cäsarea nach Rom als Gefangener ein anderes Schiff (Apg 27,5).

Myrrhe

(hebräisch mor, griechisch smýrna)
Wohlriechendes Harz der immergrünen Bäume Commiphora abyssinica und Commiphora Schimperi. Es wurde zur Bereitung des heiligen Salböls verwendet (Ex 30,23-25), diente als Parfum (Est 2,12; Ps 45,9; Spr 7,17) und wurde von Frauen in einem kleinen Beutel auf der Brust getragen (Hld 1,13). Außerdem war es eines der Geschenke der drei Weisen aus dem Morgenland an das Jesukind (Mt 2,11). Jesus wurde vor seiner Kreuzigung ein Wein mit Myrrhe (Mk 15,23) als Betäubungsmittel gereicht, wie es jüdischer Brauch war. Zusammen mit Aloe wurde Myrrhe beim Begräbnis Jesu verwendet (Joh 19,39).

Myrte

(hebräisch hadas, griechisch myrsíne)
Ein Strauch mit kleinen wohlriechenden Blättern, der in Palästina und Syrien an feuchten, schattigen Plätzen wild wuchs (Myrtus communis). Den Weissagungen des Jesaja zufolge soll Myrte in der Wüste blühen (Jes 41,19) und – gemeinsam mit der Zeder – Dornsträucher und Brennnessel verdrängen (Jes 55,13). Nach Neh 8,15 war das Sammeln von Myrtenzweigen für die Errichtung von Laubhütten vorgeschrieben. Blätter der Myrte wurden beim Laubhüttenfest verwendet (Lev 23,40).

Sacharja sieht in einer Vision einen Reiter auf einem rotbraunem Pferd, der zwischen den Myrtenbäumen stand (Sach 1,8; 1,10-11). Die Königin Ester hieß ursprünglich nach der Myrte „Hadassa" (Est 2,7).

Mysien

Landschaft im äußersten Nordwesten Kleinasiens, in der u.a. die Städte Troas und Pergamon lagen, und die seit 129 v.Chr. zur römischen Provinz Asia gehörte. Der Apostel Paulus besuchte Mysien auf der zweiten und dritten Missionsreise (Apg 16,7-8; 20,5-13).

Naaman

(hebräisch „der Schöne")
Aramäischer Feldherr des Königs von Damaskus, der durch den Propheten Elischa vom Aussatz geheilt wurde (2 Kön 5; vgl. Lk 4,27).

Nabal

(hebräisch „töricht", „grausam"; vgl. 1 Sam 25,25)
Ein reicher Viehzüchter aus Maon vom Stamme Kaleb, der David seine Hilfe verweigerte. David war zur Rache entschlossen, doch Nabals Frau Abigajil gelang es, David zu besänftigen. (1 Sam 25). Als Nabal von Davids Plänen erfuhr, erlitt er einen Herzanfall und starb. Dieser Tod war Gottes Gericht (1 Sam 25,38). Nach Nabals Tod heiratete David Abigajil (1 Sam 25,39-42).

Nabatäer

Semitischer Volksstamm südarabischer Herkunft; ursprünglich Nomaden, siedelten die Nabatäer (1 Makk 5,25) ab dem 5. bis 4. Jahrhundert v.Chr. im Gebiet der Edomiter. Sie beherrschten später von ihrer Hauptstadt Petra (südlich von Damaskus) aus das ganze Ostjordanland und waren zwischen dem 1. Jahrhundert v.Chr. und dem 1. Jahrhundert n.Chr. das wichtigste Handelsvolk im arabischen Raum. Der Herrscher wurde „Araberfürst" genannt (2 Makk 5,8; Apg 2,11; Gal 1,17).
Unter Kaiser Trajan wurde ihr Reich 105/106 n.Chr. zerstört und als Provinz Arabia in das römische Reich eingegliedert.

Nabonid

Der letzte neubabylonische König (556-539 v.Chr.) residierte zehn Jahre lang in der nordwestarabischen Oase Tema, um seine Macht auch auf dieses Gebiet auszudehnen, während sein Sohn Belschazzar in Babylonien regierte (Dan 5,1). Nabonid wurde 539 v.Chr. von dem Achämenidenkönig Kyrus II. besiegt, und Babylonien war fortan eine Provinz des persischen Weltreichs.

Nabopolassar

Der erste neubabylonische König (626-606 v.Chr.); der Chaldäer ging ein Bündnis mit den Medern ein, und konnte so Babylonien von der assyrischen Vorherrschaft befreien. Im Jahre 614 v.Chr. gelang sogar die Zerschlagung Assyriens und zwei Jahre später die Zerstörung ihrer Hauptstadt Ninive.

Nabot

(hebräisch „Sprössling")

Der Besitzer eines Weinbergs in Jesreel weigerte sich, diesen an König Ahab von Israel abzutreten. Er wurde auf Betreiben von Ahabs Frau Isebel vor Gericht gestellt und aufgrund falscher Zeugenaussagen zum Tode verurteilt und gesteinigt. Sein Grundstück fiel an den König (1 Kön 21; 9,21-26). Der Prophet Elija kündigte daraufhin Ahab den Untergang seines Hauses an.

Nachon

(hebräisch „fest", „bestimmt")

Der Name jener Tenne (oder ihres Besitzers), bei der Usa den Tod fand. Bei der Überführung der Bundeslade nach Jerusalem streckte er dort die Hand nach der Lade aus und wurde für seinen Mangel an Ehrfurcht von Gott getötet (2 Sam 6,6f.). 1 Chr 13,9 zufolge wollte er die Lade nur festhalten, als die Zugtiere (Rinder) ausgebrochen waren.

Nadab

(hebräisch „Gott hat sich großzügig gezeigt")

Zweiter König des Nordreiches Israel (907-906 v.Chr.); Nadab folgte seinem Vater Jerobeam I. auf den Thron, wurde aber bereits nach kurzer Zeit von Bascha gestürzt und samt seiner Familie getötet (1 Kön 15,25-31).

Nadelöhr

Zentrales Element im Gleichnis in Mt 19,24: Für ein Kamel ist es, so Jesus, leichter, durch ein Nadelöhr zu gehen, als für einen Reichen, ins Reich Gottes zu gelangen. Ein Eintritt in die Gottesherrschaft, soweit er vom Menschen abhängt, bleibt demnach verwehrt. Die ursprüngliche Vermutung, hier handle es sich um ein Tor bzw. eine Öffnung in der Jerusalemer Stadtmauer, ist unbegründet.

Naftali

(hebräisch „Kämpfer"; vgl. Gen 30,8)

Einer der zwölf Stämme Israels, dessen Gebiet am Ostrand des galiläischen Gebirges, westlich des Sees Genezareth und des Oberlaufs des Jordan lag. Der Stamm hatte entscheidenden Anteil am Sieg des israelischen Feldherrn Barak (Ri 4,1-16) über das kanaanäische Heer unter Sisera, der im Deboralied (Ri 5) besungen wird. Unter König Salomo bildete Naftali einen eigenen Gau (1 Kön 4,15).

Tiglat-Pileser III. eroberte Naftali im 8. Jahrhundert v.Chr. und deportierte die Bevölkerung nach Assyrien (2 Kön 15,29). Jesaja prophezeite neuen Segen für Naftali (Jes 8,23), der im Wirken Jesu in Galiläa erfüllt wurde (Mt 4,13-22). Als Ahnherr des Stammes gilt Naftali, der zweite Sohn des Jakob und der Bilha, der Magd Rahels (Gen 30,7-8; Gen 35,25).

Nahasch

(hebräisch „Schlange")

Im Alten Testament mehrmals vorkommender Name, dessen bekanntester Träger jener ammonitische König war, der Jabesch in Gilead (Ostjordanland) belagerte und von Saul besiegt wurde (1 Sam 11; 2 Sam 10,2; 1 Chr 19,1).

Nahum

(„Tröster")

1. Aus Elkosch stammender Prophet, der im 7. Jahrhundert v.Chr. lebte und in Juda den Niedergang der assyrischen Hauptstadt Ninive weissagte (was im Jahr 612 v.Chr. mit der Eroberung und Zerstörung Ninives durch die mit den Babyloniern verbündeten Meder auch eintrat). Der siebte der „kleinen" Propheten verfasste das Buch Nahum, das in bildhaftem Stil das Ende der Macht Assurs verkündigt.
2. Sohn des Hesli und Vater des Amos im Stammbaum Jesu (Lk 3,25).

Naïn

(hebräisch na'im = „die Liebliche")

Stadt in Galiläa etwa 10 km südöstlich von Nazareth am Nordwestabhang des Hermongebirges; Jesus erweckte dort den einzigen Sohn einer Witwe von den Toten (Lk 7,11-15).

Nanäa

Sumerische Göttin; als sich der Seleukidenkönig Antiochos IV. Epiphanes im Jahr 164 v.Chr. bei einem Feldzug ihres Tempelschatzes bemächtigen wollte, wurde er von den Priestern Nanäas getötet (2 Makk 1,13-16).

Narde

(hebräisch nerd, griechisch Nárdos)

Eine wohlriechende (Hld 4,13-14) Pflanze, die nicht in Palästina, sondern in den Bergen des Himalaja beheimatet war (Nardostachys jatamansi). Aus ihrer Wurzel wurde das kostbare und teure (Joh 12,5) Nardeöl bereitet, mit dem Jesus in Betanien gesalbt wurde (Mk 14,3; Joh 12,3).

Narzissus

(Narzisse bzw. mythologischer Name)

Im Haus des reichen Römers lebten mehrere Christen, die der Apostel Paulus grüßen ließ (Röm 16,11).

Nasiraat, Nasiräer

(hebräisch nasir = „ausgesondert", „geweiht")

Die Nasiräer waren Männer und Frauen, die Gott gegenüber ein Gelübde ablegten – meist für eine bestimmte Zeitspanne, in Einzelfällen wie etwa im Falle Simsons oder Samuels (1 Sam 1,11; Ri 13,5-7) für ein Leben lang. Für die Dauer des Gelübdes, des „Nasiraats", hatte man sich ganz der Hingabe an Gott zu widmen und musste strenge Richtlinien befolgen: Askese, Enthaltsamkeit von jeglichem Produkt des Weinstockes und anderen berauschenden Getränken, das Fernhalten von Toten (auch, wenn es sich dabei um nahe Angehörige handelte) sowie das Verbot, sich das Kopfhaar zu schneiden (Num 6; Ri 16,17; Am 2,11-12). Abschließend musste ein kostbares Opfer dargebracht werden (Num 6,14f.; 1 Makk 3,49).

Auch im Neuen Testament werden die Nasiräer und ihre strengen Regeln erwähnt (Lk 1,15; Mt 3,4; 11,18; Apg 18,18; 21,23ff.).

Natan

(Kurzform von Natanja = „Gott hat gegeben")

Der einflussreiche Prophet Natan am Hof Königs Davids war der Erzieher Salomos und sorgte dafür, dass David diesen Sohn und nicht Adonija als seinen Nachfolger bestimmte (2 Sam 12,25; 1 Kön 1,5-31; 1 Chr 29,28). Natan spielte auch eine Rolle bei Davids Bauvorhaben eines Tempels in Jerusalem (2 Sam 7,2ff.; 1 Chr 17,1ff.) und verkündete das göttliche Urteil nach dem Ehebruch Davids mit Batseba und dem Mord an deren Mann, dem Hethiter Urija (2 Sam 12,1-15).

Natan wird zudem als Urheber einer Chronik Davids und Salomos genannt (1 Chr 29,29; 2 Chr 9,29).

Natanaël

(hebräisch notan'el = „Gott hat gegeben")

Der aus Kana stammende Galiläer wird im Johannesevangelium als einer der zwölf Jünger Jesu genannt (Joh 1,45-49; 21,2). Er wird seit dem Mittelalter mit Bartholomäus gleichgesetzt und zu den zwölf Aposteln gezählt, da der Name Natanaël in den Apostellisten der anderen drei Evangelisten fehlt, bei Johannes wiederum Bartholomäus nicht erscheint (Mk 3,14-19; Mt 10,2-4; Lk 6,13-16).

Weitere Träger des verbreiteten Namens Natanaël werden z.B. in 1 Chr 2,14 oder Neh 12,36 erwähnt.

Natter

Neben dem Begriff „Schlange" werden in der Bibel weitere Bezeichnungen verwendet, die sich nicht mit Sicherheit bestimmten Arten zuordnen lassen. Sie werden oft willkürlich mit „Natter" und „Otter" wiedergegeben.

Martin Luther übersetzte das hebräische „quippoz" mit „Natter" (Jes 34,15). Möglicherweise handelt es sich hier um die ungiftige Sandboa (Eryx jaculus), die bis zu 80 cm lang werden kann. Auch „peten", eine gefährliche und giftige (Jes 11,8; Ps 58,5; 91,13; Ijob 20,14) Schlange, wird Natter genannt. Sie wird mit der 65-70 cm langen Hornviper (Cerastes cornutus) identifiziert, die unserer Kreuzotter ähnlich ist.
Auch Naje haje, die Uräusschlange, die mit der Kobra verwandt ist, gehört zu den Nattern (vgl. Röm 3,13).
(Siehe auch unter „Schlange".)

Nazarener
Mit diesem Beinamen wurde die Herkunft Jesu aus Nazareth bezeichnet, was allgemein üblich war, um Personen desselben Namens besser unterscheiden zu können. Vor allem bei Lukas und Markus wird diese Herkunftsbezeichnung verwendet (z.B. Mk 1,24; 10,47; Lk 4,34).

Nazareth
Der Wohnort Josefs und Marias und Heimat Jesu war zur Zeit des Neuen Testaments eine kleine, unbedeutende Stadt etwa 5 km südlich der neuen (in der Bibel nicht erwähnten) Hauptstadt Galiläas, Sephoris (z.B. Lk 1,26ff.; Mt 2,23; Joh 1,46). Es ist möglich, dass Jesus auch in dieser Stadt zur Welt kam. Bis zur Taufe durch Johannes lebte Jesus in Nazareth (Mk 1,9), wurde von den Bewohnern der Stadt jedoch nicht anerkannt und zog nach Kaparnaum weiter (Lk 4,24; Mt 4,13; Mk 6,1-1; Joh 2,12).
Nicht weit von Nazareth entfernt lag die wichtige Handelsstraße Via Maris von Damaskus nach Ägypten.

Nazoräer
Ein alter Name für Jesus und seine Gefolgsleute (z.B. Mt 2,23; 26,71; Lk 18,37; Joh 19,19), der in späterer Zeit auch für Christen verwendet wurde (Apg 24,5; 26,9). Die genaue Herkunft des Begriffes ist jedoch unklar; er könnte sowohl vom Ortsnamen Nazareth als auch vom hebräischen Wort „nasir" (vgl. Nasiräer) abgeleitet werden.

Neapolis
(griechisch „neue Stadt")
In der makedonischen Hafenstadt bei Philippi betrat der Apostel Paulus während seiner Missionsreise erstmals europäischen Boden (Apg 16,11). Die Via Egnatia nach Achaia hatte in Neapolis, dem heutigen Kavalla, ihren Ausgangspunkt. Der römische Kaiser Vespasian (69-72 n.Chr.) nannte das neu erbaute Sichem in Palästina „Flavia Neapolis", woraus sich der heutige Name Nablus entwickelte.

Nebajot
Der Name des ersten Sohnes Ismaels und seiner Nachkommen, eines nordarabischen Nomadenvolkes (Gen 25,13; 28,9; 36,3; 1 Chr 1,29; Jes 60,7).

Nebo
1. Eine von den Israeliten eroberte Stadt in Moab; die Stämme Ruben und Gad erhoben Anspruch auf Nebo (z.B. Num 32,3; Jes 15,2; Jer 48,1). Der Ort wurde schließlich Ruben zugewiesen.
2. Jener in älterer Tradition auch Pisga genannte, rund 800 m hohe Berg im Abarimgebirge, von dem aus Mose vor seinem Tod ins Gelobte Land blicken durfte (Dtn 32,49; 34,1).
3. Ein babylonischer Gott, dessen Kult im neubabylonischen Reich (626-539 v.Chr.) weit verbreitet war (Jes 46,1). Er galt als Gott der Schreiber und der Weisheit und schrieb der Überlieferung nach auf Tafeln die den Menschen bestimmten Schicksale nieder. In der Form Nebu wurde sein Name für Personennamen verwendet (z.B. Nebukadnezar oder Nebusaradan).
4. Eine Stadt in Juda, die nach der Babylonischen Gefangenschaft erneut besiedelt wurde (Esra 2,29; Neh 7,33).

Nebukadnezar II.
Der berühmteste babylonische König wurde im Alten Testament mehrmals erwähnt (z.B. Jer 21,2; 21,7; 24,1; Dan 1,1-7; 4,1ff.) Bereits als Feldherr seines Vaters Nabopolassar war Nebukadnezar erfolgreich. 605 v.Chr., dem Jahr seiner Thronbesteigung, besiegte er die ägyptische Streitmacht von Pharao Necho II. (vgl. 2 Chr 35,20; Jer 46,2-26). Unter seiner Herrschaft (bis 562 v.Chr.) erlebte das neubabylonische Reich seine Blütezeit.
Nebukadnezar II. unterwarf Jojakim von Juda und machte das Reich tributpflichtig. 597 v.Chr. nahm er Jerusalem ein, setzte König Jojachin, Jojakims Sohn, ab und verschleppte ihn mit nahezu der gesamten Jerusalemer Oberschicht nach Babylonien (2 Kön 24,10ff.; 25,27ff.; Ez 1,1-3). Als sich der von Nebukadnezar eingesetzte Regent, Zedekia (der Onkel Jojachins), gegen ihn auflehnte, zog er 587 v.Chr. erneut gegen Jerusalem und zerstörte den Tempel sowie große Teile der Stadt. Wiederum wurden viele Judäer ins Exil geführt, und Juda wurde zur Provinz Babyloniens.
Nebukadnezar II. war aber nicht nur für seine militärischen Erfolge, sondern vor allem für seine gesetzlichen, religiösen und kulturellen Verdienste bekannt. Seine Herrschaft war gekennzeichnet durch eine rege Bautätigkeit, die sich in erster Linie auf die Hauptstadt Babel/Babylon konzentrierte, de-

ren Stadtmauern und Tempel ausgebessert und erweitert wurden (Dan 4,27). Große Berühmtheit erlangte der unter Nebukadnezar II. erbaute Palast, auf dessen Dächern die hängenden Gärten angelegt wurden.

Nebusaradan

Der Feldherr des babylonischen Königs Nebukadnezar II. war für die Eroberung Jerusalems im Jahr 587 v.Chr. verantwortlich. Unter seinem Befehl wurde die Stadt zerstört und ein großer Teil der Bevölkerung nach Babylonien verschleppt (2 Kön 25,8-20; Jer 39,3ff.).

Necho II.

Der Sohn des ägyptischen Pharaos Psammetich kam erst spät an die Macht (610-595 v.Chr). Seine Herrschaft war gekennzeichnet vom Bemühen, Assyrien gegen Medien und Babylonien zu unterstützen und die Herrschaft über Palästina und Syrien zu erlangen. Bei Nechos Feldzug nach Syrien wurde König Joschia von Juda 609 v.Chr. in der Schlacht bei Megiddo getötet. Seinen Sohn und Nachfolger Joahas setzte Necho bereits nach drei Monaten wieder ab und verschleppte ihn nach Ägypten, wo er starb (2 Kön 23,31-34). Zum neuen Regenten Judas machte er Jojakim, Joahas Bruder (2 Kön 23,29-35; 2 Chr 35,20ff.). 605 v.Chr. erlitt Necho in der Schlacht bei Karkemisch am Euphrat eine große Niederlage gegen den babylonischen König Nebukadnezar II. Nach weiteren erfolglosen Feldzügen bis ins Jahr 600 v.Chr. (Jer 46,2) widmete sich Necho II. in erster Linie innenpolitischen Angelegenheiten und der Seefahrt. Auf seinen Befehl hin unternahmen phönizische Seeleute die Umsegelung Afrikas. Außerdem ließ er einen Kanal zwischen dem östlichen Nilarm und dem Golf von Suez anlegen.

Neftai

(griechisch nephthar; vgl. persisch Naphtha = „Erdöl")

Eine bei 2 Makk 1,36 erwähnte brennbare Flüssigkeit.

Negeb

(hebräisch „Trockenheit", „Trockenland")

Das Alte Testament berichtet von heftigen Stürmen, die in dem von Kratern zerklüfteten und von Sanddünen bedeckten Gebiet südlich des Gebirges Juda tobten (Jes 21,1) und von unheimlichen Lebewesen (Jes 30,6f.). Abraham und Isaak ließen sich für eine Weile im Negeb nieder (Gen 12,9; 13,1-3; 24,62; 26,18-21), wo nur der nördliche Teil Weideland bot (1 Sam 25,2ff.) und von den Sippen Kain, Kaleb und Jerachmeel besiedelt (1 Sam 30,14-29) war. Die wichtigste

Stadt des Negeb war und ist Beerscheba.

Nehemia

(hebräisch nohemja = „Jahwe [Gott] hat getröstet")

Der im Exil geborene Judäer war ursprünglich Mundschenk des persischen Königs Artaxerxes I. und wurde 445 v.Chr. als Statthalter nach Judäa geschickt (Neh 1-2). Dort reformierte er das jüdische Gemeinwesen (2 Makk 1,18), was er in seiner Denkschrift, dem Buch Nehemia, festhielt und setzte sich für den Wiederaufbau Jerusalems ein. Er veranlasste den Bau der zerstörten Umfassungsmauern trotz heftigen Widerstandes von Sanballat, dem Statthalter von Samaria, und Tobija, dem Statthalter von Ammon, und setzte einen Schuldenerlass der Armen durch. Nehemia sorgte für die Neubevölkerung der Stadt durch Landbewohner und organisierte auch das kultische Leben in Jerusalem neu (er verbot Mischehen, beseitigte Missstände im Tempel und sorgte für die Heiligung des Sabbats; vgl. Neh 12,44-47; Neh 13).

Nereus

Nereus war ein Mitglied der römischen Christengemeinde, den der Apostel Paulus zusammen mit seiner Schwester grüßen ließ (Röm 16,15).

Nergal

Der babylonische Gott wurde als Gott der Jagd, des Krieges und der Unterwelt verehrt, was durch Keilinschriften nachgewiesen wurde (2 Kön 17,30).

Nergal-Sarezer

(„[Gott] Nergal beschütze den König")

Ein hoher Beamter und Feldherr Nebukadnezars II., der an der Eroberung und Zerstörung Jerusalems im Jahr 587 v.Chr. mitwirkte (Jer 39,1-13). Er könnte mit dem neubabylonischen König Neriglissar, der von 559-556 v.Chr. regierte und mit einer Tochter Nebukadnezars verheiratet war, identisch sein.

Nero

(Tiberius Claudius Nero)

Römischer Kaiser von 54-68 n. Chr., der als einer der größten Despoten der römischen Geschichte gilt; die letzten Jahre der Herrschaft Neros, dem letzten Vertreter der julisch-claudischen Dynastie, waren gekennzeichnet von Willkür, hemmungslosem Streben nach Reichtum und Skrupellosigkeit. Zu den Juden hatte er kein gutes Verhältnis, und unter seiner Herrschaft begann jener Aufstand in Palästina, der im Jahre 70 n.Chr. mit der Zerstörung Jerusalems zu Ende ging.

Nach dem Brand Roms im Jahre 64 lenkte Nero den Verdacht und

damit den Zorn des Volkes auf die Christen, was deren grausame Verfolgung in Rom zur Folge hatte. Ihr sollen auch die Apostel Petrus und Paulus zum Opfer gefallen sein, was jedoch nicht historisch belegt ist.
Johannes stellt in der Offenbarung Nero als gottlosen und brutalen Machthaber schlechthin dar. Auf ihn soll nach einer Lesart die apokalyptische Zahl 666 verweisen (durch die Umsetzung der Buchstaben von Neros Namen in Zahlen und Bildung der Quersumme; vgl. Offb 13,18; Offb 17,9).

Nerva
(Marcus Cocceius Nerva)
Römischer Kaiser von 96-98 n.Chr. und Nachfolger des ermordeten Domitian; Nerva begründete durch die Adoption des Spaniers Trajan, des Statthalters von Obergermanien, den er zugleich zum Mitregenten erhob, das Adoptivkaisertum.
Nervas Regierung zeichnete sich durch Milde aus. Er beendete Verfolgungen aus religiösen Gründen und wurde vom Senat unterstützt.

Nessel
Damit ist entweder Unkraut im allgemeinen (hebräisch qimosch; Hos 9,6; Jes 34,13) oder die Brennnessel (hebräisch sirpad; lateinisch Urtica pilulifera oder Urtica urens; Jes 55,13) gemeint. Die Bedeutung der in Spr 24,31 und Zef 2,9 genannten Nessel (hebräisch harul) ist unklar. Möglich wäre ein Unkraut, eine Distelart bzw. eine Platterbsenart (Lathyrus ochrus).

Netofa
Die Stadt in Juda, in der Nähe Bethlehems gelegen, war die Geburtstadt zweier Helden Davids (2 Sam 23,28f.; 2 Kön 25,23; 1 Chr 9,16; Esra 2,22; Neh 7,26; 12,28; Jer 40,8). Nach dem Exil war sie vor allem von Leviten bewohnt (Neh 12,28).

Neumond
Der israelitische Kalender orientierte sich am Mond und bildete Monate von abwechselnd 29 und 30 Tagen. Der Tag des Neumonds wird im Alten Testament oft zusammen mit dem Sabbat erwähnt; die Arbeit sollte ruhen, Morgen- und Abendbrandopfer dargebracht werden (z.B. Num 28,11-15; 1 Sam 20,24f.; Am 8,5). Num 10,10 schrieb vor, dass der Neumond mit Trompeten ausgerufen werden solle (vgl. Ps 81,4). Im antiken Judentum wurde der Tag des Neumondes im 7. Monat zum Neujahrstag. Nach dem Exil beging die Jerusalemer Tempelgemeinde die Neumondfeste in feierlichen Zeremonien (2 Chr 2,3; Jer 66,23), was mitunter Kritik der

Propheten hervorrief (z.B. Jes 1,13; Hos 2,13).

Nikanor

Der Sohn des Patroklos war ein syrischer Feldherr, der unter Antiochos IV. und Demetrios I. gegen die Makkabäer zog und nach einer Niederlage im Kampf gegen Judas Makkabäus im Jahr 160 v.Chr. fiel (1 Makk 7,29-50; 2 Makk 8,9; 15). Als Zeichen dafür, dass Lästerungen wie die seinen bestraft würden, erklärte man seinen Todestag zum Festtag.

Nikodemus

Ein Pharisäer, gelehrtes Mitglied des Hohen Rates in Jerusalem und ein offizieller Sprecher für das pharisäische Judentum. Er suchte das Gespräch mit Jesus (Joh 3,1-21), konnte diesen aber nicht als von Gott gesandt anerkennen. Nikodemus setzte sich aber beim Hohen Rat für Jesus ein (Joh 7,50-52) und gab Aloe und Myrrhe für Jesu Begräbnis (Joh 19,39).

Nikolaiten

Mitglieder einer vermutlich an die Gnosis angelehnten Sekte, die mit ihren Lehren die kleinasiatischen Gemeinden von Ephesos, Pergamon und Thyatira bedrohten. Sie glaubten, die Tiefen Gottes und Satans erkannt zu haben und hielten einen gehorsamen und gottesfürchtigen Lebenswandel für überflüssig. In der Offenbarung werden die Nikolaiten und ihre Unsitten (z.B. Unzucht und Götzenopfer) scharf kritisiert (Offb 2,15; 2,24). Dass als Begründer der Nikolaiten jener Nikolaus gelten kann, der ein Diener der Gemeinde in Jerusalem war, ist unwahrscheinlich (vgl. Apg 6,5).

Nikolaus

(„Sieger des Volkes")

Der aus Antiochia stammende Proselyt war einer der von den Aposteln eingesetzten sieben Gehilfen der Urgemeinde in Jerusalem (Apg 6,5) und damit einer der ersten Diakone.

Nikopolis

(griechisch „Siegerstadt")

Eine von Kaiser Augustus (63 v.Chr.-14 n.Chr.), gegründete und unter seiner Herrschaft auch bedeutende Stadt in der römischen Provinz Epirus im Nordwesten Griechenlands am adriatischen Meer. Der Apostel Paulus plante, in Nikopolis einen Winter zu verbringen und rief von dort aus Titus von Kreta zu sich (Tit 3,12).

Nil

Mit insgesamt 6 671 km ist der Nil der längste Fluss der Erde. Er entspringt nördlich des Tanganjikasees, ist am Oberlauf durch sechs Katarakte unterbrochen und mündet ins Mittelmeer, wobei er ein Delta von sieben Armen bildet. Das Land Goschen, wo die Israeliten lebten, befand sich vermutlich am östlichsten der drei großen Nilarme (Gen 45,10). Im Alten Testament wurde der Nil nur der „Strom“ genannt. Die jährlichen Überflutungen, die für die Landwirtschaft Ägyptens und damit für das ganze Land von großem Belang waren, wurden schon früh erkannt und im Alten Testament mehrmals erwähnt, ebenso wie die religiöse Bedeutung des Nils (z.B. Gen 41,1-2; Ex 2,3; Ex 7,14ff.; Jes 19,5; Jer 46,7; Ez 30,12; Am 8,8).

Nilpferd

Mit dem in Ijob 40,15-24 erwähnten „Behemot“ ist wohl das Nilpferd (Hippopotamus amphibius) gemeint. Es war ein Pflanzenfresser, der in Ägypten im Nil, aber auch in Palästina im Jordan vorkam, was Knochenfunde belegen. Möglicherweise ist mit dem Nilpferd aber auch das in Ps 68,31 genannte „Rohrtier“ (hebräisch hajjat qane) gemeint, das mit Ägypten in Verbindung gebracht wurde.

Nimrod

Der sagenhafte Sohn des Kusch war der Legende zufolge König von Assur und Babylon und Gründer von Kelach, Ninive, Rehobot-Ir und Resen. Er wurde mit dem babylonischen Jagdgott Ninurta zusammengestellt und galt als sprichwörtlicher Jäger (Gen 10,8-12; Mi 5,5; 1 Chr 1,10).

Nimschi

Er war der Großvater Jehus, des zehnten Königs von Israel (um 841-814 v.Chr.). Dieser wurde auch „Sohn Nimschis“ genannt, da Nimschi das Oberhaupt der Familie war (1 Kön 19,16; 2 Kön 9,2; 9,14; 9,20; 2 Chr 22,7).

Ninive

Die dritte Hauptstadt des assyrischen Reiches (nach Assur und Nimrud) in dessen letzter Blütezeit (8.-7. Jahrhundert v.Chr.), am Ostufer des Tigris gegenüber dem heutigen Al Mawslil/Mossul (Irak) gelegen. Als Begründer Ninives wird im Alten Testament Nimrod genannt (Gen 10,11). Den Untergang der stolzen und wohlhabenden Stadt prophezeiten Nahum und Zefanja (Nah 2,2ff.; Zef 2,13-15). Jona hingegen soll die Menschen der Stadt bekehrt haben (Jon 1-4; Mt 12,41).

Drei assyrische Herrscher (Sanherib, Asarhaddon und Assurbanipal; vgl. 2 Kön 19,36; Jes 37,37-38) zeichneten sich durch rege Bautätigkeit in Ninive aus (Paläste, Tempel, Mauern und Wasserleitungen). Besonders die von Assurbanipal im 7. Jahrhundert v.Chr. angelegte Bibliothek mit rund 22 000 in Keilschrift beschriebenen

Tontafeln gab neben weiteren Ausgrabungen wichtige Aufschlüsse über die assyrisch-babylonische Kultur.
Im Jahr 612 v.Chr. wurde Ninive von den mit den Babyloniern verbündeten Medern erobert und zerstört.

Nisroch
Der Assyrerkönig Sanherib (704-681 v.Chr.) wurde 2 Kön 19,37 und Jes 37,38 zufolge in einem Tempel des Nisroch in Ninive von seinen Söhnen ermordet, allerdings ist keine akkadische Gottheit dieses Namens bekannt.

Noa
Eine der fünf Töchter Zelofhads. Dieser hatte keine Söhne, dadurch wurde Noa seine Erbin (Num 26,33; 27,1; 36,11; Jos 17,3).

Noadja
(hebräisch „von Jahwe [Gott] bestimmt")
1. Der Sohn des Binnui war ein Levit, der um 538 v.Chr. aus der Verbannung in Babylonien nach Jerusalem zurückkehrte (Esra 8,33).
2. Eine Prophetin, die sich gegen Nehemia wandte und ihn von seinem Vorhaben, Jerusalems Mauern wieder instand zu setzen, abhalten wollte (Neh 6,14).

Noah
Noah, der Sohn Lamechs, wird im Stammbaum Jesu genannt (Lk 3,36). Im Alten Testament wird er als einer der Urväter der Menschen dargestellt (Gen 5,29; 9,28; Jes 5,49; Ez 14,12-23), und im Neuen Testament wird seine Geschichte häufig als Bild des Heils dargestellt (Mt 24,37-39; Lk 17,26f.; 1 Petr 3,20):
Wegen seines gerechten und gottesfürchtigen Lebenswandels fand Noah Gnade und wurde von Gott bei der Sintflut verschont. Er bekam den Auftrag, die Arche zu bauen und sich mit seiner Familie, darunter seine Söhne Sem, Ham und Jafet sowie deren Frauen, und je einem Paar jeder Tierart in Sicherheit zu bringen (Gen 6,5-9,29). Mit ihm begann nach der Flutkatastrophe ein neuer Bund zwischen Gott und den Menschen (Gen 9,1-17).

Nob
Der Ort lag vermutlich nördlich von Jerusalem im Gebiet Benjamins in der Nähe von Anatot, wo zur Zeit Sauls die Stiftshütte stand (Jes 10,32; Neh 11,32). Der dort tätige Oberpriester Ahimelech und seine Gefolgschaft wurden von Saul ermordet, weil sie dessen Gegner David unterstützt hatten (1 Sam 21-22).

Nobach
1. Ein Ort in Gad im Ostjordanland, den Gideon im Krieg gegen

die Midianiter passierte (Ri 8,11).
2. Der dem Stamm Manasse zugehörige Eroberer der Stadt Kenat in Gilead, der den Ort nach sich selbst benannte (Num 32,42).

Noomi
(„die Liebliche", „Wonne")
Ehefrau des aus Bethlehem stammenden Elimelech und Schwiegermutter der Rut (Rut 1-4); als Witwen kehrten Noomi und Rut nach Bethlehem zurück. Wegen ihres schweren Schicksals wollte Noomi fortan nur noch „Mara" („Bittere") genannt werden.

Numenius
Numenius wurde von dem Hasmonäer Jonatan um 144 v.Chr. mit dem Auftrag, das Bündnis der Freundschaft zu erneuern, nach Sparta und nach Rom geschickt (1 Makk 12,16f.). Diese Aufgabe wurde ihm auch unter Jonatans Bruder und Nachfolger Simon übertragen (1 Makk 14,22ff.).

Nun
(hebräisch „Fisch")
Vater Josuas aus dem Stamm Ephraim (Ex 33,11; Jos 1,1; 1 Chr 7,27).

Nussbaum
(hebräisch 'egoz)
Mit „Nuss" ist in der Bibel die „Walnuss" (Juglans regia) gemeint. Sie stammt von einem großen Laubbaum, der in Gärten angepflanzt wird, aber auch wild wächst. Hld 6,11 erwähnt einen Nussbaumgarten, in welchem auch Granatäpfel und Weintrauben wachsen.

Nuzi
Bereits im 4. Jahrtausend v.Chr. gegründete Stadt im Tigrisgebiet nur wenige Kilometer südwestlich des heutigen Kirkuk im Nordirak. Ausgrabungen lassen darauf schließen, dass Nuzi im 15.-14. Jahrhundert v.Chr. ein wichtiges Zentrum der Horiter war.
Für das Verständnis des Alten Testaments bedeutend sind die Funde von Keilschrifttexten, die aufschlussreiche Informationen über das Familienrecht (z.B. Erbschaftsrecht, Erstgeburtsrecht; vgl. Gen 15,2-4; 25,32) und die Gesellschaftsstruktur (z.B. Konkubinat im Falle der Kinderlosigkeit; vgl. Gen 16,1ff.; 30,3) jener Zeit enthalten.

Nympha
Die Christin war Gastgeberin einer Hausgemeinde in Laodikea in Kleinasien. Der Apostel Paulus richtete an sie und die Gemeinde Grüße (Kol 4,15).

Obadja
(hebräisch „Diener Jahwes [Gottes]")
1. Palastvorsteher von König Ahab von Israel (1 Kön 18,3).

2. Der Vierte der „kleinen“ Propheten; Obadja war vermutlich Judäer. Er wirkte Mitte des 5. Jahrhunderts und zählt zu den ersten Schriftpropheten.
Das Buch Obadja, das kürzeste des Zwölfprophetenbuches, besteht aus nur einem Kapitel, in dessen 21 Versen den Edomitern der Untergang geweissagt wird, da sie sich an der Zerstörung Jerusalems (587/586 v.Chr.) beteiligt hatten (Obd 1).

Obal

Der Sohn Joktans und Nachkomme Sems war der Stammvater eines arabischen Volkes (Gen 10,28; 1 Chr 1,22).

Obed

(hebräisch „Diener“, „Verehrer“)
Der Sohn von Boas und der Moabiterin Rut war der Vater Isais und der Großvater Davids, des späteren Königs von Israel und Juda. Obed wird im Stammbaum Jesu genannt (Rut 4,17-22; 1 Chr 2,12-15; Mt 1,5f.; Lk 3,32).

Obed-Edom

(hebräisch 'obed 'edom = „Diener Edoms“)
Ein Mann aus Gat, der wohl zu Davids Leibwache gehörte (2 Sam 15,18). Bei ihm wurde die Bundeslade verwahrt, bis David sie nach Jerusalem bringen ließ (2 Sam 6,10-12; 1 Chr 16,38; 13,13-14).

Obot

Eine Lagerstätte (vermutlich die heutige Oase Ain el-Webe) südlich des Toten Meeres, wo die Israeliten während ihrer Wüstenwanderung Station machten (Num 21,10f.; 33,43-44).

Oded

(hebräisch „[Jahwe hat] aufgerichtet“)
1. Der Vater des in Juda im 9. Jahrhundert v.Chr. zur Zeit König Asas tätigen Propheten Asarja (2 Chr 15,1).
2. Ein jahwetreuer Prophet, der zur Zeit der Könige Ahas von Juda und Pekach von Israel in Samarien wirkte. Er konnte die Israeliten dazu bringen, die im Bruderkrieg (735 v.Chr.) gefangen genommenen Judäer wieder freizulassen (2 Chr 28,9-15).

Ofel

(hebräisch „Anschwellung“, „Buckel“)
Mit diesem Namen wurden im Alten Testament befestigte Anhöhen in Städten bezeichnet, z.B. in Samaria (2 Kön 5,24) und Dibon. In Jerusalem wurde ein Teil des Südosthügels (zwischen Davidsstadt und Tempelberg), dessen Mauern unter den Königen Jotam und Manasse verstärkt wurden (2 Chr 27,3; 33,14), Ofel genannt. Nach der Rückkehr aus dem babylonischen Exil lebten Tempelknechte in diesem Teil der Stadt.

Ofir
Ein Gebiet in Südwestarabien oder Ostafrika, das für seinen Goldreichtum und die außergewöhnliche Qualität des Goldes bekannt war (Gen 10,29; Jes 13,12; 1 Chr 29,4; Ps 45,10). Salomo und Hiram, der König von Tyrus, sandten Schiffe nach Ofir, die mit Gold, Silber, Elfenbein, Sandelholz und Edelsteinen beladen zurückkehrten (1 Kön 9,28; 10,22; Ijob 28,16).

Ofra
1. Ein Ort im Stammesgebiet Benjamins (Jos 18,23), der vermutlich mit Ephraim identisch ist (vgl. 2 Sam 13,23; 2 Chr 13,19; Joh 11,54). Ofra wird im Zusammenhang mit dem Krieg zwischen den Philistern und Israel erwähnt (1 Sam 13,17).
2. Ein Ort im Stammesgebiet Manasses nördlich Bet-Scheans; Ofra war die Heimatstadt Gideons, in der er auch begraben wurde (Ri 6,11; Ri 8,32).

Og
Der Amoriterkönig von Basan herrschte über 60 Städte und wurde nach Num 21,32-35 von Mose besiegt. Wahrscheinlicher ist jedoch, dass Og allmählich im Zuge der Landnahme verdrängt wurde (Dtn 3,10; 3,13-14; Jos 13,12). Die Hauptsitze seines Reiches waren Aschtarot und Edreï (Jos 9,10; 12,4). Og soll einer der letzten Vertreter der legendären Rafaïter gewesen sein, einem riesenhaften Volk aus vorisraelitischer Zeit (vgl. Dtn 3,11).

Ohola und Oholiba
(hebräisch 'ohel = „Zelt“)
Der Prophet Ezechiel verwendete in seiner Schilderung der beiden Bruderreiche Israel und Juda die Allegorie zweier Schwestern, die diese Namen trugen. Sie werden als untreu und schamlos dargestellt: Jahwe nahm sich ihrer schon in jungen Jahren an und sorgte für sie, doch die Schwestern begingen Ehebruch und fielen von ihrem Glauben ab (Ez 23).

Oholibama
(hebräisch „mein [Gottes] Zelt ist bei ihnen“)
1. Ein Stamm der Edomiter (Gen 36,41).
2. Die Tochter des Horiters Ana und Frau Esaus (Gen 36,2-25), die ihm drei Söhne gebar.

Ölbaum
(hebräisch zajit; seine Frucht: griechisch elaía)
Ein immergrüner (Ps 52,10) Baum (Olea europaea), der in ganz Palästina vorkommt (Dtn 28,40). Er kann eine Höhe von 10 m erreichen und wird sehr alt. Da aus seinen Wurzeln immer wieder neue Triebe entstehen, galt er als Symbol für Kinderreichtum (Ps 128,3).

Seine Früchte, die Oliven, werden frisch mit Salz gegessen oder eingelegt. Aus ihrem Fruchtfleisch wird außerdem Öl gepresst (Ri 9,9). Dieses wurde auch als Beleuchtung der Stiftshütte (Ex 25,6; 27,20; Lev 24,2) oder auch zur Herstellung von Salben (Ex 30,23-25) verwendet. Es war außerdem ein wichtiges Handelsgut (1 Kön 5,25; 2 Chr 2, 14; Esra 3,7; Jes 57,9; Ez 27,17). Das Holz des Baumes diente auch für den Bau der Laubhütten (Neh 8,15). Israel wurde mit einem schönen, fruchtbaren Ölbaum verglichen (Jer 11,16). Noahs Taube mit dem Ölzweig ist ein Symbol für den Frieden. Der Apostel Paulus verglich die Heidenchristen mit einem wilden Ölzweig, der in den Ölbaum eingepropft wurde, und stellte so die Eingliederung der Heiden in das Gottesreich dar (Röm 11,13-24).

Der Ölbaum darf nicht mit dem „Baum des Öls" (hebräisch 'es schemen; lateinisch Elaeagnus angustifolia) verwechselt werden (1 Kön 6,23; 1 Kön 6,31; 1 Kön 6,33).

Omri

Der sechste König des Nordreiches Israel regierte von 878-871 v.Chr. und war ein Zeitgenosse König Asas von Juda. Bereits im Jahre 882 v.Chr., als König Ela von Simri gestürzt worden war, wurde Omri, damals noch Feldhauptmann, zum König erhoben (1 Kön 16,9-13). Doch erst 878 v.Chr., nach dem Tod Tibnis, der ihm den Thron streitig machte, wurde Omri Alleinherrscher (1 Kön 16,15-22). Er machte Samaria zur neuen Residenzstadt, festigte sein Reich und bemühte sich um Vermittlung zwischen der kanaanäischen und der israelitischen Bevölkerung (1 Kön 16,24f.). Auch die Verbindung zur Nachbarstadt Tyrus wurde gestärkt, indem Omri seinen Sohn Ahab mit Isebel, der Tochter des tyrischen Königs Etbaal, vermählte (1 Kön 16,31).

Seiner großen historischen Bedeutung zum Trotz wurde Omri im Alten Testament scharf verurteilt: aufgrund der Heirat Ahabs mit einer tyrischen Frau, und weil er am Bilderdienst festhielt (Mi 6,16).

On

Unterägyptische Stadt im Süden des Nildeltas etwa 30 km nordöstlich von Memphis (Gen 46,20; Ez 30,17). On ist auch unter dem griechischen Namen Heliopolis („Sonnenstadt") bekannt, der ihre religiöse Bedeutung hervorhebt: On war das Kultzentrum des ägyptischen Sonnengottes Re (vgl. Jer 43,13), und in der Stadt waren zahlreiche Obelisken aufgestellt. Der Vater von Josefs ägyptischer Frau Asenat war Priester in On (Gen 41,45).

Onan

(hebräisch „kräftig")

Der Sohn des Juda und einer Kanaanäerin ging nach dem Tod seines älteren Bruders mit dessen Witwe Tamar die vorgeschriebene Leviratsehe ein. Er weigerte sich jedoch, mit ihr einen Erben zu zeugen und wurde dafür mit einem frühen Tod bestraft (Gen 38,4-11).

Onesimus

(„nützlich")

Sklave des Philemon in Kolossä, der entflohen war und von Paulus in Rom bekehrt wurde. Der Apostel sandte Onesimus mit einem Begleitbrief (Philemonbrief) an dessen Herrn nach Kleinasien zurück. Er sprach für den Sklaven und setzte sich für eine wohlwollende Aufnahme und Begnadigung des Entflohenen ein (Kol 4,9; Phlm 8-20). Der Überliefung des Ignatius zufolge soll jener bekehrte Sklave später Bischof von Ephesos geworden sein. Allerdings war Onesimus ein recht häufiger Name.

Onesiphorus

(„nutzbringend")

Christ aus Kleinasien (vermutlich Ephesos), der den Apostel Paulus während dessen Gefangenschaft in Rom aufsuchte, ihm Trost spendete und Unterstützung anbot (2 Tim 1,16-18; 4,19). In Onesiphorus' Haus versammelte sich die Gemeinde.

Onias

Der Name mehrerer jüdischer Hohepriester.

1. Onias I. (um 323-300 v.Chr.); Sparta wollte sich im Streit um die Nachfolge Alexanders des Großen mit ihm verbünden (1 Makk 12,7ff.).

2. Onias II., der Enkel von Onias I., war 246-220 v.Chr. als Hohepriester tätig. Er geriet in Streit mit seinem Neffen (der Interessen in Ägypten zu vertreten hatte), nachdem er sich weigerte, Ptolemaios III. Euergetes Steuergelder zu zahlen.

3. Onias III., der Enkel von Onias II., war ein gottesfürchtiger Mann. Er wandte sich gegen die Hellenisierung, die unter den Seleukiden Antiochos III. und Seleukos IV. angestrebt wurde. Antiochos IV. Epiphanes sorgte für Onias' Absetzung. Das Amt des Hohepriesters wurde an seinen Bruder Jason übergeben. Um 170 v.Chr. wurde Onias III. von seinen Gegnern ermordet (2 Makk 4,34).

4. Onias IV., der Sohn von Onias III. ging nach Ägypten, wo er um 160 v.Chr. in Leontopolis einen Tempel gründete und als Oberhaupt einer jüdischen Militärkolonie eine einflussreiche Position innehatte.

Ono

Rund 10 km nordwestlich von Lydda (Lod) gelegene Stadt, die

von Benjaminiten besiedelt wurde (z.B. 1 Chr 8,12; Esra 2,33; Neh 7,37; 11,35). In der späten Römerzeit war Ono eine Bezirkshauptstadt.

Onomastikon

Ein alphabetisches Verzeichnis von biblischen Ortsnamen, das Eusebius, der Bischof von Cäsarea (264-339 n.Chr.), anlegte.

Orakel

In einer Zeit, als noch nicht die Naturwissenschaften Antworten auf dringende Fragen der Menschen gaben, bediente man sich anderer Mittel, um den Willen der Götter zu erforschen. Bei den Griechen gab es das populäre delphische Orakel, die Römer beobachteten vor anstehenden Feldzügen oder bei anderen Entscheidungen den Vogelflug oder lasen die Zukunft aus den Eingeweiden der Opfertiere.

Nach der Etablierung einer Priesterhierarchie der landnehmenden Israeliten wurde es eine der Hauptaufgaben der Priester, die Bitten und Fragen der Besucher des jeweiligen Heiligtums zu beantworten. Sie vermittelten die göttliche Antwort oder erteilten eine göttliche Weisung. Dies war im Nahen Osten des Alten Testaments überall Praxis, besonders im Zweistromland.

In den Texten der Bibel findet man hin und wieder Hinweise oder Anspielungen auf Orakel und Weissagungen, die zwar nicht erlaubt, aber in der kanaanäischen Bevölkerung und von dieser ausstrahlend dennoch präsent waren: Die Beobachtung des Vogelfluges (Gen 15,11), des Ausschlagens und Grünens von Pflanzen oder Stäben im Heiligtum (Num 17,16ff.), der Windgeräusche in den Bäumen (2 Sam 5,22ff.), die Verwendung von Orakelstäben (Hos 4,12), Traumdeutung (Gen 28,10-22; 1 Sam 3; 1 Kön 3,5ff.) und das Beschwören von Totengeistern (1 Sam 28,7ff.; Jes 8,19). Außerdem wurden fremde Orakeltechniken wie Leberschau und Pfeilorakel praktiziert (Ez 21,26).

Die Struktur der Psalmen mit ihrer engen Abfolge von Klage- und Dankteil deutet darauf hin, dass diese ursprünglich für Orakel der Priester verwendet wurden. Später goss man sie in eine standardisierte Form und überlieferte sie endlich in Schriftform (z.B. Ps 20).

Noch bis in die Neuzeit betrieb man die so genannte Bibliomantie, das Weissagen aus der Bibel. Die Bibel wird an einer zufälligen Stelle aufgeschlagen und die zuerst gelesenen Worte als Orakelspruch interpretiert.

Oreb

(hebräisch „Rabe")

Einer der beiden Fürsten und

Anführer der Midianiter, der auf der Flucht vor Gideon von Ephraimiten gefangen genommen und am „Rabenfelsen" getötet wurde (Ri 7,25; Ri 8,3; vgl. Ps 83,12; Jes 10,26).

Origenes

Griechischer Gelehrter und christlicher Schriftsteller (um 184-254 n.Chr.), der in seiner Geburtstadt Alexandria und später in Cäsarea in Palästina tätig war. Origenes war schon zu Lebzeiten einer der bedeutendsten Theologen der christlichen Kirche. Er gilt als der erste Bibelwissenschaftler und gab die erste mehrsprachige kritische Ausgabe des Alten Testaments, die aufgrund der Gliederung in sechs Spalten so genannte Hexapla (griechisch „die Sechsfache"), und zahlreiche exegetische Schriften heraus. Origenes gliederte die Auslegung der Heiligen Schrift in drei Bereiche: buchstäblicher, moralischer und allegorischer Schriftsinn.

Orontes

Der mit rund 440 km längste Fluss Syriens entspringt im Libanongebirge, fließt nach Norden und mündet – nach einer scharfen Westbiegung bei Antakya in der Südosttürkei, dem einst syrischen Antiochia – ins Mittelmeer.

Orpa

(hebräisch „die Mähnige", evtl. „die Widerspenstige")

Die Moabiterin war mit Kiljon, einem Sohn der Noomi, verheiratet. Nach dessen Tod beschloss sie, die Schwiegermutter nicht nach Bethlehem zu begleiten (so wie Rut) und blieb in Moab (Rut 1,4ff.).

Orthosia

Die Hafenstadt und seleukidische Grenzfestung lag nördlich von Tripolis in Phönizien. Tryphon, der seleukidische Usurpator (143-139 v.Chr.) und Mörder von Antiochos VI., fand hier vor Antiochus VII. Zuflucht (1 Makk 15,37).

Osiris

Ägyptischer Vegetations-, Königs- und Totengott, dessen Kult im gesamten römischen Reich Spuren hinterließ. Der Mythologie zufolge war er der Bruder und Gatte der Isis und Vater des Horus. Er war Herr über die Unterwelt, doch Osiris-Darstellungen mit Dreschflegel und Krummstab weisen auf seine Bedeutung als Gott der Fruchtbarkeit hin.

Ostern

(hebräisch pesach, wovon der griechische Name „Pascha" kommt)

Das an die Auferstehung Jesu und damit die Überwindung des Todes erinnernde Osterfest ist das älteste und theologisch bedeutendste Fest

der Christenheit. Nach dem Palmsonntag, der an den Einzug in Jerusalem erinnert, beginnt die Karwoche. Am Gründonnerstag gedenkt man des letzten Abendmahles Jesu mit den Jüngern. Der Karfreitag erinnert an den Tod Jesu am Kreuz, der Karsamstag steht für die Grabesruhe, und am Ostersonntag schließlich, dem eigentlichen Festtag, ist Jesus von den Toten auferstanden.
Die Berechnung des Datums dieses so genannten beweglichen Festes geht vermutlich auf Athanasius den Großen, den Patriarchen von Alexandria, zurück, der es auf dem Konzil von Nicäa (heute Iznik südöstlich von Istanbul in der Westtürkei) im Jahre 325 auf den ersten Sonntag festlegte, der dem ersten Vollmond im Frühling folgt.
Die schnelle Akzeptanz des Christentums ist wohl auch darauf zurückzuführen, dass das Osterfest fast überall an ältere Frühlings- oder Fruchtbarkeitsfeiern anknüpfen konnte. Nicht zufällig hat ein Großteil des österlichen Brauchtums ausgesprochen nichtchristlichen Charakter, erinnert sei nur an den Osterhasen, die Ostereier und ähnliches.
Die Entstehung des christlichen Osterfestes ist eng mit dem Paschafest, dem Hauptfest des Judentums verknüpft, das auf das wichtigste Ereignis in der Frühgeschichte Israels, den Auszug aus Ägypten, zurückgeht (Ex 12). Zur Zeit Jesu war es bereits ein fester Bestandteil des jüdischen liturgischen Kalenders, zu dem sich in Jerusalem Scharen von Pilgern einfanden. Auch Jesus und seine Jünger pilgerten anlässlich des Paschafestes nach Jerusalem. Dort wurde Jesus in der Nacht vor dem Paschafest verhaftet, nachdem er mit seinen Jüngern das Paschamahl gefeiert hatte (Mt 26,17-29; Mk 14,12-25; Lk 22,7-20), und er starb, als im Tempel die Paschalämmer geopfert wurden.

Otniël

Der Sohn des Kenas und jüngere Bruder oder Halbbruder Kalebs war der erste Richter in Israel (Ri 3,7-11) und Ahnherr des Stammes Otniël, der wahrscheinlich Teil eines Stämmebundes unter der Führung Judas war. Er besiegte den mesopotamischen König Kuschan-Rischatajim, der Israel acht Jahre lang beherrscht hatte.
Zur Belohnung für die Inbesitznahme Kirjat-Sefers (Debir) erhielt er die Tochter Kalebs, Achsa, zur Frau (Jos 15,15-17; Ri 1,11-13; 1 Chr 4,13; 27,15).

Otter

Es ist schwierig, die in der Bibel genannten Schlangen wissenschaftlich zu bestimmen. Martin Luther übersetzte alle Arten mit „Otter“, „sepha“ und „siph’-

oni" mit „Basilisk", und „qippoz" mit „Natter".
(Siehe auch unter „Natter" und „Schlange".)

Paarai

(hebräisch „Knecht Gottes")
Einer der Helden des David (2 Sam 23,35); vermutlich identisch mit „Naarai" in 1 Chr 11,37.

Paddan-Aram

(akkadisch padanu = „Weg"; in Hos 12,13 nach aramäisch paddan = „Joch" mit „Gegend von Aram" erklärt)
Heimat des Betuël, des Vaters von Isaaks Frau Rebekka (Gen 25,20). Jakob machte sich nach Paddan-Aram auf, um dort eine Frau zu finden (Gen 28,2-7). Außerdem ist es die Gegend, in der er reich wurde (Gen 31,18) und in der seine Söhne geboren wurden (Gen 35,26; Gen 46,15).
Paddan-Aram ist identisch mit „Aram-Naharajim".

Palästina

(Siehe auch unter „Israel", „Kanaanäer" und „Jerusalem")
Die erste Nennung Palästinas (hebräisch p·leschet, griechisch he Palaistíne, lateinisch Palaestina) fällt in die Zeit des Herodot (5. Jahrhundert v.Chr.). Man bezeichnete damit die südliche Küstenregion Kanaans, wo die von den Seevölkern abstammenden Philister wohnten Nach dem Bar-Kochba-Aufstand benannten die Römer 139 n.Chr. die Provinz Judäa in Palästina um. Seither gilt der Name allgemein für den Landstreifen zwischen der östlichen Mittelmeerküste, begrenzt von den südlichen Ausläufern des Libanongebirges im Norden, dem Jordangraben im Osten und der Wüste Negeb im Süden. Die Fläche beträgt etwa 26 300 km². Als politisches Gebilde ist Palästina bis in die jüngste Zeit nie verstanden worden.
Die Vegetation hängt in hohem Maße von Regen- bzw. Trockenzeiten ab und hat sich entsprechend angepasst. Oft wachsen nur hartblättrige, dornige Pflanzen, oder solche, die im Frühling schnell heranwachsen, sich dann aber wieder in ihre Zwiebeln zurückziehen, etwa Krokusse, Tulpen, Anemonen, Narzissen, Hyazinthen und andere Liliengewächse. Oleander wachsen in den feuchteren Tälern, entlang des Jordan, in der Region des trockengelegten Hulesees und in Senken mit Staunässe finden sich große Schilfflächen. Wälder gibt es kaum, früher waren wohl lichte Eichenhaine (Quercus calliprinos, Quercus infectoria) verbreitet, sie sind aber fast alle dem menschlichen Holzbedarf und der Austrocknung nach Erosion alter Ackerflächen zum Opfer gefallen. Am Mittelmeer finden sich noch die typisch mediterranen

Kiefern- und Pinienarten. Dornenreiche Macchie ist die stark vorherrschende Vegetationsform, sie wächst sekundär auf ehemaligen Feldern und in verkarsteten Arealen. In den letzten Jahrzehnten versucht man sich an weiträumiger Aufforstung. Oasen haben oft eine sehr eigene Vegetation mit Palmen, Schilf etc. und beherbergen auch eine vom Rest des Landes abweichende, mehr nach Asien orientierte Tierwelt, genannt sei hier En-Gedi am Toten Meer.

An Kulturpflanzen sind Ölbaum, Feige und Orange häufig, aber auch Dattelpalme, Johannisbrotbaum, Granatapfel, Pfirsich, Aprikose, Maulbeer- und Mandelbaum. Wein wird überall in den trockeneren Gebieten angebaut.

Palästinas heutige Tierwelt spiegelt den Jahrtausende langen nutzenden Einfluss des Menschen wider. Viele Arten kamen einst vor, sind aber längst oder erst auch in jüngster Zeit ausgerottet worden, z.B. Elefanten, Löwen, Wildrinder, Wild- und Halbesel, Flusspferde, Hirsche, Strauße, Krokodile und andere. Von der einstigen Vielfalt an Antilopen- und Gazellenarten und anderen Paarhufern sind nur wenige Arten erhalten geblieben. Meist wurde ihnen die Jagd zum Verhängnis: Aus dem Neolithikum sind z.B. lange Mauern bekannt, die der saisonalen Treibjagd auf Gazellen dienten; durch diese Methode brachen die Bestände natürlich schnell zusammen. Durch Anstrengungen im Naturschutz gibt es unterdessen immerhin in den Wüstenregionen wieder Gazellen und Steinböcke, leicht zu beobachten, wenn sie abends zu den Wasserlöchern ziehen.

Fuchs, Streifenhyäne und Schakal sind nach wie vor verbreitet, in den judäischen Bergen leben noch vereinzelt Wölfe und etwa ein halbes Dutzend Leoparden. Häufig, aber leicht zu übersehen sind die nagetierartigen Klippschliefer, eine sonst in Afrika verbreitete, mit den Elefanten verwandte Art. Für Ornithologen sind besonders die Zeiten des Vogelzugs interessant, am Golf von Eilat kann man dann Hunderte von Milanen, Bussarden und anderen Greifvögeln, aber auch Störche über den Bergen kreisen sehen. In einem Tal in der Nahe von Sede Boquer am Nordrand der Wüste Negeb gibt es gut versteckt eine der größten Mönchsgeier-Kolonien des Mittelmeerraums. Das Hula-Naturreservat in Galiläa, trauriges Relikt eines großen Seengebiets, ist Rastplatz für viele Wasservögel auf dem Zug.

An Haustieren trifft man Schafe, Ziegen, Esel, Maultiere und gelegentlich Kamele an, oft in großer Zahl in der Nähe der Beduinenlager in den Wüstengebieten.

In der Arawaebene nördlich von

Eilat bemüht man sich in Hai-Bar, Tiere, die schon in der Bibel erwähnt werden, wieder heimisch zu machen. Keine Mühen wurden gescheut, seltene Arten in Reservaten oder Zoos ausfindig zu machen, zu erwerben und zu vermehren. Deshalb leben in Palästina heute wieder mesopotamisches Damwild, Oryx-Antilopen, persische Halbesel, somalische Wildesel und Strauße. Das letzte Exemplar der einst heimischen Unterart (Syrischer Strauß) ist allerdings 1966 ertrunken, und man griff auf die nordafrikanische Unterart zurück.

Der Mensch war in Palästina spätestens seit der älteren Steinzeit (seit etwa 200 000 Jahren) vertreten. Frühere Menschenformen wie etwa Homo erectus dürften zumindest auf dem Weg nach Europa und Asien durchgezogen sein. Geräte und Skelette sind vom Berg Karmel und aus Galiläa bekannt. Der Karmel hat insofern eine Sonderstellung, als hier offenbar Neandertaler und moderne Menschen abwechselnd oder sogar zeitgleich gesiedelt haben (vor rund 120 000 bis 100 000 Jahren), während etwa in Europa offenbar eine Verdrängung der einen durch die andere Form stattgefunden hat (vor ca. 40 000 bis 30 000 Jahren). Die mittlere Steinzeit (seit 8 000 v.Chr.) ist durch entwickeltere Werkzeuge und so genannte Mikrolithen (sehr kleine Klingen, die als Einsätze in Werkzeugen wie Sicheln dienten) belegt. Im Neolithikum siedelten die Menschen noch vor der Erfindung der Keramik bereits in Städten mit gewaltigen Mauern (Jericho), auch dies ungewöhnlich.

In der frühesten Bronzezeit wanderte eine nicht-semitische Volksgruppe ein, die später einen Teil der Kanaanäer bildete. Semitischsprachige Völker kamen seit der älteren Bronzezeit in mehreren Wellen und prägten ab dann das Land. Zwischen 1500 und 1200 v.Chr. drangen Hethiter und Chabiru ein und brachten das erste Eisen mit. Ab 1200 v.Chr. siedelten die von den Seevölkern abstammenden Philister auf den südwestlichen Ebenen, während die Israeliten das hügelige Hinterland besetzten und in den folgenden Jahrhunderten mit den Kanaanäern ethnisch und kulturell verschmolzen.

Nach der Vertreibung der Juden aus Jerusalem durch die Römer war die Provinz für einige hundert Jahre zunehmend christlich geprägt. Kalif Omar eroberte 636 Syrien für den Islam. Seitdem ist Jerusalem ein Wallfahrtsziel für drei Weltreligionen. Palästinas ausgelaugte Böden wurden von ackerbauenden Arabern besiedelt, in den trockeneren Regionen zogen weiter Beduinen mit ihren Herden umher, deren Lebensweise von den wechselnden Geschicken des Heiligen Landes kaum einmal verändert wurde und auch heute noch anzutreffen ist. Verschiedene christliche und jüdische Glaubensgemeinschaften bildeten die Minderheit. Nach dem schrecklichen Intermezzo der Kreuzzüge übernahmen die Türken die Herrschaft, und bis 1918 blieb Palästina türkische Provinz. In den 80er und 90er Jahren des 19. Jahrhunderts kamen mindestens 30 000 Juden ins Land, meist vertrieben von den Pogromen in ihren osteuropäischen Heimatländern. Theodor Herzl veröffentlichte 1896 den „Judenstaat" und 1902 „Altneuland", die für die Juden einen eigenen Staat in Palästina forderten. In der Balfour-Deklaration vom 2. November 1917 sagte die britische Regierung eine Unterstützung dieser Pläne zu und übernahm im Jahr darauf die Verwaltung Palästinas als Mandatsgebiet, nachdem die Türken besiegt worden waren.

Aufgrund der Verfolgungen in Europa, vor allem in Deutschland, stieg die Zahl der ankommenden Juden gewaltig an, in den 30er Jahren waren es über 250 000. Gleichzeitig stieg der Widerstand der einheimischen arabischen Bevölkerung an, die Seite an Seite mit den Briten gegen die Türken gekämpft hatten, und deren Interessen in der Balfour Deklaration ignoriert worden waren: Der britische Außenminister Arthur James Balfour hatte in einem an Lord Lionel Rothschild, Präsident der zionistischen Föderation Großbritanniens, gerichteten Brief konstatiert: „For in Palestine we do not propose even to go through the form of consulting the wishes of the present inhabitants of the country ... The four great powers are committed to Zionism and Zionism, be it right or wrong, good or bad, is rooted in age-long tradition, in present needs, in future hopes, of far profounder import than the desires and prejudices of the 700 000 Arabs who now inhabit their ancient land."

Es kam zu Überfällen auf jüdische Siedlungen und Städte und in den 30er Jahren zu bürgerkriegsähnlichen Zuständen mit vielen Opfern auf beiden Seiten. Um den Arabern keinen Anlass zu geben, für die Achsenmächte Partei zu ergreifen, beschränkten die Briten während des Zweiten Weltkriegs die jüdische Einwanderung auf 75 000 Menschen. Die jüdische Untergrundorganisation Haganah unterlief diese Politik und schmuggelte in den 40er Jahren 100 000 Menschen nach Palästina. (Otto Premingers Filmepos „Exodus" nach einem Buch von Leon Uris hat das Geschehen thematisiert.)

Die überforderte britische Regierung überließ die Lösung des Problems, für das sie ursächlich verantwortlich war, den Vereinten Nationen. Am 29. November 1947 beschlossen diese, das Land zu teilen (Resolution 181 II), womit die arabische Seite, der nur 43 Prozent des Mandatsgebiets zufallen sollte, nicht einverstanden war. Die Proklamation des Staates Israel am 15. Mai 1948 führte in den ersten vier Jahren danach zur Einwanderung weiterer 700 000 Juden. Zuwanderung, Flucht und Vertreibung von Arabern und Juden im gesamten Nahen Osten in diesen Jahren krempelten die Bevölkerungskarte Palästinas völlig um. Die israelisch-arabischen Kriege des 20. Jahrhunderts änderten nichts daran, dass das gesamte Heilige Land heute israelisch bzw. israelisch annektiert ist. Der jüdische Bevölkerungsanteil ist von ca. 8 Prozent 1918 auf 81 Prozent 2001 gestiegen (ohne besetzte Gebiete), fällt seit einigen Jahren wegen der hohen Geburtenrate der ansässigen Araber aber wieder. Diese bezeichnen sich seit den 60er Jahren als „Palästinenser", ihr anhaltender Widerstand gegen die Besetzung des Westjordanlandes und des Gazastreifens teils mit friedlichen, oft aber auch mit gewalttätigen Mitteln gipfelten in der ersten und zweiten Intifada. Ob nach der Räumung des Gazastreifens durch Israel 2005 die Region zur Ruhe kommt, ist zweifelhaft, denn noch ist die Zukunft des geteilten Jerusalem und des Westjordanlandes ungeklärt, von dem sich Israel durch den Bau eines neuen Grenzwalls große Teile angeeignet hat.

Pallu

(hebräisch „Wunder")

Zweiter Sohn des Ruben (Gen 46, 9; Ex 6,14; Num 26,5; 26,8; 1 Chr 5,3), Vater des Eliab und Ahnherr der Palluiter (Num 26,5).

Palme

(hebräisch tamar, griechisch phoînix)

Wenn in der Bibel von einer „Palme" die Rede ist, dann ist die Dattelpalme (Phoenix dactylifera) gemeint, die im Jordanland und in der Küstenebene vorkommt. Sie ist gerade gewachsen und meist 10 bis 30 m hoch, kann unter Umständen aber auch eine Höhe von 50 m erreichen (Hld 7,8). Sie ist nach Ps 92,13 ein Symbol für den Gerechten; die Palmenschösslinge symbolisieren die Schar der Jungpriester, die den Hohepriester umgeben (Sir 50,13). Nach Ri 4,5 hatte die Richterin Debora ihren Sitz unter einer Palme, der „Deborapalme". Die bis zu 3 m langen Blätter, die „Palmwedel", wurden beim Laubhüttenfest als Symbol des Heils und der Einheit getragen (Lev 23,40; Neh 8,15; 2 Makk 10,7). Palmenzweige waren Symbole des Sieges beim Einzug Jesu in Jerusalem (Joh 12,13). Auch die in Offb 7,9 erwähnte große Schar aus allen Völkern trägt diese Zweige. Das Bild der Dattelpalme zierte die Tempelwände (1 Kön 6,29; 6,32; Ez 40,16; 41,18), auch auf jüdischen Münzen kommt es vor. Das hebräische Wort für „Palme“, „Tamar“, wird als Frauenname erwähnt (Gen 38,6; 2 Sam 13,1). Es findet sich auch in einigen Ortsnamen wieder, wie z.B. „Tamar“ (1 Kön 9,18), „Baal-Tamar“ (Ri 20,33), „Hazezon-Tamar“ (Gen 14,7; 2 Chr 20,2). Jericho wurde „die Palmenstadt“ genannt (Dtn 34,3; Ri 1,16).

Palti
(hebräisch „Helfer ist Gott“)
Sohn des Lajisch. Er heiratete Michal, Davids erste Frau (1 Sam 25,44), musste sie später aber an David zurückgeben (2 Sam 3,15).

Pamphylien
Küstengebiet im Süden Kleinasiens mit dem Hauptort Perge, das vom Apostel Paulus auf seiner ersten und zweiten Missionsreise besucht wurde (Apg 13,13; 14,24). Hier lebten zahlreiche Juden (1 Makk 15,23; Apg 2,10).

Paneas
Früherer Name der Stadt „Cäsarea Philippi“ am Südhang des Hermongebirges unweit einer der Jordanquellen, umbenannt von Herodes Philippos, dem Sohn von Herodes dem Großen, der sie 4 v.Chr. zur Hauptstadt seiner Tetrarchie machte (Lk 3,1).

Pantheon
Griechischer Begriff für die Gesamtheit aller Götter in einer polytheistischen Religion. Dtn 32,8 nennt Reste eines Pantheons.

Panther
(hebräisch namer)
Synonym für „Leopard“, Raubkatze (Hos 13,7), von Martin Luther mit „Parder“ übersetzt. Dan 7,6 nennt ein pantherähnliches Tier, das die Weltmacht des griechischen Reiches unter Alexander dem Großen symbolisiert.

Paphos
Hafenstadt an der Südküste Zyperns, die der Apostel Paulus während seiner ersten Missionsreise besuchte und dort den römischen Statthalter Sergius Paulus bekehrte (Apg 13,6-13).

Papias
Bischof von Hierapolis in Kleinasien; Papias verfasste um 130 n.Chr. das Werk „Logion kyriakon exegis“ („Auslegung der Herrenworte“) über die Herkunft der Evangelien, das jedoch nur noch in Fragmenten erhalten ist. Nach Papias sei Markus der Dolmetscher des Petrus gewesen. Außerdem habe Matthäus eine hebräische

Sammlung von Jesusworten zusammengestellt. Die historische Zuverlässigkeit des Textes gilt als fraglich.

Pappel

Unterschieden werden in der Bibel zwei Arten:

1. Weißpappel

(hebräisch libne, griechisch leúke = „weißer Baum")

Der in Gen 30,37 erwähnte Baum (Populus alba) wird mit „Pappel" übersetzt. Der Name stammt von der weißlich grauen Rinde und der weiß behaarten Unterseite ihrer Blätter.

2. Euphratpappel

(hebräisch saphsapha)

Nach Ez 17,5 ist dies eine „Uferpflanze", ein hoher Baum, der am Wasser wuchs (Populus euphratica). Sie wurde sprachlich mit der Weide (hebräisch „araba") verwechselt.

Papyruspflanze

(hebräisch gome', griechisch ho oder he pápyros)

Eine Schilfpflanze, die bis zu 4 m hoch werden kann (Cyperus papyrus). Sie kam besonders im Nildelta vor (vgl. Jes 35,7; Ijob 8,11), ist heute aber fast ausgestorben. Aus dünneren Stängeln wurden Seile hergestellt oder Körbe geflochten, aus dickeren band man leichte flache Binsenboote (Jes 18,2). Das Mark der Papyrus-Stengel wurde zur Herstellung eines Schreibmaterials verwendet, das auch als „Papyrus" bezeichnet wird. Man schnitt es in dünne Streifen, legte diese kreuzweise übereinander, presste, klopfte und trocknete sie. Zwanzig der so entstandenen Blätter wurden zu einer Rolle zusammengeklebt. Normalerweise wurde nur die Innenseite beschrieben. Die ältesten Papyri stammen aus dem 3. Jahrtausend v.Chr. Im 3. und 4. Jahrhundert n.Chr. wurde der Gebrauch des Papyprus durch das beständigere Pergament ersetzt.

Paraklet

(von griechisch Parákletos = „Fürsprecher", „Beistand")

Der Paraklet ist eine Gestalt, die Jesus für die Zeit nach seinem Tod und seiner Auferstehung ankündigte. In den Abschiedsreden des Johannesevangeliums treten fünf Parakletsprüche auf: Der Paraklet ist ein Beistand, der für immer bei den Jüngern bleiben wird (Joh 14,16), er ist der Heilige Geist, den Gott senden wird und der die Jünger an alles, was Jesus gesagt hat, erinnern wird (Joh 14,26). Er ist der „Geist der Wahrheit", der Zeugnis für Jesus ablegen soll (Joh 15,26), der aber erst dann kommen wird, wenn Jesus gegangen ist (Joh 16,7). Darüber hinaus ist er aber auch der erhöhte Christus (1 Joh 2,1), der selber diesen Geist mitteilt.

Der Paraklet kann als eine Art Anwalt verstanden werden, der sich für einen Beklagten oder Kläger einsetzt und für ihn spricht. Christus nimmt nach 1 Joh 2,1 diese Stellung für uns bei seinem himmlischen Vater ein.
Der Ursprung dieser Figur und ihrer Funktionen ist unklar. Er liegt aber weniger in den Helfergestalten der mandäischen Gnosis als vielmehr in der jüdischen Vorstellung der Fürsprecherengel.

Parallelismus membrorum
Dieser „Parallelismus der Versglieder“ (oder auch „Gedankenreim“) ist das Kennzeichen der alttestamentlichen Poesie und somit das Unterscheidungsmerkmal zur Prosa. Die Verse der poetischen Texte bestehen aus Versgliedern, die einander in gewisser Weise „parallel“ sind. Hier werden drei Arten unterschieden: Im synonymen Parallelismus membrorum wird der Gedanke des ersten Versgliedes mit anderen Worten im zweiten Versglied wiederholt (z.B. Ps 1,2: „sondern hat am Gesetz Jahwes Gefallen/und redet von seinem Gesetz Tag und Nacht“; Ps 38,2: „Strafe mich nicht in deinem Zorn/und züchtige mich nicht in deinem Grimm“). Im antithetischen Parallelismus membrorum stellt das zweite Versglied einen Gegensatz zum ersten dar (z.B. Ps 1,6: „Denn Jahwe kennt den Weg der Gerechten,/aber der Weg der Gottlosen vergeht“; Spr 10,4: „Lässige Hand macht arm,/aber der Fleißigen Hand macht reich“). Im synthetischen Parallelismus membrorum wird der Gedanke des ersten Versgliedes im zweiten ergänzt und vollendet (z.B. Ps 1,3: „Der ist wie ein Baum,/gepflanzt an Wasserbächen“).

Paran
1. Das von den Ismaeliten bewohnte Gebiet auf der Sinaihalbinsel zwischen Midian und Ägypten (Gen 21,21; 1 Kön 11,18) war eine Station der Israeliten auf ihrer Wüstenwanderung (u.a. Num 10, 12; 13,3).
2. Gebirge südwestlich des Toten Meeres (Dtn 33,2; Hab 3,3).
3. Die Stadt „El-Paran“ (Gen 14,6); vermutlich ein älterer Name für „Elat“ (das heute zu Jordanien gehörende Eilat am Golf von Akaba).

Parosch
(hebräisch „Floh“)
Ahnherr einer jüdischen Sippe, die aus dem babylonischen Exil zurückkehrte (Esra 2,3; 8,3; 10,25; Neh 7,8); weitere Träger dieses Namens werden in Neh 3,25 und Neh 10,15 erwähnt.

Paschhur
Der Priester in Jerusalem und

Oberaufseher der Tempelpolizei (Jer 20,1) legte den Propheten Jeremia für eine Nacht in den Block (Jer 20,3), weil dieser den Untergang Jerusalems prophezeit hatte. Daraufhin kündigte er Paschhur und seiner Familie die Verbannung und den Tod in Babylon an (Jer 20,3-6).

Paseach

(hebräisch paseah = „hüpfend")

Ahnherr einer Familie von Tempeldienern, die aus dem babylonischen Exil zurückkehrten (Esra 2,49; Neh 7,51). Weitere Träger dieses Namens werden in 1 Chr 4,12 und Neh 3,6 erwähnt.

Patara

Hafenstadt in Lykien an der Südwestküste Kleinasiens (gegenüber der Insel Rhodos); der Apostel Paulus machte hier am Ende seiner dritten Missionsreise Station, bevor er nach Tyrus fuhr (Apg 21,1).

Patmos

Rund 40 km² große Insel im Ägäischen Meer, etwa 55 km westlich von Milet; Der Apostel Johannes wurde wegen seiner Predigt nach Patmos verbannt und schrieb dort seine Offenbarung (Offb 1,9). Seit dem 4. Jahrhundert n.Chr. besteht auf der Insel das Johanneskloster und seit dem 16. Jahrhundert das Offenbarungskloster mit der hl. Grotte.

Patros

Vom ägyptischen Wort „p'-t'-rsj" („Land des Südens") abgeleiteter alttestamentlicher Name für Oberägypten (z.B. Jes 11,11; Jer 44,1; 44,15); die Bewohner hießen „Patrusiter".

Paulus

(römischer Name aus lateinisch parvulus = „der Kleine")

Der Apostel Paulus war der eigentliche Begründer der christlichen Theologie und Pionier der Heidenmission.

Was über das Leben und Wirken des Paulus bekannt ist, stammt fast nur aus der Apostelgeschichte und den Briefen, natürlich besonders aus jenen, deren Echtheit nicht angezweifelt wird (das sind der erste Thessalonicherbrief, der Galaterbrief, die zwei Korintherbriefe, der Römerbrief, der Philemonbrief und der Philipperbrief). Der Epheserbrief, die zwei Timotheusbriefe und der Titusbrief wurden möglicherweise von Schülern des Paulus verfasst. Wer für den zweiten Thessalonicherbrief und den Kolosserbrief verantwortlich war, ist ungewiss. Die Berichte der Apostelgeschichte sind nicht vollständig, was das Leben und Wirken des Paulus betrifft (2 Kor 11,23ff.) und auch nicht eindeutig historisch belegbar.

Paulus wurde in Tarsus in der römischen Provinz Kilikien geboren (Apg 9,11; 21,39; 22,3). Sein Geburtsdatum ist unklar, aber als Stephanus, der erste christliche Märtyrer, um 35/36 n.Chr. starb, war Paulus ein Jüngling (Apg 7,58). Von Geburt an besaß er das römische Bürgerrecht (Apg 21,39), und er erhielt zusätzlich zu seinem jüdischen Namen „Saulus" den römischen Namen „Paulus" (vgl. Apg 13,9).

Er wurde streng gläubig erzogen (Phil 3,5-6), und in der Schule des Rabbiners Gamaliel wurde er zum eifrigen Pharisäer (Apg 22,3; Gal 1,14). Von Beruf war er Zeltmacher oder Teppichweber (Apg 18,3). Paulus war ein Gegner und Verfolger der ersten christlichen Gemeinden (Apg 8,1-3; 9,1; 9,21; 22,4; 26,11; 1 Kor 15,9). Er hielt die aufkommende christliche Kirche für eine jüdische Sekte, die vom Gesetz abwich und deshalb bekämpft werden musse (Gal 1,13), doch als er auf dem Weg nach Damaskus „von Christus Jesus ergriffen" wurde (Phil 3,12), bekehrte er sich (um 34 n.Chr.) zum Herrn (Apg 9,1-22): Er wurde vom Christenverfolger zum Apostel. Er ging dann – vermutlich mit missionarischen Absichten – nach Arabien und kehrte wieder nach Damaskus zurück (Gal 1,17). Drei Jahre später kam er nach Jerusalem, wo er Kefas (Petrus) traf (Gal 1,17-18). Es folgte ein Aufenthalt in seinem Heimatort Tarsus. Von dort holte ihn Barnabas nach Antiochia, wo beide ein Jahr lang in der Gemeinde arbeiteten (Apg 11,25-26).

Von Antiochia aus unternahm Paulus drei größere Missionsreisen: die erste (ca. 47-48 n.Chr.) nach Zypern und Kleinasien (Apg 13,4-14,28), die zweite (ca. 50-53 n.Chr.) nach Kleinasien, Makedonien und Griechenland (Apg 15,36-18,22), und die dritte schließlich (ca. 54-58 n.Chr.) nach Ephesos, Makedonien und Griechenland (Apg 18,23-21,17), wo er christliche Gemeinden gründete. Diese dritte Reise diente besonders der Einsammlung der Kollekte für Jerusalem (1 Kor 16,1; 2 Kor 8,1-9,15). Die drei Reisen führten Paulus in die ganze damals bekannte Welt. Er berichtete von Strapazen und Leiden, auch von Verfolgung, Gefangenschaft und Steinigung, und er litt oft Hunger und Durst.

Gegner des Apostels erwirkten seine Verhaftung im Jahr 58 n.Chr. in Jerusalem (Apg 21,27-40) und Paulus wurde nach Cäsarea gebracht (Apg 23,23-35), wo er als Gefangener zwei Jahre lang auf seinen Prozess wartete. Er appellierte an den römischen Kaiser (Apg 25,11) und wurde nach Rom überführt. Auf dieser abenteuerlichen Reise erlebte Paulus einen Schiffbruch vor der Insel Melita (vermutlich Malta; Apg 27-28). Sein

weiteres Schicksal ist unklar, vielleicht starb er während der Christenverfolgungen in den letzten Regierungsjahren Kaiser Neros (54-68 n.Chr.) als Märtyrer in Rom. Im Mittelpunkt des theologischen Denkens des Paulus stand Jesus Christus, durch den Gott die Erlösung für alle Menschen stiftete. Von Interesse für Paulus ist aber nicht unbedingt sein irdisches Wirken, sondern sein Tod und seine Auferstehung (Röm 3,21; 5,10-12). Durch den Tod Jesu wurde eine Versöhnung des sündigen Menschen mit Gott erst möglich gemacht, mit seinem Tod nahm Jesus die Sünde der Menschheit auf sich. Durch die Auferstehung wurde diese Erlösung von Gott besiegelt: Gott und Mensch sind versöhnt (2 Kor 5,19). Jesus ist, so Paulus, der Messias Gottes, der Heiland der Welt. Gerechtigkeit vor Gott erlangen die Menschen nicht durch die Einhaltung von Gesetzen, sondern allein durch den Glauben an das Evangelium, durch die Gnade Gottes. Paulus kann als „internationaler Missionar" beschrieben werden, durch seine zahlreichen Missionsreisen gelangte der noch junge Christenglaube in „die ganze Welt" (Mk 16,15). Er war das „Werkzeug" zur Verbreitung des Evangeliums von Christus unter den Heiden (Apg 9,15). Er sah sich selbst als „Apostel der Heiden" (Röm 11,13; vgl. Gal 1,16). Paulus setzte sich dafür ein, dass sich die Heiden nicht beschneiden lassen mussten, um in die christliche Gemeinde aufgenommen zu werden (vgl. „Apostelkonzil" Apg 15,1-35). Paulus betonte die enge Verbindung zwischen Jesus und der Gemeinde. Christus wurde als Haupt der Gemeinde dargestellt, die Gemeinde als Leib Christi (vgl. Röm 12; Eph 1,20-23).
Bemerkenswert waren Paulus' Eifer für den Herrn, sein unbändiger Wille, Gott zu dienen und sein unermüdlicher Kampf für das Wachstum der Gemeinde.

Pech

Als sehr brennbar (Jes 34,9) und klebrig (Sir 13,1) beschriebenes Erdharz, das zum Abdichten (Ex 2,3), zur Herstellung wasserdichter Böden oder als Mörtel (Gen 11,3) verwendet wurde.

Pedaja

(hebräisch „Jahwe [Gott] hat erlöst")
Männlicher Vorname, z.B. 2 Kön 23,36 (Urgroßvater des Königs Jojachin), 1 Chr 3,18-19 (Sohn des Jojachin) oder 1 Chr 27,20 (Vater des Joël, eines Führers im Stamme Manasse zur Zeit des David).

Pegor

1. Berg in Moab, wo der Gott „Baal-Pegor" verehrt wurde (Num 23,28-29; 25,1-5), der auch nur

„Pegor" genannt wurde (Num 25,18). Nach diesem Berg ist der Ort Bet-Pegor in Moab in der Nähe des Berges Nebo (Dtn 4,46; 34,6; Jos 13,20) benannt. Vielleicht ist er mit dem Heiligtum auf dem Berg Pegor gleichzusetzen.
2. Ort in Juda, in der Nähe von Bethlehem (Jos 15,59), das heutige Chirbet Fagur.

Pekach
(Kurzform von hebraisch Pekachja = „gesehen hat Jahwe [Gott]", „Gott sieht")
Sohn Remaljas und 18. König im Nordreich Israel (735-733 v.Chr.); Pekach ermordete seinen Vorgänger Pekachja, dessen Waffenträger er war (2 Kön 15,27). Er verbündete sich mit Rezin, dem König von Damaskus, gegen Assyrien. Als König Ahas von Juda diesem Bündnis nicht beitreten wollte, belagerten Pekach und Rezin Jerusalem. Auf Bitten Ahas kam der Assyrerkönig Tiglat-Pileser III. zu Hilfe, eroberte Damaskus, verwüstete Israel und deportierte viele Gefangene (2 Kön 16,5-9; Jes 7,1-9). Pekach wurde von Hoschea, dem Sohn des Ela, ermordet (2 Kön 15,30).

Pekachja
(hebräisch „gesehen hat Jahwe [Gott]", „Gott sieht")
Sohn Menahems und 17. König des Nordreiches Israel (737/735 v.Chr.). Der Sohn und Nachfolger Menahems „tat, was dem Herrn missfiel" und ließ auch nicht vom Götzendienst ab. Nach nur zwei Jahren Regentschaft wurde Pekachja von seinem Offizier Pekach ermordet, der ihm nachfolgte (2 Kön 15,24).

Pelaja
(hebräisch „Wunder Jahwes [Gottes]")
Pelaja war ein Nachkomme des David (1 Chr 3,24) und einer der Leviten, die dem Volk das von Esra verlesene Gesetz erklärten (Neh 8,7). Später unterzeichnete er die Verpflichtung (Neh 10,11).

Pelatja
(hebräisch „der Herr hat gerettet")
Männlicher Vorname, z.B. 1 Chr 3,21 (ein Nachkomme des David), 1 Chr 4,42 (ein Nachkomme des Simeon), Neh 10,23 (ein Mitunterzeichner des Nehemiabundes) oder Ez 11,1-13 (ein führender Jerusalemer zur Zeit des Propheten Ezechiel).

Peleg
Der Nachkomme des Sem und Sohn des Eber (Gen 10,25; 11,16-19) wird im Stammbaum Jesu genannt (Lk 3,35). Der Name hängt mit dem hebräischen Wort palag („teilen") zusammen, und könnte auf die Landaufteilung anspielen (Gen 10,25).

Pella
Stadt östlich des Jordan, die zum Städtebund „Dekapolis" gehörte. Die Jerusalemer Christen folgten angeblich einer prophetischen Weisung und verließen Jerusalem kurz vor dem Ausbruch des Jüdischen Krieges (66-70 n.Chr.), um sich in Pella anzusiedeln.

Pentapolis
(griechisch „Fünfstadtgebiet")
Das Gebiet der fünf Städte Sodom, Gomorra, Adma, Zebojim und Zoar (Gen 14,2; 14,8). Sie verbündeten sich im Kampf gegen gemeinsame Feinde. Mit Ausnahme von Zoar, das zuerst Bela hieß, wurden sie durch dieselbe Katastrophe zerstört (Gen 19,24-29). Ihre Lage nimmt man im Süden des Toten Meeres an.

Penuël
(„Antlitz Gottes")
Ort an einer Furt des Flusses Jabbok, wo Jakob mit Gott kämpfte (Gen 32,31-32). Gideon zerstörte die Festung von Penuël, weil sich die Einwohner weigerten, ihm zu helfen (Ri 8,8-9; 8,17). Jerobeam I. (926-907 v.Chr.), der erste König des Nordreiches Israel, befestigte die Stadt später (1 Kön 12,25) erneut. Die genaue Lage Penuëls ist ungewiss.

Peräa
(„das Land jenseits [des Jordan]")
Bezeichnung für ein Gebiet im südlichen Ostjordanland, das unter Herodes dem Großen (37-4 v.Chr.) zum jüdischen Staatsgebiet, nach seinem Tod zusammen mit Galiläa zum Herrschaftsgebiet seines Sohnes Herodes Antipas gehörte.

Perazim
(hebräisch „Durchbruch", „Risse")
Ort südwestlich von Jerusalem, an dem David die Philister besiegte (2 Sam 5,20). Darauf bezogen sich die Prophezeiungen Jesajas (Jes 28,21).

Peresch
Sohn des Machir und der Maacha, aus dem Stamme Manasse (1 Chr 7,16).

Perez
(hebräisch „Riss", „Durchbruch")
Einer der Söhne des Juda und seiner Schwiegertochter Tamar, Zwillingsbruder der Serach (Gen 38,29; Rut 4,18; 1 Chr 2,4); Perez gilt als Ahnherr Davids (Rut 4,12; 4,18; Mt 1,3) und wird im Stammbaum Jesu genannt (Lk 3,33).

Pergament
Sehr beständiges Schreibmaterial, das aus besonders bearbeiteten Tierfellen hergestellt wurde.
Im Gegensatz zum Leder wurde Pergament nicht gegerbt, und konnte daher beidseitig beschrieben werden. Es entstand vermutlich um 170 v.Chr. in der kleinasia-

tischen Stadt Pergamon, die dem Material seinen Namen gab. Da es sehr teuer war, konnte es erst im 3. und 4. Jahrhundert n.Chr. allmählich den deutlich billigeren Papyrus verdrängen. Pergament wurde nun das Material der Codices. Gegen Ende des Mittelalters wurde es zunehmend vom Papier abgelöst. Pergament wird in der Bibel an einer Stelle (2 Tim 4,13) erwähnt.

Pergamon
Bis 133 v.Chr. Hauptstadt von Mysien im Westen Kleinasiens. Hier wurde die Herstellung von Pergament entwickelt, das der Stadt ihren Namen gab. Berühmt wurde Pergamon durch bedeutende Bibliotheken und Bauten. In der Offenbarung des Johannes wird Pergamon als Ort des „Thron Satans" bezeichnet (Offb 2,13), was auf die Schwierigkeiten der Christen und deren Verfolgung anspielt.

Perge
Hauptort Pamphyliens im Süden Kleinasiens, etwa 10 km von der Hafenstadt Attalia entfernt. Der Apostel Paulus und sein Begleiter Barnabas kamen während der ersten Missionsreise zweimal nach Perge (Apg 13,13; Apg 14,25).

Perikope
(griechisch „Abschnitt")
Bezeichnung für einen für den Gottesdienst vorgesehenen Abschnitt der Bibel. Biblische Texte wurden in Perikopen eingeteilt, die so fortlaufend vorgelesen wurden. Die Mosebücher wurden in Palästina innerhalb von drei Jahren verlesen. Ursprünglich las man direkt aus der Bibel vor. Das frühe Christentum begann damit, alle Perikopen, die im Gottesdienst Verwendung fanden, in einem Buch, dem „Lektionar" (lateinisch „Lesebuch"), zusammenzufassen.

Perisiter
Eines der vorisraelitischen Völker Kanaans, möglicherweise hethitischer Herkunft (Gen 13,7; Ri 1,4-5).

Perle
Damit ist im Alten Testament wohl die rote Koralle gemeint. Phönizische und arabische Kaufleute brachten echte Perlen von Ceylon und dem Persischen Golf nach Palästina. Perlen galten als kostbares Handelsgut (Offb 18,12) und wertvoller Schmuck (1 Tim 2,9; Offb 17,4; 18,16). Die Tore des himmlischen Jerusalem bestanden je aus einer Perle (Offb 21,21). In Mt 7,6 stehen Perlen für eine Kostbarkeit, die nicht vor die Schweine geworfen werden soll. Mt 13,44-46 erwähnt das Gleichnis vom Schatz und von der Perle.

Peschitta

(syrisch „die Einfache")

Bezeichnung für die gebräuchliche syrische Bibelübersetzung, die seit etwa 400 n.Chr. vorlag. Sie ist für die Textkritik von hohem Wert.

Petra

(griechisch „Fels")

Hauptstadt der Nabatäer im Wadi Musa zwischen dem Roten und Toten Meer; Petra ist vielleicht mit der Edomiterstadt Sela (Jes 42,11) identisch. Die Stadt war ein wichtiges Handelszentrum in strategisch günstiger Lage. Sie wurde 106 v.Chr. von den Römern erobert und verlor langsam an Bedeutung und Wohlstand. Zahlreiche Ruinen der in den roten Sandstein gehauenen Bauten sind erhalten geblieben, z.B. ein Amphitheater, Felsgräber, einige Tempel und ein Triumphbogen.

Petrus

(griechische Übersetzung des aramäischen Wortes kefa = „Stein", „Fels")

Jünger Jesu und Führer der zwölf Apostel (Mt 4,18), der ursprünglich Simon bzw. Simeon hieß (Lk 5,3; Apg 15,14); den Namen Petrus erhielt er, weil er der „Fels" war, auf dem Jesus seine Kirche gründen wollte (Mt 16,18f.).

Der Sohn des Jona (Mt 16,17) oder Johannes (Joh 1,42; Joh 21,15-17), aus Betsaida in Galiläa (Joh 1,44) war von Beruf Fischer (Mk 1,16). Später lebten er und sein Bruder Andreas in Kaparnaum am See Genezareth, woher Petrus' Frau stammte (Mk 1,16-21; Mk 1,30; vgl. 1 Kor 9,5). Petrus gab die Fischerei auf und folgte Johannes dem Täufer, bis ihn Andreas mit Jesus bekannt machte.

Petrus, der eine bevorzugte Stellung im Jüngerkreis Jesu einnahm (Mk 5,37; 9,2; 14,33), steht in allen Apostellisten an erster Stelle (Mt 10,2; 3,16). Er trat häufig als Sprecher der Jünger auf (z.B. Mt 16,16), und er war der erste, der schon vor der Auferstehung Jesu bekannte: „Du bist der Christus!" (Mt 8,29). Petrus erkannte auch als erster Jünger, dass Gott Jesus auferweckt hat (Mk 16,6-7; vgl. 1 Kor 15,5).

Petrus wird als impulsiv, entschlossen und engagiert (Mt 19,27; Mk 10,28) beschrieben, neigte aber offenbar auch zu Feigheit und gleichzeitig zu vorschnellem Handeln und Vermessenheit. Er widersprach Jesus, woraufhin dieser mit „Geh weg von mir, Satan!" reagierte (Mt 16,22-23). Er weigerte sich, sich von Jesus die Füße waschen zu lassen (Joh 13,8-10) und wollte es Jesus gleichtun und über das Wasser gehen (Mt 14,22-31). Er verleugnete Jesus dreimal (Mt 26,31-35; 26,69-75), was er aber durch ein dreifaches Bekenntnis der Liebe wieder gutmachen konnte (Joh

21,15-17).
Nach der Himmelfahrt stand Petrus an der Spitze des Apostelkreises (Apg 1,12-14). Er hielt die erste öffentliche Predigt in Jerusalem (Apg 2,36), woraufhin die christliche Urgemeinde entstand, die er vor dem Hohen Rat verteidigte (Apg 4,8-12; 5,29). Petrus wurde vom Herrn zum heidnischen Hauptmann Cornelius nach Cäsarea geschickt und öffnete so „den Heiden die Tür zum Glauben" (Apg 14,27). Der Beginn dieser Heidenmission führte in Antiochia zum Konflikt zwischen Petrus und Paulus über das Problem der Juden- und Heidenchristen (Gal 2,11-14).
Um das Jahr 57 n.Chr. kam Petrus nach Rom, wo er (ab etwa 62 unterstützt von Paulus) eine Gemeinde gründete, deren erster Bischof er wurde. Als Kaiser Nero im Jahre 64 Schuldige für die Feuersbrunst, die Rom zerstört hatte, suchte, ließ er die Christen verfolgen und auch Petrus ans Kreuz schlagen.
Petrus werden die zwei Petrusbriefe zugeschrieben, die Verfasserschaft wird aber bezweifelt. Außerdem gilt Petrus als „Co-Autor" des Markusevangeliums, da er Markus in Rom als Dolmetscher diente.

Pfählung

Das Aufhängen an einem Pfahl bzw. das Pfählen war eine Form der Hinrichtung (Est 7,9-10) oder der Entehrung toter Verbrecher oder Feinde (Dtn 21,22-23; Jos 10,26). Eine spätere Sonderform der Pfählung war die Kreuzigung. (Siehe auch unter „Todesstrafe".)

Pfau

(hebräisch vielleicht tokaj, Plural tukijjim)
Ein prachtvoller Ziervogel (Pavo cristatus), der von König Salomos Handelsflotte von Indien nach Israel mitgebracht wurde (1 Kön 10,22, 2 Chr 9,21).

Pferd

(griechisch híppos, hebräisch sus)
Ab Mitte des 2. Jahrtausends v.Chr. wurde das Pferd im Alten Orient erst als Zug-, dann als Reittier verwendet. Die Kanaanäer (Jos 11,4; 17,16; Ri 1,19) und die Philister (1 Sam 13,5; 2 Sam 1,6) spannten Pferde vor ihre Streitwagen, im vorstaatlichen Israel war das Pferd hingegen nicht in Gebrauch. Erst Salomo schuf eine Streitwagenmacht mit Pferden (u.a. 1 Kön 5,6; 10, 26; 10,28-29), die von den Propheten kritisiert wurde (Jes 2,7; Mi 5,9; Sach 9,10). Als Reittier wurde das Pferd in Israel nur vereinzelt verwendet (2 Kön 9,18). 2 Kön 23,11 erwähnt eine religiöse Verehrung des Pferdes. Ijob 39,19-25 liefert eine Schilderung des Kriegsrosses. Die in Offb

6,2-8 genannten apokalyptischen Reiter vollziehen das endzeitliche Strafgericht. Christus, der endzeitliche Sieger, reitet auf einem weißen Pferd (Offb 19,11).

Pharao

Der Titel der Herrscher Ägyptens hat seinen Ursprung im ägyptischen Wort „pr ao", das „großes Haus" bedeutet, womit ursprünglich der königliche Palast gemeint war. Seit der 18. Dynastie wurde aber auch der König selbst so genannt. Der Pharao war als Person Mensch, verkörperte die königliche Macht, und besaß auch göttlichen Status. Seit der 4. Dynastie galt er als Sohn des Sonnengottes.

In der Bibel wird „Pharao" über 250-mal erwähnt: z.B. einfach als „Pharao" in Röm 9,17 und in den Erzählungen um Josef und Mose (u.a. Gen 12,15; 12,17; 37,36; 39,1; 45,16-17; 50,7; Ex 5,2) oder (selten) als Titel vor dem Eigennamen (1 Kön 14,25; 2 Kön 19,9; 23,29; Jer 44,30).

Pharisäer

Religiöse Gruppe der Juden zur Zeit Jesu, die im Neuen Testament exakt 99-mal erwähnt wird (z.B. Mt 3,7; Apg 5,34-26,5; Phil 3,5); Hauptinformationsquelle über die Pharisäer sind die Schriften des jüdischen Historikers Josephus Flavius. Der Name wird als „Abgesonderte" gedeutet, kann aber auch „die den Weg der Heiligung gehen" oder „die Auslegungen vornehmen" (Neh 8,8) meinen.

Der Ursprung der „Partei" (Apg 26,5) ist unklar, ebenso die genaue Struktur und die Aufnahme. Josephus' Berichten zufolge traten die Pharisäer erstmals während der Regierungszeit des Hasmonäers Johanan Hyrkanus I. auf (135-105 v.Chr.), unter Königin Alexandra (78-65 v.Chr.) waren sie bereits die führende Bewegung. Die Pharisäer übten einen großen Einfluss aus und überdauerten alle ihre Gegner. Somit prägten sie das Judentum für Jahrhunderte.

Die Bemühungen der Pharisäer waren religiöser, nicht politischer Natur, aber sie waren nicht Priester. Ihr Ziel war es, der Thora, also dem Gesetz Mose, in der Bevölkerung einen hohen Stellenwert zu verschaffen. Sie legten größten Wert auf eine strenge Einhaltung der Gebote und Vorschriften. Sie befolgten aber nicht nur die Thora, sondern auch die mündliche „Überlieferung der Alten" (Mt 15,2), die dieselbe Geltung hatte wie das schriftliche Gesetz. Josephus, selbst Pharisäer, bezeichnete sie als eine der vier jüdischen „Philosophien", die aber eine Antithese zu den anderen drei (den Sadduzäern, den Essenern und der „Vierten Philosophie") bildete. Im Gegensatz zu den Sadduzäern hielt sich

die Gruppe der Pharisäer von fremden, hellenistischen und zugleich rationalistischen Einflüssen frei und legte größten Wert auf eine strenge Erfüllung des Gesetzes (Apg 26,5). Die Sadduzäer repräsentierten außerdem die priesterlich-aristokratische Oberschicht, während sich die Pharisäer am Volk orientierten. Durch ihre Gesetzeskenntnis genossen sie hohes Ansehen bei den Ungebildeten und so wurden sie auch als „Führer des Proletariats" bezeichnet. Anders als die Sadduzäer glaubten die Pharisäer an eine Auferstehung der Toten. Sie sorgten für eine Neugestaltung des Judentums, indem sie es vom Tempeldienst und der Priesterschaft loslösten.
Die Pharisäer erschienen bei den Evangelisten zum Teil als erbitterte Gegner Jesu (Joh 11,46-57). In ihrer strengen Gesetzestreue lehnten sie Jesus ab, da er den Anspruch erhob, über dem Gesetz zu stehen und der Sohn Gottes zu sein. Jesus kritisierte den Hochmut (Lk 18,10-14) der Pharisäer, ihre Habgier (Mk 12,40) und Heuchelei (Mt 15,3-7), und nannte sie Söhne des Teufels (Joh 8,44). Während er Gottes- und Nächstenliebe betonte, legten sie Wert auf die Einhaltung des Gesetzes. Durch ihre strenge Gesetzeserfüllung und übersteigerte Gerechtigkeit entfernten sie sich immer mehr vom wahren Willen Gottes (Mt 15,1-14). Sie waren aber trotzdem immer wieder Diskussionspartner Jesu und er stand ihnen deutlich näher als den Sadduzäern, die die Auferstehung der Toten leugneten (Mt 22,23-32). Er erkannte die Pharisäer als die autorisierten Ausleger der Thora an (Mt 23,2). Der Konflikt zwischen Jesus und den Pharisäern wurde vermutlich nachträglich durch die Überlieferung noch gesteigert. Dies zeigt sich auch an der Bezeichnung „Heuchler" (Mt 15,3-8; Mt 23,13-16), die in unseren heutigen Sprachgebrauch überging.

Philadelphia

(griechisch, nach Königen mit dem Beinamen Philadelphos = „geschwisterliebend")

Städtename, z.B. für das alte Rabbat-Ammon, das frühere Zentrum des Ammoniterreiches (2 Sam 10-12; Jer 49,2; Ez 25,5), das heutige Amman, die Hauptstadt von Jordanien. Außerdem eine Stadt in Lydien an der Westküste Kleinasiens (Offb 3,7-13).

Philemon

Reicher Christ in Kolossä, dessen entlaufener Sklave Onesimus von Paulus in Rom bekehrt wurde. Der Apostel schickte ihn zu seinem Herrn zurück und verfasste einen Brief mit der Bitte, den Sklaven nicht zu bestrafen (Phlm 19; vgl. Kol 4,9).

Neuere Überlieferungen sehen Archippus als Herrn des Onesimus an. Philemon war demnach Mitarbeiter des Paulus in Laodikea und „Mitarbeiter des Evangeliums".

Philetus

(griechisch „der Geliebte")

Häretischer Christ, der behauptete, die Auferstehung hätte schon stattgefunden (2 Tim 2,18).

Philippi

Nach Philipp II. von Makedonien (359/56-336 v.Chr.), dem Vater von Alexander dem Großen, benannte Stadt im Osten Makedoniens an der Grenze zu Thrakien. Philippi, das an der Via Egnatia lag, einer von den Römern erbauten Straße, um den Bosporus mit der Adria zu verbinden, erhielt 30 v.Chr. von Rom einen Sonderstatus und genoss die gleichen Rechte wie italienische Städte. Hier predigte der Apostel Paulus zum ersten Mal auf europäischem Boden, bekehrte die Purpurhändlerin Lydia und gründete eine Christengemeinde (Apg 16,11-40). Später sandte er von Rom aus einen Brief nach Philippi.

Philippus

(griechisch/lateinisch „Pferdefreund")

1. Apostel aus Betsaida in Galiläa, der in der Liste der Zwölf immer an fünfter Stelle erwähnt wird (Mt 10,3; Mk 3,18; Joh 1,44). Er verlangte von Jesus eine sichtbare Offenbarung des Vaters, worauf er zur Antwort bekam: „Wer mich gesehen hat, hat den Vater gesehen" (Joh 14,8-9).

2. Einer der sieben von den Aposteln eingesetzten ersten Diakone (Apg 6,5); der „Evangelist" (Apg 21,8) predigte in Samaria (Apg 8,4-13) und taufte einen Eunuchen der Königin von Äthiopien (Apg 8,26-40). Nach Apg 21,8-9 war er Vater von vier prophetisch begabten Töchtern.

Philister

Name der indogermanischen Seevölker, die vermutlich aus Kaftor (Kreta) stammten (Dtn 2, 23; Jer 47,4), sich nach der Niederlage gegen Ägypten im 2. Jahrtausend v.Chr. an der Südküste Palästinas niederließen und allmählich nach Norden und Osten vordrangen; hier kam es zur Vermischung mit den Kanaanäern, deren Sprache und Götter (Dagon, Baal-Zebub und Astarte) sie übernahmen. Sie selbst wiederum verschafften sich ein Monopol in der Eisenverarbeitung (1 Sam 13,19).

Die Philister bildeten keinen Staat, sondern einen Bund von fünf Städten („Pentapolis"): Gaza, Gat, Aschdod, Aschkelon und Ekron. Jede dieser Städte hatte ihren eigenen Fürsten (Jos 13,3), militärische Aktionen wurden gemein-

sam unternommen. Ihre militärische Überlegenheit stellte lange Zeit eine Gefahr für Israel dar. Die Philister konnten ihr Herrschaftsgebiet immer weiter ausdehnen. In der Schlacht bei Afek eroberten sie auch die Bundeslade (1 Sam 4). Nach der Eroberung Bet-Scheans befand sich die gesamte Küstenebene in der Hand der Philister (1 Sam 31). Saul kämpfte erfolglos gegen die Philister (1 Sam 13-14; 1 Makk 4,30) und starb nach einer verlorenen Schlacht im Gebiet der Gilboaberge (1 Sam 31; 2 Sam 1, 20). Erst David konnte sich gegen die Philister durchsetzen, vor allem mit seinem legendären Sieg über den Philister Goliath (1 Sam 17). Die Philister blieben aber trotzdem eine ständige Bedrohung und wurden noch unter Joschafat (2 Chr 17,10-13), Joram (2 Chr 21,16-17), Usija (2 Chr 26,6-7), Ahas (2 Chr 28,18-19) und Hiskia (2 Kön 18,8), also bis zum Ende des 8. Jahrhunderts v.Chr., als Feinde bezeichnet. Im 7. Jahrhundert v.Chr. wurden die Philister von den Assyrern unterworfen, später mussten sie sich der babylonischen Herrschaft und schließlich auch der persischen Herrschaft beugen. Sie spielten von nun an keine politische Rolle mehr.
Nach den Philistern wird das Gelobte Land „Palästina“ genannt.

Philo von Alexandria
Religionsphilosoph in Alexandria (um 15 v.Chr. bis 45 n.Chr.), der aus einer der vornehmsten jüdischen Familien stammte. Er hatte eine hohe Position in der jüdischen Gemeinde inne, hielt Vorträge und war der Führer der jüdischen Gesandtschaft in Rom. Kennzeichnend für seine Religionsphilosophie war die Synthese zwischen Judentum und Hellenismus, d.h. er versuchte, die jüdische Theologie mit der griechischen Philosophie zu vereinen. Philo war einerseits tief in der jüdischen Tradition verwurzelt, seine Schriften behandelten hauptsächlich die Thora. Andererseits war er – durch seinen sozialen Status – vom Hellenismus geprägt, sprach griechisch und durchlief den hellenistischen Bildungsweg. Der von Mose verfasste Pentateuch stellte für Philo die höchste Philosophie dar. Diese erklärte er mit der allegorischen Interpretation, die zeigen sollte, dass die Erzväter als Vorbilder für Tugenden dienen sollten. Philo wurde von der Lehre der Stoa beeinflusst. Von Bedeutung für das Neue Testament waren seine Gedanken über den Logos, das hypostasierte Wort Gottes, das für ihn die Verbindung zwischen Gott und der Welt darstellte (vgl. Joh 1,1-18). Philo schuf keine Universalreligion, sondern bezog sich immer auf die jüdische Tradition.

Fast 50 Schriften sind von ihm überliefert. Großen Einfluss übte er auf die griechischen Kirchenväter (u.a. Origenes) aus.

Phönix

(griechisch phoînix = „Roter", auch „Dattel")

Ein mythischer Vogel, der vermutlich in Ijob 29,18 (hebräisch hul) gemeint ist. Er soll aus der Asche der Osiris oder seinen eigenen sterblichen Überresten wieder neu zum Leben erwacht sein. Der Phönix ist ein Sinnbild der Auferstehung Christi.

Phönizien

Küstengebiet am Mittelmeer, das in etwa dem heutigen Staat Libanon entspricht. Der Name stammt vom griechischen Wort phoinós („blutrot"), das sich auf die Purpurschnecke bezieht, die einen hohen wirtschaftlichen Stellenwert hatte. Phönizien, das auch als „Kanaan" (hebräisch Kena'an = „Purpurland") bezeichnet wurde (Ex 6,15; 16,35; Jos 512), war nie ein Gesamtstaat, sondern bestand aus Stadtstaaten wie Byblos, Sidon oder Tyrus, die innen-, außen- und auch religionspolitisch eigenständig waren. Im 3. und 2. Jahrtausend v.Chr. war das Land von Ägypten abhängig, um 1200 v.Chr. – mit der Ankunft der Seevölker – begann die eigentliche Geschichte Phöniziens. Die Bewohner wurden nun als „Phönizier" bezeichnet, die phönizischen Städte wurden unabhängig und es kam zur Gründung zahlreicher Kolonien an der Mittelmeerküste wie z.B. Karthago im Jahre 814 v.Chr.

Zwischen Israel und Phönizien bestand eine intensive Beziehung: David und Salomo unterstützten Hiram von Tyrus (1 Kön 5,15-26), und die Heirat im 9. Jahrhundert v.Chr. zwischen König Ahab von Israel und Isebel, der Tochter des Königs Etbaal von Sidon und Tyrus, hatte sowohl politische als auch religiöse Konsequenzen (1 Kön 16,31).

Im 6. Jahrhundert v.Chr. kam Phönizien zunächst unter assyrische, später unter babylonische Herrschaft und wurde schließlich Teil der persischen Satrapie, wodurch das Reich noch einmal eine Blütezeit erlebte. Im 4. Jahrhundert v.Chr. fiel Phönizien an Alexander den Großen, nach dessen Tod an die Seleukiden, und 64 v.Chr. wurde es durch Pompejus der römischen Provinz Syrien einverleibt.

Jesus besuchte das Gebiet von Tyrus und Sidon und traf eine Syrophönizierin (Mk 7,24-26). Auf der Rückreise von seiner dritten Missionsreise kam der Apostel Paulus durch Tyrus (Apg 21,3-7).

Die kulturelle Bedeutung Phöniziens liegt im phönizischen Alphabet, durch welches vermutlich das griechische und somit auch das lateinische Alphabet entstanden.

Phrygien

Gebiet im westlichen Kleinasien, das im 6. Jahrhundert v.Chr. unter persische Herrschaft kam, im 4. Jahrhundert zum Weltreich Alexanders des Großen gehörte und schließlich im 2. Jahrhundert v.Chr. Teil der römischen Provinz Asia wurde.
Der Apostel Paulus besuchte Phrygien während seiner zweiten Missionsreise (Apg 18,23), die dortigen christlichen Gemeinden wurden aber nicht von ihm gegründet.

Pi-Hahirot

(ägyptisch Pir-Hrt = „Haus der Göttin Hrt")
Station des Exodus der Israeliten vor dem Durchzug durch das Schilfmeer (Ex 14,2, 14,9, Num 33,7-8), deren genaue Lage ungewiss ist.

Pilatus, Pontius

Pontius Pilatus war von 26-36 n.Chr. römischer Statthalter von Judäa (Lk 3,1). Außerbiblische Berichte schildern ihn als bestechlich, hart, autoritär und rücksichtslos. Er ließ Votivtafeln mit dem Bildnis und dem Namenszug von Kaiser Tiberius aufstellen, was bei den Juden als Götterlästerung galt. Wegen grausamer Maßnahmen gegen die Samaritaner wurde er abgesetzt und nach Rom zur Verantwortung gerufen. Unklar ist, ob er Selbstmord beging oder im Exil in Frankreich starb.
Bekannt wurde Pontius Pilatus als Richter im Prozess Jesu (Mt 27,2.11-26; Mk 15,1-15). Er verurteilte ihn zum Tode, obwohl er von dessen Unschuld überzeugt war (Lk 23,14-24).

Pinhas

1. Enkel Aarons und Sohn Eleasars (Ex 6,25; Num 25,7; 25,11; 31,6; Jos 22,13; 22,30-32;Ri 20,28); durch seinen religiösen Eifer wurde ihm und seinem Geschlecht die ewige Priesterschaft verheißen (Num 25,7-8; 25,10-13). Pinhas spielte beim Kampf gegen die Midianiter unter Mose eine wichtige Rolle (Num 31,6-13), er führte eine Gesandtschaft der Westjordanstämme in das Ostjordanland (Jos 22,1-34) und war Priester bei der Bundeslade zu Bet-El (Ri 20,27-8).
2. Der jüngere Sohn des Priesters Eli von Silo (1 Sam 4,4-11) starb mit seinem Bruder Hofni in der Schlacht, in der die Bundeslade in die Hände der Philister fiel. Am selben Tag wurde Pinhas Sohn Ikabod geboren, dessen Mutter die Geburt nicht überlebte, und starb auch Eli (1 Sam 4,17-22).

Pinon
Fürst in Edom und dessen Wohnsitz (Gen 36,41); vermutlich mit „Punon“ (Num 33,42) gleichzusetzen.

Piraton
Der Geburtsort des Richters Abdon (Ri 12,13-15) lag etwa 10 km südwestlich von Sichem und ist vermutlich mit dem späteren Faraton und heutigen Farata gleichzusetzen. Auch Benaja, ein Held und Gefolgsmann Davids, stammte aus Piraton (2 Sam 23,30; 1 Chr 11,31; 27,14), das 160 v.Chr., zur Zeit der Makkabäerkriege, befestigt wurde (1 Makk 9,50).

Pischon
Nach Gen 2,11 einer der vier Paradiesflüsse, der das Land Hawila umfließt; eine Identifizierung mit einem realen Fluss ist nicht möglich.

Pisga
Der nördliche Teil des Gebirges Abarim beim Nordostufer des Toten Meeres (Dtn 3,17; 3,27; 4, 49); bereits in vorisraelitischer Zeit könnte der Berg religiöse Bedeutung gehabt haben (von seinen Höhen aus sollte der Seher Bileam Israel verfluchen, vgl. Num 23,14). Vom Nebo (dem höchsten Gipfel) aus schaute Mose vor seinem Tod in das Gelobte Land und verstarb auf dem Berg (Dtn 34,1-4).

Pisidien
Die Berglandschaft im südlichen Kleinasien am Taurusgebirge wurde im Jahre 25 v.Chr. Teil der römischen Provinz Galatien und grenzte an Lykaonien, Lykien, Pamphylien und Phrygien. Der Apostel Paulus zog auf seiner ersten Missionsreise durch Pisidien (Apg 13,14; 14,24).

Pitom
(hebräisch pitom = „Haus des [Gottes] Atum“)
Die ägyptische Vorratsstadt im Osten des Nildeltas wurde vermutlich in der Regierungszeit von Pharao Ramses II. (1279-1213 v.Chr.) angelegt. Für den Bau mussten die Israeliten dem Alten Testament zufolge Fronarbeit leisten (Ex 1,11).

Plagen
Der Pharao wollte die Israeliten, die im östlichen Nildelta im Land Goschen wohnten (Ex 8,18), nicht in ihre Heimat ziehen lassen, so dass es zu einer göttlichen Intervention in Form der zehn biblischen Plagen kam. Dies waren im einzelnen:
Zu Blut werdendes Nilwasser (Ex 7,17-25), Unmengen an Fröschen (Ex 7,26-8,11), Läuse oder Stechmücken (Ex 8,12-15), Schwärme von Fliegen oder anderem Ungeziefer (Ex 8,16-28), eine Viehpest, die jedoch die Tiere der Israeliten

verschonte (Ex 9,1-7), Blattern und Geschwüre (Ex 9,8-12), extremer Hagel (Ex 9,18-26), Riesenschwärme von Heuschrecken (Ex 10,3-15), eine viertägige Finsternis (Ex 10,21-26) und schließlich ein Massensterben aller erstgeborenen Kinder und Tiere, wobei die Israeliten wiederum verschont blieben (Ex 11,4-8; 12,29-30).

Mose und sein Volk durften letzten Endes Ägypten verlassen. Es ist müßig zu spekulieren, ob die Israeliten hier tatsächlich in Knechtschaft gelebt hatten, von der sie nun befreit werden mussten, oder ob sie nicht schon weitgehend in das Staatswesen integriert waren. Auch die akribische Deutung der zehn biblischen Plagen durch die Naturwissenschaftler ist lediglich Spielerei. Entscheidend ist die Aussage, die das Alte Testament im Buch Exodus trifft: Niemand darf dem auserwählten Volk – solange es dem rechten Glauben anhängt – im Wege stehen, und wenn es jemand wagt, so wie der Pharao, wird er durch die zehn Plagen gestraft.

Auch im Neuen Testament ist noch einmal von Plagen die Rede, und zwar von sieben Plagen in der Offenbarung des Johannes (Offb 15,1-8).

Plagenerzählungen

Zusammenfassender Begriff für die Kapitel im Buch Exodus, die die zehn Plagen beschreiben, die Jahwe über die Ägypter kommen lässt, nachdem sich der Pharao geweigert hat, die Israeliten gehen zu lassen (Ex 7-10). Es gibt Thesen, die besagen, dass die Plagenerzählungen erst nachträglich in die Heilige Schrift eingefügt worden seien. Dafür spricht Ex 14,5, wo es heißt, dass die Israeliten geflohen seien (d.h. nicht vom Pharao entlassen wurden).

Platane

(hebräisch 'armon, griechisch plátanos; von Luther mit „Kastanie" übersetzt)

Sie ist der größte Baum Palästinas – mit einer Höhe von bis zu 20 m und einem Stamm-Durchmesser von bis zu 3 m (Platanus orientalis). Sie wuchs besonders neben Wasserquellen und in Flusstälern (Sir 24,14). Jakob schälte die Rinde eines Platanenzweiges ab (Gen 30,37), und Ezechiel verglich die Höhe der Platane mit der Höhe der Zeder im Libanon (Ez 31,8).

Der hebräische Name des Baumes, „'armon", wird wohl von „'aram" („entblößen", „nackt sein") abgeleitet, und bezieht sich auf die charakteristische, jährlich abblätternde Rinde.

Polygamie

Griechische Bezeichnung für eine Form der Vielehe; auch wenn die Monogamie im alten Israel die herkömmliche Form der Ehe war,

so nennt das Alte Testament mehrere Fälle von Polygamie: z.B. bei Jakob (Gen 29,1-30,24), Esau (Gen 26,34; 28,9; 36,1-5) oder Gideon (Ri 8,30-31), darüber hinaus bei zahlreichen Königen: David (2 Sam 3,2-5; 2 Chr 5,13), Salomo (1 Kön 11,3), Rehabeam (2 Chr 11,21), Abija (2 Chr 13,21) oder Joasch (2 Chr 24,3).
Der Hauptgrund für eine Ehe mit mehreren Frauen war der Wunsch nach vielen Kindern, vor allem Söhnen (vgl. Gen 16,1-2; 30,1-3). Viele Frauen zu besitzen war außerdem ein Zeichen von Macht und Reichtum.
Das Neue Testament thematisiert Polygamie nicht direkt. Doch da eine erneute Heirat nach einer Scheidung als Ehebruch verstanden wurde (Mt 5,32; 19,9), wurde die monogame Ehe vorausgesetzt.

Polytheismus
(griechisch poly = „viel" und theoi = „Götter")
Bezeichnung für die religiöse Verehrung einer Vielzahl von Göttern; der Polytheismus basiert auf der Vorstellung, dass das Göttliche in vielen verschiedenen Wesen wohnt. Die meisten Religionen im Altertum waren polytheistisch.

Pompejus
(lateinisch Gnaeus Pompeius)
Römischer Staatsmann und Feldherr (106-48 v.Chr.), der die Auseinandersetzungen der hasmonäischen Machthaber nutzte und das jüdische Königreich zum Vasallenstaat Roms machte. Pompejus eroberte Jerusalem und den Tempelberg (63 v.Chr.) und gründete die Provinz Syrien und die Dekapolis.

Pontus
(griechisch Póntos = „offene See")
Name des Schwarzen Meeres und der angrenzenden Küstenlandschaft; Juden aus Pontus waren beim Pfingstfest nach dem Tod Christi in Jerusalem anwesend (Apg 2,9). Später gab es in Pontus christliche Gemeinden. Der Erste Petrusbrief war u.a. an die Christen in Pontus gerichtet (1 Petr 1,1).

Potifar
(„Geschenk des [Gottes] Ra")
Potifar war jener ägyptische Priester und Leibwächter des Pharao, dem die Midianiter Josef als Sklaven verkauften (Gen 37,36). Dessen Frau beschuldigte Josef fälschlich, sie verführen zu wollen (in Wahrheit war sie es gewesen, die den Sklaven zu verführen versuchte), woraufhin Potifar Josef ins Gefängnis werfen ließ (Gen 39).

Potifera
(„Geschenk des [Gottes] Ra")
Priester im Tempel von On, dem Kultzentrum des Sonnengottes. Er war der Schwiegervater des Josef,

nachdem der Pharao Potiferas Tochter Asenat dem Josef zur Frau gegeben hatte (Gen 41,45).

Prätorium

(griechisch praitorion von lateinisch Praetorium; von Martin Luther mit „Richthaus" übersetzt)

Ursprünglich ein militärischer Begriff, der den Sitz eines Prätors oder seine Leibwache bezeichnete. Ein Prätorium meinte aber auch den Sitz des Provinzstatthalters. Das Neue Testament verwendet den Begriff in drei verschiedenen Zusammenhängen: Das Prätorium war der Amtssitz des Pontius Pilatus in Jerusalem, wo er das Todesurteil über Jesus sprach (Mt 27,27; Mk 15,16; Joh 18,28; 18,33; 19,9). Vermutlich haben wir es in der Burg Antonia auf dem Tempelberg zu suchen. Vielleicht befand es sich aber auch im ehemaligen Palast von Herodes dem Großen.

Das Prätorium des Herodes in Cäsarea diente als Amtssitz des römischen Statthalters in Judäa. Hier war der Apostel Paulus vor seiner Überführung nach Rom zwei Jahre inhaftiert (Apg 23,35).

Das in Phil 1,13 erwähnte „Prätorium" hat – je nach Entstehungsort des Philipperbriefes – unterschiedliche Bedeutungen: War es Rom, dann wäre darunter die Prätorianergarde, die kaiserliche Leibwache, zu verstehen. War es Ephesos, dann meint es die offizielle Residenz des Prokonsuls für Asien. War es Cäsarea, dann handelt es sich um den Sitz des Provinzstatthalters.

Priska

(auch: Priszilla, Priscilla, Prisca)

Sie war die Ehefrau Aquilas und wurde vom Apostel Paulus hoch geschätzt (Röm 16,3-5; 1 Kor 16, 19; 2 Tim 4,19; Apg 18,2; 18,26). (Siehe auch unter „Aquila und Priszilla".)

Proselyt

(griechisch „der Hinzugekommene"; von Martin Luther mit „Judengenosse" übersetzt)

Bezeichnung für einen Heiden, der durch Beschneidung und Tauchbad („Proselytentaufe") zum jüdischen Glauben übertrat; weitere Bedingung war das uneingeschränkte Bekenntnis zur Thora. Die Proselyten sind von den „Gottesfürchtigen" zu unterscheiden. Letztere nahmen zwar am jüdischen Synagogengottesdienst teil und hielten das Gesetz zumindest teilweise ein, blieben aber unbeschnitten. Die Proselyten waren vom rabbinischen Judentum nicht gänzlich anerkannt.

Im Neuen Testament verurteilt Jesus den Eifer, mit dem die jüdische Propaganda betrieben wurde (Mt 23,15). Jüdische Proselyten waren beim Pfingstfest anwesend

(Apg 2,11) und schlossen sich Paulus und Barnabas an (Apg 13,43). Nikolaus war ein Proselyt aus Antiochia (Apg 6,5).

Proskynese

Eine untertänige Geste der Anbetung und Unterwerfung, die entweder Gott (beim Gebet) oder im alten Orient auch dem Herrscher (bei der Begrüßung) dargebracht wurde: Der Untertan warf sich bäuchlings zu Boden und berührte mit seinem Gesicht die Erde.
In der Karfreitagsliturgie ist die Proskynese noch heute erhalten.

Psalmen

(griechisch psalmos = „Saitenspiel")
Psalmen heißen die 150 geistlichen Lieder, die in einem eigenen Buch im Alten Testament (Psalter) gesammelt sind. Weitere finden sich im Hohelied Salomos, im Pentateuch und in den Königs- und Prophetenbüchern.
Ihre Vorbilder sind in der altorientalischen Literatur zu suchen, doch hat sich aus ihnen etwas ganz Eigenes entwickelt. Viele behandeln kultische Vorgänge wie Wallfahrten, Tempelfeste und Thronbesteigungsfeiern, andere sind allgemeine Loblieder auf die Schöpfungs- und Gesetzestreue Jahwes. Es gibt auch einige bewegende Klagelieder, deren Sinnfrage sich nicht selten in ein Dankesgebet verwandelt. Man hat diese Psalmen deshalb mit Priesterorakeln in Verbindung gebracht.
Im Christentum wurden die Psalmen die Basis des Gebetekanons und der meisten liturgischen Gesangsformen. Man bezog sie auf Jesus Christus, von dem sie handeln bzw. der selbst in ihnen sprechen soll.

Psalter

Das Buch der Psalmen; auch ein leierähnliches Instrument, das im Mittelalter zur musikalischen Untermalung der Psalmenlesung diente.

Ptolemaios, Ptolemäus

(griechisch „Krieger")
Name der Könige der griechisch-makedonischen Dynastie, die nach dem Tod von Alexanders dem Großen (323 v.Chr.) über Ägypten herrschte; begründet wurde sie von einem General Alexanders, der zunächst als Statthalter regierte und 306 v.Chr. als Ptolemaios I. Soter (griechisch „Retter") den Thron bestieg. Unter seiner bis 283 v.Chr. dauernden Herrschaft blühte die ägyptische Wirtschaft auf, und das hellenistische Judentum konnte sich entfalten. Für die Hofbibliothek der Ptolemäer soll die griechische Übersetzung des Alten Testaments angefertigt worden sein.
Die Regierungszeiten seiner Nachfolger waren gekennzeichnet durch

anfangs erfolgreiche kriegerische Auseinandersetzungen mit den syrischen Seleukiden. Unter Ptolemaios V. Epiphanes („der sichtbar gewordene Gott"; 204-180 v.Chr.) jedoch musste Palästina, das seit 320 v.Chr. ägyptisch war, wieder an die Seleukiden abgetreten werden.

Ptolemaios VI. Philometor („der seine Mutter liebt"; 163-145 v.Chr.) und sein Bruder Ptolemaious VIII. Euergetes („der Wohltäter") wurden im Kampf gegen die Seleukiden von den Römern unterstützt (1 Makk 1,16-20; 15,16; 2 Makk 4,21; 5,1) und halfen ihrerseits den Juden im Kampf gegen die Syrer.

Die Dynastie der Ptolemäer als Herrscher über Ägypten endete mit Ptolemaios XIII., der 47 v.Chr. von Cäsar geschlagen wurde. Seine Schwester Kleopatra VII. unterlag 30 v.Chr. Octavian (dem späteren Kaiser Augustus). Sie beging mit ihrem Geliebten Marcus Antonius Selbstmord, und Ägypten wurde zur römischen Provinz.

Ptolemaïs

(im Alten Testament „Akko")

Die phönizische Hafenstadt Akko wurde im 3. Jahrhundert v.Chr. von Ptolemaios II. umbenannt. In den Kämpfen der Makkabäer stand die hellenistisch orientierte Stadt auf der syrischen Seite. Der Makkabäer Jonatan wurde in Ptolemaïs von Tryphon ermordet (1 Makk 5,15; 12,45-50). Die Stadt wurde schließlich im Jahre 65 v.Chr. Teil des römischen Reiches und behielt trotz des Ausbaus von Cäsarea ihre Bedeutung als Hafenstadt.

Ptolemaïs, wo früh eine christliche Gemeinde entstand, wurde vom Apostel Paulus auf dessen dritter Missionsreise besucht (Apg 21,7).

Publius

(griechisch Póplios = „der Erste")

Der Oberste der Insel Malta (vermutlich ein ranghoher Beamter oder römischer Verwalter), der den Apostel Paulus drei Tag lang beherbergte, als dieser Schiffbruch erlitten hatte (Apg 28,7f.). Paulus heilte Publius' kranken Vater.

Pul

Thronname des Assyrerkönigs Tiglat-Pileser III. (745-727 v.Chr.) im Alten Testament (2 Kön 15,19; 1 Chr 5,26).

Purim

(hebräisch „Lose")

Ein jüdisches Freudenfest, das an die im Buch Ester niedergeschriebene Rettung der Juden vor den persischen Feinden unter König Xerxes erinnert (Est 3; 7; 9,17-32; 2 Makk 15,36). Wahrscheinlich entstand es bei den babylonischen Juden, auch der Ursprung in einem persischen Frühlings- oder Neujahrsfest ist denkbar.

Traditionell soll jeder Jude zum

Purimfest das Buch Ester zweimal lesen oder vorgelesen bekommen. Geschenke an Freunde und Arme sowie ein fröhliches gemeinsames Mahl kennzeichnen das bis heute in vielen Ländern sehr beliebte Fest.

Purpur

Im Altertum war Purpur der wertvollste Farbstoff. Er wurde aus der Drüsenabsonderung der Murexschnecke hergestellt, war blau oder violett, konnte aber durch ein Mischverfahren auch rot gefärbt werden. Purpur wurde in Phönizien gewonnen und in die gesamte bekannte Welt exportiert (2 Chr 2,13). Zentrum des Purpurhandels zur Zeit des Neuen Testaments war Thyatira in Lydien an der Westküste Kleinasiens (Apg 16,14). Purpur wurde für die kostbare Kleidung der Fürsten (u.a. Ri 8,26; Est 8,15; 1 Makk 10,20; Ez 23,6; Offb 18,12; 18,16), der Priester (Ex 28,5; 39,2-3; 39,5) und der Reichen (Spr 31,22; Lk 16,19) verwendet. Auch die Vorhänge im Tempel (2 Chr 3,14) und die Kleidung der Götterbildnisse (Jer 10,9) wurden aus Purpur hergestellt. Der purpurrote Mantel, der Jesus zum Spott umgelegt wurde (Mt 27,28), war ein gewöhnlicher roter Soldatenmantel.

Purpur ist heute zwar nicht mehr oft im Einsatz, er gilt aber noch immer als der teuerste Farbstoff.

Put

Name des zweiten Sohnes Hams, einem Sohn Noahs, und eines im Alten Testament mehrmals genannten und wahrscheinlich in Libyen beheimateten Volkes (Gen 10,6; 1 Chr 1,8; Ez 27,10; 30,5; Nah 3,9; Jer 46,9).

Puteoli

Die Stadt am Golf von Neapel (heute Pozzuoli) hatte große Bedeutung als Hafenstadt und Handelszentrum. Von hier aus setzten die meisten Schiffsreisenden ihren Weg nach Rom über Land fort. Das Christentum fasste in Puteoli früh Fuß, und der Apostel Paulus verbrachte auf seiner Reise nach Rom eine Woche bei der christlichen Gemeinde der Stadt (Apg 28,13f.).

Quasten

Den Vorschriften Mose zufolge sollte ein Jude an den vier Zipfeln seines Obergewandes Quasten tragen, die ihn an die Gebote Gottes ermahnen sollten und ein Zeichen seiner Gottesfurcht darstellten (Num 15,37-40; Dtn 22, 12). Ursprünglich symbolisierten sie wohl einen Schutz gegen Unheil.

Zur Zeit des Neuen Testaments drückten Juden durch die Quasten ihre Frömmigkeit aus. Auch Jesus trug sie (Mt 9,20; Martin Luther übersetzte hier sowie bei Mt 14,36 und Lk 8,44 Quasten mit „Saum“; Mt 23,5).

Quelle

Aufgrund der regenlosen Sommer prägten Trockenheit und Wasserarmut das Leben in Palästina. Um so größer war die Bedeutung der meist in Brunnen gefassten Quellen, in deren Nähe Städte angelegt wurden. Oftmals führten zu diesen Quellen Tunnelanlagen. Die Quellen selbst wurden durch Verteidigungsbauten geschützt.

Im Alten Testament versinnbildlichen Quellen Gott als Heilsbringer und Lebensspender (z.B. Gen 24,11; Ex 2,17; Ps 36,10; Jer 2,13; Ez 47,1ff.). Eine Quelle rettete Simson, als er nach einem Kampf gegen die Philister Gott anrief (Ri 15,19), bei der Quelle Rogel nahe Jerusalem versteckten sich die Königstreuen Jonatan und Ahimaaz (2 Sam 17,17).

Im Neuen Testament wird der Glaube an Jesus die Quelle des Lebens genannt (Joh 4,13-15; 7,38), und Irrlehrer werden mit Brunnen ohne Wasser verglichen (2 Petr 2,17).

Quirinius

(lateinisch Publius Sulpicius Quirinius)

Quirinius war unter Kaiser Augustus (30 v.Chr. bis 14 n.Chr.) u.a. Statthalter der römischen Provinz Syrien, unter dessen Leitung ein Census (Steuerschätzung und Volkszählung) in Judäa-Samaria stattfand, der Josef und Maria zur Reise nach Bethlehem bewegte (Lk 2,2).

Qumran

(arabisch Chirbet qumran)

Ruinenstätte in den Bergen nordwestlich des Toten Meeres, wo bei Ausgrabungen eine Klosteranlage (vermutlich aus dem 2. Jahrhundert v.Chr.) gefunden wurde. Der ganze Komplex (mit landwirtschaftlichen Gebäuden, Zisternen, Umfassungsmauern, Werkstätten und einem großen Friedhof) erstreckte sich über mehrere Kilometer. 68 n.Chr. wurde die Siedlung von den Römern zerstört.

Große Berühmtheit erlangte der Ort, als 1947 in den Höhlen rund um die Siedlung die ersten Handschriftenrollen gefunden wurden. Bis 1956 wurden mehr als 870 Schriftrollen entdeckt, die (z.T. gut erhaltene) Abschriften des Alten Testaments, aber auch bis dahin unbekannte jüdische Literatur enthielten. Die Bibliothek wurde vermutlich von der Qumrangemeinde angelegt, einer äußerst strengen Gruppierung im Judentum, die jegliche Hellenisierung ablehnte. In der Gemeinde herrschten harte Regeln, so waren Ehelosigkeit und der Verzicht auf persönliches Eigentum sowie das Befolgen eines streng geregelten Tagesablaufs Pflicht.

Rabba

1. In Jos 15,60 neben Kirjat-Jearim erwähnter Ort in Juda (hebräisch harabba = „die Große").

2. Die auch „Rabba der Ammoniter" oder „Rabbat-Ammon" (hebräisch rabba bzw. rabbat bene 'ammon) genannte Hauptstadt Ammons lag am Fluss Jabbok an der Kreuzung wichtiger Handelsrouten (Dtn 3,11; Jos 13,25; Jer 49,2f.; Ez 21,25; 25,5; Am 1,14).

David und Joab nahmen den aus der höher gelegenen Oberstadt mit der Burg und der wohl am Wadi 'amman gelegenen Wasserstadt bestehenden Ort ein (2 Sam 12,26-29).

Im 3. Jahrhundert v.Chr. wurde Rabba nach Ptolemaios II. Philadelphos (285-246 v.Chr.) in Philadelphia umbenannt und war ab 63 v.Chr. die südlichste Stadt der Dekapolis.

Die meisten Ruinen (z.B. ein Theater, Tempel und ein Odeum) stammen aus der Römerzeit, aus der ammonitischen Zeit sind Teile der Befestigungsanlage mit Türmen und Mauern sowie ammonitische Inschriften erhalten.

Das heutige Amman ist Hauptstadt von Jordanien.

Rabbi

(hebräisch „mein Meister", „mein Herr")

Mit diesem Wort wurden ursprünglich höher gestellte Personen angesprochen. Jesus wurde von den Menschen als Rabbi im Sinne von „Meister" oder „Lehrer" (und mehrmals auch mit diesen Worten übersetzt) bezeichnet (z.B. Mt 26,25; Mk 9,5; 10,51; 11,21; 14,45; Lk 5,5; Joh 1,38; 1,49; 4,31; 6,25). Seinen Jüngern jedoch untersagte Jesus, diesen Titel anzunehmen (Mt 23,8-12).

Seit etwa 70 n.Chr. wurde Rabbi im Judentum fast ausschließlich als respektvolle Anrede für geistliche Lehrmeister und Schriftgelehrte verwendet. Die spätere Tradition unterschied drei Formen der Anrede mit ansteigendem Grad der Verehrung: Rab, Rabbi und Rabbuni. Maria Magdalena sprach Christus nach seiner Auferstehung mit Rabbuni an (Joh 20,16), und auch der Blinde, der Jesus um Heilung anflehte, verwendete die Form Rabbuni (Mk 10,51).

Rabe

(griechisch kórax, hebräisch 'oreb)

Ein unreiner Vogel (Lev 11,15; Dtn 14,14), von dem in Palästina vier verschiedene Arten anzutreffen waren; am bekanntesten war der Kolkrabe (Corvus corax), der sich von Aas (Spr 30,17) oder Beutetieren (Ijob 38,41; Ps 147,9) ernährte. Die in Hld 5,11 erwähnten Locken des Geliebten waren rabenschwarz.

Zu den Rabenvögeln (Lev 11,15; Dtn 14,14) wurden auch die Saatkrähe (Corvus frugilegus) und die

Nebelkrähe (Corvus corone) gezählt.
Der Rabe war der erste Vogel, den Noah aus seiner Arche fliegen ließ (Gen 8,7). Nach Jes 34,11 galt er als Unheil verkündender Vogel. Er hauste in einsamen, menschenleeren Gegenden (Zef 2,14), hier ist vielleicht der Wüstenrabe (Corvus ruficollis) gemeint. Der Rabe symbolisierte aber auch die Fürsorge Gottes (Ijob 38,41; Ps 147,9; Lk 12,24). Elija wurde am Bach Krit von Raben mit Nahrung versorgt (1 Kön 17,4; 17,6).

Rabschake

(assyrisch rab-schaqê, hebräisch rab-schaqe)
Titel des Obermundschenks am assyrischen Königshof; in späterer Zeit bezeichnete der Titel ein angesehenes Ehrenamt und vermutlich auch die Position eines Oberbefehlshabers (z.B. 2 Kön 18,17-37; Jes 36,2ff., vgl. 2 Chr 32).

Racha

(aramäisch reqa' = „leer", „hohl"; griechisch raká)
Zur Zeit Jesu gebräuchliches aramäisches Schimpfwort, das in der Bergpredigt deutlich machen soll, wie Zorn und Worte allein schon verletzen können (Mt 5,22). Racha wird meist mit Hohlkopf, Nichtsnutz oder Schwachkopf übersetzt.

Rafa

(auch „Bet-Rafa", hebräisch „Haus der Heilung")
Ort in Juda (1 Chr 4,12), wo Bet-Rafa, der Sohn des Eschton, mit seiner Sippe lebte.

Rafaïter

Der Name hängt mit dem hebräischen Wort aphah („schwach sein") zusammen und ist eine poetische Bezeichnung für die Toten in der Unterwelt (z.B. Jes 14,9; Ijob 26,5).
Mit Rafaïter wurde aber auch ein sagenhaftes Volk von Riesen bezeichnet, das in vorisraelitischer Zeit in Palästina gelebt haben soll (Gen 15,20; Dtn 3,11).

Rages

Große Stadt im alten Mederreich (z.B. Tob 1,14; 4,20), das heutige Rai, etwa 15 km südöstlich von Teheran, der Hauptstadt des Iran. Seleukos I. Nikator (griechisch „Sieger"; 321-285 v.Chr.) erbaute die Stadt neu und änderte den Namen in „Europos".

Ragma

1. Sohn des Kusch, der im Geschlechterregister Hams genannt wird. Er war der Vater von Dedan und Saba (Gen 10,7; 1 Chr 1,9).
2. In Ez 27,22 ein Gebiet oder Ort, der gemeinsam mit Saba genannt wird und vermutlich im Südwesten Arabiens lag.

Rahab

(hebräisch „wild", „stürmisch")

1. Prostituierte in Jericho, die die israelitischen Kundschafter Josuas aufnahm und versteckte (Jos 2,1-24). Dafür wurden sie und ihre Familie nach der Einnahme der Stadt verschont (Jos 6,22-25). Mt 1,5 bezeichnet sie als Stammmutter Davids und damit Jesu, und in Hebr 11,31 und Jak 2,25 wird Rahab als Beispiel verwendet.

2. Ein mythisches Untier der Urzeit, oft in Form eines Drachen oder einer Seeschlange (z.B. Jes 51,9; siehe auch unter „Drache").

Rahel

(hebräisch „Mutterschaf", „Hirtin")

Tochter des Laban und zweite Frau des Jakob (Gen 29,6; 35,25); Rahel wurde wegen ihrer Schönheit von Jakob bevorzugt, doch er konnte sie erst zur Frau nehmen, nachdem er ihre ältere Schwester Lea geheiratet hatte (Gen 29,6-31). Sie blieb zunächst kinderlos, ihre Magd Bilha brachte für sie die Söhne Dan und Naftali zur Welt, sie selbst wurde erst später Mutter von Josef und starb bei der Geburt ihres zweiten Sohnes Benjamin (Gen 35,16). Ihr Grab wurde nach Gen 35,19 in Efrata bei Bethlehem angenommen, liegt aber vermutlich bei Rama nördlich von Jerusalem (Jer 31,15; Mt 2,18). Rahel und Lea gelten als Stammmütter Israels (Rut 4,11). Rahel wird von Juden, Christen und Moslems als „Schmerzensmutter" verehrt.

Ram

(hebräisch „erhaben")

1. Der Name jener Sippe, aus der Elihu, einer der Freunde Ijobs, stammte (Ijob 32,2).

2. Der Sohn Hezrons und Bruder Jerachmeels, ein Vorfahr Davids und Jesu (Rut 4,19; 1 Chr 2,9-10; Mt 1,3-4; Lk 3,33).

Rama

(hebräisch „Höhe")

Ein in Israel häufiger Ortsname, u.a. Geburtsort, Wirkungs- und Grabstätte des Propheten und Richters Samuel (1 Sam 7,17; 8,4; 15,34; 16,13; 19,18-23).

Ramot-Gilead

Die nördlich des Flusses Jabbok gelegene Gaustadt Salomos (1 Kön 4,13) und spätere Asyl- und Levitenstadt (Jos 21,38) war stark umkämpft im Krieg gegen das Reich von Damaskus (1 Kön 22,29). Hier begann die Revolution des Jehu (2 Kön 9,1-14). Die genaue Lage des Ortes, der in 2 Kön 8,29 kurz „Rama" genannt wird, ist ungewiss.

Ramses

(ägyptisch „Ra hat ihn gezeugt" oder „Sohn des Ra")

Name mehrerer ägyptischer Könige, u.a. Ramses II. (1279-1213 v.Chr.), der vielleicht der Pharao des Exodus war (vgl. Ex 1,8-18,10). In der Schlacht bei Kadesch verlor er die ägyptische Vorherrschaft in Kanaan an die Hethiter, schloss mit ihnen aber einen Friedensvertrag. (Siehe auch unter „Ägypten".)

Raphael, Rafael

(hebräisch und griechisch Raphael = „Gott heilt", „Gott hat geheilt")
Einer der drei Erzengel neben Gabriel und Michael; im Tobitbuch wird er als Reisegefährte (Tob 5,4), Beschützer (Tob 6,4) und Fürsprecher (Tob 12,15) des jungen Tobias dargestellt. Er überwand den Dämon Aschmodai (Tob 8,1-3) und heilte Tobias' Vater (Tob 11,7-13).

Rasi

Einer der Ältesten von Jerusalem, der sich den Ehrentitel „Vater der Juden" verdiente; Rasi beging 161 v.Chr. Selbstmord, als ihn die Soldaten des Nikanor, einem Offizier des Seleukidenkönigs Antiochos IV. Epiphanes, verhaften wollten (2 Makk 14,37-46).

Ratte

(hebräisch holed)
Kleintier (Rattus rattus), dessen Genuss verboten war und das denjenigen, der es berührte, verunreinigte (Lev 11,29).
Der hebräische Name der Ratte hängt mit dem „halad" („in der Erde wühlen") zusammen, genauso wie der Name der Prophetin Hulda (2 Kön 22,14).

Raute

(griechisch peganon, neuhebräisch pegam)
Intensiv riechendes Staudengewächs (Ruta bracteosa) mit gelben Blüten, das bis zu 60 cm hoch wird und in den Wäldern Palästinas wild wächst. Die Raute diente als Arzneipflanze und Würzmittel. Die Pharisäer gaben wie auch von Minze und anderen Pflanzen den Zehnten ab (Lk 11,42).

Reaja

(hebräisch „Gott hat gesehen", „Gott sieht")
1. Der Sohn Schobals, ein Judäer; Gründer der Stadt Kirjat-Jearim (1 Chr 2,52; 4,2).
2. Der Nachkomme des Schemaja, der unter den vom assyrischen König Tiglat-Pileser III. ins Exil geführten Rubenitern war (1 Chr 5,5).
3. Ein Heimkehrer aus der Babylonischen Gefangenschaft und Mitglied der Priesterschaft (Esra 2,47; Neh 7,50).

Rebekka

Tochter des Betuël (Gen 22,23; Gen 24,15), Schwester des Laban (Gen 24,29) und Frau des Isaak, der sie durch Brautwerbung bei Laban gewinnen konnte (Gen 24,1-67);

nach langer Kinderlosigkeit wurde sie Mutter der Zwillinge Esau und Jakob (Gen 25,21), wobei sie Jakob ihren Lieblingssohn nannte (Gen 25,28). Sie half ihm, vom Vater auf betrügerische Art den Erstgeborenensegen zu erlangen (Gen 27,5-17). Rebekka wurde in der Höhle von Machpela begraben (Gen 49,31).

Rebhuhn

(griechisch pérdix, hebräisch qore' = „Rufer")

Gemeint sind verschiedene Arten von Stein- und Sandhühnern (z.B. Ammoperdix heyi), die schlecht fliegen können (1 Sam 26,20) und u.a. in den Wüsten, in der Jordansenke und in der Gegend der Oase En-Gedi vorkommen. Das Weibchen kann manchmal fremde Eier ausbrüten. Darauf bezieht sich das in Jer 17,11 erwähnte Gleichnis.

Der hebräische Name des Rebhuhnes geht auf den Laut des Rufes des Männchens zurück.

Rechab

(hebräisch „Reiter")

1. Einer der beiden Mörder von König Sauls Sohn Eschbaal (2 Sam 4,2; 4,5).

2. Vater oder Stammvater des Jonadab (2 Kön 10,15; 10,23; Jer 35,6), der als Ahnherr der „Rechabiter" galt, die städtische und bäuerliche Kultur ablehnten (Jer 35,6-10), d.h. bewusst das Leben von Nomaden führten. Jeremia stellte sie als Vorbild der Treue dar (Jer 35,1-19).

3. Vater des Malkija (Neh 3,14).

Refaël

(hebräisch „Gott hat geheilt")

Sohn des Schemaja und levitischer Türhüter im Jerusalemer Tempel (1 Chr 26,7).

Refaja

(hebräisch „Jahwe [Gott] heilt")

1. Ein Nachkomme König Jojachins (1 chr 3,21).

2. Ein simeonitischer Anführer, der gegen die Amalekiter erfolgreich war und sich mit seinen Leuten beim Berg Seïr niederließ (1 Chr 4,42f.).

3. Ein auch Rafa genannter Nachkomme Sauls (1 Chr 8,37; 9,43).

4. Der am Wiederaufbau Jerusalems beteiligte Sohn des Hur (Neh 3,9).

Refidim

(hebräisch „Ort der Ruhe", „Lagerplätze")

Vierte Station der Israeliten auf ihrem Auszug nach Ägypten (Ex 19,2; Num 33,14-15), mindestens ein Tagesmarsch vom Berg Sinai entfernt; hier schlug Mose Wasser aus dem Felsen (Ex 17,1-7), und hier wehrte er einen Angriff der Amalekiter ab (Ex 17,8-16).

Regem
(hebräisch „Tumult")
1. Regem-Melech, ein Gesandter aus Bet-El, der zusammen mit Sarezer die Priester und den Propheten Sacharja in Jerusalem aufsuchte, um Antworten auf Fragen über die Fastentage zu bekommen (Sach 7,2); sein Name könnte auch als Titel eines Mitglieds des babylonischen Hofes ausgelegt werden.
2. Der Sohn Jahdais, ein Kalebit (1 Chr 2,47).

Regium
Die Stadt in Kalabrien (das heutige Reggio) war Station der Schiffsreise des Apostels Paulus auf seinem Weg nach Rom (Apg 28,13).

Regu
Der Sohn des Peleg, Vater des Serug und Ahnherr des Abraham wird im Stammbaum Jesu genannt (Gen 11,18; 11,20; Lk 3,35).

Reguël
(hebräisch „Freund Gottes")
1. Sohn des Esau und der Basemat (Gen 36,4; 36,10; 36,13; 36,17).
2. Schwiegervater des Mose; er wurde auch Jitro genannt (Ex 2,18).

Reh
Martin Luther übersetzte das hebräische „s·bi" („Gazelle") mit „Reh".
„Dorkas" (griechisch „Gazelle", „Reh") war der griechische Name der Tabita (Apg 9,36; 9,39). Mit „Gazelle" ist in der Bibel häufig „Reh" gemeint.
(Siehe auch unter „Gazelle".)

Rehabeam
(hebräisch „das Volk möge sich ausbreiten")
Der Sohn und Nachfolger König Salomos (926-910 v.Chr.; 1 Kön 11,43-12,27; 14,21-31) weigerte sich bei der Volksversammlung in Sichem, auf die Forderungen der Israeliten einzugehen und verursachte damit die Reichsspaltung: Zehn Stämme fielen von ihm ab, und Jerobeam wurde zum König des Nordreiches Israel erhoben (1 Kön 12,20). Rehabeam verblieb nur Juda, das Südreich. Seine Versuche, die Einheit wieder herzustellen, waren vergeblich. Außerdem unternahm Pharao Schischak einen Raubzug gegen Juda und bedrohte Jerusalem (1 Kön 14,25-27). Rehabeam wurde verschont, musste aber einen hohen Tribut zahlen. In der Folgezeit befestigte er mehrere Städte seines Reiches, darunter auch Hebron (2 Chr 11,5-12).

Rehob
(hebräisch „Weite")
1. Einer jener Leviten, die den Bund mit Nehemia unterzeichneten und sich auf das Gesetz verpflichteten (Neh 10,12).
2. Levitenstadt in Nordpalästina,

ein Grenzort des Stammes Ascher (Jos 19,28; 19,30; 21,31; Ri 1,31; 1 Chr 6,60).
3. Bet-Rehob, ein aramäischer Stamm, der am Krieg der Ammoniter gegen David teilnahm (2 Sam 10,6; 10,8).

Rehobot

1. Rehobot am Strom, die Heimatstadt des Königs Schaul von Edom (Gen 36,37; 1 Chr 1,48).
2. Bei Beerscheba und Gerar gelegene Brunnenstätte im äußersten Süden Palästinas (Gen 26,22); in diesem Gebiet ließ sich Isaak nieder.
3. Rehobot-Ir, eine Stadt in Mesopotamien in der Nähe von Ninive, die der Überlieferung nach von Nimrod erbaut wurde (Gen 10,11).

Reiher

(griechisch charadriós = „Regenpfeifer", hebräisch 'anapha)
Mehrere Arten der Gattung Ardeidae, deren Genuss verboten war (Lev 11,19; Dtn 14,18); vom Reiher, der in den Sumpfgebieten Palästinas lebte, kamen mehrere Arten vor, z.B. der Nachtreiher (Nycticorax nycticorax), der weiße Reiher (Egreta alba), der 1 m hoch ist, oder der Zwergreiher, der nur eine Größe von 40 cm erreicht. Reiher bauen ihre Nester in der Nähe von Seen, Teichen oder Sümpfen, wo sie auch ihr Futter finden, z.B. Fische, Kriechtiere und kleinere Vögel. Martin Luther übersetzte ihn mit „Häher".

Rekem

1. Einer jener fünf Fürsten der Midianiter, die bei der Landnahme von den Israeliten unter der Führung Pinhas, dem Sohn des Priesters Eleasar, getötet wurden (Num 31,8; Jos 13,21).
2. Der Sohn Hebrons, ein Kalenit (1 Chr 2,43-44).
3. Der Sohn des Scheresch, ein Manassit (1 Chr 7,16).
4. Ein Ort im Gebiet des Stammes Benjamin (Jos 18,27).

Remalja

(hebräisch, vielleicht „sei erhaben Jahwe")
Vater des Königs Pekach von Israel (2 Kön 15,25; 15,27; Jes 7,1); Pekach wird mehrmals „Sohn des Remalja" genannt (Jes 7,4-5; 7,9).

Reschef

(hebräisch „Brand", „Verbrenner")
Kanaanäischer Gott der Pest und der Unterwelt; im Alten Testament kommt der Name siebenmal vor und wird entweder mit „Flamme" (Ijob 5,7; Hld 8,6) oder mit „Pest" (Hab 3,5; Ps 78,48) übersetzt.

Reson

(hebräisch „Fürst" oder „der Magere")
Sohn des Eljada und nach 1 Kön 11,23-25 Befehlshaber im Heer des

von David besiegten Königs Hadad-Eser von Zoba. Er machte sich nach Davids Tod zum König von Damaskus (1 Kön 11,23-25).
Reson war ein Widersacher Salomos und herrschte etwa bis 930 v.Chr.

Rezef

(hebräisch „befestigter Platz")
Stadt zwischen Palmyra und dem Euphrat (das heutige Resafe in der syrischen Wüste), die von dem Assyrerkönig Sanherib (705-681 v.Chr.) erobert wurde (2 Kön 19, 12; Jes 37,12).

Rezin

(„Quell")
Der letzte König von Damaskus-zog gemeinsam mit Pekach, dem König des Nordreiches Israel, gegen das Südreich Juda, weil dieses sich nicht einer antiassyrischen Koalition angeschlossen hatte (2 Kön 15,37; 16,5-6; Jes 7,1; Jes 7,4). König Ahas von Juda rief den Assyrerkönig Tiglat-Pileser III. zu Hilfe, der sowohl Israel als auch Damaskus einnahm und verwüstete, zahlreiche Gefangene deportierte und Rezin um 730 v.Chr. hinrichten ließ (2 Kön 16,9).

Rhode

(griechisch „Rose")
Junge Magd von Maria, der Mutter des Evangelisten Johannes Markus, in Jerusalem. Als Petrus auf wundersame Weise aus dem Gefängnis freikam, erkannte sie seine Stimme am Tor des Hauses, vergaß vor lauter Freude jedoch, ihn einzulassen (Apg 12,12-14).

Ribla

Die Stadt am Fluss Orontes (das heute syrische Rable) war Hauptquartier des Pharao Necho (2 Kön 23,33) bei seinen Feldzügen gegen Assyrien (608 v.Chr.) und von Nebukadnezar II. (2 Kön 25,6; 25,20-21) bei seinem Vormarsch gegen Jerusalem (588-586 v.Chr.).

Richter

Das Buch der Richter, Teil des Alten Testaments, schildert die Zeit nach der Landnahme (vgl. Buch Josua) der Israeliten bis zum Beginn der Königszeit unter Saul. Der Name selbst ist irreführend: „Richter" hat primär nicht nur mit Justiz zu tun, „richten" meint eine Tätigkeit im politischen, juristischen, sozialen oder militärischen Bereich der Gemeinde. Die Richter sind Führungspersönlichkeiten, die der Herr ausersehen hat, um sein Volk wieder auf den rechten Weg zu führen, sie müssen also – im Wortsinn – „die Sache wieder richten".
Stand das Volk nämlich bislang treu zu Jahwe, fiel es nun wiederholt von ihm ab und musste bestraft werden. Die Erzählungen des Richterbuches folgen deshalb ei-

nem bestimmten Schema (vgl. Ri 2,6-23): Abfall von Jahwe – Bedrohung durch Fremdvölker – Bekehrung – Erweckung eines Richters durch den Herrn – Rettung Israels durch die Richtergestalt – erneuter Abfall des Volkes usw.
Die Kapitel 17-21 sind spätere Anhänge. Auch die Einleitung (Ri 1-2,5) wurde vielleicht hinzugefügt.

Riese
Wie in den meisten Mythologien finden sich auch im Alten Testament Erzählungen von Wesen riesenhaften Wuchses (z.B. Gen 6, 4; Weish 14,6; Bar 3,26). Als die Israeliten im Zuge der Landnahme nach Kanaan vorstießen, erschienen ihnen die Einwohner, die Rafaïter, aufgrund ihrer Körpergröße wie Riesen, und auch die Bewohner Basans östlich des Sees Genezareth galten als Riesen (z.B. Gen 14,5; 15,20; Num 13,32-33; Dtn 3,11; 3,13; Jos 12,4; 17,15).
Die aus dem Norden kommenden Philister schickten Kämpfer von außergewöhnlicher Statur in den Krieg, deren bekanntester Vertreter der von David besiegte Goliath war (1 Sam 17,4ff.; 2 Sam 21,15-22).
Den Philistern wiederum stellte sich der legendäre Simson entgegen, den Gott mit riesenhafter Kraft gewappnet hatte (Ri 13-16).
Martin Luther wählte die Bezeichnung für Helden und mutige Krieger (z.B. Jes 42,13; Sach 10,5).

Rimmon
(„Granatapfel")
1. Name mehrerer Orte in Palästina, u.a. in den Stammesgebieten von Simeon (Jos 15,32) und Sebulon (Jos 19,13).
2. Hebräischer Name für den akkadischen Gott „Ramman", der mit dem syrischen Wettergott „Hadad" identisch ist (2 Kön 5,18).

Rind
(hebräisch baqar = „Stier" und „Kuh"; griechisch taûros, hebräisch par, schor = „Ochse", „Stier"; griechisch dámalis, hebräisch para = „Kuh"; hebräisch 'egel, 'egla, ben-baqarb = „Jungtier")
Das vom Auerochsen (Bos primigenius) abstammende Zebu-Rind (Bos taurus indicus) wurde schon in biblischer Zeit als Arbeitstier eingesetzt und als Milch- und Fleischlieferant gezüchtet und gemästet. Vor allem im Alten Testament werden Rinder oft erwähnt (z.B. Dtn 25,4; Ri 14,18; 1 Sam 6,7; 1 Kön 1,9; Ez 39,18; Mal 3,20), im Neuen Testament u.a. in Mt 22,4; Lk 15,23.
Nicht nur das Fleisch der Tiere, sondern auch ihre Milch und Milchprodukte wurden geschätzt (z.B. Dtn 32,14; Ri 5,25; Spr 30,33).
Rinder bedeuteten Besitz und Reichtum (z.B. Gen 12,16; 13,5; 32,15; Ex 10,9; Num 31,33; 1 Chr

27,29; Am 7,14).
Sie dienten auch als Opfertiere, zu Festtagen und im Falle besonders schwerer Sünden (z.B. Vergehen des Hohepriesters) wurden makellose Rinder als Opfer dargeboten (z.B. Gen 15,9; Lev 4,3; 4,13f.; 16,6; Num 19; Dtn 21,1-9; 2 Sam 24,22; 1 Kön 1,9; 8,5; 1 Chr 21,23; Jes 1,11; Hebr 9,13).
Die Tiere versinnbildlichten Kraft und Fruchtbarkeit (das Kultbild des Vegetationsgottes Baal war ein Stier). Ihre symbolische Bedeutung spiegelt sich auch wider im Traum des Pharaos von sieben fetten und sieben mageren Jahren (Gen 41; Lev 22,24; 1 Kön 7,25; 7,29; Ps 22,13; Jes 34,7; Jer 46,20f.; 52,20; Hos 4,16; Am 4,1).

Rizinus

(hebräisch qiqajon)
Schnell wachsendes Wolfsmilchgewächs (Ricinus communis), dessen Blätter eine Breite von bis zu 1 m erreichen können. Der Saft ist giftig und wirkt in kleinen Dosen abführend. Aus den stacheligen Kapselfrüchten des Strauches wird Öl gewonnen. In Palästina ist Rizinus als verwilderte Kulturpflanze häufig an Bachufern zu finden. Im Alten Testament wird die Pflanze nur einmal erwähnt, als Gott einen Rizinusstrauch, der dem Propheten Jona Schatten spendete, wachsen und wieder verdorren ließ (Jona 4,6-10).

Rizpa

(hebräisch „die Glühkohle")
Nebenfrau des Saul, dann des Abner (2 Sam 3,7). Als ihre beiden Söhne von den Gibeonitern ermordet wurden, hielt sie eine monatelange Totenwache bei ihren Leichnamen (2 Sam 21,8-11), bis David ein Begräbnis ermöglichte.

Rohr

(Siehe unter „Schilf".)

Rohrdommel

(hebräisch qa'at = „Ausspeier"; bei Martin Luther mit „Rohrdommel" übersetzt)
Mit dem von Luther als „Rohrdommel" übersetzten unreinen Vogel ist vermutlich eine in der Wüste (vgl. Jes 34,11; Zef 2,14) heimische Eulenart gemeint (Lev 11,18; Dtn 14,17; Ps 102,7). Da die zur Familie der Reiher gehörende Rohrdommel (Botaurus stellaris) bevorzugt an Teichen und Seen im Schilf lebt, ist es sehr unwahrscheinlich, dass es sich bei dem im Alten Testament genannten Vogel um diese handelt.

Rom

Die „Stadt der sieben Hügel" (vgl. Offb 17,9) am Tiber, der Legende nach 753 v.Chr. gegründet, war zur Zeit des Neuen Testaments Hauptstadt des Römischen Weltreiches. Erste Anspielungen auf Rom im Alten Testament finden

sich in Dan 11,30 (die „Kittäer“ bezeichneten vermutlich die Römer). Ein begeistertes Loblied auf die Römer ist in 1 Makk 8,1-6 zu lesen. Die Makkabäer (Hasmonäer) konnten 161 v.Chr. diplomatische Kontakte mit Rom herstellen (z.B. 1 Makk 12,1; 14,24).
Nach der Eroberung Jerusalems durch Pompejus 63 v.Chr. wurden viele jüdische Gefangene als Sklaven nach Rom geführt, und seitdem gab es in Rom eine starke jüdische Kolonie. Als Paulus den Römerbrief schrieb (um etwa 58 n.Chr.), bestand in Rom bereits eine nicht unbedeutende christliche Gemeinde. Rom wurde immer in Zusammenhang mit dem Wirken des Apostels genannt. Er war ein „römischer Bürger von Geburt an“ (Apg 22,28), verbrachte zwei Jahre in Rom in Gefangenschaft (Apg 28,30) und verkündigte hier das Evangelium (Apg 28,31). Auch Petrus wirkte in Rom, der Überlieferung nach als Führer der Gemeinde. Unter Kaiser Nero wurde Paulus vermutlich enthauptet, Petrus gekreuzigt. Mit „Babylon“ in 1 Petr 5,13 war vermutlich Rom gemeint. Der Apostel Johannes verkündigte den Untergang der Stadtgöttin Roma und der Weltstadt Rom (Offb 17,5; 18,2).

Romfa

Eine von den Israeliten verehrte Sternengottheit, über die nichts Näheres bekannt ist. Die Erwähnung in Apg 7,43 bezieht sich auf die Worte des Propheten Amos, bei dem die Gottheit allerdings „Kewan“ genannt wird (Am 5,26).

Rotes Meer

Ein Nebenmeer des Indischen Ozeans, das in den Golf von Suez und den Golf von Akaba ausläuft, die zusammen die Halbinsel Sinai umschließen. Umstritten ist, inwiefern mit „Schilfmeer“ das Rote Meer gemeint ist. Hebr 11,29 z.B. bezeichnet das Wasser, welches das israelische Volk beim Auszug aus Ägypten durchquerte, als Rotes Meer. Das Rote Meer wurde als Gesamtes im Alten Testament nur in Jes 11,15 als „Meer Ägyptens“ bezeichnet und war ein Schauplatz von Zeichen und Wundern (Apg 7,36).

Ruben

(hebräisch „Seht, ein Sohn“)
Einer der zwölf Stämme Israels, dessen Gebiet im Süden des Ostjordanlandes am Ostufer des Toten Meeres lag (Jos 13,15-23); er spielte in der Geschichte Israels keine große Rolle. Das Deboralied kritisierte den Stamm für sein Fernbleiben von der Schlacht gegen das kanaanäische Heer unter Sisera (Ri 5,15-16). Ahnherr des Stammes war der älteste Sohn des Jakob und der Lea (Gen 29,32). Ruben verlor das Erstgeburtsrecht wegen seines

Verhältnisses zu Bilha, der Nebenfrau seines Vaters (Gen 35,22; Gen 49,4).

Rufus

(lateinisch „der Rote", „rothharig")

1. Sohn des Simon von Kyrene und Bruder des Alexander (Mk 15,21).

2. Christ in Rom (Röm 16,13), den der Apostel Paulus im Römerbrief grüßte.

Beide Personen sind vielleicht identisch.

Rüsttag

(griechisch paraskeue = „Inordnungstellung", prosábbatori = „Vorsabbat"; hebräisch 'ereb schabbat = „Rüsttag des Sabbats", 'ereb happesah = „Pesach-Rüsttag")

Der Rüsttag bedeutet im Judentum den Tag vor dem Sabbat oder vor anderen Festen, an dem die Vorbereitungen (etwa das Reinigen der Festgewänder oder das Zubereiten der Speisen) für den Ruhetag bzw. die Feierlichkeiten getroffen werden (z.B. Jdt 8,6; Mt 27,62; Mk 15,42; Lk 23,54). Die Bewohner Jerusalems wurden durch Trompetenklänge auf den Rüsttag hingewiesen.

Johannes zufolge war der Tag, an dem Jesus gekreuzigt wurde, Rüsttag zum Sabbat und zum Paschafest (Joh 19,14; 19,31; 19,42), nach Matthäus, Markus und Lukas handelte es sich um einen gewöhnlichen Rüsttag zum Sabbat.

Rut

(vielleicht „Freundin", „Gefährtin")

Rut ist die Hauptperson des nach ihr benannten Buches (Rut 1,4-4,13), einer Volkserzählung aus der Richterzeit: Noomi und ihr Mann Elimelech wandern von Bethlehem nach Moab aus. Ihre beiden Söhne heiraten Moabiterinnen – eine davon ist Rut. Nach dem Tod ihres Mannes und ihrer Söhne kehrt Noomi nach Bethlehem zurück, wohin sie von Rut begleitet wird: „Wo du hin gehst, da will ich auch hingehen; wo du bleibst, da bleibe ich auch. Dein Volk ist mein Volk, und dein Gott ist mein Gott" (Rut 1,16). Ruts Treue zu Noomi und zum Gott Israels wird belohnt: Boas nimmt Rut zur Frau und übernimmt so die Pflicht der Leviratsehe. Obed, der Sohn aus dieser Verbindung, ist der Vater Isais und Großvater Davids (Rut 4,17).

Saba

Ursprünglich ein Stamm, später das nach ihm benannte Reich in Südarabien (1 Kön 10,1-4; Ijob 1,15; 6,19; Ez 27,22), das wegen seines Goldes und seiner Edelsteine (Ps 72,10; 72,15) sowie wegen seiner Gewürze und seines Weihrauches (Jes 60,6; Jer 6,20) berühmt war.

Sabbat

Für die Juden ist der Sabbat der Ruhetag der Woche, die Begrün-

dung liegt im Dritten Gebot (Ex 20,8-11). Er beginnt bereits am Freitagabend, am Samstag herrscht strenges Arbeitsverbot bis in den Abend, an dem der Sabbat dann endet.
Seine Bedeutung drückt am besten Erich Fromm in „Haben oder Sein“ aus:
„Der Sabbat ist die wichtigste Idee innerhalb der Bibel und innerhalb des späteren Judentums. Es ist die einzige strikte religiöse Anweisung der Zehn Gebote, ihre Einhaltung wird sogar von dem im übrigen antiritualistischen Propheten gefordert. Es war das am striktesten befolgte Gebot in den 2 000 Jahren des Lebens in der Diaspora, obwohl gerade diese die Einhaltung erschwerte. Es ist kaum zu bezweifeln, dass der Sabbat ein Lebensquell für die in alle Winde zerstreuten, machtlosen und oft verfolgten Juden war.“

Sabbatjahr/Erlassjahr
Mose verordnete den Israeliten nach jeweils sechs Jahren Ackerbau und Pflege der Weingärten ein Ruhejahr, das so genannte Sabbatjahr (Ex 23,10; Lev 25,1-7). In diesem sollte jegliche landwirtschaftliche Tätigkeit ruhen und der Schöpfung und der Natur eine Erholungspause gegönnt werden. So zumindest ist heute die überwiegende Deutung des modern anmutenden Gesetzes, das auch gerne von Umweltverbänden zitiert wird. In jüngster Zeit beziehen sich Arbeitnehmer in den USA, Australien, Japan und zunehmend Europa auf diese Weisung, wenn sie ihre Verpflichtungen für einen längeren Zeitraum aufgeben, vom Alltag Abstand gewinnen, auf Reisen gehen oder sich in sozialer Arbeit engagieren.
In engem Zusammenhang ist das Erlassjahr („Jobeljahr“) zu sehen, das nach Mose alle sieben Sabbatjahre einzuhalten ist, also in jedem 50. Jahr (Dtn 15,1-23; Jes 61,1-2). Was das Sabbatjahr für Felder, Äcker und andere Natur, ist das Erlassjahr für die Menschen: Schulden werden erlassen, Gefangene aus der Schuldknechtschaft befreit usw. Die Stelle im Deuteronomium verweist ausdrücklich auch auf die barmherzige Behandlung der Armen im Land, man darf also annehmen, dass das Sabbatjahr als eine Art soziales Regulativ eingesetzt wurde. Es gilt jedoch nur für die Israeliten, andere im Land wohnende Völker sind expressis verbis ausgenommen.
Heute ist der Begriff immer noch in der Armendiskussion und der Entwicklungshilfe präsent, in der z.B. ein Schuldenerlass für die Dritte Welt gefordert wird.

Sabbatweg
Ein Sabbatweg dient im Neuen Testament an mehreren Stellen als

Längenmaß (Apg 1,12; Lk 1,12): Es ist die nach Rabbinischer Satzung für den Sabbat erlaubte Wegstrecke von 2 000 Ellen, also etwa 1-1,2 km.

Sabdi

(hebräisch zabdi = „mein Geschenk")
Männlicher Vorname, z.B. Jos 7,1; 7,17 (Judäer, Vorfahre des Achan; er wird in 1 Chr 2,6 „Simri" genannt), 1 Chr 8,19 (ein Benjamiter), 1 Chr 27,27 (ein Sephamiter, der von David zum Aufseher über die Weinvorräte ernannt wurde), Neh 11,17 (vermutlich gleichzusetzen mit dem in 1 Chr 9,15 erwähnten „Sichri").

Sacharja

(hebräisch „Jahwe [Gott] hat sich erinnert"; griechisch Zacharias)
Name mehrerer Personen im Alten Testament; die bekannteste ist der elfte der „kleinen" Propheten, der Verfasser von mindestens acht Kapiteln des Sacharjabuches – die anderen schrieb ein unbekannter Autor, den man „Deutero-Sacharja", den „zweiten Sacharja" nennt – und Haupt der Priesterfamilie Iddo. Sacharja wirkte von 520 bis mindestens 518 v.Chr. Gemeinsam mit dem Propheten Haggai forderte er die Fortführung des ins Stocken geratenen Wiederaufbaus des einst von den Babyloniern zerstörten Jerusalemer Tempels auf (Esra 5,1; Esra 6,14). Dieser wurde schließlich um 515 v.Chr. vollendet und geweiht.

Sadduzäer

(vielleicht von hebräisch saddiq = „gerecht"; wahrscheinlich jedoch vom Eigennamen „Zadok")
Religionspartei zur Zeit Jesu, deren Mitglieder sich aus den oberen Klassen der Priester und wohlhabenden Familien rekrutierten (Apg 4,1; 5,17); von den Pharisäern wurden sie scharf verurteilt (Mt 3,7; 16,6; 6,11-12). Von ihnen unterschieden sie sich in folgenden Punkten: Die Sadduzäer galten als religiös konservativ, sie ließen nur das geschriebene Gesetz (die fünf Bücher Mose) gelten, nicht dessen zeitgemäße Auslegung durch mündliche Überlieferung (vgl. Mt 12,26; 22,23-24; Mk 12,18-19). Anders als die Pharisäer leugneten sie die leibliche Auferstehung, ein Weiterleben nach dem Tod und die Existenz von Engeln (Apg 23,8). Sie waren stärker politisch orientiert und akzeptierten die römische Herrschaft. Die Sadduzäer, die Jesus für einen Revolutionär hielten, scheinen hauptverantwortlich für seine Verurteilung und seinen Tod gewesen zu sein (vgl. Mt 26,3-4). Bis zur Zerstörung Jerusalems (70 n.Chr.) beherrschten sie den Hohen Rat. Danach verschwand die Gruppe, und das spätere Judentum ist geprägt durch das Pharisäertum.

Safran
(griechisch krókos, hebräisch karkom)
Vermutlich ist damit der auch in Palästina vorkommende Safrankrokus (Crocus sativus) gemeint, aus dessen Blütennaben ein duftendes Gewürz gewonnen wird, das auch als Färbemittel, Räucherwerk und Arzneimittel eingesetzt wurde. In der Bibel wird Safran nur einmal erwähnt (Hld 4,14). Es könnte sich bei dieser Pflanze auch um die aus Indien stammende Gelbwurz (Curcuma longa) handeln.

Sakkur
(hebräisch zakkur = „denkwürdig")
Männlicher Vorname, z.B. Num 13,4 (ein Rubeniter und Vater des Schammua), 1 Chr 4,26 (ein Simeoniter und Nachkomme des Mischma), 1 Chr 24,27 (ein Levit und Nachkomme des Merari), 1 Chr 25,2; 25,10; Neh 12,35 (Sohn des Asaf und Vorsteher der dritten Sängerklasse), Neh 3,2 (Sohn des Imri, der am Wiederaufbau der Jerusalemer Mauer beteiligt war), Neh 10,13 (ein Levit und Mitunterzeichner der Abmachung des Nehemia) und Neh 13,13 (Vater des Hanan).

Salamis
(phönizisch schlm = „Friede")
Alte Hafenstadt an der Ostküste der Insel Zypern. Paulus, Barnabas und Markus verkündeten hier auf der ersten Missionsreise das Evangelium in den Synagogen (Apg 13,5), und Barnabas erlitt hier später wahrscheinlich den Märtyrertod durch Steinigung.

Salem
Alter Name Jerusalems; Salem war nach Gen 14,18 die Residenz des Königs und Priesters Melchisedek. Die Stadt wurde nach „Schalim", einer in Ugarit bekannten Gottheit, welche die Abenddämmerung repräsentierte, benannt.

Salim
Ort westlich des Jordan und südlich des Sees Genezareth in der Nähe von Änon, wo Johannes der Täufer wirkte (Joh 3,23).

Salmanassar
(assyrisch schulmanu-ascharidu, hebräisch schalman'eser = „Schulman ist überlegen")
Der Name mehrerer assyrischer Könige; von besonderer Bedeutung für das Alte Testament sind:
1. Salmanassar III. (etwa 858-824 v.Chr.); er festigte und vergrößerte das Reich seines Vaters Assurnasirpal II., konnte jedoch Damaskus nie erobern: 853 v.Chr. kämpfte er erfolglos bei Karkar gegen eine Koalition der syrisch-palästinischer Könige, der auch Ahab von Israel angehörte. Ahabs Nachfolger, Jehu, musste ihm jedoch 841 v.Chr. Tribut zahlen.

2. Salmanassar V. (727-722 v.Chr.); der Sohn und Nachfolger von Tiglat-Pileser III. führte zwei Feldzüge gegen Hoschea, den letzten König des Nordreichs Israel, belagerte Samaria drei Jahre lang und nahm Hoschea letztlich gefangen (2 Kön 17,1-6; 18,9-10). Die endgültige Einnahme Israels gelang aber erst seinem Nachfolger Sargon II.

Salmon

1. Vater des Boas und Ahnherr des David (Rut 4,20; Mt 1,4), der in Lk 3,32 „Salma" heißt.
2. Ein Kalebit und „Vater von Bethlehem" (1 Chr 2,51; 2,54).

Salome

1. Salome Alexandra, die Gemahlin Aristobuls I. (104-103 v.Chr.), setzte nach dessen Tod seinen Bruder Alexander Jannaios zum König von Judaa ein und heiratete ihn. Als auch er starb, regierte sie selbst (76-67 v.Chr.).
2. Tochter der Herodias und Stieftochter des Herodes Antipas. Von ihrer Mutter angestiftet, sorgte sie für die Enthauptung Johannes des Täufers (Mk 6,17-29).
3. Die Frau des Fischers Zebedäus und Mutter der Apostel Jakobus des Älteren und Johannes; sie unterstützte die Jünger Jesu finanziell und soll auch beim Begräbnis Jesu anwesend gewesen sein (Mt 20,20; 27,56; Mk 15,40; 16,1).

Salomo

(hebräisch sch·lomo = „Frieden")
Der Sohn des David und der Batseba (2 Sam 12,24) war einer der berühmtesten israelischen Könige (965-926 v.Chr.). Salomo war als jüngerer Sohn nicht erbberechtigt, aber durch die Intrigen seiner Mutter und seines Erziehers Natan wurde er – noch zu Davids Lebzeiten – zum König gesalbt und konnte sich so gegen seinen Halbbruder Adonija durchsetzen (1 Kön 1).
Salomo ließ alle seine Gegner beseitigen: Adonija (1 Kön 2,13-26), Joab (1 Kön 2,28-35) und Schimi (1 Kön 2,36-46) wurden hingerichtet, Abjatar vom Priesteramt ausgeschlossen und verbannt (1 Kön 2,26-27).
Salomo versuchte in seiner 40-jährigen Regierungszeit die von David geschaffene Machtstellung zu sichern, indem er einerseits Festungsbauten errichten ließ, andererseits Auslandsbeziehungen pflegte. Er befestigte u.a. Hazor, Megiddo, Bet-Horon und Tamar, zog um Jerusalem eine Mauer und baute die Zitadelle aus (1 Kön 9,15-19). Durch die Heirat mit einer Tochter des Pharao konnte er die Stadt Geser gewinnen (1 Kön 3,1; 1 Kön 9,16), mit König Hiram von Tyrus war er befreundet, und auch zu Moab, Ammon und Phönizien und zur Königin von Saba (1 Kön 10,1-13) bestanden friedliche

Beziehungen. Die Gegner Salomos waren der Edomiter Hadad (1 Kön 11,14-22) und der Aramäer Reson (1 Kön 11,23-25).
Salomo sorgte für eine Neugliederung Israels: Er teilte das Reich in zwölf Gaue auf, von welchen jeder den gesamten Hof für einen Monat zu versorgen hatte (1 Kön 4). Er modernisierte die Armee, indem er Reiter und Kampfwagen einführte. Er ließ in Jerusalem einen prächtigen Tempel (1 Kön 5,15-6,38; 7,13-51), und für sich einen prunkvollen Palast errichten (1 Kön 7,1-12).
Salomo wird in der Bibel als glänzendster Herrscher Israels beschrieben (vgl. Hld 3,11; Mt 629; Apg 747). Seine Weisheit (1 Kön 5,9-14) wurde sprichwörtlich, wie das „salomonische Urteil" (1 Kön 3,16-28) zeigt. Getadelt wurde aber seine liberale Einstellung zu fremdem Götzendienst (1 Kön 11,4-7).

Salzstadt
Ort in der Wüste Juda (Jos 15,62).

Salztal
Tal südlich des Toten Meeres; die Edomiter wurden hier von David (2 Sam 8,13) und im 8. Jahrhundert v.Chr. von König Amazja von Juda (2 Kön 14,7) geschlagen.

Samaria
Hauptstadt des Nordreiches Israel etwa 10 km nordwestlich von Sichem in strategisch günstiger Lage auf einem Hügel und mit guten Straßenverbindungen.
Samaria wurde 875 v.Chr. von König Omri gegründet (1 Kön 16,24) und von seinem Sohn Ahab ausgebaut: Er errichtete einen Baalstempel (1 Kön 16,32), der später vom jahwetreuen König Jehu zerstört wurde (2 Kön 10,18-29; Hos 8,5-6).
722 v.Chr. wurde die Stadt nach dreijähriger Belagerung von den Assyrern erobert, die die Oberschicht verschleppten (2 Kön 17,5-6; 18,9-10) und später die gesamte Provinz nach ihrer Hauptstadt benannten. Samaria war im nachexilischen Judentum die Residenz des persischen Statthalters und stellte so eine Opposition gegen Jerusalem dar (Esra 4,9-10; Neh 4,2). 332 v.Chr. nahm Alexander der Große die Stadt ein und siedelte makedonische Veteranen an. 108 v.Chr. wurde Samaria von Johanan Hyrkanus I. erobert und zerstört. Der römische Feldherr Pompejus trennte die Stadt 63 v.Chr. vom jüdischen Gebiet ab und ließ sie wieder aufbauen. Kaiser Augustus schenkte sie Herodes dem Großen, der sie prächtig umbaute und zu Ehren des Kaisers in „Sebaste" (griechisch „die/der Verehrungswürdige") umbenannte. Samaria war Ziel der Prophetenkritik: Amos rügte die üppigen Bauten der Stadt

und den luxuriösen Lebensstil ihrer Bewohner (Am 3,9; 3,12; 4,1; 6,1) und Micha beschrieb Samaria als Ingegriff der Sünde (Mi 1,5).
Das Neue Testament spricht von der „Stadt Samariens", in der Simon Magus, der Diakon Philippus sowie die Apostel Petrus und Johannes wirkten (Apg 8,5; 8,9; 8,14).

Samaritaner, Samariter
Einwohner der israelischen Landschaft Samaria/Samarien; nach der Eroberung Samarias durch die Assyrer (722 v.Chr.) entstand aus den Neuangesiedelten und Zurückgebliebenen ein Völkergemisch. Als religiöse Konsequenz existierten neben der Jahweverehrung andere heidnische Kulte (2 Kön 17,19-33). Die Samaritaner erschienen den gläubigen Juden als halbe Heiden (2 Kön 17,41). Als die Juden nach dem Exil den Jerusalemer Tempel wieder aufbauen wollten, lehnten sie die Hilfe der Samaritaner ab (Esra 4,2-3). Zwischen Juden und Samaritanern entwickelte sich eine immer größere Feindschaft (vgl. Sir 50,20): Die Samaritaner, die als Heilige Schrift nur die fünf Mosebücher anerkannten, bauten auf dem Berg Garizim einen eigenen Tempel (2 Makk 6,2). Der Hasmonäer Johanan Hyrkanus I., der nur den Jerusalemer Tempelkult duldete, zerstörte ihn zwar 128 v.Chr., doch der Berg blieb eine Kultstätte (vgl. Joh 4,20).
Das Neue Testament spiegelt die feindselige Beziehung zwischen den Samaritanern und Juden wider: Die Bezeichnung „Samariter" der Apostel für Jesus stellte eine Beleidigung dar (Joh 8,48). Doch Jesus teilte diesen Hass nicht: Er zog durch Samarien (Lk 9,52; 17,11; vgl. Joh 4,4) und lehrte das Gleichnis vom „barmherzigen Samariter" (Lk 10,30-37). Die Samaritaner wiederum zeigten sich relativ aufgeschlossen gegenüber der Botschaft Jesu (Lk 17,15-16; Joh 4,39-40).
Noch heute lebt in Nablus eine kleine samaritanische Gemeinde, die noch heute auf dem Garizim alljährlich ihr Paschafest feiert.

Samos
Insel im Ägäischen Meer, südwestlich von Ephesos. Auf dem Rückweg von seiner dritten Missionsreise machte der Apostel Paulus auf Samos Station (Apg 20,15).

Samothrake
Insel im Norden des Ägäischen Meeres, nahe der thrakischen Küste. Der Apostel Paulus übernachtete hier während seiner zweiten Missionsreise (Apg 16,11).

Samuel
(vielleicht „der [ungenannte] Gott ist El",

aber auch „Gott ist erhaben"; 1 Sam 1,20 liefert die volkstümliche Erklärung „Ich habe ihn vom Herrn erbeten")
Der Sohn des Elkana und der Hanna (1 Sam 1,20) verbrachte seine Kindheit beim Priester Eli im Heiligtum von Silo (1 Sam 1,21-28; 2,11; 2,18-21; 2,26), wo er von Gott zum Propheten berufen wurde (1 Sam 3). Er wurde gleichzeitig auch Richter über Israel (1 Sam 7,2-17) und Priester. Eine besondere Rolle spielte Samuel bei der Errichtung der Monarchie (1 Sam 8). Das Volk verlangte einen König, was Samuel aber zunächst ablehnte. Doch Gott befahl ihm, einen König einzusetzen und so salbte Samuel heimlich Saul zum „Fürsten" über Israel (1 Sam 9,1-10,16). Später rief er das Volk in Mizpa zusammen und ließ Saul zum König wählen (1 Sam 10,17-27). Es kam jedoch bald zum Bruch mit Saul (1 Sam 13,8-15), und so wandte er sich David zu und salbte ihn zum König (1 Sam 16,1-13). Samuel starb, während David vor Saul floh und bei ihm Zuflucht suchte. Er wurde in seinem Haus in seiner Heimat Rama begraben (1 Sam 25,1).
Samuel gilt als einer der großen Propheten im Alten Testament und wird in einem Atemzug mit Mose und Aaron genannt (Ps 99,6; Jer 15,1). Auch seine Funktionen als Priester bzw. Richter machten ihn zu einer der größten Gestalten in der Geschichte Israels.

Sanballat

(akadisch. sin-uballit = „Sin [der Mondgott] gibt Leben")
Persischer Statthalter der Provinz Samaria (um 446-434 v.Chr.) und Gegner Nehemias, des Statthalters von Jerusalem. Er wurde wohl nach seiner Herkunft Bet-Horon „Horoniter" genannt (Neh 2,10; 2,19; 13,28).
Gemeinsam mit Tobija, dem Statthalter von Ammon, versuchte Sanballat, den von Nehemia geförderten Wiederaufbau der Jerusalemer Mauer zu verhindern (Neh 3,33-35).
Papyrusfunde belegen, dass in der persischen Zeit zwei weitere Statthalter Samarias den Namen „Sanballat" trugen.

Sandelholz

(hebräisch alemuggim, alegummim)
Das Holz des in Indien beheimateten Strauches (Pterocarpus santalinus) war wegen seiner schönen rötlichen Farbe und seines angenehmen Duftes äußerst kostbar. Unter König Salomo wurde es vermutlich für den Bau des Tempels und Palastes verwendet, auch Musikinstrumente wurden aus Sandelholz hergestellt (z.B. 1 Kön 10,11f.; 2 Chr 2,7; 9,10f.).

Sanherib

(akkadisch sîn-achche-iriba = „Sin hat mir Brüder ersetzt")
Assyrischer König (704-681 v.Chr.)

und Sohn und Nachfolger von Sargon II. (2 Kön 18,13-19,37; Jes 36-37; 2 Chr 32,1-22); während seiner Regierungszeit kam es zu zahlreichen Kriegen, vor allem gegen Babylonien. Sanherib vertrieb 703 v.Chr. den Chaldäer Merodach-Baladan aus Babylon und zog dann nach Palästina. Vergeblich belagerte er Jerusalem, verwüstete aber einen großen Teil Judas und machte König Hiskia tributpflichtig (2 Kön 18,14-16). Ninive baute er zur prachtvollen Hauptstadt aus, verschönerte sie mit Tempeln und Palästen und ließ eine Wasserleitung anlegen. 681 v.Chr. wurde Sanherib von seinen Söhnen Sarezer und Adrammelech ermordet (2 Kön 19,37; Jes 37,38).

Saphira

(aramäisch schappira = „die Schöne")
Christin in Jerusalem und Gemahlin des Hananias; das Paar belog den Apostel Petrus über den beim Verkauf eines Grundstücks erzielten Betrag (Apg 5,1-10).

Sara

(hebräisch „Fürstin")
Sara war die Frau des Abraham (Gen 11,29-17,15), wurde von ihm aber zweimal als seine Schwester ausgegeben (Gen 12,13; 20,2). Sie war lange kinderlos und gab daher ihrem Mann ihre Magd Hagar, um so die Nachkommenschaft zu sichern. Mit 90 Jahren wurde Sara aber doch noch Mutter des von Gott verheißenen Erben Isaak (Gen 21,1-8). Auf Saras Befehl hin verstieß Abraham nun Hagar und ihren Sohn Ismael (Gen 21,9-14).
Sara starb in Hebron (Gen 23,2) und wurde als erste in der als Familiengrab erworbenen Höhle von Machpela bestattet (Gen 23,3-20).
Das Neue Testament lobt Saras Glauben (Hebr 11,11) und ihre Treue gegenüber ihrem Ehemann (1 Petr 3,6). Nach Jes 51,2 ist Sara die Ahnfrau Israels.

Sardes

Eine der ältesten Orte Kleinasiens, etwa 80 km östlich der Hafenstadt Smyrna, dem heutigen Izmir in der Türkei; Sardes war die Hauptstadt Lydiens und eine reiche Handelsmetropole (Textilien, Teppiche), ganz besonders im 6. Jahrhundert v.Chr., als sie vom berühmten Kroisos (Krösus) regiert wurde. In der Römerzeit verlor Sardes an Bedeutung, und von der Zerstörung duch ein Erdbeben im Jahr 17 v.Chr. erholte sie sich nicht mehr.
In der Offenbarung des Johannes ist ein Sendschreiben an die christliche Gemeinde der Stadt gerichtet (Offb 3,1-5).

Sarepta

Phönizische Stadt zwischen Tyrus und Sidon. Hier half der Prophet Elija einer Witwe, die ihn in ihrem

Haus aufgenommen und versorgt hatte, indem er ihren Sohn vom Tod erweckte und ihre Lebensmittel vermehrte. (1 Kön 17,9-24; vgl. Lk 4,26).

Sarezer

(babylonisch schar-usur = „Schütze den König")

Einer der beiden Söhne des Sanherib von Assyrien, die ihren Vater ermordeten (2 Kön 19,37; Jes 37, 38) und nach Ararat flohen.

Sargon II.

Der Nachfolger des Assyrerkönigs Salmanassar V. eroberte zu Beginn seiner Regierungszeit (722-705 v.Chr.) das Nordreich Israel mit seiner Hauptstadt Samaria endgültig und deportierte die Bevölkerung nach Assyrien (2 Kön 18,11). Außerdem errang er mehrere Siege gegen Ägypten und Syrien und regierte zudem mehrere Jahre über Babylonien. Sargon II. fiel 705 v.Chr. während seines Feldzugs gegen die Kimmerer in Kleinasien.

Satrap

(altpersisch chschasapawa = „Reichshüter")

So wurde im Perserreich der Statthalter einer größeren Provinz („Satrapie") bezeichnet, der die oberste politische, administrative und militärische Gewalt innehatte. Diese Gliederung wurde 521 v.Chr. von Darius I. eingeführt, der das persische Weltreich in 29 Satrapien einteilte, deren Zahl aber zeitweise schwankte. Jede Satrapie war ihrerseits in einzelne Provinzen unterteilt, von denen es unter Xerxes I. (486-465 v.Chr.) insgesamt 126 gab (Est 1,1).

Dan 6,1-2 beschreibt die Reichsteilung des Darius, und die Bibel erwähnt außerdem Tattenai, den Satrap von Transeuphrat (Esra 5,3).

Saul

Der Sohn des Kisch (1 Sam 9,1-2) war der erste König Israels (um 1015-1000 v.Chr.), eingesetzt und gesalbt von Samuel:

Saul suchte die Eselinnen seines Vaters und begegnete dabei in Rama zufällig dem Propheten Samuel, der ihn heimlich zum „Fürsten" über Israel salbte (1 Sam 9,1-10,16). In Mizpa wurde Saul durch das Los zum König bestimmt (1 Sam 10,17-27) und nach seinem Sieg über die Ammoniter wurde er in Gilgal vom „ganzen Volk" als König anerkannt (1 Sam 11). Er konnte – unterstützt von seinem Sohn Jonatan – die Philister aus Israel vertreiben (1 Sam 13-14) und die Amalekiter besiegen (1 Sam 15). Da er jedoch deren König Agag am Leben ließ, kam es zum Zerwürfnis mit Samuel (1 Sam 13,8-15). Auch Spannungen mit David überschatteten die Regierungszeit des Saul (1 Sam

16,14-18,30): Er sah in ihm seinen Rivalen und versuchte sogar zweimal, ihn zu töten (1 Sam 18,10-11; 19,9-10). Im Laufe der Zeit litt Saul immer mehr an Depressionen, Angst und Verfolgungswahn (1 Sam 16,14; 16,16; 16,23; 28,5; 31,3). Er verfolgte David und tötete die gesamte Priesterschaft von Nob, weil sie diesem in seiner Not geholfen hatten (1 Sam 22,17-19). Als die Philister erneut in Israel einfielen, befragte er eine Totenbeschwörerin in En-Dor über den Ausgang der Schlacht. Sie prophezeite eine Niederlage und seinen bevorstehenden Tod (1 Sam 28,3-25). Saul und seine drei Söhne fanden in der Schlacht von Gilboa den Tod (1 Sam 31,1-13).
Die Geschichtsschreibung berichtet von Saul einerseits fast nur in Anekdoten und andererseits vornehmlich im Zusammenhang mit Samuel oder David.

Schaddai
(„Allherrscher", „Allmächtiger")
Bezeichnung für einen (vermutlich kanaanäischen) Gott, deren Bedeutung noch unklar ist. Wahrscheinlich ist eine Verbindung mit dem akkadischen Wort „schadu" („Berg"). Der Name wird im Alten Testament sowohl allein (z.B. 31-mal im Buch Ijob: 5,7-40,2; Num 24,4; 24,16; Jes 13,6; Ez 1,24; Rut 1,20; Ps 91,1; 68,15) als auch in Verbindung mit „El" (Gen 17,1; 28,3; 35,11; 43,14; 48,3; Ex 6,3; wahrscheinlich auch in Gen 49,25) erwähnt. Nach Ex 6,3 bezeichnet die Priesterschrift mit „El Schaddai" den Gott der Väterzeit (vgl. Gen 17,1).

Schadrach
Name, den Hananja, einer der drei jüdischen Gefährten des Daniel, am Hofe des babylonischen Königs Nebukadnezar II. erhielt (z.B. Dan 1,6-7; 2,49; 3,12).

Schaf
(griechisch próbaton = „Vorwärtsgehendes", also bewegliches Eigentum; hebräisch se = „Kleinvieh", rahel = „Muttertier", 'ajil = „Widder", kar = „Masttier", tale = „Lamm")
Das in Palästina heimische Fettschwanzschaf (Ovis laticaudata) war seit jeher eines der wichtigsten Haustiere und wird dementsprechend häufig in der Bibel erwähnt (z.B. Ex 2,16; 3,1; 1 Sam 16,11; 17,20; 1 Chr 5,21; Jes 60,7). Die weißen Tiere, die oft einen schwarzen Kopf und schwarze Beine haben (vgl. Gen 30,32f.; Ps 147,16; Jes 118; Offb 1,14), sind äußerst genügsam und lieferten den Menschen schon in biblischen Zeiten Fleisch (z.B. 1 Sam 25,18; 2 Sam 12,4; 17,29; Jes 22,13; Am 6,4), Milch (z.B. Dtn 32,14; Jes 7,21f.) und Wolle (z.B. Lev 13,47; 13,52; 2 Kön 3,4; Spr 31,13). Die Hörner

der Widder wurden als Trompeten verwendet (z.B. Ri 3,27; 1 Sam 13, 3; 2 Sam 2,28; Jos 6,4f.). Die Felle der Lämmer galten als sehr wertvoll (z.B. 2 Kön 3,4; Ijob 31,20, Spr 27,26).
Eine große Schafherde bedeutete Reichtum (z.B. 1 Chr 27,31; 2 Chr 32,28f.; Ijob 1,3; 42,12).
Schafe dienten oft als Opfertier (z.B. Gen 4,2-4; 15,9; 22,13; Lev 3,6f.; 4,32f.; 5,7; Num 28,3-9; Dtn 15,19; 18,41; Kön 8,63f.; 2 Chr 7,5; 15,11; 30,24).
Das Lamm symbolisiert Unschuld und steht für das Leiden Jesu (z.B. Jes 53,7; Jer 11,19; Joh 1,29; Offb 5,6; 5,12; 7,14; 1,41; 19,9). Das Schaf versinnbildlicht auch das Schutzbedürfnis der Menschen und das Vertrauen zu ihrem Hirten (2 Sam 12,3; 24,17; Ps 23,1; Ez 34; 37,24; Mt 9,36; 10,16; 18,12-14; 26,31; Lk 15,4-7; Joh 10,1-16; 1 Petr 2,25). Der Widder hingegen ist als ein Symbol für Kraft und Macht zu deuten (Dan 8), sein Fell wird auch bei der Abdeckung der Stiftshütte genannt (Ex 26,14).

Schafan

Sohn des Azalja und Sekretär des Königs Josia von Juda (639-609 v.Chr.). Ihm übergab der Hohepriester Hilkia im Jahre 621 das im Jerusalemer Tempel gefundene Gesetzbuch (vermutlich eine Urform des Deuteronomium). Schafan las es dem König vor (2 Kön 22,10) und erhielt daraufhin den Auftrag, die Prophetin Hulda zu befragen (2 Kön 22,3-15).

Schafat

(hebräisch schaphat = „Gott hat gerichtet“)
Vater des Propheten Elischa (1 Kön 19,16; 19,19; 2 Kön 3,11; 6, 31); weitere Träger dieses Namens werden in Num 13,5 (einer der von Mose ausgesandten Kundschafter), 1 Chr 3,22 (ein Nachkomme des Serubbabel) und 1 Chr 27,29 (ein Aufseher der Rinderherden des David) erwähnt.

Schakal

(hebräisch tan = „Heulender“, 'i = „Klagender“)
Der in Rudeln lebende Canis aureus, der in ganz Palästina heimisch ist, erbeutet Kleintiere und ernährt sich auch von Aas, Abfällen und Früchten, wobei er in der Landwirtschaft immer wieder Schaden anrichtet. Das nachtaktive Tier mit seinem typischen klagenden Geheul wird in der Bibel mehrmals erwähnt (Ijob 30,29; Ps 44,20; Jes 13,22; 34,13; 35,7; Jer 9,10; 10,22; 49,33; Klgl 4,3; Mi 1,8).

Schalischa

Gegend im Ephraimgebirge, die Saul auf der Suche nach den Eselinnen seines Vater durchstreifte (1 Sam 9,4); vielleicht gleichzusetzen mit „Baal-Schalischa“ (2 Kön 4,42).

Schallum

1. Sohn des Jabesch und 15. König des Nordreiches Israel (747 v.Chr.); durch eine Verschwörung gegen König Secharja, die mit dessen Ermordung endete, riss Schallum die Macht an sich. Seine Regierungszeit dauerte aber nur einen Monat. Dann wurde er selbst von seinem Nachfolger Menahem ermordet (2 Kön 15,13-15).

2. Onkel des Propheten Jeremia (Jer 32,7).

Schamgar

Sohn des Anat und Nachfolger des Ehud als Richter in Israel, der 600 Philister besiegte (Ri 3,31).

Schamir

(hebräisch „Dorn", „Diamant")

Ort im Gebirge Juda (Jos 15,48) sowie im Gebirge Ephraim (Ri 10,1).

Schamma

1. Sohn des Reguël, Enkel des Esau und Edomiterfürst (Gen 36,13; 36,17; 1 Chr 1,37).

2. Bruder des David und Sohn des Isai; er kämpfte unter Saul gegen die Philister (1 Sam 16,9; 17,13; 2 Sam 13,3; 13,32; 1 Chr 2,13; 20,7).

3. Drei der Helden des David (2 Sam 23,11; 23,25; 23,33).

Schammai

Jüdischer Schriftgelehrter und – wie sein Zeitgenosse Hillel – Gründer einer einflussreichen Weisheitsschule um die Zeit von Jesu Geburt. Im Gegensatz zu Hillel verfocht Schammai eine strengere Auslegung des Gesetzes und galt als unnachgiebig und cholerisch.

Schammua

Hebräischer männlicher Vorname, z.B. 2 Sam 5,14 (Sohn des David, der in Jerusalem geboren wurde), Neh 11,17 (ein Levit), Neh 12,18 (Haupt eines Priestergeschlechts) und Num 13,4 (ein Kundschafter des Stammes Ruben).

Scharon

(hebräisch „das Flachland")

1. Ebene an der Mittelmeerküste, zwischen dem Karmel und Jafo, mit fruchtbaren und blumenreichen Feldern (1 Chr 27,29; Jes 35,2; Hld 2,1) und guten Weideplätzen. In dieser Gegend missionierte der Apostel Petrus (Apg 9,35).

2. Weidegebiet der Gaditer im Ostjordanland (1 Chr 5,16).

Schaubrote

(hebräisch „Brote des Angesichts Gottes")

Zwölf Brotlaibe, die auf dem Schaubrotetisch ständig im Heiligtum aufgelegt waren (vgl. Ex 25,23-30; 1 Sam 21,7; 1 Kön 7,48) und vermutlich die zwölf Stämme Israels repräsentierten (Ex 24,4; 28,9-10); sie wurden an jedem Sabbat erneuert, mit Weihrauch bestreut und durften nur von Priestern gegessen werden (Lev 24,5-9). Entgegen dieser Vorschrift gab Ahimelech, der Oberpriester von Nob, dem hungernden David auf dessen Flucht vor Saul Schaubrote zu essen (1 Sam 21,1-7).

Schaul
(hebräisch „von Gott erbeten")
1. König von Edom (Gen 36,37-38).
2. Einer der Söhne des Simeon (Gen 46,10; Ex 6,15); seine Nachkommen bildeten das Geschlecht der Schauliter (Num 26,13).
3. Ein Levit (1 Chr 6,9).

Schealtiël
(hebräisch „ich habe Gott gebeten")
Sohn des Königs Jojachin von Juda und Onkel des Serubbabel (1 Chr 3,17); wurde aber auch als Vater des Serubbabel bezeichnet (z.B. Esra 3,2). Erklärt wird dies durch eine Leviratsehe, die Schealtiël vermutlich mit der Witwe des Pedaja, dem eigentlichen Vater des Serubbabel, einging.

Schear-Jaschub
Der hebräische Name bedeutet „ein Rest wird zurückkehren" (Jes 10,21). Symbolischer Name des ersten Sohnes des Propheten Jesaja (Jes 7,3).

Scheba
(hebräisch „die Gottheit ist Vollkommenheit")
Ein Benjaminiter, der einen Aufstand von Israeliten gegen König David anführte. Er wurde in Abel-Bet-Maacha enthauptet (2 Sam 20,1-22).

Schebna
Schebna war Staatsschreiber des Königs Hiskia von Juda und somit ein hoher Beamter zur Zeit der Belagerung Jerusalems im Jahre 701 v.Chr. durch den Assyrerkönig Sanherib (2 Kön 18,18; Jes 36,3). Unklar ist, ob er mit dem in Jes 22,15 erwähnten Schebna identisch ist.

Schefela
Bezeichnung für das Hügelland zwischen dem Gebirge Juda und der von den Philistern bewohnten Küstenebene am Mittelmeer (z.B. Jos 9,1); hier wurden Ackerbau und Viehzucht betrieben (2 Chr 26,10), Feigenbäume (1 Kön 10,27) und Obstbäume (1 Chr 27,28) angebaut.

Schema, Schmama
(hebräisch „Höre [Israel]!)"
Mit diesem Wort wird das zentrale Glaubensbekenntnis des Judentums bezeichnet. Es ist ein Hauptgebet, das jeder Israelit morgens und abends zu verrichten hat. Es besteht aus Dtn 6,4-9, Num

15,37-41 und verschiedenen Lobsprüchen.

Schemuël

1. Sohn des Ammihus; verantwortlich für den Stamm Simeon bei der Aufteilung Kanaans (Num 34,20).
2. Enkel des Issachar und Sohn des Tola (1 Chr 7,2).

Scheschach

Deckname für Babel (Jer 25,26; 51,41), entstanden vermutlich durch ein gewolltes Vertauschen der Buchstaben (sch für b, ch für l).

Scheschbazzar

Der von David abstammende Scheschbazzar führte den ersten Zug von Heimkehrern nach dem babylonischen Exil an und brachte 535 v.Chr. auch die 586 v.Chr. von Nebukadnezar II. geraubten Tempelgeräte von Babylonien nach Jerusalem zurück (Esra 1,7-11). Vom Perserkönig Kyros II. zum Statthalter der Provinz Juda erhoben, legte er zudem den Grundstein für den neuen Tempel (Esra 5,14-16).

Schibbolet

(hebräisch schibbolet = „Ähre")
Der Richter Jiftach verwendete das Wort im Kampf gegen die Ephraimiter als Losungswort, denn an dessen abweichender Aussprache erkannten die Gileaditer die Feinde (Ri 12,5-6): Die Ephraimiter sprachen das sch wie ein s aus („sibbolet"). Der Begriff ist in den allgemeinen Sprachgebrauch übergegangen und bedeutet Erkennungszeichen bzw. „Codewort".

Schiffe

Das bekannteste Schiff der Bibel ist die Arche, die Noah mit seinen Söhnen Sem, Ham und Jafet baute und damit Tier und Mensch vor der Sintflut rettete (Gen 6-9).
Ansonsten spielen im Alten Testament Schiffe keine große Rolle. Kein Wunder, handelte es sich bei den Israeliten doch ursprünglich um ein nomadisierendes Wüstenvolk. Es gibt allerdings einige Erwähnungen:
Gott drohte, die Israeliten per Schiff nach Ägypten zurückzuschicken, wenn sie den Bund nicht einhielten (Dtn 28,68).
Während der Landnahme siedelte sich der Stamm Sebulon im nördlichen Palästina in der Nähe der Phönizier an, der bedeutendsten Seefahrernation der Antike, die nicht nur die nord- und südmediterranen Küsten erschlossen, sondern auch den Atlantik bis zu den Britischen Inseln befuhren. Angehörige des Stammes hatten ihr Auskommen als Handelsreisende, Spediteure und Seefahrer, da durch ihr Gebiet eine wichtige Handelsstraße vom Mittelmeer ins Zweistromland führte. Auf der Standarte des Stammes war bezeich-

nenderweise ein Schiff abgebildet (vgl. Gen. 49,13; Dtn 33,18).

Salomo baute selbst Schiffe im Hafen von Ezjon-Geber am Roten Meer (1 Kön 9,26-28; 10,22; 2 Chr 8,17-18), die nach Saba ausfuhren und Tribute heimbrachten.

Der Prophet Jona, den Jahwe nach Ninive schickte, versuchte sich dieser Pflicht zu entziehen und bestieg ein Schiff nach Tharsis (Jona 1,3ff.). Von den Seeleuten während eines Sturms über Bord geworfen, wurde er von einem Wal verschluckt und an Land wieder ausgespien.

Das Neue Testament erwähnt ein adramyttisches Schiff (Apg 27,2), das der Apostel Paulus in Cäsarea bestieg; sein Heimathafen war ein kleiner Ort an der heute türkischen Ägäisküste nordöstlich der Insel Lesbos, dessen Name sich im heutigen Edremit erhalten hat. Der Bewacher des Paulus, der römische Hauptmann Julius, hoffte von dort eine andere Verbindung nach Rom zu finden. Über Sidon in Phönizien kam man an der zyprischen Küste entlang nach Myra (heute Demre an der türkischen Südküste), wo man auf ein alexandrinisches Schiff umstieg (Apg 27,6). Bei Kreta gerieten sie in einen Sturm, der sie in die Adria verschlug, wo das Schiff schließlich strandete.

Dieses Kapitel der Apostelgeschichte liefert viele wertvolle Informationen über die Seefahrt der augusteischen Zeit: Das Schiff aus Alexandria hatte mehrere Segel, vier Anker, zwei Steuerruder, ein Senkblei zum Loten der Tiefe und ein Rettungsboot. Die Navigation nahm man nach Sonne und Sternen vor, man verwendete bei Sturm auch Treibanker, und mit dem fortschreitenden Herbst konnte die See nicht mehr befahren werden und das Schiff suchte einen Hafen zum Überwintern auf. Es trug immerhin 276 Menschen (Apg 27,37), die Ladung bestand aus Weizen, der aus der Kornkammer des Römischen Reiches Ägypten stammte. Von archäologischen Funden weiß man, dass die ägyptischen Getreideschiffe die größten der damaligen Zeit waren, ihre Ladekapazität betrug etwa 100 bis 450 Tonnen. Zur Versorgung Roms mit einem geschätzten Bedarf von ca. 80 000 Tonnen pro Jahr war eine Flotte von mindestens 200 derartigen Schiffen erforderlich.

Schifffahrt wird auch auf dem See Genezareth beschrieben, wo Jesus Simon (Petrus) und dessen jüngeren Bruder Andreas traf und sie zu Menschenfischern machte. In allen Evangelien werden Fischerei am See und Schiffe erwähnt (Joh 6,17ff.; Mk 4,1; 4,36; Mt 4,18-22; 14,24-33; Lk 5,1-11).

In der Nähe des Kibbuz Ginosar bei Migdal fand man 1986 bei extrem niedrigem Wasserstand des

Sees Genezareth die Reste eines Bootes, wie es die biblischen Fischer verwendet haben könnten. Bei einer Länge von 8,50 m, einer Breite von 2,50 m und einer Höhe von 1,30 m trug es Ruder und einen Mast mit einem rechteckigen Segel und war für bis zu 20 Personen ausgelegt. Datiert wird es in die Zeit zwischen 100 v.Chr. und 70 n.Chr. Die Restauration zog sich bis ins Jahr 2000 hin, seitdem kann man es im Yigal-Alon-Museum im Kibbuz Nof Ginosar, 10 km nördlich von Tiberias, besichtigen. Wer nicht so weit fahren möchte, findet eine Rekonstruktion im Bibelhaus am Museumsufer in Frankfurt am Main.

Schilf

(griechisch kálamos; hebräisch qane, 'agmon, 'ebe, game', suph; lateinisch canna)

Mit diesem Namen werden verschiedene Wasser- und Sumpfpflanzen bezeichnet, die in Ägypten und Palästina verbreitet waren, synonym werden oft die Begriffe „Rohr“ oder „Binse“ verwendet. Als Schilf bezeichnet werden:

1. Die in Ägypten häufig vorkommende Papyrusstaude (Cyperus papyrus), die bis zu 4 m Höhe erreichen kann. Sie diente nicht nur zur Papierherstellung; aus ihren Stängeln wurden auch Körbe und kleine Boote geflochten, wobei in Übersetzungen das Wort „Binsen“ zu finden ist (z.B. Ex 2,3; Ijob 8,11; Jes 18,2; 19,6; 35,7).

2. Das bis zu 5 m hohe Pfeilrohr (Arundo donax) mit kräftigen, stabilen Halmen, das Verwendung als Stab und Messrute fand (z.B. 1 Kön 14,15; Ez 40,3).

3. Das auch in Europa verbreitete Schilfrohr (Phragmites communis), das eine Höhe von bis zu 4 m erreicht (z.B. Ijob 40,21; Ps 68,31).

Die Begriffe „Schilf“ und „Rohr“ werden auch metaphorisch verwendet; so stehen schwankendes oder brechendes Rohr für Unsicherheit, Schwäche oder nahenden Untergang (z.B. 2 Kön 18,21; Jes 36,6; Ez 29,6; Mt 11,7; Lk 7,24). Mit einem Rohrstab (als Zepter) wurde Jesus verhöhnt und geschlagen (Mt 27,29; Mk 15,19).

(Siehe auch unter „Binse“ und „Papyrus“.)

Schilo, Silo

Stadt in Ephraim zwischen Bet-El und Sichem. Sitz eines alten Heiligtums, wo Samuel seine Kindheit verbrachte (1 Sam 1,3; 1,9; 1,24) und wo auch die Bundeslade stand (1 Sam 4,3-4,12). Die Philister raubten die Lade (1 Sam 4) und zerstörten Silo (Jer 7,12; 7,14; 26,6). Die Priesterschaft von Silo flüchtete nach Nob (1 Sam 21,2; 22,19) und so verlor der Ort rasch an Bedeutung. Silo ist identisch mit dem heutigen Chirbet Selun.

Schiloach, Siloach
(hebräisch „Kanal")
Ein Kanal, der Wasser von der außerhalb Jerusalems gelegenen Quelle Gihon in einen Teich innerhalb Jerusalems leitete. So war die Stadt auch bei Belagerungen mit Wasser versorgt. Unter König Hiskia (727-697 v.Chr.) wurde ein über 500 m langer Tunnel errichtet (2 Kön 20,20; 2 Chr 32,30). An diese technische Meisterleistung erinnert die berühmte Siloachinschrift am Tunnelausgang. Auf den Rat Jesu hin wusch sich hier der Blinde seine Augen und konnte wieder sehen (Joh 9,7).

Schimi
(hebräische Kurzform für „Jahwe [Gott] hört")
Häufiger Name im Alten Testament, u.a. eines Benjaminiten aus der Familie des Saul. Schimi verwünschte David auf dessen Flucht vor Abschalom (2 Sam 16,5-13), wurde aber später von David begnadigt (2 Sam 19,16-24). Salomo ließ ihn später hinrichten (1 Kön 2,36-46).

Schinar
Bezeichnung für Babylonien; hier wurde der Turm von Babel errichtet (Gen 11,2). Jesaja prophezeite, dass Gott das nach Schinar verbannte Volk heimholen werde (Jes 11,11). Schinar symbolisierte Gottlosigkeit (Sach 5,11) und war berühmt wegen seines Luxus' (Jos 7,21).

Schischak
Hebräischer Ausdruck für den Namen des ägyptischen Pharao Scheschonk I. (um 945-925 v.Chr.), der als erster in der Bibel namentlich erwähnt wird. Schischak gewährte Jerobeam, dem Widersacher des Salomo, Asyl in Ägypten (1 Kön 11,40). Später unternahm er einen Kriegszug gegen Rehabeam, den König von Juda, und plünderte um 925 v.Chr. den Jerusalemer Tempel (1 Kön 14,25-28). Eine Liste der von ihm eroberten Städte wurde in Karnak gefunden.

Schittim
(hebräisch „Akazien")
1. Ort in der Nähe Jerichos (Jos 2,1; 3,1; Mi 6,5), dessen vollständiger Name „Abel-Schittim" war (Num 33,49); Schittim war der letzte Lagerplatz der Israeliten auf ihrem Zug ins Gelobte Land vor der Überquerung des Jordan.
2. Joël 4,18 erwähnt das „Tal Schittim" (hebräisch nahal haschschittim = „Akaziental"), das womöglich ein Deckname für das Kidrontal war.

Schlange
(griechisch óphis, hebräisch nahasch, lateinisch serpens)
Das in der Bibel am häufigsten genannte Kriechtier zählte zu den

unreinen Tieren (Lev 11,10; 11,42; Dtn 14,10; vgl. Apg 10,12ff.; 11,6 ff.) und symbolisierte List und Tücke (z.B. Gen 3,1ff.; Ijob 20,16; Ps 58,5) und Unheimliches (z.B. Spr 30,19). Es wurde angenommen, das Tier ernähre sich von Staub (z.B. Jes 65,25; Mi 7,17).

Die Schlange versinnbildlichte eine Chaosmacht (z.B. Ijob 26,13; 3,8; 7,12; Ps 74,13f.; Jes 27,1; 51,9) und war in verschiedenen Kulten zu finden (z.B. Ex 4,3; 7,10; 7,15; Num 21,4-9; 2 Kön 18,4; Neh 2,13; Jer 8,17).

Im Neuen Testament werden der Schlange nicht nur Bosheit und Heuchelei (z.B. Mt 12,34; 23,33; Lk 3,7), sondern auch Klugheit nachgesagt (Mt 10,16). Jesus verspricht seinen Jüngern, dass ihnen die Bisse der Schlangen nichts anhaben werden können (Mk 16,18; Lk 10,19; Apg 28,3ff.).

In der Apokalypse erinnern die Schwänze der Pferde an Schlangen (Offb 9,19). Die „alte Schlange", mit Satan identifiziert, wird besiegt (Offb 12,9ff.; 20,2).

(Siehe auch unter „Natter", „Otter" und „Drache".)

Schnecke

(hebräisch schablul)

Die Weichtiere werden in der Bibel nur einmal erwähnt (Ps 58,9).

Schriftgelehrte

Der Begriff des Schriftgelehrten als theologisch Gebildeter, als „Priester" oder „Rabbiner", taucht im Alten Testament nur an einer Stelle auf: Der dem Volk Israel predigende Esra wird als Priester und Schriftgelehrter bezeichnet (Neh 8,4 und 9). Was ihn dazu macht:

„... er war ein kundiger Schriftgelehrter im Gesetz des Mose" (Esra 7,6). Hauptaufgabe des Schriftgelehrten war also in erster Linie die Ausdeutung der Zehn Gebote für das Volk, die Vermittlung zwischen Gott und den Gläubigen.

Ein sehr viel weiter gefasstes Ideal des Schriftgelehrten beschreibt das Buch Sirach um 190 v.Chr. (Sir 38,24-39,11).

Das Neue Testament nennt auch Vertreter einzelner religiöser jüdischer Gruppierungen wie Essener, Pharisäer, Sadduzäer oder Wanderprediger (wie Jesus von Nazareth) so, doch stehen sie gewöhnlich im Gegensatz zu Jesus. Ihre Darstellung ist oft nicht sehr positiv (Mt 23,1ff.), z.B.: „Wehe euch, Schriftgelehrte und Pharisäer, ihr Heuchler ..." (Mt 23,13).

Schriftrolle

Vor der Erfindung des Buchdrucks im 15. Jahrhundert waren Schriftrollen (z.B. Jer 36,2) das gängige Medium zur Überlieferung geschriebener Texte, seit dem 4. Jahrhundert teilweise abgelöst von rechteckig geschnittenen Pergamentblöcken, oft in Leder geschlagen, den so genannten Codices. Von den ältesten Büchern des Alten Testaments bis hin zu den Briefen der Apostel waren Texte gewöhnlich auf Schriftrollen fixiert und wurden auch so transportiert. Manchmal ist mit der Schriftrolle die jüdische Thora gemeint, die den Tanach – entsprechend den fünf Büchern Mose – enthält. Sie wird bis heute ausschließlich per Hand auf eine Schriftrolle geschrieben.

Schulammit

(hebräisch „Mädchen aus Sulam")
Die eigentliche Bedeutung des Wortes ist „Mädchen aus Sulam", es wurde aber auch als weiblicher Vorname gedeutet. „Schulammit" hieß die in Hld 7,1 erwähnte schöne Frau. Damit wird vermutlich auf die Sunamitin Abischag angespielt, die Dienerin des David, die für ihre Schönheit berühmt war (1 Kön 1,3). Auch eine Beziehung zur babylonischen Göttin „Schulmanita" wäre denkbar, genauso wie die weibliche Form des hebräischen „schelomo" („Salomo").

Schunem

Stadt in der Nähe des Gilboahöhenzugs (1 Sam 28,4), die zum Gebiet des Stammes Issachar gehörte (Jos 19,18); hier lagerte das Heer der Philister vor der Schlacht, in der Saul und seine Söhne getötet wurden (1 Sam 28,4). Schunem war der Heimatort der Abischag (1 Kön 1,3), und hier lebte für einige Zeit auch der Prophet Elischa, der den Sohn der „Sunamitin" von den Toten erweckte (2 Kön 4,8).

Schwalbe

(griechisch chelidon, hebräisch sus, sis)
In Palästina treten mehrere Schwalben- und verwandte Arten auf: Rauchschwalben (Hirundo rustica), Uferschwalben (Riparia riparia) und Mauersegler (Apus apus). Die Vögel, die ihre Nahrung (Insekten) mit weit aufgerissenem Schnabel im Flug fangen, zählten zu den unreinen Tieren (in Lev 11,19 und Dtn 14,18 mit „Fledermaus" übersetzt). Im Alten Testament werden die eleganten und geschickten Flieger mehrmals erwähnt (Ps 84,4; Spr 26,2; Jes 38,14; Jer 8,7; Bar 6,21).

Schwan

(hebräisch schalak = „Tauchvogel"; bei Martin Luther mit „Schwan" übersetzt)
Mit der in Lev 11,17 und Dtn 14,17 unter den als unrein geltenden Vögeln aufgezählten Fischeule ist möglicherweise der Kormoran (Phalacrocorax sp.) gemeint, der in Palästina überwintert.

Schwein

Das bei den Israeliten als unrein geltende Tier (Sus scrofa) durfte nicht gegessen werden (Lev 11,7; Dtn 14,8). Das Schwein fand im Götzendienst Verwendung (1

Makk 1,47; 2 Makk 6,18f.; Jes 65,4; 66,3; 66,17) und symbolisierte Irrglauben und unmoralisches Handeln (Spr 11,22; Mt 7,6; 2 Petr 2,22). Das Hüten dieser Tiere wurde verachtet und stellte die wohl niedrigste Tätigkeit für einen gläubigen Juden dar (Lk 15,14-16).

Schweißtuch

(griechisch soudárion von lateinisch sudarium)

Ein Tuch, das – ähnlich wie unser Taschentuch – zum Abtrocknen des Schweißes im Gesicht und in den Händen diente, aber auch zur Aufbewahrung von Münzen verwendet wurde (Lk 19,20). Beim Begräbnis wurde es benutzt, um das Gesicht des Toten zu bedecken (Joh 11,44; Joh 20,7).

Der Legende nach hat Veronika Jesus auf seinem Weg zur Kreuzigung ein Schweißtuch gereicht, um Schweiß und Blut abzuwischen. Dabei sollen sich seine Gesichtszüge in das „Schweißtuch der Veronika" eingedrückt haben.

Seba

Sohn des Kusch (Gen 10,7; 1 Chr 1,9) und Ahnherr eines Volkes, das zusammen mit Ägypten und Kusch (Jes 43,3; Jes 45,14) sowie Saba (Ps 72,10) genannt wurde. Vielleicht ist es auch mit Saba identisch.

Sebach

(vielleicht hebräisch zebah = „Opfer")

Einer der beiden Könige von Midian; Sebach wurde gemeinsam mit dem anderen König, Zalmunna, von Gideon verfolgt, besiegt und schließlich ermordet (Ri 8,4-21; Ps 83,10-12).

Sebul

Von Abimelech eingesetzter Stadtvogt in Sichem, der den von Gaal geplanten Aufstand gegen Abimelech vereiteln konnte (Ri 9,26-41).

Sebulon

(vielleicht hebräisch z·bulun = „wohnen")

Einer der zwölf Stämme Israels, dessen kleines, aber fruchtbares Gebiet (vgl. Jos 19,10-16), das spätere Galiläa, von den Stämmen Ascher (Jos 19,27), Naftali (Jos 19,34), Issachar und Manasse eingeschlossen war; es lag nicht direkt am Meer, doch die Handelsstraße vom Mittelmeer zum Ostjordanland (Jes 8,23) brachte dem Stamm Reichtum. Die Sebuloniten mussten zeitweise an der Küste Frondienste für die Kanaanäer leisten, und arbeiteten dort vermutlich als Schiffsknechte. Der Stamm Sebulon unterstützte den israelischen Feldherrn Barak bei seinem Kampf gegen das kanaanäische Heer unter Sisera (Ri 4,6; 5, 14; 5,18) und nahm gemeinsam mit dem Stamm Naftali auch am Feldzug des Gideon gegen Midian teil (Ri 6,35). Ahnherr und Namensgeber des Stammes war nach Gen 30,19-20 der sechste Sohn des Jakob und der Lea.

Secharja

(hebräisch „Jahwe [Gott] hat sich erinnert")

1. Der Sohn von Jerobeam II. und sein Nachfolger als 14. König des Nordreiches Israel (2 Kön 14,29) wurde 747 v.Chr. nach nur sechsmonatiger Regierungszeit von Schallum ermordet (2 Kön 15,8-10), der sich aber nur einen Monat lang auf dem Thron behaupten konnte, ehe er selbst von Menehem getötet wurde (2 Kön 15,13-14).

2. Der Sohn des Hohepriesters Jojada wurde auf Befehl von König Joasch von Juda (839-801 v.Chr.) gesteinigt, weil er ihm seinen Götzendienst vorgeworfen hatte (2 Chr 24,20-22).

See Genezareth

Der fischreiche, 170 km² große Süßwassersee in der Jordansenke ist 21 km lang, bis zu 12 km breit und bis zu 48 m tief. Sein Wasserspiegel liegt knapp 210 m unter dem des Mittelmeeres. Im Norden, Osten und Südwesten ist er von Bergen, im Nordwesten und Süden von fruchtbaren Ebenen begrenzt.

Im Alten Testament wird der See „Kinnereth" („Harfe") genannt (Num 34,11), im Neuen Testament erscheint der Name „See Genezareth" nur in Lk 5,1, sonst heißt er „Meer von Galiläa" (Mt 4,18) oder „Meer von Tiberias" (Joh 6,1; 21,1). Auch die Bezeichnung „Meer" z.B. in Mt 13,1 meint den See Genezareth.

Das Seeufer und die am See liegenden Orte wie Kaparnaum, Chorazin oder Betsaida waren bedeutende Wirkungsstätten Jesu. Hier berief er seine ersten Jünger (Mk 1,16; Lk 5,1-11), heilte Kranke (Mk 7,31-37), verkündete seine Botschaft, und hier erschien der Auferstandene seinen Jüngern (Joh 21,1).

Seeb

(hebräisch „Wolf")

Ein Midianiterfürst (Ri 7,25; 8,3; Ps 83,12), der von den Ephraimiten an der „Wolfskelter" getötet wurde (Ri 7,25) und dessen Haupt man zu Gideon brachte.

Seevölker

Das Problem der Seevölker wird in der Wissenschaft kontrovers diskutiert und wirft mehr Fragen als Lösungsansätze auf. Im 13. und 12. Jahrhundert v.Chr. erschienen die Seevölker im Zuge der so genannten ägäischen Wanderung in Kleinasien, Syrien, Palästina, Zypern und vor den Toren Ägyptens. Auf ihrem Weg zerstörten sie Mykene und Troja sowie die Reiche der Hethiter und Ugarits. Ramses III. stellte sich ihnen in einer Seeschlacht sowie in der Schlacht von Djahi in Palästina (ca. 1180 v.Chr.) entgegen und verhinderte so zunächst eine Invasion Ägyptens. Die Zahl der Angreifer, die Ramses III. nennt und die in die Hunderttausende gehen, sind sicher übertrieben, Fakt ist aber, dass nicht nur einzelne Kriegergruppen, sondern offenbar ganze Stämme mit allen Angehörigen unterwegs waren. Die Verwendung zweirädriger Streitwagen und eiserner Waffen verschaffte ihnen zunächst einen militärischen Vorteil.

Aus den Darstellungen dieser Seevölkerinvasion in Ramses' Tempel in Medinet Habu haben wir die meisten Informationen über dieses eigenartige Völkergemisch, dem Pelestu (Philister), Teukrer, Sikuler, Danuna, Sikar, Shekeresh, Shardana und Weshesh angehörten. Woher sie kamen, ist ungewiss. Möglicherweise hängt die Etablierung der mittel- und westeuropäischen Urnenfelderkultur mit ihrem Auftauchen zusammen. Ein Teil von ihnen wurde als Söldner beschäftigt und in Unterägypten angesiedelt, wo sie lange Zeit ihre ethnische Identität bewahren und zeitweise sogar die Herrschaft über Ägypten ausüben konnten. Die Philister ließen sich entlang der levantinischen Küste in der Ebene nieder und gründeten hier die Stadtstaaten Gaza, Aschkelon, Aschdod, Ekron und Gat. Nach einer Zeit der Koexistenz gerieten sie in Konflikt mit den die Höhenlagen besiedelnden Israeliten, was zu langwierigen Kriegen führte, die etwa im ersten und zweiten Buch Samuel detailliert beschrieben sind.

Sefarad

Ein Ort, an dem verbannte Jerusalemer lebten (Obd 20); in der aramäischen Übersetzung des Alten Testaments (Targum) wurde Sefarad mit Spanien gleichgesetzt, woraus im Laufe der Zeit die Bezeichnung „Sefardim" für das westliche Judentum entstand. Vermutlich ist mit Sefarad allerdings Sardes in Kleinasien gemeint.

Sefarwajim

Die Lage dieser von den Assyrern eroberten Stadt ist nicht genau geklärt, vermutlich lag sie aber in Syrien (2 Kön 18,34; 19,13; Jes 36,19; 37,13). Die Bewohner Sefarwajims wurden nach der Eroberung nach Samaria umgesiedelt (2 Kön 17,24ff.).

Seïr

(hebräisch „behaart", „bewaldet")

1. Gebirgsgegend, in der die Horiter (u.a. Gen 14,6; 36,20-21; 36,30) und später die Edomiter lebten (Num 24,18; Ri 5,4); häufig wurde sie mit Edom gleichgesetzt (u.a. Gen 32,4; Ez 25,8), ebenso wie die Edomiter auch Seïriter genannt

wurden (2 Chr 25,11). Seïr liegt zwischen dem Toten Meer und dem Golf von Akaba, in der Region von Kadesch (Dtn 1,2; 2,1).
2. Gebirge an der Grenze von Juda (Jos 15,10), etwa 5 km westlich von Kirjat-Jearim.

Sela

(hebräisch „Fels")
1. Mit diesem Ausdruck, der 71-mal in den Psalmen und dreimal bei Habakuk vorkommt, wird vermutlich eine Pause oder der Hinweis auf ein Interludium bezeichnet. Die exakte Bedeutung ist jedoch ungeklärt.
2. Eine Stadt in Edom, die König Amazja von Juda im 8. Jahrhundert v.Chr. eroberte (Jes 42,11). Sela lag vermutlich an der Stelle, wo später die Nabatäerhauptstadt Petra (griechisch „Fels") entstand, deren in den roten Sandstein gehauene Bauten zu den größten Sehenswürdigkeiten Jordaniens zählen.

Seleukia

Name mehrerer von Seleukos I. gegründeter Städte, darunter der nördlich der Orontesmündung gelegene Hafen Antiochias, der Hauptstadt des Seleukidenreiches, von dessen Besetzung durch Ptolemaios VI. 1 Makk 11,8 berichtet. Später fuhren von Seleukia aus der Apostel Paulus und sein Mitarbeiter Barnabas nach Zypern (Apg 13,4).

Seleukos

König Seleukos I. Nikator (griechisch „Sieger"; 321-285 v.Chr.) begründete in der Nachfolge Alexanders des Großen ein hellenistisches Großreich mit der Hauptstadt Antiochia, das sich zur Zeit seiner größten Expansion vom Hellespont bis an die indische Grenze erstreckte. In der Tradition Alexanders wurde Wert auf eine Politik der Völkervereinigung, Hellenisierung der östlichen Gebiete und die Gründung von modernen Städten gelegt.
Mit Seleukos begann die Dynastie der Seleukiden, deren Machtbereich zeitweise bis an die Grenze Ägyptens reichte, wo die von einem weiteren einstigen Feldherrn Alexanders des Großen begründete Dynastie der Ptolemäer herrschte.
Die Seleukiden, in der Bibel als „Könige des Nordens" bezeichnet, und die Ptolemäer, die „Könige des Südens", führten wegen Phönizien und Palästina mehrere Kriege (Dan 11,5-39).
Schwindendes Kriegsglück, das Eingreifen Roms in das politische Geschehen im Osten und familiärer Streit um die Thronfolge, den die jüdischen Hasmonäer als erbitterte Gegner der Seleukiden auszunutzen wussten, führten zum Untergang der Seleukiden. Das Reich zerfiel und 64 v.Chr. wurde Syrien zur römischen Provinz.

Seligpreisung

Seligpreisungen treten schon im Alten Testament auf (vgl. Ps 1,1; 2,12; 34,9; 40,5; 84,13; 146,5; Jer 17,7). Sie halten dem Gläubigen den Spiegel vor und verdeutlichen, dass nur ein Leben in Gottesfurcht und Weisheit erfolgreich sein wird (z.B. Spr 3,19-23). Im Neuen Testament beschreibt Matthäus im Rahmen der Bergpredigt (Mt 5,3-12) neun scheinbar benachteiligte Gruppen der Gesellschaft, denen dennoch die Teilnahme an der Gottesherrschaft versprochen wird. Haben die Seligpreisungen in den Psalmen einen eindeutig belehrenden, wegweisenden Charakter, der die vollständige Orientierung auf Gott, von dem allein Heil erwartet wird, einfordert, haben die neutestamentlichen eine werbende, missionarische Ausrichtung, zu deren Zielgruppe auch Nichtchristen gehören (Lk 6,20ff.; Mt 5,1-12).

Sem

(hebräisch schem = „Name")

Der älteste Sohn Noahs, auf den die als Semiten bezeichneten Völker der Menschheit nach der Sintflut zurückgeführt werden (z.B. Gen 5,32; 6,10; 7,13; 9,18; 10,1; 10,21-31; 1 Chr 1,17-27); zusammen mit seinem Bruder Jafet wurde Sem von Noah gesegnet, weil die beiden sich respektvoll verhielten, als sich der Vater im Rausch entblößt hatte (Gen 9,21-23).

Semiten

Der Historiker und Philologe August Ludwig von Schlözer (1735-1809) führte diese Bezeichnung für die Sprachfamilie der von Sem abstammenden Völkergruppen (Gen 10,21ff.) ein. Im Altertum beschränkte sich das Siedlungsgebiet der Semiten auf die arabische Halbinsel. In mehreren Phasen zogen sie ins äthiopische Hochland, nach Mesopotamien, Syrien und bis zum westlichen Mittelmeer.

Die semitischen Sprachen werden in drei Gruppen gegliedert: Ostsemitisch (assyrische und babylonische Keilschriftsprachen, „Akkadisch"), Nordwestsemitisch (Hebräisch, Phönizisch, Syrisch und Ugaritisch) und Südsemitisch (Nord- und Südarabisch; Ursprung des Äthiopischen). Typisch für die semitischen Sprachen sind die Häufung von Kehllauten und die Bindung der Wortbedeutung an die Konsonanten.

Der Einfluss der semitischen Völker auf die Kulturgeschichte der Menschheit ist in sprachlicher (Entwicklung der Keil- und der Buchstabenschrift) und religiöser Hinsicht (Monotheismus, Buchreligion) sehr bedeutend.

Senf

(griechisch kokkos sinapeos)

Das Senfkorn des schwarzen Senfs (Sinapis nigra) galt als kleinstes der bekannten Samenkörner mit einem Durchmesser von lediglich 0,95 bis 1,6 mm. Die rasch wachsenden Senfpflanzen können bei guten Bedingungen (wie sie z.B. am See Genezareth herrschen) bis zu 3 m hoch werden. Im Gleichnis vom Senfkorn versinnbildlicht dieser Größenunterschied das Himmelreich Gottes (Mt 13,32-32; Mk 4,30-32) und die Kraft des Glaubens (Mt 17,20). Senfkörner fanden in der Medizin, als Gewürz und beim Einlegen von Gemüse Verwendung.

Senir

Amoritischer Name des Hermongebirges (Dtn 3,9). In 1 Chr 5,23 und Hld 4,8 werden Senir und Hermon jedoch getrennt genannt; wahrscheinlich bezeichnet Senir hier den nördlichen Teil des Antilibanon, und Hermon den südlichen. Ez 27,5 wiederum scheint Senir mit dem gesamten Antilibanon gleichzusetzen.

Sepphoris

(aramäisch sippori = „Vogel")

Etwa 5 km nördlich von Nazareth gelegene Stadt, die der jüdische Historiker Josephus Flavius (37-100/110 n.Chr.) aufgrund ihrer Schönheit „Ornament von ganz Galiläa" nannte. Die Bevölkerung der Stadt war zur Zeit Jesu vorwiegend hellenistisch. Jesus selbst betrat sie nicht, weshalb Sepphoris im Neuen Testament auch nicht genannt wird.

Septuaginta

(lateinisch „siebzig")

Die älteste und bedeutendste Übersetzung des Alten Testaments ins Griechische entstand im 3. und 2. Jahrhundert v.Chr. in Ägypten. Dem Aristeasbrief zufolge wurde sie auf Geheiß von Ptolemaios II. Philadelphos (282-246 v.Chr.) in nur 72 Tagen für die Bibliothek von Alexandria angefertigt. Als Übersetzer galten 72 jerusalemische Älteste, sechs von jedem Stamm. Der Entstehungsort und die Datierung könnten in etwa stimmen (aus dem Prolog zum Buch Jesus Sirach kann man schließen, dass um das Jahr 130 v.Chr. die Übersetzung der Septuaginta vollständig war); die 72 Übersetzer, die das Werk in 72 Tagen schufen, bleiben wohl Legende. Tatsächlich scheint die Septuaginta, an der zahlreiche Übersetzer gearbeitet haben müssen, über einen viel längeren Zeitraum hinweg entstanden zu sein.

Die Septuaginta ist umfangreicher als der palästinische Kanon (hinzugekommen waren die Bücher Tobit, Judit, 1. und 2. Makkabäer, Weisheit, Jesus Sirach, 1. Baruch, 3. und 4. Esra und Ergänzungen zu Ester und Daniel) und bildete als Übergang zwischen Altem und Neuem Testament die Heilige

Schrift der christlichen Urgemeinde. Zahlreiche alttestamentliche Zitate im Neuen Testament beruhen auf dieser Übersetzung. Im Judentum hingegen verlor die Septuaginta an Bedeutung; im 2. Jahrhundert n.Chr. wurden neue jüdische Übersetzungen des Alten Testaments ins Griechische geschaffen.

Serafim

(hebräisch saraph – „verbrennen")
Himmelswesen mit drei Flügelpaaren, die Jahwes Thron umgeben, ihn lobpreisen und eine Vermittlerrolle zwischen Gott und den Menschen haben (Jes 6,1ff.); ein Flügelpaar bedeckt die Augen der Serafim vor Gott (vgl. Ex 33,20), eines ihre Füße. Sie haben Hände und sprechen mit menschlicher Stimme. Sie werden in der Vision Jesajas beschrieben: durch die Berührung eines Seraf mit einer glühenden Kohle wurde der berufene Prophet von seinen Sünden gereinigt (Jes 6,6f.).
Da der Name auch feurige bzw. giftige Schlange bedeutet, könnte es sich um Mischwesen mit einem Schlangenkörper und menschlichem Gesicht gehandelt haben (Num 21,6; Jes 14,29).

Seraja

(hebräisch „Jahwe [Gott] ist Fürst")
Ein männlicher Vorname, der im Alten Testament mehrmals erwähnt wird, z.B. 2 Sam 8,17 (ein Schreiber des David, der in 2 Sam 20,25 „Seja", in 1 Kön 4,3 „Sisa", und in 1 Chr 18,16 „Sawsa" hieß), Jer 51,59 (Sohn des Neria, Bruder des Baruch und oberster Quartiermeister des Königs Zedekia), 2 Kön 25,18 (ein Hohepriester in Jerusalem zur Zeit des Zedekia, der 587 v.Chr. deportiert und getötet wurde), Esra 7,1 (Vater des Esra) oder 2 Kön 25,23; Jer 40,8 (ein Offizier des jüdäischen Heeres).

Sergius Paulus

Römischer Statthalter auf der Insel Zypern (um 47 n.Chr.), der Barnabas und Paulus predigen hörte und von Paulus bekehrt wurde (Apg 13,6-12).

Set

(hebräisch schet = „Ersatz")
Der dritte Sohn Adams und Evas, den Gott ihnen nach dem Mord Kains an Abel geschenkt hatte, als Adam 130 Jahre alt war (Gen 4, 25f.; 5,3ff.; 1 Chr 1,1); einer anderen Tradition zufolge war er der erste Sohn Adams. Set galt im Alten Testament als einer der Urväter, bis zu dem sich die Vorfahren Noahs verfolgen ließen (was auf eine vorisraelitische Quelle der Überlieferung schließen lässt). Im Neuen Testament gehört Set zum Stammbaum Jesu (Lk 3,38). Wie alle Urväter der antiken Tradition ereichte auch Set ein hohes Le-

bensalter und wurde 912 Jahre alt (Gen 5,8).

Sichem

(hebräisch sch-kem = „Rücken"; griechisch Sýchem, Síkima)
Die Stadt im Gebirge Ephraim zwischen den Bergen Ebal und Garizim wurde Ausgrabungen zufolge bereits im 4. Jahrtausend v.Chr. besiedelt (z.B. Gen 12,6; Ps 60,8; Jos 20,7; Ri 9,6f.). Etwa 2000 v.Chr. stand hier vermutlich eine Stadt mit Umfassungsmauern und Toren (vgl. Gen 34,20). Abraham lagerte bei Sichem und baute nach einer Vision Gott einen Altar (Gen 12,5-7), Jakob kaufte dort ein Grundstück (das er nach einer anderen Überlieferung jedoch im Kampf erworben hatte; vgl. Gen 33,18f.; 48,22), in Sichem verkündete Josua zweimal das Gesetz (Jos 8,30-35; 24,25-26), und Josef wurde hier begraben (Jos 24,32).
Das im 12. Jahrhundert v.Chr. zerstörte Sichem wurde unter Salomo wiedererrichtet, und Jerobeam I., der erste König des Nordreiches Israel, baute die Stadt zur Residenz aus und machte sie 926 v.Chr. zur Hauptstadt (1 Kön 12,25). In der Zeit nach dem babylonischen Exil blühte Sichem noch einmal auf und bildete ein Zentrum der Samaritaner, die von den Jerusalemer Juden heftig kritisiert wurden (Sir 50,26).
Im Jahre 128 v.Chr. eroberte der Hasmonäer Johanan Hyrkanus I. die Stadt und zerstörte sie völlig. Der römische Kaiser Vespasian (69-79 n.Chr.) gründete westlich der Ruinen von Sichem die Stadt Flavia Neapolis (das heutige Nablus).

Sichri

(hebräisch zikri = „erinnert hat sich Jahwe [Gott]")
Männlicher Vorname, der im Alten Testament mehrmals erwähnt wird, z.B. Ex 6,21; 1 Chr 8,19; 2 Chr 17,16; 28,7; Neh 11,9.

Siddim

Vermutlich ein Tal südöstlich des Toten Meeres; dort lagen der Überlieferung nach die Städte der Pentapolis (Sodom, Gomorra, Adma, Zebojim und Zoar), die mit Ausnahme Zoars durch das Gericht Gottes vernichtet wurden (Gen 14,1-11; Weish 10,6).

Sidon

Die Hafenstadt (das heutige Saida), 35 km nördlich von Tyrus im Süden des Libanon war eine der ältesten phönizischen Städte. „Sidonier" wurde im Alten Testament auch als Name für die Phönizier verwendet (Gen 10,15; Ri 10,6; Jes 23,2ff.; Jer 25,22). Schon bald entwickelte sich die befestigte Stadt zu einem Handels- und Handwerkszentrum, das auch mit Israel wirtschaftliche und politische

Beziehungen unterhielt. König Ahab heiratete eine Prinzessin von Sidon (1 Kön 16,31). Unter der Herrschaft der Assyrer wurde Sidon tributpflichtig und leistete mehrmals Widerstand (z.B. Jer 27,3). In der Perserzeit erlebte Sidon wie auch die konkurrierende Stadt Tyrus eine erneute wirtschaftliche Blüte (vgl. Esra 3,7; Ez 27,8; 28,21ff.). Nach der Herrschaft von Alexander dem Großen, den Ptolemäern und den Seleukiden wurde Sidon schließlich nach der Eroberung durch den römischen Feldherrn Pompejus unabhängig und erhielt das Münzrecht (64 v.Chr.).
Auch im Neuen Testament findet die Stadt Erwähnung: Jesus wirkte im Gebiet von Sidon und Tyrus (Mt 11,20ff.; 15,21), und auch der Apostel Paulus war vor seiner Überführung nach Rom in Sidon (Apg 27,3).

Sieben

(hebräisch scheba', griechisch heptá)
Eine Zahl, die als heilig, als Zahl Gottes galt; sie symbolisiert die göttliche Struktur irdischer Dinge und Vorgänge. Sie findet sich in den sieben Planeten und den sieben Wochentagen, von welchen der siebte Tag (Sabbat) zum Gott geweihten Tag wurde (Ex 20,10). Jedes siebte Jahr wurde „Sabbatjahr" (Ex 23,11) genannt. In diesem Jahr durfte das Land weder bearbeitet noch abgeerntet werden (Lev 25,1-7).
Erwähnt werden u.a. auch der siebenarmige Leuchter (Ex 25,31-40; 27,20), ein siebenfaches Ritual (Lev 4,6, Ps 119,164), die sieben Nachkommen des Saul (2 Sam 21,6; 21,9) und die siebenfache Vergeltung (Gen 4,15). Die Zahl sieben spielt auch in der Magie und im Volksglauben eine wichtige Rolle (Gen 4,24; Jos 6,4; Ri 16,13; 2 Kön 4,35; 5,10; Ijob 2,13; 5,19).
Besonders häufig wird die Zahl in der Offenbarung des Johannes erwähnt: Hier werden u.a. sieben Geister Gottes (Offb 1,4) genannt, sieben goldene Leuchter (Offb 1,12), sieben Sendschreiben (Offb 2-3), eine Buchrolle mit sieben Siegeln (Offb 5,1), sieben Engel mit sieben Posaunen (Offb 8,2), sieben Donner (Offb 10,3) oder auch ein Drache mit sieben Köpfen und sieben Kronen (Offb 12,3).

Siebzig

(hebräisch schib'im, griechisch hebdomekonta)
Eine Zahl, die (als 10 x 7) für Fülle und Vollendung steht; die Bibel nennt die siebzig Nachkommen des Jakob (Gen 46,27; Ex 1,5), die siebzig Ältesten (Ex 24,1; 24,9) und die siebzig Jünger, die Jesus vorsandte (Lk 10,1). Siebzig Jahre dauerte die Exilszeit (Jer 25,11), und Dan 9,24-27 erwähnt die siebzig Jahrwochen. Die erste

griechische Bibelübersetzung heißt „Septuaginta" (lateinisch = siebzig), da sie von siebzig Gelehrten bearbeitet worden sein soll.

Sif

1. Stadt im südlichen Juda (Jos 15,24).

2. Stadt im Bergland Juda (Jos 15,55); in der Wüste von Sif versteckte sich David auf der Flucht vor Saul (1 Sam 23,14-15; 23,24; 26,1; Ps 54,2). König Rehabeam befestigte die Stadt (2 Chr 11,8). Als Stammvater der Einwohner von Sif (das heutige Tell Zif nahe Hebron) gilt ein Sohn Kalebs (1 Chr 2,42).

Sihon

Der Amoriterkönig von Heschbon ließ die Israeliten nicht durch sein Land ziehen, woraufhin er von ihnen bei Jahaz besiegt wurde (Num 21,21-31; 21,34). Sihon wird oft zusammen mit Og von Basan genannt (u.a. Dtn 1,4; Jos 2,10; 1 Kön 4,19; Neh 9,22; Ps 135,11; 136,19-20).

Sikkut

Eine in Am 5,26 erwähnte fremde Gottheit, die neben Kewan in Israel verehrt wurde. Der Name ist vermutlich eine gewollte Entstellung des akkadischen Sterngottes „Sakkuth".

Die in Apg 7,43 erwähnte „Hütte Molochs" ist eine falsche Übersetzung des Ausdrucks „Sikkut, euer König".

Silas

(entspricht hebräisch Saul = „der Erbetene")

Der Lehrer und Prophet war nach Lukas eines der führenden Mitglieder der judenchristlichen Urgemeinde in Jerusalem und ein wichtiger Mitarbeiter des Apostels Paulus (Apg 15,22ff.; 15,32). Silas wurde Gesandter Jerusalems und nach dem Apostelkonzil gemeinsam mit Paulus, Barnabas und Judas nach Antiochia, Syrien und Kilikien geschickt, um die Beschlüsse zu überbringen (Apg 15,30ff.). Paulus nahm Silas als Begleiter auf seine zweite Missionsreise mit (Apg 15,40; 18,5; 2 Kor 1,19) und war mit ihm zusammen in Philippi in Makedonien gefangen (Apg 16,19ff.). Silas, der in Briefen mit seinem lateinischen Namen „Silvanus" genannt wird, ist einer der Mitabsender der Thessalonicherbriefe (1 Thess 1,1; 2 Thess 1,1).

Silpa

Eine Sklavin, die Lea von ihrem Vater Laban mit in die Ehe mit Jakob gegeben wurde (Gen 29,24). Silpa schenkte Jakob während Leas kinderloser Zeit die Söhne Gad und Ascher (Gen 30,9-13).

Simeon

(hebräisch schim'on = „Gott hat gehört")
Ein alter und gottesfürchtiger Prophet, möglicherweise ein Mitglied der Essener. Ihm hatte der Heilige Geist offenbart, dass er vor seinem Tod den Messias sehen werde. Im Tempel von Jerusalem erkannte Simeon das Jesuskind und begrüßte und segnete den Heiland, Maria und Josef mit einem Lobgesang (Lk 2,25-35).

Simon

1. Der ursprüngliche Name des Apostels Petrus, des ersten des Zwölferkreises der Jünger Jesu (Mt 4,18; 10,2; 16,17; Mk 1,16). An manchen Stellen wird er auch Simeon genannt (z.B. Apg 15,14; 2 Petr 1,1)
2. Simon der Hasmonäer, der Mitte des 2. Jahrhunderts v.Chr. zusammen mit seinen Brüdern Jonatan und Judas Makkabäus gegen die Seleukiden kämpfte und dem es gelang, die Stellung Judäas zu stärken (1 Makk 2,3; 2,65; 5,17; 5,20ff.; 13-16). Er erreichte Tributfreiheit und in Folge auch die politische Unabhängigkeit Judäas. Mit einem Volksbeschluss im Jahre 140 v.Chr. wurde Simon zum Fürsten und erblichen Hohepriester eingesetzt (1 Mkk 14,25-49).
3. Simon Zelotes, ein weiterer Jünger Jesu mit dem Beinamen Kanaanäer (aramäisch „der Eiferer"). Er war Mitglied des Zwölferkreises und gehörte vermutlich der Partei der Zeloten an (Mt 10,4; Mk 3,14-18; Lk 6,15; Apg 1,13).
4. Ein Bruder Jesu (Mt 13,55; Mk 6,3).
5. Ein Gerber in Jafo, in dessen Haus Petrus zu Gast war (Apg 9,43; 10,6; 10,17; 10,32).
6. Simon von Kyrene, der Vater von Alexander und Rufus, wurde gezwungen, für Jesus das Kreuz zu tragen (Mt 27,32; Mk 15,21f.).
7. Ein Aussätziger, in dessen Haus in Betanien Jesus bei einem Mahl zu Gast war und von Maria von Betanien gesalbt wurde (Mt 26,6-13; Mk 14,3-9).
8. Simon Magus, ein Zauberer und Wundertäter in Samaria, der sich Philippus anschloss und getauft wurde. Er versuchte, aus dem Glauben der Menschen Profit zu schlagen und geriet in Konflikt mit Philippus und Petrus (Apg 8,9-25).
9. Ein Pharisäer, in dessen Haus Jesus geladen war und während des Mahles von einer Sünderin gesalbt wurde (Lk 7,36-50).

Simri

(hebräisch zimri, kurz für zimrijja = „Jahwe [Gott] hat geholfen")
Der Befehlshaber über israelitische Streitwagen tötete 882 v.Chr. König Ela in Tirza und bestieg den Thron als fünfter König des Nordreiches Israel. Nach nur sieben Tagen rief das Heer jedoch den Befehlshaber Omri zum König

aus, griff unter dessen Führung Tirza an und hatte die Stadt bald eingeschlossen. Simri legte im Palast Feuer und starb in den Flammen (1 Kön 16,8-20; 2 Kön 9,31).

Simson

(hebräisch schimschon, griechisch Sampson = „kleine Sonne")
Der Sohn des Manoach war ein Held der Richterzeit und gehörte dem Stamme Dan an (Ri 13-16; Hebr 11,32). Über ihn sind sagenhafte Erzählungen überliefert, in denen die heroischen Taten des Frauenhelden geschildert werden (mit bloßen Händen erlegte er einen Löwen, er tötete unzählige Männer, zerstörte den Tempel Dagons und machte mit seinen Listen den Philistern das Leben schwer). Zwanzig Jahre lang war Simson Richter in Israel.
Den Geschichten mit volkstümlichem Charakter ist die Schilderung der Geburt Simsons vorangestellt, die seiner bis dahin kinderlosen Mutter durch einen Engel angekündigt wurde. Simson sollte ein Gottgeweihter, ein Nasiräer sein und als äußeres Zeichen niemals sein Haar scheren. Dafür verlieh ihm Gott enorme Kraft.
Delila, seine Geliebte, konnte ihm schließlich das Geheimnis seiner Kraft entlocken. Als Simsons Haar geschnitten wurde, verließ ihn Gott, und die Philister konnten ihn überwältigen. Doch sein Haar wuchs nach, und er konnte am Ende Tausende Philister mit in den Tod reißen.

Sin

1. Ägyptische Grenzbefestigung, die in einer Weissagung Ezechiels erwähnt wird (Ez 30,15-16) und später „Pelusium" hieß (das heutige Tell Farama etwa 30 km östlich von Port Said); die in Jes 49,12 genannte „Stadt der Siniter" hingegen ist in der Gegend von Syene zu suchen.
2. Wüstengegend im Westen der Sinaihalbinsel zwischen Elim und dem Berg Sinai (Ex 16,1; Ex 17,1). Dort war eine der Lagerstätten der Israeliten während ihrer Wüstenwanderung ins Gelobte Land (Num 33,11-12).

Sinai

Afrika und Asien verbindende Halbinsel zwischen Ägypten und Palästina, umgeben vom Golf von Suez und dem Golf von Akaba. Durch Sinai führten schon früh wichtige Handelsrouten.
Der Name Sinai bezeichnet im Alten Testament aber auch jenen Berg in der gleichnamigen Wüste südlich von Palästina, auf dem Mose das Gesetz Jahwes in Empfang nahm und der Bund zwischen Gott und seinem Volk geschlossen wurde (Ex 19-Num 10; Ri 5,5; Ps 68,9; 68,18; Gal 4,24f.). Oft wird

jener Ort auch nur „der Berg“ oder auch Horeb genannt (z.B. Ex 3,1; 4,27; 18,5; 24,13; 1 Kön 19,8). Schon früh wurde der Berg ein Wallfahrtsort und Zentrum der Verehrung Gottes. Im Laufe der Jahrhunderte gab es viele Versuche, den Sinai genau zu lokalisieren (Josephus Flavius berichtete von einem Gottesberg sowohl östlich als auch westlich des Golfes von Akaba; man identifizierte ihn mit dem Tabor am Nordostrand der Jesreelebene, mit dem Vulkankegel Hala-el bedr in Midian und mit verschiedenen Bergen der Halbinsel Sinai), die jedoch bis heute zu keinem eindeutigen Ergebnis geführt haben.

Sintflut

Eines der einschneidendsten Ereignisse der Menschheitsgeschichte wird gleich am Anfang der Bibel erzählt (Gen 6-8). Gott schickt die Sintflut, um die Menschen für ihr sündiges Leben zu bestrafen. Sie dauert 40 Tage und Nächte, und nur Noah und seine Familie entkommen ihr, wobei es ihnen auf Gottes Anweisung gelingt, die irdische Fauna zu retten.

Überschwemmungsmythen sind in vielen Hochkulturen in sehr ähnlicher Form präsent. Das Gilgameschepos des Zweistromlandes z.B. (ca. 2600 v.Chr.) berichtet auf seiner 11. Tafel eine babylonische Sintflutgeschichte, die mit dem Bericht der Bibel in vielen Punkten verblüffend genau übereinstimmt. Das gilt auch für den griechischen Mythos um Deukalion und Pyrrha. Wissenschaftliche Deutungsversuche gibt es viele: Euphrat und Tigris könnten für die babylonische Erzählung die Vorlage geliefert haben, denn katastrophale Überschwemmungen, gerade im Unterlauf, waren nicht selten. Auch der ansteigende Meeresspiegel nach dem Abschmelzen der Gletscher am Ende der letzten Eiszeit vor 10 000 Jahren könnte die Basis sein. Dafür spricht, dass es sich dabei um ein globales Ereignis handelte, das in vielen Kulturen in Meeresnähe seinen Niederschlag gefunden haben muss.

Eine weitere These beruft sich auf den katastrophalen Vulkanausbruch in der Ägäis um 1450 v.Chr. (Santorin/Thira), der gigantische Flutwellen aufwarf. Er leitete den Untergang der minoischen Kultur ein, seine Auswirkungen müssen weiträumig spürbar gewesen sein. Auch Meteoriteneinschläge werden gelegentlich für die große Flut verantwortlich gemacht, genaue und datierbare Hinweise fehlen bislang aber.

Die jüngste Begründung für die Katastrophe geht davon aus, dass im 6. Jahrtausend v.Chr. durch ein Ansteigen des Wasserspiegels im Mittelmeer die damals bestehende Landenge am Bosporus durchbrochen wurde und in der Folge weite fruchtbare und dicht besiedelte Gebiete, die heute unter dem Spiegel des Schwarzen Meeres liegen, überflutet worden seien. In der Tat sprechen einige Punkte dafür: datierte Funde von Süßwassermuscheln in einer Tiefe von bis zu 120 Metern unter dem heutigen Meeresspiegel, archäologische Funde von Siedlungsresten im Küstenbereich und ähnliches. Auch der Zeitrahmen lässt eine mündliche Tradition zumindest denkbar erscheinen. Das schwer zu entkräftende Gegenargument zu dieser Idee ist hydrogeographisch bedingt: Die wasserreichen Zuflüsse des Schwarzen Meeres (Donau, Dnjestr, Dnjepr, Don, Kuban, Kizilirmak) verursachen auch heute noch – wie jeder Istanbul-Besucher weiß – einen steten starken Ausfluss durch den Bosporus zum Marmarameer. Dass der Wasserspiegel des Schwarzen Meeres vor 8 000 Jahren erheblich unter dem heutigen gelegen habe, ist so schwer nachzuvollziehen.

Auch im Neuen Testament wird verschiedentlich auf die Sintflut Bezug genommen (Mt 24,37ff.; Lk 17,26ff.), wobei es hier meist um apokalyptische Prophezeiungen im Zusammenhang mit dem messianischen Reich geht.

Sirjon

Sidonitischer Name für den Hermon, den südlichen Teil des Antilibanon (Dtn 3,9). In Ps 29,6 vermutlich Bezeichnung für den gesamten Antilibanon.

Sisera

Ein Feldherr des kanaanäischen Königs Jabin von Hazor, der von Debora und Barak in der Jesreelebene geschlagen wurde, nachdem er Israel 20 Jahre lang unterdrückt hatte (Ri 4-5; 1 Sam 12,9; Ps 83,10). Sisera floh zu einem befreundeten Keniter, Heber; dessen Frau Jaël jedoch tötete ihn.

Skevas

(griechisch Skeuâs, lat. Scaeva, „Linkhand")

Ein jüdischer Hohepriester, der in Ephesos lebte, als Paulus dort missionarisch tätig war. Skevas' sieben Söhne versuchten sich als Beschwörer und Dämonenaustreiber und missbrauchten dabei den Namen Jesu; sie wurden von einem Besessenen überwältigt (Apg 19,13-16).

Skorpion

(griechisch skorpíos, hebräisch 'aqrab)

In Palästina findet man etwa zehn Arten der nachtaktiven Spinnentiere, darunter auch den gelben ca. 10 cm großen Buthus quinquestriatus, dessen Stich für Erwachsene äußerst schmerzhaft ist, für Kinder sogar tödlich sein kann. In der Bibel wird der Skorpion als gefähr-

liches, giftiges Wesen geschildert und auch metaphorisch verwendet (Dtn 8,15; Sir 26,7; Sir 39,30; Ez 2, 6; Lk 10,19; 11,12; Offb 9,3ff.).
In 1 Kön 12,11ff. und 2 Chr 10,11ff. (vgl. Ri 8,7) bezeichnet das Wort eine Geißel, ein Instrument zur Züchtigung und Bestrafung.

Skythen
Ein auf Pferden reitendes Nomadenvolk im Gebiet zwischen den Karpaten und dem Don. Es war möglicherweise iranischen Ursprungs („Aschkenas": Gen 10,3; 1 Chr 1,6; Jer 51,27). Um 625 v.Chr. unternahm das barbarische (2 Makk 4,47; 2 Makk 7,4) Volk einen großen Plünderungszug bis nach Ägypten. Vielleicht sind die Skythen mit dem „Volk des Nordens" in den Weissagungen des Jeremia (Jer 4,5-6,26) gemeint. Paulus verwendet das Wort „Skythen", um allgemein „Nichtgriechen" zu bezeichnen (Kol 3,11).

Smyrna
Eine wichtige Hafenstadt an der Westküste Kleinasiens (das heutige Izmir) und zugleich Endpunkt einer alten Handelsverbindung durch das Hermostal; 55 km von Ephesos entfernt. Aufgrund der strategisch günstigen Lage und des fruchtbaren Umlands entwickelte sich die nach den Plänen Alexanders des Großen neu erbaute Stadt früh zu einem der reichsten Handelszentren in Kleinasien.
Schon zur Zeit der römischen Herrschaft lebten viele Juden in Smyrna, die einflussreiche Positionen in Politik und Wirtschaft innehatten. Sie schmähten die christliche Gemeinde, die sich seit 95 n.Chr. in der Stadt gebildet hatte (vgl. Apg 19,8-10).
Das zweite Sendschreiben der Offenbarung des Johannes richtete sich an Smyrna (Offb 1,1; 2,8-11).

So
Ein ägyptischer Pharao, den Hoschea, der letzte König des Nordreiches Israel, 725/24 v.Chr. um Unterstützung gegen Assyrien bat (nach 2 Kön 17,4). Vermutlich handelt es sich dabei um Pharao Osorkon IV.

Socho
Name mehrerer Orte, z.B. in der Schefala (Jos 15,35), im Bergland Juda (Jos 15,48) und in Mittelpalästina (1 Kön 4,10).

Sodom
Kanaanäische Stadt, vermutlich im Siddimtal südöstlich des Toten Meeres, die Gott wegen der Sündhaftigkeit ihrer Bewohner durch einen Regen aus Schwefel und Feuer vernichtete (Gen 10,19; 13,10-13; 14,2-22; 18,16ff., 19,1-29; Dtn 29,22; Jes 13,19; Am 4,11). Die Sünden der Menschen Sodoms,

unter denen Abraham keine zehn Gerechten fand, reichten von Lüge, Völlerei und Homosexualität bis hin zu Ehebruch und Rechtsmissbrauch. Sodom und die Schwesterstadt Gomorra wurden zum Sinnbild für Unzucht und Sünde, dessen sich die Propheten als warnendes Beispiel für die Strafen Gottes bedienten (Jes 1,9-10; Jer 23,14; Ez 16,46ff.; Dtn 32,32; Zef 2,9).
Auch im Neuen Testament wird Sodom erwähnt, so etwa vergleicht Jesus die Schuld seiner jüdischen Mitbürger mit den Sünden Sodoms (z.B. Mt 10,15; 11,23f.; Lk 10,12).

Sopater
Der Sohn des Pyrrhus war ein Christ aus Beröa in Makedonien, den Paulus als Mitarbeiter und Reisebegleiter für seine dritte Missionsreise wählte (Apg 20,4). Sopater ist vielleicht identisch mit Sosipater.

Sorek
Südwestlich von Jerusalem gelegenes Tal im Gebiet des Stammes Dan. Delila, Simsons Geliebte, lebte dort (Ri 16,4).

Sosipater
Ein Mitarbeiter oder Verwandter des Apostel Paulus, der mit Timotheus und anderen 58 n.Chr. Grüße aus Korinth an die Gemeinde in Rom sandte (Röm 16, 21); möglicherweise identisch mit Sopater (Apg 20,4).

Sosthenes
1. Der Vorsteher der Synagoge in Korinth, der nach der Abweisung der Anklage gegen den Apostel Paulus in einem Tumult verprügelt wurde (Apg 18,17).
2. Ein Mitarbeiter des Paulus, der als Mitverfasser des ersten Korintherbriefes genannt wird (1 Kor 1,1). Es ist möglich, dass es sich bei ihm um den Synagogenvorsteher Sosthenes handelt, der nach seiner Bekehrung Paulus nach Ephesos begleitet hat.

Spanien
Das westlichste Land der antiken Welt fand im Alten Testament kaum Erwähnung (1 Makk 8,3f.). Der Apostel Paulus plante, seine Missionstätigkeit auch auf Spanien auszudehnen (Röm 15,24ff.), es gilt jedoch als äußerst unsicher, ob es tatsächlich dazu kam.

Sparta
Sparta auf der Peloponnes war nach Athen die bedeutendste Stadt des alten Griechenland. 146 v.Chr. wurde die Stadt mit der gesamten Provinz Achaia dem römischen Reich einverleibt.
Sparta war mit Judäa verbündet, was durch einen Briefwechsel zwischen der Stadt und dem Hasmonäer Jonatan, dem Bruder

und Nachfolger des Judas Makkabäus, bestätigt wurde (1 Makk 12,5-23; 14,16-23). Die Echtheit der Briefe wird allerdings angezweifelt. Der Hohepriester Jason, der fliehen musste, suchte in Sparta Zuflucht (2 Makk 5,9).

Speisegesetze

Orthodoxe und konservative Juden halten sich in unterschiedlichem Grad an die jüdischen Speisegesetze („Kaschrut"), die im Tanach vorgeschrieben sind (Lev 11; Dtn 14,3-21).

Schlachttiere muss man auf eine bestimmte Art, durch Schächten (d.h. ausbluten lassen), töten (Dtn 12,21). Eine Vielzahl anderer Tiere darf überhaupt nicht verzehrt werden (z.B. Insekten, Greifvögel, Kamel, Klippschliefer, am bekanntesten das Schwein). Auch für die Zubereitung von Speisen gibt es verschiedene Vorschriften, etwa das Entfernen von Blut jeglicher Art. Sind diese alle eingehalten, bezeichnet man das Produkt als „koscher". In den USA existieren allein sieben Organisationen, die koschere Lebensmittel und Fertigprodukte überprüfen und kennzeichnen.

Sperber

(Siehe unter „Habicht".)

Sperling

(griechisch strouthíon, hebräisch d·ror oder sippor d·ror)

Der in Palästina vorkommende Haussperling (Passer domesticus), der zwar seit jeher in der Nähe menschlicher Behausungen anzutreffen ist, aber nie gezähmt wurde, wird in der Bibel an mehreren Stellen erwähnt (z.B. Ps 84,4; Tob 2,10). Anhand des Sperlings wird dargestellt, wie Gott auch bei unscheinbaren und kleinen Wesen über Leben und Tod entscheidet (Mt 10,29ff.; Lk 12,6f.).

Spinne

(griechisch aráchne, hebräisch 'akkabisch)

Die meisten der in Palästina vorkommenden Spinnenarten ernähren sich von Insekten, die sie in ihren Netzen fangen. Im Alten Testament versinnbildlicht das fragile Netz die vergebliche Hoffnung des Gottlosen (vgl. Ijob 8,14; 27,18; Jes 59,5f.).

Stakte

(griechisch stakte = „Tropfen", hebräisch nataph)

Ein wohlriechendes Harz, das eine Ingredienz des heiligen Räucherwerks der Stiftshütte bildete (Ex 30,34; Sir 24,15). Seine Herkunft ist nicht genau geklärt: Es konnte sich um das Harz des in Palästina weit verbreiteten Strauches Storax (Styrax officinalis) handeln oder um den duftenden Extrakt des Amberbaumes (Liquidambar orientalis), der im Norden Syriens heimisch ist. Stakte wurde auch mit Balsam (hebräisch sori) identifiziert und könnte das Harz des Mastixstrauches (Pistacia lentiscus) bezeichnen (z.B. Gen 37,25; 43,11; Ez 27,17).

Stämme Israels

Zur Zeit der Landnahme (etwa im 15. vorchristlichen Jahrhundert) verteilten sich die Israeliten auf zwölf Stämme. Sie gehen zurück auf Jakob, den Sohn Isaaks und Enkel Abrahams, der zwei Frauen, Lea und Rachel, heiratete. Von diesen hatte er zwölf Söhne, die zu den Stammvätern der zwölf Stämme Israels wurden. Ihre Namen waren Ruben, Simeon, Levi, Juda, Issachar, Sebulon, Benjamin, Dan, Naftali, Gad und Ascher sowie Josef mit seiner ägyptischen Verwandschaft. (Ex 1,1-5).

Sie siedelten sich in verschiedenen Gebieten Palästinas an, der Stamm Sebulon etwa im Norden in Nachbarschaft zu den Phöniziern, und ihre ethnische Eigenständigkeit ist bis zur Einnahme Jerusalems durch Nebukadnezar II. (587 v.Chr.) zu fassen, danach verschmolzen sie mit der autochthonen Bevölkerung und neuen Siedlern aus assyrischer und babylonischer Zeit. Der Stamm Levi hatte kein eigenes Areal, seine Angehörigen leisteten Priesterdienste (Dtn 18,1).

Auf dem siebenarmigen Leuchter, der Menorah, sind die zwölf Stämme durch Symbole repräsentiert:

Löwe: „Ein junger Löwe ist Juda ..." (Gen 49,9).

Esel mit Sack, Weintraube: „Issachar ist ein knochiger Esel ..." (Gen 49,14); „Ascher, seine Nahrung ist fett ..." (Gen 49,20).

Gazelle: „Naftali ist eine flüchtige Hindin ..." (Gen 49,21).

Segelschiff: „Sebulon wohnt am Gestade des Meeres, am Gestade der Schiffe ..." (Gen 49,13).

Schwert: „Simeon und Levi, die Brüder, Geräte des Unrechts sind ihre Schwerter ..." (Gen 49,5).

Frucht- bzw. Palmbaum: „Ein junger Fruchtbaum ist Josef ..." (Gen 49,22).

Schlange: „Dan wird Schlange am Weg ..." (Gen 49,17).

Korb mit Früchten: „Die Söhne Levis ... legen Räucherwerk vor dich ..." (Dtn 33,10).

Wolf: „Benjamin ist ein reißender Wolf ..." (Gen 49,27).

Fahne: „Gad, ins Gedränge bedrängt sie ihn, er aber drängt ihnen nach ..." (Gen 49,19).

Wasserwogen: „Ruben, brodelnd wie Wasser ..." (Gen 49,4).

Stechmücke

(hebräisch kinnam, kinnim = „Laus"; hebräisch 'arob; bei Martin Luther mit „Ungeziefer" übersetzt, wahrscheinlich Moskitos)

1. Die Körperlaus (Pediculus hu-

manus) war eine der zehn ägyptischen Plagen (Ex 8,13f.).
2. Vermutlich Malaria übertragende Mücken; das Ungeziefer vermehrte sich nach den Überschwemmungen des Nils wohl rasant und wurde so zu einer Plage (Ex 8,17; 8,27; vgl. Ps 78,45; 105,31; Jes 51,6).
Mücken tauchen auch in der Rede Jesu gegen die Pharisäer auf (Mt 23,24).

Steinbock
(griechisch élaphos, hebräisch ja'el; bei Martin Luther mit „Gämse" übersetzt, bzw. griechisch tragélaphos, hebräisch 'aqqo = „Bockhirsch", bei Luther mit „Wildziege" übersetzt)
Die als geschickter Kletterer bekannte Wildziegenart (Capra ibex nubiana) ist heute noch in den Bergen von En Gedi und in der Nähe von Elat zu finden (vgl. 1 Sam 24,3). Der als unrein geltende Wiederkauer versinnbildlichte Geschicklichkeit und Anmut (Dtn 14,5; Ijob 39,1; Ps 104,18).

Steinigung
Sakrale Hinrichtungsart im Alten Testament und Judentum; ihr Vollzug wird in der Mischna beschreiben: Der Verurteilte wurde von einem Zeugen von einem Felsen oder einer Mauer rückwärts hinuntergestürzt. Wenn er nicht sofort starb, ließ ein zweiter Zeuge einen schweren Stein auf ihn fallen. Eine Steinigung war in verschiedenen Fällen bei Verstoß gegen die Heiligkeit Gottes vorgesehen: Gotteslästerung (Lev 24,10-16; 1 Kön 21,13-15), Götzendienst (Dtn 17,5), Sabbatentweihung (Num 15,35-36), Totenbeschwörung und Wahrsagerei (Lev 20,27), Übertreten des Banngebotes (Jos 7,25), Ehebruch (Dtn 22,21) oder Ungehorsam gegenüber den Eltern (Dtn 21,20-21). Num 14,10 und 1 Kön 12,18 erwähnen die Steinigung als Lynchjustiz. Secharja, der unter König Joasch von Juda gegen den Götzendienst auftrat, wurde auf dessen Anstiften im Tempelvorhof gesteinigt (2 Chr 24,20-22). Im Neuen Testament werden die gesteinigten Götterboten erwähnt (Mt 23,37). Die Steinigung des Stephanus (Apg 7,54-60) war der Auftakt zu einer großen Christenverfolgung in Jerusalem. Jesus bewahrte eine Ehebrecherin vor der Steinigung (Joh 8,1–11). Auch er selbst war von der Steinigung bedroht (u.a. Joh 8,59; 10,31; 11,8; Lk 4,29).

Stephanas
Ein Christ in Korinth, der zusammen mit seinen Hausgenossen vom Apostel Paulus getauft wurde (1 Kor 1,16). Sein Haus bildete den Kern der Gemeinde in Achaia (1 Kor 16,15). Stephanas besuchte Paulus später gemeinsam mit Fortunatus und Achaikus in Ephesos (1 Kor 16,17).

Stephanus
(griechisch „Kranz", „Krone")
Stephanus war einer der von den Aposteln eingesetzten sieben Diakone der christlichen Urgemeinde in Jerusalem (Apg 6,1ff.), zuständig für Missionsarbeit, aber auch soziale Angelegenheiten. Seine Redekunst war herausragend, doch eine seiner Predigten erregte bei den hellenistischen Juden Anstoß, so dass man ihn vor den Hohen Rat zerrte und schließlich wegen Gotteslästerung zur Steinigung verurteilte. (Apg 6,8-15; 7,1-60). Der Tod des ersten Märtyrers der Christen löste eine allgemeine Verfolgung der Christen aus, was die Zerstreuung der Jerusalemer Gemeinde nach sich zog (Apg 8,1ff.).

Sterndeutung
Sterndeutung bzw. Astrologie *(griechisch astra = der Stern, logos = die Lehre)* wird definiert als Versuch, aus der Stellung der Planeten Wesen und Schicksal von Menschen zu deuten oder vorherzusagen. Die Israeliten lernten sie durch Vermittlung der Babylonier kennen, bei denen sie eine lange Tradition hat. Ursprünglich mag sie dafür gedient haben, Aussaatzeiten für Getreide und andere Ackerpflanzen zu bestimmen. Im Alten Testament ist die Sterndeutung an mehreren Stellen erwähnt (Jes 47,13f.; Dan 2,2ff.; 4,4; 5,7ff.) und wird in den meisten Fällen als abscheulicher Götzendienst klar abgelehnt (Lev 20,6; 20,27; Dtn 4,19; 18,10-12).
Genaueres über die Art der Sterndeutung erfahren wir bei Jesaja: „Es sollen hertreten und dir helfen die Meister des Himmelslaufs und die Sterngucker, die an jedem Neumond kundtun, was über dich kommen werde!" (Jes 47,13)
Im Neuen Testament sind es erstaunlicherweise Sternendeuter, die aufgrund einer astrologischen Konstellation aufbrechen und das neugeborene Jesuskind suchen (Mt 2,1-12). Vielleicht soll damit nur verdeutlicht werden, dass sogar Anhänger heidnischer Praktiken von der Ankunft des Messias vernommen haben und ihm huldigen.

Steuer
Schon lange üblich in Palästina war der Zehnte, eine Abgabe für Priester und Leviten, sowie die Tempelsteuer zur Deckung der Kosten des öffentlichen Kultus.
In der seit 63 v.Chr. abgabepflichtigen Provinz wurde zur Zeit von Jesu Geburt eine Steuerschätzung (census) mit Aufzeichnung der Bevölkerung und ihres Vermögens (Volkszählung) durchgeführt (Lk 2,1-2). Josef mit seiner hochschwangeren Frau Maria machte sich deshalb auf den Weg von Nazareth in Galiläa nach Bethle-

hem in Judäa, während Aufstände gläubiger Juden, die keine profane Steuer zahlen wollten, das Land erschütterten.
Jesus selbst beantwortete die Frage, ob es recht sei, dem Kaiser Steuern zu zahlen, positiv (Mt 22,15ff.). Für das kommende Reich waren materielle Aspekte sowieso nicht von Belang. Auch im Römerbrief des Paulus (Röm 13,7) heißt die bekannte Stelle: „Gebt allen, was ihr ihnen zu geben schuldig seid: Steuer, wem Steuer; Zoll, wem Zoll; Furcht, wem Furcht; Ehre, wem Ehre gebührt."

Steuermünze
Hier handelt es sich um den in Mk 12,15 erwähnten römischen Silberdenar, mit dem die Bewohner der Länder und Provinzen, die unter römischer Verwaltung standen, ihre Kopfsteuer entrichten mussten (Mt 22,19). Auf der Münze war der Kopf des Kaisers Tiberius abgebildet.

Storch
(griechisch erodiós, hebräisch hasida, lateinisch herodio bzw. hebräisch raham[a], bei Luther mit „Reiher" übersetzt)
Der als unrein geltende Zugvogel (Ciconia ciconia) zieht alljährlich im Frühling und im Herbst in großen Schwärmen durch Palästina. Aufgrund seiner Pünktlichkeit wurde er im Alten Testament auch als vorbildlich gehorsam dargestellt (Lev 11,19; Dtn 14,18; Ijob 39,13; Ps 104,17; Jer 8,7; Sach 5,9).

Strauß
(griechisch strouthós, hebräisch ja'en)
Der bis zu 2,50 m große Laufvogel (Struthio camelus) ist heute in Palästina nicht mehr anzutreffen. Das letzte wildlebende Tier ertrank 1966 in Jordanien. Man bemüht sich allerdings in Hai Bar um eine Wiederansiedlung. Der Strauß zählte zu den unreinen Tieren und wird im Alten Testament auch mit anderen Wildtieren zusammen erwähnt (z.B. Lev 11,16; Dtn 14,15; Ijob 39,13-18; Jes 13,21; 34,13; Jer 43,20; 50,39; Mi 1,8). Der in Ruinen hausende Vogel (hebräisch bat ja'ana), den Luther mit „Strauß" übersetzte, meint wahrscheinlich eine Eulenart.
Die Dummheit und Unbarmherzigkeit, die man den Vögeln nachsagte, erklärt sich dadurch, dass sie das Gelege auch während der Brutzeit mitunter unbeaufsichtigt lassen (vgl. Ijob 39,14-15; 39,17; Klgl 4,3).

Suach
1. Sohn des Abraham und der Ketura (Gen 25,2; 1 Chr 1,32) und Ahnherr eines arabischen Stammes, dem Bildad, der Freund des Ijob, angehörte (u.a. Ijob 2,11, 8,1).
2. Einer der Söhne des Zofach aus dem Stamme Ascher (1 Chr 7,36).

Sukkot

Ein wahrscheinlich bereits in der frühen Bronzezeit besiedelter Ort im Osten des Jordangrabens bei der Einmündung des Jabbok in den Jordan im Gebiet des Stammes Gad (Gen 33,17; Jos 13,27; Ps 60,8; 108,8). Bei Sukkot überquerte Jakob auf seiner Rückkehr nach Kanaan den Jabbok (Gen 32,23). Gideon übte Rache an den Oberen der Stadt, nachdem ihm bei der Verfolgung der Midianiter Hilfe verweigert worden war (Ri 8,4-17). Zur Zeit König Salomos gab es in Sukkot eine Gießerei (1 Kön 7,46; 2 Chr 4,17).

Sumer

Gebiet im südlichsten Teil Mesopotamiens, das von Nippur bis zum Persischen Golf reichte.

Die Sumerer kamen vermutlich über Südpersien und wurden hier in der zweiten Hälfte des 4. Jahrtausends v.Chr. sesshaft. Sie organisierten das Reich als Verband von z.T. rivalisierenden Stadtstaaten, dessen Oberhaupt „lugal“ bzw. „ensi“ hieß („König“, „Fürst“). Die Selbstständigkeit Sumers ging um 1950 v.Chr. mit Ibbisin, dem letzten König, zu Ende.

Die Gesellschaft war streng geregelt, da die zum Überleben in diesem trockenen und kargen Gebiet notwendigen Bewässerungsanlagen ständig am Laufen gehalten und gewartet werden mussten. Es gab auch kein Privateigentum. Da das Land arm an Rohstoffen war, entwickelte sich schon früh eine Wirtschaft, die auf regen Handelsbeziehungen mit anderen Ländern basierte.

Die wichtigste Stadt und Kultzentrum Sumers war Nippur, deren Stadtgott Enlil zugleich Reichsgott war. Er und die zahlreichen weiteren Gottheiten der Sumerer könnten als Vorbilder für viele antike Götter gedient haben (z.B. die Himmelsgöttin Inanna für Venus, Ischtar oder Anat).

Neben imposanten Bauwerken, Skulpturen und Keramiken ist auf kulturellem Gebiet vor allem die Entwicklung der Schrift (um 3000 v.Chr.) als große Leistung der Sumerer zu nennen. Anfänglich wurde diese nur für die Aufzeichnung wirtschaftlicher Texte verwendet, im Lauf der Zeit wurden aber immer mehr juristische, religiöse und wissenschaftliche Texte schriftlich festgehalten. Sumerisch war lange die Sprache der Literatur, bis ins 1. Jahrhundert n.Chr. wurde auch sumerisch geschrieben. Viele Figuren und Motive, die aus der antiken Literatur bekannt sind oder im Alten Testament niedergeschrieben wurden, sind sumerischen Ursprungs (z.B. Schöpfungsgeschichte, Sintflut, Spruchweisheiten, Klagelieder, Hymnen auf Könige oder Gottheiten).

Im Alten Testament erinnert nur

die Bezeichnung „Schinar“ an Sumer (Gen 10,10; 11,2; Jos 7,21; Jes 11,11; Sach 5,11).

Susa

Susa war die alte Hauptstadt des Reiches Elam am Fluss Karcha, von der im heutigen Schusch im Süden des Iran imposante Ruinen zu sehen sind. Die Stadt wurde bereits um 3500 v.Chr. besiedelt und Ende des 6. Jahrhunderts v.Chr. zur Verwaltungshauptstadt des Perserreiches und zur Winterresidenz der Könige ausgebaut.

Im Alten Testament wird Susa mehrmals erwähnt: Hier diente Nehemia dem persischen König Artaxerxes I. als Mundschenk (Neh 1,1), der assyrische König Asarhaddon siedelte Bewohner Susas in Israel an (Esra 4,9f.), der Palast ist ein Schauplatz des Buches Ester (Est 1,2ff.), der Seher Daniel lebte hier und hatte im Jahre 543 v.Chr. eine Vision von Gabriel (Dan 8,2-16).

Nach der Eroberung durch Alexander den Großen (331 v.Chr.) verlor Susa allmählich an Bedeutung.

Susanna

(hebräisch schuschan = „Lilie“)

1. Eine Jüngerin Jesu, die von ihm geheilt worden war (Lk 8,3).

2. Die Titelfigur einer Legende, die als Zusatz zum Buch Daniel aus den griechischen Übersetzungen überliefert wurde und zu den Apokryphen gezählt wird: Susanna, die gottesfürchtige Frau Jojakims, wurde von zwei Ältesten, die sie begehrten, fälschlich des Ehebruchs bezichtigt und schließlich zum Tode verurteilt. Der junge Daniel jedoch wies den Ältesten die Verleumdung nach und gewann dadurch hohes Ansehen bei den Menschen. Susanna wurde rehabilitiert (Dan 13).

Sychar

Eine Stadt in Samarien, nahe dem Jakobsbrunnen (Joh 4,5ff.). Sychar ist vermutlich mit dem heutigen Ort Askar identisch, das südöstlich des Berges Ebal liegt (etwa 1 km vom alten Sichem entfernt).

Symmachus

Frühchristlicher Bibelübersetzer im späten 2. Jahrhundert n.Chr., dessen Werk sich durch gutes und elegantes Griechisch auszeichnet.

Synagoge

(griechisch Synagogä = „Versammlung“)

Mit diesem Wort werden im Neuen Testament jüdische Versammlungsorte und Gebetshäuser bezeichnet (z.B. Mt 4,23; 10,17; Lk 4,20; 7,5; Joh 9,22; 18,20; Apg 15,21; Offb 2,9). Auch Jesus besuchte Synagogen und lehrte dort (Mt 13,54; Mk 1,21; Lk 4,16f.; 4,31ff.; Joh 6,59). Der Apostel Paulus predigte in Synagogen vieler

Städte (z.B. Apg 9,20; 13,5; 13, 14ff.; 19,8). Frühe judenchristliche Gemeinden bezeichneten ihre Versammlungsorte ebenfalls mit diesem Wort (Jak 2,2). Auch heute noch bilden Synagogen geistige und gesellschaftliche Zentren in jüdischen Gemeinden. In der Septuaginta werden mit diesem Begriff meist Versammlungen von Juden bezeichnet (vgl. Num 16,3; Jos 22,16; Ps 74,2).
Bereits im 3. Jahrhundert v.Chr. erscheinen die ältesten Synagogen als Gebetshäuser in der ägyptischen Diaspora, später entstanden Synagogen in Palästina, da die Pharisäer die Unterweisung in der Thora fördern wollten. Die Synagoge, in der keine Opfer stattfanden, ersetzte den herodianischen Tempel in Jerusalem nach dessen Zerstörung im Jahre 70 n.Chr. Explizite Bauvorschriften für Synagogen gab es nicht; die meisten wurden nach dem Vorbild römischer Basiliken errichtet. An drei Seiten gab es Säulenreihen, auf denen sich die Frauenempore befand (verfügte ein Versammlungshaus nicht über eine solche Empore, wurde den Frauen ein Nebenraum zugewiesen). Das Gebäude sollte in die Richtung Jerusalems zeigen (vgl. 1 Kön 8,38ff.; Dan 6,11) und befand sich wegen der kultischen Waschungen oft in der Nähe von Gewässern bzw. war mit Becken oder Brunnen ausgestattet. Die heilige Lade, der Thoraschrein, in dem die Buchrollen aufbewahrt wurden, bildete das wichtigste Element des Hauptraumes. Das Pult des Vorlesers befand sich in der Mitte, daneben der Gemeinde zugewandte Stühle für die Ältesten und die Gemeindevorsteher, der „Stuhl des Moses“ war der Ehrenplatz (vgl. Mt 23,2). Trotz des Bilderverbots (Ex 20,4; Dtn 27,15) fanden sich in den Synagogen bildliche Darstellungen von biblischen Szenen.

Syrakus
Die Hafenstadt an der Ostküste Siziliens war nach Naxos eine der ältesten griechischen Kolonien (gegründet 734 v.Chr.). Vom 5. bis zum 3. Jahrhundert v.Chr. war Syrakus eine blühende Handelsstadt, 212 v.Chr. wurde sie nach zweijähriger Belagerung von den Römern erobert und geplündert.
Der Apostel Paulus verbrachte während seiner Reise nach Rom drei Tage in Syrakus (Apg 28,12).

Syrien
Ab der Zeit des Hellenismus benannte man mit „Syrien“ ein Gebiet in Vorderasien, das von Ägypten bis nach Anatolien und von den Ländern am Euphrat bis zum Mittelmeer reichte (dies entspricht etwa den heutigen Staaten Syrien, Israel, Libanon und dem Süden der Türkei). Die wichtigsten Städte Syriens waren im Landesinneren

Damaskus, Aleppo und Dan; Antiochia, Sidon, Ugarit und Tyrus waren bedeutende Zentren am Mittelmeer.
Die Syrer, deren Stammvater Aram ein Sohn Sems war (Gen 10,21f.), waren semitische Stämme, die sich aus der arabisch-syrischen Wüste kommend seit dem 12. Jahrhundert v.Chr. im Gebiet des modernen Syrien niederließen. Sie gründeten Klein- und Stadtstaaten (z.B. Damaskus, Hamat, oder Zoba), erreichten jedoch nie eine größere staatliche Einheit.
Ab der Perserzeit bildete Syrien mit Phönizien und Palästina die fünfte Satrapie (Provinz), „jenseits des Flusses“ (Transeuphrat). Alexander der Große eroberte das Gebiet 332 v.Chr., Syrien wurde seleukidisch und ein hellenistischer Vorposten. Es kam schließlich zu insgesamt sechs syrischen Kriegen zwischen den Seleukiden und den Ptolemäern. Unter den Hasmonäern erlangte Syrien für kurze Zeit eine gewisse Selbstständigkeit (vgl. 1 Makk 3,13ff.; 7,39; 11,2; 11,60). Unter Pompejus wurde Syrien im Jahre 64 v.Chr. Teil des römischen Reiches mit dem Sitz der Militärverwaltung in Antiochia und des Prokurators in Cäsarea. Im Neuen Testament bezieht sich der Name Syrien auf diese Provinz.
Syrische Städte bildeten wichtige Stationen der Heidenmission der Apostel und Zentren der frühen Christen (z.B. Apg 15,23; 15,41; 18,18; 20,3; 21,3; Gal 1,21).

Syrophönizierin
Eine Phönizierin aus der römischen Provinz Syrien, deren Tochter von Jesus geheilt wurde (Mk 7,26). Mt 15,22 bezeichnet sie als „kanaanäische Frau“.

Syrte
Der Name zweier flacher Meeresbuchten mit vielen Sandbänken an der Küste Nordafrikas zwischen Kyrene und Karthago (Apg 27,17).

Syzygus
(griechisch „Bruder, Gattin, Partner“; von Martin Luther mit „Gefährte“ übersetzt)
Wahrscheinlich der Eigenname eines Christen im makedonischen Philippi. Der Apostel Paulus bezeugt dem Mann, was sein Name bedeutet: ein „Gefährte“ (Phil 4,3).

Taanach
Die alte kanaanäische Königsstadt (z.B. Ri 1,27; Jos 12,21) im Süden der Jesreelebene, die in ägyptischen Texten erwähnt wurde, blieb lange unabhängig (Ri 1,27), kam dann aber wohl unter David an Israel. Unter dessen Sohn Salomo gehörte Taanach zusammen mit dem nahen Megiddo zum fünften Verwaltungsbezirk (1 Kön 4,12).

Tabera

(hebräisch „Weideplatz" oder „Brandstätte"; vom hebräischen b'r = „brennen")
Zwischen dem Berg Sinai und Kadesch gelegene Station der Israeliten auf ihrer Wüstenwanderung von Ägypten ins Gelobte Land. Hier beklagte sich das Volk bei Jahwe, woraufhin Gott aus Zorn über ihr ständiges Murren ein Feuer ins Lager sandte (Num 11,3; Dtn 9,22).

Tabita

(aramäisch tabja = „Gazelle")
Junge Christin in Joppe (Jafo), die „viele gute Werke tat und Almosen gab" und von Petrus wieder zum Leben erweckt wurde (Apg 9,36; Apg 9,40).

Tabor

Einzelner, knapp 600 m hoher Bergkegel am Nordostrand der Jesreelebene, den man aufgrund seiner majestätischen Form mit den Bergen Hermon und Karmel verglich (Ps 89,13; Jer 46,18) und zur Kultstätte machte (Dtn 33,18-19). Auf seinem Gipfel versammelte der israelische Feldherr Barak das Aufgebot der Stämme Sebulon und Naftali vor dem Kampf gegen das kanaanäische Heer des Sisera (Ri 4,6; 4,12; 4,14). Nach alter Überlieferung gilt der Tabor als Ort der Verklärung Jesu (Mk 9,2-9).

Tachpanhes

Befestigte Stadt im Ostdelta des Nils, deren Untergang der Prophet Ezechiel voraussagte (Ez 30,18). Hierher flohen die Judäer nach der Ermordung des Gedalja (Jer 43,7-44,1). Tachpanhes ist mit dem griechischen Daphne, dem heutigen Tell Daphne, identisch.

Tal der Leichen und der Asche

Gegend in der Nähe von Jerusalem, vermutlich das Hinnomtal (Jer 31,40).

Tal der Zimmerleute

Ein Tal zwischen Jafo (Joppe) und Jerusalem, in dem die Orte Lod und Ono lagen (Neh 11,35). Hier lebte eine Sippe von Zimmerleuten, deren Ahnherr der Judäer Joab war (1 Chr 4,14).

Tal Joschafat

Der Schauplatz des Gerichts über die Völker (Joël 4,2; 4,12) wird in Joël 4,14 „Tal der Entscheidung" genannt. Hier handelt es sich vermutlich um keinen konkreten Ort, der Name („Jahwe richtet") ist wohl nur symbolischer Art.
Das Tal wird in jüdischer und christlicher Tradition mit dem Kidrontal östlich von Jerusalem gleichgesetzt.

Talionsgebot

Der Begriff stammt von lateinisch „talio" („gleiche Widervergeltung") und ist eine moderne Bezeichnung für den Rechtsatz Ex 21,23-25 (vgl. Lev 24,19-22; Dtn 19,21), d.h. die Vergeltung von Gleichem mit Gleichem. Nach dem Talionsprinzip, das nur bei Körperverletzungen Anwendung fand, sollte den Täter dasselbe Übel treffen, das er selbst dem Verletzten zugefügt hatte (vgl. „Auge um Auge", „Zahn um Zahn", etc.). Doch bereits in alttestamentarischer Zeit wurde das Talionsprinzip zugunsten der finanziellen Entschädigung bzw. der Leistung von Schadenersatz für alle Fälle der Körperverletzung (außer Totschlag und Mord) aufgegeben.

Talita kum!

(aramäisch „Mädchen, steh auf!")

Mit diesen aramäischen Worten erweckte Jesus in Kaparnaum die zwölfjährige Tochter des Synagogenvorstehers Jaïrus von den Toten (Mk 5,41).

Talmai

König von Geschur, Vater der Maacha, Schwiegervater des David und Großvater des Abschalom (2 Sam 3,3).

Tamar

(hebräisch „Palme")

Den beliebten hebräischen Frauennamen trugen u.a.:

1. die Schwiegertochter Judas; sie war nacheinander die Frau seiner Söhne Er und Onan (Gen 38,6-8). Juda selbst schenkte sie die Zwillinge Perez (Vorfahr Davids) und Serach (Gen 38,27-30).

2. die Tochter Davids und Schwester des Abschalom (2 Sam 13); ihr Halbbruder Ammon entehrte sie, woraufhin Abschalom ihn tötete – aus Rache, aber auch aus politischen Gründen, denn so konnte er selbst zum Thronfolger aufsteigen.

3. die Tochter des Abschalom und Enkelin des David (2 Sam 14,27).

Tamariske

(hebräisch 'eschel, bei Martin Luther mit „Baum" übersetzt; hebräisch 'ar'ar, bei Luther mit „Heide" übersetzt)

Ein Strauch bzw. Baum, dessen größte Art (Tamarix articulata) die Höhe einer Eiche erreichen kann. Die kleinen Blätter sind schuppen- oder nadelförmig und erinnern an jene des Heidekrauts. In Palästina sind mehrere Tamariskenarten heimisch, man findet sie im Gebirge und in Wadis der Steppen- und Wüstengebiete (vgl. Jer 17,6).

Im Alten Testament wird die Pflanze an mehreren Stellen erwähnt: Abraham setzte bei Beerscheba einen Tamariskenbaum (Gen 21,33), bei einem solchen Baum urteilte Saul über die Priester von Nob (1 Sam 22,6), und unter einer Tamariske bei Jabesch (in Gilead) bestattete man ihn und seine Söhne (1 Sam 31,13).

Tammus
Sumerischer Gott, der zum „Lieblingsgott“ der Frauen wurde (Dan 11,37). Die Beweinung des Tammus durch die Jerusalemer Frauen (Ez 8,14) gehörte zum Ritus der Verehrung, der jedes Jahr im vierten Monat („Tammus“ = Juni/Juli) stattfand. Beklagt wurde das Verschwinden des Tammus in der Unterwelt, wo er seine Schwester für ein halbes Jahr ablösen musste. Dies symbolisierte das jährliche Vergehen der Natur im Hochsommer. So wurde Tammus auch als Vegetationsgott verehrt.

Tanach
Jüdische Bezeichnung für das Alte Testament, abgeleitet aus den Anfangsbuchstaben der hebräischen Bezeichnungen für die drei Teile des Kanons: Thora (Gesetz), Nebi'im (Propheten) und Ketubim (Schriften).

Tarach
Einer der Lagerplätze der Israeliten zwischen der Wüste Sinai und dem Berg Hor (Num 33,27-28).

Targume
(aramäisch targum = „Übersetzung“)
So werden Übersetzungen des Alten Testaments für den Synagogendienst aus dem Hebräischen in die aramäische Volkssprache bezeichnet. Diese wurden nötig, weil um 400 v.Chr. das Aramäische in Palästina zur Umgangssprache geworden war und viele Israeliten den hebräischen Urtext nicht mehr verstanden. Daher sind die Targume wichtig für die Erforschung des hebräischen Urtextes und der geistig-religiösen Umwelt des Neuen Testaments.
Bekannte Targume sind der Targum Onkelos, der die fünf Bücher Mose (Pentateuch) wiedergibt, und der Targum Jonatan (zu den Propheten).

Tarschisch
(phönizisch „Gießerei“)
Ein weit entferntes Land (Ps 72,10; Jes 23,6; Ez 27,12; 38,13; Jona 1,3; 4,2; 1 Kön 10,22), aus dem u.a. Silber (Jer 10,9), Eisen, Zinn und Blei (Ez 27,12) eingeführt wurden. Aufgrund des Metallreichtums könnte es sich um Tartessos in Südspanien gehandelt haben, wo eine Kolonie der Phönizier bestand.

Tarsus
Tarsus war der Geburtsort des Apostels Paulus (Apg 9,11; Apg 21,39; Apg 22,3). Die in Südostkleinasien am Fluss Kydnos etwa 15 km von der Mittelmeerküste entfernt gelegene Stadt (bei Antakya, Türkei) wurde 883 v.Chr. von Salmanassar III. in das Assyrerreich integriert, fiel im 4. Jahrhundert v.Chr. an Alexander den Großen

und wurde von den Seleukiden hellenisiert. Ab 66 v.Chr. war das wegen seiner Philosophenschulen berühmte Tarsus Hauptstadt der römischen Provinz Kilikien.

Tartak

Assyrische Gottheit, die nach der Zerstörung des Königreiches Israel (723 v.Chr.) von den angesiedelten Awitern in Samaria eingeführt wurde (2 Kön 17,31).

Tartan

(assyrisch „der Folgende")
Titel des Oberbefehlshabers in der assyrischen Armee. Die Bibel erwähnt den Tartan des Sargon (Jes 20,1) und den Tartan des Sanherib (2 Kön 18,17).

Tatian

(lateinisch Tatianus = „Tatius angehörend")
Ein Christ aus Syrien, der um 170 n.Chr. die erste und bekannteste Evangelienharmonie („Diatessaron") verfasste.

Tattenai

Der Statthalter der persischen Provinz Transeuphrat erkundigte sich bei König Darius I. (522-486 v.Chr.), ob der Wiederaufbau des Jerusalemer Tempels bewilligt wäre. Nachdem dieser die Erlaubnis gegeben hatte, mit den Arbeiten fortzufahren, ließ Tattenai den Juden freie Hand (Esra 5,3-6,13). 515 v.Chr. wurde der Tempel vollendet und geweiht.

Taube

(griechisch peristerá, hebräisch jona, tor)
In der Bibel werden Tauben erstmals im Zusammenhang mit dem Ende der Sintflut genannt (Gen 8,8-12). Verschiedene Taubenarten sind in Palästina heimisch, etwa die Turteltaube (Streptopelia turtur) oder die Felsentaube (Columba livia, z.B. in Hld 2,14; Jer 48,28; Ez 7,16).
Der Vogel spielte eine wichtige Rolle als Opfertier und symbolisierte Sanftmut, galt aber als nicht besonders klug (z.B. Gen 15,9; Lev 1,14; 5,7; 12,8; 14,22; Ps 68,14; Jes 60,8; Hos 7,11; Mt 10,16; 21,12; Lk 2,24). Durch eine Taube wurde der Geist, der bei der Taufe auf Jesus kam, veranschaulicht (Mt 3,16; Joh 1,32). Oftmals wurde ihrem Gurren Ähnlichkeit mit dem Jammern eines Menschen nachgesagt (vgl. Jes 38,14; 59,11; Nah 2,8).

Tebach

Stadt in Zoba, die von David erobert und geplündert wurde (2 Sam 8,8). Gleichzusetzen mit „Tibhat" (1 Chr 18,8). Als Ahnherr der Stadt galt einer der zwölf Söhne des Nahor (Gen 22,24).

Tebez

Stadt in Mittelpalästina, rund 15 km nordöstlich von Sichem

(heute Tubas); Abimelech, der König von Sichem, starb beim Sturm auf Tebez durch einen von einem Turm herabgeworfenen Mühlstein (Ri 9,50-54; 2 Sam 11,21).

Tekoa

Knapp 10 km südlich von Bethlehem gelegene Ortschaft am Rand der Wüste Juda; sie wurde im 10. Jahrhundert v.Chr. von Rehabeam, dem ersten König des Südreichs Juda, befestigt (2 Chr 11,6; Jer 6,1) und nach dem babylonischen Exil wieder von Juden besiedelt, die beim Wiederaufbau der Jerusalemer Mauer mitarbeiteten (Neh 3,5; Neh 3,27). Tekoa war Heimat des Propheten Amos (Am 1,1) und eines Gefolgsmannes des David (2 Sam 23,26). Aus Tekoa stammte auch jene kluge Frau, die David mit seinem Sohn Abschalom versöhnte (2 Sam 14,2-9).

Tel-Abib

Der Name wurde im Hebräischen mit „Ährenhügel" gedeutet, meint aber im Akkadischen („til-abubi") eigentlich „Sintfluthügel".
Der Name des Ortes in Babylonien am Fluss Kebar, wo der Prophet Ezechiel während seines Exils lebte (Ez 3,15), findet sich im heutigen Tel-Aviv an der Mittelmeerküste, der größten Stadt Israels, wieder.

Tell

(arabisch „Hügel", „Ruinenhügel")
Das Wort bezeichnet jene Ruinen- oder Schutthügel, die über oft aus der Bronzezeit stammenden Siedlungen entstanden. Mit „Tell" werden die Namen zahlreicher Orte gebildet (etwa Tell el-Amarna, Tell ta-Annek, Tell-Melach). Es findet auch an vielen Stellen des Alten Testaments Erwähnung (z.B. Dtn 13,17; Jos 8,28; Esra 2,59; Neh 7,61; Jer 30,18; Ez 3,15).

Tema

Oase in Nordwestarabien, am Kreuzungspunkt zweier Karawanenstraßen (Jes 21,14; 25,23; Ijob 6,19); hier residierte der letzte neubabylonische König Nabonid (556-539 v.Chr.) zehn Jahre lang.

Teman

Sohn des Elifas und Enkel des Esau (Gen 36,11; 36,15; 36,42).

Tempel

„Und sie sollen mir ein Heiligtum machen, damit ich in ihrer Mitte wohne" (Ex 25,8).
Jahwe ordnete den Bau einer Verehrungsstätte selbst an und beschrieb Materialien und Maße sehr genau (Ex 26-27). Es ist eine Art tragbare Hütte oder Zelt aus wertvollen Stoffen und Hölzern, vermutlich ganz in der nomadischen Tradition der Israeliten. Es

sollten noch 400 Jahre vergehen, bevor unter Salomo der erste steinerne Tempel in Jerusalem erbaut wurde. Auch von ihm haben wir eine detaillierte Beschreibung (1 Kön 6).
Nach der Zerstörung der Stadt und des Tempels durch die Babylonier ermöglichte erst die persische Machtübernahme im Nahen Osten den Wiederaufbau des jüdischen Tempels (Esra 6). Erneut liegen genaue Größenmaße vor, darüber hinaus Angaben über die Zahl der geopferten Tiere zur Einweihung. Dieses Mal hatte nicht Gott selbst den Bau angeordnet, sondern der Befehl kam, wie Esra 6,14 ausdrücklich vermerkt, von den persischen Königen Kyrus, Darius und Artahsasta (Artaxerxes).
Herodes der Große baute kurz vor der Zeitenwende diesen Tempel prächtig aus (Lk 21,5; Joh 2,20), doch fiel er im Jahr 70 n.Chr. dem jüdisch-römischen Krieg zum Opfer. Ein Rest des Fundaments der Westmauer ist heute noch als Klagemauer zu sehen.

Terafim

(hebräisch „die Faulenden"; vgl. Martin Luthers Übersetzung „Götzen")
Oberbegriff für verschiedene Kultgegenstände bzw. Gottesbilder, deren genaue Funktion unklar ist; es handelte sich um kleine Statuen o.ä., denen eine gewisse göttliche Verehrung zukam (vgl. Gen 31,30). Gen 31,19 und Gen 31,34-35 beschreiben kleine Figuren eines Hausgottes, deren Besitz den Erbanspruch einschloss. Nach 1 Sam 19,13 und 1 Sam 19,16 ist Terafim eine kultische Gesichtsmaske. Terafim wurden auch zur Orakelbefragung (Ez 21,28) verwendet.

Terebinthe

(griechisch terébinthos, hebräisch 'ela; bei Martin Luther mit „Buche" oder „Eiche" übersetzt)
In Palästina und im Mittelmeerraum heimischer Baum (Pistacia terebinthus); einige Arten können bis zu 10 m hoch werden. Die Terebinthe, aus deren Rinde ein wohlriechendes Harz gewonnen wird, galt vielfach als heilig und wird im Alten Testament mehrfach erwähnt (z.B. Gen 18,1; 35,4; Jos 24,26; Ri 6,11; 2 Sam 18,9ff.; Jes 1,30; 6,13; Ez 6,13; Hos 4,13).

Tertius

(lateinisch „der Dritte")
Ein Christ in Korinth und Schreiber bzw. Sekretär, dem der Apostel Paulus den Römerbrief diktierte (Röm 16,22).

Tertullus

Anwalt des Hohen Rats, der vor dem römischen Statthalter Felix erschien und diesem die Anklage gegen den Apostel Paulus vortrug (Apg 24,1-2).

Tetragramm
(griechisch tetra = „vier" und gramma = „Buchstabe")
Bezeichnung für die vier Buchstaben „jhwh" des Gottesnamens Jahwe. Die falsche Lesung „Jehova" entstand im Mittelalter.

Tetrarch
(griechisch „Vierfürst")
So wurde im Römerreich der Fürst eines viergeteilten Reiches genannt. Der Begriff bezeichnete später auch die von Rom abhängigen Regenten in Kleinasien, Syrien und Palästina. Tetrarchen im 1. Jahrhundert n.Chr. waren Herodes Antipas (Mt 14,1; Apg 13,1), Herodes Philippos (Lk 3,1) und Lysanias (Lk 3,1).

Thaddäus
Ein Jünger Jesu, der in den Apostellisten den elften Platz einnimmt – in Mt 10,3 und Mk 3,18 unter dem Namen Thaddäus und in Lk 6,16 und Apg 1,13 als „Judas, der Sohn des Jakobus".
Außer der Frage an Jesus (Joh 14,22) gibt es keine Informationen über ihn.

Theben
Griechischer Name der oberägytischen Stadt „No" oder „No-Amon" (Jer 46,25; Ez 30,14-16; Nah 3,8); im fast 800 km südlich von Memphis gelegenen Theben wurde der Gott Amon verehrt (Jer 46,25). Die Stadt lag zu beiden Ufern des Nils und ist heute berühmt wegen der Tempel von Karnak und Luxor (östlich des Nils) und der Totentempel im Tal der Könige (westlich des Nils). Zur Zeit des Neuen Reiches war Theben die Hauptstadt von Ägypten. Der Untergang der Stadt wurde – zusammen mit dem ganz Ägyptens – prophezeit (Ez 30,14-16). Theben wurde 663 v.Chr. von den Assyrern unter Assurbanipal zerstört.

Theodotion
Vermutlich ein aus Ephesos stammender jüdisch-hellenistischer Proselyt, der im 2. Jahrhundert n.Chr. die Septuaginta nach der hebräischen Textvorlage überarbeitete und das Alte Testament neu ins Griechische übersetzte. Seine Übertragung fand sich in der sechsten Spalte der von Origenes herausgegebenen Hexapla. Charakteristisch für Theodotion war seine Umschrift hebräischer Wörter in griechische Buchstaben.

Theodotus
(griechisch „von Gott gegeben")
Einer der Gesandten, die der syrische Feldherr Nikanor zu Friedensverhandlungen zu den aufständischen Juden schickte (2 Makk 14,19).

Theophilus

(griechisch„Freund Gottes")
Angesehener, vermutlich aus Antiochia stammender Christ, dem Lukas seine beiden Schriften (das Lukasevangelium und die Apostelgeschichte) widmete (Lk 1,3; Apg 1,1) und der für die Verbreitung des Werkes sorgte.

Thessalonich

Thessalonich (das heutige Thessaloniki, kurz Saloniki, Nordostgriechenland) wurde Ende des 4. Jahrhunderts v.Chr. von Kassandros, dem Herrscher über Makedonien und Griechenland gegründet und nach seiner Frau Thessalonike, einer Halbschwester von Alexander dem Großen, benannt. 148 v.Chr. wurde das an der Heerstraße Via Egnatia liegende Thessalonich Hauptstadt der römischen Provinz Makedonien. Zur Zeit des Apostels Paulus gab es dort eine jüdische Gemeinde, in deren Synagoge er während seiner zweiten Missionsreise das Evangelium verkündete (Apg 17,2). Es entstand eine überwiegend heidenchristliche Gemeinde. Einige Juden nahmen seine Predigt nicht an und lösten eine Verfolgung aus, worauf Paulus die Stadt überstürzt verlassen musste (Apg 17,1-13). An die Christen von Thessalonich sind die beiden Thessalonicherbriefe des Neuen Testaments gerichtet.

Theudas

1. Jüdischer Führer einer Gruppe Aufständischer, der vor Judas, dem Galiläer (6 n.Chr.) und damit noch vor Jesu Geburt auftrat (Apg 5,36).
2. Der Historiker Josephus Flavius erwähnt einen Theudas, der zur Zeit des Statthalters Cuspius Fadus (44-46 n.Chr.) lebte und von den Römern hingerichtet wurde.
Die beiden Männer sind vermutlich nicht identisch.

Thomas

Einer der zwölf Apostel (Mt 10,3; Mk 3,18; Lk 6,15; Apg 1,13) mit dem Beinamen Didymus („Zwilling"; Joh 21,2), der eine besondere Rolle im Johannesevangelium spielt: Thomas war bereit, mit Jesus zu sterben (Joh 11,16) und fragte nach dem Weg, um ihm zu folgen (Joh 14,5). Er zweifelte aber an den Berichten der anderen Jünger über die Auferstehung Jesu und wollte den Auferstandenen mit eigenen Augen sehen und berühren (Joh 20,24-29).
Ein apokryphes Evangelium trägt seinen Namen.

Thora

(hebräisch „Anweisung", „Unterricht")
Im Alten Testament bezeichnete das Wort die Lehren und Anweisungen der Eltern, der Weisen und der Propheten (Spr 1,8; 13,14; Jes 8,16). Im Speziellen waren damit die Unterweisungen durch die

Priester gemeint. In späterer Zeit wurden mit dem Begriff Thora nicht nur das Gesetz (z.B. Gen 26, 5; Lev 6,2), sondern alle fünf Bücher Mose (Pentateuch) und in Folge das gesamte Alte Testament benannt.

Thrakien

Landschaft zwischen Makedonien und dem Schwarzem Meer. Söldner aus Thrakien dienten in griechischen und römischen Heeren (2 Makk 12,35).

Der größte Teil gehört heute zu Griechenland, nur das östliche Thrakien bildet den Anteil der Türkei an Europa.

Thyatira

Thyatira in Lydien an der Westküste Kleinasiens war die Heimat der gottesfürchtigen Purpurhändlerin Lydia (Apg 16,14). Der längste der sieben Briefe der Offenbarung des Johannes ist an die christliche Gemeinde von Thyatira gerichtet (Offb 2,18-29).

Tiberias

Die Stadt am Südwestufer des Sees Genezareth wurde um 26 n.Chr. von Herodes Antipas als neue Hauptstadt von Galiläa erbaut und nach seinem Freund, dem römischen Kaiser Tiberius, benannt. Tiberias war ein bedeutendes Zentrum des Hellenismus und galt bei frommen Juden und Judenchristen als unreine Stadt. Im Neuen Testament ist die Stadt nur im Johannesevangelium erwähnt (Joh 6,23). Hier wird der See Genezareth auch zweimal als „See von Tiberias“ (Joh 6,1; Joh 21,1) bezeichnet.

Später wurde Tiberias der Hauptsitz rabbinischer Gelehrsamkeit.

Tiberius

Tiberius Claudius Nero war der Stiefsohn und Nachfolger des römischen Kaisers Augustus und regierte von 14-37 n.Chr. Nach der Chronologie von Lk 3,1 begann das Wirken Johannes des Täufers im 15. Regierungsjahr des Tiberius.

Tibni

Gegner des Omri im Kampf um die Königsherrschaft im Nordreich Israel (1 Kön 16,21), aus dem Omri 878 v.Chr. letztlich als Sieger hervorging.

Tifsach

(hebräisch „Furt“)

Die Stadt am Euphrat war Grenzstadt des salomonischen Reiches (1 Kön 5,4).

Tiglat-Pileser

Name mehrerer assyrischer Könige; von besonderer Bedeutung für die Geschichte Israels war Tiglat-Pileser III. (745-727 v.Chr.), der im Alten Testament auch „Pul“ heißt und der Gründer des assyrischen

Großreichs war: Er unterwarf den Aramäerstaat Hamat und Basan und erhielt Tributzahlungen von Rezin von Damaskus und Menahem von Israel (2 Kön 15,19). 734 v.Chr. zog er nach Philistäa, wo er Gaza unterwarf und an die Grenze Ägyptens vorstieß. Im Jahr darauf erhob sich eine Koalition, der u.a. Rezin von Damaskus und Pekach von Israel angehörten, gegen Assyrien. König Ahas von Juda verweigerte den Anschluss und rief, als er von Rezins und Pekach angegriffen wurde, Tiglat-Pileser zu Hilfe. Dieser eroberte Israel mit der Hauptstadt Samaria und deportierte einen Großteil der Bevölkerung nach Assyrien (2 Kön 15,29). Nach der Eroberung von Damaskus im Jahre 732 v.Chr. war Tiglat-Pileser III. Herrscher über Syrien und Palästina.

Tigris

Der 1 800 km lange Tigris ist nach dem Euphrat der größte Fluss des westlichen Asien. Den beiden Flüssen verdankt Mesopotamien („Zweistromland") seinen Namen. Wie der Euphrat entspringt auch der Tigris in den armenischen Bergen, und beide münden in den Persischen Golf – im Altertum getrennt, heute bereits zuvor zu einem Strom vereint. An den Ufern des Tigris, der in Gen 2,14 als einer der vier irdischen Paradiesströme bezeichnet wird, lagen u.a. die Städte Assur, Kelach und Ninive. Auch in Tob 6,1; Jdt 1,6; Sir 24,65 und Dan 10,4-7 wird der Tigris genannt.

Timäus

Vater des blinden Bettlers Bartimäus, den Jesus bei Jericho heilte (Mk 10,46).

Timna

1. Ort in Südjuda in der Nähe von Adullam (Gen 38,12ff.; Jos 15,57), dessen exakte Lage jedoch nicht bekannt ist.
2. Zwischen Bet-Schemesch und Ekron an der Nordgrenze Judas mit Dan gelegener Ort (Jos 15,10; 19,43; 2 Chr 28,18), das heutige Tell el-Bataschi. Die in diesem Gebiet häufig aufflammenden Kämpfe zwischen Danitern und Philistern bildeten den Hintergrund für die Legende von Simsons Kampf mit dem Löwen (Ri 14,1ff.).
3. Ort im Ephraimgebirge, in dem Josua bestattet wurde (in Jos 19,50 und Jos 24,30 „Timnat-Serach"; in Ri 2,9 „Timnat-Heres"), das heutige Chirbet Tibne.

Timotheus

(griechisch „ehren" und „Gott")
1. Seleukidischer Offizier, der mehrmals von Judas Makkabäus geschlagen wurde (2 Makk 8,30; 2 8,32; 10,24-37; 1 Makk 5,6; 5, 11; 5,34-44).
2. Schüler und Mitarbeiter des

Apostels Paulus; er stammte aus Lykaonien (Apg 16,1-3) und hatte einen heidnischen griechischen Vater und eine judenchristliche Mutter (Apg 16,1). Timotheus wurde von Paulus bekehrt und war von der zweiten Reise an dessen treuer Begleiter (Apg 16,1-3). Er half bei der schwierigen Missionsarbeit (1 Thess 3,2-6; 1 Kor 4,17) und war Mitabsender des ersten Thessalonicher- und des Philipperbriefes. Der Überlieferung nach wirkte Timotheus nach Paulus' Tod als erster Bischof von Ephesos und erlitt dort um 97 n.Chr. den Märtyrertod.
3. Mitarbeiter des Verfassers des Hebräerbriefes (Hebr 13,23); ob er mit *2* identisch ist, ist unklar.

Tirza

Alte kanaanäische Königsstadt, die von Josua erobert (Jos 12,24) und dem Stamm Manasse zugeteilt wurde (Jos 17,3). Jerobeam I. machte Tirza zur Residenzstadt der Könige des Nordreichs Israel (1 Kön 14,17). Hier regierte Bascha (1 Kön 15,21) und er wurde auch in Tirza begraben (1 Kön 16,6). Sein Sohn Ela wurde hier ermordet (1 Kön 16,8-14), und Schimri beging nach sieben Tagen Herrschaft im brennenden Königspalast Selbstmord (1 Kön 16,15; 1 Kön 16,17-18). König Omri (882/78-871 v.Chr.) residierte hier sechs Jahre lang, machte aber dann Samaria zur neuen Hauptstadt (1 Kön 16,23-24). Das für seine Schönheit berühmt Tirza (Hld 6,4) lag an der Stelle des heutigen Tell el-Far'a, etwa 10 km nordöstlich von Nablus.

Tisbe

Ort im Ostjordanland und Heimat des Propheten Elija (1 Kön 17,1). Die genaue Lage ist nicht bekannt.

Titus

1. Titus Manius war 164 v.Chr., dem Jahr der Thronbesteigung des Seleukiden Antiochos V. Eupator, zusammen mit Quintus Memmius römischer Legat in Palästina (2 Makk 11,34).
2. Ein Heidenchrist, Freund, Gefährte und Mitarbeiter des Paulus (2 Kor 8,23); er begleitete den Apostel 49 n.Chr. nach Jerusalem zum Apostelkonzil (Gal 2,1-5). Dort weigerte sich Paulus, ihn zu beschneiden. Später schickte er ihn nach Korinth, um den Frieden in der dortigen Gemeinde wiederherzustellen (2 Kor 2,13; 7,6-15) und die Kollekte für Jerusalem zu Ende zu führen (2 Kor 8,6). Titus wurde außerdem von Paulus damit beauftragt, die christliche Gemeinde auf Kreta zu leiten (Tit 1,5).
3. Titus Flavius Vespasianus, der Sohn und Nachfolger des römischen Kaisers Vespasian; seit 71 n.Chr. Mitregent, trat er nach dem Tod seines Vaters im Jahr 79 die

Alleinherrschaft an. Zuvor hatte er als Feldherr den jüdischen Aufstand (66-73) niedergeschlagen und im Jahr 70 Jerusalem eingenommen und zerstört. Die Tempelgeräte ließ er nach Rom bringen, wo sie im Triumphzug mitgeführt wurden; die zahlreichen Gefangenen siedelte er in Grenzprovinzen des Reiches an (Rhein, Donau, Spanien). Nach seinem Tod im Jahre 81 baute man ihm zu Ehren in Rom einen Triumphbogen, auf dem die in Jerusalem erbeuteten Tempelgeräte abgebildet sind.

Tob

Aramäischer Kleinstaat im nördlichen Ostjordanland, der Zufluchtsstätte des Jiftach war (Ri 11,3; Ri 11,5). Die genaue Lage ist unklar.

Tobias, Tobit

(hebräisch tobija = „Jahwe [Gott] ist gütig")

Tobit und sein Sohn Tobias sind die Hauptfiguren des um 200 v.Chr. verfassten Tobitbuches. Tobit stammte aus Obergaliläa und gehörte dem Stamm Naftali an (Tob 1,1). Nach der Eroberung Samarias durch die Assyrer wurde er mit seiner Familie nach Ninive deportiert, wo ihm Hanna den Sohn Tobias schenkte und er zu Ansehen gelangte. Trozdem blieb er Jahwe und den vom Gesetz vorgeschriebenen Bräuchen treu, und so beerdigte er – trotz eines Verbotes – die auf Befehl des Assyrerkönigs hingerichteten Juden.

Als Tobit über Nacht erblindete (Tob 2,1-10; Tob 14,2) und von seiner Frau verspottet wurde (Tob 2,11-14), wünschte er sich selbst den Tod (Tob 3,1-6). Zur gleichen Zeit betete in Ekbatana in Medien Sara, die Tochter seines Vetters Raguël, Gott möge sie vom Dämon Aschmodai befreien, der nacheinander ihre sieben Männer in der Hochzeitsnacht getötet hatte (Tob 3,7-15). So sandte Gott den Engel Raphael, um Tobit und Sara zu helfen (Tob 3,16-17).

Tobias junior: Nun wird der junge Tobias zur Hauptfigur des Tobitbuches. Er wurde von seinem Vater auf eine Reise nach Medien geschickt, um dort eine große Geldsumme, die sein Vater verliehen hatte, einzutreiben. Er wurde vom Engel Raphael (in Menschengestalt) begleitet (Tob 4,1-5,17). Tobias kam nach Ekbatana, wo er den Dämon überwand und Sara heiratete (Tob 8,4-8). Nach der Hochzeit kehrten die beiden nach Ninive zurück (Tob 9,1-10,13). Der Vater erhielt sein Geld und auch sein Augenlicht (Tob 11,1-15) zurück. Tobit stimmte einen Lobgesang an (Tob 13) und beauftragte den Sohn, nach seinem Tod nach Ekbatana zu ziehen.

Das Tobitbuch ist kein Geschichtswerk, sondern eine Erzählung, die Einblick in die jüdische Frömmigkeit und das jüdische Familienleben im 2. Jahrhundert v.Chr. gewährt. Zentrale Elemente sind: Gesetzestreue, Gebet, Nächstenliebe und Geduld in schwierigen Prüfungen.

Todesstrafe

In der alttestamentarischen Zeit findet sich die Todesstrafe sehr oft. Im Codex Hammurabi z.B. ist sie für über dreißig Fälle vorgesehen. Die Assyrer verfuhren noch wesentlich strenger, analog zu ihrem militaristisch ausgerichteten Staatswesen. Das Pfählen war bei ihnen häufig, bei den Babyloniern starb der Delinquent in der Regel durch Ertränken im Fluss.

Trotz des fünften Gebotes wurden im Alten Testament folgende Verbrechen mit dem Tod bestraft: religiöse Vergehen (Zauberei, Götzendienst, Gotteslästerung, Kinderopfer und die Entweihung des Sabbat); Sexualdelikte (vgl. Lev 20,10-21); Mord und Totschlag (Ex 21,12-14); Auflehnung gegen die Eltern (Ex 21,15); Menschenraub (Ex 21,16); falsches Zeugnis (Dtn 19,19); in der Königszeit auch Majestätsverbrechen (z.B. 1 Kön 2,25-34). Die übliche Hinrichtungsart war die Steinigung; daneben gab es Verbrennen und das von den Assyrern übernommene Pfählen (Esra 6,11). In römischer Zeit kam die Enthauptung hinzu und die angeblich von den Phöniziern erfundene Kreuzigung.

Zwar wurden auch Israeliten vor allem für Götzendienst mit dem Tod bestraft, so etwa 3 000 von ihnen, die dem Goldenen Kalb gehuldigt hatten (Ex 32,27), oder jene, die sich moabitische Frauen genommen und deren Göttern geopfert hatten (Num 25,4). Doch am härtesten traf dieses Schicksal meist andere Völker. Während der Landnahme wurde etwa die Stadt Jericho mit Stumpf und Stiel ausgerottet, „Männer und Frauen, Kinder und Greise, Rinder, Schafe und Esel“ (Jos 6,21).

In der Zeit der römischen Besatzung lag das Recht, die Todesstrafe zu verhängen, bei der römischen Verwaltung, deshalb schleppte man auf Beschluss des Hohen Rates Jesus vor den Statthalter Pontius Pilatus. Obwohl er ihn für unschuldig hielt (Lk 22,23), verurteilte er ihn am Ende doch aus Angst vor einem Aufstand (Joh 19,12).

Tofet

Kultstätte im Hinnomtal bei Jerusalem, an der bis zur Reform König Josias Kinderopfer dargebracht wurden (2 Kön 23,10; Jer 32,35). Nach dem Tod Josias (609 v.Chr.) wurde der grausame Ritus offenbar wieder eingeführt (Jer 7,31ff.; Jer 19,4ff.).

Togarma

(griechisch Thorgama, Thergama)

In der Völkertafel ist Togarma als ein Urenkel Noahs aufgelistet (Gen 10,3; 1 chr 1,6). Der dritte Sohn Jafets gilt als Ahnherr des Stammes Togarme, der sich nördlich von Palästina niederließ und für seine Pferde- und Maultierzucht bekannt war (Ez 27,14; 38,6).

Auf hethitischen Tontafeln aus dem 2. Jahrtausend v.Chr. wird die Region Tegarama (assyrisch Tilgarimmu) in Kappadokien erwähnt, die vermutlich mit Togarma identisch ist und wohl dem heutigen Gürün im Osten der Türkei entspricht.

Tohuwabohu

(hebräisch tohu = „Nichts", „Leere"; bohu vgl. phönizisch Baau, Gottheit des Chaos)

Der sprichwörtlich gewordene Ausdruck wurde von Martin Luther mit „wüst und leer" übersetzt. In Gen 1,2 bezeichnet er den Urzustand des Chaos'. Später wurde damit auch das Durcheinander bei Katastrophen bezeichnet (Jes 34,10; 24,10; Jer 4,23).

Tola

Der Sohn des Puwa war der erste in der Liste der „kleinen" Richter. Tola gehörte dem Stamme Issachar an und übte sein Amt 23 Jahre lang aus. Er wirkte und starb in Schamir im Gebirge Ephraim (Ri 10,1-2).

Totes Meer

(hebräisch jam hammelah = „Salzmeer"; jam ha'araba = „Wüstenmeer")

Der rund 1 000 km² große, 85 km lange und bis zu 400 m tiefe Salzsee liegt am südlichen Ende des Jordantals und wird im Osten von den Bergen Moabs und im Westen von den judäischen Bergen begrenzt. Der Seespiegel liegt knapp 400 m unter dem Meeresspiegel und bildet damit den tiefsten Punkt der Erde auf dem Land.

Seit dem 2. Jahrhundert n.Chr. wird das Binnenmeer, das aufgrund der hohen Verdunstung einen Salzgehalt von 25% erreicht (wodurch organisches Leben unmöglich wird), auch „Totes Meer" genannt. Im Alten Testament ist die Bezeichnung „Salzmeer" am gebräuchlichsten (z.B. Gen 14,3; Num 34,12; Dtn 3,17; Jos 3,16), aber auch Namen wie „östliches Meer" (Ez 47,18; Joël 2,20; Sach 14,8) oder „Meer des Lot" (vgl. Gen 19) finden Erwähnung. Zur Römerzeit wurde das Gewässer wegen seiner Asphaltvorkommen auch „lacus asphaltitis" genannt. Schon früh erkannte man den wirtschaftlichen Nutzen der heilkräftigen Schwefelthermen und Salzvorkommen.

Trajan

Marcus Ulpius Trajan, war von 98 bis 117 n.Chr. römischer Kaiser. Ihm verdankte das römische Reich

seine letzte Hochblüte und für kurze Zeit die größte Ausdehnung seiner Geschichte.
Trajan sorgte für soziale Reformen, eine neue Organisation der Verwaltung der römischen Provinzen und die Verbesserung der Infrastruktur. In Palästina richtete er 106 n.Chr. die Provinz Arabia ein (nach Unterwerfung der Nabatäer), eroberte im Krieg gegen die Parther Mesopotamien (sowie in Kleinasien Armenien) und schlug einen jüdischen Aufstand nieder (Zweiter jüdischer Krieg, 115-117). In seiner Korrespondenz mit Plinius, dem Statthalter der römischen Provinz Bithynien im Nordwesten Kleinasiens, erklärte Trajan die Christen zu Staatsfeinden, d.h. wer sich zum Christentum bekannte, hatte mit der Todesstrafe zu rechnen.

Trauerbräuche

Jüdische Trauerbräuche sind wie folgt belegt: Man bahrte den Verstorbenen auf und begann die Totenklage (Apg 9,37-39), die manchmal von Musikern begleitet wurde (Mt 9,23). Die Trauernden schlugen sich auf die Brust, stießen lautes Wehgeschrei aus, riefen den Namen des Verstorbenen oder sangen Klagelieder und weinten, zerrissen wohl auch ihre Kleider (2 Petr 3,9). Streng geahndet wurde jegliche Art von heidnischer Totenklage (Lev 19,27; 21,5; Dtn 14, 1), im Ursprung wohl in bewusster Abgrenzung zu den unter den Kanaanäern verbreiteten Fruchtbarkeits- und Todesriten. Während der Trauerzeit trug man Trauergewänder, unterließ jegliche Körperpflege und fastete. Die vorgeschriebene Trauerzeit betrug sieben (Gen 50,10; 1 Sam 31,13) oder 30 Tage (Num 20,29; Dtn 34,8).

Tres Tabernae

(lateinisch „drei Hütten", „drei Wirtshäuser")

Ort an der Via Appia, etwa 50 km südlich von Rom, wo der Apostel Paulus auf ihm entgegenreisende Christen traf, als er als Gefangener nach Rom gebracht wurde (Apg 28,15).

Tripolis

(griechisch „Dreistadt")

Bedeutende, etwa 800 v.Chr. gegründete phönizische Hafenstadt (2 Makk 14,1). Der Apostel Petrus soll in Tripolis missionarisch tätig gewesen sein.

Troas

Hafenstadt an der Nordwestküste Kleinasiens, in der sich der Apostel Paulus mehrmals aufhielt (2 Kor 2,12; Apg 20,5-12; 2 Tim 4,13). In Troas hatte er eine Vision, die ihn zu seiner Missionstätigkeit in Europa bewegte (Apg 16,8ff.).

Trophimus
Der Heidenchrist aus Ephesos begleitete Paulus auf dessen Rückweg nach Jerusalem nach der dritten Missionsreise (Apg 20,4). Trophimus' Anwesenheit löste einen Tumult und die Verhaftung des Apostels aus, da die Juden vermuteten, Paulus habe den Unbeschnittenen verbotenerweise in den Tempel mitgenommen (Apg 21,29). Auf einer späteren Reise musste der Apostel seinen kranken Begleiter Trophimus in Milet zurücklassen (2 Tim 4,20).

Tryphon
Der seleukidische Usurpator (143-139 v.Chr.) ließ Antiochos VI. Epiphanes Dionysos, als dessen Vormund er eingesetzt war, ermorden und bestieg selbst den Thron (1 Makk 13,31). Er nahm 142 v.Chr. den Makkabäer Jonatan gefangen und totete ihn (1 Makk 13,23).

Tubal
Der Enkel Noahs und fünfte Sohn des Jafet (Gen 10,2; 1 Chr 1,5) gilt als Ahnherr und Namensgeber eines kleinasiatischen Volkes im Gebiet zwischen dem Schwarzen und dem Kaspischen Meer, das mit dem Stadtstaat Tyrus an der palästinischen Mittelmeerküste rege Handelsbeziehungen unterhielt (Ez 27,13).

Tubal-Kajin
Der Sohn des Lamech und dessen zweiter Frau Zilla war ein Nachfahre Kains und gilt als Ahnherr der Metallbearbeiter und Schmiede (Gen 4,22).

Turteltaube
(griechisch trygôn, hebräisch tor)
Das Alte Testament erwähnt die Turteltaube (Streptopelia turtur) an mehreren Stellen (z.B. Lev 1,14; Hld 2,12; Jer 8,7). Der Zugvogel, der im Frühling nach Palästina kommt, symbolisierte Sanftmut und Unschuld und diente als Opfertier (Gen 15,9; Lev 5,7; 12,6; 12,8; Num 6,10; Ps 74,19; Lk 2,24).

Tychikus
Der aus Kleinasien stammende Schüler des Paulus begleitete den Apostel während dessen dritter Missionsreise von Makedonien nach Troas (Apg 20,4). Der Epheser- und der Kolosserbrief geben ihn als Überbringer an, der von Paulus auch mit der Aufgabe betraut wurde, die christlichen Gemeinden zu ermutigen (Eph 6,21f.; Kol 4,7-9; Tit 3,12; 2 Tim 4,12).

Tyrannus
Dozent der Philosophie oder Rhetorik in einem Lehrsaal in Ephesos (moglicherweise auch Bauherr oder Besitzer desselben), wo der Apostel Paulus während

seiner dritten Missionsreise mit seinem Einverständnis zwei oder drei Jahre lang täglich predigte, nachdem man ihm dies in der Synagoge verwehrt hatte (Apg 19,9f.).

Tyrus

Befestigte phönizische Inselstadt 55 km nördlich des Karmel vor der Küste Palästinas (z.B. Jos 19,29; 2 Sam 24,7; Ez 26-28; Joël 4,4; Am 1,9f.); unter ihrem Fürsten Hiram I. (969-936 v.Chr.) unterstützte Tyrus die israelitischen Könige David und Salomo (2 Sam 5,11; 1 Kön 5,15-26; 9,26-28). Die durch Handel reich gewordene Stadt gründete Kolonien in Nordafrika (z.B. Karthago) und auf der Insel Zypern. Etbaal, König von Sidon und Tyrus (887-856 v.Chr.), gab seine Tochter Isebel König Ahab von Israel zu Frau (1 Kön 16,31). Die Assyrer und Babylonier versuchten viele Jahre vergeblich, Tyrus einzunehmen (Ez 26-29), doch dies gelang erst Alexander dem Großen im Jahre 332 v.Chr., der die Inselstadt durch einen 600 m langen Damm mit dem Festland verbinden ließ.

Auch im Neuen Testament wird Tyrus angeführt (z.B. Mt 11,21f.; Mk 3,8; Lk 6,17; Apg 12,20). Der Apostel Paulus hielt sich hier auf dem Weg nach Jerusalem sieben Tage lang auf (Apg 21,3ff.).

Ugarit

Kanaanäische Handelsstadt an der syrischen Nordküste, etwa 10 km nördlich des heutigen Al-Ladiqiya; Ugarit war vermutlich schon zur Jungsteinzeit besiedelt. Im 2. Jahrtausend v.Chr. war der politische und kulturelle Einfluss Ägyptens maßgeblich, dank ihrer Lage an einer wichtigen Handelsroute zwischen Kreta und Mesopotamien griff die Stadt aber auch Elemente anderer Völker und Kulturen auf. Um 1200 v.Chr. wurde Ugarit von den Seevölkern zerstört und nicht wieder besiedelt. Bei Ausgrabungen, die im Jahr 1929 begannen, entdeckte man Paläste, Wohnhäuser, breit angelegte Straßen und Baal bzw. Dagon geweihte Tempel. Am bedeutendsten waren jedoch die Funde von beschrifteten Tontafeln (vermutlich zwischen 1500 und 1200 v.Chr. entstanden), in denen auf Ugaritisch (eine dem Hebräischen und Phönizischen nahestehende semitische Sprache) Gebete, Epen, Klagelieder und Hymnen festgehalten wurden. Diese Schriftstücke lieferten u.a. wichtige Hinweise auf den kanaanäischen Baalskult, die für die Auslegung des Alten Testaments große Bedeutung haben. Ferner spielt im fragmentarischen Akatepos der weise König Danel eine wichtige Rolle, der mit Daniel in Verbindung gebracht werden könnte.

Uhu

(hebräisch janschuph = „Dämmerungsvogel"; bei Martin Luther mit „Uhu" übersetzt bzw. hebräisch 'oah, bei Luther mit „Eule" übersetzt)

Vermutlich ist damit der Uhu (Bubo bubo aharonii) gemeint; ein wie alle Eulenarten als unrein geltender Vogel (z.B. Lev 11,17; Dtn 14,16; Jes 13,21; 34,11).

Ur

Der Ort im Süden Mesopotamiens nahe dem rechten Ufer des Euphrat war ein bedeutendes Zentrum der sumerischen Kultur. Hier wurde der Mondgott Nanna in einem Tempelturm (Zikkurat) von riesigen Ausmaßen verehrt (vgl. Jos 24,2) und könnte Ausgrabungen zufolge bereits in der Steinzeit besiedelt worden sein.

Ur gilt als Heimatstadt Abrahams (Gen 11,28; 11,31; 15,7; Neh 9,7), von der aus er in den Norden nach Haran gewandert sein soll.

Urartu

Im Alten Testament genannte akkadische Bezeichnung für das Land Ararat zwischen dem Van- und Goktschasee, nördlich von Assyrien (z.B. 2 Kön 19,37; Jes 37,38; Jer 51,27). Der einst mächtige Gegner Assyriens wurde von den Skythen und Medern vernichtet (um 600 v.Chr.).

Urflut

(Siehe unter „Sintflut".)

Uri

(hebräisch „feurig"; Kurzform von Urija oder Uriël = „Gott ist Licht")

Ein im Alten Testament mehrmals vorkommender Name, u.a. eines levitischen Torhüters des wieder aufgebauten Tempels in Jerusalem. Er hielt sich an die Reformen Esras und trennte sich von seiner heidnischen Frau (Esra 10,24)

Uriël

(hebräisch „Gott ist Licht")

Hebräischer Männername, der im Alten Testament mehrmals genannt wird (z.B. 1 Chr 6,9; 15,5; 15,11; 2 Chr 13,2). Im Judentum der Zeit nach dem babylonischen Exil galt Uriël als jener der Erzengel, der über die Lichter und das Totenreich regiert und den apokalyptischen Pseudepigraphen zufolge die Toten von dort zum Richterstuhl Gottes führt.

Urija

(hebräisch „Gott ist Licht")

Ein häufiger hebräischer Männername (z.B. 2 Kön 16,10; Esra 8,33; Neh 3,4; 8,4; Jes 8,2, Jer 26,20 23). Der bekannteste Träger dieses Namens war ein Hethiter, einer der Helden Davids, mit dessen Frau Batseba David Ehebruch beging. Den betrogenen Urija schickte David in den Tod (1 Kön 15,5; 2

Sam 11; 12,15; 23,39; 1 Chr 11,41; Mt 1,6). Danach nahm er Batseba zur Frau, die ihm Salomo gebar (2 Sam 12,24).

Urim und Tummim

(hebräisch „Licht und Recht")

Die Kultgegenstände dienten als Losorakel der Befragung Gottes. Durch sie konnte der göttliche Wille das Volk Israel betreffend erkundet werden. Die vermutlich stäbchenförmigen und verschiedenfarbigen heiligen Lose wurden in der Brusttasche des Hohepriesters bewahrt und vor wichtigen Ereignissen (etwa bei militärischen Unternehmungen) befragt (z.B. Ex 28,30; Num 17,17; 27,21; Dtn 33,8; 1 Sam 28,6; 2 Sam 5,19ff.).

Nach David scheint dieses traditionelle Orakel aus dem kultischen Leben verschwunden zu sein (vgl. Esra 2,63; Neh 7,65).

Usa

(Kurzform für hebräisch 'uzza = „[Gott ist] Kraft")

Bekannte Träger dieses hebräischen Männernamens waren:

1. Ein Levit, Nachkomme des Ahnherrn Merari (1 Chr 6,14).

2. Ein Benjaminit, Sohn des Ehud (1 Chr 8,7).

3. Ein Sohn Abinadabs, der gemeinsam mit seinem Bruder Achjo die Bundeslade auf dem Transport von Kirjat-Jearim nach Jerusalem begleitete. Bei Nachon wurde er von Gott getötet, als er nach der Lade griff (2 Sam 6,3-8). 1 Chr 13,9 zufolge wollte er das Heiligtum nur sichern und vor dem Umstürzen bewahren.

4. Der ursprüngliche Eigentümer jenes Gartens beim Palast in Jerusalem, in dem die Könige von Juda Manasse und Amon begraben wurden (2 Kön 21,18; 21,26).

5. Ein Tempeldiener, dessen Nachkommen aus der Babylonischen Gefangenschaft zurückkehrten (Esra 2,49; Neh 7,51).

Usi

Im Alten Testament häufig vorkommender Männername, u.a.:

1. Ein Levit, Nachkomme Asafs und Sohn des Bani; er war der Vorsteher der Leviten in Jerusalem in der Zeit nach dem babylonischen Exil (Neh 11,22).

2. Ein Aaronit, der im Stammbaum Esras als Vorfahr genannt wird (1 Chr 6,36; Esra 7,4).

3. Der zweite der fünf Söhne Belas und Enkel Benjamins (1 Chr 7,7).

4. Ein Benjaminit, der Sohn Michris; er war der Vater Elas, der aus dem babylonischen Exil zurückkehrte (1 Chr 9,8).

5. Der älteste der sechs Söhne Tolas, ein Enkel des Issachar (1 Chr 7,2).

6. Ein Priester aus der Familie Jedajas, zur Zeit des Hohepriesters Jojakim tätig (Neh 12,19).

7. Ein levitischer Tempelsänger bei der Einweihung der Stadtmauer um Jerusalem (Neh 12,42).

Usiël

Im Alten Testament häufig vorkommender Männername, u.a.:

1. Ein Levit, Sohn des Kahat, Enkel des Levi und Verwandter Aarons; er gilt als Stammvater der Usiëliten (Ex 6,18; 6,22; Lev 10,4; Num 3,19; 3,30; 1 Chr 5,28; 6,3; 15,10; 23,12; 23,20; 24,24).

2. Der dritte der fünf Söhne Belas und Enkel Benjamins (1 Chr 7,7).

3. Ein Levit, ein Sohn Hemans; er war in der Zeit nach dem babylonischen Exil der Vorstand einer Abteilung von Tempelsängern (1 Chr 25,4).

4. Ein Fürst der Simeoniten, der zur Zeit König Hiskias von Juda (727-697 v.Chr.) gegen die Amalekiter kämpfte und sie beim Berg Seïr schlug (1 Chr 4,42).

5. Ein Levit, der zur Zeit Hiskias den Jerusalemer Tempel reinigte (2 Chr 29,14).

6. Ein Goldschmied, der zur Zeit des Statthalters Nehemia Mitte des 5. Jahrhunderts v.Chr. am Bau der Jerusalemer Mauer mitarbeitete (Neh 3,8).

Usija

(hebräisch cuzzijja[hu] = „Jahwe[Gott] ist meine Stärke")

Der Sohn Amazjas und zehnte König des Südreiches Juda (um 770-735 v.Chr.) wird im Alten Testament auch „Asarja" genannt (z.B. 2 Kön 15,1). Er bestieg im Alter von 16 Jahren den Thron, war siegreich gegen die Ammoniter, Araber und Philister, befestigte das von den Edomitern zurückeroberte Elat sowie Jerusalem neu und baute Zisternen zur Förderung der Landwirtschaft. Usijas Sohn Jotam übernahm die letzten 20 Jahre der Regentschaft seines Vaters, als dieser an Aussatz erkrankte (2 Chr 26; 2 Kön 15,30-34; Hos 1,1; Am 1,1).

Im Alten Testament finden sich auch weitere Träger dieses Namens (z.B. 1 Chr 6,9; 1 Chr 27,25; Esra 10,21; Neh 11,4).

Uz

Das Land Uz, der Überlieferung nach die Heimat des Dulders Ijob (Ijob 1,1), lag im südöstlichen Ostjordanland am Rande der syrisch-arabischen Wüste und wurde auch „Ostland" genannt (z.B. Ijob 1,3; Gen 29,1; Ri 6,3; 6,33). Im Alten Testament wurde Uz aber auch mit Edom bzw. mit Aram (Gen 10,23; 22,21; 36,28; Klgl 4,21; Jer 25,20) in Verbindung gebracht.

Varus (= Publius Quintilius Varus)

Das Mitglied der römischen Oberschicht wurde 13 v.Chr. Konsul, war von 7-6 v.Chr. Prokonsul von Africa und schließlich von 6-4 v.Chr. Prokonsul von Syrien, wo er einen jüdischen Aufstand niederschlug. 6 n.Chr. kam Varus nach Germanien, wo er die strenge römische Rechtsprechung einführte. Er starb 9 n.Chr. in der „Varusschlacht" im Teutoburger Wald.

Ventidius (= Publius Ventidius Bassus)

Der Legat von Syrien (39-38 v. Chr.) vertrieb die Parther nach ihrem Einfall in Syrien (40 v.Chr.) und unterstützte Herodes den Großen in seinem Kampf gegen den Hasmonäer Antigonos.

Vespasian (= Titus Flavius Vespasianus)

Oberbefehlshaber im Jüdischen Krieg (67-70 n.Chr.) und römischer Kaiser (69-79 n.Chr.). Er galt als toleranter Herrscher und konnte das Reich politisch und finanziell stabilisieren. Sein Sohn Titus wurde sein Nachfolger.

Vier

(hebräisch 'arba, griechisch téssares)

Eine Zahl, die Gesamtheit und Fülle symbolisiert; wir finden sie in den vier Himmelsrichtungen – hier ist auch die Rede von vier Enden oder vier Ecken der Erde (Jes 11, 12; Ez 7,2; Offb 7,1; 20,8). Erwähnt werden die vier Winde und Windrichtungen (Ez 37,9; Dan 11, 4; Sach 2,10; Mt 24,31; Mk 13,27) und die vier Paradiesströme (Gen 2,10). Die in Sach 2,1-4 genannten vier Hörner (Sach 2,1-4) stehen für die Weltmacht des Perserreichs (Sach 2,1-4). Ez 1,5-18 nennt vier Wesen am Thron Gottes, und Ez 14,21 die vier schlimmsten Strafen.

Vierzig

(hebräisch 'arba'im, griechisch Tesserákonta)

Eine runde Zahl, die die Bibel häufig in Verbindung mit Zeitangaben erwähnt. Vierzig Jahre ist die Dauer einer Generation.

Vierzig Jahre lang dauerte die Wüstenwanderung (Num 14,33-34), die Friedenszeit (Ri 3,11), und die Philisternot (Ri 13,1). Das Heiratsalter des Isaak und des Esau betrug vierzig Jahre (Gen 25,20; 26,34). Das Königtum des Saul (Apg 13,21), David (2 Sam 5,4) und des Salomo (1 Kön 11,42) dauerte jeweils vierzig Jahre.

Vierzig Tage lang war Mose auf dem Sinai (Ex 24,18), wanderte Elija zum Horeb (1 Kön 19,8), und fastete Jesu in der Wüste (Mt 4,2). Vierzig Tage lang sprach Jesu nach der Auferstehung mit den Jüngern über das Reich Gottes (Apg 1,3). Vierzig Tage dauerte die Einbalsamierung des Jakob (Gen 50,3), ebenso lange galt eine Wöchnerin als unrein (Lev 12,1-4). Der Zeitraum von vierzig Tagen und Nächten wird im Sintflutbericht erwähnt (Gen 7,4; 7,12; 7,17; 8,6), und vierzig Tage erscheinen als Frist zur Buße in der Predigt des Jona in Ninive (Jona 3,4).

Wacholder

(hebräisch rotem = „Ginster"; bei Luther mit „Wacholder" übersetzt)

Der bis zu 2 m hohe Ginsterstrauch (Retama roetam) ist auch in den Wüstengebieten Palästinas verbreitet. Der weiß blühende Strauch gehört zur Familie der Schmetterlingsblütler. Der Ginster ist blattlos, seine zahlreichen grünen Äste spendeten jedoch schon dem Propheten Elija Schatten (1 Kön 19,4f.). In Notzeiten dienten die bitteren Wurzeln als Nahrung (Ijob 30,4), und aus dem Holz wurde Kohle hergestellt (Ps 120,4).

Wachtel

(griechisch ortygometra, hebräisch s·law)

Der bis zu 20 cm große Vogel (Coturnix coturnix) ernährt sich von Insekten und Körnern und lebt in Schwärmen. Die Zugvögel kommen im Frühling nach Palästina und sind in dieser Zeit nach ihrem anstrengenden Flug leicht zu erbeuten. Wachteln dienten den Israeliten in der Wüste als Nahrung (Ex 16,13; Num 11,31ff.; Ps 78,27; 105,40; Weish 16,2; 19,12).

Wal

(griechisch kêtos, hebräisch tannin)

Das in Gen 1,21 genannte, nicht genauer spezifizierte große Seetier wurde von Martin Luther mit „Walfisch" übersetzt (weitere Nennungen in Ps 148,7; Jona 2,1ff.; Mt 12,40).

Waschti

(persisch „Vahista" = „die Schönste", „die Begehrte")

Die Hauptfrau des Perserkönigs Ahasveros (Xerxes I., 486-465 v.Chr.) wurde verstoßen, weil sie sich weigerte, bei einem Festmahl vor den Gästen des Königs aufzutreten (Est 1,9-19). Ihren Platz als Königin nahm die junge Judin Ester ein (Est 2,1-2,17).

Weg am Meer

(bei Martin Luther für griechisch hodòs thalásses, hebräisch derek hajjam, lateinisch via maris)

1. Im Alten Testament bezeichnete der Name jenes Küstengebiet zwischen Apollonia und Karmel, das Tiglat Pileser III., der König von Assyrien, im 8. Jahrhundert v.Chr. vom Nordreich Israel abgrenzte und in eine assyrische Provinz umwandelte (Jes 8,23).

2. Im Neuen Testament ist damit die Gegend von Kaparnaum gemeint (Mt 4,15).

Weide

(hebräisch 'araba)

Die im Alten Testament mehrmals genannte Weide ist in Palästina durch zwei Arten vertreten, die an feuchten Stellen gedeihen: Die grünblättrige Salix acmophylla und die Silberweide (Salix alba). In Lev 23,40 wird die Weide bei der Beschreibung des Laubhüttenfestes als eine der vier Pflanzen des Feststraußes genannt. Der schnell wachsende Baum symbolisiert das rasche Erstarken Israels (Jes 44,4). Bei Weidenbäumen saßen die Verbannten Israels, hängten an die Zweige ihre Harfen und weigerten sich zu singen (Ps 137,1-4).

Weidenbach

(hebräisch nahal ha'arabim)

Der auch unter dem Namen Sered bekannte Wasserlauf bildete die Grenze zwischen Edom und Moab (Num 21,12f.; Dtn 2,13f.; Jes 15,7); wahrscheinlich handelt es sich um den heutigen Wadi el-Hesa, der von Südosten her ins Tote Meer fließt.

Weihe

(hebräisch dajja)

Das Alte Testament zählt die Weihe zu den als unrein geltenden Vögeln (Lev 11,14; Dtn 14,13). Der Name könnte den auch Aas fressenden Schwarzen Milan (Milvus migrans) und den Roten Milan (Milvus milvus), der Jagd auf kleine Nagetiere macht, bezeichnen (siehe „Milan"). Beide Vögel kommen in Palästina vor.

Weihrauch

(griechisch líbanos, hebräisch lbona)

Das weißliche, fast durchsichtige Harz aus der Rinde des Strauches Boswellia carteri war ein wichtiger Bestandteil jenes Räucherwerks, das in der Stiftshütte verbrannt wurde (Ex 30,34-38). Auch bei anderen kultischen Handlungen diente Weihrauch als Opfergabe (z.B. Lev 2,1f.; 24,7; Dtn 33,10; 1 Sam 2,28; Jes 43f.), wohingegen er beim Schuldopfer und beim Eifersuchtsopfer verboten war (Lev 5,11; Num 5,15). Die ätherischen Öle des Weihrauchs verbreiten beim Verbrennen einen angenehmen Duft (vgl. Hld 3,6).
Vermutlich kam die in Südarabien, Somalia und Indien beheimatete Pflanze über Karawanenwege und durch die Phönizier nach Israel (vgl. Jes 60,6; Jer 6,20; Mt 2,11; Offb 18,13). Die Tradition des Räucherns stammte wohl aus Ägypten.

Weinstock

(griechisch ámpelos, hebräisch gephen = „[Wein-]Rebe")

Der Weinstock (Vitis vinifera) zählt zu den ältesten Kulturpflanzen der Welt. Die holzige Kletterpflanze kann bei guter Pflege und regelmäßiger Beschneidung reichen Fruchtertrag bringen. Im Stammland Juda und im Libanon wurde schon früh Wein angebaut (besonders um Hebron, vgl. Num 13,23f.), wobei die von den Kanaanäern seit etwa 1450 v. Chr. bewährten Anbautechniken übernommen wurden. Noah galt als der erste Winzer (Gen 9,20f.).

Die Früchte wurden frisch verzehrt, aber auch gedörrt, wodurch sie sehr lange haltbar wurden und auf Reisen ein wichtiges Nahrungsmittel darstellten (vgl. 2 Sam 6,19). Der Saft der Traube wurde sowohl in unvergorenem Zustand getrunken und als Opfergabe dargebracht (Num 18,12; Neh 10,38) als auch nach der Gärung genossen (z.B. 2 Sam 16,2; Spr 20,1; Jes 28,7f.; Am 6,6). Nasiräern war der Konsum von Trauben und ihren Erzeugnissen verboten (Num 6,3f.; Ri 13,4).

Der Weinstock zählt zu den sieben Pflanzen, mit denen das Land gesegnet war (Dtn 8,8). Er galt im Alten Testament als Symbol für Fruchtbarkeit, Reichtum, Frieden und den Segen Gottes (z.B. Gen 49,11; Num 13,23; 1 Kön 5,5; Ps 80,9ff.; Jes 18,5; Mi 4,4; Sach 3,10). Im Neuen Testament vergleicht sich Jesus selbst mit dem Weinstock und seine Jünger mit dessen Reben (Joh 15,1ff.). Der Weinstock versinnbildlicht auch die Zeit des Heils (vgl. Mt 26,29; Mk 14,25).

Weizen

(griechisch sîtos; hebräisch hitta)

Neben Gerste und Hirse war Weizen (Triticum vulgare) wohl die wichtigste Getreideart im Vorderen Orient. Er wird als erste jener Pflanzen genannt, mit denen das Land Kanaan gesegnet war (Dtn 8,8). Das Hauptanbaugebiet lag in der Jesreelebene. Schon früh stellte Weizen ein wichtiges Exportgut dar (1 Kön 5,25; 2 Chr 2,14; Ez 27,17).

Im Alten Testament wird das Getreide an vielen Stellen erwähnt und steht mancherorts für Fruchtbarkeit, Wohlstand und die Fürsorge Gottes (z.B. Gen 30,14; Ex 34,22; Lev 23,15; Dtn 16,9ff.; Ri 6,11; Rut 2,14f.; 2,23; 1 Chr 21,20; Ps 81,17; 147,14; Jer 12,13).

Im Neuen Testament wird Weizen in Gleichnissen erwähnt und steht als Symbol für die Auferstehung (z.B. Mt 1,12; 3,12; 13,25-30; Lk 3,17; 16,7; Joh 12,24; 1 Kor 15,37).

Wermut

(griechisch ápsinthos, apsínthion, hebräisch la'ana)

Der gelb blühende Korbblütler Artemisia absinthium kann eine Höhe von 1,20 m erreichen und ist in Asien, Nordafrika und Europa verbreitet. Sein scharfer, bitterer Saft wurde zu medizinischen Zwecken eingesetzt.

Im Alten Testament symbolisiert die Pflanze wegen ihrer Bitterkeit Untreue, Leid und die Abkehr von Gott (z.B. Dtn 29,17; Spr 5,4; Jer 9,14; 23,15; Klgl 3,15; 3,19; Am 5,7; 6,12). Jener große Stern, der in Offb 8,10f. vom Himmel fällt, trägt den Namen „Wermut".

Wespe

(griechisch sphex, hebräisch sir'a; bei Martin Luther mit „Hornisse" übersetzt)

Die im Alten Testament erwähnte Vespa orientalis kann dem Menschen durchaus gefährlich werden, wenn man ihr Nest belästigt (vgl. Bienenschwarm in Dtn 1,44). Wespen wurden ausgeschickt, um die ursprünglichen Einwohner beim Nahen der Israeliten zu vertreiben (vgl. Ex 23,27f.; Dtn 7,20; Jos 24,12).

Wicke

(griechisch melánthion = „Schwarzkümmel", hebräisch qesah)

Bei Martin Luther wird der Schwarzkümmel (Nigella sativa) fälschlich als Wicke übersetzt. Die zu den Hahnenfußgewächsen gehörende Kümmelpflanze wird 30-80 cm hoch, trägt weiße oder hellblaue Blüten und tritt in Palästina in mehreren Arten auf. Das Öl des Schwarzkümmels ist seit der Antike als Heilmittel bekannt.

Die angenehm riechenden Samen, über die Jesaja berichtet (Jes 28,25; 28,27), wurden als Gewürz für Brot verwendet.

Widder

(Siehe unter „Schaf".)

Wiedehopf

(griechisch épops, hebräisch dukiphat)

Der bis zu 40 cm große Wiedehopf (Upupa epops), ein bunt gefiederter Zugvogel, galt als unreiner Vogel (Lev 11,19; Dtn 14,18).

Wiesel

(griechisch galê, hebräisch holed; bei Martin Luther mit „Wiesel" übersetzt, wohl aber eine Ratte oder Maus)

Da das in der Übersetzung Luthers genannte Wiesel in Palästina nicht auftritt, ist mit dem in Lev 11,29 beschriebenen unreinen Kleintier vermutlich ein dem Maulwurf ähnliches Nagetier gemeint.

Wildesel

(hebräisch pere')

Bei den in der Bibel genannten Wildeseln könnte es sich um den syrischen Wildesel (Asinus hemippus) oder um den Onager (Asinus onager) handeln (Ijob 6,5; 24,5; 39,5; Ps 104,11; Jes 32,14; Jer 2,24; 14,6; Dan 5,21; Hos 8,9).

Wildschwein

(hebräisch hazir)

Das bei Martin Luther mit „wilde Sau" übersetzte Wildschwein ist heute noch im Jordantal heimisch. Das bei den Israeliten als unrein geltende Tier richtete in der Landwirtschaft erhebliche Schäden an (Lev 11,7; Dtn 14,8; Ps 80,14).

Wildstier

(akkadisch Rimu, griechisch monókeros, hebräisch r.'em, lateinisch unicornis; bei Martin Luther auch mit „Einhorn" übersetzt)

Ein starkes und unzähmbares Tier (vermutlich der ausgestorbene Ur Bos primigenius), das im Alten Testament erwähnt, aber nicht näher beschrieben wird (z.B. Dtn 33,17; Ijob 39,9-12; Ps 22,22; 29,6; Jes 34,7). Es versinnbildlichte die Kraft, die Gott den Menschen gab (z.B. Num 23,22; Ps 92,11).

Die Übersetzung mit „Einhorn" könnte auf assyrische Abbildungen zurückzuführen sein, die das Tier im Profil darstellten, weshalb nur ein Horn zu sehen war.

Winterhaus

(hebräisch bet hahoreph)

Ein Teil des königlichen Palastes in Jerusalem (Jer 36,22; Am 3,15).

Witwen und Waisen

Im Alten Testament sind Witwen und Waisen fast immer in einem Zug genannt. Sie stellten neben Ausländern die hilfsbedürftigste, am stärksten von Ausbeutung bedrohte Gruppe dar und mussten besonders geschützt werden (z.B. Ex 22,21-23; Dtn 24,17-21; 26,12f.; Ijob 24,9; Jes 1,17; 10,2; Ez 22,7). Der König war dafür zuständig, als Beschützer der Witwen wurde Gott angerufen (Ps 68,6).

Wolf

(griechisch lýkos, hebräisch z.'eb)

Der heute nur selten in Palästina vorkommende Wolf (Canis lupus) war zu biblischen Zeiten ein gefürchtetes Raubtier, das Schafherden und damit die Existenz vieler Menschen bedrohte. Die meist in Paaren oder kleinen Rudeln lebenden Tiere kommen hauptsächlich im ostjordanischen Gebirge und in der syrischen Wüste vor und jagen nachts (vgl. Jer 5,6; Hab 1,8; Zef 3,3).

Der Wolf steht in der Bibel als Bild für Grausamkeit, Gier und Irrglaube (z.B. Gen 49,27; Sir 13,17; Ez 22,27; Mt 7,15; 10,16; Lk 10,3; Joh 10,12; Apg 20,29). Im messianischen Reich leben das Raubtier und seine Beute friedlich nebeneinander (Jes 11,6; 65,25).

Wucher

Zins und Wucher sind in der Bibel übel beleumundet, an mehreren Stellen werden sie heftig abgelehnt und verboten (Lev 25,36f.; Ez 18,8; 18,13; 18,17; Ps 15,5; Lk 6,35; 2 Tim 6,10). Die Päpste haben das ganze Mittelalter hindurch Wucher untersagt, und auch der Koran tut dies in der 4. Sure, Vers 162.

Der Grund mag sein, dass ein unproduktiver Lebensunterhalt, der auf dem Erheben von Zinsen beruht, im Gegensatz zu der Forderung steht: „Im Schweiße deines Angesichts sollst du dein Brot essen!" (Gen 3,19), d.h. als unehrenhaft erachtet wurde.

Wurm

(griechisch skolex, hebräisch tole'a, rimma; bei Martin Luther mit „Made" und „Wurm" übersetzt)
Würmer werden in der Bibel im Zusammenhang mit Tod, Verwesung, Schwäche und Vergänglichkeit genannt (z.B. Ex 16,20; 16,24; Ijob 17,14; 21,26; 25,6; Ps 22,7; Sir 10,11; Jes 14,11; 41,14), stehen aber auch für das Gericht Gottes nach dem Tod und die Hölle (Jes 66,24; Mk 9,44-48).
Würmer, zu denen vermutlich auch Raupen und Schnecken gezählt wurden, galten als Schädlinge und Verursacher von Krankheiten (Dtn 28,39; 2 Makk 9,9; Ijob 7,5; Jona 4,7; Apg 12,23).

Wüstenwanderung

Nach dem Auszug aus Ägypten führte der Weg der Israeliten in die Wüste (Ex 13ff.), wo sie nach drei Monaten am Berg Sinai ankamen (Ex 19,1). Nach elf Monaten zogen sie weiter (Num 10,11), insgesamt hatten sie 40 Jahre in der Wüste zu verbringen (Dtn 1,3). Erst nach Moses Tod (Dtn 34,5) konnten sie endlich ins Gelobte Land ziehen (Jos 5,6).
Was ist die historische Basis für die Wüstenwanderung? Es war nicht ungewöhnlich, dass verschiedene nomadische Stämme in Notzeiten (Trockenheit, Hungersnot) nach Ägypten zogen, denn dort gewährte der Nil mehrere verlässliche Ernten im Jahr. Die Ägypter sahen das nicht ungern, konnten sie doch ihr reichlich vorhandenes Getreide gegen Vieh eintauschen, die Neuankömmlinge zu Frondiensten beim Bau der Tempelanlagen heranziehen (Ex 1,11) oder sie als Söldner zur Sicherung der Grenzen einsetzen. All dies ist durch ägyptische Inschriften gut belegt.
Gut möglich ist, dass Mose eine historische Figur gewesen ist, weist doch schon sein Name auf eine ägyptische Wurzel (Ex 2,10). Während seiner Flucht zu den Midianitern (Ex 2) hatte er eine Jahwe-Offenbarung, aufgrund derer er nach seiner Rückkehr nach Ägypten seinen Stamm dazu anhielt, das Land zu verlassen.
Es ist nicht sicher, ob die Israeliten schon vor diesen Geschehnissen den Gott Jahwe verehrten, wenn nicht, kann dies als der Zeitpunkt ihrer Ethnogenese gesehen werden.
Durch die lange Wüstenwanderung verfestigte sich jedenfalls der Jahwe-Glaube trotz einiger Rückschläge (Tanz ums Goldene Kalb, Ex 32,27) und verbreitete sich nach der Rückkehr nach Palästina auch unter den anderen Stämmen, die dort verblieben waren. Dass Gott über die Naturgewalten gebietet und sogar die mächtigen Ägypter elend ertrinken lässt, ließ die Israeliten sich selbst als auserwähltes Volk sehen (2 Sam 7,32) und die

Ereignisse als Beginn ihrer Geschichte verstehen (2 Sam 7,6).

Xenios

(griechisch „gastfreundlich")

Ein gebräuchlicher Beiname des Zeus, der den griechischen Gott als Schutzherrn des Gastrechtes darstellt (vgl. römisch Iupiter hospitalis). Ein Tempel der Samaritaner auf dem Berg Garizim wurde dem Zeus Xenios gewidmet (2 Makk 6,2).

Xerxes I.

(hebräisch 'ahasveros, altpersisch Chschajarscha = „Herrscher über Helden")

Sohn des Darius I. (u.a. Dan 9,1; Esra 4,6; Est 8,12) und der Atossa; persischer Großkönig (486-465 v.Chr.); er besiegte Ägypten und unterwarf auch Babylonien, doch er konnte das persische Reich nicht bis nach Griechenland ausdehnen, da er den Griechen 479 v.Chr. bei Platää und 480 v.Chr. bei Salamis unterlag. Er zog sich daraufhin in die persische Hauptstadt Susa zurück und griff selbst nicht mehr ins Kriegsgeschehen ein. Stattdessen beschäftigte er sich mit der Errichtung prachtvoller Bauten in Susa und Parsa. Er wurde von seinem Gardebefehlshaber Artabanos ermordet.

Die Bibel berichtet von Xerxes als „Ahasveros" im legendenhaften Buch Ester und in Esra 4,6. Nach Est 2,16-17 heiratete er 479 v.Chr. die Jüdin Ester.

Ysop

(griechisch hýssopos, hebräisch 'ezob)

Bei dem in der Bibel erwähnten Ysop handelt es sich vermutlich um Origanum maru und nicht um die in Palästina nicht mehr vorkommende Art Hyssopus officinalis. Die Pflanze gehört zur Familie der Lippenblütler, wächst in Mauerrissen und zwischen Felsen (1 Kön 5,13) und hat büschelige, nach oben verzweigte Stängel, die etwa 70 cm lang werden.

Ysop wurde verwendet, um vor der letzten Plage in Ägypten die Türschwellen mit dem Blut der geschlachteten Lämmer zu kennzeichnen (Ex 12,22). Bei Ritualen der Reinigung und anderen kultischen Handlungen bot sich Ysop als Sprengwedel an (Lev 14,4-7; Num 19,6; 19,18; Ps 51,9; Hebr 9,19).

Der Essigschwamm, der Jesus bei der Kreuzigung gereicht wurde, war Joh 19,29 zufolge an einem Ysopzweig befestigt.

Zacharias

(griechische Form des hebräischen Sacharja = „Jahwe [Gott] hat sich erinnert")

1. Der Ehemann von Elisabeth und Vater Johannes des Täufers (Lk 1,5ff.) war Mitglied einer jener 24 Priesterklassen, die jeweils eine Woche lang (von Sabbat zu Sabbat)

im Jerusalemer Tempel den Dienst verrichteten. Zacharias, der für seine Frömmigkeit und Gesetzestreue bekannt war, wurde kurzfristig mit Stummheit gestraft, nachdem er den Worten des Erzengels Gabriel, der ihm die Geburt seines Sohnes ankündigte, keinen Glauben geschenkt hatte.
2. Der Name eines Propheten, der im Jerusalemer Tempel ermordet wurde (Mt 23,35; Lk 11,51), dessen Identifikation allerdings unsicher ist, da er sowohl als Sohn des Berechja als auch des Jojada genannt wird (Mt 23,35; 2 Chr 24,20-22).

Zachäus

(hebräisch zakkaj = „der Reine")
Offizier, der mit seinem Sohn Josef und dem Makkabäer Simon an der Belagerung der idumäischen Festungen teilnahm (2 Makk 10,19).

Zadok

(hebräisch sadoq = „Gerechter")
Zadok war Oberpriester unter den Königen David und Salomo. Er beaufsichtigte die Bundeslade und war dem Priester Abjatar vorgeordnet (2 Sam 15,24-29). In den Wirren um die Thronnachfolge Davids unterstützte er den siegreichen Salomo (1 Kön 1,8), während sich Abjatar für Adonija entschied (1 Kön 1,7-45). So bekam er das Amt des Hohepriesters, während Abjatar nach Anatot verbannt wurde (1 Kön 2,26-27). Zadok gilt als Ahnherr der Jerusalemer Priesterschaft. Nach Ez 44,15 sind nur die Nachkommen Zadoks („die Söhne Zadoks") rechtmäßige Priester. Seine Herkunft wurde nachträglich korrigiert: Er wurde zum Sohn Ahitubs – und damit zum Nachkommen Elis – gemacht (2 Sam 8,17; 1 Chr 18,16). Nach 1 Chr 5,29-34 stammte Zadok von Eleasar, dem Sohn Aarons, ab.
Möglicherweise bestand eine Verbindung zu den Sadduzäern, deren Name wahrscheinlich von „Zadok" abgeleitet wird. Die Priester in Qumran wurden „Söhne Zadoks" genannt.

Zafon

Im Ostjordanland nördlich von Sukkot gelegene Stadt im Gebiet des Stammes Gad, wo die Ephraimiter den Jordan überquerten, als sie gegen Jiftach zogen (Jos 13,27; Ri 12,1). Möglicherweise ist die Familie der Zifjoniter nach dem Ort Zafon benannt (Gen 46,16; Num 26,15).
Eine eindeutige Lokalisierung Zafons liegt noch nicht vor (sowohl Tell es-Saidive als auch Tell el-Qos werden in Betracht gezogen).

Zalmon

Ein Krieger des David (2 Sam 23,28).

Zalmona
Lagerplatz der Israeliten während ihrer Wüstenwanderung von Ägypten ins Gelobte Land, nachdem sie vom Berg Hor aufgebrochen waren (Num 33,41-42).

Zalmuna
Einer der beiden Midianiterfürsten; Zalmuna wurde von Gideon im Ostjordanland besiegt und getötet (Ri 8,4-21; Ps 83,12).

Zebaot
(hebräisch zaba = „Heer")
Zebaot, auch Zebaoth oder Sabaoth, ist der Beiname Jahwes, der ab dem Buch Josua häufig in der Bibel auftaucht (zuerst 1 Sam 17,45). Die wörtliche Übersetzung lautet „Herr der Heere", wobei nicht sicher ist, ob damit irdische oder Engelsheere gemeint sind. Möglicherweise änderte sich die Bedeutung von konkreten Heeren der Israeliten in der Frühzeit hin zu überirdischen Heeren, die den Herrn begleiten.

Zebedäus
(hebräisch zabdiel = „Geschenk Gottes")
Der Vater der Apostel Jakobus des Älteren und Johannes (Mt 4,21; Mk 1,20; Lk 5,10; Joh 21,2) war Fischer am See Genezareth (Mt 4,21). Nach Mt 27,56 war seine Frau Salome beim Tod Jesu anwesend.

Zeboïm
1. Ein von Benjaminiten bewohnter Ort, über den nichts Näheres bekannt ist (Neh 11,34).
2. Ein Tal in der Wüste Juda („Hyänental" in 1 Sam 13,18).

Zebojim
Zum Fünfstädtebund „Pentapolis" gehörende Stadt am Toten Meer in der Nähe von Sodom und Gomorra (Gen 10,19), die gemeinsam mit jenen untergegangen ist (Dtn 29,22).

Zedekia, Zidkija
(hebräisch „Jahwe [Gott] hat sich gerecht erwiesen")
Der 20. und letzte König von Juda, 597-587 v.Chr. (2 Kön 24,18-25,7); sein ursprünglicher Name war „Mattanja" (2 Kön 24,17), doch der Babylonierkönig Nebukadnezar II. änderte ihn in „Zedekia" und setzte ihn anstelle seines abgesetzten Neffen Jojachin als König ein. Trotz der Warnung des Propheten Jeremia (Jer 27,1-15) erhob er sich 589 v.Chr. gegen Babylonien. Daraufhin marschierte Nebukadnezar erneut gegen Juda.
Nach fast dreijähriger Belagerung nahm er Jerusalem ein und zerstörte es. Zedekia wollte fliehen, wurde aber in Jericho gefangen genommen, nach Ribla gebracht und von Nebukadnezar hart bestraft: Er musste die Hinschlachtung seiner Söhne mitansehen,

wurde geblendet und 586 v.Chr. nach Babylonien deportiert, wo er bald darauf starb (2 Kön 25,6ff.).

Zeder

(griechisch kédros, hebräisch 'erez)

Die zu den Nadelbäumen gehörende Cedrus Libani kann bis zu 40 m hoch werden. Ihr immergrüner Nadelbesatz mit Nadeln von etwa 3 cm Länge ähnelt jener der Lärche; ihre Zapfen werden bis zu 10 cm lang.

Die Zeder wird in der Bibel mehr als 70-mal erwähnt. Ihre Bedeutung war einerseits wirtschaftlicher Art – das hochwertige Zedernholz wurde für den Bau von Tempeln, Palästen und Schiffen verwendet (z.B. 1 Kön 5,20ff.; 6,9f.; 7,2-5; Esra 3,7; Jes 9,9; Ez 27,5). Zedernöl und das Harz des Baumes wurden bei Reinigungsritualen verwendet (Lev 14,4; Num 19,6).

Die Zeder symbolisierte aber auch Macht, Schönheit und Stolz (z.B. 1 Kön 5,13; 2 Kön 14,9; 19,23; Ps 80,11; 104,16; Ez 31,3ff.; Am 2,9; Sach 11,1f.).

Zefanja

Der neunte der zwölf „kleinen" Propheten war ein Nachkomme des Königs Hiskia von Juda (Zef 1,1). Er war ein Zeitgenosse des Propheten Jeremia und wirkte unter König Josia von Juda (639-609 v.Chr.) in Jerusalem. Er trat vor dessen religiöser Reform auf, da er im ihm zugeschriebenen Zefanjabuch noch die Missstände in Juda und Jerusalem kritisierte. Zefanja kündigte den Tag Jahwes an, der allen Bewohnern der Erde ein furchtbares Ende bereiten wird (Zef 1,18).

Zehn

(hebräisch 'eser, griechisch Déka)

Aufgrund der zehn Finger ist die Zehn eine Merkzahl, erwähnt werden z.B. die Zehn Gebote (Ex 20,1-21). Als runde Zahl findet sie sich bei den zehn ägyptischen Plagen (Ex 7-11) oder den zehn Tagen der Bedrängnis (Offb 2,10). Zehn Tage werden auch in Gen 24,55 und Dan 1,12 als Zeitspanne genannt. Lk 19,13 erwähnt zehn Diener und zehn Münzen. Das Bündnis von zehn hellenistischen Städten im Ostjordanland wurde als „Dekapolis" (u.a. Mt 4,25) bezeichnet.

Der „Zehnte", der zehnte Teil eines Ganzen, spielte als Abgabe eine wichtige Rolle (u.a. Gen 14,20; Lev 27,30-32).

In den Visionen des Daniel (Dan 7,20) wird ein Tier mit zehn Hörnern genannt, nach Offb 17,12 werden die zehn Hörner auf zehn Könige gedeutet.

Zehnter

Abgabe von Naturalien (z.B. Getreide, Öl, Wein) bzw. der dafür erzielte Erlös; der Zehnte wurde in den Tempel gebracht und den Priestern übergeben (Dtn 14,23-25). Alle drei Jahre fiel der Zehnte an die Bedürftigen (Dtn 14,28-29).

Zela

(hebräisch sela = „Seite")

Der Ort im Stammesgebiet Benjamins (Jos 18,28) war Begräbnisstätte des Saul und seiner Familie (2 Sam 21,14).

Zela ist vielleicht identisch mit Chirbet Salah westlich der so genannten Richtergräber nördlich von Jerusalem.

Zelofhad

Da Zelofhad aus dem Stamme Manasse keine Söhne, sondern nur Töchter hinterließ, musste das israelische Erbrecht neu geregelt werden (Num 26,33; 27,1-11; 36).

Zeloten

(griechisch zelos = „Eifer")

Die Zeloten waren eine jüdische politische Sekte des 1. Jahrhunderts n.Chr. Es gelang ihnen im Jüdischen Krieg, Jerusalem den Römern zu entreißen und vier Jahre lang, bis zur Zerstörung 70 n.Chr., zu halten.

Bei Josephus Flavius, dem wir den Bericht über den Jüdischen Krieg verdanken, kommen sie naturgemäß sehr schlecht weg: Er kritisiert ihre Tötung jüdischer Kollaborateure und die Terrorisierung des Umlandes, ist aber – als Begleiter der römischen Gegenoffensive – natürlich nicht objektiv.

Nach dem Fall Jerusalems zogen sich die überlebenden Zeloten nach Masada, einer als uneinnehmbar geltenden Festung am Toten Meer, zurück. Nur knapp Tausend von ihnen standen einer 15-fachen römischen Übermacht entgegen, doch sollte es drei Jahre dauern, bis Masada schließlich fiel. Möglich wurde dies nur, weil die Römer in einer heute noch unglaublich anmutenden (und sichtbaren) Anstrengung eine Rampe errichteten, um ihre Belagerungsmaschinen an das Haupttor heranbringen zu können. Der Aufwand stand in keinem Verhältnis zum Ergebnis, aber das Exempel musste statuiert werden. Als die Legionäre endlich die Festung betraten, entdeckten sie, dass die Verteidiger sich selbst getötet hatten. Die Bewegung der Zeloten war damit am Ende.

Masada, das 2001 in die UNESCO-Liste des Weltkulturerbes aufgenommen wurde, dient heute noch als Symbol für den jüdischen Freiheitswillen, so werden etwa israelische Rekruten auf der Festung vereidigt.

Zereda

Die Stadt in Ephraim war Geburtsort von König Jerobeam I. von Israel (1 Kön 11,26). Ihre genaue Lage ist ungewiss. Unklar ist auch, ob sie mit der in Ri 7,22 erwähnten gleichnamigen Stadt identisch ist.

Zeruja

(hebräisch s·ruja = „mit Mastix parfümiert")
Tochter des Isai, Schwester des David und der Abigajil und Mutter des Joab (1 Chr 2,16, 2 Sam 2,18; 17,25).

Zeus

Die oberste griechische Gottheit (ihm entspricht der römische Jupiter); Zeus galt als Schutzgott der Familie, des Staates und der Gastfreundschaft. Unter Antiochos IV. Epiphanes (griechisch „der sichtbar gewordene Gott"), dem achten König des Seleukidenreiches (175-164 v.Chr.), wurde sein Kult im Jerusalemer Tempel belebt und ihm auf dem Berg Garizim ein Tempel geweiht (2 Makk 6,2).
Im kleinasiatischen Lystra, wo sich ein Zeustempel befand, hielten die Stadtbewohner Barnabas für Zeus und sahen in dem Apostel Paulus, der das Wort führte, den Götterboten Hermes (Apg 14,8-18).

Ziba

(hebräisch siba' = „Pflanzenfaser")
Ein Diener des Saul, der David meldete, dass Sauls Enkel Merib-Baal (später „Mefiboschet") der einzige Überlebende der königlichen Familie war (2 Sam 9,2-4). Daraufhin übertrug David dem Ziba, seinen 15 Söhnen und 20 Sklaven, die Bebauung der Ländereien des Merib-Baal (2 Sam 9,9-12). Beim Aufstand Abschaloms unterstützte Ziba den flüchtenden David mit Lebensmitteln und behauptete, Merib-Baal sei in Jerusalem geblieben, um König zu werden. Daraufhin versprach David dem Ziba das Vermögen des Merib-Baal (2 Sam 16,1-4). Als David nach dem Tod Abschaloms nach Jerusalem zurückkehrte, versuchte Merib-Baal den Vorwurf zu entkräften. David gab Ziba zuerst das gesamte Eigentum des Merib-Baal, später jedoch nur die Hälfte (2 Sam 19,18; 19,25-30).

Ziege

(griechisch aíx, hebräisch 'ez)
Die in Palästina immer noch häufig anzutreffende Hausziege (Capra aegagrus hircus) stammt von der Bezoarziege (Capra aegagrus) ab und ist eines der ältesten Haustiere. So wie das Schaf wurde die meist schwarzbraune Ziege mit langhaarigem Fell zum Kleinvieh gezählt und wird in der Bibel erwähnt (z.B. Gen 15,9; 30,32ff.; Dtn 14,4).
Ziegen zählten zu den reinen Tieren und dienten als Lieferanten für Fleisch, Milch und Fell bzw. Häute (Gen 21,14; Ex 26,7; 35,26; 1 Sam 19,13; 19,16; Spr 27,27; Mt 9,17; Hebr 11,37).
Auch als Opfertier spielte die Ziege

eine wichtige Rolle, wobei meist Ziegenböcke und Jungtiere, zum Paschafest aber auch weibliche Tiere ausgewählt wurden (z.B. Ex 12,5; Lev 1,10; 16,5ff.; Num 7,16ff.).
Die Ziege symbolisierte Gewalt und (fremde) Mächte (Ez 34,17; Sach 10,3; Dan 8,5ff.), stand aber auch für Gottlosigkeit in einem Gleichnis Jesu (Mt 25,31-46).

Ziklag

Stadt im Negeb nordöstlich von Beerscheba, die der Philisterkönig Achisch dem vor Saul fliehenden David als Wohnort anwies (1 Sam 27,6). Seitdem war Ziklag im Besitz der judäischen Könige. Von hier aus führte David Kriegszüge gegen die Amalekiter (1 Sam 27,8-12), die es zerstörten (1 Sam 30,1-3).

Zilla

(hebräisch sılla)

Zilla war die zweite Frau des Lamech und die Mutter von Tubal-Kajin und Naama (Gen 4,19; 4,22f.).

Zimt

(griechisch kinnámomon, hebräisch qinnamon)

Das wohlriechende, kostbare Gewürz wurde aus der getrockneten Rinde des aus Ceylon stammenden Zimtbaumes (Cinnamomum ceylanicum) gewonnen. Auch die Blüten des immergrünen Lorbeergewächses wurden zur Herstellung von Salben und Parfums (z.B. Spr 7,17; Hld 4,14; Offb 18,13) verwendet.
Zimt wird im Alten Testament als Bestandteil des Räucherwerks und des Salböls erwähnt (Ex 30,22-32).

Zin

(hebräisch sin)

Wüste im Norden der Sinaihalbinsel nahe Kadesch (Ex 16,1; 17,1; Num 20,1; 27,14; 33,36; Dtn 32, 51); mit dem Namen Zin wurde auch ein Teil der Südgrenze des Stammesgebietes von Juda bezeichnet (Jos 15,1-3).

Zinsgroschen

Mit der griechischen Doppeldrachme, deren Wert dem eines halben jüdischen Schekels entsprach, wurde die Tempelsteuer bezahlt (Ex 30,13; Mt 17,24).
Die in Mt 22,19 und Mk 12,15 erwähnte Münze war der römische Silberdenar (die staatliche Steuermünze), der einem Viertelschekel entsprach.

Zion

(hebräisch sijjon, griechisch Sion)

Ursprüngliche Bezeichnung für den später Davidsstadt genannten Teil von Jerusalem, der vorisraelitischen Jebusiterstadt auf dem karstigen Südosthügel (2 Sam 5,7; 1 Kön 8,1; 1 Chr 11,5; 2 Chr 5,2); der Zion wurde auch als Sitz Gottes

und seines Heiligtums und als Mittelpunkt der Welt angesehen (Ps 2,6; 9,12; 48; 78,68; Jes 8,18). Später wurde der Name auf den gesamten Tempelbezirk übertragen und sogar als Bezeichnung für die ganze Stadt und ihre Einwohner verwendet (z.B. Jes 40,9; Mi 3,12; 1 Makk 7,33; 2 Kön 19,31; Hld 3,11; Jer 51,35). An einigen Stellen im Alten Testament bezeichnet Zion das Volk Israel (z.B. Jer 6,23; Sach 2,11; 9,9).
Auch im Neuen Testament findet der Name Zion Verwendung (z.B. Mt 21,5; Joh 12,15; Röm 9,33; 1 Petr 2,6), meist als Bezeichnung für das Volk Israel, aber auch als Motiv für das himmlische Jerusalem und Hoffnung auf den Triumph Christi (Hebr 12,22; Offb 14,1; 21,2).

Zippora

(hebräisch ssippora = „Vogel")

Die Frau des Mose war entweder die Tochter des midianitischen Priester Reguël (Ex 2,18 ff.) oder Jitros (Ex 18,1 ff.) und die Mutter Gerschoms und Eliësers (Ex 2,21f.; 18,2-4). Der Ursprung der Beschneidung wird auf Zippora zurückgeführt (Ex 4,24 ff.).

Zisterne

In den im Vorderen Orient weit verbreiteten Zisternen sammelte man das Wasser der Niederschläge im Winter für die trockenen Sommermonate. Als Sammelbehälter diente eine in den Fels geschlagene bzw. in den Boden gegrabene und abgedichtete Grube, die meist abgedeckt wurde, um die Gefahr der Verdunstung zu reduzieren (z.B. Gen 29,2f.; Ex 21,33f.; Num 21,16f.; Jer 2,13; Lk 14,5).
Leere Zisternen wurden zur Zeit des Alten Testaments als Gefängnis benutzt (Gen 37,22; Jes 24,22; Jer 38,6-13; Klgl 3,53; Sach 9,11).

Zoan

(hebräisch so'an, griechisch Tanis)

Die ägyptische Stadt im nordöstlichen Nildelta wird im Alten Testament mehrmals genannt (z.B. Num 13,22; Ps 78,12; 78,43; Jes 19,11-13; Ez 30,14). Zoan entspricht dem heutigen San el-Hagar. Die Ausgrabungen von Tempeln und Königsgräbern lassen auf die große Bedeutung Zoans (möglicherweise als zeitweilige Residenz- oder sogar Hauptstadt Ägyptens von 1100 v.Chr. bis etwa 660 v.Chr.) schließen.

Zoar

(hebräisch so'ar = „klein")

Eine moabitische Stadt am Südende der Jordanebene nahe dem Toten Meer (Gen 13,10; Dtn 34,3; Jes 15,5; Jer 48,34), deren älterer Name Bela lautete (Gen 14,2; Gen 14,8).
In Zoar suchte Lot Zuflucht, weshalb die Stadt beim göttlichen Gericht über Sodom und Gomorra

auf seine Bitte hin verschont blieb (Gen 19,20ff.).

Zoba

(akkadisch subatu, hebräisch soba)
Aramäischer Stadtstaat in Zölesyrien, dem Tal zwischen Libanon und Antilibanon (1 Sam 14,47; 2 Sam 23,36); zur Zeit Davids dehnte sich Zoba bis hin zum verbündeten Damaskus aus. Schließlich unterlag das Reich jedoch David (2 Sam 8,3-12; 10,6ff.; 1 Kön 11,23) und fand im Alten Testament keine weitere Erwähnung mehr.

Zofar

(hebräisch sophar)
Einer der drei Freunde Ijobs (Ijob 2,11; 11,1; 20,1; 42,9); er stammte aus dem Ort Naama, über den nichts Genaues bekannt ist.

Zöllner

Zur Zeit des Neuen Testaments wurden Zölle nicht von staatlichen Beamten eingetrieben, sondern von Pächtern eines Zollgebietes, die wiederum Einheimische für das Eintreiben der Gelder anstellten. Sowohl Pächter als auch Zöllner versuchten, größtmögliche Gewinne aus den Zöllen zu ziehen, bevor sie diese an den Staat abzuliefern hatten, was zu Wucher und Betrug führte. Der Beruf des Zöllners war bei der Bevölkerung daher nie hoch angesehen. Jene, die das Gewerbe ausübten, wurden auf eine Stufe mit Sündern, Gottlosen und Prostituierten gestellt. Erschwerend kam der Umstand hinzu, dass Zöllner in den Augen frommer Juden durch den ständigen Kontakt mit Heiden unrein wurden (z.B. Mt 5,46ff.; 9,10ff.; 11,19; 18,17; 21,31; Lk 5,29f.; 7,34). Jesus nahm sich ihrer an und stellte den bußfertigen Zöllner über den strenggläubigen Pharisäer (Mk 2, 15; Lk 18,9-14).

Zora

(hebräisch sor'a)
Die Stadt war der Hauptort der danitischen Siedlungen, bevor der Stamm in Richtung Norden zog (Jos 19,41; Ri 18,2; 18,8; 18,11), und lag westlich von Jerusalem an der Grenze zwischen Juda und Dan. Zora war die Heimat Simsons, der hier auch bestattet wurde (Ri 13,2; 16,31). In späterer Zeit gehörte Zora zu Juda, wurde im 10. Jahrhundert v.Chr. unter König Rehabeam befestigt und nach dem babylonischen Exil im 6. Jahrhundert v.Chr. neu besiedelt (Jos 15,33; 1 chr 2,53f.; 4,2; 2 Chr 11,10; Neh 11,29).

Zwiebel

(griechisch krómmion, hebräisch basal, lateinisch allium cepa)
Die zur Familie der Liliengewächse zählende Zwiebel (Allium cepa) wird im Alten Testament nur einmal erwähnt. Sie war eines jener

Nahrungsmittel, nach denen sich die Israeliten auf ihrem Weg durch die Wüste sehnten (Num 11,5). Zur Zeit des Alten Testaments wurde die Zwiebel sowohl roh als auch gekocht oder gebraten gegessen, auch die Zwiebelsamen dienten dem Verzehr.

Zwölf

(hebräisch sch-ne[m] 'asar, griechisch Dodeka)

Eine Zahl, die sich in der Bibel fast immer direkt oder indirekt auf die zwölf Stämme Israels bezieht (u.a. Ex 24,4); Jakob hatte zwölf Söhne (Gen 35,22-26), es gab zwölf Schaubrote (Lev 24,5), und am Efod wurden zwölf Steine angebracht (Ex 28,21). Zwölf ist die Zahl der Monate im Jahr (vgl. 1 Chr 27,1-15) und der Stunden am Tag (Joh 11,9).

Die Zwölf findet sich im Neuen Testament in der Zahl der von Jesus besonders ausgewählten Jünger, die das neue Israel repräsentieren (Mt 19,28). Nach dem Ausscheiden des Judas Iskarioth wurde das Apostelkollegium durch die Wahl eines Nachfolgers wieder zum „Zwölferkreis" (Apg 1,26). Die Krone der Frau, die die Gemeinde darstellte, hatte zwölf Sterne (Offb 12,1), und nach Offb 21,12 hatte die Mauer des neuen Jerusalem zwölf Tore mit zwölf Engeln.

Zyperblume

(griechisch kýpros, hebräisch kopher)

Die zur Familie der Weiderichgewächse zählende Zyperblume (Lawsonia alba) ist ein dem Liguster ähnlicher, bis zu 4 m hoher Strauch. Die weißen, intensiv duftenden Blüten der Zyperblume, die vielerorts in Palästina angepflanzt wurde, sind wie Trauben auf einer Rispe angeordnet. Aus den Blättern und Stängeln der Pflanze wurde der rote Farbstoff Henna gewonnen.

Im Alten Testament wird die Zyperblume in Hld 4,13f. erwähnt.

Zypern

(hebräisch kittim, griechisch Kýpros)

Die im östlichen Mittelmeer westlich von Syrien und südlich von Kilikien gelegene Insel bildete schon früh eine wichtige Verbindung zwischen dem ägäisch-griechischen Raum und dem Orient – sowohl in kultureller und religiöser als auch in wirtschaftlicher Hinsicht. Die wichtigste Handelsware Zyperns war Kupfer, aber auch Öl, Wein und Holz trugen zum Wohlstand der Insel bei (Ez 27,6). Im Alten Testament heißt Zypern „Kittim" und seine Bewohner werden „Kittäer" genannt, benannt nach der im Süden gelegenen Stadt Kition (z.B. Gen 10,4; Jes 23,1; Jer 2,10).

Um 1350 v.Chr. ließen sich die Griechen auf Zypern nieder und

bildeten für lange Zeit die einflussreichste Bevölkerungsgruppe.
58 v.Chr. geriet Zypern unter römische Herrschaft und wurde 22 v.Chr. senatorische Provinz (Apg 13,7). Zur Zeit des Neuen Testaments gab es auf der Insel zahlreiche jüdische Gemeinden (1 Makk 15,23), die schon früh in Kontakt mit dem Christentum kamen, da nach dem Martyrium des Stephanus viele Christen von Palästina dorthin flohen (z.B. Apg 4,36; 11,19; 21,16). Prediger von Zypern waren Mitbegründer der Gemeinde von Antiochia (Apg 11,20-23). Der Apostel Paulus und sein von der Insel stammender Begleiter Barnabas waren auf der ersten Missionsreise auf Zypern tätig (Apg 13,4-13). Nach der Trennung von Paulus (zu Beginn der zweiten Missionsreise) besuchten Barnabas und Johannes Markus die Insel erneut (Apg 15,39).

Zypresse

(griechisch kypárissos, hebräisch gopher, lateinisch cupressus, persisch serv)

Die Zypresse wurde bei Luther einmal als „Tanne“, dann wieder als „Buchsbaum“ bezeichnet. Zwar werden im Alten Testament mehrere Bäume genannt, die mit der Zypresse gleichgesetzt wurden (z.B. hebräisch göpher in Gen 6,14; t·'aschschur in Jes 41,19; 60,13 und b·rosch in 1 Kön 6,15), tatsächlich gedeiht in Palästina aber nur eine Zypressenart (Cupressus sempervivens). Diese kommt als schlanke, kegelförmige und bis zu 50 m hohe Variante und in weniger häufiger Form mit ausgebreiteter Baumkrone (der Zeder ähnlich) vor. Die immergrüne Zypresse hat schuppenartige zierliche Nadeln und eiförmige Zapfen.
Im Alten Testament wird die Zypresse mehrmals mit der Zeder gemeinsam erwähnt (z.B. Jes 14,8; Ez 27,5; 31,8). Das wertvolle Holz des Baumes lieferte König Hiram von Tyrus an König Salomo nach Jerusalem (1 Kön 5,22ff.; 2 Chr 2, 7), wo es für die Täfelung des Tempels verwendet wurde (1 Kön 6,15; 6,34; 2 Chr 3,5). Auch im Schiffsbau fand Zypressenholz Verwendung. So sollen die Arche Noahs und die tyrischen Schiffe daraus gebaut worden sein (Gen 6,14; Ez 27,5f.).
Die Zypresse versinnbildlichte aber auch Macht und Erhabenheit (z.B. Sach 11,1f.).

Bildteil

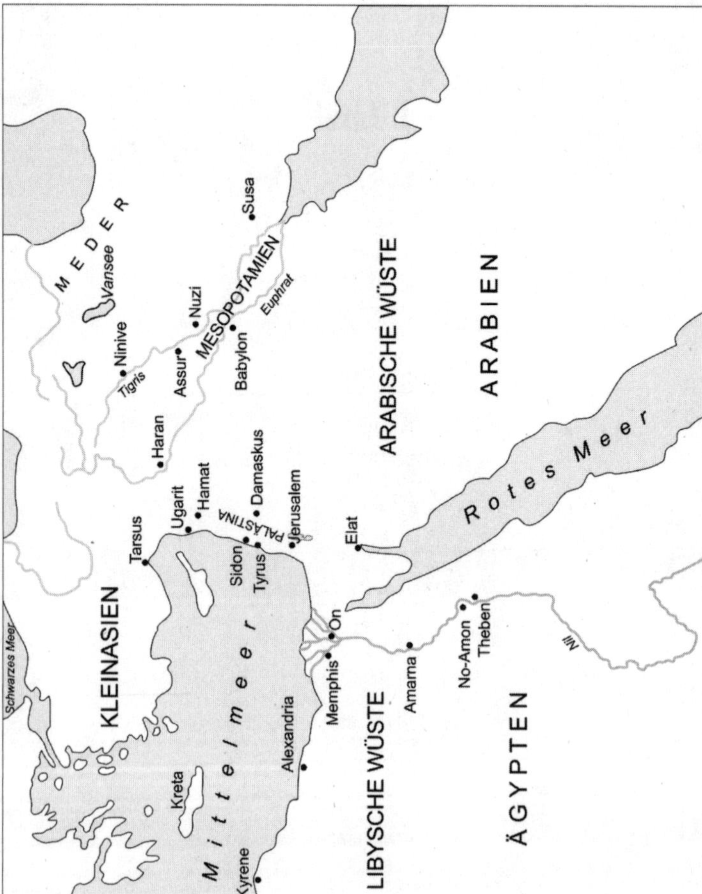

Abb. 1: Ägypten, Palästina und Mesopotamien zu biblischer Zeit

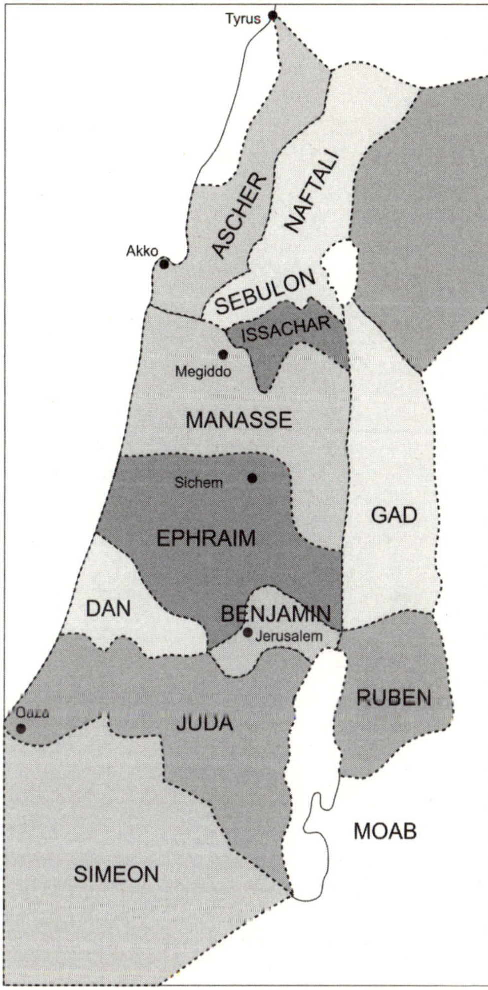

Abb. 2: Die Verteilung der Stämme

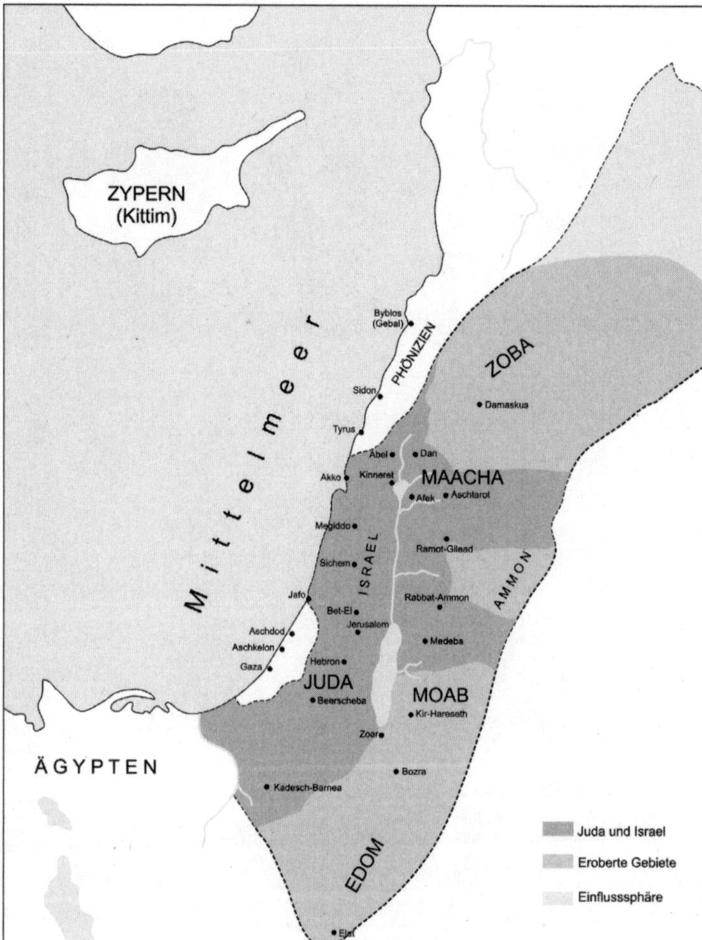

Abb. 3: Das Reich Davids

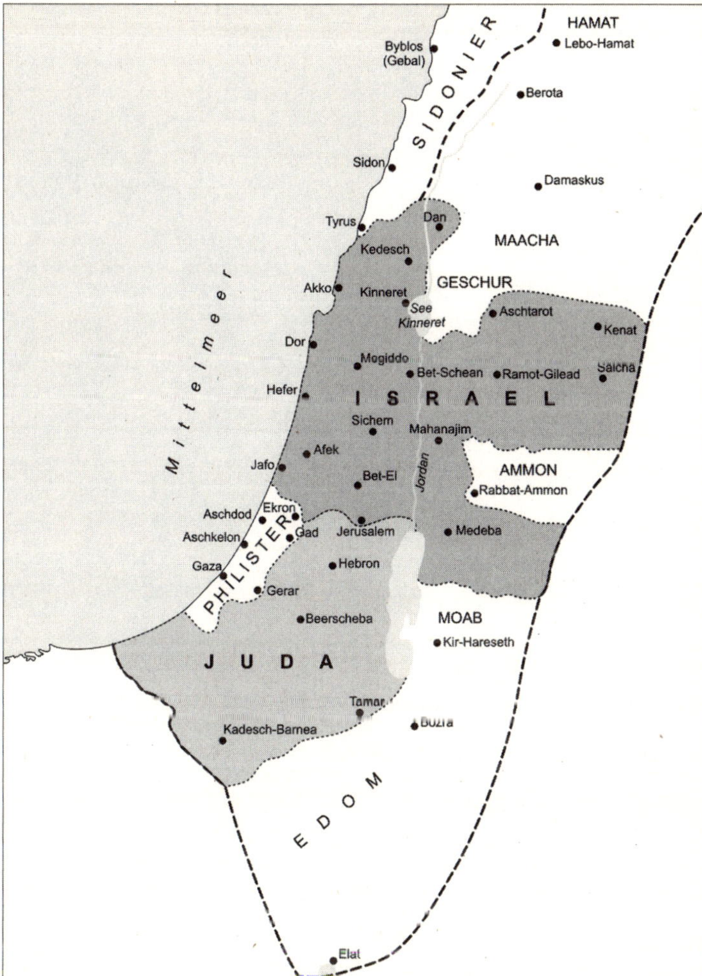

Abb. 4: Israel und Juda nach der Reichsteilung

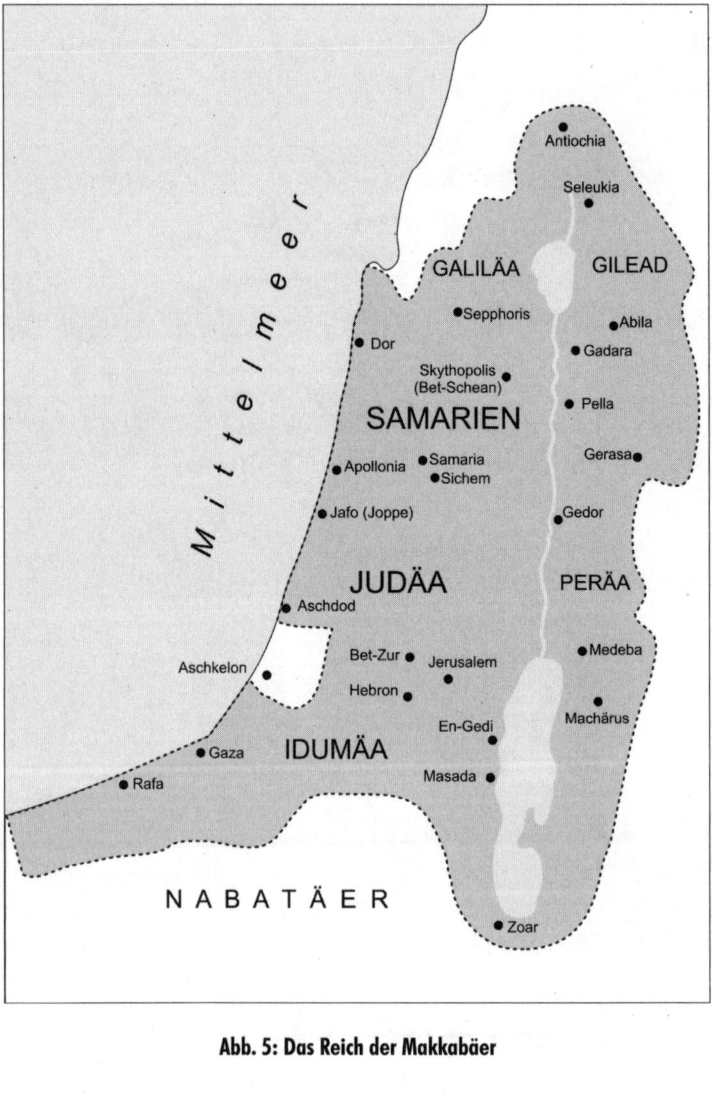

Abb. 5: Das Reich der Makkabäer

Abb. 6: Palästina zur Zeit Jesu

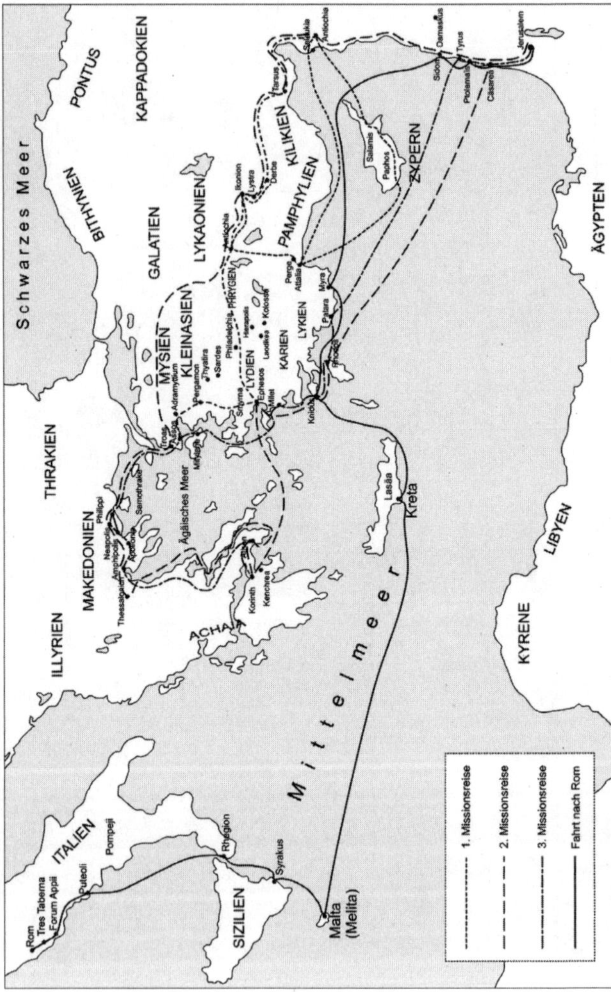

Abb. 7: Die Reisen des Apostels Paulus

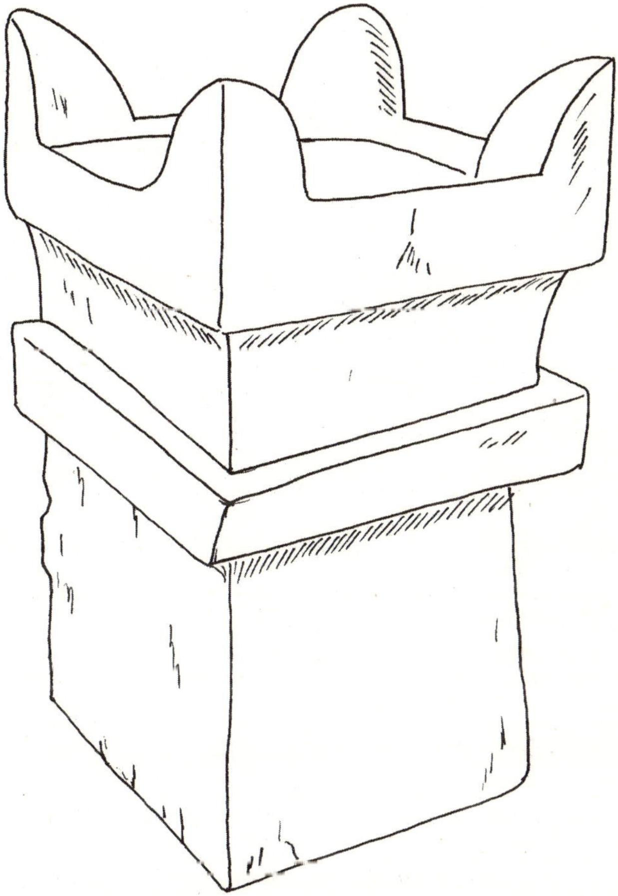

Abb. 8: Rauch- und Brandopferaltar aus Palästina mit Hörnern

Abb. 9: Rekonstruktion des Salomonischen Tempels

Abb. 10: Hebräisches Stempelsiegel mit kämpfendem Hahn

Abb. 11: Hebräisches Stempelsiegel mit schreitendem Löwen

Abb. 12: Hebräisches Stempelsiegel mit Schiff

Abb. 13: Ägyptische Darstellung semitischer Kaufleute

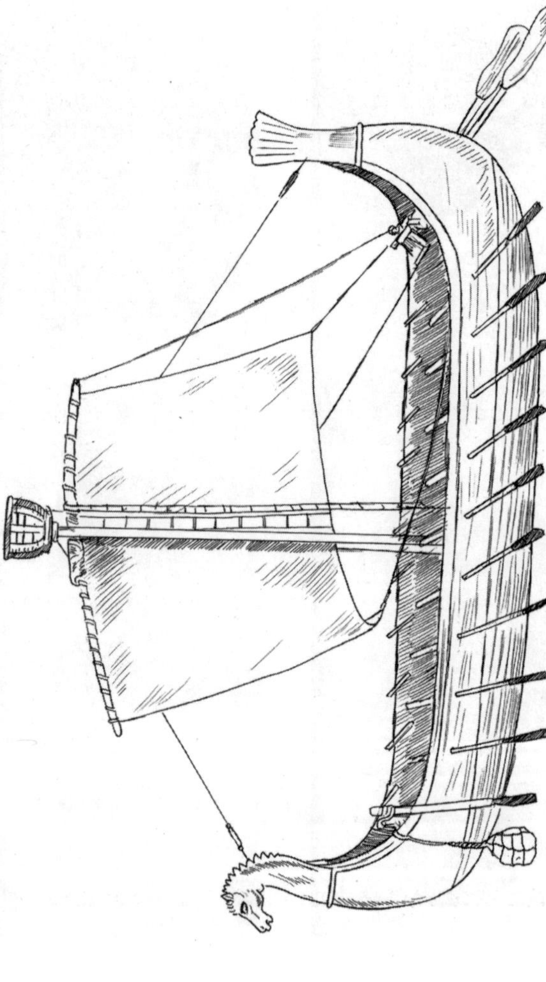

Abb. 14: Phönizisches Schiff

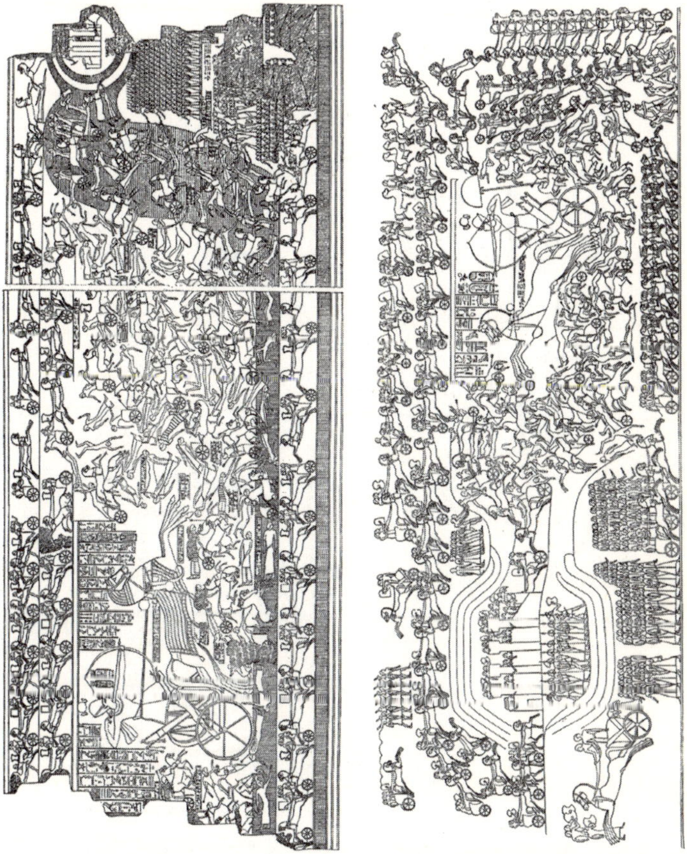

Abb. 15: Schlacht Ramses' II. bei Kadesch gegen die Hethiter

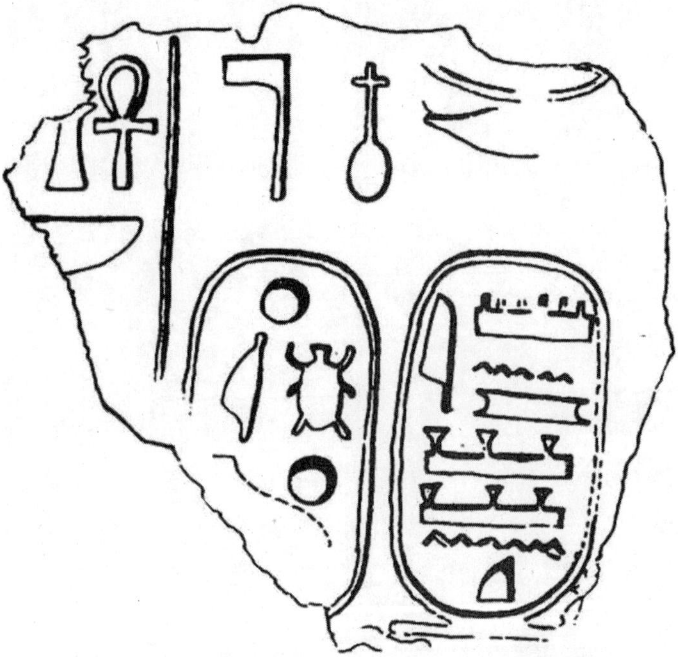

Abb. 16: Relieffragment aus Megiddo mit dem Namen Pharaos Schischaks

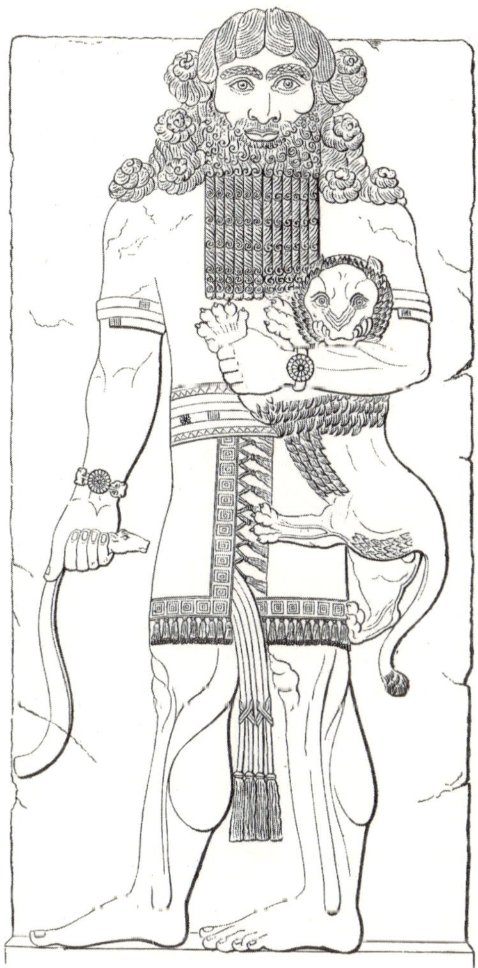

Abb. 17: Gilgamesch, Schlange und Löwe würgend

Abb. 18: Sitzender Beter (Mesopotamien)

Abb. 19: Stehender Beter (Mesopotamien)

Abb. 20: Babylonischer Grenzstein, die absolute Macht des Königs demonstrierend

Abb. 21: „Babylonischer Turm" (Zikkurat) auf einem assyrischen Relief

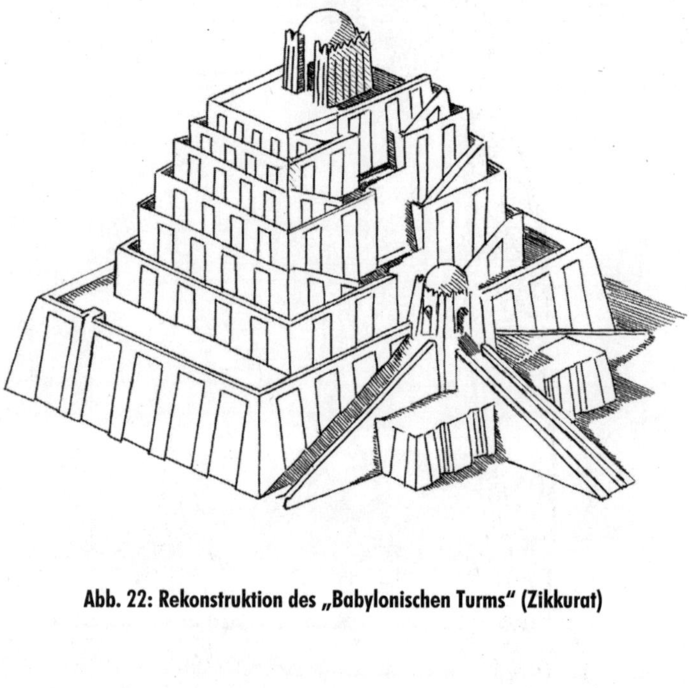

Abb. 22: Rekonstruktion des „Babylonischen Turms" (Zikkurat)

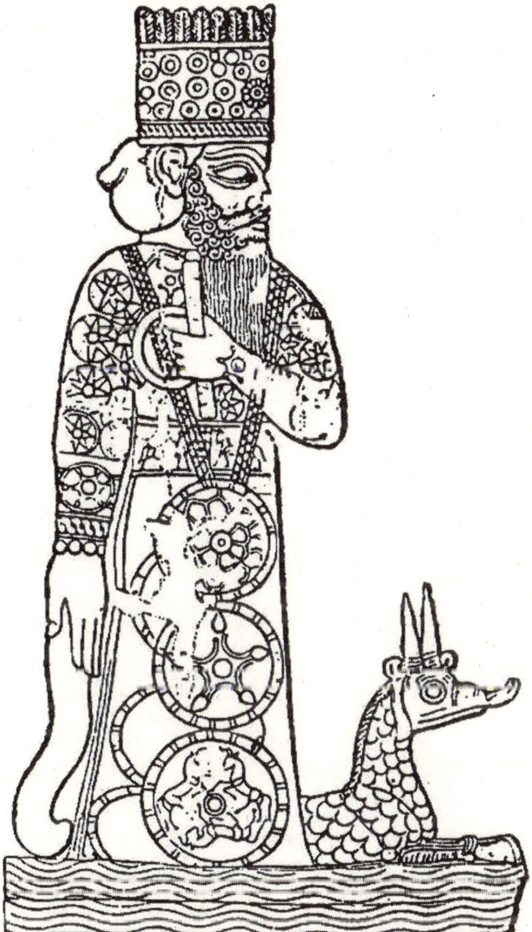

Abb. 23: Marduk (Bel)

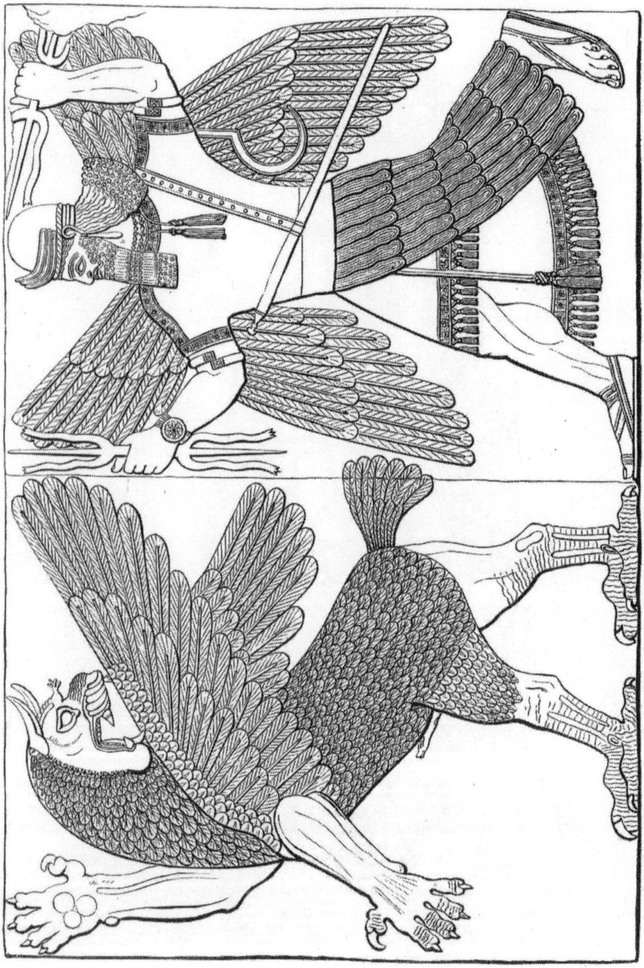

Abb. 24: Kampf Marduks (Bels) mit dem Drachen

Abb. 25: Assyrischer Kerub am Tor des Palastes Sargons II., tetramorphes (viergestaltiges) Mischwesen mit dem Leib eines Löwen, den Beinen eines Stiers, den Flügeln eines Adlers und dem Kopf eines Menschen

Abb. 26: Stele des assyrischen Königs Adadnirari

Abb. 27: Stele des assyrischen Königs Asarhaddons

Abb. 28: Sargon II., König des neuassyrischen Reiches

Abb. 29: Relief mit zweifacher Darstellung des assyrischen Königs Tukulti-Ninurta

Abb. 30: Assyrische Bogenschützen

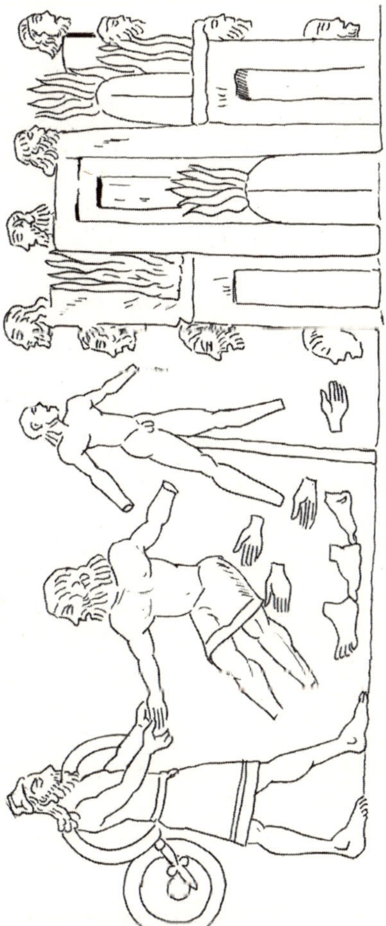

Abb. 31: Relief mit den Grausamkeiten der assyrischen Kriegsführung

Abb. 32: Löwenjagd auf einem assyrischen Relief

Abb. 33: Elfenbeinschnitzerei eines trinkenden Hirsches aus Samaria

Abb. 34: Schleuderer (semitisch)

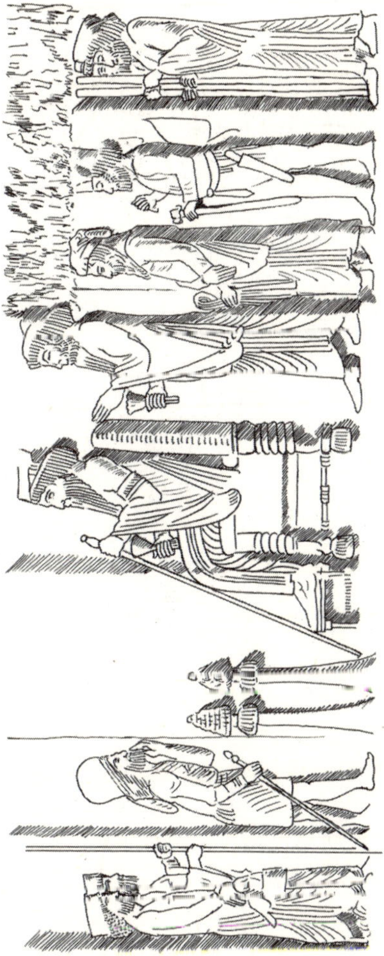

Abb. 35: Persisches Relief mit Darius I. (auf dem Thron, dahinter der Thronfolger Xerxes)

Abb. 36: Ugaritische Stele mit dem Baal der Blitze

Abb. 37: König Hasaël von Damaskus

Abb. 38: Semitische Lautenspieler und Paukenschläger (oben), Harfenspieler (unten)

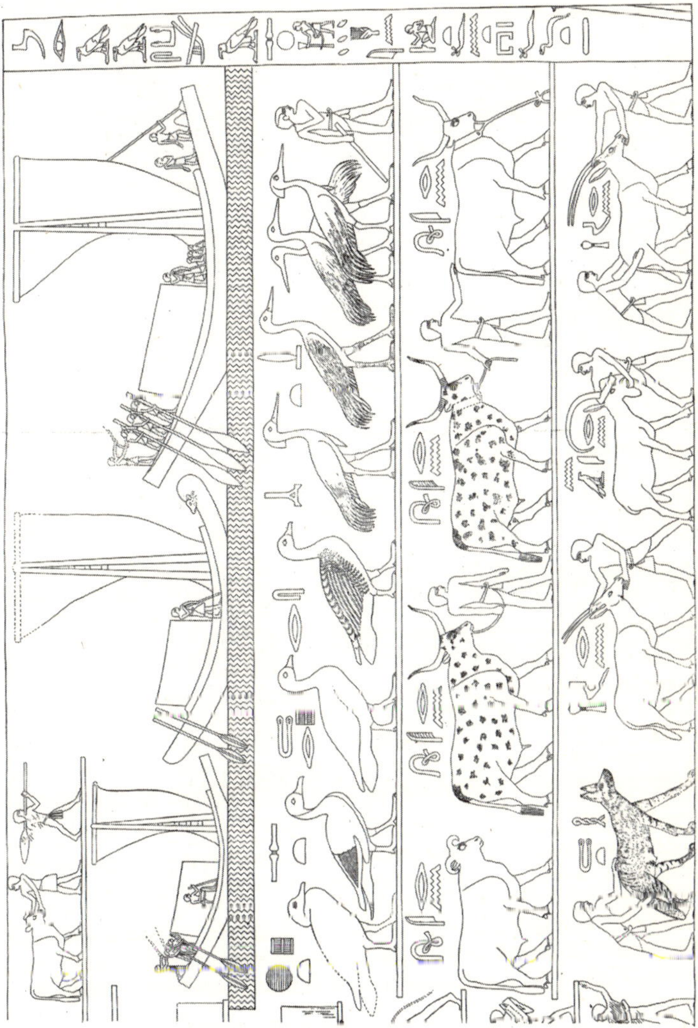

Abb. 39: Ägyptisches Relief mit Darstellung der Tierzucht und des Schiffsverkehrs auf dem Nil

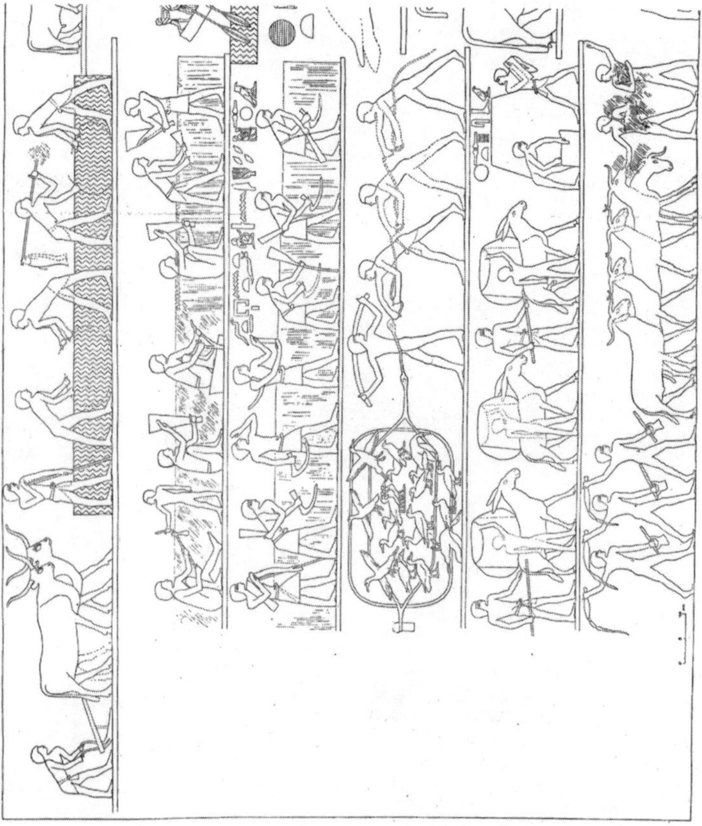

Abb. 40: Ägyptisches Relief mit Darstellung landwirtschaftlicher Tätigkeiten

Abb. 41: Ägyptisches Relief mit Darstellung der Schreibkunst, des Musizierens, Spielens und Tanzens

Abb. 42: Frühform der Keilschrift

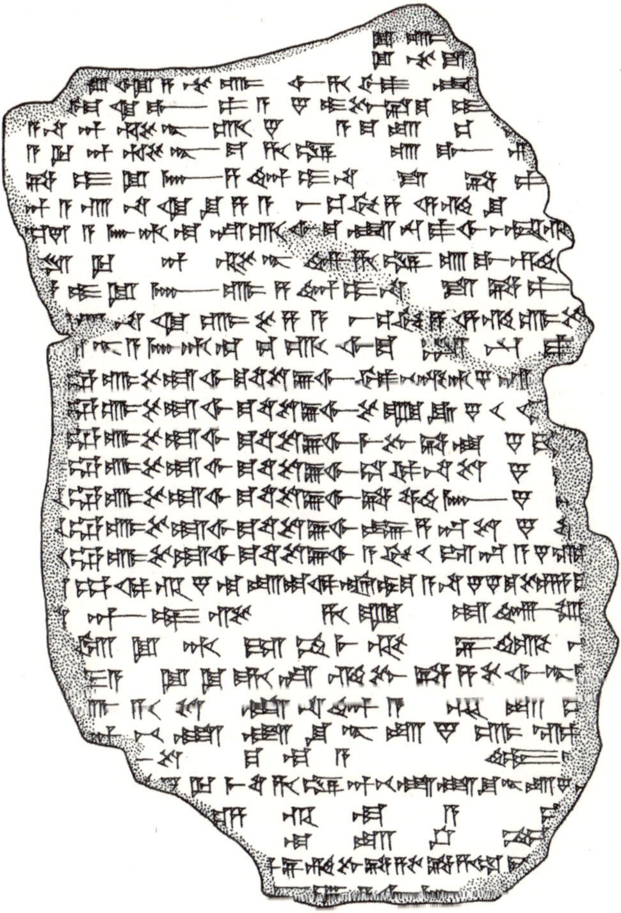

Abb. 43: Keilschrifttafel

Abb. 44: Ägyptische Hieroglypheninschriften

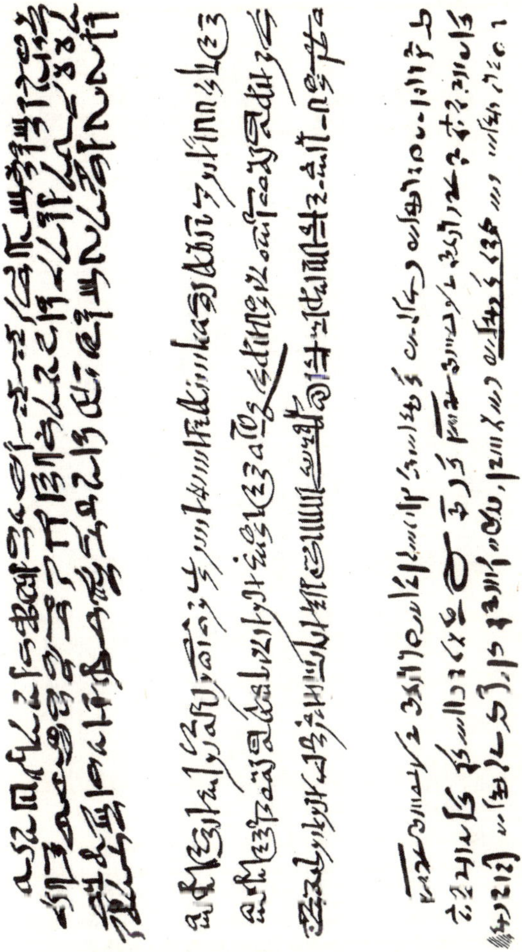

Abb. 15: Ägyptische Schnellschriften (Hieratisch und Demotisch)

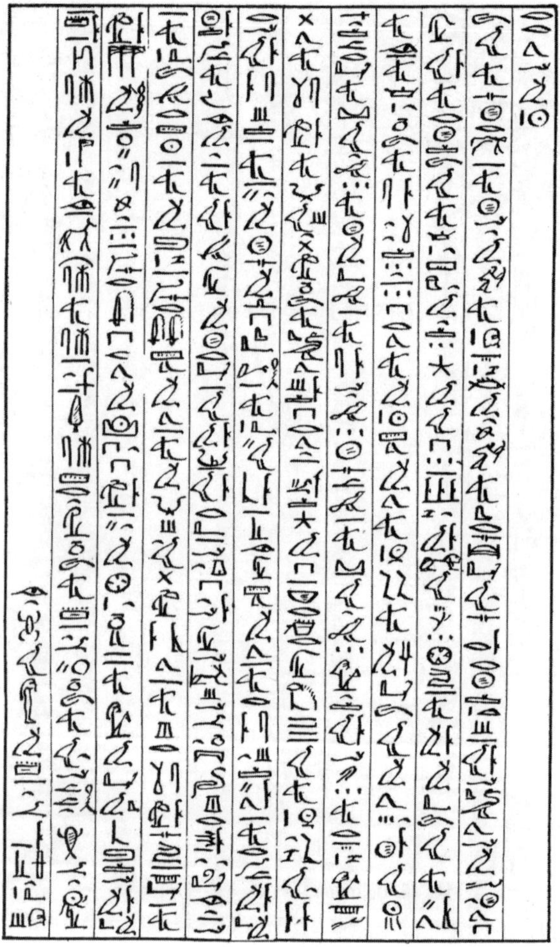

Abb. 46: Ägyptische Kursivhieroglyphen

Abb. 47: Siloachinschrift des Königs Hiskia

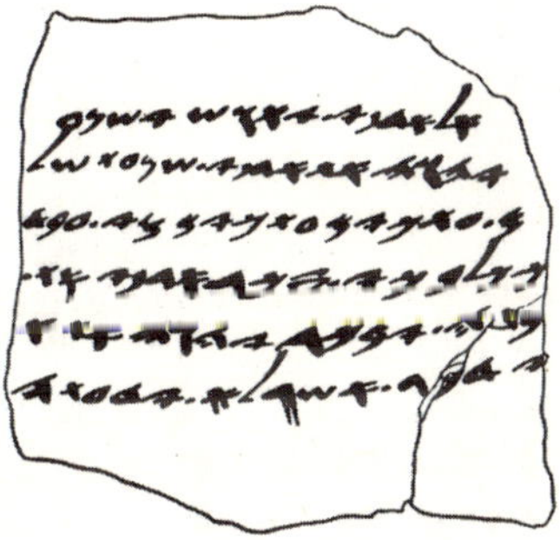

Abb. 48: Ostrakon (Tonscherbe) aus Lachisch

Abb. 49: Jakobus der Ältere

Abb. 50: Jakobus der Jüngere

Abb. 51: Taufe Jesu mit Engel

Abb. 52: Johannes der Täufer

Abb. 53: Der Evangelist Johannes mit Engel der Inspiration

Abb. 54: Gottesmutter Maria

Abb. 55: Der Evanglist Matthäus mit Engel der Inspiration

Abb. 56: Petrus empfängt mit Engel Verstorbene an der Himmelstür, (nach einer Miniatur in einem englischen Stundenbuch)

Abb. 57: Apostel Thomas

Anhang

Chronik Israels/Judäas/Palästinas

Um 7000 v.Chr.
Im Gebiet der heutigen Staaten Israel und Jordanien entstehen die ersten festen Siedlungen (z.B. Jericho im heute von Israel besetzten Westjordanland, die wahrscheinlich älteste Stadt der Welt).

Ab 3100 v.Chr.
In das Gebiet der heutigen Staaten Israel und Jordanien wandern, überwiegend von der arabischen Halbinsel kommend, semitische Volksstämme ein (Kanaanäer, Aramäer; gemäß dem Alten Testament Nachfahren von Sem, dem ältesten Sohn Noahs). Ihr Siedlungsraum wird als Landbrücke zwischen Afrika und Asien jedoch schon bald zum Streitobjekt zwischen den frühen Hochkulturen der Akkader von Mesopotamien (Zweistromland zwischen Euphrat und Tigris; heute Irak) und der Ägypter.

Ab 2000 v.Chr.
Die bisher in Mesopotamien lebenden semitischen Hebräer („Söhne Abrahams") lassen sich im Gebiet der heutigen Staaten Israel und Jordanien nieder, wandern jedoch nach Gebietsstreitigkeiten mit der bereits ansässigen Bevölkerung z.T. bald wieder in Richtung Nildelta ab, wo sie von den Ägyptern versklavt werden.

Ab 1500 v.Chr.
Die Ägypter und die aus Norden vordringenden Hethiter (Hauptstadt ihres Reiches ist Hattuša, etwa 150 km nordöstlich der heutigen türkischen Hauptstadt Ankara) beginnen ihren jahrhundertelangen erbitterten Kampf um die Vorherrschaft in den Gebieten der heutigen Staaten Syrien, Libanon, Israel, Jordanien und Irak. Dem Hethiterkönig Muwatallis gelingt 1285 im syrischen Kadesch ein Sieg über den ägyptischen Pharao Ramses II., der sich letztendlich aber mit dessen Nachfolger, Hattušili III., auf eine Teilung der Region einigt. Bis etwa 1220 v.Chr. hält sich so die Macht der Hethiter im Norden und der Ägypter im Süden in etwa die Waage. Danach setzt der Verfall der beiden Großreiche ein, und die mesopotamischen Assyrer steigen allmählich zur führenden Macht Vorderasiens auf.

Ab 1240 v.Chr.
Die israelitischen Stämme gelangen unter der Führung von Mose(s) von Ägypten über die Sinaihalbinsel (biblische Gottesoffenbarung und Ge-

setzgebung auf dem Berg Horeb) allmählich in das „Gelobte Land Kanaan" zurück und nehmen ihren Kampf sowohl gegen die Kleinstaaten der ansässigen semitischen Volksgruppen wie auch gegen die „Philister" (aus dem nordöstlichen Mittelmeerraum stammende indogermanische Bevölkerung der Küstenregion) auf.

Um 1200 v.Chr.
Die semitischen Ammoniter gründen Amman, die Hauptstadt des heutigen Jordanien (von den Ägyptern „Philadelphia" genannt und in der Bibel als „Rabbat-Ammon" bezeichnet).

Um 1015 v.Chr.
Nach erbitterten Kämpfen untereinander bzw. gegen die Philister vereinen sich die semitischen Stämme im „Philisterland" (Palästina) und ernennen Saul zum Herrscher des Königreichs „Israel", dessen Hauptstadt zunächst Hebron ist.

Um 1006 v.Chr.
David (bis 968) aus dem Stamme Juda, der zweite König der Israeliten, unterwirft die Philister endgültig, nimmt Jerusalem (gegründet um 1900 v.Chr.) ein und macht es zur Reichshauptstadt. Er erobert das Gebiet der Ammoniter östlich des Jordanflusses und kann seine Macht zeitweise sogar auf das aramäische Königreich Damaskus und große Teile Syriens ausdehnen.

968 v.Chr.
König Salomo (bis 928), der Sohn Davids, erweitert in den vier Jahrzehnten seiner Herrschaft den Handel mit den Phönikern sowie mit Ägypten (er heiratet sogar eine ägyptische Prinzessin), lässt zu Ehren des Gottes „Jahwe" den Tempel in Jerusalem errichten, belegt jedoch das Volk auch mit hohen Steuern und zieht es zur Zwangsarbeit heran.

Ab 928 v.Chr.
Nach dem Tode Salomos führt die enorme Steuerbelastung zu schweren Unruhen. Dies hat letztendlich die Teilung des Landes zur Folge: König des Nordreiches „Israel" mit der Hauptstadt Sichem (später Samaria) wird Jerobeam I., während das südliche „Juda" mit der Hauptstadt Jerusalem von Salomos Sohn Rehabeam beherrscht wird.

Ab 840 v.Chr.
Das Königreich Israel wird gegenüber den mesopotamischen Assyrern, die inzwischen auch Syrien unterworfen haben, tributpflichtig.

722 v.Chr.
Das Königreich Israel wird von den Assyrern annektiert (König Hosea wollte den Tributzahlungen nicht mehr nachkommen und hatte Verhandlungen mit Ägypten aufgenommen), die ansässige Bevölkerung wird größtenteils nach Syrien und Mesopotamien verschleppt und durch Assyrer ersetzt. Der Versuch, das judäische Jerusalem einzunehmen, gelingt jedoch nicht.

Um 669 v.Chr.
Die Assyrer unterwerfen Ägypten, werden jedoch von Psammetich I. schon 663 wieder vertrieben und in ihr ursprüngliches Machtzentrum in Mesopotamien zurückgedrängt, (wo sie schließlich 612 v.Chr. von den verbündeten Medern und Babyloniern endgültig unterworfen werden). Damit geraten die Gebiete der heutigen Staaten Israel, Jordanien, Syrien und Libanon wieder unter ägyptischen Einfluss.

609 v.Chr.
Josia, König von Juda, wird bei Megiddo (heute Har Magedon) von den Truppen des ägyptischen Pharao Necho II. besiegt und getötet.

587 v.Chr.
Der babylonische König Nebukadnezar II. vertreibt die Ägypter aus Syrien und Palästina, nimmt Jerusalem ein, zerstört den Tempel und verschleppt die gesamte jüdische Oberschicht (rund 40 000) als Sklaven nach Babylonien (Babylonische Gefangenschaft – bis 539).

539 v.Chr.
Der persische Achämenidenkönig Kyros II. – er hat inzwischen sowohl die Meder als auch die über Anatolien (Türkei) herrschenden Lyder unterworfen – erobert Babylonien, ganz Syrien sowie Palästina und macht die Gebiete zu Satrapien (Provinzen) des Perserreichs. Die Juden entlässt er aus ihrer Babylonischen Gefangenschaft und gibt ihnen sogar einen Großteil der einst von Nebukadnezar II. aus dem Jerusalemer Tempel geraubten Gold- und Silberschätze zurück, womit sie nach ihrer Rückkehr nach Palästina unter der Führung von Esra und Nehemia Jerusalem und

den Tempel wieder aufbauen. Sein gestecktes Ziel, die Unterwerfung Ägyptens, kann Kyros II. vor seinem Tod im Jahre 528 allerdings nicht mehr verwirklichen. Dies gelingt erst seinem Nachfolger, Kambyses II., im Jahre 525 v.Chr.

Ab 336 v.Chr.
Nachdem der Makedonier Philipp II. inzwischen ganz Griechenland unter seine Kontrolle gebracht hat, erobert nun sein Sohn Alexander in raschem Siegeszug Anatolien (Kleinasien) und bis 323 fast das gesamte restliche Perserreich (Ägypten, Syrien, Palästina und Mesopotamien 332/31).

Ab 323 v.Chr.
Nach dem plötzlichen Tod Alexanders des Großen (er stirbt im Alter von erst 33 Jahren am 13. Juni in Babylon am Fleckfieber) werden die von ihm eroberten Gebiete zum Streitobjekt zwischen seinen Feldherren, den „Diadochen" (griechisch „Nachfolger"). Die bedeutendsten von ihnen sind Ptolemaios und Seleukos, die sich (zeitweise) verbünden und so die übrigen „Kandidaten" nach und nach ausschalten. Während Ptolemaios die Verwaltung Ägyptens, Palästinas und des südlichen Syrien übernimmt, sich im Jahre 305 als Ptolemaios I. Soter (griechisch „Retter") zum König von Ägypten macht und sein Reich u.a. 294 um die Insel Zypern erweitert, übernimmt Seleukos die Macht in Mesopotamien, von wo aus er, zusammen mit seinem Sohn Antiochos, zunächst die persischen Ostgebiete und schließlich fast ganz Vorderasien einschließlich Anatolien und der Kaukasusregion unter seine Kontrolle bringt. Er gründet insgesamt über 70 Städte, u.a. im Jahre 301 v.Chr. in Nordwestsyrien als Seleukos I. Nikator (griechisch „Sieger") die Stadt Antiochia (das heutige Antakya in der Südosttürkei), die von seinen Nachfolgern zur Hauptstadt des mächtigen Seleukidenreichs gemacht wird.

198 v.Chr.
Der Seleukidenkönig Antiochos III. erobert das bisher von den Ägyptern kontrollierte südliche Syrien sowie Palästina.

167 v.Chr.
Der Seleukidenkönig Antiochos IV. will sein Reich systematisch hellenisieren und versucht, mit Gewalt das Judentum auszulöschen. Dies führt zum Volksaufstand der Juden in Palästina.

164 v.Chr.
Unter der Führung von Jehuda Makkabaeus (Judas Makkabäus) fügen die Juden den Seleukiden große Verluste zu und erreichen schließlich die Gewährung der Selbstverwaltung.

134 v.Chr.
Hyrkanus, Hohepriester und Statthalter der Juden, gründet die Hasmonäerdynastie.

Ab 63 v.Chr.
Die Römer erobern Jerusalem und innerhalb weniger Monate ganz Palästina und gliedern es in ihr Weltreich ein. Es folgt eine Zeit der Halbautonomie.

Ab 37 v.Chr.
Nach der „Beseitigung" von Antogonos, dem letzten König der Hasmonäerdynastie, wird der mit Rom kooperierende Herodes, ein Halbjude, König von Judäa. Er lässt in Jerusalem einen neuen Tempel errichten.

6 n.Chr.
Nach dem Tod von Herodes I. dem Großen (4 v.Chr.) verstärken die Römer ihren Druck: Archelaos, der Sohn von Herodes und Statthalter von Judäa, wird des Landes verwiesen und durch einen römischen Präfekten ersetzt. Damit erreichen die Römer jedoch nur, dass der Widerstand der Juden größer wird.

26
Pontius Pilatus wird von den Römern zum Präfekten von Judäa ernannt.

27
Jesus von Nazareth (geboren um 6 vor oder um 7 nach unserer Zeitrechnung), der in Galiläa zu predigen beginnt, wird, da er sich als Messias ausgibt, von den Juden als Gotteslästerer und von den Römern als Rebell gesehen. Drei Jahre später wird er im Auftrag von Pontius Pilatus in Jerusalem gekreuzigt. Die zwölf Jünger Jesu (Apostel) führen die Verkündigung Jesu sowohl in Palästina als auch in Syrien fort, wo die neue Glaubensgemeinschaft, die bald über zahlreiche Anhänger verfügt, die Bezeichnung „Christen" erhält.

64
Mit der Hinrichtung von Petrus und Paulus und zahlreichen weiteren Christen im Auftrag Kaiser Neros in Rom beginnt die Christenverfolgung, die sich allerdings in den römischen Provinzen Vorderasiens (zunächst) in Grenzen hält.

66
Die Juden erheben sich gegen die Römer. Der Aufstand endet im Jahre 70 mit der Zerstörung Jerusalems und des Tempels (ein Überrest, die Klagemauer, gilt heute als das höchste jüdische Heiligtum) durch Titus, den späteren römischen Kaiser. Unzählige Juden werden als Sklaven verkauft.

73
In der Felsenfestung Masada am Toten Meer verschanzen sich 1 000 Juden vor den Römern. Als der Kampf nach dreijähriger Belagerung aussichtslos wird, gehen sie alle in den Freitod.

106
Das um 312 v.Chr. gegründete hellenistisch orientierte und bisher weitgehend autonome Königreich der semitischen Nabatäer – es umfasst in etwa das Gebiet des heutigen Jordanien und den Norden des heutigen Saudi-Arabien (bis etwa in Höhe Medina) – wird von den Römern, die vor allem an der Kontrolle der aus dem Süden der arabischen Halbinsel kommenden Handelskarawanen, die Waren aus Indien und den kostbaren Weihrauch aus den heutigen Staaten Oman und Jemen mit sich führen, interessiert sind, annektiert und zur Provinz „Arabia" erklärt. Statthaltersitz ist Bozra im Norden, während Petra, die Reichshauptstadt der Nabatäer in einer schwer zugänglichen Gebirgslandschaft am Ostrand der Wüste Negeb (heute die Haupttouristenattraktion Jordaniens), zweiter Verwaltungssitz wird. Im Gebiet des heutigen Saudi-Arabien beschränkt sich die eigentliche Macht der Römer jedoch auf die Region nördlich der Wüste Nafud bzw. auf einen schmalen Küstenstreifen entlang des Roten Meeres.

132
Die Juden erheben sich ein zweites Mal unter der Führung Simon Bar Kochbas gegen den römischen Kaiser Hadrian, der ebenfalls den Hellenismus durchsetzen will (u.a. Verbot der bei den Juden üblichen

Beschneidung). Die Rebellen können einen großen Teil Judäas zurückerobern.

135
Römische Truppen schlagen die aufständischen Juden endgültig. Danach baut Kaiser Hadrian das zerstörte Jerusalem im römischen Stil wieder auf und nennt es „Aelia Capitolina". Den Juden ist es verboten, die Stadt zu betreten. Auch in Judäa, das nun „Syria Palaestina" heißt und von Nichtjuden besiedelt wird, dürfen sie sich nicht frei bewegen; zudem wird ihnen ihre Religion verboten. Daraufhin wandern viele nach Spanien oder Osteuropa aus oder ziehen sich nach Tiberias im Norden oder Hebron im Süden zurück, die sich zu neuen Zentren jüdischer Kultur entwickeln.

Chronik des alten Ägypten

Ab 5000 v.Chr.
Wegen einer Klimaveränderung wird es in Afrika immer wärmer, und dort, wo es einst fruchtbare Savannen und große Seen gab, entsteht trockenes Wüstengebiet (Sahara). Die Bewohner wandern im Laufe der Jahrhunderte auf der Suche nach Wasser nach Süden oder Norden ab und lassen sich u.a. im fruchtbaren Tal des insgesamt 6 671 km langen Nil (ägyptischer Anteil heute 1 550 km) nieder, wo sich die erste Hochkultur des afrikanischen Kontinents entwickelt.

3200 v.Chr.
Mit der Vereinigung von Ober- und Unterägypten unter dem legendären Pharao (König) Menes beginnt die eigentliche Geschichte des „Alten Ägypten", die um 290 v.Chr. der hellenistisch gebildete Priester Manetho niederschreibt und in 30 Dynastien einteilt, wobei er die 1. und die 2. Dynastie in die Zeit von 2900 bis 2640 setzt und aufgrund der Herkunft der „göttlichen" Könige (Thinis in Oberägypten) als „Thiniten-Zeit" bezeichnet.

Um 3000 v.Chr.
In Ägypten wird die Hieroglyphenschrift entwickelt.

2778 v.Chr.
Djoser, der erste Pharao der 3. Dynastie, gründet das bis um 2260 bestehende „Alte Reich". Hauptstadt des in 42 Gaue aufgeteilten, bis südlich von Assuan reichenden Landes, ist Memphis (nahe Kairo). Seine Nachfolger unterhalten ab etwa 2500 bereits intensive Handelsbeziehungen bis nach Vorderasien.

Ab 2723 v. Chr
Während der 4. ägyptischen Dynastie (bis 2563) lassen die Pharaonen Cheops, Chephren und Mykerinos – sie führen den Titel „Sohn des Re" (Sonnengott) – die großen Pyramiden und den Sphinx von Giseh errichten. (Das Grabmal von Cheops ist mit 147 m Höhe – heute immerhin noch 138 m – und 227 m Breite die größte der Pyramiden.)

Ab 2260 v.Chr.
Aufgrund politischer und sozialer Unruhen, begleitet von zahllosen Schlachten im Süden (Nubien) und Osten (Palästina, Sinai), zerfällt Ägypten nach dem Tod von Phiops II. wieder in mehrere Einzelstaaten.

Ab 2160 v.Chr.
Die Könige von Theben (heute Luxor) vereinen Ägypten wieder zu einem Großreich. Damit beginnt laut Manetho die 11. Dynastie und das „Mittlere Reich".

Ab 1991 v.Chr.
Die Pharaonen der 12. Dynastie verlegen den Regierungssitz wieder nach Norden in die Nähe des heutigen Kairo. Sesostris III. kann nach zahlreichen Kämpfen das goldreiche Nubien bis zum 3. Nilkatarakt seinem Reich einverleiben.

Ab 1785 v.Chr.
Ägypten beginnt erneut zu zerbröckeln. Die nubischen Gebiete müssen nach und nach aufgegeben werden.

Um 1650 v.Chr.
Die ursprünglich aus Asien stammenden Hyksos erobern das Land am Nil und machen Auaris im östlichen Nildelta zur Hauptstadt des Reiches.

Um 1550 v.Chr.
Beginn des „Neuen Reiches": Nach der Vertreibung der Hyksos regieren wieder die ägytischen Pharaonen über die Gebiete von Syrien bis Nubien.

1364 v.Chr.
Amenophis IV., genannt „Echnaton", regiert zusammen mit seiner Gemahlin Nofretete das ägyptische Großreich. Er führt den Monotheismus ein (Erhebung des Sonnengottes Aton zur alleinigen Gottheit), womit er die Priesterschaft gegen sich aufbringt und eine religiöse Revolution auslöst.

1347 v.Chr.
Echnatons Sohn Tutenchamun wird von der Amun-Priesterschaft zur Abschaffung des Monotheismus zugunsten einer Dreiheit des göttlichen Prinzips gezwungen.

Ab 1279 v.Chr.
Ramses II. (19. Dynastie) ist der letzte große Pharao eines vereinigten Ägypten. Im Jahre 1275 unterliegt er dem Hethiterherrscher Muwatallis (Hauptstadt des Hethitergroßreiches ist Hattuša, etwa 150 km nordöstlich der heutigen türkischen Hauptstadt Ankara) im syrischen Kadesch, kann sich jedoch mit dessen Nachfolger Hattušili III. auf eine Machtteilung über Syrien einigen. Nach dem Tod von Ramses II. im Jahre 1213 beginnt der langsame Niedergang des ägyptischen Großreiches.

Ab Mitte des 10. Jahrhunderts v.Chr.
Während das ägyptische Großreich allmählich zerfällt, steigt die Macht der nominell den ägyptischen Pharaonen untergebenen nubischen Könige von Napata (westlich des 4. Nilkatarakts im heutigen Sudan). Ihr Einfluss auf das ägyptische Militär sowie die ägyptische Verwaltung nimmt ständig zu.

Ab 745 v.Chr.
Das inzwischen stark verkleinerte Ägypten wird von aus Nubien stammenden Königen regiert.

Um 669 v.Chr.
Die Assyrer unterwerfen Ägypten, werden jedoch von Psammetich I. (26. Dynastie) schon 663 wieder vertrieben und in ihr ursprüngliches Machtzentrum in Mesopotamien zurückgedrängt. (Wo sie schließlich 612 v.Chr. von den verbündeten Medern und Babyloniern endgültig unterworfen werden.) Damit geraten die Gebiete der heutigen Staaten Israel, Jordanien, Syrien und Libanon wieder unter ägyptischen Einfluss.

587 v.Chr.
Der babylonische König Nebukadnezar II. vertreibt die Ägypter aus den heutigen Staaten Israel, Jordanien, Syrien und Libanon.

525 v.Chr.
Ägypten wird unter dem Achämenidenkönig Kambyses II. dem Perserreich einverleibt, erhält jedoch weitgehende Selbstverwaltung und Religionsfreiheit.

332 v.Chr.
Ägypten fällt kampflos an den Makedonier Alexander den Großen, der inzwischen ganz Klein- und Vorderasien erobert hat und bis zu seinem Tode im Jahre 323 noch fast das gesamte restliche Perserreich unterwirft.

Ab 323 v.Chr.
Ptolemaios, ein Feldherr Alexander des Großen, übernimmt die Verwaltung Ägyptens und macht sich im Jahre 305 als Ptolemaios I. Soter zum König von Ägypten. Hauptstadt des Reiches, das auch die Gebiete der heutigen Staaten Israel, Libanon, Jordanien sowie das südliche Syrien und ab 294 die Insel Zypern umfasst, ist die Mittelmeerhafenstadt Alexandria.

198 v.Chr.
Äypten verliert die Gebiete der heutigen Staaten Israel, Libanon und Jordanien an den Seleukidenkönig Antiochos III.

2. September 31 v.Chr.
In der Seeschlacht bei Actium an der Westküste Mittelgriechenlands besiegt Marcus Vipsanius Agrippa, Feldherr des römischen Konsuls Octavianus (des späteren Kaisers Augustus), die Flotte der ägyptischen Königin Kleopatra VII.

3. August 30 v.Chr.
Alexandria wird von den Römern unter Kaiser Augustus erobert. Königin Kleopatra VII., die letzte Herrscherin der Ptolemäerdynastie, begeht Selbstmord.

17. Januar 395 n.Chr.
Nach der Teilung des Römischen Reiches wird Ägypten Provinz des Oströmischen (Byzantinischen) Reiches und von Konstantinopel (Istanbul) aus verwaltet und teilweise christianisiert.

Chronik des alten Mesopotamien

Ab 3500 v.Chr.
In das bereits seit dem 8. Jahrtausend dünn besiedelte Gebiet zwischen Euphrat und Tigris (Mesopotamien; heute Irak) wandern, von Osten kommend, die möglicherweise ursprünglich in Indien beheimateten Sumerer, sowie von der arabischen Halbinsel bzw. von Nordwestafrika kommend semitische Volksstämme in aufeinanderfolgenden Wellen ein (gemäß dem Alten Testament Nachfahren von Sem, des ältesten Sohnes Noahs).

Ab 3000 v.Chr.
Die Sumerer errichten im Süden Mesopotamiens zahlreiche Stadtstaaten (z.B. Lagash, Kisch, Uruk, Ur, Nippur) mit einer bereits hochentwickelten Land- und Bewässerungswirtschaft und erfinden die Keilschrift. (Die Hochkultur der Sumerer ist die früheste der Welt.)

Ab 2350 v.Chr.
Der Semite Sargon, König von Akkad (Stadt am Euphrat), unterwirft die sumerischen Stadtstaaten und macht sich nach weiteren Eroberungszügen zum König eines ersten Großreiches in Vorderasien, das sich im Westen bis zum Mittelmeer erstreckt und das seine Nachfolger bis zum Persischen Golf im Osten ausdehnen können.

Ab 2000 v.Chr.
Nach dem Niedergang des Akkaderreiches entstehen im Gebiet des heutigen Irak zwei neue Machtzentren: Im Süden das Babylonische Reich mit der Hauptstadt Babylon am Unterlauf des Euphrat (nahe der heutigen Stadt Al Hillah südwestlich von Bagdad) und im Norden das Reich der Assyrer mit der Hauptstadt Assur am mittleren Tigris (später Nimrud und Ninive bei der heutigen Stadt Al Mawslil/Mossul, Irak).

1595 v.Chr.
Babylon wird von den Hethitern (Hauptstadt des Hethitergroßreiches ist Hattuša, etwa 150 km nordöstlich der heutigen türkischen Hauptstadt Ankara), die derzeit Herren über weite Gebiete Syriens sind, zerstört, jedoch bald wieder aufgebaut.

Ab 1200 v.Chr.
Unter Salmanassar I. und Tukulti-Ninurti I. steigt Assyrien zur beherrschenden Macht in Mesopotamien auf (1240 Eroberung Babyloniens).

689 v.Chr.
Nach jahrhundertelangen erbitterten Machtkämpfen zwischen Assyrern, Babyloniern und den aus Westen in Mesopotamien einfallenden Aramäern werden die inzwischen bis zum Mittelmeer vorgedrungenen Assyrer durch die erneute Einnahme Babyloniens wieder zur führenden Macht im vorderasiatischen Raum. (Sie unterwerfen von 669 bis 663 sogar Ägypten.)

612 v.Chr.
Die im Westen des heutigen Iran ansässigen Meder unterwerfen (mit Hilfe der wieder erstarkten Babylonier) das inzwischen wieder auf das nördliche Mesopotamien geschrumpfte Reich der Assyrer.

Ab 605 v.Chr.
Unter Nebukadnezar II. (bis 562) erreicht das Babylonische Reich seinen wirtschaftlichen und kulturellen Höhepunkt. Er erobert nicht nur das kurz zuvor an Ägypten verlorene Syrien zurück, sondern 586 auch Jerusalem, die Hauptstadt des Königreichs Juda, und verschleppt die gesamte jüdische Oberschicht (rund 40 000) nach Babylonien (Babylonische Gefangenschaft, bis 539).

550 v.Chr.
Der persische Achämenidenkönig Kyros II. (bis 528) erobert das Reich der Meder (und wenig später auch das Reich der Lyder in Anatolien [Türkei]).

539 v.Chr.
Kyros II. unterwirft Babylonien, Syrien und Palästina und macht die Gebiete zu persischen Satrapien (Provinzen). Die Juden entlässt er aus ihrer Babylonischen Gefangenschaft, erlaubt ihnen die Rückkehr nach Palästina und gibt ihnen die einst aus dem Tempel zu Jerusalem geraubten Gold- und Silberschätze zurück. Sein gestecktes Ziel, die Unterwerfung Ägyptens, kann Kyros II. vor seinem Tod im Jahre 528 allerdings nicht mehr verwirklichen. (Dies gelingt erst seinem Nachfolger, Kambyses II., im Jahre 525 v.Chr.)

Ab 336 v.Chr.
Der Makedonier Alexander der Große erobert bis 323 fast das gesamte Achämenidenreich (Mesopotamien 331).

Ab 323 v.Chr.
Nach dem plötzlichen Tod Alexanders des Großen (er stirbt im Alter von erst 33 Jahren am 13. Juni in Babylon am Fleckfieber) werden die von ihm eroberten Gebiete zum Streitobjekt zwischen seinen Feldherren, den „Diadochen“ (griechisch „Nachfolger“).
Die bedeutendsten von ihnen sind Ptolemaios und Seleukos, die sich (zeitweise) verbünden und so die übrigen „Kandidaten“ nach und nach ausschalten. Während Ptolemaios die Verwaltung Ägyptens, Palästinas und des südlichen Syrien übernimmt, sich im Jahre 305 als Ptolemaios I. Soter (griechisch „Retter“) zum König von Ägypten macht und sein Reich u.a. 294 um die Insel Zypern erweitert, übernimmt Seleukos die Macht in Mesopotamien, von wo aus er zusammen mit seinem Sohn Antiochos zunächst die persischen Ostgebiete und schließlich das restliche Vorderasien einschließlich Anatolien und der Kaukasusregion unter seine Kontrolle bringt.
Er gründet insgesamt über 70 Städte, u.a. im Jahre 301 v.Chr. in Nordwestsyrien als Seleukos I. Nikator (griechisch „Sieger“) die Stadt Antiochia (heute Antakya in der Türkei), die von seinen Nachfolgern zur Hauptstadt des mächtigen Seleukidenreiches gemacht wird.

Um 200 v.Chr.
Nachdem der zum Nomadenvolk der Skyther gehörende Arsakes um 250 in Parthien (im Nordosten des heutigen Iran) die griechisch orientierte Arsakidendynastie gegründet hat, können seine Nachfolger ihre Macht nun bis zum Indus im Osten bzw. zum Euphrat im Westen ausdehnen und übernehmen vor allem die Kontrolle über die wichtigen Ost-West-Handelswege (Seidenstraße).

Ab 130 v.Chr.
Die Parther liefern sich mit den von Anatolien vorrückenden Römern blutige Kriege. 92 v.Chr. einigen sie sich auf den Euphrat als Reichsgrenze. Doch bis Anfang des 3. Jahrhunderts unternehmen die Parther immer wieder Eroberungszüge in die römischen Provinzen im Westen und Nordwesten und dringen dabei sogar bis nach Jerusalem und Westanatolien vor.

Ab 226 n.Chr.
Während das Gebiet des heutigen Westirak weiterhin unter der Vorherrschaft der Römer steht, wird das Gebiet des heutigen Ostirak Teil des Sassanidenreiches (zweites persisches Großreich), dessen Hauptstadt das von den Parthern gegründete Ktesiphon ist (heute Ruinenstätte südwestlich von Bagdad).

Chronik des alten Syrien

Ab 4000 v.Chr.
Auf der bereits seit Jahrtausenden von Nomadenstämmen bevölkerten kleinasiatischen Halbinsel enstehen die ersten stadtähnlichen Siedlungen.

Ab 2000 v.Chr.
Die indogermanischen Hethiter dringen, von Nordosten kommend, in mehreren Schüben in Kleinasien ein.

Ab 1650 v.Chr.
Labarna-Hattušilis I. gründet auf der kleinasiatischen Halbinsel das so genannte Alte Hethiterreich.
Unter seinen Nachfolgern wird das ursprüngliche Herrschaftsgebiet um die Hauptstadt Hattuša (heute Bogazköy, ca. 150 Kilometer nordöstlich von Ankara) in den nächsten zwei Jahrhunderten bis in das Gebiet des heutigen Syrien vergrößert.

Ab 1460 v.Chr.
Nach einer Zeit des Niedergangs entsteht das so genannte Neue Hethiterreich, dessen bedeutendster Herrscher, Suppiluliuma I. (1380-1346), den Staat neu organisiert und die Grenzen des Reichs weiter ausdehnt. Einem seiner Nachfolger, Muwatallis, gelingt 1285 im syrischen Kadesch ein Sieg über den ägyptischen Pharao Ramses II., der sich letztendlich mit dem nächsten Hethiterkönig Hattušili III. auf eine Machtteilung über Syrien einigt. Bis etwa 1220 v.Chr. hält sich dort die Macht der Hethiter und der Ägypter in etwa die Waage. Danach zerfällt das so genannte Späte Hethiterreich allmählich.

Um 1210 v.Chr.
Dem Ansturm aus Thrakien (östlicher Teil der Balkanhalbinsel, südlich des Donaudeltas) einbrechender Heerscharen, dem u.a. auch das um 3000 gegründete Troja (wird später von den Griechen wegen der strategisch günstigen Lage an der Meerenge zwischen Europa und Asien wieder aufgebaut; insgesamt entsteht die Stadt neunmal und wird ebenso oft zerstört) an der Westküste der kleinasiatischen Halbinsel zum Opfer fällt, sind die Hethiter nicht mehr gewachsen. Sie werden in den gebirgigen Süden abgedrängt, wo sie schließlich um 700 v.Chr. endgültig von den Assyrern unterworfen werden.

Ab 1200 v.Chr.
Im Zuge einer großen Völkerwanderung wird die Westküste Kleinasiens bis ca. 1000 v.Chr. von den griechischen Ioniern, Äoliern und Dorern besiedelt. Milet entwickelt sich zur politisch und kulturell führenden Stadt an der Westküste Anatoliens („Land der aufgehenden Sonne") und gilt bald auch als Mutterstadt für über 90 griechische Kolonien entlang den Küsten des Schwarzen Meeres.

Ab 800 v.Chr.
Den indogermanischen Phrygern gelingt es, die kleineren politischen Machtgebilde in Zentralanatolien zu einem großen Reich mit der Hauptstadt Gordion am Fluss Sakarya (etwa 70 Kilometer westlich von Ankara) zusammenzufassen. Unter dem wegen seines legendären Goldreichtums bekannten König Midas unterliegt das Reich schließlich um 680 v.Chr. den Kimmeriern, einem nomadischen Reitervolk aus dem heutigen Südrussland.

Um 680 v.Chr.
Nach der Vertreibung der Kimmerier tritt das Reich der Lyder an die Stelle Phrygiens als Großmacht in Anatolien. Auch die griechischen Städte an der Westküste unterstehen – von Milet abgesehen – bis 546 v.Chr. den in Sardes (1402 von den Mongolen zerstört – heute das Dorf Sart) herrschenden lydischen Königen.

546 v.Chr.
Der wegen seines legendären Reichtums berühmteste Lyderkönig Kroisos (ihm verdanken wir die Münze als Zahlungsmittel) unterliegt dem persischen Achämeniden-König Kyros II., der die ganze kleinasiatische Halbinsel mitsamt den griechischen Städten an der Westküste (und bis 539 ganz Vorderasien) dem Perserreich einverleibt.

Ab 500 v.Chr.
Der Aufstand der ionischen Städte an der Westküste der kleinasiatischen Halbinsel ist der Auftakt zu den „Perserkriegen" (bis 479), die ein Vordringen der Perser auf das europäische Festland verhindern.

Ab 336 v.Chr.
Nachdem der Makedonier Philipp II. inzwischen ganz Griechenland unter seine Kontrolle gebracht hat, erobert nun sein Sohn Alexander in raschem

Siegeszug die kleinasiatische Halbinsel und bis 323 fast das gesamte restliche Perserreich.

Ab 323 v.Chr.
Nach dem plötzlichen Tod Alexanders des Großen (er stirbt im Alter von erst 33 Jahren am 13. Juni in Babylon am Fleckfieber) werden die von ihm eroberten Gebiete zum Streitobjekt zwischen seinen Feldherren, den „Diadochen“ (griechisch „Nachfolger“). Die bedeutendsten von ihnen sind Ptolemaios und Seleukos, die sich (zeitweise) verbünden und so die übrigen „Kandidaten“ nach und nach ausschalten. Während Ptolemaios die Verwaltung Ägyptens übernimmt, sich im Jahre 305 als Ptolemaios I. Soter (griechisch „Retter“) zum König von Ägypten macht und sein Reich u.a. 294 um die Insel Zypern erweitert, übernimmt Seleukos die Macht in Mesopotamien (das Zweistromland zwischen Euphrat und Tigris – heute Irak), von wo aus er zusammen mit seinem Sohn Antiochos zunächst die Ostgebiete (Persien) und schließlich fast ganz Kleinasien einschließlich Anatolien und der Kaukasusregion unter seine Kontrolle bringt. Er gründet insgesamt über 70 Städte, u.a. im Jahre 301 v.Chr. im nördlichen Syrien als Seleukos I. Nikator (griechisch „Sieger“) die Stadt Antiochia (heute in der Türkei), die von seinen Nachfolgern zur Hauptstadt des mächtigen Seleukidenreiches gemacht wird.

Ab 281 v.Chr.
Die Küstenstädte der kleinasiatischen Halbinsel im Südwesten und Süden geraten allmählich unter ägyptischen Einfluss, während an der Nordküste mehrere unabhängige Fürstentümer entstehen (u.a. Pontos und Bithynien).

Ab 263 v.Chr.
In West- und Zentral-Anatolien wird das Reich von Pergamon zu einer aufstrebenden Macht. Im Kampf gegen die Seleukiden verbünden sich die Herrscher von Pergamon mit Rom. Der letzte, sehr exzentrische König Attalos III. Philometor (sein liebstes Hobby ist das Giftmischen und das Ausprobieren der Wirkung an seinen Sklaven) vermacht sein Reich im Jahre 133 testamentarisch den Römern.

Um 200 v.Chr.
Nachdem der von einem iranischen Reitervolk abstammende Arsakes um 250 in Parthien (im Nordosten des heutigen Iran) die griechisch orientierte Arsakidendynastie gegründet hat, können seine Nachfolger ihre Macht nun

bis zum Indus im Osten bzw. zum Euphrat im Westen ausdehnen und übernehmen vor allem die Kontrolle über die wichtigen Ost-West-Handelsrouten (Seidenstraße).

129 v.Chr.
Die Römer erklären West- und Zentralanatolien unter dem Namen „Asia“ zur römischen Provinz, die in der Folgezeit einen enormen kulturellen und wirtschaftlichen Aufschwung erfährt.

100 v.Chr.
Kilikien (Südostanatolien) wird römische Provinz.

88 v.Chr.
Der Parther Mithridates VI., derzeit König von Pontos und Bithynien, rückt gegen die Römer vor und gibt Befehl zur Ermordung aller Römer, ungeachtet ihres Alters oder Geschlechts. Letztendlich unterliegt er jedoch den römischen Legionen und muss zu seinem Schwiegersohn Tigranes II. nach Armenien fliehen, der erst im Jahre 69 von den Römern unterworfen wird. Um nicht in die Hände der Römer zu gelangen, lässt sich Mithridates VI. von einem armenischen Soldaten töten.

Ab 40 n. Chr.
Der Apostel Paulus beginnt mit der Christianisierung Vorderasiens.

64 n. Chr.
Mit der Hinrichtung von Petrus und Paulus und zahlreichen weiteren Christen im Auftrag von Kaiser Nero in Rom beginnt die Christenverfolgung, die sich allerdings in den römischen Provinzen Vorderasiens (zunächst) in Grenzen hält.

20. Mai 325
Der römische Kaiser Konstantin I. (der Große; 324-337) eröffnet das Konzil von Nicäa (Kleinasien). Die rund 250 anwesenden Bischöfe verurteilen den Arianismus als Irrlehre und beenden den Streit um den Termin für das Osterfest. Außerdem wird das „Nicaenum“ verabschiedet, das altchristliche ökumenische Glaubensbekenntnis, in dem die Lehre von der Dreieinigkeit Gottes bestätigt wird.

11. Mai 330
Kaiser Konstantin I. macht das um 660 v.Chr. von den Dorern gegründete Byzantium (Byzanz) zur neuen Hauptstadt des Römischen Reiches. Er nennt die Stadt zunächst „Nova Roma“, später Konstantinopel.

1. Mai 381
In Konstantinopel wird das von Kaiser Theodosius I. (der Große) einberufene Zweite ökumenische Konzil eröffnet (Erstes Konzil von Konstantinopel), mit dem die Errichtung der orthodoxen katholischen Staatskirche vollzogen wird: Die anwesenden Bischöfe sanktionieren den vom Kaiser im Edikt am 28. Februar 380 erlassenen und danach nur noch präzisierten Trinitätsglauben als verbindlich für alle Christen.

17. Januar 395
Nach der Teilung des Römischen Reiches durch Kaiser Theodosius wird Konstantinopel Hauptstadt des Oströmischen (Byzantinischen) Reiches, das sich zunächst vom Balkan über die kleinasiatische Halbinsel und Vorderasien (Syrien, Palästina, Insel Zypern, West-Mesopotamien) bis nach Ägypten erstreckt und sich nach dem Niedergang des Weströmischen Reiches (476) Anfang des 6. Jahrhunderts unter Kaiser Justinian sogar bis nach Italien und Spanien ausdehnt. Die Staatsgrundlagen sind römisches Recht und Verwaltung, griechische Kultur und Sprache sowie der christliche Glaube.

Chronik des alten Persien

Ab 1500 v.Chr.
Aus Zentralasien stammende indoarische Volksstämme wandern in das bereits seit einigen Jahrtausenden besiedelte Hochland des heutigen Iran ein (altpersisch Arynam, mittelpersisch Eran – „das Land der Arier"). Im Laufe der Jahrhunderte entstehen mehrere kleine Königreiche, wobei die westlichen jedoch bald unter die Oberherrschaft der in Mesopotamien (Zweistromland zwischen Euphrat und Tigris) ansässigen Assyrer gelangen. (In Feldzugsberichten der Assyrer werden die Perser ab 843 und die Meder ab 835 erwähnt.)

Um 810 v.Chr.
Die zunächst im Nordwesten des heutigen Iran lebenden Perser wandern (wahrscheinlich unter assyrischem Druck) nach Süden ab. Ihr neues Siedlungsgebiet nennen die Vorfahren der Achämenidendynastie (um 700-300) „Parsua" (griechisch Persis; heute die Provinz Fars).

728 v.Chr.
Die im Gebiet des heutigen Westiran ansässigen Meder befreien sich aus der Oberherrschaft der Assyrer. Hauptstadt ihres Reiches ist Ekbatana, das heutige Hamadan.

612 v.Chr.
Die Meder erobern (mit Hilfe der Babylonier) das Reich der Assyrer.

550 v.Chr.
Mit der Eroberung des Mederreiches durch den persischen Achämenidenkönig Kyros II. beginnt die eigentliche Geschichte Persiens bzw. des heutigen Iran.

Ab 546 v.Chr.
Kyros II. unterwirft die in Anatolien (Türkei) herrschenden Lyder, erobert 539 Babylonien und wenig später ganz Syrien und Palästina sowie im Norden den südlichen Teil der heutigen Staaten Turkmenistan, Usbekistan und Tadschikistan. Sein gestecktes Ziel, die Unterwerfung Ägyptens, kann er vor seinem Tod im Jahre 528 allerdings nicht mehr verwirklichen. Dies gelingt erst seinem Sohn und Nachfolger, Kambyses II., im Jahre 525 v.Chr.

Ab 521 v.Chr.
Unter den Königen Dareios I. (bis 486 v.Chr.) und Xerxes (485-465) erreicht das Achämenidenreich mit den Hauptstädten Susa und Parsa (nördlich des heutigen Shiraz/Südwestiran) seine Blütezeit. Es erstreckt sich von Ägypten im Südwesten und vom Gebiet der heutigen Türkei im Nordwesten bis zum Indus im Osten einschließlich der heutigen Staaten Armenien, Aserbaidschan, Georgien, Turkmenistan, Usbekistan, Tadschikistan, Kasachstan und Kirgisistan im Norden. Der Versuch, längerfristig auch auf dem europäischen Festland Fuß zu fassen, wird von den Griechen in den „Perserkriegen" allerdings vereitelt (u.a. Vernichtung der persischen Flotte 480, Verlust der Insel Zypern 478).

465 v.Chr.
Xerxes und sein älterer Sohn Dareios kommen bei einer Palastrevolte in Susa ums Leben. Xerxes' jüngerer Sohn Artaxerxes wird neuer König des durch wiederholte Niederlagen gegen die Griechen geschwächten Perserreiches und bemüht sich um einen dauerhaften Frieden mit den Griechen.

424 v.Chr.
Der Tod von Artaxerxes I. führt in Persien zu Thronwirren und Aufständen: Artaxerxes' Sohn und Nachfolger Xerxes II. wird nach nur 45 Tagen von seinem Halbbruder Sogdianos ermordet. Die Herrschaft von Dareios II. (423-404) ist von Korruption und Intrigen gekennzeichnet und leitet den allmählichen Niedergang des persischen Großreiches ein.

Ab 404 v.Chr.
Nach dem Tod von Dareios II. wird sein Sohn Artaxerxes II. neuer Perserkönig. Er unterzeichnet 386 v.Chr. einen Friedensvertrag mit Athen, wodurch die griechischen Städte in Kleinasien erneut unter persische Oberhoheit gelangen. Nach seinem Tod im Jahre 359 besteigt sein Sohn als Artaxerxes III. den Thron und regiert bis 337.

Ab 336 v.Chr.
Der Makedonier Alexander der Große erobert in raschem Siegeszug bis zu seinem plötzlichen Tod im Jahre 323 fast das gesamte Großreich der Achämeniden. Die Hauptstadt Parsa wird 330 eingenommen und zerstört – von nun an wird sie Persepolis („Ruinenstadt") genannt. Perserkönig Dareios III. wird auf der Flucht von einem seiner Provinzherrscher ermordet.

Ab 323 v.Chr.
Nach dem plötzlichen Tod Alexanders des Großen (er stirbt im Alter von erst 33 Jahren am 13. Juni in Babylon am Fleckfieber) werden die von ihm eroberten Gebiete zum Streitobjekt zwischen seinen Feldherren, den „Diadochen" (griechisch „Nachfolger"). Die bedeutendsten von ihnen sind Ptolemaios und Seleukos, die sich (zeitweise) verbünden und so die übrigen „Kandidaten" nach und nach ausschalten. Während Ptolemaios die Verwaltung Ägyptens, Palästinas und des südlichen Syrien übernimmt, sich im Jahre 305 v.Chr. als Ptolemaios I. Soter (griechisch „Retter") zum König von Ägypten macht und sein Reich u.a. 294 v.Chr. um die Insel Zypern erweitert, übernimmt Seleukos die Macht in Mesopotamien, von wo aus er zusammen mit seinem Sohn Antiochos zunächst die persischen Ostgebiete und schließlich fast ganz Vorderasien einschließlich Anatolien und der Kaukasusregion unter seine Kontrolle bringt. Er gründet insgesamt über 70 Städte, u.a. im Jahre 301 v.Chr. in Nordwest-Syrien als Seleukos I. Nikator (griechisch „Sieger") die Stadt Antiochia (heute in der Türkei), die von seinen Nachfolgern zur Hauptstadt des mächtigen Seleukidenreiches gemacht wird.

Ab 281 v.Chr.
Unter den nachfolgenden Seleukiden zerfällt das Reich allmählich wieder in mehrere Teilstaaten.

Um 250 v.Chr.
Der vom indogermanischen Nomadenvolk der Parner abstammende Arsakes gründet nach dem Zerfall des Seleuikiden-Großreiches in Parthien, das sich über die Gebiete des heutigen Nordostiran und des heutigen südlichen Turkmenistan erstreckt, die griechisch orientierte Arsakidendynastie, die ihre Macht allmählich über den größten Teil Zentralasiens sowie bis zum Indus im Osten bzw. zum Euphrat im Westen ausdehnen kann und vor allem die wichtigen Handelsrouten (Seidenstraße) kontrolliert.

Ab 130 v.Chr.
Die Parther liefern sich mit den von Anatolien vorrückenden Römern blutige Kriege. 92 v.Chr. einigen sie sich auf den Euphrat als Reichsgrenze. Doch bis Anfang des 3. Jahrhunderts n.Chr. unternehmen die Parther immer wieder Eroberungszüge in die römischen Provinzen im Westen und Nordwesten und dringen dabei sogar bis nach Jerusalem und West-Anatolien vor.

Ab 226 n.Chr.
Der letzte Partherkönig Artaban IV. wird von Ardaschir, Abkömmling eines seit Anfang des Jahrhunderts aufstrebenden persischen Kleinfürstentums nahe Persepolis, besiegt und getötet. Ardaschir lässt sich zum König der Sassanidendynastie krönen und errichtet innerhalb weniger Jahre zusammen mit seinem Mitregenten und Nachfolger Schapur I. ein zweites persisches Großreich. Die Grenzen im Norden und Osten sind in etwa dieselben wie zur Zeit der Achämeniden (ohne das Gebiet der heutigen Türkei), während es im Westen und Südwesten nur noch den Ostteil des heutigen Irak (Mesopotamien) und die am Persischen Golf gelegenen Küstengebiete der arabischen Halbinsel umfasst. Hauptstadt ist das von den Parthern gegründete Ktesiphon (heute Ruinenstätte südwestlich von Bagdad/Irak).
Die bisher von den Parthern unterdrückte Lehre des altpersischen Propheten Zarathustra (630-553 v.Chr.; griechisch Zoroaster – daher Zoroastrismus) wird zur Staatsreligion erklärt.
In den nächsten vier Jahrhunderten können die nachfolgenden Sassanidenkönige das Perserreich erfolgreich gegen sämtliche Eroberungsversuche der Römer verteidigen (auch nach der Teilung des Römischen Reiches in ein West- und ein Ostreich im Jahre 395) bzw. sogar wieder nach Westen ausdehnen (z.B. nimmt Chosrau I. 540 vorübergehend das syrische Antiochia ein und deportiert die Bevölkerung als Sklaven nach Persien; Chosrau II. besetzt 611 Antiochia erneut, 612 die kleinasiatischen Provinzen Kappadokien und Kilikien und 614 auch einen Großteil Palästinas samt Jerusalem; er wird erst 622 von den Byzantinern aus Kleinasien und 628 endgültig auch aus Palästina und Syrien vertrieben).

Die Hasmonäer

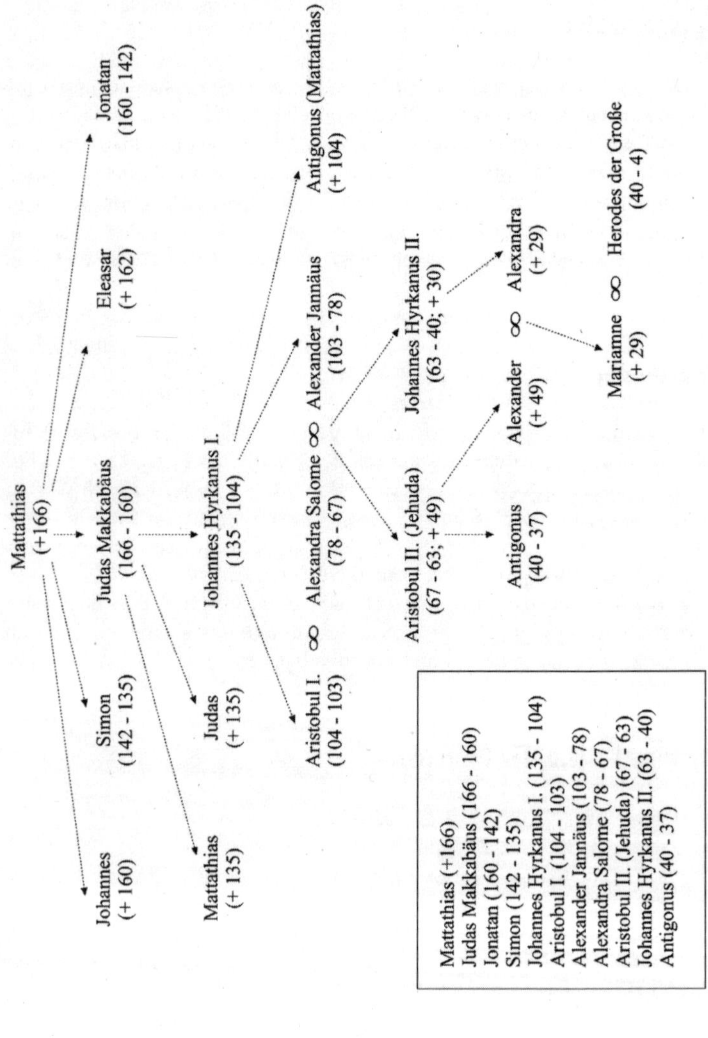

Maße und Gewichte

Längenmaße

1 Elle = 52,5 cm (königlich) bzw. 45,8 cm (gewöhnlich), von der Spitze des Ellbogens bis zur Spitze des Mittelfingers (Gen 6,15)
1 Spanne = 26,9 cm (königlich) bzw. 22,9 cm (gewöhnlich), Abstand zwischen Daumen- und Kleinfingerspitze der Hand (Ex 28,16)
1 Handbreite = 8,7 cm (königlich) bzw. 7,6 cm (gewöhnlich), gemessen am Ansatz der Finger (Ex 25,25)
1 Finger = 2,2 cm (königlich) bzw. 1,9 cm (gewöhnlich), Daumenbreite (Jer 52,21)

Wegmaße

1 Tagesmarsch = etwa 40 km (Num 11,31). In der Zeit der schwer bepackten römischen Legionäre verringerte sich dieses Maß um ein Viertel.
1 Römische Meile = etwa 1,5 km (entspricht ca. 1 000 Doppelschritten oder 8 Stadien) (Mt 5,41)
1 Stadion (griechisch) = etwa 185-200 m (2 Makk 11,5)
1 Faden = 1/100 Stadion = ca. 1,85 m (Apg 27,28)
1 Schritt = 1/200 Stadion = ca. 92 cm (2 Sam 6,13)
1 Fuß = 1/600 Stadion = ca. 30,8 cm (Dtn 2,4-5)
1 Elle = 45,8 cm

Hohlmaße (v.a. für Getreide)

1 Homer (Lev 27,16) = 10 Efa = ca. 400 l
1 Letech = 5 Efa = ca. 200 l
1 Efa (Ex 16,36)= ca. 40 l (Ex 16,36)
1 Sea = 1/3 Efa = ca. 13 l (2 Kön 7,1)
1 Gomer = 1/10 Efa = ca. 4 l
1 Zehntel = 1/10 Efa = ca. 4 l (Ex 29,39)
1 Kab = 1/18 Efa = ca. 2,2 l (2 Kön 6,25)

Hohlmaße (für Flüssigkeiten)

1 Kor = 10 Bat = ca. 400 l (1 Kön 5,2-3)
1 Bat = ca. 40 l (1 Kön 7,26; Lk 16,6)
1 Metrete = 1 Bat = ca. 40 l
1 Hin = 1/6 Bat = ca. 6,5 l (Ex 29,39)
1 Log = 1/72 Bat = ca. 0,5 l (Lev 14,10)

Gewichte (teilweise auch für Währung)

1 Talent = 3.600 Schekel = ca. 41 kg (Ex 38,24-29)
1 Mine = 60 Schekel = ca. 685 g (Ez 45,12; Lk 19,13)
1 Pfund = 320 g (Joh 12,3)
1 Kesita = 4 Silberschekel = ca. 46 g (Jos 24,32)
1 Schekel = 11,5 g (Ex 45,12)
1 Gera = ca. 0,6 g (Num 3,47)

Die Bücher der Bibel

Die Schriften des Alten Testaments

Die Fünf Bücher des Mose

Genesis	Gen
Exodus	Ex
Levitikus	Lev
Numeri	Num
Deuteronomium	Dtn

Die Bücher der Geschichte des Volkes Gottes

Buch Josua	Jos
Buch der Richter	Ri
Buch Rut	Rut
Erstes Buch Samuel	1 Sam
Zweites Buch Samuel	2 Sam
Erstes Buch der Könige	1 Kön
Zweites Buch der Könige	2 Kön
Erstes Buch der Chronik	1 Chr
Zweites Buch der Chronik	2 Chr
Buch Esra	Esra
Buch Nehemia	Neh
Buch Tobit	Tob
Buch Judit	Jdt
Buch Ester	Est
Erstes Buch der Makkabäer	1 Makk
Zweites Buch der Makkabäer	2 Makk

Die Bücher der Lehrweisheit und die Psalmen

Buch Ijob	Ijob
Psalmen	Ps
Buch der Sprichwörter	Spr
Kohelet	Koh
Hohelied	Hld
Buch der Weisheit	Weish
Buch Jesus Sirach	Sir

Die Bücher der Propheten

Buch Jesaja	Jes
Buch Jeremia	Jer
Klagelieder des Jeremia	Klgl
Buch Baruch	Bar
Buch Ezechiel	Ez
Buch Daniel	Dan
Buch Hosea	Hos
Buch Joël	Joël
Buch Amos	Am
Buch Obadja	Obd
Buch Jona	Jona
Buch Micha	Mi
Buch Nahum	Nah
Buch Habakuk	Hab
Buch Zefanja	Zef
Buch Haggai	Hag
Buch Sacharja	Sach
Buch Maleachi	Mal

Die Schriften des Neuen Testaments

Die Evangelien

Evangelium nach Matthäus	Mt
Evangelium nach Markus	Mk
Evangelium nach Lukas	Lk
Evangelium nach Johannes	Joh
Apostelgeschichte	Apg

Die Paulinischen Briefe

Brief an die Römer	Röm
Erster Brief an die Korinther	1 Kor
Zweiter Brief an die Korinther	2 Kor
Brief an die Galater	Gal
Brief an die Epheser	Eph
Brief an die Philipper	Phil
Brief an die Kolosser	Kol

Erster Brief an die Thessalonicher	1 Thess
Zweiter Brief an die Thessalonicher	2 Thess
Erster Brief an Timotheus	1 Tim
Zweiter Brief an Timotheus	2 Tim
Brief an Titus	Tit
Brief an Philemon	Phlm
Brief an die Hebräer	Hebr

Die Katholischen Briefe

Brief des Jakobus	Jak
Erster Brief des Petrus	1 Petr
Zweiter Brief des Petrus	2 Petr
Erster Brief des Johannes	1 Joh
Zweiter Brief des Johannes	2 Joh
Dritter Brief des Johannes	3 Joh
Brief des Judas	Jud
Offenbarung des Johannes	Offb